Fortgeschrittene Yoga Übungen

–

Leichte Lektionen für ein ekstatisches Leben

Die originalen Internet-Lektionen mit Ergänzungen des Autors

Yogani

Haupt-Lektionen bis 235
Tantra-Lektionen bis 35

Übersetzung aus dem Englischen von Dhrishtadyumna

Der Titel der **Originalausgabe**,
erschienen im Verlag AYP Publishing,
Nashville, Tennessee, U.S.A und London, England, U.K., 2004
lautet:

Advanced Yoga Practices
Easy Lessons for Ecstatic Living

Deutsche Ausgabe:

Fortgeschrittene Yoga Übungen

Leichte Lektionen für ein ekstatisches Leben

Der Titel ist ebenso erhältlich als:

eHörbuch (mp3-Download **in drei Teilen**)
eBook-Gesamtausgabe und **in drei Teilen** (pdf, epub, kindle)
Siehe www.fyue.de/shop

Weitere lieferbare Titel und Informationen zu Veröffentlichungen aus dem FYÜ-Verlag finden Sie am Ende des Buches oder unter: **www.fyue.de**

Paperback: ISBN 978-3-942850-04-9

Korrektorat und Lektorat: Annette Hochwarth

Printed by Tolek, Mikolow, Poland, www.tolek.com.pl

Wenn Sie an weiteren Schriften des Autors interessiert sind, zu irgendeiner Lektion aus diesem Buch Fragen stellen oder Kommentare abgeben wollen, besuchen Sie bitte die Website der Fortgeschrittenen Yoga Übungen (FYÜ) und das zugehörige Forum:

FYÜ Website:
www.fyue.de

Forum der FYÜ Website:
www.fyue.de/forum

Shop der FYÜ-Website:
www.fyue.de/shop

Über den Autor:

Yogani ist ein amerikanischer spiritueller Wissenschaftler, der seit über dreißig Jahren darum bemüht ist, überlieferte Techniken zur Kultivierung der spirituellen Transformation aus aller Welt zu einem effektiven System zu vereinigen. Seine Identität gibt er nicht preis und tritt nur unter seinem Pseudonym auf. Aus verschiedenen Verlautbarungen kann man jedoch erschließen, dass er lange in der Wirtschaft tätig war und heute seinen Lebensabend verbringt.

Yogani schart keine Anhänger um sich und hält auch keine Vorträge. Allerdings existieren Radiobeiträge von ihm. Sein Motto lautet: „Der Guru ist in dir!“

Yogani ist verheiratet, hat Kinder und lebt in den USA (Florida). Geboren soll er 1947 sein.

Er betreut die AYP-Internetseiten (Advanced Yoga Practices), beantwortet alle an ihn gerichtete Fragen und gibt die Bücher zu seiner Website heraus.

Gewidmet dir, der du nach der Wahrheit in dir suchst …

veröffentlicht und dadurch zu einem wesentlichen Teil der Lektionen. Da die Fragen in den F&A von Yoga-Übenden aus vielen Ländern rund um den Globus stammen, begegnest du unterschiedlichen Schreibstilen. Um die Energie und den Geist des Dialogs zu bewahren, wurden die originalen Zuschriften nur minimal editiert. Termini wie „Mitglieder", „Gruppe" und so weiter rühren daher, dass die Lektionen ursprünglich aus einem Online-Forum stammen. Du stellst vielleicht auch fest, dass die Nummerierung der Lektionen etwas ungewöhnlich ist. Die Erklärung dazu findest du auf einer anderen Seite.

In diesem Buch sind zum einen die originalen Online-Lektionen der Fortgeschrittenen Yoga-Übungen abgedruckt. Dazu kommen allerdings noch bedeutende Zusätze des Autors. Die Zusätze stehen am Ende vieler Lektionen; mit einem Sternchen (*) im Inhaltsverzeichnis und in den Lektionstiteln wird darauf verwiesen. Eine Auflistung der Zusätze ist dem Inhaltsverzeichnis angehängt.

Auf der FYÜ-Web-Site findet sich darüber hinaus eine Link-Liste mit Webseiten zum Thema Yoga. Da dies eine dynamische Liste mit ständigen Veränderungen ist, wurde sie nicht in dieses Buch aufgenommen. Zugang zu diesen Links hat man aber sehr leicht, wenn man die Website der Fortgeschrittenen Yoga-Übungen besucht (www.fyue.de). In einigen Lektionen wird zwecks Bereitstellung zusätzlicher Informationen auf diese FYÜ-Link-Liste verwiesen.

Wir schulden den großen spirituellen Meistern und Lehrern, die geforscht, vorgelebt und ihr Wissen über spirituelle Übungen seit Jahrtausenden großzügig der Menschheit mitgeteilt haben, immerwährende Dankbarkeit. Greifen wir heute nach den Höhen ekstatischer Glückseligkeit und ausströmender Liebe – unsere Bestimmung als menschliche Wesen, stehen wir auf ihren Schultern. Wir schulden unseren herzlichen Dank auch den vielen Yoga-Praktizierenden überall auf der Welt, die sich nach vorn gewagt und sich an der Entwicklung dieser Lektionen beteiligt haben, indem sie ihre Erfahrungen und Fragen aufrichtig mitteilten. Dank ihnen wurden die Lektionen sehr viel verständlicher, als das auf anderen Wegen möglich gewesen wäre. Schließlich hätte diese gründliche Erforschung der Methoden zur menschlichen spirituellen Transformation nicht ohne das Wunder der weltweiten Vernetzung und Kommunikation über das Internet zustande kommen können. Ein hoch verdienter Dank geht also auch an jene, die die Technologie zur Verfügung stellen, die dieses Buch erst Wirklichkeit werden ließ.

Wir hoffen, dass dir die Fortgeschrittenen Yoga-Übungen eine nützliche Quelle auf deiner Reise entlang deines gewählten spirituellen Pfades ist. Übe mit Bedacht, erfreue dich aber vor allen Dingen daran!

Der Guru ist in dir.

Inhaltsverzeichnis

Anmerkung: Ein Sternchen (*) bezeichnet eine Lektion, die - jeweils am Ende angehängt – zusätzliches Material bietet, das über dasjenige der Original-Lektionen hinausgeht. Eine Auflistung der Zusätze findet sich im Anschluss an das Inhaltsverzeichnis.

Die Haupt-Lektionen

Lektion 34 – Meditation und Weltprobleme 51

Die Tantra-Lektionen

Liste der Zusätze und Abbildungen

Im Folgenden sind alle **Zusätze** aufgelistet, die sich am Ende der bezeichneten Lektion finden. Darauf wird auch im Inhaltsverzeichnis und in den Lektions-Überschriften mittels eines Sternchens (*) hingewiesen. **Bist du bereits mit den FYÜ-Online-Lektionen vertraut, weist diese Seite auf das Zusatzmaterial in diesem Buch hin.**

Die folgenden Lektionen enthalten klärende **Anmerkungen am Ende** – 12, 30, 33, 38, 55, 56, 85, 132, 160, 166, 235.

Abbildungen

Anmerkung zu den nicht genutzten Lektionsnummern

Du wirst im Inhaltsverzeichnis und im ganzen Buch bemerken, dass gewisse Lektionsnummern nicht genutzt sind. Dafür gibt es zwei Gründe. Mit mysteriöser Numerologie haben beide nichts zu tun.

Einmal gab es in dem ursprünglichen Online-Forum keine Möglichkeit, schon veröffentlichte Beiträge zu editieren. Einen Beitrag, den man korrigieren musste, konnte man nur löschen und nach der Korrektur neu veröffentlichen. Das hieß aber, dass eine Nummer in der Reihenfolge ungenutzt blieb. Da nun unter Anwendung dieser Methode einige Korrekturen notwendig waren (besonders in den frühen Lektionen), gibt es in der Lektionsreihenfolge einige ungenutzte Nummern. Dazu gehören die Nummern 1-9, 26, 32, 40, 61, 70, 87, 111, T3, T6, T8, T26.

Der zweite Grund für ungenutzte Lektionsnummern betrifft nur dieses Buch. Hinter ungenutzten Lektionsnummern können sich auch Beiträge verbergen, die sich nur auf administrative Fragen bezüglich des Internetauftritts beziehen, also nichts zum wirklichen Inhalt der FYÜ-Lektionen beitragen. Sie wurden in diesem Buch also nicht abgedruckt (ausgelassen sind die Internet-Lektionen 82, 123, 141, 142, 162, 211, 215, T20).

Man mag die Frage stellen: "Warum hast du in diesem Buch nicht einfach die Lektionen noch einmal neu durchnummeriert, d.h. mit „1“ angefangen und ohne Lücken bis ans Ende durchgezählt?" Ganz einfach, weil es wichtig ist, die Konsistenz in den verschiedenen Versionen der Lektionen beizubehalten, so dass Lektion 13 in die Meditation einführt, unabhängig davon, welche spezifische Quelle oder Übersetzung herangezogen wird. Das trifft also auch auf den aktuellen Inhalt dieses Buches zu. Der Inhalt ist fast der gleiche in allen Kanälen, außer dass dieses Buch noch ein „Feintuning“ der Original-Lektionen enthält und auch noch substanzielles neues Lehrmaterial, das vielen Lektionen (siehe die Liste auf der vorangehenden Seite) hinzugefügt wurde, und damit um einiges über das hinausgeht, was in den Online-Lektionen verfügbar ist.

Die Lektionszählung ist die gleiche in diesem Buch wie auch auf der Website „Fortgeschrittene Yoga Übungen“, im Online-Forum, auf den englischen Originalseiten und Büchern und auch in mehreren anderen Übersetzungen der Lektionen in andere Sprachen, die im Entstehen begriffen sind. Auch wenn also die Nummerierung der Lektionen etwas sonderbar anmutet, hat sie doch ihren Sinn. Die Nummerierung einer Lektion bleibt immer die gleiche, unabhängig in welcher Sprache du sie liest oder welche Quelle du heranziehst.

Dieses Buch gibt es auch als eBook, als mp3-Hörbuch in drei Teilen und als eBook in drei Teilen.

Der Guru ist in dir.

Haftungsausschluss

"Jeder ist für seinen spirituellen Fortschritt und für die Methoden, die er anwendet, selbst verantwortlich. Was du mit den Informationen der FYÜ-Schriften anfängst, ist ganz alleine deine Entscheidung."

Das steht in der Einleitung (Startseite) zum Webangebot der Fortgeschrittenen Yoga Übungen. Dasselbe gilt genauso für dieses Buch. Es gibt niemanden, der die Verantwortung über die Ausführung deiner Yoga-Übungen übernehmen kann als du selbst. Wir haben uns alle Mühe gegeben, die uralten Yoga-Methoden richtig wiederzugeben und effektiv zu integrieren. Zusätzlich werden die ganzen Lektionen hindurch Sicherungsmaßnahmen (Methoden der „Selbstabstimmung") erörtert, die einen guten Fortschritt unter Beibehaltung von Stabilität gewährleisten sollen. Dennoch gibt es für keine der Methoden in diesem Buch eine Garantie. Das Risiko für die Anwendung der Übungen hast du selbst zu tragen.

Die erstaunlichen Möglichkeiten für ein höheres Funktionieren, die in jedem menschlichen Körper angelegt sind, stellen den Prüfstein für alle Lektionen in diesem Buch dar. Eigene Erfahrungen bilden die Grundlage für diese Lektionen. Die hier erörterten Übungen sollen entsprechend der zu beobachtenden Ursachen und Wirkungen auf eine flexible Weise unter Eigenverantwortung angewandt werden.

Diese Lektionen enthalten nicht die Lehre von irgendeiner anderen Organisation, Schule oder Person und sollten auch nicht so interpretiert werden. Sie sind Frucht der besten Anstrengung des Autors auf wissenschaftliche Weise das yogische Wissen aus einer Vielzahl alter Traditionen zu integrieren. Aus diesem Grund werden zur Orientierung in den Lektionen bisweilen bestimmte Traditionen und Lehrer des Yoga erwähnt. Obwohl heutige Lehren üblicherweise eine Verbindung zu dieser oder jener Tradition beanspruchen, versuchen diese Lektionen dies nicht. Diese Lektionen bilden einen integrierten Yoga-Ansatz und müssen auf ihren eigenen Füßen stehen. Du, der Leser, bist es, der, je nachdem, wie sie sich theoretisch und praktisch bewähren, über ihren Wert befindet.

Die Haupt-Lektionen

Lektion 10 – Warum diese Erörterung?

(Dies ist die erste Lektion)

Jeder weiß, dass er etwas Besonderes ist, dass es etwas gibt, was über diese Geburt, dieses Leben und den Tod hinausreicht. Das hallt irgendwo tief in uns wider. Unser ganzes Leben verbringen wir mit dem Versuch, über das hinauszuwachsen, was wir sind. Auf die eine oder andere Weise wollen wir mehr sein. Manchmal stellen wir alles auf den Kopf, um das zu erreichen. Manchmal machen wir Fortschritte. Zu oft lassen wir uns jedoch in der Hoffnung dahintreiben, jemand möge die Türe für uns öffnen. Würde das nur irgendjemand tun, wir würden durch sie hindurch stürmen. Würden wir das wirklich?

Dies ist der erste entscheidende Schritt: dass wir zu jenem 'etwas mehr' in uns vordringen wollen. Wir müssen das wirklich wollen, es ersehnen, sogar verzweifelt danach streben. Ich bin hier, weil ich viele Jahre lang einer von diesen Strebenden war. Und ich weiß, dass es da noch andere geben muss. Ich möchte einige Methoden bekannt machen, einige Methoden, die es wirklich in sich haben – Werkzeuge, wenn du verstehst. Sie sind hier, damit du sie dir einmal anschaust und sie ausprobierst. Was dann daraus wird, liegt nur bei dir.

Wir werden über Philosophie sprechen, aber nicht allzu viel. Hauptsächlich geht es hier um Yoga-Übungen, wie sie funktionieren, was sie bewirken und wie man sie ausübt. Auch wie sie zusammenspielen können und sich gegenseitig auf magische Art und Weise zum Durchbruch verhelfen. Das ist der Grund, warum du hier den Ausdruck "integrierte Übungen" des Öfteren zu hören bekommst. Dies ist kein neues Konzept. Die Yoga Sutren des Patanjali geben einen achtgliedrigen Pfad der Übung vor. Die meisten Traditionen tendieren dazu, sich dem einen oder anderen Teil davon intensiver zu widmen. Das ist mehr als natürlich. Wer will schon viele verschiedene Dinge am Halse haben? Willst du jedoch wirkliche Fortschritte in diesem Leben machen, musst du koordiniert und zielgerichtet auf mehreren Baustellen gleichzeitig arbeiten. Es ist hier wie überall im Leben. Das spirituelle Leben macht da keine Ausnahme.

Wir werden hier über viele nach innen führende Wege sprechen – die Wege zu deinem göttlichen Inneren, wie man sich wirklich den Zugang öffnet. Bist du dazu bereit? Sehnst du dich danach? Nicht jeder tut das. Doch jeder wird sich früher oder später danach sehnen. In der Tat wird das Feuer der göttlichen Sehnsucht schon mit ein wenig Übung angefacht. Schon ein wenig Praxis öffnet das Tor weit genug, um das göttliche Verlangen hervorquellen zu lassen. Dann fangen wir Feuer und sind begierig nach mehr Übung und mehr kraftvollen Wegen hineinwärts. Es ist eine Art von Abhängigkeit – eine Art göttlicher Sucht. Ich gestehe, ein Abhängiger dieses spirituellen Übungsspieles zu sein. Es ist eine ekstatische Spirale, die uns aus unseren begrenzten irdischen Wahrnehmungen herauszieht. Alles wird anders aussehen, zuerst nur ein wenig, doch dann immer mehr. Also, wenn du nicht göttlich inspiriert, göttlich abhängig werden willst, halte dich besser fern. Denn die besten Mittel dazu findest du hier. Wenn du dein Herz und deinen Verstand daraufhin ausrichtest, kannst du es schaffen. Das meine ich ernst. Und dann wird nichts mehr sein, wie es war: Du wirst nur noch lachen, wenn du siehst, wie es wirklich ist.

Diese Erörterung ist für weise Seelen, solche die bereit sind, das zu tun, was nötig ist – und solange es nötig ist. Waren die Weisen früherer Zeiten weniger entschlossen? – Bestimmt nicht. Wir wundern uns über ihre bemerkenswerten Geschichten in den heiligen Schriften. Aber es ist heute noch genau dasselbe: Du wirst aus deinen Übungen das herausbekommen, was du hineinsteckst. Es war immer schon so.

Warum sich mit all dem abmühen? Ehrlich gesagt, es gibt nichts Höheres, nichts Besseres als das. Das Vergnügen übersteigt alles Irdische – wirklich! Der Kern der göttlichen Erfahrungen ist eine nicht endende, alles überstrahlende Glückseligkeit und ein unerschütterlicher stiller Friede. Das sieht nach einem Widerspruch aus, nicht wahr? So ist es auch. Doch lass dich nicht von meinen Worten überzeugen. Probiere einige dieser Methoden aus und sieh selbst. All das wartet bereits in dir. Beginne mit ein paar Babyschritten und schon bald kannst du dich rasant öffnen – vorausgesetzt du bist bereit dazu und entscheidest dich, jeden Tag vorwärts zu kommen. Denke daran, es geht um die einzige Sache, die wir mit uns nehmen können, wenn wir dieses Leben hier verlassen.

Einzelne der Übungen, die wir hier erörtern, beinhalten:

- ♥ Entwicklung von anhaltender innerer Stille durch Meditation.
- ♥ Öffnen der subtilen Nerven durch Pranayama (Atemkontrolle).

- Stimulieren göttlicher Energie mit Hilfe fortgeschrittener körperlicher Stellungen und Handgriffe (Mudras, Bandhas).
- Kultivieren göttlicher Sehnsucht (Bhakti) und göttlichen Handelns.
- Kultivieren der sexuellen Energie zu einem neuen Zweck (Tantra).
- Mit mächtigen Mitteln stille innere, sich auch nach außen erstreckende Achtsamkeit entwickeln.

Einige dieser Übungen werden einem vertraut, andere wiederum als radikal erscheinen. Zusammengeschlossen und aufeinander abgestimmt ergeben sie ein mächtiges System des Yoga. Diese Mittel sind zu nützlich, als dass sie nur einigen wenigen vorbehalten sein dürfen. Sie gehören vielen. Also gönne sie dir. Wenn du dich nach dem Wissen zur Transformation des menschlichen Wesens sehnst, bist du es auch wert und hier an die richtige Stelle gelangt.

Der Guru ist in dir.

Lektion 11 – Was ist Yoga? Was ist Religion?

Yoga, Religion. – Diese beiden Worte rufen derart viele Vorstellungen hervor, nicht wahr? Nicht alle davon haben einen klaren Umriss. Nicht alle davon rufen gute Gefühle hervor. Aber wir wollen uns jetzt nicht mit den schwachen Seiten der Menschheit befassen. Halten wir uns an das Wesentliche. Denn spirituelle Praxis beleuchtet man am besten, wenn man vom Wesentlichen ausgeht. Doch dieses Wesentliche wird oft von den kulturellen Färbungen dieser beiden einfachen Worte verdeckt.

Yoga bedeutet „vereinigen". Religion bedeutet „sich zurück- und zusammenbinden". Hmmm… eine ähnliche Bedeutung. Jedoch, was bindet man zurück? Ah… das ist der Kern des Ganzen. Wir sind, oder scheinen, zwei Dinge zu sein, die wieder zusammengefügt werden müssen. Einerseits befinden wir uns in der Welt von Zeit und Raum, einer Welt, die wir über unsere Sinne wahrnehmen. Andererseits sind wir Beobachter dieser Welt. Wir sind etwas hinter all dem, aber auch innerhalb all dessen. Wir haben Bewusstsein, nehmen wahr. Wir sind beides, Subjekt (Beobachter) und Objekt (Beobachtetes). Und diese beiden Dinge sind voneinander getrennt. Aber müssen sie das sein? Sind sie es tatsächlich? Yoga und Religion sagen: „Nein". Somit beginnt hier der Prozess der Zusammenführung. Und was auch immer du bisher gehört haben magst, das ist es, worum es in Yoga und Religion wirklich geht.

Doch warum gibt es diese Trennung überhaupt? Wenn diese beiden eigentlich eins sind, warum erscheinen sie dann als zwei? Denk einmal eine Minute über dich selbst nach. Wer bist du? Die meisten von uns deuten auf ihren Körper und sagen: „Das bin ich.“ Wir fühlen zwar alle, dass da noch etwas mehr sein muss. Aber das Beste, was uns meist einfällt, ist, unseren Körper zu betrachten und zu sagen: „Das bin ich. Das ist mein Körper. Mein Name ist Hans Maier. Ich kann denken und fühlen und auch das ist ein Teil von mir." Würdest du jemandem sagen: "Ich bin etwas hinter all dem, was du siehst, und hinter allem, was ich denke und fühle. Ich bin Bewusstsein", würde das nicht ein wenig sonderbar klingen? Warum sonderbar? Weil wir uns mit den Wahrnehmungen unseres Körpers, d.h. unseres Verstandes, in dieser Welt identifizieren. Das ist eine Gewohnheit, eine tief in unsere biologischen und neurologischen Abläufe verwurzelte Gewohnheit. Und nicht nur das. Da wir gewohnheitsmäßig unser Selbstverständnis auf unseren Körper/Verstand übertragen, sehen wir unsere materielle Umgebung als etwas von uns Getrenntes. Somit wird die Welt zu einem Fremden, zu etwas für sich selbst Existierendes. Durch den Prozess unserer identifizierenden Wahrnehmung ist aus dem Einen das Viele entstanden.

In Yoga und Religion geht es darum, die Identifikation des Bewusstseins, die dazu führte, dass aus dem Einen viele wurden, zu entwirren. Nicht, dass die Welt verschwinden würde. Sie wird lediglich als das angesehen werden, was sie in Wirklichkeit ist, als ein Fluss des Einen, deines wahren Selbst. Dann wird sie zu einem weit angenehmeren Ort. Darum geht es auch eigentlich: Wir sollen das Lebensglück in dieser Welt finden. Auch wenn alles durch die Schatten scheinbaren Getrenntseins weitertaumelt, müssen wir nicht fortfahren, es auf diese Art zu sehen. Das ist das Versprechen, das Yoga und Religion uns geben. Das ist das Versprechen spiritueller Übungen. Es ist ein gutes Versprechen. Es liegt an uns, dieses Versprechen von Yoga und Religion einzulösen, indem wir die Mittel, die uns angeboten werden, nutzen.

Das Einswerden bedeutet nicht einfach, dass man die Situation intellektuell verstehen lernt – obgleich das nicht schaden kann. Vielmehr geht es darum, unsere tiefsten Funktionsweisen, biologische wie neurologische, zu verändern. Dann verändert sich auch unsere Erfahrungswelt und in weiterer Folge unsere Gedanken, Gefühle und Handlungen, die mit Liebe angefüllt werden und einen tiefen Sinn erhalten. Wir können alle mehr davon gebrauchen. Die Identifikation löst sich nach und nach auf und etwas Gewaltiges tritt aus uns an die Oberfläche hervor. Yoga ist nicht bloß ein intellektueller Vorgang. Es ist etwas Physisches, wie jeder weiß, der bereits eine Yoga-Stunde besucht hat. Yoga-Praktiken operieren auf mehreren Ebenen – körperlich, mental, emotional und neurologisch – und in Galaxien innerer ekstatischer Energie!

Der Vorgang des Einswerdens beginnt damit, dass wir einen direkten Kontakt mit unserem inneren Selbst, unserem Bewusstsein herstellen. Haben wir darin einmal Fuß gefasst, d.h. diese Verbindung hergestellt, können wir von dort mit vielen anderen Methoden fortschreiten. Sich seines tiefsten Bewusstseins in steter Regelmäßigkeit gewahr zu werden, ist etwas Friedvolles und Erfreuliches und kann unmittelbare Linderung in ein hektisches und geschäftiges Leben bringen. Dies wird durch Meditation – einer ganz bestimmten Art der Meditation – der „tiefen Meditation“, erreicht. Sie ist die erste der fortgeschrittenen Yoga-Übungen, die wir auf unserem Weg zur Einheit, auf unserem Weg, uns wieder mit unserem Selbst zu vereinigen, erlernen werden. Dies ist ein guter erster Schritt, der großen Gewinn bei nur kleiner täglicher Anstrengung bringt.

„Tägliche Anstrengung?" sagst du. Darüber wollen wir als nächstes sprechen. Denn ohne eine Selbstverpflichtung, dich täglich etwas zu bemühen, wirst du deine Zeit hier verschwenden – wie auch sonst überall.

Der Guru ist in dir.

Lektion 12 – Der wichtigste Bestandteil – Wunsch

Es ist allgemein bekannt: Wollen wir, in welchem Bereich auch immer, erfolgreich sein, müssen wir ununterbrochen danach verlangen und bereit sein, täglich an der Erfüllung unseres Wunsches zu arbeiten. Denke an die erfolgreichsten Menschen, von denen du weißt. Ist es nicht das, was sie gemein haben? Wenn wir ihre Lebensläufe betrachten, sehen wir, dass sie lange und hart dafür gearbeitet haben, solche außergewöhnlichen Fähigkeiten auf ihren Gebieten zu erlangen. Dahinter stand stets das unersättliche Verlangen, in ihren Bemühungen erfolgreich zu sein. Dieses Verlangen trieb sie stets an, Hindernisse zu überwinden und für Jahre an der Verfolgung ihrer Ziele zu arbeiten. Beim Yoga und mit der Religion ist es dasselbe, hier arbeitet man aber der göttlichen Vereinigung entgegen.

Jesus sagt: "Gesegnet sind die, die hungern und dürsten nach der Gerechtigkeit, denn sie werden satt werden." [Matt 5,10] Ebenso sagt er: "Suche und du wirst finden. Klopfe an und es wird dir geöffnet werden." [Luk 11,9]

Das ist die Zauberformel – richte deinen Wunsch auf ein Ziel, und das wird die Handlungen hervorbringen, die dieses Ziel erreichbar machen. Andauernde Sehnsucht ist der Treibstoff, das tägliche Tun das Feuer. Das Wort „andauernd" ist ebenso wichtig wie das Wort „Ziel". Ohne diese beiden wirksamen Faktoren zerstreut sich der Wunsch, die Handlungen sind nicht zielgerichtet und es passiert nicht viel. Mit ihnen ist alles erreichbar.

Wenn wir unsere Sehnsucht in der Art kultivieren, dass sie ununterbrochen auf ein bestimmtes Ziel, wie eben die göttliche Vereinigung, ausgerichtet ist, bringen wir dadurch eine besondere Form der Sehnsucht hervor. Man nennt sie „Hingabe". Hingabe ist das stetige Fließen von Verlangen auf einen Gegenstand oder ein Ziel hin. Wir wissen alle, was unter dem Begriff „Hingabe" zu verstehen ist. Wenn wir die Leistungen eines Erfolgsmenschen zu beschreiben versuchen, sagen wir:„Oh, sie gibt sich so sehr ihrer Arbeit hin." Oder, wenn es um einen großen Mystiker geht:" Oh, er ist Gott so hingegeben." Es ist kein Zufall, dass Hingabe und Größe gemeinsam anzutreffen sind. Das Erste führt unweigerlich zum Zweiten. Das Zweite kann nicht ohne das Erste stattfinden.

Wie auch immer deine Vorstellung von Erleuchtung aussehen mag, welcher Tradition oder welchem Glaubensbekenntnis du auch immer dich zugehörig fühlst, was auch immer dich auf deinem Weg Richtung spiritueller Entfaltung inspiriert, kultiviere das. Das ist der Motor, der die Praxis antreibt. Es ist das, was uns befähigt, die tägliche spirituelle Praxis so lange aufrecht zu erhalten, wie es nötig ist. Wenn wir üben, wächst unsere spirituelle Erfahrung und daraus erwächst Hingabe. Ein Mehr an Hingabe intensiviert unsere Entschlossenheit zu üben, entschlossenere Übung führt zu mehr göttlicher Erfahrung, was wiederum die Hingabe wachsen lässt. Auf diese Weise geht es vorwärts: Hingabe motiviert zu Praxis ... das führt zu göttlicher Erfahrung... was wiederum die Hingabe befördert... und so weiter. Eine mit allen möglichen Mitteln ständig am Siedepunkt gehaltene Hingabe ist der beste Freund des spirituellen Aspiranten. Es ist nicht immer ein leichtes Leben, wenn man unentwegt von spirituellem „Hunger und Durst" verzehrt wird, aber es stellt uns auf die königliche Straße, die zur Erleuchtung führt. Intensive Hingabe an die Transformation unseres Lebens mit Hilfe fortgeschrittener Yoga-Praktiken stellt sicher, dass getan wird, was getan werden muss.

Da wir gerade über das sprechen, was getan werden muss, sollten wir auch gleich über den nächsten Schritt reden – die Entwicklung der Gewohnheit, die unendliche, stille Tiefe in uns in täglicher Wiederholung zu kultivieren. Lass uns also über Meditation sprechen!

Der Guru ist in dir.

Anmerkung: Diese Lektion stellt die Bedeutung des Verlangens für den allgemeinen Prozess des Yoga heraus. In späteren Lektionen wird die Rolle des Verlangens weiter unter dem Begriff "Bhakti", was soviel wie "Wahrheitsliebe" oder „Liebe zu Gott" heißt, erörtert. Dies beinhaltet viel mehr als eine emotionale Hinwendung. Bhakti ist eine der mächtigsten spirituellen Praktiken. Emotionale Energie hat einen enormen Einfluss auf den Prozess der menschlichen spirituellen Transformation und auf den Verlauf all unserer Bestrebungen im Yoga. Deshalb greifen wir die Prinzipien und praktischen Methoden von Bhakti in diesen Lektionen immer wieder auf.

Lektion 13* – Meditation – Wecken der ruhenden Saat

Dein Verstand besitzt die natürliche Fähigkeit, still zu sein. Wenn er still wird, bist du mit deinem Genius in Kontakt. Albert Einstein sagte, dass ihm die Ideen, die ihn zur Relativitätstheorie führten, in Momenten stiller Reflexion kamen. Mozart hörte Sonaten und Symphonien durch die stillen Weiten seines Geistes hallen. Alles, was er tun musste, war, sie niederzuschreiben. Wir wissen, dass Isaac Newton seine Gesetze der Bewegung und Schwerkraft entwickelte, während er unter einem Apfelbaum entspannte. Ob er tatsächlich von einem Apfel am Kopf getroffen wurde oder nicht, ist nicht gewiss, aber es besteht kein Zweifel darüber, dass sein stiller Verstand einen Wissensschatz zu Tage gefördert hat. Wir könnten noch weitere Beispiele nennen, doch du weißt, worauf ich hinaus will. Ein stiller Verstand besitzt enorme Kreativität. Doch das ist nicht alles. Ein stiller Verstand ist friedvoll, glückselig und gesund, außerdem strahlt er diese Qualitäten durch die ihn tragende Persönlichkeit an seine Umgebung aus. Menschen, die wissen, wie man einen stillen Verstand entwickelt, stehen nicht nur mit ihrer inneren Kreativität in enger Verbindung, sie strahlen auch eine Jugendlichkeit und einen Optimismus aus, der jeden in ihrer Nähe beeinflusst. Sie besitzen „gute Schwingungen".

Wir sprachen in Lektion 11 von Bewusstsein (Gewahrsein – der Beobachter) und von der objektiven Welt (das Beobachtete). Die unserem Bewusstsein zugrunde liegende Natur ist glückselige Stille. Es ist das, was hinter dem Verstand liegt, was erfahren wird, sobald der Verstand zur Ruhe kommt. Es ist ein unbegrenztes Reservoir der gerade erwähnten Eigenschaften, das Reich, welches wir als Gott kennen, immerzu in uns selbst anwesend. Deshalb wird in den Psalmen dazu aufgefordert: "Sei stille und wisse, dass ich Gott bin." Um Zutritt zu diesem göttlichen ALLSEIN zu erlangen, müssen wir einzig wissen, wie man still wird.

Meditation ist der Prozess, dem Verstand zu bestimmten Zeiten jeden Tag systematisch zu gestatten, still zu werden. Wenn wir dies über Tage, Wochen, Monate und Jahre praktizieren, kommen Stille und Bewusstheit allmählich auch dann zum Tragen, wenn der Verstand, während wir nicht meditieren, tätig ist. Dadurch wird unser Leben in der Welt bereichert. Durch Meditation wird das Verhältnis zwischen dem Bewusstsein und der Welt schrittweise verändert. Das gehört zum Prozess des Yoga, dem Verbinden. Dies ist der erste Schritt. Entsteht erst einmal glückselige Stille inmitten der täglichen Erlebnisse, können etliche weitere Dinge unternommen werden, um dies zu steigern und auszuweiten. Zuerst jedoch müssen wir eine Grundlage in unserem Bewusstsein schaffen. Wir müssen sozusagen die ruhende innere Saat dessen, was wir sind, erwecken.

Es wurde bereits erwähnt, dass dein Verstand die natürliche Fähigkeit besitzt, ruhig zu werden. Wir werden uns diese natürliche Begabung in der Methode der tiefen Meditation, die wir hier praktizieren, nutzbar machen. Überhaupt werden wir uns durch all die hier vorgestellten Übungen (und das sind ziemlich viele) deine natürlichen Fähigkeiten nutzbar machen. Die Idee, die dahinter steckt, ist, dir zu zeigen, wie du die Gaben, die bereits dein sind, richtig einsetzen kannst. Wir werden lediglich da und dort einige spezielle Hebel anbringen, um deine natürlichen Fähigkeiten zu aktivieren. Der Rest liegt dann bei dir. Wenn du anwendest, was du lernst, und auch dabei bleibst, wirst du eines Tages erkennen, dass du eine fortwährende Glücksmaschine bist, die imstande ist, weit über den Verstand hinausgehende Erfahrungen zu machen. Oh ja, das bist du tatsächlich. Meditation ist der erste Schritt dorthin.

Gedanken steigen in unserem Verstand vom Moment des morgendlichen Erwachens bis zu der Minute auf, in der wir abends einschlafen, und viele weitere folgen während unserer Träume. Dennoch behaupten wir, der Verstand hätte eine natürliche Begabung zur Stille. Doch wie?

Wir bedienen uns eines Gedankens, dies zu erreichen – nicht irgendeines Gedankens, eines speziellen Gedankens, man nennt ihn „Mantra". Wir benützen eine besondere Methode, diesen Gedanken zu denken. Diese gestattet es dem Verstand, das zu tun, was er, wenn ihm nur die Gelegenheit gegeben wird, spielend tut, nämlich ruhig zu werden.

Eigentlich könnte jeder Gedanke zur Meditation herangezogen werden, wie das von Forschern über die letzten dreißig Jahre hinweg reichlich demonstriert wurde. Wir wollen jedoch einen bestimmten Gedanken verwenden, einen mit bestimmten Eigenschaften seiner Schwingungen, einen, der einen bestimmten Effekt in unserem Nervensystem verursacht. Auch soll es einer sein, den wir weiterentwickeln können, wenn unsere Praxis voranschreitet, doch darüber später. Das Mantra, mit dem wir hier beginnen, lautet:

... AYÄM ...[1]

Wir konzentrieren uns während der Meditation nicht auf die Bedeutung des Mantras *I AM* [AYÄM, ICH BIN]. Ohne Zweifel besitzt es eine heilige Bedeutung, insbesondere in der jüdisch/christlichen Tradition und birgt zudem Übereinstimmungen zu heiligen Lauten anderer Traditionen. Doch es ist der Klang, an dem wir interessiert sind, nicht seine Bedeutung. Es ist der Klang, den wir uns im Inneren nutzbar machen. Uns geht es um die tiefgründige Schwingungsqualität des Klanges, wenn er tief in Verstand und Nervensystem wirksam angewandt wird. Vielleicht sind diese tiefgreifenden Auswirkungen im Menschen auch der Grund dafür, dass *I AM* [AYÄM, ICH BIN] über Jahrhunderte hindurch verehrt wurde und wird. Was wir tun, ist Folgendes: Wir richten während der Praxis der Meditation unsere Aufmerksamkeit auf die korrekte Anwendung des Mantras. Damit erzielen wir die besten Resultate.

Und so gehen wir vor:

Finde einen ruhigen, angenehmen Ort, an dem du (wenn nötig mit Rückenunterstützung) sitzen kannst. Wir wollen unnötige Ablenkungen vermeiden. Setze dich einfach irgendwo hin und entspanne, wo du deine Augen für zwanzig Minuten schließen kannst, ohne unterbrochen zu werden.

Wenn du es dann bequem hast, schließe langsam deine Augen. Du wirst Gedanken bemerken, Ströme von Gedanken. Das ist gut so. Beobachte sie nur, ohne dich weiter um sie zu kümmern. Nach etwa einer Minute beginne bedächtig den Gedanken einzubringen ... *I AM* ... und ihn einfach und ohne Anstrengung in deinem Geist zu wiederholen. Wandert dein Verstand zu anderen Gedanken ab, wirst du schließlich wahrnehmen, dass dies geschehen ist. Lass dich dadurch nicht beunruhigen. Das ist nur natürlich. Wenn dir auffällt, dass du das Mantra nicht mehr wiederholst, bringe dich auf sanfte Art wieder zu ihm zurück. Das ist alles, was du zu tun hast. Wiederhole das Mantra mit Leichtigkeit, still im Inneren. Bemerkst du, dass du nicht mehr daran denkst, bringe dich ebenso leicht wieder zurück zu ihm. Das Ziel ist nicht, bei ihm zu bleiben. Das Ziel ist, dem einfachen Vorgang des Mantra-Denkens zu folgen, es zu verlieren und wieder zu ihm zurückzukehren, wenn du bemerkst, dass du es verloren hast. Wehre dich nicht dagegen, wenn das Mantra dazu tendiert, weniger deutlich zu werden. Das Mantra zu denken, muss nicht mit klarer Aussprache erfolgen. *I AM* kann auf den unterschiedlichsten Ebenen deines Verstandes und Nervensystems erfahren werden. Wenn du zu ihm zurückkommst, dann auf einer Ebene, die dir angenehm ist; plage dich weder damit, eine klare Aussprache zu finden, noch lass dich von einer verschwommenen irritieren.

Übe das für zwanzig Minuten und ruhe dich dann noch einige Minuten mit geschlossenen Augen aus, bevor du dich wieder erhebst.

Diese Übung sollte zweimal täglich ausgeführt werden – bevor du deinen Tag beginnst und vor deinen abendlichen Aktivitäten. Auch ist es besser, vor den Mahlzeiten zu üben, da sich der Verdauungsprozess störend auf die Meditation auswirken kann. Nimm dir vor, diese Übung für einige Monate auszuführen. Erwarte nicht gleich große Resultate. Du wirst aber bei anhaltender Übung über die Wirkung erstaunt sein, und das wird dich dann anspornen, weiterzumachen und andere Ebenen zu erreichen.

Das ist genug fürs Erste.

In den folgenden Lektionen werden wir uns detaillierter mit der Vorgehensweise und den Auswirkungen der Meditation befassen. Danach beginnen wir, mit einer weiteren natürlichen Begabung zu arbeiten, die jeder von uns besitzt; mit unserer Begabung, den Atem dazu zu nutzen, die Stille in uns mit unendlicher Verzückung anzureichern.

Der Guru ist in dir.

Zusatz: – Nachdem diese Lektion online veröffentlicht worden war, erhielt ich von Zeit zu Zeit Anfragen zur englischen Bedeutung des *I AM* Mantras, wie deren Beziehung zum Prozess der Meditation sei und ob Übende mit anderer Muttersprache die Bedeutung von *I AM* in ihre eigene Sprache übersetzen und das als Mantra benutzen sollten. Wie schon in der Lektion gesagt wurde, geht es bei der Meditation nicht um die Bedeutung von *I AM.* Es geht um den Klang. Die Wirksamkeit des Klangs in den Tiefen des Geistes geht auf die Besonderheiten des menschlichen

---

[1] Anmerkung des Übersetzers: Die Aussprache entspricht der des Englischen Ausdrucks *I AM* (ICH BIN), den Yogani im Original verwendet – doch sind wir einzig an den inneren Schwingungen des Lautes interessiert, wie das in den folgenden Zeilen auch deutlich wird. Alles, was im laufenden Text in eckigen Klammern steht, also [...], sind Anmerkungen des Übersetzers.

Nervensystems und nicht auf irgendeine besondere Bedeutung (oder das Fehlen einer Bedeutung) zurück, die man dem Klang in einer Sprache zuspricht. Der Klang, den man durch die Worte *I AM* bezeichnet, kann genauso gut mit der Buchstabierung AYÄM ausgedrückt werden, weil sich dahinter dieselbe Aussprache verbirgt, auch wenn im Englischen dafür keine Bedeutung bekannt ist. Vielleicht gibt es in einer anderen Sprache dafür eine Bedeutung, doch ist dies unwichtig, weil wir uns bei der Nutzung des Mantras im einfachen Prozess der Meditation nicht um Bedeutungen kümmern. Sollte eine bestimmte Buchstabierung von *I AM* dich irgendwie ablenken, dann wähle für die Meditation eine andere lautliche Repräsentation, die nicht mit Bedeutung belastet ist. Oder vergiss die Buchstabierung ganz! Dieses Thema wird in den Lektionen 115, 117 und 188 noch weiter erörtert. Du brauchst nun nicht gleich zu diesen Lektionen gehen und sie lesen. Geh lieber von hier aus Schritt für Schritt durch die Lektionen. Sei dir nur bewusst, dass es der Klang des Mantras ist, den wir während der Meditation im Innern nutzen, nicht die Bedeutung, genauso wie es das ja schon in der Lektion heißt.

Lektion 14 – Es geschieht nicht viel

Frage: Danke für die Meditationsanleitungen. Doch scheinen sie bei mir nicht wirklich zu greifen. Ich wiederhole das Mantra und es geschieht eigentlich nichts. Ständig schweife ich zu alltäglichen Gedanken ab und komme zurück, sobald ich das bemerke, wie du gesagt hast, immer wieder und wieder – zwanzig Minuten lang. Es ist ganz schön langweilig. Bin ich ganz einfach nicht geeignet dafür?

Antwort: Unsere Nervensysteme sind so verdrahtet, dass wir glückselige Stille erfahren können. Man kann sogar sagen, dass wir genau für diese Erfahrung geschaffen worden sind. Kein Mensch ist da eine Ausnahme! Allerdings gibt es in jedem Nervensystem Hindernisse, die herausgelöst und ausgewaschen werden müssen. Die in vielen Leben angesammelten Unreinheiten verhindern, dass unser natürlicher Zustand sich in dieser Welt manifestiert und verhindern auch, dass wir innerlich sehen. Die Übungen des Yoga dienen dazu, diese Hindernisse aus dem Weg zu räumen. Yoga ist ein Reinigungsprozess. Durch die Reinigung wird die Vereinigung zwischen innerer und äußerer Natur herbeigeführt. Wir wissen, dass dieser Prozess während der Meditation auch abläuft, wenn wir das Mantra verlieren und wir uns kurz darauf, mit anderen Gedanken befasst, wiederfinden. Während des Vorgangs der Meditation sind diese anderen Gedanken Symptome dafür, dass sich etwas gelöst hat. Bemerken wir das, gehen wir wieder zurück zu unserem Mantra und fahren wie gehabt fort. Es ist wichtig, locker mit dem Mantra umzugehen, sich nicht auf eine klare geistige Aussprache zu versteifen und auch nicht auf eine unklare – keine Abhängigkeit von irgendetwas, einfach ungezwungen dabei sein. Wenn wir diese Gewohnheit der Leichtigkeit entwickeln, wird sich der Verstand auf natürliche Weise in seine Stille niederlassen. Wir fördern somit einen natürlichen Prozess unseres Verstandes.

Bis jetzt waren all unsere bewussten Gedanken nach außen gerichtet. Sie sollten sich in unserm Verstand und in der Welt manifestieren. Das Mantra *I AM* [AYÄM] benutzen wir, um nach innen zu gehen und zu de-manifestieren; wir lassen uns von ihm zur Quelle unserer Gedanken führen, zur Quelle unseres Seins, zum reinen Bewusstsein, zu unbegrenzter Achtsamkeit. Aber das wird nicht immer in so wunderbaren Begriffen erfahren. Oft verliert man einfach das Mantra, genießt unerklärliche, freudige Momente ohne Mantra und ohne Gedanken, wird sich dann wieder Gedanken bewusst und kehrt zum Mantra zurück. Der Reinigungsprozess geht somit weiter. Das ist eine vollkommene Meditation. Dies ist die Gewohnheit, die wir jeden Tag in unserer Meditation kultivieren wollen, denn sie führt uns zum Unendlichen. Erfahrungen werden da sein, wenn der Reinigungsprozess nur immer weiter fortschreitet. Doch Erfahrungen oder deren Abwesenheit sind kein Gradmesser für die Richtigkeit des Meditationsprozesses. Der Vorgang ist sehr eigentümlich und wir können an einem Tag eine innere Ausdehnung fühlen, an anderen nicht. Verstehst du?

In gewisser Weise gleicht das einer Schatzsuche. Bei geschicktem Graben schaffen wir die Erde auf eine solche Art zur Seite, dass wir dorthin gelangen, wo die Schatztruhe auf uns wartet. Das Graben an sich hat keine Ähnlichkeit mit einer Truhe voll Gold. Nichts desto trotz ist es genau das Graben, was uns zum Gold führt. Doch das Schöne an der Meditation ist, dass wir während des Grabens immer wieder einen Blick auf das Gold erhaschen können, was dann auch während unserer geregelten täglichen Aktivitäten öfters geschieht, wenn wir nicht graben. Diese Erfahrungen mit dem Gold nehmen langsam zu, wenn wir täglich meditieren. Dann, eines Tages, erkennen wir, dass wir selbst dieses Gold sind. Lange haben wir uns darum bemüht und alles ist anders geworden. Vom ersten Tag an sehen wir die Welt in einem anderen Licht, denn durch den inneren Reinigungsprozess werden wir zu dem, was der Welt zugrunde liegt. Von Anfang an schon waren wir das. Durch Yoga reinigen wir die Fenster unseres Nervensystems und entwickeln eine klare Wahrnehmung, dass dies die Wahrheit ist. Das ist es, was wir sind. Das Geheimnis des Lebens wird enthüllt. Wir sind das, was hinter allem liegt. Wir sind unendliche Glückseligkeit.

Bleibe also dabei. Entfache jeden Tag aufs Neue das Feuer des Verlangens, die Wahrheit in dir zu erkennen. Das wird dich am Ball halten. Unterwegs wirst du aus deinem Inneren positives Feedback erhalten. Führe zweimal täglich diese Meditationsübung für zwanzig Minuten durch. In dem Grade, wie deine Erfahrungen tiefer gehen, wirst du nicht mehr aufhören wollen, deine natürliche Begabung, nach innen gehen zu können, weiter zu kultivieren, da es dein eigenes Selbst ist, das du dabei freilegst. Und das wird dann zu einem Selbstläufer.

Mit der Zeit werden wir weitere fortgeschrittene Yoga-Übungen hinzufügen, welche die Kraft der Meditation außerordentlich steigern. Wenn ein kräftiger Gartenschlauch es nicht schafft, den ganzen Schmutz zu beseitigen, besteht immer noch die Möglichkeit, einen Hochdruckreiniger hinzuzuziehen.

Der Guru ist in dir.

Lektion 15 – Ruhelosigkeit

Frage: Als ich begann zu meditieren, empfand ich für einige Tage angenehmen Frieden und Ruhe. Dann fing ich jedoch an, in der Meditation ruheloser und tagsüber gereizt zu werden. Was ist da los?

Antwort: Obwohl die Reinigung des Nervensystems durch Meditation ein ziemlich einfacher Prozess zu sein scheint, ist es doch eine recht delikate Angelegenheit. Die Methode, die wir anwenden, ist einfach – mühelos wiederholen wir das Mantra… lassen das sich auf natürliche Weise verfeinern… wir verlieren das Mantra… später bemerken wir… dass es weg ist… dann kommen wir einfach wieder zurück zu ihm, ohne uns darum zu kümmern, ob wir es klar oder unklar halten… und so geht es weiter für zwanzig Minuten täglich. Aber lass dich nicht von dieser Einfachheit täuschen. Nimm das nicht auf die leichte Schulter. Dies ist eine fortgeschrittene und kraftvolle Übung. Wir machen es hier möglich, uns der Hindernisse aus vielen Leben zu entledigen und tiefe innere Befreiung zu erlangen. Diese Hindernisse sind in Form von Anspannungen und Belastungen in unsere Nervensysteme eingebettet und hindern uns daran, die Wahrheit in und um uns zu erkennen. Wir wurden bereits mit einigen Einschränkungen geboren. Weitere haben wir noch in diesem Leben hinzugefügt. Von all dem werden wir während der Meditation Stück für Stück befreit. Es ist eine gewaltige Unternehmung mit tiefgreifenden Ergebnissen.

Gerät dieser Reinigungsprozess ein wenig aus dem Gleichgewicht, können einige Unannehmlichkeiten auftreten – Ruhelosigkeit, Gereiztheit, unangenehme körperliche Empfindungen, Herumgezappel, unwillkommene Gedanken – lauter solche Sachen. Glücklicherweise gibt es Wege, den Meditationsprozess auszubalancieren, wenn solche Beschwerden auftreten. Das erste, was man tun sollte, ist, sich reichlich Zeit zu nehmen, aus der Meditation herauszukommen. Denke daran, dass sich während der Meditation ein innerer Reinigungsprozess abspielt. Du merkst vielleicht nicht, dass viel passiert. Aber wenn du von der Meditation aufspringst, ohne vorher etwas auszuruhen, kann es sein, dass du dich danach eine Zeit lang gereizt fühlst – vielleicht sogar den ganzen Tag lang. Suche die Ursachen dafür dann nicht bei deinen Lieben, deinen Freunden oder Mitarbeitern. Sieh es als das an, was es ist, nämlich eine Unausgewogenheit in deiner Übung. Nimm dir jedes Mal zumindest einige Minuten Zeit, in denen du nach Ende der Meditation nichts tust (entspannt sein, ohne an das Mantra zu denken). Das erlaubt den Spannungen und Belastungen, die sich während der Meditation vom Nervensystem gelöst haben, sich auf sanfte Weise zu zerstreuen. Wenn du dann aufstehst, fühlst du dich leicht und erfrischt. Ist das nicht der Fall, hast du wahrscheinlich nicht lange genug nachgeruht. Ruhe also am Ende, solange es nötig ist, um den Übergang von der Meditation zur Aktivität so geschmeidig wie möglich geschehen zu lassen. Vielleicht hast du sogar das Bedürfnis, dich zum Schluss der Meditation hinzulegen. Jeder ist verschieden. Finde heraus, was für dich am besten ist, um aus der Meditation herauszukommen.

Manche Menschen sprechen sehr schnell auf Meditation an. Es geht ihnen leicht von der Hand. Das ist gut. Wenn du einer von denen bist, bist du gesegnet, aber du musst Acht geben und dich vorsichtig im Gleichgewicht halten, damit es dir auf Grund der starken inneren Reinigung nicht unbequem wird. Wenn es nicht genügt, dass du nach den zwanzig Minuten Meditation eine Weile ruhst oder dich hinlegst, kann es notwendig sein, die Meditation auf etwa fünfzehn Minuten zu kürzen. Wenn du dich nach wie vor unwohl fühlst, versuche es mit zehn Minuten. Finde dein Gleichgewicht. Und nimm dir immer Zeit, um herauszukommen.

Manchmal können körperliche Unannehmlichkeiten während der Meditation auftreten. Das ist für gewöhnlich ein Zeichen dafür, dass sich Störungen im Nervensystem auflösen. Wirkt sich das auf den einfachen Prozess der Meditation irritierend aus, dann höre mit dem Mantra auf und gestatte deiner Aufmerksamkeit, sich auf diese Beschwerden zu konzentrieren. Verweile ein wenig bei ihnen. Normalerweise löst dies die Beschwerden auf natürliche Weise. Ist das geschehen, gehe wieder zu deinem Mantra und mach weiter mit deiner Meditation, bis die Zeit um ist. Rechne die Zeit, in der du mit deiner Aufmerksamkeit auf körperlichen Beschwerden weilst, zur Meditationszeit. Löst sich diese Empfindung trotzdem nicht auf, lege dich für eine Weile hin, bis sie verschwunden ist. Das ist im Grunde etwas Gutes. Hier hast du es wohl mit einer größeren Blockierung zu tun. Lass sie einfach auf natürliche Weise gehen. Dieselbe Prozedur kannst du anwenden, wenn du von einem Bombardement überbordender Gedanken bedrängt wirst, die mit den körperlichen Erscheinungen einhergehen können oder auch nicht. Wenn es dir nicht leicht fällt, zum Mantra zurückzukehren, verweile einfach bei den Gedanken, bis sie von selbst wieder so weit verschwinden, dass du das Mantra erneut mit Leichtigkeit aufnehmen kannst. Denke daran: Meditation ist kein Kampf mit körperlichen oder mentalen Regungen, die in uns auftreten. Das sind alles Symptome von sich lösenden Blockierungen tief in unserem Nervensystem. Wir lassen sie einfach alle ziehen. Unsere Aufgabe ist es, dem einfachen Vorgang des

Mantra-Wiederholens zu folgen und den inneren Reinigungsprozess zuzulassen. Das ist kein Krieg auf der Ebene des bewussten Verstandes. Auf diese Art könntest du da niemals gewinnen. Wir arbeiten von innen her, innerhalb und jenseits des Unterbewusstseins. Um das zu erreichen, müssen wir der natürlichen Begabung unseres Verstandes, uns nach innen zu geleiten, vertrauen. Also lerne das Mantra mühelos zu denken und lass es nach innen gehen.

Meditation ist das effektivste Mittel, tief im Inneren des Unterbewusstseins zu operieren und dieses auszuwaschen. Mit Meditation gehen wir mühelos über das Unterbewusstsein hinaus zum Fundament unseres Bewusstseins, der Quelle von allem, was wahr und entwicklungsgemäß ist. Es ist unser Bewusstsein, das die inneren Blockaden entfernt, wenn wir ihm durch die Meditation Gelegenheit dazu geben. Mit der Zeit, wenn die Störungen beseitigt sind, finden wir mehr und mehr stillen Frieden in unserem täglichen Leben. Dann dämmert die Erleuchtung, unser natürlicher Zustand. Also reinige die Fenster deines Nervensystems jeden Tag aufs Neue.

Der Guru ist in dir.

Lektion 16 – Glückseligkeit

Frage: Seit ich zu meditieren begann, bin ich von Glückseligkeit erfüllt. Ich sitze und wiederhole einige Male *I AM* [AYÄM] und schon befinde ich mich in einer prickelnden inneren Stille. Gestern bemerkte ich erst nach zehn Minuten, dass ich entschwunden war. Ich dachte *I AM* [AYÄM] und schon war ich wieder in Glückseligkeit versunken. Ich bin so voller Dankbarkeit. Ich bin als andächtiger Katholik aufgewachsen, und so war es immer schwierig für mich, mit den östlichen Traditionen etwas anzufangen, obwohl ich spürte, dass sehr viel Wertvolles darin zu finden ist. Diese Art von Meditation scheint eine wunderbare Form der Annäherung zu sein – eine Brücke. Ich fühle mich jetzt Christus näher. Ist das ein wahres Gefühl?

Antwort: Wenn unsere Erfahrung zunimmt, sich auf einer höheren Ebene stabilisiert, aufgrund der Übung weiter wächst und nicht aufhört sich auszudehnen, dann bekommen wir die Antwort auf die Frage: „Ist das ein wahres Gefühl". Die Antwort liegt in dir. Das ist die Wahrheit des spirituellen Lebens – wenn wir praktizieren und uns von innen her öffnen, sind wir selbst in der Lage unsere Erfahrungen richtig einzuschätzen. Du musst nirgendwohin gehen, um die Antwort und Beweise zu finden. Das liegt alles in dir selbst. Wenn wir das erst einmal erkannt haben, wird unser Leben zu einer fröhlichen, nie endenden Reise der Selbstentdeckung. Unter diesen Bedingungen verwandelt sich das menschliche Leben Schritt für Schritt in ein Kaleidoskop von Glückseligkeit.

Jesus sagt: "Suche zuerst das Königreich Gottes im Inneren, dann wird dir alles andere dazugegeben."

Glückseligkeit ist unser Geburtsrecht, unsere wahre Natur. Es ist Zeit für uns vorwärts zu gehen und die Glückseligkeit einzufordern, indem wir die natürlichen Fähigkeiten, mit denen wir geboren wurden, erwecken.

Für die meisten von uns ist es eine lange Reise. Es brauchte eine lange Zeit, bis wir so völlig von unserer wahren Natur abgetrennt wurden. Daher ist es selbstverständlich, dass es auch eine Weile dauern wird, bis wir uns wieder zurückgebunden haben, selbst wenn uns die besten Werkzeuge dafür zur Verfügung stehen. Manchmal haben wir eine klare Empfindung der Glückseligkeit, die in uns aufsteigt. Zu anderen Zeiten fühlen wir uns blockiert oder, als ob wir von innen her ausgefräst würden, wenn wir mit unseren täglichen Meditationen fortfahren. Der Prozess entfaltet sich auf mannigfache Weise. Mit der Zeit wird die Glückseligkeit vorherrschend werden und wir sehen die Welt, wie wir sie niemals zuvor gesehen haben. Wir sehen Glückseligkeit von überall hervorquellen, ununterbrochen. Eine verschmutzte Leitung kann nicht für immer verschmutzt bleiben, wenn wir sie Tag für Tag mit dem reinen Wasser des Bewusstseins durchspülen.

Die Glückseligkeit, die du empfindest, ist ein Schatz und gewiss etwas ganz Reales. Doch vergiss nicht, dass unterschiedliche Erfahrungszyklen auftreten werden, wenn deine Meditation voranschreitet. Manchmal wirst du dich so fühlen, wie du das oben mit deiner Glückseligkeit beschreibst. Ein anderes Mal, wenn eine tiefe Reinigung vor sich geht, wirst du dich nicht so gut fühlen. Es können auch Perioden auftreten, in denen du dich fühlst, als ob du auf einer bestimmten Erfahrungsebene feststecken würdest. Setze einfach deine Meditationen jeden Tag fort, ganz gleich was kommt. Auf lange Sicht ist nur wichtig, dass du täglich übst. Welche Erfahrungen wir auch immer haben mögen, wenn unsere Praxis korrekt und beständig ist, werden wir am Ende die Ergebnisse in Empfang nehmen.

In Verbindung mit deiner Reise nach innen werden viele Emotionen in dir hochkommen: Verwunderung, Ehrfurcht, Dankbarkeit, Ungeduld, Langeweile, Ärger, Frustration, Schmerz … was auch immer das für Gefühle sind, nütze sie, um deine Entschlossenheit zu üben zu verdoppeln. Wenn du in der Lage bist, deine Gefühle – gleich welcher Art – in eine unaufhörliche Sehnsucht zu üben umzuwandeln, kannst du nicht scheitern. Denn dann bist du hingebungsvoll. Diejenigen, die unerschütterlich hingebungsvoll sind, werden früher oder später immer erfolgreich sein. Dein Wunsch wird stets den Ausschlag geben. Kultiviere ihn gut.

Der Guru ist in dir.

Lektion 17 – Habe ich geschlafen?

Frage: Ich denke, ich bin während der Meditation eingeschlafen, obwohl ich nicht glaube, dass ich mein Bewusstsein verloren habe. Es schien, als wäre ich wach gewesen, aber ich hatte keine Wahrnehmung von Zeit oder von sonst irgendetwas. Dann bemerkte ich, dass mein Kopf auf meine Brust gesunken war und sah auf die Uhr – dreißig Minuten waren vergangen. Ich fühlte mich ziemlich taumelig und wackelig und nicht danach, gleich aufzustehen, also legte ich mich eine Weile auf den Rücken. Danach war ich okay. Habe ich geschlafen?

Antwort: Keine Sinneswahrnehmung, kein Mantra, keine Gedanken und trotzdem innerlich bewusst – hast du geschlafen? Wahrscheinlich nicht. Meditation erzeugt manchmal einen schlafähnlichen Zustand, so wie du ihn beschrieben hast, einzig die physiologischen Parameter sind nicht dieselben. Der Stoffwechselprozess ist viel stärker als im Schlaf herabgesetzt. Herzschlag und der Atem gehen viel langsamer als im Schlaf, haben fast aufgehört. Körper und Verstand erreichen einen Zustand völliger Stille, während man dennoch innerlich wach bleibt. Die Erholung von Körper und Geist geht während der Meditation tiefer als im Schlaf. Es ist eine andere Form der Erholung, eine, die Verunreinigungen, d.h. Blockaden zum Bewusstsein, entfernt, die der Schlaf nicht erreichen kann. Meditation ist jedoch kein Ersatz für den Schlaf, denn dieser hat seine eigenen Dynamiken im täglichen Verjüngungskreislauf.

Menschen, die bereits seit Jahren meditieren, mögen aufgrund der angesammelten Reinheit in ihrem Nervensystem weniger Schlaf benötigen. Es ist allerdings nicht so, dass die Meditation den Schlaf ersetzt. Vielmehr wurden Körper und Verstand mit der Zeit und Schritt für Schritt gereinigt und bedürfen deshalb weniger der Reinigung im täglichen Schlafzyklus. Es ist dies die Reinigung, die aus langjähriger Meditationspraxis und anderen fortgeschrittenen Yoga-Übungen resultiert, wodurch sich der Schlafbedarf generell vermindert. Mit der Zeit wird man schließlich sogar vierundzwanzig Stunden am Tag bewusst sein können. Dann werden unser tägliches Tätigsein, das Träumen und der Tiefschlaf wie Kinofilme auf dem Bildschirm unserer stillen, glückseligen Bewusstheit spielen. In diesem Stadium schlafen wir nie mehr. Das ist die Art von Freiheit und Glück, die wir alle auf natürliche Weise in der Lage sind zu erlangen. Das ist unser unveräußerliches Geburtsrecht.

Du hast recht daran getan, dich nach deiner Sitzung hinzulegen und mit dem Aufstehen zu warten, bis du dich wieder klar und ausgeglichen gefühlt hast. Das ist ein weiterer Fall, bei dem es angesagt ist, nach der Meditation zusätzlich zu rasten. Eine Menge an Reinigung lief während der Meditation ab. Viele verschiedene Erfahrungen können dabei auftreten, angefangen vom Erhabenen bis hin zum Lächerlichen. Das ist alles Teil des einen Prozesses, in dem wir locker das Mantra denken und ihm gestatten, sich in uns einzuleben. Dadurch geschieht die Reinigung. Wir lassen sie geschehen. Dann, wenn wir gewahr werden, kehren wir erneut zum Mantra zurück und lassen den Verstand wieder lenken. Dieser Vorgang verwandelt, wenn er regelmäßig zweimal täglich für zwanzig Minuten durchgeführt wird, allmählich dein Leben in Glückseligkeit.

Vergiss nicht, jede Erfahrung, die während der Abwesenheit des Mantras eintritt, zu deiner Meditation zu zählen. Es ist okay, dass du dein Zeitbewusstsein erst nach dreißig Minuten wiedererlangt hast. Es war etwas ganz Natürliches während deiner Meditation. Wann immer etwas Derartiges geschieht und du dadurch über deine geplante Zeit hinaus sitzt, sorge dafür, dass du die entsprechende Zeit der Nachruhe für dich findest. Gleichst du deine Meditation aus, indem du dir eine angemessene Zeit der Erholung danach gönnst, wirst du immer mit dem Gefühl der Frische und bereit für Aktivitäten aufstehen.

Der Guru ist in dir.

Lektion 18 – Zeit finden

Frage: Meditieren ist sehr entspannend und ich will damit weitermachen. Allerdings ist es sehr schwierig für mich, zweimal am Tag Zeit dafür zu finden. Ich reise viel, habe Frau und Kinder und liebe es, die Zeit mit ihnen zu verbringen, wenn ich zu Hause bin. Für Meditation hab ich nur wenig Zeit. Welchen Rat kannst du mir da geben?

Antwort: Wir, die wir Familie haben, Verantwortung tragen und viel beschäftigt sind, ziehen einen Vorteil aus der Nutzung der Meditation – vorausgesetzt, wir finden die Zeit dazu. Der Grund dafür ist, dass die Entwicklung zur Erleuchtung von einer maßvollen Wechselbeziehung zwischen Bewusstsein und weltlichem Leben abhängt. Wie soll die wahre Natur der Welt erkannt werden können, wenn wir nicht in ihr aktiv sind und die glückselige Stille, die wir in der Meditation erfahren, in unseren täglichen Handlungen festigen?

Der Trick ist, dass wir uns die Zeit für unsere zwei täglichen Meditationen selbst schaffen und im Gegenzug dafür die damit einher gehenden positiven Auswirkungen erhalten. Diese Aufgabe, „Zeit zu schaffen", ist ein Test für unseren Wunsch, ein Test, ob wir den in uns liegenden Potentialen auch genügend hingegeben sind. Das ist eine Prüfung, der wir uns alle täglich zu stellen haben – die Dinge zu tun, die wir tun wollen, auch wenn sie ein wenig Selbstdisziplin erfordern. Mal ehrlich, es geht doch gar nicht um die Frage, wie viel oder wenig Zeit uns zur Verfügung steht. Es geht doch darum zu entscheiden, was für uns wichtig ist und dann so zu handeln, wie es notwendig ist.

Niemand kann dir sagen, was für dich das Wichtigste ist. Nur du kannst das wissen. Es liegt völlig in deiner Hand und ist einzig deine Entscheidung. Doch du hast eine innere Stimme. Das weißt du doch, oder? Irgendetwas in dir ruft dir zu, mehr zu erfahren, immer mehr. Der Same möchte zu einem starken Baum mit wunderschönen, in alle Richtungen hinausblühenden, duftenden Blüten heranwachsen. Er muss! Wir werden alle von diesem evolutionären Strom in uns angetrieben. Was immer anderes sich in unserem Leben abspielt, dieser Strom wird immer da sein. Es geht da nicht nur um uns, sondern um alle, um die ganze Menschheit. Wir verrichten einen großen Dienst an allen, wenn wir uns entschließen, diesen Strom zu kultivieren, indem wir zuerst dem in uns aufsteigenden Wunsch Raum geben, sich zu entfalten und dann in weiterer Folge Übungen machen, die den Frieden und die Glückseligkeit auf natürliche Weise aus unserem Inneren hervorbringen.

Wenn du dich einmal dazu entschlossen hast, regelmäßig zu meditieren, dann geht es eigentlich nur noch darum, das praktisch umzusetzen. Wie kann ich mir die Zeit dazu nehmen? Das ist eigentlich eine ziemlich banale Angelegenheit. Wie finden wir die Zeit, uns die Zähne zu putzen, zu baden, uns richtig zu ernähren, das Geschirr zu waschen, unsere Rechnungen zu bezahlen und den Müll rauszutragen? Das sind alles Dinge, die wir tun, weil wir wissen, dass sie getan werden müssen. Wir tun sie, denn wir wissen, dass, wenn wir sie nicht tun, unser Leben zu einem Durcheinander, zu einem Chaos wird und wir uns mies fühlen würden. Wir könnten wohl eine Zeit lang ohne all diese Verrichtungen zurechtkommen, aber schlussendlich würde uns das dann doch einholen. Menschen, die über eine längere Zeit regelmäßig meditieren, entwickeln eine ähnliche Einstellung zur Meditation. Sie wissen, sie müssen sich darum kümmern oder die gewünschten Ergebnisse werden sich nicht einstellen und sie holen aus dem Leben nicht das heraus, was sie herausholen könnten. Sie ziehen bezüglich der Meditation dieselben Folgerungen wie bezüglich dem Zähneputzen, Duschen oder Müllentsorgen. Sie machen also Meditation einfach zu einer Gewohnheit.

Und die außerordentlichen Umstände, die immer wieder einmal auftreten und es uns unmöglich machen, unsere normale Meditation durchzuführen? Du sitzt um fünf Uhr nachmittags im Flugzeug und hast noch eine Stunde Flugzeit, bevor du nach Hause kommst. – Kein Problem, meditiere im Flugzeug. Was ist mit den Geräuschen, den Turbulenzen, was mit den Schräglagen des Flugzeugs? – Auch kein Problem. In der Meditation gehen wir mit all dem genauso um wie bereits mit den anderen, uns geläufigeren Ablenkungen vom Mantra. Kehre ganz leicht und locker zum Mantra zurück, wenn du bemerkst, dass du davon weggekommen bist, zu Gedanken, Geräuschen, Bewegungen des Körpers oder der Umgebung, was auch immer. Es ist nicht schwierig, in Flugzeugen, Eisenbahnen, Autos (natürlich nicht als Fahrer!) oder Warteräumen zu meditieren, also eigentlich überall dort, wo es für einige Zeit nicht notwendig ist, mit anderen zu interagieren. Natürlich ist es das Beste, an deinem gewohnten Platz zu Hause zu meditieren. Doch wenn das zur üblichen Zeit aus irgendeinem Grund nicht geht, nutze jede Gelegenheit, die sich bietet.

Wenn es unmöglich ist, zur gewohnten Zeit zu meditieren, nimm dir vor, die Meditation zu einer anderen Zeit dieses Tages, früher oder später, zu halten. Mach es dir nicht zur Gewohnheit, unmittelbar vor dem Schlafengehen zu meditieren, obwohl das besser ist, als gar nicht zu meditieren. Es ist jedoch viel besser, nach der Meditation aktiv zu werden. Der Reinigungsprozess und die Einbindung des Bewusstseins in das Nervensystem werden am ehesten während dem Aktivsein umgesetzt, nicht während des Schlafes. In der Tat kann dich die Meditation unmittelbar vor dem Schlafengehen noch eine Weile wach halten. Probiere es einige Zeit und sieh selbst, was geschieht.

Angenommen, du kommst von der Arbeit heim und erfährst, dass du bereits eine halbe Stunde später zu einem Abendessen mit Freunden wieder fortgehen musst. Jetzt wäre doch die Zeit für Meditation und normalerweise würdest du dir mehr Zeit lassen, bevor du dich mit deinen Freunden triffst. Doch in diesem Fall ist das nicht mehr möglich. Was tun? Setz dich hin und meditiere für fünf, zehn oder fünfzehn Minuten, gerade so viel, wie es dir in dieser Situation möglich ist. Nimm dir diese Zeit und nütze sie dann so gut es geht, genehmige dir noch die entsprechende Nachruhezeit und mach dich dann pünktlich zu deiner Verabredung auf. Es gibt hunderte Möglichkeiten, eine Meditation einzuschieben, wenn du nur willst. Mach dieses Einschieben aber nicht zu einer täglichen Gewohnheit. Wenn du vorausplanst, wirst du deine gewohnten Meditationen zu neunundneunzig Prozent regulär ausführen können. Wenn sich dann etwas Unvorhergesehenes ereignet, kannst du trotzdem einige Male in dein reines Glücksbewusstsein eintauchen. Das hilft dir, deine Meditationsgewohnheiten weiter zu kultivieren und verschafft dir eine Welle von Frieden und Glückseligkeit. Jedes kleine Stück Meditation ist ein großer Schritt vorwärts.

Dein Erfolg hängt von deinem Willen ab und davon, dass du jeden Tag dein Bestes gibst, diesen Willen durchzusetzen. Wenn du das tust, wird es mit Sicherheit dein gesamtes, auch dein aktives Leben bereichern. Meditation ist eines der besten Dinge, die du für deine Familie tun kannst. Auf lange Sicht wird ein unsichtbarer Zauber in ihrer aller Leben wirken und die äußeren Resultate werden das deutlich zeigen.

Der Guru ist in dir.

Lektion 19 – Welcher Tradition soll man folgen?

Frage: Ich praktiziere seit fünf Jahren Yoga und Meditation (eine andere Art) und bin mir nicht sicher, wie ich weitermachen soll. Deine Meditation ist wirklich gut, das wurde mir sofort klar. Ich sollte aber eigentlich gar nicht hier sein. Denn die Tradition, der ich folge, verbietet es, andere Praktiken zu erlernen. Was soll ich tun?

Antwort: Wie bereits auf der Startseite erwähnt, geht es bei diesen Lektionen nicht um Werbung für bestimmte sektiererische Ansichten. Ebenso steht, was hier gesagt wird, nicht im Widerspruch zu Traditionen, die auf die Lehren einer Person oder einer Linie von Lehrern zurückgehen. Alles hat seinen Sinn und Zweck. Es liegt an jedem selbst, das Für und Wider der unterschiedlichen Ansätze abzuwägen und dann sorgfältig den Weg zu wählen, der die besten Ergebnisse zu bringen verspricht. Jeder Mensch ist verschieden. Gleichzeitig hat aber jeder dasselbe Potential, da wir alle aus demselben göttlichen Faden gesponnen sind – reines, stilles Glücksbewusstsein. Wenn wir mit diesem Glücksbewusstsein täglich in Kontakt treten und dieses Kontaktieren in uns mit immer kraftvolleren Mitteln kultivieren, können wir unser Ziel nicht verfehlen.

Wenn du auf deinem Weg gute Fortschritte machst, bleib bei ihm. Werden auf ihm mit der Zeit all deine Wünsche erfüllt, bist du dort am richtigen Ort. Wenn dir aber deine Tradition zwar größtenteils sehr gut dient, aber in gewisser Weise Lücken aufweist, habe den Mut und die Flexibilität, das hier Angebotene auszuprobieren und von hier zu ergänzen, was dir dort fehlt. Schließlich bist du es, der durch seine eigenen Anstrengungen, durch Hingabe und Anwendung der umfassendsten Techniken, die du finden kannst, das Bewusstsein der Glückseligkeit entfaltet. Dieser Standpunkt mag Traditionen, die behaupten, man könne Befreiung auf keinem anderen Wegen als dem ihren erreichen, herausfordern. Mag sein, aber diese Haltung verhindert auch, dass durch weitere Forschungen und wissenschaftliche Untersuchungen die Möglichkeiten der menschlichen spirituellen Transformation weiter erhellt werden. Die Methoden der westlichen Wissenschaft können in dieser Beziehung mit einigem aufwarten – hochintegrative und arbeitsteilige Methoden zur Wissensentwicklung und -anwendung. Der Erfolg der westlichen Wissenschaft auf vielen Gebieten ist erstaunlich. Es wird Zeit, dass diese Methoden der Wissensentwicklung auf dem Gebiet des spirituellen Wissens angewandt werden.

Diese Erörterungen sind das Ergebnis offener, über eine lange Zeit betriebener Untersuchungen auf dem Feld vieler fortgeschrittener Yoga-Praktiken. Die Frucht dieser Reise ist ein integriertes System von Techniken. Wenn du hier etwas findest, das deinen Fortschritt vorantreibt, so ist das gut. Wenn das jedoch gleichzeitig zu Problemen mit deiner gegenwärtigen Tradition führt, musst du das für dich selbst lösen. Letztendlich liegt die Antwort in dir. Folge deinem Herzen. Der mögliche Konflikt ist nichts Schlechtes. Er testet lediglich deine Entschlossenheit und hilft dir, dich zur Wahrheit zu geleiten.

Die alten spirituellen Traditionen sind von hohem Wert. Dennoch, die Zeiten ändern sich und heutzutage stehen wir vor der Notwendigkeit, offenere Zugänge zu finden, spirituelles Wissen, das für ernsthafte spirituell Übende geeignet ist, zu erkunden und anzuwenden. Letztlich wird dies tiefgreifende Auswirkungen auf die gesamte Menschheit haben. Der Übergang in eine neue Zeit liegt in der Luft und das ist gut so.

Der Guru ist in dir.

Lektion 20 – Erleuchtung ohne Gott?

Frage: Ich bin Atheist. Ein Freund erzählte mir von diesen Lektionen. Offen gestanden finde ich die religiösen Zwischentöne hier störend. Aber ich war neugierig und probierte es mit der Meditation und wurde angenehm überrascht. Ich würde gerne weitermachen, weil es beruhigend auf meine Nerven wirkt und ich begierig darauf bin, was es weiter so alles über mich zu erfahren gibt. Aber ich bin immer noch Atheist. Gibt es so etwas wie eine Erleuchtung ohne Gott?

Antwort: Es gibt sowohl Erleuchtung mit als auch Erleuchtung ohne Gott. Der Grund dafür ist, dass der Mensch von Natur aus für die Erleuchtung geschaffen ist, d.h. jeder kann in einen höheren Zustand der Entwicklung transformiert werden, unabhängig davon, welchem Glaubenssystem er angehört. Man kann sogar sagen, dass alles, was existiert, sich in diese Richtung bewegt, bei den Steinen angefangen und aufwärts durch alle Reiche von Lebewesen. Alles bewegt sich vorwärts. Die Menschheit ist also keine Ausnahme. Wir Menschen haben aber die zusätzliche Gabe, diesen Prozess bewusst zu beschleunigen, indem wir uns einer Abkürzung bedienen, und das ist es, was die fortgeschrittenen Yoga-Übungen genau sind. Wir können den Entwicklungsprozess enorm vorantreiben.

Um die menschliche spirituelle Entwicklung rankt sich seit jeher der Nimbus des Mystischen. Doch ist es mehr eine praktische Mystik, eine Mystik mit einem Zweck. Die Vorstellung von Gott, wie die Menschheit sie sich in allen Völkern aller Zeitalter geschaffen hat, war notwendigerweise in eine Beziehungsstruktur eingebunden. Dies hat der Menschheit erlaubt, sich ihrer höheren Bestimmung unterzuordnen und sich ihrem Höheren Selbst auch begeistert anzunähern. Das Beste, was der Glaube an einen Gott sein kann, ist der Glaube an die höchste Bestimmung der Menschheit, wie er aus unserem Inneren aufsteigt und letztendlich in allem um uns herum erfahren wird. Der Glaube an Gott hilft den Menschen, persönlich am aufregendsten Teil der menschlichen Reise teilzuhaben – dem Prozess der Erleuchtung.

Ist es notwendig, an Gott zu glauben, damit diese Entfaltung stattfinden kann? Nein. Aber es ist notwendig, an etwas zu glauben, um sich in Richtung Erleuchtung zu bewegen.

Wenn wir z.B. zusammen in einem New Yorker Café sitzen und ich dir von einer wundervollen Örtlichkeit erzähle, die man Kalifornien nennt und die dreitausend Meilen weit weg ist und dass du das unbedingt sehen solltest – warum solltest du hinfahren? Angenommen, du glaubst mir nicht, glaubst nicht, dass ein solcher Ort überhaupt existiert. Wie könntest du die Motivation dazu aufbringen, dorthin zu fahren? Das würde schwer werden. Wenn du niemals westlich des Mississippi gewesen bist, könntest du vielleicht glauben, dass jeder, der sich über den Mississippi hinaus wagt, vom Rand der Erde stürzen würde. So dachten die Europäer über den Atlantik, bis Leute wie Kolumbus oder Magellan ihnen zeigten, dass dort auf der anderen Seite eine andere Welt und noch mehr existiert.

Damit wir motiviert werden, etwas zu unternehmen, das uns einem Ziel näher bringt, müssen wir zuerst an die Möglichkeit glauben, dass dieses Ziel überhaupt existiert. Für viele ist der Glaube an Gott der Sprit auf der Reise in Richtung Seelenheil. Aber es muss dabei nicht unbedingt um Gott gehen. Es kann sich genauso gut um die Wahrheit handeln und den Glauben, dass eine letzte Wahrheit um uns herum oder in uns existiert und dass wir sie leben können, dass wir zu dieser Wahrheit werden können. Es kann auch der Glaube an einen persönlichen Transformationsprozess sein und an unsere eigene Erfahrung davon, wenn wir meditieren und andere Yoga-Methoden anwenden. Wenn wir erfahren, wie wir uns durch unsere Übungen auf natürliche Weise entfalten, kann das mehr als genug für einen Glauben sein, dass, ist dieser Prozess einmal in Gang gesetzt und befeuert durch unsere Erfahrungen von Glückseligkeit und tiefe Stille, wir uns durch diese Übungen noch in ungeahntem Maße weiter entfalten können. Ob wir uns dabei unseren aufsteigenden Erfahrungen von Frieden und Glückseligkeit, der Vorstellung, die letztendliche Wahrheit des Lebens zu erfahren oder einer Beziehung zu Gott anvertrauen, wir werden letztlich zum selben Ergebnis gelangen – einer unerschütterlichen Hingabe daran, mit „Dem" eins zu werden, was wahr ist.

Jesus sagt: "Erkennet die Wahrheit und die Wahrheit wird euch befreien.“ [Joh. 8,32] … Hier ist nicht die Rede von Gott …

Das Wort „Gott" existiert weder im Buddhismus noch im Taoismus. Beide haben aber ihre eigenen intellektuellen und emotionalen Antriebe gefunden, sich dem Unendlichen im eigenen Inneren zu nähern. In allen Ansätzen wird jedoch dasselbe gesucht, diese große innere Wahrheit, die tief in unserem Herzen, unserem Verstand und unseren

Sinnen verborgen liegt – das, mit dem wir uns auf direktem Weg vereinigen können, und was im Gegenzug unsere Herzen, unseren Verstand und unsere Sinne hell erleuchtet. Das ist das Vereinigen (Yoga). Welche Namen oder Glaubensstrukturen man darüber stülpt, das Ergebnis wird dasselbe sein – solange der Aspirant die Motivation findet, die Methoden der Transformation täglich anzuwenden.

Deshalb ist es nicht so wichtig, wie du dazu gelangt bist, an eine Örtlichkeit namens „Kalifornien" zu glauben. Du kannst sie sogar irgendwie anders nennen. Wenn du genug daran glaubst, so dass du nicht aufhörst, einen Fuß vor den anderen zu setzen, wirst du irgendwann mit deinen Zehen in den Pazifischen Ozean tippen. Wenn du nicht daran glaubst, dass sie dort zu finden ist, wirst du kaum die nötigen Anstrengungen unternehmen, um dorthin zu gelangen. So einfach ist das.

Denke an Erleuchtung auf gleich welcher Art, die dich am meisten inspiriert, und nütze diese Inspiration, um jeden Tag zu meditieren …

Sei tolerant mit deinen Brüdern und Schwestern, die einen anderen Glauben ehren als du. Jeder muss seine eigene einzigartige Leidenschaft für diese Reise entwickeln und wir sind alle auf dem Weg nach unserem Zuhause.

Der Guru ist in dir.

Lektion 21 – Meditationsobjekte

Frage: Welcher Unterschied besteht zwischen der Meditation auf ein Mantra, auf Chakren, religiöse Symbole, Kerzen etc.?

Antwort: Meditation schlägt eine Brücke zwischen der Aufmerksamkeit, die wir auf einen Gegenstand richten und dem großen Jenseitigen, das wir als glückseliges Bewusstsein ohne Gedanken oder äußere Sinneswahrnehmungen kennen. Das Ziel ist es, den Kontakt zu diesem Bewusstsein täglich, also immer und immer wieder, einem Uhrwerk gleich, erneut herzustellen.

Die Technik, die wir anwenden, ist einfach; sie vertraut auf die natürliche Gabe unseres Geistes, still zu werden und hat es dennoch in sich. Andere Formen der Meditation sind vielleicht nicht so einfach und natürlich und richten vielleicht ihren Fokus auf besondere intellektuelle Bedeutungen oder auf mehrere Objekte. Das jedoch kann unserer Aufmerksamkeit den Zutritt zu den ausgedehnten Reichen des glückseligen Bewusstseins, die in unserem Inneren liegen, versperren. Damit will ich nicht sagen, dass andere Formen der Meditation keinen Wert haben. Doch in unserer Herangehensweise stehen Einfachheit und Effizienz an erster Stelle. Dies ist eine fortgeschrittene Methode der Meditation, die jede Frau und jeder Mann praktizieren kann. Wir werden also über die Meditation auf andere Objekte vom Standpunkt der Methode, die wir hier anwenden, diskutieren.

Worin besteht der Unterschied zwischen unserer Methode der Meditation, bei der wir ein Mantra anwenden und den Methoden, die mit Chakren (Energiezentren im Körper), einem religiösen Symbol oder anderen materiellen Gegenständen arbeiten? Wieder ist es eine Frage der Einfachheit und Effizienz. Das Ziel ist es, die Aufmerksamkeit über den Denkprozess hinaus zu bringen und sie dabei jenseits äußerer Sinneswahrnehmungen zu etablieren.

Der Verstand ist der neurologische Vorgang in uns, der das Bewusstsein mit der äußeren Welt verknüpft. Diese Verbindung ist eine sehr innige. Unsere Aufmerksamkeit, Handlanger unseres Verstandes, befindet sich immer bloß eine Haaresbreite weit von der Wahrnehmung der göttlichen Glückseligkeit reinen Bewusstseins entfernt. Wird dem Verstand gestattet zur Ruhe zu kommen, sind wir da.

Deshalb beginnen wir bei unserem Verstand, der nahsten Verbindungsstelle zum Bewusstsein der Glückseligkeit, die wir besitzen. Wir beginnen im Inneren, damit wir möglichst schnell und einfach tiefer nach innen dringen können. Würden wir mit einer Körperstelle oder einem physischen Gegenstand beginnen, könnten wir zwar auch tief nach innen vordringen, keine Frage, aber es wäre eine längere Reise, eine umständlichere. Je weiter außen wir starten, desto mehr materielles, intellektuelles und emotionales Gepäck haben wir unterwegs abzuwerfen. Das ist auch der Grund, warum wir während der Meditation das Mantra weder mündlich aussprechen noch den Bedeutungen irgendeine Aufmerksamkeit schenken. Es ist dies von Beginn an ein innerer Vorgang. Indem wir die Meditation mit einem Gedanken beginnen und diese besondere Vorgehensweise anwenden, umgehen wir externe Hindernisse in unserem Nervensystem, die unsere Aufmerksamkeit binden könnten. Letztendlich lösen wir die Hindernisse auf natürliche Weise aus dem Inneren kommend auf, was einfacher ist, als wenn wir es von außen kommend versuchen würden.

Wir beginnen mit einem Gedanken, ohne uns dabei auf irgendeine Bedeutung zu konzentrieren, nehmen die Wiederholung des Gedankens an den Klang des Mantras auf spielerische Weise auf und bewegen uns dabei immer an der Grenze es loszulassen. Wir lassen das Mantra ganz natürlich seinen eigenen Weg gehen, bis es weniger und weniger wird – das ist der einfachste und effizienteste Weg, um in den unendlichen Ozean des glückseligen Bewusstseins einzutauchen. Haben wir das wiederholt gemacht, kehren wir nach zwanzig Minuten voll gesogen mit Frieden und Glückseligkeit zurück in die äußere Erfahrungswelt und haben bei dem Prozess eine Menge an Reinigung erreicht.

Mit der Zeit schließt sich die Lücke zwischen innerem Bewusstsein und äußeren Erfahrungen, weil die Hindernisse weniger und weniger werden. Eigentlich gab es da überhaupt keine Lücke! Dann wird es auch zu etwas ganz Natürlichem, Schattierungen von Glückseligkeit wahrzunehmen, während wir auf Chakren oder religiöse Symbole blicken, unsere Liebsten betrachten, die Augen über wunderschöne Landschaften schweifen lassen, in den heiligen Schriften oder sogar in einem Buch über theoretische Physik lesen. Ist das Glückseligkeitsbewusstsein in uns befreit worden, wird alles in seinem Licht gesehen. Doch ist das nicht die Vorgehensweise der Meditation. Dies sind die Früchte der Meditation, die wir genießen: Wir leben unser Leben mit zunehmender Dankbarkeit für die vielfältigen Gaben, die wir empfangen. Die Zunahme dieser Wertschätzung inspiriert uns dann immer mehr, mit unseren Übungen fortzufahren.

Der Guru ist in dir.

Lektion 22 – Schwingungsqualität des Mantras

Frage: Du hast die „tiefgründige Schwingungsqualität“ des Klanges *I AM* [AYÄM] erwähnt. Was bedeutet das? Wenn ich mit irgendeinem anderen Klang, der mir gefällt, meditieren würde, ginge das nicht genau so gut?

Antwort: Gewisse Klänge finden in unserem Nervensystem eine Resonanz. Tief in der Stille unseres Geistes hinterlassen sie einen schwingenden Fußabdruck, der unser Nervensystem auf besondere Weise erweckt. *I AM* [AYÄM] ist ein solcher Klang. Wenn du mit deinen Übungen fortfährst, wirst du sehen, dass dein Nervensystem auf bestimmte Weise aufgeweckt wird. Das ist dann ganz offensichtlich. Du wirst sagen: „Aha!", weil du es so klar erkennst. Wenn wir fortgeschrittenes Pranayama (Atmungs-)Methoden erlernen, sehen und fühlen wir allmählich, wie das Mantra unsere feinen Nerven entfaltet. So viele Geschmacksrichtungen an Glückseligkeit. Das geschieht, wenn die tiefgründige Schwingungsqualität des Klanges offenbar wird.

Das Mantra ist mit einer bestimmten, ihm innewohnenden Arbeitsweise ausgestattet. Es ist nicht bloß irgendein Klang. Trotzdem kannst du natürlich mit jedem Klang meditieren, der dir gefällt. Wenn du den Klang ‚Banane' verwendest, wirst du in der Lage sein, zu sehr stillen Ebenen deines Verstandes vorzustoßen. Aber es gibt keine Garantie, dass dir am Ende nicht Bananen aus den Ohren wachsen. – War nur ein Scherz …

Bist du einmal ein Fortgeschrittener, wirst du genau sehen, was das Mantra bewirkt, wenn es durch deine feinen Nervenbahnen vibriert und sich innerhalb deiner unermesslichen ekstatischen Weiten ausdehnt. Wirst du dann mit deinen dir inne wohnenden kosmischen Reichen vertraut, zeigen sich dir Möglichkeiten zum Gebrauch von bestimmten Arten von Klängen wie auch Gedanken mit ihrer Bedeutung. Aber wir müssen Schritt für Schritt vorgehen. Heute das Mantra, morgen der Kosmos. Das alles gehört dir. Das alles bist du.

Der Guru ist in dir.

Lektion 23 – Die Uhr im Auge behalten

Frage: Während ich meditiere, blicke ich aus Furcht, ich könnte die Zeit überschreiten, ständig auf die Uhr. Wie kann ich diese Gewohnheit, die mich ablenkt, durchbrechen?

Antwort: Du hast in dir selbst eine biologische Uhr, die sehr gut funktioniert. Gib ihr Gelegenheit zu arbeiten. Es genügt, diese innere Uhr gelegentlich anhand einer äußeren Uhr zu überprüfen. Je gefestigter du in deiner Gewohnheit wirst, regelmäßig zu meditieren, desto mehr wird es zu deiner zweiten Natur, die Zeit einzuhalten. Vertraue dir also selbst. Es ist in Ordnung, wenn du mal unbeabsichtigt die Zeit überschreitest. Das ist zumindest besser, als abgelenkt zu sein. Gib zuerst die Gewohnheit auf, die Uhr im Auge zu behalten. Kümmere dich gar nicht um die Zeit. Gehe ganz locker damit um. Dein Körper weiß sehr genau, wann zwanzig Minuten um sind. Nach wenigen Wochen täglicher Praxis öffnest du am Ende der Meditation das erste Mal die Augen und die Uhr wird anzeigen, dass genau zwanzig Minuten vorüber sind. Du wirst erstaunt sein, wie leicht das ist. Dann wird das Einhalten von Uhrzeiten automatisch weitergehen, ohne dass du dich noch irgendwie bemühen musst.

Der Guru ist in dir.

Lektion 24 – Kann Meditation Krankheiten heilen?

Frage: Wenn ich krank bin, hilft mir dann die Meditation, dass es mir wieder besser geht?

Antwort: Sie kann, aber Meditation ist eine weit bessere Prävention als eine Heilmethode. Wenn unser Nervensystem mit der Zeit durch regelmäßige Meditation ausgeglichener wird, arbeitet das Immunsystem effizienter und das Risiko zu erkranken ist sehr viel geringer. Andere fortgeschrittene Yoga-Übungen, die hier vorgestellt werden, stärken die körpereigenen Abwehrkräfte noch zusätzlich. Ausgeglichenheit und Reinheit des Körpers und Geistes gehören zu den besten Abwehrmaßnahmen gegenüber Krankheiten. Meditation und andere Yoga-Methoden sind dabei wichtige Zuarbeiter. Man kann sagen, dass gute Gesundheit mit lang andauernder Meditationspraxis einhergeht und ein Fundament ist, auf welchem wir dann etwas weit Größeres errichten – Erleuchtung.

In unserer westlichen Kultur neigen wir dazu, Krankheiten bekämpfen zu wollen, wenn sie uns nach Monaten oder Jahren ungesunden Lebens heimsuchen, anstatt einen Zustand der Ausgewogenheit in uns selbst zu kultivieren, der ein Auftreten von Krankheiten nahezu ausschließen würde. Zweifellos fährt man am besten, wenn man mit einem ausgewogenen, gesunden Leben gut vorsorgt. Sollten wir trotzdem krank werden, kann uns Meditation auch hierbei helfen. Wenn du bettlägerig geworden bist, meditiere so viel, wie es dir angenehm ist, und wechsle mit Zeiten des Schlafes ab. Geh das ganz locker an und lehne dich zum Beispiel entspannt gegen einen Stoß von Kissen. Die Meditation wird den Heilungsprozess unterstützen. Aber erwarte nicht, dass das ein Wundermittel ist und augenblicklich eine Situation korrigiert, die schließlich zu einer Krankheit umgeschlagen ist, nachdem du dich eine lange Zeit einem unausgeglichenen Lebensstil hingegeben hast. Nimm dir stattdessen vor, dich zu guten täglichen Gewohnheiten zurück zu arbeiten, wozu auch Meditation gehört. Das wird eine langfristige Ausgeglichenheit zur Folge haben. Dann wird Krankheit eine viel geringere Rolle in deinem Leben spielen.

Naturgemäß werden diese unsere Körper früher oder später verfallen und sterben. Je länger wir jedoch reines Glückseligkeitsbewusstsein in unserem Inneren kultiviert haben, desto weniger erschütternd und verwirrend wird dieser Übergangsprozess für uns sein. Und das ist die größte Heilung überhaupt.

Der Guru ist in dir.

Lektion 25 – Auswirkungen bei extremen Stresssituationen?

Frage: Ich befinde mich gerade in einem schwierigen Scheidungsverfahren. Wird mir Meditation helfen, diese Situation gut durchzustehen?

Antwort: Ja, das wird sie. Aber denke daran, dass Meditation kein Wundpflaster ist, das dir nur in Krisenzeiten helfen soll. Sie ist eine langfristige Übungsform, die viele gute Auswirkungen hat. Eine davon ist die Entwicklung einer größeren Verträglichkeit von Stresssituationen. Meditation wird dir also helfen, mit deiner momentanen Situation fertig zu werden. Bei regelmäßiger Übung macht sie dich aber im Laufe der Zeit in erhöhten Stresssituationen aller Art permanent belastbarer.

Warum ist das so? Es ist ein interessantes und beobachtbares Phänomen, das durch den allmählichen Anstieg des reinen Glückseligkeitsbewusstseins im Nervensystem entsteht: Wenn wir meditieren, bemerken wir im Laufe der Zeit, dass da mehr „Stille" in uns ist. Das bedeutet nicht, dass wir in unserem äußeren Leben still geworden sind. Anderen erscheinen wir möglicherweise wie immer – vielleicht ein bisschen ruhiger. Aber innerlich sind wir viel stiller, bewegen uns mit unseren Gedanken, Gefühlen und inneren physischen Reaktionen nicht mehr so wahllos hin und her wie zuvor – weniger Gepolter, du weißt schon. Diese Erfahrung der inneren Stille wächst mehr und mehr, wenn wir unsere Meditation jeden Tag über einige Wochen, Monate und Jahre fortsetzen. Sobald sich das einstellt, bemerken wir, dass uns die täglichen Turbulenzen des Lebens nicht mehr so aus der Bahn werfen wie zuvor. Dinge, die uns vorher immer aufgeregt hatten, schaffen das jetzt nicht mehr. Innerlich werden wir fest. Tritt ein plötzliches Ereignis ein, zum Beispiel ein lauter Knall, bei dem wir früher immer aufgesprungen sind, regt sich in uns heute vielleicht nicht einmal mehr etwas. Wir nehmen es von einem Ort aus wahr, der nicht betroffen ist. Es geht einfach durch und hinterlässt gerade einmal einen Hauch einer Spannung. Bedeutet das, dass wir kalt und gefühllos werden? Nein, überhaupt nicht. Wir fühlen immer noch und entwickeln in Wirklichkeit sogar mehr Mitgefühl. Allerdings werden wir von unseren Gefühlen nicht mehr hinweggefegt, wie das bislang mit uns geschah.

Das ist das wesentlichste Element, um nicht von schwierigen Situationen außer Gefecht gesetzt zu werden: diese innere Ruhe, diese innere Regungslosigkeit. Jesus beschreibt das schön aus einem spirituellen Blickwinkel, wenn er sagt: „Wer diese meine Worte hört und danach handelt, ist wie ein kluger Mann, der sein Haus auf Fels baute. Als nun ein Wolkenbruch kam und die Wassermassen heranfluteten, als die Stürme tobten und an dem Haus rüttelten, da stürzte es nicht ein; denn es war auf Fels gebaut." [Mt 7:24,25]

Wenn du dein Haus auf den Felsen deiner inneren Stille errichtest, wird es nichts geben, das dich aus deiner Mitte bringen kann. Das ist der Grund, weshalb Meditation eine der besten Stresstherapien ist, die bekannt sind. Wie bei der Erhaltung guter Gesundheit, ist Meditation das Beste, um das Nervensystem im Vorhinein zu verbessern, ein inneres Gleichgewicht herzustellen und innere Stille zu erlangen, bevor die Stürme des Lebens es aufwühlen.

Neben diesen praktischen Vorteilen, die sich im täglichen Leben bemerkbar machen, ist die innere Stille auch das Fundament, von dem aus die göttliche Ekstase im Nervensystem aufsteigt und unsere Wahrnehmung dieser uns umgebenden Welt auf eine himmlische Art verfeinert wird. Der Aufstieg der Stille im Nervensystem ist die erste Stufe auf dem Weg zur Erleuchtung.

Der Guru ist in dir.

Lektion 27 – Ort des Mantras

Frage: Soll ich mir vorstellen, dass das Mantra in bestimmten Teilen des Körpers lokalisiert ist? Manchmal zieht es das Mantra zu einer Körperstelle in mir.

Antwort: Nein, wir lokalisieren das Mantra nicht absichtlich an einer Stelle im Körper. Das ist aber eine heikle Frage, denn das Mantra hat eine Schwingungsqualität, die das Nervensystem auf besondere Art erweckt, wie wir es ja schon vorher im Zuge der Frage zur Schwingungsqualität des Mantras besprochen haben. Das Mantra kann also an der einen oder anderen Stelle tatsächlich wahrgenommen werden, wie dir das bereits aufgefallen ist. Aber wir fördern das nicht. Wir setzen unsere einfache Vorgehensweise in der Anwendung des Mantras fort – immer auf die gleiche Weise.

Das Nervensystem ist in seinen subtilsten Bereichen wie eine Stimmgabel – in Wirklichkeit sogar mehr wie eine Vielzahl von Stimmgabeln, wobei einige wenige die Schwingung aller anderen in Einklang bringen. Das Mantra schwingt mit diesen wenigen tonangebenden Stimmgabeln. Später entwickeln wir das Mantra weiter, um die Wirkungen dieses Stimmgabeleffekts zu erweitern. Das Ergebnis ist eine breitere und tiefere unbewegliche innere Stille, die von uns auch als reines in uns aufsteigendes Glückseligkeitsbewusstsein erfahren wird.

Wenn du feststellst, dass das Mantra an verschiedenen Orten auftritt, ist das in Ordnung. Wir widersetzen uns dem nicht, bestärken es aber auch nicht. Genauso wie wir das Mantra ganz natürlich auf immer tiefere Ebenen der Stille zur Ruhe kommen lassen, erlauben wir ihm auch im Körper überall dort aufzutreten, wo es auf natürliche Weise aufscheint. Wenn es aber an keinem bestimmten Ort auftritt, ist auch das in Ordnung. Es geht nicht um bestimmte Stellen im Körper. Das Mantra schwingt entsprechend dem komplexen Reinigungsprozess, der in unserem Inneren während der Meditation vor sich geht, auf natürliche Weise mit. Alles, was wir zu tun haben, ist, in dem einfachen Prozess ganz unbeschwert das Mantra zu denken und es mit Leichtigkeit wieder aufzunehmen, sobald wir gewahr werden, dass wir es verloren haben.

Ein anderer Grund, warum deine Frage nach der Lokalisierung des Mantras eine heikle ist, ergibt sich aus der Tatsache, dass wir bald Pranayama besprechen und damit eine fortgeschrittene Atemübung vor unserer Meditation einführen. Das schließt dann eine spezielle Bewegung unserer den Atem durch den physischen Körper begleitenden Aufmerksamkeit ein. Wir werden zwei Übungen nacheinander ausführen – Pranayama und Meditation, beide sehr unterschiedlich in ihrem Ablauf. Du wirst sehen, dass sie sich äußerst gut ergänzen. Das ist der Beginn der überaus wichtigen Integration fortgeschrittener Yoga-Übungen. Jeder Teil wird unabhängig voneinander geübt. Dennoch beginnt durch die Abfolge dieser zwei Übungen eine Integration in uns stattzufinden. Das Ganze ist größer als die Summe der einzelnen Teile. Anstatt nur einen natürlichen Weg zum Göttlichen in uns zu nutzen (Verstand), werden wir zwei verwenden (Hinzunahme des Atems). Zusammen transformieren diese das Nervensystem schneller, was sich in einer stärkeren Reinigung und den dazugehörigen Erfahrungen widerspiegelt. Dieser Prozess der Integration verschiedener Übungen wird schrittweise zu einer umfassenden Sammlung aller natürlichen Pfade, die durch uns nach innen führen und auf immer dynamischeren Wegen reines Glückseligkeitsbewusstsein aus uns herauslocken. Diese Integration der Übungen ist ein feinfühliger Prozess, der dem Spielen eines Musikinstruments sehr ähnelt. Wir müssen im Stande sein, etwas zu einer bestimmten Zeit zu machen und etwas anderes zu einer anderen Zeit. Bei einigen Übungen werden wir mehrere verschiedene Dinge zur gleichen Zeit ausführen. Das ist alles Teil eines natürlichen Entfaltungsprozesses in uns und zu gegebener Zeit laufen die Übungen in uns natürlich und automatisch ab. Keine geschriebenen Worte können die Ergebnisse, wie wir sie erfahren, darstellen, außer wenn wir vielleicht Poesie zu Hilfe nehmen. Du musst dort aber selbst hingehen und sehen, was es für dich selbst bedeutet. Das ist die wahre „letzte Grenze", die es zu überwinden gilt. Es ist die Grenze zum herrlichen Kosmos und du selbst bist der Zugang dazu.

Der Guru ist in dir.

Lektion 28 – Werde ich zum „Weichei“?

Frage: Meine Angestellten sagen mir, ich wäre weniger reizbar. Ich bin mir nicht sicher, ob das etwas Gutes ist. Werde ich durch die Meditation zu einem „Weichei“?

Antwort: Das ist nicht wahrscheinlich. Du wirst durch die Meditation viel stärker. Du wirst also zu dem, was du auf elementarster Ebene bist. Zugleich wirst du dich immer weniger auf verkrampfte und schädliche Verhaltensweisen einlassen. Du wirst weniger reizbar, dafür aber ruhiger und gleichzeitig resoluter gegenüber den Dingen, die für dich von Bedeutung sind. Die Leute um dich haben schon etwas bemerkt. Das ist etwas Gutes. Du wirst viel besser in der Lage sein, deine Angestellten zu motivieren, weil du mehr von einer Ebene der inneren Stärke aus handelst, statt von einer Ebene der Wut und Anspannung.

Es gibt natürlich die Überzeugung, dass Druck notwendig ist, um Menschen zu motivieren – insbesondere in der Wirtschaft. „Angst ist der größte Motivator", heißt es. Angst ist ein Motivator. Aber sie ist nur nützlich, wenn sie die Leute dazu anspornt, eine größere Erkenntnis der inneren Wahrheit zu erlangen. Das schließt auch mit ein, dass man über die Reichweite der Angst hinauswächst. Wenn die Angst uns nicht dazu antreibt, die Wahrheit zu entdecken, dann ist sie bloße Schinderei, ein endloses Rad des Leidens. Niemand möchte wirklich auf diesem Rad sein, nicht einmal jene, die es drehen und andere damit überrollen. Bis jetzt mag es so ausgesehen haben, als gäbe es keine andere Alternative. Aber es gibt sie und die Dinge können sich ändern. Gehe täglich mit Meditation nach innen und du kommst von diesem Rad los. Damit hilfst du auch anderen, davon wegzukommen. Du wirst herausfinden, dass wirtschaftliche Angelegenheiten und das gesamte Leben viel erfüllender sind, sobald die Reizbarkeit nachlässt. Die Reizbarkeit lässt in dem Maße nach, wie das reine Glückseligkeitsbewusstsein zunimmt. Es gibt keine Grenzen für das, was man erreichen kann, ist man erst einmal Herr über seine Gefühle.

Der Guru ist in dir.

Lektion 29* – Alkohol, Tabak und Drogen

Frage: Wenn ich von der Arbeit nach Hause komme, nehme ich gerne einen Drink. Das scheint vor der Meditation nicht so gut zu sein und fühlt sich auch nach der Meditation nicht so gut an. Sind Meditation und Alkohol unvereinbar?

Antwort: Bei der Meditation geht es um die Ausbildung immer größerer Reinheit tief im Nervensystem. Das hat viele positive Auswirkungen auf das Leben. Es leuchtet ein, dass die Einnahme von Substanzen, welche die Reinigung des Nervensystems behindern, für den Meditationsprozess nicht förderlich ist.

Das ist keine moralische Lektion, die wir erteilen, sondern das sagt uns der gesunde Menschenverstand. Sehr wichtig dabei ist also, dass wir aus eigener Erfahrung zu dem Schluss kommen. Wenn etwas dazu führt, dass wir uns schlecht fühlen, werden wir schließlich damit aufhören. Möglicherweise verschafften uns ein oder zwei Drinks etwas Erleichterung vom Stress des Alltags, bevor wir mit dem Meditieren anfingen. Das stumpfte unsere Wahrnehmung ab oder veränderte sie in einer Weise, dass wir kurzzeitig ein Gefühl des Wohlbefindens hatten. Wenn man anfängt zu meditieren, erfährt man das aber anders. Der Frieden, das Glücksgefühl und die Klarheit, die wir als von innen kommend wahrnehmen, sind etwas ganz anderes als die vorübergehenden chemischen Zustände, denen wir uns bisher hingegeben haben. Beides ist gar nicht vergleichbar und wir beginnen, eine andere Perspektive einzunehmen. Der vergängliche Genuss des Alkohols verliert seinen Glanz angesichts der beständigen, freudvollen und sich stetig verstärkenden Ergebnisse der Meditation.

Ich wiederhole, dass es dabei nicht um Moral geht. Es gibt kein: „Du sollst nicht." Es ist deine Entscheidung, immer. Wenn du dich dafür entscheidest, mehr aus deinem Leben zu machen, indem du den Pfad der Meditation und anderer fortgeschrittener Yoga-Übungen beschreitest, wird das eine einfach zu lösende Aufgabe sein. Die zunehmende Erfahrung von reinem Glückseligkeitsbewusstsein verändert deine Einstellung zum Alkohol. Gib der regelmäßigen Meditationspraxis eine faire Chance und Dinge, die nicht gut für dich sind, werden mit der Zeit auf ganz natürliche Weise von dir abfallen. Außer mit Alkohol stellen viele Menschen das Gleiche auch bei Modedrogen, Tabak und sogar Koffein fest. Wir stellen hierzu keine Regeln auf und überlassen alles dem Aufstieg des reinen Glückseligkeitsbewusstseins, unserer wahren Natur. Alles, was wir tun müssen, ist, zweimal täglich zu meditieren und zu lauschen, was unser inneres Schweigen uns erzählt. Wir werden wissen, was wir zu tun haben.

Arzneimittel sind dagegen eine andere Geschichte. Halte dich dabei an die Anweisungen deines Arztes. Wenn du glaubst, dass ein verschriebenes Medikament die Meditation stört, sprich mit deinem Arzt darüber. Erkundige dich, ob es einen Weg gibt, die medizinischen Erfordernisse mit deinem Bedürfnis zu meditieren in Einklang zu bringen.

Der Guru ist in dir.

Zusatz: – Noch eine weitere Frage zu Alkohol und Tabak.

Frage: Ich trinke viel und rauche viel und möchte mit beidem aufhören. Ich habe versucht, entsprechend deiner Anweisungen zu meditieren, doch dabei erfahre ich überhaupt nichts und an meiner Neigung zu trinken und zu rauchen hat sich nichts geändert. Das einzige, was ich von der Meditation bekomme, sind Kopfschmerzen während und nach der Meditation. Deshalb verliere ich meinen Glauben. Kann Meditation mir wirklich helfen?

Antwort: Alkohol und Nikotin führen zu Blockierungen im Nervensystem, die die Fähigkeit, reines Glückseligkeitsbewusstsein zu erfahren, beschränken. Trinkt und raucht man wenig oder mäßig, dann kann es sein, dass Meditation ausreicht, diese Dinge herauszubekommen und dann verlieren diese Angewohnheiten umso mehr an Reiz, je mehr der innere Reinigungsprozess diese Blockierungen ausräumt. Denn dann steigt mehr natürliche Glückseligkeit aus unserem Inneren auf. Trinkt und raucht jemand andererseits sehr viel, kann es sein, dass Meditation alleine zu wenig ist, die Blockierungen aufzulösen.

Vergleiche dein Nervensystem einmal mit einem schmutzigen Fenster. Die Yoga-Methoden dienen der Reinigung des Fensters, so dass das Licht deines göttlichen Bewusstseins da durchscheinen kann. Meditation ist für diesen Zweck ein sehr feines Werkzeug, mit dem man das Fenster bis zu einem hohen Reinheitsgrad reinigen kann. Wenn jedoch auf dem Fenster eine sehr dicke Schmutzschicht liegt und jeden Tag weiterer Schmutz dazukommt, dann kann es sein, dass Meditation damit nicht Schritt halten kann. Wenn wir also wollen, dass das Fenster sauber wird, dann werden wir gut daran tun, die Menge von Schmutz, die wir täglich darauf werfen, zu reduzieren. Mit anderen Worten: Bei Anwendung von Yoga-Methoden kann es nötig sein, unsere Gewohnheiten etwas zu ändern, damit wir Fortschritte damit erleichtern. Das sagt einem auch der gesunde Menschenverstand, oder?

Bei Abhängigkeit von Alkohol, Tabak oder anderen Stoffen ist es nur vernünftig, gegen diese Abhängigkeiten mit zusätzlichen Methoden, die speziell zur Überwindung solcher Gewohnheiten entworfen wurden, vorzugehen. Das von den Anonymen Alkoholikern entwickelte Zwölf-Schritte-Programm wird heute in vielen Programmen zur Verhaltensveränderung eingesetzt. Es ist ein ausgezeichneter Ansatz zur Überwindung selbstzerstörerischer Gewohnheiten. Im Kern geht es dabei darum, dass wir unser Leben einem höheren Zweck unterstellen und das ist sicherlich konsistent mit Yoga. Dieser höhere Zweck ist unser eigenes göttliches Schicksal. Mit einem Zwölf-Schritte-Programm verschieben wir die Identifikation unseres Selbst systematisch von der Enge destruktiven Verhaltens hin zu unserem göttlichen Schicksal. Das ist für jeden wichtig und ein ausgezeichneter Weg, sich auf Yoga-Übungen vorzubereiten, wenn Rauchen, Trinken und andere uns limitierende Gewohnheiten den Weg versperren. Schau im Link-Bereich der FYÜ-Website nach, wenn du mehr Informationen zum „Zwölf-Schritte-Programm" haben willst.

Bezüglich der Kopfschmerzen kann ich nur sagen, dass sie ein deutlicher Beweis dafür sind, dass die Meditation etwas ausrichtet, obwohl das natürlich kein Symptom ist, wie wir es uns wünschen. Gibt es im Innern starke Blockierungen und/oder wenn wir das Mantra forcieren, kann es zu derartigen Kopfschmerzen kommen. Kommt es bei der Meditation zu Kopfschmerzen, nehmen wir einfach locker das Mantra etwas zurück und verweilen bei dieser Empfindung, ohne zu versuchen, etwas damit zu machen. Nach einigen Minuten können wir wieder sanft zum Mantra zurückkommen. Ist da immer noch Schmerz, der es uns zu unangenehm macht, dann sollten wir uns für den Rest unserer Meditationszeit hinlegen und unseren Geist ohne das Mantra entspannen lassen.

Lass dir immer viel Zeit beim Herauskommen aus der Meditation – zumindest ein paar Minuten. Fünf bis zehn Minuten Hinlegen ist gut, wenn es bei der Meditation unbequem geworden ist. Kommen wir zu schnell aus der Meditation heraus, kann das Kopfschmerz oder Reizbarkeit in unseren Aktivitäten verursachen, weil wir dem Zyklus der Reinigung nicht erlaubt haben, zu einem Abschluss zu kommen. Leichtigkeit bei der Meditation und ausreichende Ruhe für das Herauskommen ist also das Rezept. Vergehen dadurch die Kopfschmerzen nicht, besteht noch die Möglichkeit, die Meditationszeit zu verkürzen, bis sich ein tragbares Gleichgewicht eingestellt hat. Ziehe aber auf jeden Fall noch zusätzliche Schritte in Betracht, um diesem schweren Trinken und Rauchen zu Leibe zu rücken. Dann wird deine Meditation in der Lage sein, den Reinigungsprozess schneller und auch vergnüglicher voranzubringen.

Reinigst du das Fenster deines Nervensystems gründlich, scheint dein göttliches Licht jeden Tag mehr und mehr hindurch. So geht das.

Lektion 30 – Ernährung und Meditation

Frage: Wenn ich Vegetarier werde, wird dadurch meine Meditation besser?

Antwort: Nur, wenn du auf natürliche Art dazu tendierst. Ein aufgezwungener Speiseplan ist gewöhnlich nicht die beste Ernährungsweise, da sie Stress und Selbstverurteilung mit sich bringt. Der Körper nutzt dann die erste Gelegenheit, um zur alten Ernährungsgewohnheit zurückzukehren. Das ist der Grund, warum vorgeschriebene Ernährungsprogramme auf lange Sicht nur selten etwas bringen. Der Antrieb muss von innen heraus kommen.

Wenn du regelmäßig meditierst, wirst du feststellen, dass du dich mit der Zeit von selbst zu leichterer und nahrhafterer Nahrung hingezogen fühlst. Deine Vorlieben werden sich auf natürlichem Wege verändern. Nimm das als Richtschnur. Der Körper weiß, was er benötigt, um die von der Meditation in Gang gesetzten Reinigungsprozesse aufrecht zu erhalten. In dem Maße, in dem reines Glückseligkeitsbewusstsein freigesetzt wird, ändern sich auch die Ernährungsgewohnheiten.

Auf den Ausdruck ‚leicht und nahrhaft' wirst du immer wieder treffen, wenn es um Ernährung innerhalb dieser Lektionen geht. ‚Leicht', um die mühelose Reinigung des Nervensystems durch fortgeschrittene Yoga-Übungen zu unterstützen, und ‚nahrhaft', um dazu beizutragen, den Körper bei guter Gesundheit zu halten. Zu leicht ist gewöhnlich nicht nahrhaft, ebenso wie zu nahrhaft gewöhnlich nicht leicht ist. Ausgewogenheit ist der Schlüssel und die regelmäßige Meditation wird uns auf natürliche Weise in diese Richtung führen. Sich zu sehr mit Ernährungsfragen zu befassen, ist eher hinderlich für die Meditation. Also geh es ruhig an und meditiere zweimal täglich. Wenn du das tust, werden sich Ernährungsfragen von selbst lösen.

Der Guru ist in dir.

Anmerkung: In einer Lektion weiter unten (siehe Lektion 69) geht es unter dem Gesichtspunkt, wie man den Ausgleich innerer Energieungleichgewichte unterstützt, ebenfalls um Ernährung.

Lektion 31 – Die freie Natur genießen

Frage: Wir sind letztes Wochenende in die Berge gefahren und ich habe draußen mit Blick auf ein riesiges Tal meditiert. Es war herrlich und meine Meditation war wundervoll. Ich war völlig von frischer Bergluft umweht. Ist es von Vorteil, wenn man draußen an schönen Orten meditiert?

Antwort: Es ist von großem Nutzen, sich draußen an schönen Orten aufzuhalten, aber es ist nicht notwendig, dass man dort meditiert. Ist man in der Lage, die tiefgründige Schönheit der Natur wertzuschätzen, ist das die größte Freude im Leben. Welchen größeren Zweck könnte unser Dasein haben, als den unendlichen Ozean von Harmonie in uns und rings um uns herum zu genießen? Regelmäßiges Meditieren kultiviert diese in uns bereits angelegte Fähigkeit, die Schönheiten des Lebens würdigen zu können.

Aber erinnere dich daran, was wir in der Meditation machen. Wir nehmen das Mantra ungezwungen auf und lassen daraus werden, was immer daraus werden mag. Sobald wir bemerken, dass wir davon abgekommen sind, nehmen wir es erneut auf. Diesem Schema folgen wir zweimal täglich für zwanzig Minuten. So vorgehend meditieren wir nicht mit dem Ziel, eine bestimmte Erfahrung zu machen. Der Reinigungsprozess muss seine eigenen Wege gehen. Wir können ihn nicht lenken oder vorhersagen. Wir praktizieren diese einfache Technik der Meditation und lassen geschehen.

Beim Ausüben dieser Meditationstechnik geht es also nicht darum, auf einem Berggipfel oder an irgendeinem besonderen Ort zu sitzen. Wir sollten nur den besten verfügbaren Ort nutzen, an dem wir am wenigsten abgelenkt werden, sobald es Zeit für die Meditation ist.

Jesus sagte: „Wenn aber du betest, so geh in deine Kammer." [Mt 6,6] Das ist der Grundgedanke. Meditation ist ein innerer Prozess, also ziehen wir uns dafür zurück.

Wenn wir uns in einem Flugzeug, einem Wartezimmer oder auf einem Berg befinden, haben wir vielleicht keine Wahl. Also machen wir das Beste daraus und meditieren dort. Wie zuvor schon erörtert, lässt sich das leicht durchführen. Doch gehen wir nicht extra nach draußen auf einen Berggipfel, um zu meditieren. Es ist viel besser in der Kammer zu sein, wo es ruhig und gedämpft ist. Dann können wir meditieren und mit der geringsten Reizung der äußeren Sinne nach innen gehen. Später, wenn wir uns mit den wahrnehmungserhellenden Qualitäten des reinen Glückseligkeitsbewusstseins durchtränkt haben, können wir hinausgehen und die großartige Aussicht über das Tal genießen. Schließe dann, wenn du willst, deine Augen und sei eins mit der Pracht der Natur rings um dich her. Genieße!

Meditation ist eine Vorarbeit, die man leistet, um die Erfahrung von allem anderen zu bereichern. Man zieht sich damit aus der äußeren Welt in das reine Glückseligkeitsbewusstsein im Innern zurück, so dass man, wenn man zurückkommt, die äußere Welt auf eine viel subtilere Weise verstehen kann. Versuchen wir unsere Meditationsübung und Wahrnehmungen aus der äußeren Welt zu verbinden, wird das Ergebnis nicht optimal sein. Erst gehen wir nach innen, dann kommen wir zurück nach außen. Bei unserer Meditation geht es nicht um den Versuch, innen und außen zugleich zu sein. Dieser Zustand – gleichzeitig sowohl innen als auch außen zu sein – entsteht bei regelmäßiger Meditation ganz von selbst. Zugleich innen und außen zu sein, ist nicht Aufgabe der Meditation, es ist die Frucht der Meditation.

Lass dich von der Schönheit der Natur inspirieren. Sei dir gewiss, dass du als Ergebnis deiner täglichen Meditationspraxis die Natur auf eine zunehmend feinsinnigere Weise erleben kannst. Nutze deine Inspiration, um deine Selbstverpflichtung für die tägliche Meditationspraxis zu verdoppeln. Dann verstehst du mit der Zeit die Natur auf eine Weise, die dich beständig zur Glückseligkeit entzündet. Es ist dann dein natürlicher Zustand, gleichzeitig völlig innen und völlig außen zu sein. Du wirst selbst zur großartigen freien Natur. Dies ist die Frucht des wahren Yoga und der wahren Religion. Dies ist Erleuchtung.

Der Guru ist in dir.

Lektion 33 – Eine neue Art des Sitzens beim Meditieren

Frage: In einem Yoga-Kurs sagte der Lehrer, dass man während der Meditation immer aufrecht auf einer Bodenmatte oder auf einem Kissen sitzen sollte – ohne Rückenunterstützung. Ich habe das versucht und bekam dabei ziemliche Schmerzen. Ist diese Sitzhaltung für eine erfolgreiche Meditation notwendig?

Antwort: Die Antwort lautet kurz und bündig: nein. Meditation funktioniert auch ausgezeichnet, wenn man auf einer weichen Unterlage mit Rückenunterstützung sitzt. Ein bequemer Stuhl ist gut. Auf einem Bett mit einigen Kissen hinter uns zu sitzen, ist – aus Gründen die wir später noch sehen werden – besser. Meditiere nicht im Liegen, da dies eher zu Schlaf als zu Meditation führen kann. Die Richtschnur ist ein aufrechtes und bequemes Sitzen. Wir wollen keine unnötige Unbequemlichkeit im Körper, da sie uns von unserer einfachen Vorgehensweise bei der Meditation ablenkt. Wenn es dir leicht fällt, 20 Minuten oder länger auf einer harten Unterlage ohne Rückenunterstützung aufrecht zu sitzen, dann ist es in Ordnung, so zu meditieren. Aber wenige werden in der Lage sein, so zu verfahren und es ist nicht notwendig. Ein Weniger an Bequemlichkeit bedeutet ein Mehr an unnötiger Ablenkung bei der Meditation. Daher sieh zu, dass du komfortabel sitzt.

Nachdem dies alles gesagt ist, kommt jetzt eine zweite Stufe.

Sobald du fest in deiner Gewohnheit verankert bist, täglich zu meditieren und du fühlst, dass du bereit bist, den nächsten Schritt in deiner Yoga-Praxis zu nehmen, ist es von Vorteil, die Beine während der Meditation in eine kreuzweise Haltung zu bringen. Hierzu eignet sich gut ein Bett. Wenn du ein Bein so legen kannst, dass die Sohle am Oberschenkel und die Ferse im Schritt (im Genitalbereich) anliegt, ist es gut. Das andere Bein kann dann mit der Sohle unter dem Schienbein zur Ruhe kommen. Es spielt keine Rolle, welches Bein zuerst nach innen zum Oberschenkel geht. Das ist deine Entscheidung. Mit der Zeit kannst du die Fähigkeit entwickeln, die Beine auszutauschen, so dass jedes Bein innen liegen kann. Bequemlichkeit sollte bei der Entscheidung, welches Bein innen liegt, der ausschlaggebende Faktor sein.

Wenn das alles für dich neu ist, erscheint es dir möglicherweise als schwierig. Die meisten brauchen einige Zeit, bis sie in der Lage sind, so zu sitzen. Wir beeilen uns aber nicht, das zu erreichen, sondern wählen eine sanfte, stufenweise Annäherung. Es gibt wichtige Gründe, die erst später klar werden, warum wir das jetzt anpacken. Schenke dem also die nötige Aufmerksamkeit, solange es deine regelmäßige Meditationsroutine nicht beeinträchtigt.

Bei den ersten Versuchen könnte es sein, dass du es nicht schaffst, den Fuß des inneren Beins an den Oberschenkel zu bekommen. Es kann sein, dass die Knie in die Luft zeigen und sie nicht flach auf dem Bett liegen wollen. Gehe nur so weit, wie es dir bequem möglich ist. Benutze, falls erforderlich, Kissen, um die Knie zu unterstützen, damit du möglichst bequem meditieren kannst. Quäle dich oder deine Meditation nicht, indem du dich in eine unbequeme Sitzhaltung zwingst. Was wir wollen, ist, die Beine sanft über einen längeren Zeitraum hinweg in die kreuzbeinige Sitzhaltung zu locken. Für manche kann das sofort möglich sein. Andere mögen Wochen oder Monate mit sanftem Druck daran arbeiten. Schrittweise wollen wir in dieser Richtung voranschreiten. Aber Rom wurde auch nicht an einem Tag erbaut.

Wenn du dich mit der Anatomie deiner Beine vertraut machst, wirst du feststellen, dass die Knie leichter nach unten kommen, wenn du die Sohlen der Füße etwas nach oben drehst. Die Zehen des inneren Fußes kann man dann zwischen Oberschenkel und Knie verstauen, während die Ferse im Bereich des Schritts bleibt, und die Zehen des äußeren Fußes können unter das Schienbein gesteckt werden. Ein Bett eignet sich hierzu gut, da die Fußsohlen leicht nach oben gedreht werden können, während der Fußrist etwas in die Matratze versinkt. Wenn du die Fußsohlen nach oben gedreht hast und die Knie immer noch nicht nach unten kommen, so tu dir keinen Zwang an und fülle den leeren Raum unter den Knien mit Kissen. Aber wenn du die Fußsohlen nach oben drehst, sollten die Knie so nach unten kommen, als würdest du beabsichtigen, im Bett mit weit auseinander gespreizten Knien zu knien. Gebrauche Rückenunterstützung während der Meditation und entwickle diese neue Art des Sitzens beim Meditieren. Du wirst feststellen, dass du nach einigen Wochen oder Monaten des sanften Lockens bequem in dieser Haltung sitzen kannst. Sollten die Beine während der Meditation unbehaglich werden, dann kannst du auch ein oder beide Beine auf dem Bett einmal ausstrecken und dann die Meditation fortsetzen. Oder du kannst das innere Bein mit dem anderen Bein von Zeit zu Zeit tauschen und dann weitermachen. Mache, was immer nötig ist, um während der Meditation bequem zu bleiben und versuche gleichzeitig die kreuzbeinige Sitzhaltung sanft anzustreben. Wenn du nicht zu den Feurigsten zählst, empfehlen wir auf jeden Fall Rückenunterstützung. Die Hände kann man im Schoß falten oder auf die Oberschenkel, Knie oder sonst wo legen, wo immer sie eben am bequemsten sind. Mit der Zeit wird diese Sitzposition zu deiner zweiten Natur. Dann bist du in der Lage, leicht zu meditieren und wirst noch nicht einmal merken, wie du dasitzt.

Kreuzbeiniges Sitzen mit Rückenunterstützung

Falls eine körperliche Behinderung oder andere eingrenzende Faktoren bestehen, die du nicht überwinden kannst und dir das kreuzbeinige Sitzen nicht möglich ist, so ist das in Ordnung. Du kannst trotzdem meditieren und alle Vorteile erhalten. Nichts ist verloren. Wenn wir auf unserem Weg der fortgeschrittenen Yoga-Übungen voranschreiten, gibt es Techniken, die es uns erlauben, das Fehlen der gekreuzten Beine auszugleichen. Gekreuzte Beine sind wünschenswert, aber nicht obligatorisch.

Wenn wir natürlich im Flugzeug, im Büro, im Warteraum usw. meditieren, so sitzen wir ganz normal auf unserem Stuhl – ohne besondere Beinstellung. Aber wenn wir zu Hause meditieren, sollten wir – solange sie bequem ist – immer die beschriebene kreuzbeinige Sitzhaltung vorziehen. Das ist eine wichtige Vorbereitung, die als Grundlage für einen einschneidenden Schritt unserer geistigen Transformation dient, wenn wir weitere fortgeschrittene Yoga-Übungen hinzufügen.

Der Guru ist in dir.

Anmerkung: Diese Lektion dient der Vorbereitung auf eine wichtige Übung namens “Siddhasana”, die wir später einführen.

Lektion 34 – Meditation und Weltprobleme

Frage: Es gibt doch sicher wichtigere Dinge, über die man nachdenken sollte, als über *I AM* [AYÄM]. Was ist mit all den dringenden Weltproblemen: Terrorismus, Krieg, Armut und Hunger? Ich verstehe das nicht. Bist du sicher, dass Meditation nicht nur eine Flucht aus der Wirklichkeit ist?

Antwort: Denke daran, dass Meditation nicht bedeutet, das Mantra *I AM* [AYÄM] auf planlose Weise zu denken. Wie bereits ausführlich beschrieben, ist es eine präzise Methode, die zu den tiefsten Ebenen von Frieden und Glückseligkeit in uns führt, was dann diese Eigenschaften auch in unseren täglichen äußeren Tätigkeiten zum Leuchten bringt. Meditation ist keine Flucht aus der Realität. Sie ist vielmehr eine Vorbereitung darauf. Man könnte sogar sagen, dass Meditation erst die Wirklichkeit offenbart. Denn das, was wir als die Wirklichkeit ansehen, ist fast vollständig ein Erzeugnis der uns eigenen Sichtweise. Ist das Glas z.B. halb voll oder halb leer?

Wenn wir das Glas als halb voll ansehen, dann existiert Hoffnung. Dann gibt es selbst inmitten schwierigster Umstände grenzenlose Energie, Gutes zu tun. Wir sehen Wege, wie Dinge besser werden können und wir arbeiten in diese Richtung. Wenn wir das Glas als halb leer sehen, dann gibt es wenig Hoffnung, d.h. wenig Energie, die Dinge zu verbessern. Dann gibt es Elend und wir ziehen alle um uns herum herunter. Wir werden Teil des Problems anstatt Teil der Lösung. Wenn du also zu der Einsicht kommst, dass Meditation eine Quelle für Frieden, inneres Glück, Optimismus und Stärke in deinem Leben ist, dann ist das eine Zauberformel für die Verbesserung deiner Umgebung und der Welt.

Die Ergebnisse der Meditation sind ansteckend. Wenn wir meditieren, werden andere nicht nur durch unsere inspirierten Handlungen, sondern auch durch die unsichtbare Ausstrahlung unseres Glückseligkeitsbewusstseins beeinflusst. Wir können Frieden und Optimismus in anderen hervorrufen, indem wir uns dem Unendlichen in unserem Inneren öffnen.

Jesus sagt: "Ihr seid das Licht dieser Welt." [Mt 5,14]

Würden Millionen von Menschen täglich meditieren, würde das zur Erleuchtung der Welt führen. Jeder von uns kann seinen Teil dazu beitragen, indem er das göttliche Licht in sich selbst hervorbringt. Das ist keine Flucht. Es ist eine Verantwortung. Wenn wir uns selbst weiterentwickeln, geht es nicht nur um uns selbst. Es geht dabei um jedermann auf dieser Erde.

Meditiere daher jeden Tag und packe die Arbeit, die du in deinem Herzen als das Wichtigste ansiehst, herzhaft und mit Eifer an. Möge dein Glas zum Segen der Welt überlaufen.

Der Guru ist in dir.

Lektion 35 – Meilensteine der Erleuchtung

Frage: Was ist das letzte Ziel der Meditation, wie werden sich die Erfahrungen entlang des Weges dorthin entwickeln und wie lange wird es dauern, bis die Reise beendet ist?

Antwort: Das letztendliche Ziel ist die Erleuchtung. Was ist Erleuchtung? Ein Zustand der Einheit, in dem sich unsere beiden Naturen – reines Glückseligkeitsbewusstsein und unser sinnliches Ausgreifen in diese physische Welt – im Gleichgewicht befinden. Das entspricht der Definition von Yoga und ist das Ziel aller Religionen.

Die Entwicklung der Erfahrungen dabei entspricht einer komplexen und persönlichen Reise, aber darin sind gewisse Muster erkennbar. Drei Stufen kann man unterscheiden:

Zuerst entsteht durch regelmäßige Meditation eine wachsende innere Ruhe. Sie wird auch als stetig wachsender Zustand des Friedens, der Freude und der Glückseligkeit erfahren. Vor allem wird sie aber als inneres Gleichgewicht erkennbar, das durch keine äußeren Erfahrungen erschüttert wird. Innere Ruhe ist die Grundlage für weitere Erfahrungen, die durch zusätzliche fortgeschrittene Yoga-Praktiken ermöglicht werden. Dadurch wird die Ruhe unseres reinen Glückseligkeitsbewusstseins zu einem dynamischen Zustand in unserem Nervensystem erweckt.

Zum zweiten erwächst eine ekstatische Erfahrung im Körper und in der Umgebung. Dies rührt vom Erwachen der Lebenskraft im Körper und einer stufenweisen Verfeinerung der sinnlichen Wahrnehmung her. Durch Pranayama (Atemkontrolle) und andere Mittel wird die Meditation so bereichert, dass die Sinne nach innen geöffnet werden. Dadurch werden wir in die Lage versetzt, die ekstatischen Energien wahrnehmen, die in uns und um uns fließen. Man könnte sagen, dass Stille sich in uns bewegt und dass dadurch eine neue und ergreifende Erfahrung geschaffen wird. Während dieser Stufe erhöht sich die Wertschätzung für den göttlichen Lebensfluss auf natürliche Weise, und dies führt zu einem wachsenden Wunsch, in die vertiefte sinnliche Erfahrung einzutauchen und sich mit ihr zu verbinden. Man überlässt sich diesem fortschreitenden Prozess und dadurch wird er beschleunigt. Diese zweite Stufe ist wie ein Fallen in einen unendlichen Abgrund der Ekstase. Wir fungieren in der Welt mit wachsender Freude, während unsere Aufmerksamkeit durch die immer gegenwärtige lebendige Schönheit hinter allen Dingen absorbiert wird. Für uns lösen sich alle Grenzen auf.

Drittens, sobald unsere Aufmerksamkeit ganz natürlich in der allgegenwärtigen, wogenden, glückseligen Stille ihr Heim hat, werden wir selbst zu dieser immerwährenden Harmonie. Wir erkennen unser eigenes Selbst als Urgrund allen Seins. Dies ist die Erfahrung der Einheit, der Vereinigung, der Erleuchtung. Die Welt verschwindet nicht. Sie wird transparent. Begrenzungen werden wie dünne Vorhänge, die die Essenz des Lebens bedecken, und wir haben erkannt, dass diese ein Ausdruck unserer eigenen Natur sind. Können wir dann in dieser Welt noch immer tätig sein? Ja, aber unsere Motive unterscheiden sich von denen, die uns bewegten, als wir nicht anders konnten, als uns als ein abgetrenntes Wesen zu sehen. Wir handeln jetzt im Interesse eines erweiterten Selbst. Es mag scheinen, als ob wir dadurch selbstlos werden. In Wahrheit handeln wir immer im Interesse unseres Selbst. Aber unser Selbst ist universell geworden, und daher gelten unser Interesse und unsere Sorge der ganzen Menschheit und allem Leben.

Beginnen wir uns den fortgeschrittenen Yoga-Übungen zu widmen (und vielleicht auch schon davor), können wir – abhängig vom Kräftespiel unseres individuellen Reinigungsprozesses – schon Schattierungen jeder dieser drei Stufen erfahren. Wir können auch Elemente aller drei Stufen gleichzeitig erleben. Mit der Zeit lernen wir zu erkennen, dass diese enthüllenden Erfahrungen Gradmesser auf dem Weg zu unserer Erleuchtung sind. Bei unserer Beschäftigung mit weiteren fortgeschrittenen Yoga-Praktiken erörtern wir viele weitere Unter-Meilensteine. Diese Meilensteine helfen uns dabei, auf dem Weg weiterzugehen. Durch sie werden wir inspiriert und dazu angehalten, regelmäßig unsere täglichen Übungen zu machen. Diese Meilensteine eignen sich jedoch nicht so gut für Feststellungen wie: "Heute bin ich genau an dieser Stelle des Weges zur Erleuchtung." Das kann zwar den Tatsachen entsprechen, aber wirkliche Bedeutung erlangt das erst, wenn wir an diesem Punkt vorbeigegangen sind und unsere Erfahrung dauerhaft und unmerklich ist. Sobald die Erfahrung zur natürlichen Normalität geworden ist, wird sie zur Realität. Das ist das Leben, wie wir es leben sollten. Allerdings lösen wir die Meilensteine auf unserer Reise auf. Bei der Erleuchtung geht es letztendlich nicht so sehr um die Meilensteine. Es geht darum, uns darüber zu freuen, dass wir das werden, was wir immer schon gewesen sind.

Wenn du deine Reise nach Kalifornien, über die wir früher gesprochen haben, vollendet hast, würdest du deine Zeit damit verbringen, dich zu wundern, wie du dorthin gekommen bist? Wahrscheinlich nicht. Viel besser ist es, die Schönheit Kaliforniens im Jetzt zu genießen. Es ist jedoch nützlich, die Einzelheiten der langen Reise zum Nutzen anderer zu rekapitulieren. Jeder Einzelne entstammt schließlich aus demselben göttlichen Bewusstsein wie wir selbst, und daher sind wir natürlicherweise darauf bedacht, dass jeder eine sichere und zügige Reise hat.

Jesus sagt: „Handelt den Menschen gegenüber in allem so, wie ihr es von ihnen euch gegenüber erwartet!" [Mt 7,12]

In Wahrheit sind alle anderen du. Daher ist dieser Ratschlag nicht nur moralisch gut, er ist auch sehr zweckmäßig. Sobald sich unsere inneren Türen den göttlichen Reichen in unserem Inneren geöffnet haben, erkennen wir durch Erfahrung, dass andere unser eigenes Selbst sind.

Wie lange dauert diese Reise? Das hängt hauptsächlich von uns selbst ab – von unseren Handlungen in der Vergangenheit, die zu Blockierungen tief in unserem Nervensystem geführt haben, und es hängt vor allem davon ab, was wir von jetzt an tun. Die Vergangenheit können wir nicht ändern. Aber wir können in der Gegenwart viel tun, was unsere Zukunft formen wird. Niemand anders als wir selbst kann diese Wahl treffen. Wenn wir die fortgeschrittenen Yoga-Übungen mit ernsthafter Hingabe praktizieren, dann wird dies unserem Leben eine neue Richtung geben. Widmen wir uns diesem Weg einmal unbeirrbar, ist es nur noch eine Frage der Zeit. Dann erkennen wir, dass das endgültige Ziel nicht einmal so wichtig ist. Vor allem geht es um die Erfahrung anwachsender Freude, jeden Tag, jeden Monat und jedes Jahr. Dies ist ein Weg der Glückseligkeit, ein Weg des Vergnügens. Diese gehen einher mit unserer natürlichen Entfaltung von innen heraus. Begib dich auf diesen Weg, und beginne dich heute noch an dieser Reise zu erfreuen. Jeden Tag kommst du ein Stück näher dem Ziel.

Der Guru ist in dir.

Lektion 36 – Meditation und die fünfte Dimension

Frage: Wenn ich meditiere, fühle ich mich, als befände ich mich an einem anderen Ort. Das ist sehr angenehm und ändert allmählich meine Sicht auf das Leben. Wo bin ich, wenn ich meditiere? Was kommt da in mich hinein?

Antwort: Wenn wir meditieren, erlauben wir dem Geist auf ganz natürliche Weise, unsere Wahrnehmung dem gewohnten Reich von Raum und Zeit zu entziehen und in ein Reich des ungetrübten Glückseligkeitsbewusstseins zu bringen. Bewusstsein ist weder Zeit noch Raum. Man könnte sagen, dass es die unendliche Dimension ist, die hinter der mit unseren physischen Sinnen wahrgenommenen Welt liegt. Diese Dimension besitzt keine Grenzen; sie ist das ewige "Jetzt". Bewusstsein ist jenseits von Zeit und Raum eine weitere Dimension – man könnte es die fünfte Dimension nennen. Durch Meditation verheiraten wir schrittweise die fünfte Dimension des Bewusstseins mit den vier Raum-Zeit-Dimensionen, so dass alle fünf Dimensionen nebeneinander existieren. Unser Nervensystem wird stufenweise dazu ausgebildet, alle fünf Dimensionen gleichzeitig zu erfahren.

Dies hat tiefgreifende Auswirkungen auf unser tägliches Leben. Bevor wir meditierten, war alles, was wir taten, in Raum und Zeit verhaftet. All unsere Handlungen, unsere Problemlösungen waren durch die vier Dimensionen begrenzt. Die Alternativen, die wir vorher sahen, bewegten sich immer in den Dimensionen von Zeit und Raum. Durch Meditation fügen wir eine zusätzliche Dimension hinzu – Bewusstsein. Das macht einen großen Unterschied. Jetzt sehen wir Situationen auf eine Weise, wie wir sie zuvor nicht sehen konnten. Wir werden dazu befähigt, den Lauf des Lebens auf Wegen zu beeinflussen, die wir vorher nicht kannten.

Stell dir vor, du versucht ein Puzzle zusammenzubauen, das auf einem Tisch liegt. Du schaust zweidimensional darauf, wie es auf der flachen Oberfläche des Tisches ausgebreitet ist. So sehr du dich auch bemühst, viele Stücke passen nicht zusammen. Dann kommt eine Freundin in den Raum und sagt: "Versuch mal das." Sie fasst zwei Ränder des Puzzles und rollt sie über dem Tisch zusammen, und sie passen perfekt ineinander. Durch den Übergang in die dritte Dimension, den Raum über dem Tisch, konnte das Puzzle leicht gelöst werden. Im Leben ist es ebenso. Wenn wir darin nur in Raum und Zeit, in den vier Dimensionen, agieren, dann stehen wir oft vor einem unlösbaren Puzzle. Wir drehen uns im Kreis und schaffen es irgendwie nie, die Teile des Puzzles zusammenzufügen. Wenn wir beginnen zu meditieren, dann benutzen wir eine neue Dimension, eine neue Sichtweise. Und dann fangen die Puzzleteile an zusammenzupassen und alles beginnt einen Sinn zu haben.

Der Guru ist in dir.

Lektion 37 – Gruppenmeditation

Frage: Wenn ich andere finde, die dieselben Übungen machen, können wir dann zusammen in einer Gruppe meditieren? Ich habe gehört, dass das von Vorteil ist.

Antwort: Gruppenmeditationen sind eine gute Sache. Wann immer Leute zusammenkommen, um einen Pfad spiritueller Entfaltung zu studieren und dazu ermutigen, ihn zu gehen, kann das gut für dich sein, daran teilzunehmen. Wenn du dich regelmäßig mit Menschen gleicher Interessen austauschen kannst, bringt dir das insbesondere in dem Sinne einen erheblichen Nutzen, dass es dich dazu anregt, enthusiastisch mit deinen täglichen Übungen voranzuschreiten. Zweifellos regst du dadurch auch andere an, die Übungen zu machen.

Es ist gut, bei jeder Art Versammlung zu Beginn oder am Ende eine Gruppenmeditation von ungefähr 10 Minuten durchzuführen. Ob du deine eigene Diskussionsgruppe dazu anleitest oder ob du als Gast bei der Gruppe von jemand anderem teilnimmst, immer wirst du feststellen, dass diese Gruppenmeditationen ihren eigenen Wert besitzen. Sie können tief und durchdringend sein, wenn sich das beruhigte Denken der Einzelnen vereinigt und gegenseitig verstärkt. Das ist ein fühlbarer Effekt und er strahlt in die Umgebung aus. Es ist gut, wenn die Teilnehmer der Gruppe alle dieselbe Meditation ausführen. Aber das ist nicht zwingend notwendig, solange nur alle während der zur Verfügung stehenden Zeit im Stillen praktizieren können. Gruppenmeditationen sind gut für alle, die daran teilnehmen und strahlen wohltuend auf die Welt aus.

Einige Menschen wollen vor allem an „geführten Meditationen" teilnehmen. Du wirst feststellen, dass diese Art von Gruppenmeditation mit der Nutzung eines Mantras unvereinbar ist. Denn deine Übung mit dem Mantra ist darauf ausgerichtet, schnell und effektiv nach innen zu führen. Wenn dir diese Meditation zur Gewohnheit geworden ist, hast du das Innere schon erreicht, sobald du deine Augen schließt und eine Meditation, bei der jemand durch Sprache anleitet, wird für dich kontraproduktiv sein. Das Gleiche gilt für Meditationen, in denen Musik, Chanten, Trommeln etc. eingesetzt wird. All diese Meditationen haben ihren eigenen Zweck und Nutzen, aber sie sind nicht mit der Übung vereinbar, das Mantra schnell zum reinen Glückseligkeitsbewusstsein nach innen zu bringen. Das heißt nun nicht, dass du nicht an geführten Meditationen, am Chanten oder was auch immer teilnehmen solltest. Aber das ist dann eine ganz andere Vorgehensweise, als was du in deiner täglichen Meditation mit dem Mantra machst. Du wirst selbst die Anknüpfungspunkte herausfinden, die zu jeder der vielen Gruppen und deren Übungsformen einen Zugang schaffen. Oder vielleicht fängst du mit deiner eigenen Gruppe an, die sich eng an den hier angebotenen offenen Ansatz der Fortgeschrittenen Yoga Übungen anlehnt. Tu, was immer dich voranbringt.

Jesus sagt: „Denn wo zwei oder drei in meinem Namen versammelt sind, da bin ich mitten unter ihnen."

Dieses Zitat bezieht sich nicht auf eine bestimmte Sekte. Es beschreibt ein wohl bekanntes Prinzip. Wenn sich Menschen zu einem spirituellen Zweck versammeln, wird das Bewusstsein angeregt und intensiviert. Diese Intensivierung kann als eine sich vertiefende Stille und als ein alles durchdringendes Glückseligkeitsbewusstsein wahrgenommen werden. Diese Erfahrung kann in jeder Glaubensrichtung gemacht werden, bei jeder Zusammenkunft unter dem Vorzeichen hoher spiritueller Ideale, in jeder Versammlung, in der Wahrhaftigkeit eine zentrale Rolle spielt. Die Gruppenerfahrung von durchflutendem stillen Freudebewusstsein ist dort am größten, wo während einer Gruppenmeditation viele Individuen systematisch ihren Geist innerlich zur Ruhe bringen.

Gruppenmeditationen sind jedoch kein Ersatz für deine regelmäßigen Meditationen zweimal am Tag. Deine Übung für dich alleine ist deine Hauptübung und sollte es immer bleiben. Dadurch hältst du selbst die Zügel für deine spirituelle Entwicklung in der Hand, wenn du täglich ohne Rücksicht auf äußere Umstände praktizierst. Gruppen kommen und gehen. Gruppenmeditationen können einen wunderschönen Auftrieb verleihen. Aber sie werden auch kommen und wieder gehen. Verlass dich nicht auf sie als Hauptpraxis. Denke daran als eine Art Sonderzulage. Im Äußeren verändert sich das Leben ständig. Stelle sicher, dass deine tägliche Übungs-Praxis als ein innerer Teil deiner Existenz tief in dir verwurzelt ist, nicht gefährdet, durch äußere Ereignisse in Mitleidenschaft gezogen zu werden. Wir haben über die verschiedenen Strategien gesprochen, wie man seine tägliche Meditationspraxis auch in turbulenteren Situationen sicherstellen kann. Die Regelmäßigkeit deiner Übungen aufrecht zu erhalten, ist sehr wichtig, wenn du dich auf den Seitenstraßen deines Lebens befindest. Was auch immer du als deine tägliche Praxis für dich erwählst, sie sollte dir heilig sein. Das ist dein Hauptweg nach innen. Du kannst darauf zählen, weil du dich darauf eingeschworen hast, sie täglich ohne eine Ausnahme durchzuziehen. Alles andere sind vorbeiziehende Landschaften, die einen manchmal begeistern – manchmal aber auch nicht so sehr. Lass dich durch sie vor allem begeistern, lass sie das Feuer deines Wunsches nach spirituellem Fortschritt anfachen und lass deine tägliche Meditationsroutine fortfahren, ihre Arbeit anhaltender, innerer Reinigung zu verrichten. Wir werden zusätzliche Übungen erörtern, bei denen du entscheiden kannst, sie in deine tägliche Praxis aufzunehmen. Aber du musst deine eigene tägliche Routine daraus entwickeln. Eine tägliche Routine ist der Schlüssel. Es ist der sicherste Weg zur Erleuchtung.

Experimentiere selbst mit Gruppen und nimm wahr, was dabei vorgeht. Beteilige dich vor allem an den überall stattfindenden Diskussionen über spirituelle Transformation. Du hast eine neue Ebene von Bürgerschaft betreten – der spirituellen Bürgerschaft. Bringe dein reines Glückseligkeitsbewusstsein in jede Zusammenkunft und in jede Gruppenmeditation ein. Und denke immer daran, dass du dein Haus täglich auf dem Felsen reinen Glückseligkeitsbewusstseins weiterbaust.

Der Guru ist in dir.

Lektion 38 – Was ist der Zeitplan oder wie schnell soll ich vorgehen?

Wir befinden uns in einem kleinen Dilemma. Es hat mit der Dimension Zeit zu tun. Von der Erörterung her sind wir nun bereit, auf die nächste Ebene fortgeschrittener Yoga-Übungen weiterzugehen. Die Frage ist nur: Bist du dazu bereit?

„Ja", sagst du: „ich möchte darüber etwas lesen."

Das Dilemma liegt nicht so sehr im Lesen. Es bezieht sich auf die Anwendung des Wissens, das durch Lesen erworbenen wird – wie man damit zurechtkommt.

Die Lektionen, die hier niedergeschrieben werden, sind das Ergebnis jahrzehntelanger Erfahrung im Yoga. Es wird ungefähr sechs Monate dauern, dir eingehend zu beschreiben, wie man die wichtigsten fortgeschrittenen Yoga-Übungen praktiziert und was deren Wirkungen sein werden. Sobald das Schreiben einmal abgeschlossen ist, wirst du in der Lage sein, das alles sogar in nur wenigen Tagen durchzulesen. Aber offensichtlich wäre es für dich nicht ratsam, mit all den fortgeschrittenen Yoga-Übungen in der Zeitspanne zu beginnen, die du brauchst, das darüber Gesagte zu lesen. Das wäre überhaupt nicht möglich. Jede Stufe der Übung benötigt eine beträchtliche Zeitperiode der Akklimatisierung, bevor mit der nächsten Stufe erfolgreich begonnen werden kann. Wenn man versucht zu rennen, bevor man genügend im Gehen geübt ist, ist die Wahrscheinlichkeit groß, dass man mit dem Gesicht auf dem Boden aufschlägt. Ähnliches gilt für die Erlernung der fortgeschrittenen Yoga-Übungen. Ein allmählicher Aufbau ist kein Luxus – er ist eine Notwendigkeit.

Darin besteht also das Dilemma: Wenn du im Vorfeld all die wirkungsvollen Informationen erhalten hast, wie willst du dann darauf in geeignetem Maße deine Übungen zeitgestaffelt aufbauen? Es geht also darum, herauszufinden, wie dein eigener Zeitplan auszusehen hat, damit er möglichst gut auf deine eigenen Bedürfnisse und Erfordernisse abgestimmt ist. Besonders wichtig ist, dass du alles methodisch aufbaust und darauf achtest, nicht zu viel Neues gleichzeitig anzufangen. Jeder Mensch ist verschieden und hat eine nur für ihn gültige Fähigkeit, sich neue Übungen zu eigen zu machen. Du wirst deine eigene Geschwindigkeit finden müssen, deinen eigenen Zeitplan, der dir hilft, vorwärts zu kommen und dabei in deinen Bemühungen Stetigkeit aufrecht zu erhalten.

Bisher bestand die Herausforderung darin, das richtige Wissen irgendwo ausfindig zu machen. Hier besteht die Herausforderung darin, dass du dich bei der Anwendung des vorhandenen Wissens von deiner Intuition leiten lässt – und dabei nichts zu übertreiben, weil das nur dazu führt, dass du vom Wagen purzelst.

In alten Zeiten hieß es, es sei besser, kraftvolle spirituelle Techniken ganze Lebensspannen zu spät zu erhalten, als eine Minute zu früh. Übungen wurden sparsam im Laufe langer Zeitperioden vom Lehrer an den Schüler weitergegeben. Das passt aber kaum mehr in die moderne, schnelllebige Zeit, dem Zeitalter der Masseninformation, in dem wir heute leben und in dem in vielen Bereichen neue Wissensanwendungen ältere alle paar Jahre ersetzen.

Heute ist es notwendig, die Weitergabe des Wissens über die fortgeschrittenen Yoga-Übungen und deren Integration in die Gesellschaft zu beschleunigen. Es muss vereinfacht und sollte so kodifiziert werden, dass es in das Zentrum unseres wissenschaftlichen Zeitalters rückt. Man muss es den Leuten aushändigen und die Menschen haben selbst zu entscheiden, wie es angewandt werden soll, damit die positiven Auswirkungen für die gegenwärtigen und zukünftigen Generationen zum Tragen kommen. Wenn das nicht geschieht, werden die Methoden der Verbreitung so weiter bestehen, wie es in den dunklen Zeitaltern vorherrschend war, wo nur wenige daraus einen Nutzen ziehen konnten. Die Welt kann es sich nicht mehr länger leisten, ohne effektive und frei zugängliche Methoden zur Entfaltung der inneren Natur des Menschen dazustehen.

Es gibt diejenigen, die sagen: „Werft eure Perlen nicht den Schweinen vor." Vor zweitausend Jahren mag das ein guter Ratschlag für diejenigen gewesen sein, die spirituelles Wissen besaßen. Wären sie damals so freigebig mit ihrem Wissen umgegangen, wären sie wahrscheinlich früher oder später von einem verärgerten, abergläubischen Mob angegriffen und bald danach hingerichtet worden. Deshalb wurden spirituelle Übungsformen geheim gehalten und das auch noch, als das wissenschaftliche Zeitalter bereits überall erblüht war. Die Zeiten haben sich geändert, doch die Methoden der Weitergabe von spirituellem Wissen blieben auf dem Stand früherer Jahrhunderte.

Heute brauchen wir einen offeneren Zugang. Wir befinden uns in einer wichtigen Übergangsphase der Geschichte. Können wir weiterhin ruhig dasitzen und das Menschengeschlecht als einen Mob, als Schweine betrachten, der das Wissen scheinbar nicht verdient, das ihn transformieren würde? Nein. Die Menschheit ist mehr als das und verdient, die Mittel zu besitzen, die es ihr erlauben, ihre wahre Natur zu erfahren. Es ist Zeit für eine Veränderung.

Wir stehen am Rande eines einschneidenden Wandels im menschlichen Bewusstsein. Die Folgen davon gehen über die der Erkenntnis des 16. Jahrhunderts, dass die Erde rund und nicht flach ist und dass sich die Sonne und nicht die Erde im Zentrum des Sonnensystems befindet, hinaus. Dass im Inneren des menschlichen Wesens das Zentrum von göttlicher Erfahrung, von Gott und der Wahrheit liegt, ist die Erkenntnis, die sich in der Gegenwart immer mehr durchsetzt. Nirgendwo anders ist Gott zu finden. Äußere Erfahrungen, ob sie als göttlich erscheinen oder nicht, sind nur Spiegel der inneren Erfahrungen des menschlichen Wesens. Jedes menschliche Wesen ist ein Fenster, eine Pforte von dieser Welt in die Unendlichkeit und von der Unendlichkeit in diese Welt.

Diese Lektionen vermitteln dir die wichtigsten Werkzeuge zur Transformation des Menschen, die Mittel, mit denen du die Pforte in dir öffnen kannst. Die Entscheidung, welche Übungen du machen willst und welche gut für dich sind, musst du selbst treffen. Es ist hier nicht anders als überall, wo Wissen angewandt werden soll. Wir verstehen vollkommen, dass wir lernen müssen, leistungsfähige Technologien weise und nutzbringend einzusetzen – Autos, Haushaltsgeräte, moderne Medizin, Elektrizität, die unbegrenzten Informationen des Internets… In relativ kurzer Zeit lernen wir, diese Dinge effektiv zu gebrauchen. Dies hier ist eine Gebrauchsanleitung für fortgeschrittene Yoga-Übungen. Übende, die klug an die Sache herangehen, wissen, was damit anzufangen ist. Die anderen lassen diese Gelegenheit vorüberziehen und es wird in ihnen eine Weile in der Stille weitergären. Das ist jedoch auch ein Teil des Erweckungsprozesses.

Das Wissen ist da und ich schlage vor, dass du dich damit beschäftigst. Aber fange nicht mit allem, was hier angeboten wird, zugleich an. Nimm nur einen Schritt auf einmal. Stelle erst sicher, dass du gut mit einer Übung zurechtkommst, bevor du die nächste hinzunimmst. Je mehr es uns gelingt, unsere Übungen zu einer angenehmen Routine werden zu lassen, desto leichter wird es uns fallen, etwas Neues hinzuzunehmen. Das braucht aber Zeit.

Wir haben bereits das kreuzbeinige Sitzen in unsere Meditationsroutine integriert. Hast du damit bereits gute Fortschritte gemacht? Wir werden jetzt gleich ein weiteres Pferd vor den Wagen unserer Reise spannen – Pranayama. Pranayama wird sich zu einer komplexen Übung mit weit reichenden Auswirkungen entwickeln. Wir werden das mit einfachen logischen Schritten aufbauen. Trotzdem wird die Aufnahme von Pranayama in deine Routine für dich zu viel sein, wenn du in deiner Meditationspraxis noch unausgeglichen bist und die kreuzbeinige Sitzhaltung noch nicht ausreichend eingewöhnt ist. Das ist dann viel zu viel. Warte also in diesem Fall, bis du in deiner Meditation eine Stetigkeit erreicht hast und mit den gekreuzten Beinen relativ angenehm sitzen kannst. Vielleicht gehörst du auch zu denjenigen, die die kreuzbeinige Sitzhaltung ganz weglassen. Das wäre auch in Ordnung. Achte aber dennoch darauf, dass du dich in deiner Meditation wohl fühlst und dass du zu einer zuverlässigen Routine gefunden hast, bevor du mit Pranayama anfängst.

Diese Mahnung, in langsamen Schritten voranzugehen, werden wir noch oft wiederholen, da wir ja auf sehr wenigen Seiten durch Äonen von gewaltigem spirituellen Wissen schreiten, das dazu entworfen wurde, deine inneren Türen zu öffnen.

Der oben beschriebene Zwiespalt wird sich auflösen, wenn du der Kraft und Besonderheit dieses Wissens Achtung entgegen bringst und es verantwortungsvoll in deinem Leben anwendest. Es ist empfehlenswert, vor allem auf regelmäßiges und gleichmäßiges Üben Wert zu legen. Wäge immer sorgfältig ab, bevor du eine neue Übung hinzunimmst. Wenn du es übertreibst und Unausgeglichenheit fühlst, geh zu der Übungsweise zurück, in der du dich zum letzten Mal in Ausgeglichenheit befandst. Dort kannst du dich neu gruppieren und dir mit der Entscheidung Zeit lassen, wie du am besten vorwärts gehst.

Meditation ist die Hauptübung. Mit ihr alleine kommst du schon weit. Alles andere, was dazukommt, ist so gestaltet, dass es diesen Meditationsprozess anreichert und den Fluss von reinem Glückseligkeitsbewusstseins durch deinen Körper und in die Umgebung fördert. Wenn du nur an Meditation interessiert bist, reicht das auch aus. Wenn dich mehr interessiert, findest du hier sehr vieles.

Der Guru ist in dir.

Anmerkung: Für die Anwendung dieses Konzepts, dass jeder selbständig seinen eigenen Zeitplan finden muss, führen wir weiter unten in den Lektionen eine spezielle Bezeichnung ein: „Selbstabstimmung". Dieses Konzept hat sich als eine der wichtigsten Lehren in diesen Lektionen herausgestellt und wir kehren immer wieder dahin zurück. Daraus wurde eine eigene Übung, die genauso wichtig ist wie jede andere der erörterten kraftvollen Yoga-Techniken. Wie du in den Frage&Antwort-Lektionen sehen kannst, wird Selbstabstimmung für viele zu einer der größten Herausforderungen auf diesem Yoga-Pfad. Für jeden ist das der springende Punkt, eine Beziehung zur eigenen spirituellen Individualität herzustellen und systematisch an der Entfaltung des Göttlichen im Innern zu arbeiten. Ohne Frage ist der Schlüssel für das Erreichen einer Selbstgenügsamkeit im Yoga die Entwicklung von Fertigkeiten in der Selbstabstimmung. Damit sind wir in der Lage, genau zu erkennen, welche Übungen für uns jeden Tag nötig sind, und die Merkmale der Erleuchtung schälen sich immer klarer und deutlicher in uns heraus.

Lektion 39 – Pranayama – Der Boden des Nervensystems wird bestellt

Es gehört heute schon zum Allgemeinwissen, dass es gut ist, einem Freund, der sich aufregt, der wirklich aufgebracht ist, zu sagen, er solle bewusst eine Zeit lang tief aus- und einatmen. Das hat immer eine beruhigende Wirkung auf das Nervensystem, auf das Denken und die Emotionen.

Warum? Weil es die Nerven lockert. Anspannung schnürt unsere Nerven ein und das behindert den Fluss von Bewusstsein durch uns. Langsames und tiefes Atmen lockert die Nerven, erleichtert den Fluss von Bewusstsein durch uns, und das hat den gewünschten Effekt von Entspannung.

Zu sagen, dass das Bewusstsein durch uns fließt, ist ein etwas vereinfachtes Bild. Obwohl in Wahrheit alles ein Fluss von Bewusstsein ist, wird der Sachverhalt besser mit den Worten beschrieben: „Lebenskraft" fließt durch uns. Was ist die Lebenskraft? Es ist die erste Manifestation von Bewusstsein in der Materie. Es wird „Prana" genannt, was so viel wie „erste Einheit" bedeutet. Die winzigen subatomaren Energiestrings in der String-Theorie der modernen Physik, von denen man glaubt, dass sie die Bausteine von allem Existierenden im Universum sind, könnten gut mit Prana gleichzusetzen sein. Auf jeden Fall wissen wir, dass die Beeinflussung von Prana (Lebenskraft) in unserem menschlichen Körper signifikante Auswirkungen auf unser Nervensystem und unsere Erfahrungen hat.

Meditation ist ein Weg, Prana mit Hilfe des Verstandes zu beeinflussen. Der menschliche Verstand entsteht aus dem Fließen von Energie durch die Nerven unseres Gehirns. In der Meditation erlauben wir dieser Energie (Prana) mit Hilfe systematischer Methoden still zu werden. Dadurch kommen wir der zu Grunde liegenden Ursache für diese Energie näher. Wir erfahren das als reines, stilles Glückseligkeitsbewusstsein. In der Meditation ist es leicht, die Aufmerksamkeit über den Verstand und über das Prana hinaus zu erheben. Das ist eine außerordentliche, aber natürliche Fähigkeit, die wir besitzen.

Neben der Meditation gibt es noch andere Wege, das Prana so zu beeinflussen, dass die Reinigung des Nervensystems die Vereinigung unserer inneren und äußeren Natur ermöglicht. Wie erwähnt, kann die Lenkung unseres Atems einen spürbaren Effekt darauf haben, wie wir etwas erfahren. Indem wir den Atem auf besondere Weise zügeln und lenken, können wir bestimmte vorhersagbare Effekte erzielen. Das ist die Wissenschaft von „Pranayama", was so viel wie „Beherrschung des Atems" heißt. Wenn wir beschreiben, was wir äußerlich tun, können wir sagen: Es ist eine Kontrolle des Atems. Aber zu Pranayama gehört mehr als eine physische Kontrolle des Atems. Wir werden weitere Methoden, die die Auswirkungen des Atems vertiefen und erweitern, zur Anwendung bringen. Der Verstand ist mit einbezogen und auch der Körper, aber auf andere Weise als nur durch die Kontrolle des Atems. Zusammengenommen lösen und kultivieren diese Übungen das Nervensystem auf Wegen, die die Auswirkungen unserer Kernübung, der Meditation, stark erweitern.

Denke an dein Nervensystem als den Boden und an das reine Glückseligkeitsbewusstsein als den Samen. Wir haben den stillen Samen durch unsere regelmäßigen täglichen Meditationen erweckt. Nun wollen wir den Boden unseres Nervensystems bearbeiten, so dass die Samen reinen Glückseligkeitsbewusstseins darin wachsen können, bis sie in uns energiegeladen und kräftig sind.

Wie beeinflusst der Atem den Prana-Fluss im Körper? In unserem Körper besteht eine elektromagnetische Beziehung zwischen dem Atem, dem Verstand, dem Prana-Fluss und jedem Aspekt unseres biologischen Funktionierens. All diese Elemente sind miteinander verknüpft. Deshalb wird, wenn wir meditieren, der Atem automatisch gebändigt, und der gesamte Stoffwechsel verlangsamt sich. Während des Pranayama, wenn wir den Atem bewusst verlangsamen und ihn mit dem Geist einer bestimmten Bahn entlang führen, beeinflussen wir den Fluss des Prana. Es ist eine Art von Induktion – vergleichbar mit der Induzierung eines elektrischen Stromes in einen Draht mit einem Magneten. Wenn wir so den Atem im Zusammenspiel mit unserem Geist benutzen, sind wir in der Lage, trennscharf einen besonderen Kanal unseres Nervensystems, der eine führende Rolle in der Anhebung des Erleuchtungsniveaus spielt, zu reinigen. Dieser Kanal ist der winzige fadenähnliche Nerv, der im Innern des Rückgrats nach oben und durch das Gehirn läuft. Er wird „Sushumna" genannt. Die Öffnung und Reinigung dieses Nervs ist es, worum es im Pranayama und anderen fortgeschrittenen Yoga-Übungen geht.

Wir beginnen nun mit einer Atemtechnik, die unmittelbar vor jeder Meditationssitzung ausgeführt werden sollte. Sobald wir uns damit wohl fühlen, wollen wir, Schritt für Schritt, neue Elemente hinzufügen, was die Wirkung unserer Übungen noch stark erweitert.

Der Guru ist in dir.

Lektion 41* – Die Wirbelsäulenatmung

Wir wollen nun mit einer fortgeschrittenen Pranayama-Technik, dem Atmen durch die Wirbelsäule, beginnen. Sie setzt sich aus mehreren Bestandteilen zusammen und wir führen sie unmittelbar vor unserer täglichen Meditationssitzung durch. Die Vorgehensweise bei der Meditation ändert sich dadurch in keiner Weise. Zuerst machen wir Pranayama. Danach meditieren wir.

Setze dich bequem hin (wenn nötig, mit Rückenunterstützung) und schließe die Augen – genau so wie du es bei der Meditation machst. Nun atme, während du den Mund geschlossen hältst, langsam und tief durch die Nase ein und aus. Übertreibe es aber nicht. Bleibe entspannt und fühle dich wohl dabei. Atme so langsam und tief wie du kannst, ohne dass es unbequem wird. Es ist nicht nötig, hier Heldenmut an den Tag zu legen. Betätige die Muskeln, so dass jeder Atemzug im Bauch beginnt und sich über die Brust bis ganz oben bei den Schlüsselbeinen mit Atemluft anfüllt und dann bei der Ausatmung wieder zum Bauch zurückkehrt. Im nächsten Schritt erlaube deiner Aufmerksamkeit mit jeder aufsteigenden Einatmung (die Lunge vom Bauch zu den Schlüsselbeinen füllend) im inneren eines winzigen Fadens oder einer Röhre zu wandern, die du dir als am Perineum beginnend und im Zentrum des Rückgrates nach oben durch den Hirnstamm bis zum Zentrum des Kopfes verlaufend vorstellst. Im Zentrum des Kopfes ändert sich die Richtung des winzigen Nervs und er endet vorne im Punkt zwischen den Augenbrauen. Mit einer langsamen, tiefen Einatmung lass die Aufmerksamkeit Schritt für Schritt im Inneren des Nervs vom Perineum ausgehend den ganzen Weg zum Punkt zwischen den Augenbrauen wandern. Bei der Ausatmung verfolge denselben Pfad vom Punkt zwischen den Augenbrauen den ganzen Weg zurück hinunter zum Perineum. Dann komme bei der nächsten Einatmung wieder zurück zum Punkt zwischen den Augenbrauen und bei der nächsten Ausatmung wieder hinunter zum Perineum – und so weiter.

Beginne damit, diese Atemübung durch die Wirbelsäule fünf Minuten lang vor deiner regulären Meditation zu machen. Wir stehen zwischen dem Pranayama und der Meditation nicht auf. Bleibe ganz einfach in deiner Sitzhaltung und beginne mit der Meditation, sobald die Zeit für das Pranayama abgelaufen ist. Lass dir ungefähr eine Minute Zeit, bevor du ganz ohne Anstrengung – entsprechend den ursprünglichen Anweisungen – mit dem Mantra beginnst. Sobald du dich in deiner Routine mit dem Pranayama und der Meditation wohl fühlst (also eins nach dem anderen), dehne die Zeit für Pranayama auf zehn Minuten aus. Du machst dann zweimal täglich zehn Minuten Pranayama und zwanzig Minuten Meditation. Behalte diese Übungsweise bei.

Dann, nach ungefähr einer Woche oder sobald du dich gut gefestigt in deinem zehnminütigen Pranayama vor der Meditation fühlst, füge noch diese folgende Besonderheit hinzu: Erlaube dem Kehlkopfdeckel sich bei der Ausatmung so weit zu schließen, dass eine kleine Einengung für die Luft entsteht, die die Lunge verlässt. Der Kehlkopfdeckel ist die Tür in der Kehle, die automatisch die Luftröhre (Trachee) verschließt, sobald du die Luft anhältst oder schluckst. Indem du sie teilweise bei der Ausatmung schließt, tritt im Rachen ein zarter hissender Ton auf. Das nennt man „Ujjayi". Gehe locker damit um. Überanstrenge dich nicht. Behalte den langsamen, tiefen Atemrhythmus, den du dir angewöhnt hast, bei, während du bei der Ausatmung diese kleine Verengung in deiner Kehle hinzufügst. Erlaube der Kehle während der Einatmung sich zu entspannen und sich mehr als gewöhnlich zu öffnen. Beschränke nicht die Luft, die hereinkommt. Erlaube vielmehr dem unteren Teil deiner Kehle sich weit zu öffnen, ohne dass es unbequem wird. Verändere den langsamen, tiefen Atemrhythmus nicht, den du vorher beibehalten hast. Halte den Mund während der Pranayama-Übung geschlossen. Eine Ausnahmesituation liegt vor, wenn deine Nase verstopft ist und du nicht leicht durch sie atmen kannst. Benutze in diesem Fall deinen Mund.

Wenn all diese mechanischen Handlungen anfangs auch als kompliziert erscheinen mögen, werden sie mit der täglichen Übung schnell zur Gewohnheit. Sobald die mechanischen Gewohnheiten einmal eingerichtet sind, wird deine einzige Aufgabe während dieser Pranayama-Übung darin bestehen, deiner Aufmerksamkeit ganz locker zu erlauben, bei deinen automatischen langsamen und tiefen Atemzügen innerhalb des Wirbelsäulennervs (Sushumna) nach oben und unten zu wandern. Wenn du bemerkst, dass deine Aufmerksamkeit von diesem lockeren Auf- und Abwärtsverlauf innerhalb des Nervs während der Wirbelsäulenatmung abgeschweift ist, kehrst du ganz locker und leicht wieder dahin zurück – kein Zwingen und kein Anstrengen. Wir kommen ganz einfach und leicht auf den vorgeschriebenen Pfad der Aufmerksamkeit im Pranayama zurück, genau so wie wir locker und leicht in der Meditation zum Mantra zurückkommen.

Dieses Pranayama beruhigt das Nervensystem und bereitet einen fruchtbaren Boden für die tiefe Meditation. Mit dem Beginn der Atmung durch die Wirbelsäule legen wir gleichzeitig das Fundament für zusätzliche Übungen, die den Prana-Fluss im Körper stark verbessern. Sobald die Übungen, die wir soweit kennen gelernt haben, verinnerlicht sind, werden wir bereit sein, sanft mit der Erweckung des riesigen Prana-Speichers in der Nähe der Basis unseres Rückgrats zu beginnen.

Der Guru ist in dir.

Zusatz: Über die Monate hinweg haben mehrere Leute an mich geschrieben und Fragen zu einer Form des Pranayama gestellt, die „Nadi Shodana" [in Deutschland auch Wechselatmung, Anuloma Viloma] genannt wird. Dabei atmet man abwechselnd durch eines der beiden Nasenlöcher. Dies ist eine der grundlegendsten Atemtechniken und ist gewöhnlich die erste Atemtechnik, die man in Hatha-Yoga-Kursen als Anfänger lernt. Heutzutage bringen diese Technik auch manche Psychologen ihren Patienten bei, weil sie eine beruhigende Wirkung auf das Nervensystem hat. Bei Nadi Shodana atmet man langsam aus und ein, während man ein Nasenloch mit dem Daumen einer Hand verschließt und atmet danach wieder langsam aus und ein, während man das andere Nasenloch mit dem Mittelfinger derselben Hand zuhält. Das ist alles, was man dabei zu tun hat. Dies ist eine weithin bekannte Übung, die fast eine sofortige Entspannung mit sich bringt. Warum wird diese Technik nicht in die Fortgeschrittenen Yoga Übungen mit aufgenommen?

Nadi Shodana ist hier deshalb überflüssig, weil das Atmen durch das Rückgrat die Vorteile von Nadi Shodana mit einschließt und zusätzlich eine ungemein kraftvollere Übung mit viel weiter reichenden Effekten als Nadi Shodana ist. Die beruhigenden Wirkungen von Nadi Shodana stammen vor allem von der Abnahme der Atemfrequenz, weil man nur ein Nasenloch auf einmal verwendet und dadurch den Fluss der Atemluft einschränkt. Bei der Wirbelsäulenatmung wird der Atem beim Einatmen willentlich durch Lungenbeherrschung zurückgehalten und beim Ausatmen mit Ujjayi (teilweise geschlossener Kehlkopfdeckel). Dabei wird die Aufmerksamkeit auf besondere Weise eingesetzt, um damit dem Wirbelsäulennerv zu folgen, wie das in dieser Lektion beschrieben wurde. Obwohl beim Atmen durch die Wirbelsäule keine alternierende Atmung durch die Nasenlöcher vorgesehen ist, ist das kein Manko. Wäre das der Fall, würde Nadi Shodana in das „Atmen durch die Wirbelsäule" integriert werden. Es ist in der Tat möglich, beide Übungen gleichzeitig auszuführen. Das würde aber unsere Übung verkomplizieren und nur geringe Vorteile bringen. Eines der vorherrschenden Prinzipien in all unseren Lektionen ist es, immer die Frage zu stellen, ob durch die Einbeziehung eines Übungselements ein substanzieller Gewinn entsteht. Wenn durch die Hinzunahme eines Übungselements kein signifikanter Vorteil zu erwarten ist, lassen wir es weg. Dadurch halten wir die Routine der Übungen so einfach und effizient wie möglich. Andernfalls würden wir uns mit allen Arten ergänzender Dinge beladen und riskieren, unsere Hauptübung aus den Augen zu verlieren. Im Laufe der Lektionen werden viele Übungen hinzukommen, die gewaltige Auswirkungen auf unsere zu erzielenden Ergebnisse haben werden. Wir wollen unsere Aufmerksamkeit, die uns zur Verfügung stehende Zeit und unsere Energie für diese aufsparen, so dass wir ein Maximum an Wirkung mit unserem Yoga erzielen können.

Trotz all dem, wenn du ein begeisterter Anhänger von Nadi Shodana bist oder stark von dieser Übung angezogen wirst, schadet es nicht, sie in deine tägliche Routine aufzunehmen. Wenn du Zeit dazu hast, kannst du etwas Wechselatmung machen, bevor du mit der Atmung durch die Wirbelsäule beginnst. Oder du kannst es auch in deinen Übungsabschnitt mit der Wirbelsäulenatmung einbauen. Bedenke aber, dass es nicht zu empfehlen ist, Nadi Shodana hinzuzunehmen, wenn du erst mit der „Atmung durch das Rückgrat" anfängst. Es gibt viel zu lernen, wenn man mit der Wirbelsäulenatmung beginnt – man muss sich neue Gewohnheiten aneignen – und Nadi Shodana gehört aus den oben genannten Gründen nicht zu den Bestandteilen dieser Form von Pranayama. Aber, weil dazu von mehreren Leuten Fragen gestellt wurden und sich andere sehr wahrscheinlich darüber Gedanken gemacht haben, sagen wir hier etwas dazu.

Es muss auch erwähnt werden, dass Nadi Shodana manchmal in Verbindung mit willentlichem Atemanhalten gelehrt wird. Atemanhalten ist eine fortgeschrittene Technik und wird später in den Lektionen detailliert erörtert. Nadi Shodana mit Atemanhalten ist wieder eine ganz andere Übung und kann gefährlich sein, wenn man sie ohne ausreichendes Verständnis der richtigen methodischen Vorgehensweise und der Effekte praktiziert. Wenn du Anfänger bist und daran denkst, Atemanhalten mit Nadi Shodana oder der Wirbelsäulenatmung einzusetzen (den Atem nach dem Ein- oder Ausatmen anhalten), schlagen wir vor, dass du wartest, bis wir mit diesen Lektionen dorthin kommen, was bei Lektion 91 oder später sein wird. In Sanskrit heißt Atemanhalten „Kumbhaka".

Für den Moment empfehlen wir also, dass du dich darum bemühst, ein gutes Verständnis für die Wirbelsäulenatmung zu entwickeln und die Gewohnheit solide in dir festigst – mit so wenigen Ablenkungen wie möglich. Die nachfolgenden Fragen & Antworten helfen dir dabei. Später wird noch viel mehr hinzugefügt. Ein Schritt auf einmal …

Lektion 42 – Ist dieses Pranayama etwas Natürliches?

Frage: Ich ringe damit, all die einzelnen Elemente der Wirbelsäulenatmung auf die Reihe zu bringen. Aber es kommt bisher noch nicht so viel dabei heraus. Das scheint mir im Widerspruch zu der Aussage zu stehen, die du wiederholt gemacht hast, wie „natürlich" diese Übungen alle sein sollen. Das ist sicherlich etwas anderes als Meditieren, was ich als sehr leicht und vergnüglich empfinde. Soll Pranayama ebenfalls einfach und vergnüglich sein?

Antwort: Ja, Pranayama wird einfach sein – und vergnüglich ist eine Untertreibung. Ekstatisch ist eine bessere Beschreibung dessen, was aus dem Pranayama wird. Es kann allerdings einige Zeit dauern, bis man das alles stimmig hinbekommt. Lass dir Zeit, allmählich dort hinzugelangen. Gib dem Ganzen in deiner regulären Praxis eine faire Chance und du wirst es nicht bereuen. Hilfe wird auch aus neuen Elementen der Übung erwachsen, die die Ausführung von Pranayama sehr viel angenehmer machen werden. Du wirst lernen, wie du alles von innen her erleuchten kannst. Aber die Grundlagen müssen zuerst erarbeitet werden. Bemühe dich also darum, die Grundelemente der Übung gut auszuführen. Mit der Zeit wird das immer einfacher und viel vergnüglicher. Meditation ist für die meisten Menschen von Anfang an einfach und angenehm. Bei Pranayama könnte das etwas länger dauern.

Ist Pranayama etwas Natürliches? Es besteht kein Zweifel darüber, dass Pranayama mit all ihren ergänzenden Elementen eine komplexe Übung ist. Deshalb ist es möglich, dass sie sich zu Beginn als unnatürlich anfühlt. Aber genauso wie die Meditation knüpft Pranayama an eine natürliche Fähigkeit in uns an. Im Fall der Meditation ist das die natürliche Fähigkeit des Verstandes, still zu werden und reines Glückseligkeitsbewusstsein zu erfahren. Man muss nur die geeigneten Bedingungen in der Meditation herstellen und der Verstand wird von ganz alleine ruhig. Im Fall des Pranayama zapfen wir die natürliche Fähigkeit des Nervensystems an, sich zu verfeinern und aus dem Inneren heraus ekstatisch zu strahlen. Sich etwas Neues anzugewöhnen, erfordert natürlicherweise einige Anstrengungen. Wenn wir jedoch einmal die nötigen Schritte auf dem Weg des Pranayama gemacht haben, stellt sich das, was für eine ekstatische Ausstrahlung nötig ist, auf ganz natürliche Weise ein. Ist das erst einmal in Bewegung gesetzt, geschieht der Rest automatisch. Dann wirst du auch ohne den leisesten Zweifel wissen, dass dein Körper dazu entworfen wurde, die göttliche Verzückung aufrechterhalten zu können – und das ist eine ziemliche Offenbarung. Genauso wie stilles inneres Glückseligkeitsbewusstsein unser natürlicher Zustand ist, der durch die Meditation zu Tage befördert wird, ist auch ekstatische Ausstrahlung unser natürlicher Zustand, der durch Pranayama offenbart wird. Einmal durch Pranayama angeregt, vertieft die ekstatische Ausstrahlung die Meditation. Pranayama veredelt den Boden unseres Nervensystems soweit, dass die Meditation in die Lage versetzt wird, ein dynamisches Hervorquellen reinen Glückseligkeitsbewusstseins zu erzeugen. Pranayama erlaubt dem stillen Samen, den wir in der Meditation erwecken, in eine verzückte Ausstrahlung zu erwachsen, und das fließt dann reichlich über und ein in unser tägliches Leben.

Das Ziel hier ist es, die Fortgeschrittenen Yoga Übungen so zusammenzustellen, dass sie so einfach wie möglich und auch angenehm und vergnüglich sind. Andernfalls würden sich auch nicht viele damit abquälen wollen. Manchmal braucht es etwas geduldige Beharrlichkeit während der Gewöhnungsphase an diese Übungen. Wenn du aber geduldig daran festhältst, täglich zu meditieren, vertiefen sich deine Erfahrungen mehr und mehr. Der Tag wird dann kommen, da du dich beeilst, zu deinem Meditationsplatz zu gelangen, weil die dort aufkommende Ekstase so groß ist. Dann, noch bevor du es wirklich verstehst, wird die Ekstase alles erfüllen. Die gesamte Welt wird sich vor deinen liebenden Augen verwandeln.

Der Guru ist in dir.

Lektion 43 –Die Beziehung zwischen Pranayama und Meditation

Frage: Ich habe wunderbare glückselige Gefühle in meinen ersten Pranayama-Sitzungen und ich nehme sie mit hinüber in meine Meditation. Ich ertappte mich dabei, wie ich mich mit angenehmen Gefühlen, die mein Rückgrat heraufkamen und mich mit Gänsehaut überzogen, hin und her wiegte. Auch bemerkte ich, wie meine Aufmerksamkeit während der Meditation zum „Atmen durch die Wirbelsäule" zurückwanderte. Ist das okay? Welche Beziehung besteht zwischen Pranayama und Meditation? Ist Pranayama eine Form von Meditation? Kann Pranayama alleine – ohne die Meditation, die wir gelernt haben – als spirituelle Übung herhalten?

Antwort: Deine Anfangserfahrungen sind schön, ein wunderbarer Vorgeschmack auf Dinge, die da kommen werden. Lass dich durch sie dazu inspirieren, auf dem Weg zur Erleuchtung weiterzugehen. Mit regelmäßiger Übung von Pranayama und Meditation werden deine Erfahrungen noch viel tiefer gehen.

Wenn sich der Körper während dem Pranayama oder der Meditation bewegt, kümmere dich nicht darum. Das gilt sowohl für Regungen angenehmer Natur wie auch unangenehmer. Kehre einfach locker zum Ablauf der Übung zurück, die du gerade machst, ob das nun das Pranayama oder die Meditation ist. Wenn die körperlichen Regungen in einem Maß anhalten, dass du nicht in der Lage bist, locker und leicht zu deiner Übung zurückzukehren, dann lass deine Aufmerksamkeit eine Weile auf den Regungen verweilen, ohne sie gutzuheißen oder dich ihrer zu erwehren. Sobald sie etwas nachgelassen haben, sollte es dir ohne Anstrengung gelingen, zu deiner Übung zurückzukehren.

Angenehme körperliche Regungen oder angenehme Gefühle ohne Bewegungen können verzwickt sein, wenn sie während der Pranayama- oder Meditationsübung auftauchen. Wir fühlen uns dann leicht davon angezogen. Das ist natürlich. Der springende Punkt dabei ist aber, dass man den Anflug von Annehmlichkeit und die Übung selbst nicht durcheinander bringen darf, dass man sich also nicht über Gebühr auf die Annehmlichkeit konzentriert. Denke daran, dass diese Erfahrungen eine Folge der korrekten Ausführung deiner Pranayama- und Meditationsübung sind. Damit wir Fortschritte machen, müssen wir unsere Übungen weiter ausführen und nicht, weil wir z.B. unsere Aufmerksamkeit zu sehr an sich einstellende ekstatische Erfahrungen heften, davon abfallen. Das heißt nicht, dass wir solche Erfahrungen nicht willkommen heißen sollten. Natürlich sind sie willkommen – wir machen die fortgeschrittenen Yoga-Übungen ja, damit unser Leben zu einem Leben in Ekstase wird! Wenn wir treu bei unseren täglichen Übungen bleiben, werden ekstatische Erlebnisse in uns zum Überlauf kommen und Ekstase wird zu einem festen Bestandteil unseres alltäglichen Lebens. Das genau wollen wir. Wenn sie sich deshalb während unserem Pranayama und der Meditation einstellt, heißen wir sie mit Freude willkommen und kehren zu unserer Übung zurück. Auf diese Weise begünstigen wir ekstatische Erfahrung in unserem Leben. Wir behandeln die Frage später ausführlicher, wie wir die Unversehrtheit unserer Übungen bei ekstatischen Erfahrungen beibehalten. Mit der Zeit wird Ekstase zur vorherrschenden Erfahrung unserer Übungen und dies ist dann mit einer besonderen Herausforderung auf dem Weg zur Erleuchtung verbunden. Das ist aber eine Herausforderung, über die man sich sehr freuen kann.

Manchmal kann es geschehen, dass wir bemerken, wie wir Pranayama während der Meditation üben und umgekehrt. Kommt es dazu, gehen wir einfach und locker zu der Übung zurück, die wir zu diesem Zeitpunkt eigentlich ausführen sollten. Wir sollten nicht versuchen, beide gleichzeitig auszuführen. Beide sind auf unsere ungeteilte Aufmerksamkeit angewiesen, d.h. man begünstigt locker das Mantra in der Meditation oder man begünstigt locker die Atmung durch die Wirbelsäule während der Pranayama-Übung. Wenn wir versuchen, beiden Vorgehensweisen gleichzeitig gerecht zu werden, teilen wir unsere Aufmerksamkeit und das lenkt von beiden Übungen ab. Deshalb machen wir zuerst das Pranayama und danach die Meditation. Dies ist das Rezept für ein Maximum an Wirkung.

Meditation und Pranayama unterscheiden sich grundlegend voneinander und sie haben auch ein jeweils anderes Ziel. Meditation träufelt uns die Stille des reinen Glückseligkeitsbewusstseins ein. Pranayama löst die feinen Nerven und stimuliert den Prana-Fluss auf speziellen Wegen. Das ermöglicht dem reinen Glückseligkeitsbewusstsein, im Nervensystem dynamisch zu fließen. Zunächst wird dies als eine sich stetig beschleunigende Ausdehnung von Ekstase erfahren und später als das Aufsteigen umfassender, glückseliger Selbsterkenntnis. Pranayama grenzt an Meditation an, aber es ist keine Meditation. Meditation grenzt an Pranayama an, aber es ist kein Pranayama. Du könntest sagen, dass beide aus entgegengesetzten Richtungen kommend an der feinen Grenze anstoßen, die zwischen dem reinen Glückseligkeitsbewusstsein und dem allgegenwärtigen Prana in uns besteht. Dadurch, dass wir nacheinander Pranayama und Meditation ausüben, lösen wir die Grenze von beiden Seiten her auf. Es ist ein doppelter Angriff. Deshalb der große Nutzen bei der Anwendung beider Übungen.

Pranayama in seinen verschiedenen Formen hat einen ungeheuren Wert und wir werden die verschiedenen Übungen ausgiebig einsetzen. Das ist einer der Generalschlüssel, der das menschliche Nervensystem den göttlichen Erfahrungen aufschließt. Aber Pranayama ersetzt nicht die Meditation. Nur durch Meditation kann das Nervensystem mit reinem Glückseligkeitsbewusstsein durchsättigt werden. Pranayama und andere noch zu erörternde Techniken, helfen sehr, den Boden so zu bereiten, dass reines Glückseligkeitsbewusstsein keimen kann und sie sind Mittel, dieses nach außen hin auszudehnen. Aber sie sind nicht der hauptsächliche Grund dafür, dass es auftritt. Dieser Verdienst ist mehr der Meditation anzurechnen. Deshalb empfehlen wir, Pranayama nicht ohne Meditation alleine zu praktizieren.

Meditation kann man ohne eine andere Übung üben. Meditation ist eine vollständige Übung, die über einen ausgedehnten Zeitraum beibehalten bei der praktizierenden Person zum vollkommenen Erblühen reinen Glückseligkeitsbewusstseins führt. Deshalb wurde auch gesagt, Meditation sei für diejenigen ausreichend, die nicht dazu neigen, sich zur Beschleunigung ihrer Reise andere fortgeschrittene Yoga-Übungen anzueignen. Wenn man nur eine Übung machen möchte, ist Meditation die erste Wahl.

Dagegen kann die Ausübung von Pranayama alleine – ohne Meditation – den Übenden auf gewisse Weise verwundbar machen. Stell dir vor, du pflügst ein Feld, indem du den reichen Boden wiederholt wendest. Der Boden liegt dann offen da, fruchtbar und bereit für die Ausbringung des Samens. Was wirst du dort sähen? Wenn du tief mit einer effektiven Methode meditierst, wirst du das Feld bald vollständig mit Samen reinen Glückseligkeitsbewusstseins bedeckt haben und er wird keimen, stark werden und das Feld mit Freude ausfüllen. Aber was, wenn du nicht meditierst und du nichts Besonderes auf deinem fruchtbaren Pranayama-Feld ansäst? Was wird dort wachsen? Etwas sicher, aber was? Was immer sich in der Umgebung befindet. Einige Wünsche, einige Gedanken, einige Gefühle, was immer gerade über das Feld weht. Um dir die Wahrheit zu sagen, ganz schön viel Unkraut kann dort wachsen, weil sich da die Feldfrucht reinen Glückseligkeitsbewusstseins nicht ausbreitet. Deshalb kann Pranayama, wenn es über Monate und Jahre alleine praktiziert wird, zu weniger statt zu mehr führen. Bei einigen Leuten kann diese Form von unausgeglichener Übung zu steigender Starrheit, Egoismus, Ängstlichkeit, Ärger und ganz einfach Pech führen. Meditiere jeden Tag, nachdem du dein Pranayama gemacht hast und du wirst das Gegenteil dieser Dinge – Flexibilität, Mitleid, Frieden, Freude und viel Glück – in großem Überfluss erfahren. So läuft das ab.

Der Guru ist in dir.

Lektion 44* – Wie finde ich den Wirbelsäulennerv?

Frage: Ich habe etwas Schwierigkeiten mir den Wirbelsäulennerv vorzustellen. Sieht er wie ein Nerv oder wie eine Röhre aus? Du hast beides erwähnt. Hat er/sie eine Farbe, einen Geschmack, eine fühlbare Oberfläche oder irgendeine andere sinnlich wahrnehmbare Eigenschaft?

Antwort: Ohne uns dabei anzustrengen, stellen wir uns den Wirbelsäulennerv als einen winzigen röhrenförmigen Kanal vor, der vom Perineum (dem Punkt unten zwischen Anus und den Genitalien) zu dem Punkt zwischen den Augenbrauen verläuft. Während der Einatmung verfolgen wir ihn aufwärts entlang des Zentrums der Wirbelsäule bis zum Zentrum des Kopfes und von dort nach vorn zum Zentrum zwischen den Brauen. Bei der Ausatmung folgen wir ihm auf demselben Weg wieder nach unten, und so weiter, immer wieder, solange unsere Pranayama-Übung dauern soll. Wenn wir merken, dass wir während der Pranayama-Sitzung dem Wirbelsäulennerv nicht nach oben und unten folgen, kehren wir ganz leicht wieder dahin zurück. Wir zwingen uns nicht zum mentalen Bild des Wirbelsäulennervs. Ganz sanft wenden wir ihm uns liebevoll zu. Die Einzelheiten stellen sich von selbst ein.

Was ist der Wirbelsäulennerv? Was ist diese Sushumna? Ist das nur etwas, das wir uns für immer in unserer Pranayama-Übung vorstellen und damit hat es sich? Glücklicherweise nicht. Sich den Wirbelsäulennerv vorzustellen und ihm während dem Pranayama auf und abwärts nachzuspüren, ist nur der Anfang. Zu Beginn ist das vergleichbar mit der Untersuchung eines Gebietes, von dem wir gehört haben, dass dort im Untergrund eine reiche Goldader verläuft. Dann graben wir und stoßen bald auf das Gold. Danach bekommt die Vorstellung und das Verfolgen des mentalen Bildes davon eine andere Qualität. Wir erkennen, dass wir uns mitten in der Goldader befinden und dass kein Suchen mehr notwendig ist. Wir wissen, wo sie ist. Es leuchtet in unseren Augen. Unsere Vorstellung wird durch die wachsende Realität davon komplettiert.

So ist also das Vorstellen des Wirbelsäulennervs nur der Anfang. Irgendwo müssen wir ja beginnen. Wenn wir diesen Pfad immer wieder mit dem Atem abstecken, beginnt sich etwas zu ereignen. Etwas beginnt da hochzukommen. Es können Gefühle sein. Es können Farben sein. Es können auch Töne sein. Wir erleben etwas. Wir bleiben aber ganz einfach bei der Übung, ohne uns zu sehr von den aufkommenden Empfindungen auf Umwege locken zu lassen. Alle Sinne arbeiten in den inneren Reichen und wir öffnen sie schrittweise. Wie wir den Wirbelsäulennerv anfänglich wahrnehmen, hängt von der jeweils eigentümlichen Verfassung ab, dem uns eigenen Muster der Reinigung, das sowohl im Pranayama als auch bei der Meditation am Werke ist. Wie ausgeprägt dieses Muster der Reinigung auch auf uns zugeschnitten sein mag, wir entdecken doch alle dasselbe: die Sushumna, den Wirbelsäulennerv. Indem wir das tun, öffnen wir unsere Schnellstraße in die Unendlichkeit.

Mit der Atmung durch die Wirbelsäule finden wir den Wirbelsäulennerv und öffnen ihn gleichzeitig. Wir finden ihn, indem wir ihn öffnen und öffnen ihn dann durch anhaltendes Üben weiter. Es wird nicht sehr lange nur bei der Vorstellung bleiben.

Bald werden wir zu unserer Pranayama-Übung auch kraftvolle Elemente hinzufügen, die uns helfen, unseren Wirbelsäulennerv noch schneller zu öffnen. Die Atmung und die Vorstellung erhalten dadurch ordentliche Unterstützung. Würdest du nach Gold schürfen, fändest du es wahrscheinlich gut, wenn du etwas Dynamit einsetzen könntest. Es gibt genügend Dynamit, das du einsetzen kannst. Bald werden wir dir etwas davon zur Verfügung stellen. Das wird dich in die Lage versetzen, etwas sehr Reales zu entdecken, wenn du die Wirbelsäule hinauf- und herunterwanderst. Der Wirbelsäulennerv wird richtiggehend von innen her fassbar, fühlbar. Dann wird da weniger Vorstellung im Spiel sein. Du wirst da drinnen sein und die inneren Dimensionen deiner selbst erfahren. Ekstatische Ausstrahlung wird dich ausfüllen und beginnen, dich von innen her auszudehnen.

An einem gewissen Punkt gelangst du zu einer Erkenntnis, die sowohl angenehm als auch beängstigend ist. Du wirst erkennen, dass dieser Wirbelsäulennerv, während du nach ihm gesucht hast, sich auch nach dir gesehnt hat. Indem du den Wirbelsäulennerv findest, findet der Wirbelsäulennerv auch dich. Dann ändert sich im Ablauf etwas. Vorher warst du es, der gesucht, gegraben und gegraben hat. Durch das Finden des Wirbelsäulennervs ändert sich das. Nun ist es der erwachte Wirbelsäulennerv, der das Suchen vollführt, sich überall in dir ausbreitet und jede Zelle in dir reinigt. Du wirst Zeuge einer riesigen und himmlischen Demonstration einer kosmischen Reinigung und du fällst in einen endlosen, kosmischen Abgrund von Ekstase. Das ist eine demütigende Erfahrung und auch eine befriedigende. Nun erfährst du aus erster Hand, was in den Heiligen Schriften und den Wahrheitsschriften der Menschheit Jahrtausende lang festgehalten worden ist.

So ist das mit dem Finden des Wirbelsäulennervs. Es ist wie ein Gefunden-Werden. Dann gelangen wir in eine Stimmung von Ergebenheit, wir assimilieren den göttlichen Prozess, der sich in uns abspielt, denn wir sind nicht länger alleine in unserem Streben. Das waren wir nie. Wir lehnen uns dann nicht zurück und tun nichts. Es gibt viel mehr zu tun für uns – sehr viel mehr Mittel, die angewandt werden können, den Übergangsprozess zu erleichtern. So machen wir mit unseren täglichen Übungen weiter und fügen noch mehr fortgeschrittene Yoga-Übungen hinzu – in dem Maße, in dem wir fähig sind, sie zu verdauen. Es darf kein Ausruhen auf erworbenen Lorbeeren geben. Wie mögen mit Ekstase ausgefüllt sein; aber es gibt da noch mehr, und wir hören nicht auf.

Der Guru ist in dir.

Zusatz: Diese Frage&Antwort fügen wir zur Erhellung des Themas „Visualisierung" hinzu.

Frage: Seit ungefähr einem Monat praktiziere ich jetzt die Wirbelsäulenatmung. Ist es in Ordnung, wenn ich den aufsteigenden und absteigenden Atem so visualisiere, dass er sich als ein Licht nach oben und unten durch die „dünne Röhre" in der Wirbelsäule bewegt.

Antwort: Ja, deine Visualisierung für die Wirbelsäulenatmung ist gut. Geh nur locker damit um und gestalte es nicht zu sehr aus. Die Wirbelsäulenatmung ist ein einfacher Prozess. Wird die Energie, die den Wirbelsäulennerv nach oben und unten geht, lebhafter, kann man diese anstatt der Visualisierung nutzen. Du nimmst dann vielleicht zunächst kühle und warme Ströme wahr (Lektion 63). Da kann auch Licht sein. Das ist der Beginn von dem, was wir „ekstatische Leitfähigkeit" nennen. Weil es einmal zur Realität der Energie selbst kommt, ist zu viel Visualisierung nicht empfehlenswert. Komplexes Visualisieren kann von dem ablenken, was in Wirklichkeit geschieht. Wir nutzen die Visualisierung nur, um das Wasser in die Pumpe zu saugen. Sobald das Wasser (innere Energie) einmal fließt, können wir damit den Wirbelsäulennerv hoch und runter gehen.

Ich wünsche euch allen auf dem von euch gewähltem spirituellen Pfad Erfolg. Viel Spaß!

Lektion 45 – Die Atmung verlangsamt sich beim Pranayama

Frage: Seitdem ich mit dem Pranayama begonnen habe, hat sich bei meiner Atmung eine Veränderung vollzogen. Zuerst schien es, als ob ich keinen richtigen Rhythmus finden könnte und mein Luftbedarf kam während meines langsamen Atmens zu früh oder zu spät. Aber in letzter Zeit regelt sich das immer besser ein. Ich scheine genug Luft zu haben, auch wenn ich immer langsamer werde. Manchmal scheint mein Atem sogar an bestimmten Stellen des Zyklus auszusetzen. Ist das normal? Füge ich mir Schaden zu, wenn mein Atmen so langsam wird, dass er fast stehen bleibt.

Antwort: Was du da erfahren hast, ist sehr gut. Es ist ein Hinweis darauf, dass im Untergrund, in deinem Nervensystem, ein Verfeinerungsprozess im Gange ist und Lebenskraft aus deinem Inneren freigesetzt wird. Diese macht deine verminderte Sauerstoffaufnahme wett. Das ist der Grund dafür, dass du dich trotz verlangsamter Atmung wohl fühlst und nicht verspannst. Dies ist eine normale Folge der Pranayama-Übung und es wird dir in keiner Weise schaden – solange du diesen Prozess nicht mit Mutwillen forcierst.

Hier ist ein großes natürliches Grundprinzip am Werk. Deshalb verfeinert Pranayama das Nervensystem so effektiv. Erinnere dich daran, dass Pranayama „Zügelung der Lebenskraft" bedeutet. Wenn wir die Lebenskraft auf einfache und ungezwungene Weise zügeln, entsteht etwas. Die sanfte Zügelung des Atems generiert einen biologischen Vakuumeffekt, der eine kleine Sogwirkung auf die Lebenskraft in uns ausübt. Der Körper muss mit dem leichten Defizit an Lebenskraft (aus dem Atem) irgendwie auskommen. Er tut dies, indem er an dem riesigen Prana-Speicher in unserem Körper saugt und dieses Prana fließt aus den Tiefen des Nervensystems aus. Das ist eine neue Dynamik im Nervensystem und der Ausfluss von Prana aus dem Inneren hat auf die Nerven einen sehr entspannenden und reinigenden Effekt. Dieser gerade beschriebene Prozess ist zentral bei allen Wirkungen, die durch das Pranayama hervorgerufen werden. Gleich nach dem durch das Pranayama hervorgerufenen Prana-Fluss fließt auch das reine Glückseligkeitsbewusstsein in Üppigkeit durch uns – vorausgesetzt wir meditieren täglich.

Uns ist allen bekannt, welche Vorteile es hat, wenn wir in verschiedenen Lebensbereichen das Prinzip der Selbstbeherrschung anwenden. Wenn wir das sanft einschränken, was unsere unmittelbare Notwendigkeit im Leben zu sein scheint, profitieren wir davon ohne Ausnahme auf irgendeine Weise. Das ist insbesondere der Fall, wenn wir es vorher mit der Erfüllung von wahrgenommenen (oder eingebildeten) Notwendigkeiten übertrieben haben, wie wir das in unserer konsumorientierten westlichen Welt schnell geneigt sind zu tun. Der Spruch: „In der Genügsamkeit liegt die Kraft", birgt tiefe Weisheit.

Ein sehr einfaches und offensichtliches Beispiel bietet das Essen. Wenn wir nur unser Essverhalten etwas zügeln, beginnen wir das Fett in unserem Körper zu verbrennen, weil damit die verminderte Nahrungsaufnahme kompensiert wird. Das wirkt reinigend auf den gesamten Körper und verbessert unsere Gesundheit – solange wir diesen Prozess nicht ins Extreme treiben und magersüchtig werden.

Dieses Prinzip der Zügelung funktioniert auf vielen Gebieten unseres Lebens. Wenn wir unsere Ausgaben auch nur ein wenig einschränken, entdecken wir, dass wir mehr Geld zur Verfügung haben. Wenn wir unseren Arbeitsplatz verlieren, was wir nicht immer als ein positives Ereignis in unserem Leben wahrnehmen, bekommen wir sehr oft eine bessere Stelle. Das Leben besitzt einen Weg, das auszugleichen, was aus irgendeinem Grund vor uns zurückgehalten wird – oft sogar mit etwas Besserem. Es besteht kein Zweifel daran, dass wir mehr Erfüllung im Leben finden, wenn wir unsere Ausschweifungen zügeln. Auf vielen Gebieten des Lebens stellen wir fest, dass weniger mehr ist.

Dieses Prinzip gilt auch in Bezug auf die Meditation. Wenn wir uns ungezwungen dem Mantra zuwenden, zügeln wir sanft den endlosen Strom von Gedanken, in den wir fast andauernd eingetaucht sind. In der Meditation erzeugen wir einen Zustand des Verstandes, in dem die Aufmerksamkeit nicht auf Bedeutungen gerichtet ist. Dennoch halten wir den Verstand mit dem Mantra in einem aktiven Zustand. Wir haben den Verstand nicht schlafen gelegt. Indem wir der Aufmerksamkeit Gelegenheiten entziehen, sich an Bedeutungen zu heften, entsteht eine Art Vakuum im Verstand. Was ist die Folge davon? Gut, du kannst es dir schon denken. Die Aufmerksamkeit erreicht immer stillere Ebenen, bis der Verstand völlig zur Ruhe kommt – in der großen friedvollen Weite reinen Glückseligkeitsbewusstseins. Durch sanftes Zügeln des Gedankenflusses erschaffen wir ein Vakuum, das reines Glückseligkeitsbewusstsein in uns „hineinsaugt".

Man sagt: „Die Natur verabscheut Vakuum und eilt es auszufüllen.“ Das ist wahr. Vieles im Yoga basiert auf der Anwendung dieses Prinzips, welches auch das menschliche Nervensystem dazu anregt, auf einem höheren Niveau zu funktionieren und Erfahrungen zu machen. Gewöhnlich neigen wir nicht dazu, uns freiwillig in Dingen zu zügeln, die wir als grundlegend für unsere Existenz erachten. Wenn wir aber das Prinzip des Ausgleichs, das überall am Werk ist, verstehen, werden wir Gelegenheiten finden, uns in unserm Leben mit größerer Geschicklichkeit vorwärts zu bewegen. Pranayama ist ein glänzendes Anwendungsbeispiel dieses Prinzips. Wie du sehen wirst, reicht Pranayama weit in das Wesen dessen, was wir wirklich sind und spielt eine wichtige Rolle im Prozess, uns aus der jetzigen Situation wieder herauszuziehen, so dass wir am Ende vor Ekstase strahlen.

Der Guru ist in dir.

Lektion 46 – Was ist bei der Wirbelsäulenatmung der Weg nach oben?

Frage: Warum gehen wir bei der Einatmung nach oben entlang der Sushumna und bei der Ausatmung nach unten? Kann es auch andersherum funktionieren, bei der Einatmung nach unten und bei der Ausatmung nach oben?

Antwort: In den ersten Übungsstadien kann das Pranayama in beiden Richtungen funktionieren. Beim einfachen Atmen durch die Wirbelsäule können Argumente für die eine und für die andere Herangehensweise gefunden werden. Später jedoch wird klar, dass es besser ist, die Wirbelsäulenatmung mit dem Einatmen aufwärts und dem Ausatmen abwärts zu erlernen. Das wird offensichtlich, sobald wir mit diversen fortgeschrittenen Yoga-Übungen beginnen, zu denen ein bewusstes Anhalten des Atems bei vollen Lungen gehört. Dann ist es nötig, mit der Aufmerksamkeit nahe dem oberen Ende der Sushumna zu sein, um Yoga-Methoden im oberen Teil des Körpers durchführen zu können. Außerdem wird eine Zeit kommen, da bei leeren Lungen der Atem aufgrund der eingebauten Biologie des Prana (freigesetzt vom riesigen Prana-Speicher nahe der Wirbelsäulenbasis) automatisch zum Halten kommt. Das äußert sich als ein Leeren der Lungen mit anschließendem Heraufziehen (des Prana) aus der Gegend des unteren Endes der Wirbelsäule. Wir lernen noch Mittel kennen, die den automatischen Prozess des Heraufziehens, der sich bei leeren Lungen einstellt, befördern. Deshalb muss die Aufmerksamkeit dann nahe der Wirbelsäulenbasis sein und nicht am oberen Ende. Diese zwei Arten des Atemanhaltens sind die vornehmlichen Bestimmungsgründe für die Richtung, in der wir unsere Aufmerksamkeit bei der Wirbelsäulenatmung wandern lassen.

Wenn unser Atem anhält, wissen wir ohne einen Zweifel, was der Weg nach oben ist. Letztendlich ist die Richtung, in die uns unser Atem in der Sushumna mitnimmt, ganz und gar nicht beliebig.

Wir gehen weiter unten in den Lektionen mehr in die Details des Atemanhaltens („Kumbhaka“). Du kannst dich also darauf verlassen, dass du für alles Kommende das richtige Fundament legst, wenn du während der Einatmung im Inneren der Sushumna mit der Aufmerksamkeit nach oben wanderst und nach unten, wenn du ausatmest.

Der Guru ist in dir.

Lektion 47* – Chakren?

Frage: Ich habe davon gehört, wie wichtig die Chakren sind, wenn man spirituelle Übungen macht. Was ist das und welche Rolle spielen sie in diesen Lektionen?

Antwort: Chakren, auch als spirituelle Energiezentren bekannt, sind Bestandteile unserer inneren energetischen Anatomie und haben etwas mit verschiedenen Erscheinungen unseres Nervensystems zu tun. Ihre Funktion ist für uns lebenswichtig, durch sie wird Bewusstsein in der Form von Prana in uns reguliert. In der Philosophie der östlichen Religionen spielen sie eine wichtige Rolle. Sie treten aber auch im Christentum, z.B. im Buch der Offenbarungen, in Erscheinung.

Wie wichtig sind Chakren in den fortgeschrittenen Yoga-Übungen? Sie sind wichtig, doch nicht in dem Sinne, dass man sie intellektuell verstehen muss, um das Höchstmaß an spirituellem Fortschritt erzielen zu können.

Denk einmal an dein Auto. Wenn du am Morgen einsteigst, ist da nur wenig zu tun, um den Wagen in Bewegung zu setzen. Du drehst den Zündschlüssel um, legst den Gang ein, trittst auf das Gaspedal und fährst los. Dann musst du lenken, auf die Bremse treten usw. Autofahren ist etwas, was die meisten von uns ziemlich gut beherrschen. Stell dir aber einmal vor, man müsste beim Autofahren alles verstehen und regeln, was im Augenblick unter der Motorhaube abläuft, damit das Auto fährt. Nimm an, wir müssten das Benzin vom Tank in den Motor pumpen, die Kerzen rechtzeitig zünden, die Kolben beim Heben und Senken überwachen und das Drehmoment der Kurbelwelle sowie die Übersetzung auf die Räder verfolgen. Nehmen wir noch an, dass wir gleichzeitig noch alles überwachen müssten, was im Kühlsystem des Motors, im Schmiersystem, im Belüftungssystem, elektrischen System usw. abläuft. Könnten wir in so einem Fall den Wagen fahren? Wahrscheinlich nicht. Wir können so leicht mit dem Auto fahren, weil wir wissen, wie wir die Hauptschalthebel bedienen müssen. Der ganze Rest läuft automatisch unter der Motorhaube ab und wir brauchen nicht einmal daran zu denken. Das Auto wurde so konstruiert, dass man damit leicht fahren kann, auch wenn die Technologie im Inneren komplex ist.

Genauso ist das auch mit den fortgeschrittenen Yoga-Übungen. Spirituell gesehen wurden auch wir so erschaffen, dass wir mit uns leicht fahren können. Wir benutzen die Hauptbedienelemente und der ganze Rest läuft automatisch ab. Wir müssen uns nicht um jedes Detail kümmern. Die meiste Zeit bleiben die Abläufe in den Chakren „unter der Kühlerhaube" verborgen. Wir alle neigen dazu, uns auch für die Einzelheiten der Dinge zu interessieren. Wir sind eine neugierige Gattung und wollen wissen, wie die Dinge funktionieren. Wir lieben es herumzubasteln. Das ist in Ordnung, hat aber nicht viel mit dem effektiven Ausüben von spirituellen Techniken zu tun, d.h., ein Auto zu fahren. Bei diesen Lektionen geht es vor allem auf das Fahren des Autos, nicht um die Analyse der maschinellen Abläufe unter der Motorhaube.

Da dies nun gesagt ist, wollen wir dennoch einen kurzen Blick darauf werfen, wie die bisher behandelten Hauptbedienelemente die Chakren beeinflussen.

In der Meditation beruhigen wir auf schnellem Weg die ganze innere Maschinerie und gehen geradewegs zur Quelle, der Stille reinen Glückseligkeitsbewusstseins. Deshalb hat die Meditation auf die Chakren den Effekt der Beruhigung. In der Meditation kommt es – entsprechend dem individuellen Muster von Blockierungen – zur Reinigung im Nervensystem. Die Chakren sind darin mit einbezogen, aber nicht auf eine vorhersehbare Weise. Die Reinigung verläuft auf dem notwendigen Weg und wir brauchen nur der einfachen Vorgehensweise der Meditation folgen.

Beim Pranayama spüren wir mit dem Atem dem Inneren des Wirbelsäulennervs nach unten und oben nach. Der Wirbelsäulennerv oder die Sushumna ist die Hauptschnellstraße im Nervensystem. Jeder andere Nerv wird durch das beeinflusst, was im Wirbelsäulennerv geschieht. Es ist der Hauptnerv für die vielen tausend Nerven in unserem Körper. Die Chakren sind in unserem Wirbelsäulennerv verwurzelt und sind auf ihm von oben bis unten verteilt. Wenn wir also nach oben und unten wandern, den Wirbelsäulennerv reinigen und den Prana-Fluss in unserem Nervensystem erhöhen, reinigen und beleben wir gleichzeitig die Chakren. Das vollzieht sich automatisch.

Im weiteren Verlauf unserer fortgeschrittenen Yoga-Übungen steigern wir die Stimulierung des Wirbelsäulennervs noch auf besondere Weise. Dadurch nehmen wir auch Einfluss auf die Chakren. Dies geschieht sowohl durch physisch als auch mental ausgerichtete Übungen. Wir erörtern die Rolle der Chakren als Teil unserer Übungen nicht. Aber wir beeinflussen sie dennoch gewaltig, indem wir die zentralen Steuerhebel betätigen. Wir erwähnen in den Lektionen das eine oder andere Chakra vielleicht ab und zu bei Gelegenheit der Besprechung der verschiedenen Erfahrungen, die sich einstellen können. Eine zu große Fixierung auf die Chakren kann jedoch von den spirituellen

Übungen ablenken – genauso wie zu viel Nachgrübeln über den Automotor vom Fahren ablenken kann. Wir beziehen die Chakren in der Meditation und im Pranayama bereits ausgiebig ein. Das findet alles automatisch unter der Motorhaube statt. Sieh das also ganz locker und erfreue dich an der Reise.

Der Guru ist in dir.

Zusatz: Um noch etwas mehr Informationen zur Verfügung zu stellen, geben wir hier noch kurze Beschreibungen der sieben Haupt-Chakren. Einige der Anmerkungen hier verweisen bereits auf Übungen, die erst später behandelt werden.

- ♥ Muladhara ("Wurzel" oder "Fundament"): Es ist das erste Chakra mit Sitz am Perineum, wo die Kundalini-Energie zuerst erweckt wird.
- ♥ Svadisthana ("Wohnsitz"): Das zweite Chakra, befindet sich im Bereich der inneren Geschlechtsorgane. Das ist der Wohnsitz einer großen Menge gespeicherter pranischer Energie, der sexuellen Vitalität. Sobald man diese einmal aktiviert hat, fließen riesige Energieströme von dort nach oben und erleuchten das gesamte Nervensystem spirituell.
- ♥ Manipura („Stadt der Edelsteine"): Das dritte Chakra mit Sitz im Bereich des Nabels/Solarplexus' steht in Verbindung mit der Verdauung, wozu auch der höhere Stoffwechsel mit der Produktion von erleuchtungsförderlichen organischen Bestandteilen im Magen-Darm-Bereich gehört, die glitzernde Energie ausstrahlen – von daher die Bezugnahme auf Edelsteine.
- ♥ Anahata („nicht durch Anschlagen erzeugter Klang"): Das vierte Chakra hat seinen Sitz in der Herzgegend. Hier erlebt der Yoga-Übende das erste Mal die Grenzenlosigkeit des inneren Weltraums, der oft mit himmlischen (unangeschlagenen) Tönen und anderen sinnlichen Erfahrungen angefüllt ist.
- ♥ Vishuddhi ("Reinheit") ist das fünfte Chakra und hat seinen Sitz an der Kehle. Dies ist ein Tor für die pranische Energie zum Aufstieg in den Kopf. Es ist auch ein Schlüsselzentrum für die Sprache und Kommunikation. Mit täglichen Yoga-Übungen kommt es ganz natürlich zur Reinigung in der Kehle und gleichzeitig öffnen sich die von diesem Chakra ausgehenden inneren und äußeren Ausdrucksformen von Energie.
- ♥ Ajna („Befehl") ist das sechste Chakra und auch als drittes Auge bekannt. Es umfasst die Neurobiologie vom Zentrum der Stirn zum Zentrum des Kopfes und die Medulla Oblongata (Hirnstamm). Das Ajna ist das Befehlszentrum, das die ekstatischen Aspekte des Erleuchtungsprozesses bei der progressiven und ungefährlichen Erweckung von Kundalini kontrolliert.
- ♥ Sahasrara („tausendblättriger Lotus") ist das siebte Chakra und befindet sich am Scheitel des Kopfes (corona radiata). Erweckt man es und tritt man darin ein, führt dies zum Verschmelzen des individuellen Bewusstseins mit dem unendlichen göttlichen Bewusstsein. Die vorzeitige Erweckung des Sahasrara kann jedoch in einem Nervensystem, das nicht zuerst ausreichend gereinigt wurde, zu vielen Schwierigkeiten führen. Erweckt man zunächst das Ajna (drittes Auge), bereitet dies das gesamte Nervensystem vor und öffnet gleichzeitig auf indirektem Weg das Sahasrara. Das ist dann ohne weiteres mit einer Geschwindigkeit allgemeiner Reinigung verträglich, wie sie vom Übenden auf angenehme Art eingeregelt und aufrechterhalten werden kann – progressiv und völlig gefahrlos. In Lektion 199 wird darauf noch ausführlich eingegangen.

Lektion 48 – Pranayama und Gesundheit

Frage: Hat das Ausüben von Pranayama konkrete positive Auswirkungen auf die Gesundheit? Es scheint so, als sei dies der Fall.

Antwort: Ja. Genauso wie die Meditation unterstützt auch Pranayama die Reinigung des Nervensystems. Da es sich um einen physischen Prozess handelt, hat das auch unmittelbare Auswirkungen auf den Körper, die wir leicht wahrnehmen können, sobald wir mit unseren Übungen Fortschritte machen. Es hat positive Auswirkungen auf die Lungen, das Gehirn, das Verdauungssystem, das Herz und die Zeugungsorgane, um nur einige wenige zu nennen. Auch der Geist und die Gefühlswelt werden stabilisiert. Wenn mehr und mehr Prana in den Körper fließt, strahlt eine glänzende, spürbare Energie von der Haut aus und erzeugt eine „Aura" von Gesundheit und Kraft, die auch auf andere wohltuend wirken kann.

Aber all dies kommt nicht über Nacht oder von unregelmäßigen Pranayama-Übungen. Es kommt auch nicht von Intensivphasen, wo man Tage und Wochen nicht übt und dann impulsiv und übermäßig Pranayama praktiziert, um zu versuchen, mit einem Satz einen großen Schritt nach vorne zu machen. So funktioniert das nicht. In dieser Beziehung ist Pranayama gerade so wie jede andere körperliche Ertüchtigung. Ein wenig Übung zweimal am Tag ist viel wertvoller als eine Menge an Übung in einem Abstand von Tagen und Wochen. Letzteres kann überhaupt nicht Körperertüchtigung genannt werden und ist unter Umständen gefährlich für die Gesundheit.

Wenn du dich dazu entschließt, ein Langstreckenläufer zu werden, würdest du es so angehen, dass du dich einmal die Woche oder wann immer du Lust dazu hast, damit beschäftigst, um dann aus dem Stand heraus gleich fünf oder zehn Meilen zu laufen? Würdest du so verfahren, wäre deine Läuferkarriere wohl nur von kurzer Dauer. Die besten Erfolgschancen hättest du, würdest du mit kurzen Distanzen beginnend täglich laufen, um dich langsam, über einen Zeitraum von mehreren Monaten zu deiner Zieldistanz hochzuarbeiten. Fortschritte in sportlichen Disziplinen erfordern regelmäßiges, maßvolles Üben. So trainieren wirkliche Athleten.

Spirituelles Üben ist in dem Sinne vergleichbar mit Leichtathletik, weil wir auch langsam unseren Körper und unser Nervensystem dahin trainieren, ein sehr viel größeres Maß an reinem Glückseligkeitsbewusstsein durchleiten und ausstrahlen zu können. Das ist ein großes Unterfangen, das nur durch viele kleine, tägliche Schritte über einen langen Zeitraum erreicht werden kann. Der Nutzen aus dieser Vorgehensweise ist kumulativ und spürbar entlang des Weges. Die fortgeschrittenen Yoga-Übungen fördern die Reinigung und Ausgeglichenheit tief im Nervensystem und einige der Ergebnisse sind auch fast unmittelbar nach Aufnahme der Übung spürbar. Einer der leicht erkennbaren Vorteile ist die Verbesserung der Gesundheit. Deshalb kann man sagen: Ja, Pranayama verstärkt den Trend zu guter Gesundheit, den wir bereits mit dem Beginn der Meditation eingeleitet haben.

Es sei jedoch betont, dass Pranayama keine Wunderkur ist, welche die Folgen jahrelangen, ungesunden Lebens augenblicklich ausräumen wird. Tatsächlich mag es sogar unmöglich sein, gleich mit Pranayama zu beginnen, wenn eine unausgeglichene Lebensweise deine Gesundheit ernsthaft beeinträchtigt hat. Ein bestimmtes Gesundheitsniveau ist notwendig, besonders im Atmungssystem, damit man Pranayama ausüben kann. Wir sollten im Pranayama niemals über unsere physischen Fähigkeiten hinausgehen. Unser Übungsniveau sollte auf der Ebene unserer Fähigkeiten liegen. Sind wir schwach, sollte auch das Pranayama nur auf minimaler Stufe oder überhaupt nicht geübt werden. Sind wir gesund und stark, können wir mehr tun. Prüfe immer sorgfältig, bevor du dich daranmachst, mit einer Pranayama-Stufe zu beginnen. Meditation kann von fast jedem unabhängig vom Gesundheitszustand geübt werden, ohne dass dadurch der Körper zusätzlich belastet wird. Bei Pranayama ist das anders. Hier muss ein minimales Gesundheitsniveau vorhanden sein, damit es sicher und effektiv praktiziert werden kann. Bedenke das und passe immer deine Pranayama-Übung an deinen jeweiligen physischen Zustand an, so dass du deinen Körper nicht übermäßig belastest. Während z.B. Meditation bei einer Krankheit hilfreich sein kann, ist das bei Pranayama nicht der Fall, insbesondere falls die Krankheit das Atmungssystem betrifft. Wenn die Lungen schmerzen, dann strapaziere sie nicht. Wir würden auch nicht hinausgehen und einen Kilometer rennen, wenn wir krank wären.

Wenn du deinen guten, alten gesunden Menschenverstand mit in deine Pranayama-Übung einbringst, wirst du mehr Nutzen daraus ziehen – eine verbesserte Gesundheit eingeschlossen.

Der Guru ist in dir.

Lektion 49 – Schwitzen beim Pranayama

Frage: Pranayama vor der Meditation ist großartig. Ich spüre wirklich einen großen Unterschied, seit wir mit Pranayama begonnen haben. Wenn ich das „Atmen durch die Wirbelsäule“ mache, fühle ich richtig, wie es dabei abgeht. Nachdem ich langsam zehn Minuten lang geatmet habe, bin ich manchmal mit Schweiß bedeckt. Ich komme nicht außer Atem, werde auch nicht heiß oder irgendetwas. Mein Puls steigt nicht an. Ich schwitze nur wie wild. Ist das eine normale Erfahrung?

Antwort: Ja, das ist normal. Das ist ein gutes Zeichen. Es ist ein unmittelbares Symptom für die Reinigung, die infolge des ansteigenden Prana-Flusses in deinem Nervensystem abläuft. Du machst keine Aerobic-Übungen oder irgendetwas Körperliches, was dieses Schwitzen verursachen würde. Es sind die inneren Übungen, die das Prana durch die Nerven schicken. Das treibt den Schweiß, der Unreinheiten mit sich abführt, dann aus deinen Körper.

Zum Schwitzen wird es nicht immer kommen. Langsam, in dem Maße, in dem der Körper mehr und mehr gereinigt wird, geht das Schwitzen zurück. Andere Erfahrungen, die ebenfalls auf eine Reinigung hindeuten, werden aufkommen. Es wird mehr subjektive, innere Sinneserfahrungen geben. Beim Pranayama beginnen wir auf der physischen Ebene und arbeiten uns nach innen vor, indem wir den Wirbelsäulennerv, den Hauptregler des gesamten Nervensystems, öffnen und beleben. Bei der Meditation tauchen wir vollständig in Bereiche ein, die jenseits von Körper und Verstand liegen und arbeiten uns als reines Glückseligkeitsbewusstsein wieder zurück nach außen. Mit diesen zwei Herangehensweisen haben wir die hartnäckigen Blockaden eingekreist und schwemmen sie im großen Stile aus. Manchmal können wir richtiggehend mit unseren Augen sehen, wie das geschieht. Von daher das Schwitzen.

Falls Unbehagen, Rastlosigkeit oder Reizbarkeit den Reinigungsprozess begleiten, stelle sicher, dass du dir genügend Zeit für die Ruhephase am Ende der Meditation nimmst. Die wichtige Rolle, die eine ausreichende Ruhe am Ende der Meditation spielt, wurde bereits im Rahmen der Fragen & Antworten zur Meditation behandelt. Normalerweise führt Pranayama zu keinen Beschwerden in der Meditation. Es hat fast immer eine beruhigende und vertiefende Wirkung. Aber alles ist möglich, wenn der Körper gereinigt wird. Sei deshalb darauf bedacht, die Richtlinien zum Umgang mit unangenehmen Erfahrungen, die von Zeit zu Zeit auftreten können, zu befolgen. Das gehört alles zum Reinigungsprozess und wir erleben es alle auf eine andere Weise. Deshalb ist es wichtig, dass wir alle unsere eigene Praxis selbst überwachen und regeln. Wir sollten uns über unsere Stärken im Klaren sein und unseren Vorteil daraus ziehen. Genauso sollten wir unsere Grenzen kennen und innerhalb des dadurch gesteckten Rahmens arbeiten.

Noch ein kleiner praktischer Hinweis. Wenn du am Ende der Pranayama-Übung vor Nässe triefst, nimm dir einige Minuten Zeit, dich vor der Meditation abzutrocknen. Wechsle deine Kleidung, wenn dir das hilft, dich wohler zu fühlen. Es ist nicht nötig, dass du in einer Pfütze deines Schweißes meditierst. Allerdings sollten zwischen dem Ende deines Pranayama und dem Beginn deiner Meditation auch nicht mehr als ein paar Minuten liegen. Denn wir wollen ja die Effekte aus dem Pranayama mit in die Meditation hinein nehmen.

Der Guru ist in dir.

Lektion 50 – Das Zeitmanagement des Pranayama

Frage: Ich liebe mein Pranayama und meine Meditation. Aber ich habe so wenig Zeit. Ich gehe morgens um 7:30 Uhr zur Arbeit und komme erst zurück, wenn es bald 6 Uhr abends ist. Es scheint unmöglich. Was soll ich tun?

Antwort: Es heißt: „Wo ein Wille, da ein Weg." Schon ganz am Anfang dieser Lektionen haben wir auf den Wunsch als der wichtigsten Komponente hingewiesen. Das ist wirklich der Schlüssel. Wir können das ganze Wissen der Welt besitzen. Doch wenn der Wille nicht vorhanden ist, es zu nutzen, ist das alles umsonst. Das, wofür wir uns jeden Tag entscheiden, bestimmt über unseren Weg und über die Ergebnisse. Merken wir, dass wir nicht in der Lage sind, gemäß den von uns am meisten in Ehren gehaltenen Wünschen zu handeln, dann muss sich die Situation früher oder später ändern. Mit unverrückbarem Verlangen, d.h. Hingabe, und mit einer Selbstverpflichtung zu handeln, werden wir Wege finden, uns um jedes Hindernis herumzuarbeiten.

Wie kann es uns gelingen, zweimal am Tag unsere Übungen zu machen? Dazu gibt es viele Möglichkeiten. Vor allem braucht es aber Flexibilität, die vorhandenen Gelegenheiten auszunutzen. Zur jetzigen Routine gehören zehn Minuten Pranayama und zwanzig Minuten Meditation. Zusammen mit der Ruhephase am Ende summiert sich das zu rund fünfunddreißig Minuten zweimal täglich auf. Bei einem langen Arbeitstag, wie es deiner ist, mag das zu viel sein. Nicht zu viel Übung, aber vielleicht zu viel Zeit – besonders am Morgen. Du kannst das aber auch etwas kürzer gestalten. Das ist nicht ideal, aber viel besser als überhaupt keine Praxis oder zu versuchen, zu viel in zu wenig Zeit zu machen und sich dabei zu erschöpfen. Es ist sehr wichtig, zweimal am Tag Übungen zu machen – am Morgen und am Abend. Zwei kurze Sitzungen sind viel besser als eine lange Sitzung. Am Morgen wird vielleicht der größte Mangel an Zeit herrschen, während du am Abend eventuell mehr Zeit hast. Aber du bist dann möglicherweise müde und fühlst dich nicht danach, irgendetwas zu tun – nicht einmal zu meditieren.

Entscheide dich, wie viel Zeit du am Morgen hast – egal wie wenig – und arbeite damit. Möglicherweise sind es zwanzig Minuten, vielleicht auch nur fünfzehn. Was immer es ist, fange etwas damit an. Wenn es zwanzig Minuten sind, mache fünf Minuten Pranayama, zehn Minuten Meditation und verwende fünf Minuten auf das Ruhen. Eine Strategie, die bei dir funktionieren könnte, wäre, deine Übungen sobald du aufwachst im Bett zu machen, noch bevor du aufstehst. Das setzt deine Übungen an die erste Stelle der morgendlichen Aufgaben und so wird es unwahrscheinlicher, dass du nicht dazu kommst. Wenn du aufwachst, schiebe dir einfach etwas unter und beginne mit Pranayama. Mache danach deine Meditation. Du kannst mit all deinen Übungen fertig sein, bevor du aufstehst und völlig aufgeladen mit reinem Glückseligkeitsbewusstsein aus dem Bett springen.

Am Abend kannst du vielleicht flexibler mit der Zeit umgehen. Wenn du müde bist, denk daran, dass Pranayama und Meditation dich regenerieren. Das wird besonders offensichtlich, wenn wir die nächsten der fortgeschrittenen Yoga-Übungen hinzugefügt haben. Gewöhne dir an, deinen Meditationsplatz so schnell wie möglich aufzusuchen, wenn du von der Arbeit nach Hause kommst. Ist vor dem Abendessen keine Zeit mehr, mache deine Übungen eine oder zwei Stunden nach dem Abendessen oder – wenn es nicht anders geht – unmittelbar vor dem Zubettgehen. Das ist nicht ideal, aber viel besser als gar keine Praxis am Abend. Wenn du kannst, nimm dir die vollen 35 Minuten am Abend Zeit. Aber versuche nicht, die kurze Meditationszeit am Morgen mit einer übertrieben langen am Abend auszugleichen – nicht in diesem Anfangsstadium. Das könnte zu einigen Unannehmlichkeiten führen. Später, wenn du erfahrener bist und dein Nervensystem gereinigter ist, wirst du in der Lage sein, dich auf längere Sitzungen einzulassen, ohne Unbehagen zu verursachen. Auf dieser Stufe und in der gegenwärtigen Situation, bemühe dich, so gut es geht, möglichst viele der 35-Minuten-Übungen am Morgen und am Abend zu machen. Wenn du die Zeit nicht hast, stelle dir selbst eine kürzere Routine zusammen, die du dann zweimal am Tag durchführst. Das liegt in deiner Verantwortung.

In den Fragen&Antworten zur Meditation haben wir Wege diskutiert, wie man meditieren kann, wenn man reist oder sonst irgendwo fern seines häuslichen Meditationssitzes feststeckt. Diese Vorschläge gelten auch jetzt noch, nachdem Pranayama an das vordere Ende unserer Sitzung angefügt wurde. Pranayama kann ganz unauffällig an öffentlichen Orten gemacht werden. Das sieht genauso aus wie Meditation – eine Person, die einfach mit offenen Augen dasitzt. Wir sind entspannt, während wir uns mit Pranayama beschäftigen. Unser langsames tiefes Atmen ist für einen äußeren Beobachter kaum wahrnehmbar. So können wir also unsere gesamte Routine an einem öffentlichen Ort durchführen. Wahrscheinlich werden wir in der Öffentlichkeit unsere Beine nicht kreuzen. Das ist in Ordnung. Dies ist eben keine vollkommene Welt.

Wie ist das beim Autofahren? Viele von uns verbringen täglich eine oder mehrere Stunden im Verkehr, wenn sie zur Arbeit und wieder nach Hause fahren. Das ist ein großer Brocken unserer täglichen Zeit. Können wir damit irgendetwas Nützliches anfangen? – Nicht mit geschlossen Augen. Das ist klar. Damit ist Meditation ausgeschlossen. Aber wie ist es mit Pranayama? Am besten ist es, Pranayama mit geschlossenen Augen zu üben. Aber es ist möglich, auch einigen Gewinn daraus zu ziehen, wenn man Pranayama mit offenen Augen durchführt, weil das eine physische Übung ist. Wenn man das während des Autofahrens macht, ist das bei weitem nicht das Ideale, man kann es sich aber doch zu Nutze machen. Vielleicht versuchst du einmal, so ungefähr zehn Minuten lang einige langsame, tiefe Atemzüge zu machen, während du von der Arbeit nach Hause fährst. Auch bei geöffneten Augen kannst du dem Wirbelsäulennerv mit steigendem und fallendem Atem aufwärts und abwärts nachspüren. Sei mit deiner Aufmerksamkeit beim Autofahren und sei dir bewusst, dass Pranayama zweitrangig ist. Bleibe locker dabei. Pranayama mit offenen Augen lenkt weniger vom Straßenverkehr ab als Radiohören. Du bist vor allem dafür verantwortlich, dass du sicher fährst. Im Hintergrund kann da aber auch noch ein bisschen Pranayama laufen.

Wenn du Pranayama im Auto praktizierst, dann übertreibe es nicht. Sobald du nach Hause kommst, setze dich hin und meditiere für mindestens 10 Minuten, damit der Samen reinen Glückseligkeitsbewusstseins in das bestellte Pranayama-Feld gelegt wird. Wir wollen nicht, dass irgendein Unkraut in deinen so schön gepflegten Nerven Wurzeln schlägt. Wenn du wirklich willst, dass die spirituelle Transformation in dir vorankommt, dann ist es deine Aufgabe, dafür zu sorgen, dass du dich zweimal jeden Tag zum Üben hinsetzen kannst. Es gibt viele Wege, das zustande zu bringen. Sei kreativ, aber achte darauf, dass du dich dadurch nicht in Gefahr bringst.

Natürlich wäre es ideal, wenn wir am Morgen und Abend so viel Zeit hätten, wie wir brauchen. Selbständige oder Rentner können den fortgeschrittenen Yoga-Übungen so viel Zeit widmen, wie für ein Maximum an Gewinn nötig ist. Werden solche Leute erfahrener, können sie die Übungszeit auch stufenweise ausdehnen, um so ihr Vorankommen noch zu beschleunigen. Fortgeschrittene, die einer regelmäßigen Arbeit nachgehen, können in den Ferien oder am Wochenende ebenfalls ausgedehnter üben oder möglicherweise sogar jeden Tag vor und nach der Arbeit. Viele Wege führen nach Rom. Später erörtern wir noch verschiedene Möglichkeiten des intensiveren Übens, die du in Betracht ziehen kannst, wenn du auf dem Pfad voranschreitest.

Es ist wichtig, sich ausreichend Gedanken über die Zeit für die fortgeschrittenen Yoga-Übungen zu machen, sowohl am Anfang, wenn man sich daran gewöhnt, regelmäßig zweimal am Tag zu üben, als auch später, wenn man in fortgeschritteneren Stadien der Transformation Übungsphasen ausdehnen will. Sei darauf bedacht, die dir in diesem Leben zur Verfügung stehende Zeit, so gut zu nutzen, wie du nur kannst.

Der Guru ist in dir.

Lektion 51 – Sonderbares Gluckern beim Pranayama

Frage: Das Pranayama ging bei mir ohne Schwierigkeiten und mein Atem wird immer sehr langsam. Aber etwas Sonderbares stellt sich da mit ein. Es fühlt sich so an, als ob sich Luft in meinem Bauch ansammeln würde und meine Gedärme machen eigenartige Gluckergeräusche. Das ist noch nicht alles. Ich hab dort auch eine glühende pfefferminzartige Empfindung wahrgenommen. Was passiert da?

Antwort: Das ist ein exzellentes Zeichen, dass du Fortschritte machst. Es bedeutet, dass Prana aus deinem Beckenbereich nach oben in dein Verdauungssystem gezogen wird. Zusätzlich wird noch Luft hineingesogen, die sich mit dem Prana vermischt. Dort befindet sich natürlich auch Nahrung. Prana, Luft und Nahrung sind die drei Elemente, die einen neuen Prozess anheizen, der in unserem Verdauungssystem auftritt, während sich unser Körper in eine höhere Stufe des Funktionierens transformiert.

In Wirklichkeit ist dies die Aktivierung des Bauch-Chakras. Im Sanskrit, der Sprache der alten Weisheit Indiens, wird es „Manipura", was soviel wie „Stadt der Juwelen" heißt, genannt. Das bezieht sich auf das Gefühl des Glühens, wie du es beschreibst. Die Chinesen sind da weniger romantisch. Im Taoismus nennt man es „Kessel" was Bezug nimmt auf das Mischen und Kochen, das im Bauch abläuft. Wie man das auch immer nennen mag, es ist ein wahrnehmbarer Prozess im Körper, der durch den Fortschritt beim Pranayama und in der Meditation stimuliert wird. Werden unser Körper und Nervensystem langsam gereinigt, beginnt der Atem auf ganz natürliche Weise anzuhalten und eine neue Art von Biologie kommt in Gang.

Aber zu welchem Zweck? Wir wissen, dass Geist und Körper aneinander gebunden sind. Der Zustand unseres Nervensystems bestimmt darüber, was wir erfahren können. Die fortgeschrittenen Yoga-Übungen reinigen und öffnen das Nervensystem. Das läuft nicht abgetrennt von unserem biologischen Funktionieren ab. Wird unser Nervensystem transformiert, kommt es auch zu einer biologischen Transformation. In den alten Schriften gibt es Anspielungen auf die innere Alchemie und auf magische Substanzen, „Soma" und „Nektar" genannt, die im Körper aufsteigen. Das sind biologische Substanzen, die erzeugt werden, wenn der Körper in einen höheren Zustand überführt wird.

Der Prozess, der sich im Verdauungssystem einstellt, ist einer der hauptsächlichen Verursacher von verfeinerten biologischen Essenzen im Körper. Vom Verdauungssystem strömen die Essenzen aus und spielen eine zentrale Rolle in den weiteren biologischen und neurologischen Umwandlungen im ganzen Körper. Wir können diese Essenzen sowohl während der Übung als auch in unseren täglichen Aktivitäten leicht bei ihrer Arbeit im Körper beobachten. Infolge der Verfeinerung unserer Sinne werden wir Zeugen der Umwandlung, die in uns stattfindet.

Mit der Zeit wird die Unterscheidung zwischen dem Körper und dem Zeugen (unserem reinen Glückseligkeitsbewusstsein) unscharf. Sie werden zu einem Kontinuum. Diese Transformation wirkt gleichermaßen biologisch und spirituell. Die beiden sind nur verschiedene Sichtweisen derselben Realität. Deshalb sollten wir nicht überrascht sein, wenn sich verbunden mit unserer Reise biologische Transformationen einstellen. Kein Stein bleibt so liegen, wie er ist, wenn wir in unser neues Leben des Yoga – d.h. der Vereinigung – eintreten.

Tausende von Jahren hat die Menschheit die Erleuchtung als etwas angesehen, was nur für wenige Auserwählte bestimmt ist, dass es von woanders oder von jemand anders herkomme – eine mysteriöse spirituelle Segnung, die wie ein Zauber an der Türschwelle des Gesalbten ankommt. Das ist eine falsche Sicht auf die Menschheit und ihre Fähigkeiten. Dadurch begrenzt man sich selbst. In diesem spirituellen Zeitalter lernen wir den Prozess der spirituellen Transformation als das erkennen, was er wirklich ist – das Ergebnis der systematischen Anwendung von fachbezogenem Wissen.

In Wahrheit haben wir alle mit unserem menschlichen Nervensystem ein und denselben Zugang zu göttlichem Leben. Du kannst dich dafür entscheiden, gesalbt zu werden, wenn du gewillt bist, die Anstrengung aufzubringen, die dafür erforderlich ist – die Anstrengung, das Wissen der menschlichen Transformation anzuwenden, d.h. jeden Tag die spirituellen Übungen zu machen.

Der Guru ist in dir.

Lektion 52 – Der große kleine Nerv

Frage: Das ist ganz sonderbar. Ich mache meine Wirbelsäulenatmung, gehe den winzigen kleinen Nerv hinauf und hinunter und das Nächste, was ich weiß, ist, dass ich mich in dem riesigen glückseligen Raum befinde und ich denke, dass ich dann immer noch hinauf- und hinuntergehe, aber ich bin mir nicht sicher. Ich weiß nicht einmal genau, ob ich noch atme. Aber da ist nichts Unangenehmes. Im Gegenteil, es fühlt sich fantastisch an. Wenn das geschieht, bin ich da immer noch in dem Nerv?

Antwort: Ja, du bist immer noch in dem Nerv. Es ist ein sehr großer kleiner Nerv. Ein erstaunliches Paradox. Die innere Ausdehnung davon umfasst Galaxien. Doch du sitzt dort auf deinem Platz und wendest die einfache Pranayama-Methode in so einem winzigen Kanal deines Körpers an. Wenn deine Atmung in dieser Situation auf natürliche Weise zum Stillstand kommt, ist das okay. Das ist nichts, worüber man sich Sorgen zu machen braucht. Der Atem kehrt zu seinem normalen Rhythmus zurück, sobald du zur gewöhnlichen Körperfunktion zurückkehrst. Wir wenden auf den Atem keine Gewalt an. Er pendelt sich dem Zustand des Nervensystems entsprechend während der Übungen auf seinem eigenen Niveau ein. Manchmal beruhigt sich der Atem während dem Pranayama auch nicht so sehr. Das ist gut. Wir greifen ihn da auf, wo er sich gerade befindet und atmen so langsam und tief, wie wir es nur bequem tun können. Andere Male mag er sich sofort beruhigen. Es hängt alles von dem Reinigungsprozess ab, der zu dieser Zeit im Inneren gerade abläuft.

Sei nett zu dir selbst, wenn du Pranayama übst. Die positiven Effekte stellen sich nicht ein, wenn man in einer Sitzung heldenmütig ist. Sie kommen, wenn man wie ein Uhrwerk in vielen Sitzungen über Monate und Jahre hinweg auf angenehme Weise seine Übungen macht. Was lange währt, wird endlich gut.

Es ist ein wunderbares Geheimnis, dieses menschliche Nervensystem, das wir besitzen – unser Tor in die Unendlichkeit. Wir brauchen nur zu wissen, welche Hebel wir jeden Tag zu bedienen haben.

In einigen der nächsten Lektionen beginnen wir, weitere Mittel zu untersuchen, mit denen wir systematisch dieses große Reich in unserem Inneren erwecken können. Wenn wir unsere Übungen beibehalten, wird das Spiel reinen Glückseligkeitsbewusstseins in unserem Inneren mehr und mehr dynamisch. Auch in unserem alltäglichen Handeln wird es immer wahrnehmbarer sein. Dann wird man uns vielleicht einmal beobachten können, wie wir ohne sichtbaren Grund die Straße hinunter singen und tanzen.

Der Guru ist in dir.

Lektion 53 – Licht und Ton beim Pranayama

Frage: Manchmal sehe ich während des Pranayama farbige Lichter und höre auch Töne. Gestern hörte ich einen krachenden Ton in meiner Brust und alles wurde in eine feurige goldene Farbe getaucht. Dann wurde ich mit einem köstlichen, brummenden Ton erfüllt. Das war so etwas Schönes. Was soll ich da machen, wenn diese Erfahrungen über mich kommen?

Antwort: Solche Erfahrungen sind wundervoll. Mit der Zeit mischen die sich zu unserem andauernden Vergnügen in unseren täglichen Erfahrungsschatz. Während unserer Übung heißen wir sie willkommen und gehen dann sanft zu unserer Pranayama-Methode, der Wirbelsäulenatmung, zurück.

Behalte im Gedächtnis, dass wir uns in unseren Übungen mit einem Prozess beschäftigen, der auf dem Prinzip von Ursache und Wirkung gründet. Wenn wir an der Ursache, der Übungstechnik, arbeiten, sie stärken, werden auch die Wirkungen sowohl innerhalb als auch außerhalb der Übungen auftreten. Kümmern wir uns vor allem um die Wirkungen (Lichter, Töne und was auch immer sonst noch aufkommen mag), sind wir nicht mehr mit den Ursachen beschäftigt und unser zukünftiger Fortschritt wird behindert.

In unserer gegenwärtigen Praxis machen wir zwei Dinge: Erstens reinigen und öffnen wir im Pranayama den Wirbelsäulennerv, der im Gegenzug alle Nerven in unserem Körper kultiviert. Zweitens durchdringen wir in der Meditation unseren gesamten Körper mit reinem, stillen Glückseligkeitsbewusstsein. Diese beiden Handlungen initiieren alles andere. Wie und wann die Folgen in Erscheinung treten, ist eine Funktion des Reinigungsprozesses, der individuell auf uns zugeschnitten in unserem Nervensystem abläuft. Dieser Prozess ist in dem Sinne einzigartig, dass ein jeder sein eigenes Muster von behindernden Blockierungen hat, die in seinem Nervensystem eingebunden sind. Wie das alles aufgelöst wird, ist bei jedem anders. Aber es wird aufgelöst, wenn wir Pranayama üben und meditieren.

Damit ist nicht gesagt, dass Licht- und Tonerfahrungen etwas Unechtes sind – keineswegs. Wenn sie den Charakter eines seltenen „Gipfelereignisses“ tragen, kannst du sie vielleicht als Vorboten der Wahrheit ansehen, die du erblickst, während du durch die Wolken spähst. In deiner Übung bist du damit beschäftigt, die Wolken zu entfernen. Während du das tust, wirst du ab und zu diese Anblicke erhaschen. Je mehr Wolken du entfernst, desto häufiger kommt es zu diesen glücklichen Ereignissen. Mit der Zeit werden keine Wolken mehr übrig sein und der Ausblick auf die ekstatische Schönheit dauert an. Dann ist das ganze Leben ein Gipfelerlebnis.

Die Erfahrungen, die auf dem Weg zur Erleuchtung auftauchen, sollten als Meilensteine betrachtet werden – Indikatoren für Fortschritt. Sie regen uns dazu an, mit unseren Übungen weiterzumachen. Sobald wir einmal auf die Dinge dahinter zoomen, haben sie ihren Zweck bereits erfüllt und wir befinden uns auf einer neuen Ebene. Möglicherweise gefällt es uns, gelegentlich anzuhalten und den Ausblick zu genießen. Wenn wir einmal anhalten und schauen, ist das in Ordnung. Bald sind wir zurück in unserm Auto und wieder auf unserem Weg.

Einige Traditionen schenken Licht- und Geräuscherfahrungen viel Aufmerksamkeit und nutzen sie auch als Meditationsobjekte. Wenn diese nicht da sind, stellt man sie sich vor und man meditiert darüber. Bestimmte Visionen zu haben wird zu einem Ziel. Während das für einige ein passender Ansatz sein mag, gehört das nicht zu den Übungen, die wir hier in diesen Lektionen durchführen. Unser Ziel ist es, alles so einfach und effektiv wie möglich zu halten. Wir wollen so wenig Hebel wie möglich einsetzen, aber die wichtigsten, welche die natürlichen Fähigkeiten in uns auslösen und die inneren Türen öffnen. Es gibt immer nur eine bestimmte Anzahl an Aufgaben, die wir zu einer Zeit ausführen und gut ausführen können. Wenn wir unsere Aufmerksamkeit unwirksam machen, indem wir versuchen, zu viele Dinge gleichzeitig zu tun, kann unser Fortschritt leicht zum Halten kommen. Deshalb wenden wir zuerst die einfache Pranayama-Methode und dann die einfache Meditationsmethode an. Führen wir diese richtig aus, geschieht alles andere automatisch.

Als die Brüder Wright methodisch den Prozess durchliefen, das erste erfolgreiche Flugzeug zu konstruieren, war eine ihrer größten Herausforderungen herauszufinden, was die kleinste Menge an Schalthebeln ist, die man braucht, um Neigung, Rollbewegung und Kursabweichung zu kontrollieren. Nach vielen Versuchen und Fehlschlägen bekamen sie es mit nur wenigen Steuerelementen hin, die jeder mit etwas Training bedienen konnte. Die Prinzipien, welche die Brüder Wright zu beherrschen lernten, sind auch noch in modernen Flugzeugen in Gebrauch. Was wir hier machen, ist damit vergleichbar. Wenn wir versuchen, alles bewusst zu lenken, was in der Meditation und beim Pranayama passiert, haben wir keinerlei Aussicht auf Erfolg. Können wir aber die notwendigen Grundsteuerelemente für die völlige Öffnung des Nervensystems zu reinem Glückseligkeitsbewusstsein bestimmen und sie getreulich einsetzen, gut, dann wird vielleicht der Himmel die Grenze sein.

Die natürlichen Prinzipien, die für die spirituelle Transformation des Menschen verantwortlich sind, hat es immer gegeben und wird es immer geben. Sie existieren in jedem von uns. Die Hebel zu finden, war für die Menschheit tausende Jahre lang eine Glückssache. Jetzt ist die Zeit für uns, der menschlichen Rasse, gekommen, diesbezüglich kollektiv zu handeln und zusammenzufinden.

Apropos Hebel: Im Folgenden fügen wir unserer Pranayama-Sitzung eine Reihe neuer Übungen hinzu. Doch bevor wir das tun, müssen wir ein Verständnis dafür entwickeln, welchen Zweck diese Übungen haben. Lass uns also einen schönen Anlauf nehmen und am tiefen Ende des Swimmingpools einen Hechtsprung wagen. Fertig?

Der Guru ist in dir.

Lektion 54 – Kundalini – ein Codewort für Sex

„Kundalini" ist bei vielen der unzähligen spirituellen Gemeinschaften, die heutzutage den Globus überziehen, zu einem Modewort geworden. Es birgt all die Elemente in sich, die die Leute anziehen – Wissen, Macht, Mysterium, Intimität, Begeisterung, Alchemie, Romantik, Abenteuer, Gefahr, Ekstase und mehr. Aber was ist Kundalini wirklich?

Einfach ausgedrückt ist Kundalini das, was in uns die Verbindung zwischen Sexualität und spiritueller Transformation herstellt. Es gibt tausend Wege, das Phänomen zu beschreiben. Doch am Ende läuft es darauf hinaus, dass wir unsere sexuellen Funktionen auf den spirituellen Bereich erweitern, d.h. durch unser Nervensystem aufwärts. Einige sagen, das sei eine „Transformation" sexueller Funktionen. Dies würde aber implizieren, dass wir unser gegenwärtiges Sexualleben aufgeben. „Ausdehnung" unserer sexuellen Funktionen ist eine bessere Beschreibung. Wenn wir die spirituellen Dimensionen der Sexualität bewusst aktivieren, lassen wir möglicherweise die weltliche Sexualität hinter uns, vielleicht aber auch nicht. Das hat niemand anders als wir selbst zu bestimmen. Es ist unsere Entscheidung. Das Aufgeben der Sexualität ist keine Grundvoraussetzung für fortgeschrittene spirituelle Erfahrungen – nicht in diesen Lektionen und auch nicht im Leben.

Tausende Jahre lang haben die spirituellen Traditionen der Welt versucht, die Sexualität zu deckeln, gewöhnlich zum Schaden der Anhänger und manchmal sogar mit schrecklichen Folgen. Warum? Weil die Sexualität die größte Kraft in der Menschheit ist. Wenn diese Kraft nicht in eine produktive Richtung gelockt wird, kann das verhängnisvoll sein. Weil sie keine verlässlichen Mittel hatten, die es ihnen erlaubt hätten, Sexualität für eine spirituelle Transformation nutzbar zu machen, herrschte bei den spirituellen Traditionen die Tendenz, diese so gut es ging zu unterdrücken. Das ist ein vergebliches Unterfangen, dieser Versuch zu unterdrücken. Der Geist, in diesem Fall ist es ein "weiblicher Geist", die Kundalini, findet immer ihren Weg aus der Flasche. Es ist nicht möglich sie lange dort drinnen festzuhalten. Wenn sie nicht hervorkommt, um Babys zu zeugen, sucht sie auf anderen Wegen ihren Ausdruck durch die Menschheit – Sorge für eine Familie, Zusammentragen von Geld, die Künste, Philosophie, Wissenschaft, Politik, Errichtung eines Imperiums, Wohltätigkeit, Krieg, ausfällig werden, Verbrechen, was auch immer. Vieles davon ist gut. Einiges davon ist schauderhaft. Im Guten wie im Bösen ist es alles der Ausdruck von Lebenskraft im Menschen, die Ausdrucksweise des menschlichen Prana. Den großen Prana-Speicher im Menschen findet man in der sexuellen Anatomie. Der Schlüssel für den spirituellen Umgang mit der Sexualität liegt nicht in Unterdrückung, sondern in der Bereitstellung eines natürlichen Kanals, wohin sie zur Erfüllung ihres entwicklungsgemäßen Instinkts fließen kann. Dazu ist etwas bewusstes Handeln nötig. Wir brauchen ein paar weitere Hebel in der Form fortgeschrittener Yoga-Übungen, um die Ausdehnung von Sexualität in neue und natürliche Richtungen zu erleichtern.

Bis jetzt sind wir in diesen Lektionen dem Problem der Sexualität etwas ausgewichen. Wir haben den „riesigen Pranaspeicher" nahe der Wirbelsäulenbasis erwähnt. Wir haben über das Prana gesprochen, wie es während dem Pranayama „aus dem Beckenbereich hochgezogen" wird. Wir haben den Beginn ekstatischer Erfahrungen beschrieben, wenn sich Prana durch den Wirbelsäulennerv bewegt und sich durch uns ausbreitet. Und wir haben über das reine Glückseligkeitsbewusstsein gesprochen, das wir in der Meditation hervorrufen und das uns über das von Prana kultivierte Nervensystem aus dem Inneren mit reiner Freude durchleuchtet. In all diesen Dingen haben wir das Wort „Sexualität" geflissentlich beiseite gelassen. Wir könnten damit fortfahren es zu meiden, auch wenn wir tiefer in die fortgeschrittenen Yoga-Übungen einsteigen, die unsere sexuellen Funktionen direkt nach oben zu größerer Manifestation im Prozess spiritueller Transformation stimulieren. Aber welchen Vorteil hätte dieses andauernde Umgehen des Sachverhalts? Es wäre sicher nicht zu deinem Vorteil.

Wir leben in einem höchst wissenschaftlichen Zeitalter. Vor allem wollen wir die Wahrheit über die Dinge wissen, damit wir sie anwenden und damit unser Leben und das Leben anderer verbessern können

Jesus sagt: „Dann werdet ihr die Wahrheit erkennen und die Wahrheit wird euch befreien." [Joh 8,32]

Ist das neu für uns? Schau doch nur, was die Wissenschaft, d.h. die systematische Anwendung von Wahrheit, für uns auf wirklich jedem Feld menschlichen Strebens bewegt hat. Es ist atemberaubend, was die Menschheit mit Wahrheit bisher erreicht hat. Wir sind nur auf einem Gebiet kläglich zurück geblieben – in der systematischen Anwendung der spirituellen Wahrheit, die unserem Nervensystem zugrunde liegt. Der Erfolg in der Anwendung spiritueller Wahrheit hat Bezug auf die ethischen und moralischen Probleme dieser Welt und die weit verbreiteten Gefühle von Leere und Unsicherheit, die so viele von uns beeinträchtigen, auch wenn es uns materiell an nichts fehlt. Der

Einsatz ist hoch und wir können es uns nicht leisten vor irgendetwas auszuweichen, was bei der verlässlichen Anwendung von spirituellem Wissen wichtig ist.

Werden wir also über die sexuelle Energie und ihre Beziehung zur spirituellen Entwicklung sprechen? – Du kannst darauf wetten. Es steht viel auf dem Spiel. Wir wollen uns damit aber auf eine würdevolle Art auseinandersetzen. Betrachte es als eine Erweiterung deines in jungen Jahren genossenen Sexualkundeunterrichts. Hier kommt ganz einfach noch der spirituelle Aspekt, oder so etwas in der Richtung, dazu. Wenn wir uns darauf einlassen, wird es einige erstaunliche Überraschungen zeitigen. Es ist wie der Eintritt in eine zweite Pubertät.

Über Kundalini und die Erweiterung sexueller Funktionen – über ihre innere Dynamik – gibt es viel mehr zu sagen. Wir werden uns darauf einlassen, wenn wir unmittelbare Erfahrungen besprechen. Einstweilen wollen wir uns darauf konzentrieren, diesen weiblichen Geist in eine Richtung aus seiner Flasche zu lassen, die sie normalerweise gern geht – hinauf in unser durch Pranayama verfeinertes Nervensystem. Das ist ihr Zuhause, ihr Tempel. Es gibt für sie dort so viel zu tun und wir werden ihr viel Hilfestellung leisten. Außer dass sie uns eine gute Hausreinigung verabreichen will, hält sie dort nach ihrem Liebhaber Ausschau und wir bringen ihr ihren Bräutigam. Das tun wir geflissentlich. Andernfalls stellt sie alle möglichen höllischen Dinge an. Wir werden auch darauf eingehen.

Wir sprechen hier in einfachen Metaphern über einen Prozess, der in unser Nervensystem eingebettet ist, einen evolutionären Prozess, der völlig natürlich ist. Wenn wir einige spezielle Dinge in unsere tägliche Praxis einbeziehen, übernimmt die Natur die Führung. Bei der metaphorischen Sprache, die wir auf die Kundalini anwenden, geht es um nichts anderes als die innere Dynamik deines eigenen Nervensystems. Das Gleiche gilt für die metaphorische Sprache einer jeden spirituellen Tradition. Sie bezieht sich immer auf das menschliche Nervensystem. Das Nervensystem ist die gemeinsame Verbindung, die eine Sache, die über alle Unterschiede hinausweist, die eine Sache, die jedem denselben Zugang zum Göttlichen bietet, unabhängig von Rasse, Religion, Kultur, Erziehung oder Stand.

Jeder fühlt die innere Wahrheit, dass jeder von uns etwas Besonders ist. Wir stehen immer kurz davor zu wissen, wer und was wir sind. Es liegt so nah, ist ein Teil von uns, aber scheinbar im Augenblick außer Reichweite. – Mehr ist es auch nicht. Wenn du wirklich willst, kannst du die Wahrheit erkennen und dich dadurch befreien – gerade so, wie Jesus sagt. Der wichtigste Bestandteil dabei ist dein Wunsch. Du kannst dein Tor zur Unendlichkeit öffnen, wenn du dich dafür entscheidest.

Der Guru ist in dir.

Lektion 55 – Mulabandha – Stimulation der Sexualenergie nach oben

Nun sind wir bereit, einige neue Übungselemente unserer Pranayama-Praxis hinzuzufügen. Das heißt: zum Schreiben und zum Lesen sind wir das. In Bezug auf deine tatsächliche Praxis wird das in großem Maße von deinem Zeitplan abhängen. Vielleicht liest du zur Wiederholung die Lektion 38 – „Was ist der Zeitplan oder wie schnell soll ich vorgehen?" noch einmal durch.

Jeder Mensch ist verschieden und du solltest nur dann neue Übungen in dein Programm mit aufnehmen, wenn du genügend aufnahmebereit dazu bist. D.h. du solltest in deiner gegenwärtigen Pranayama- und Meditationsroutine gefestigt sein und dich darin wohl fühlen, bevor du neue Techniken in Angriff nimmst. Wenn du es gerade so hinkriegst und damit beginnst, wirst du sehr bald herausfinden, ob du dich übernimmst. Das ist aber in Ordnung. Wenn du herausfindest, dass du zu früh zu viel auf dich genommen hast, geh einfach zu einem angenehmen Übungsgrad zurück und versuche es später noch einmal. Gestalte dann dein Vorwärtsgehen etwas langsamer. Es passiert also nichts. Der amerikanische Präsident Teddy Roosevelt sagte: „Ein Mann muss sich mehr vornehmen, als er tatsächlich erreichen kann." Offensichtlich gilt das auch für Frauen. Auf diese Weise machen wir Fortschritte. Aber bring dich dadurch nicht um Kopf und Kragen. Setze deinen gesunden Menschenverstand ein und nimm nur das auf dich, was du in einem vernünftigen Zeitraum auch verdauen kannst. Das Wissen wird da sein, sobald du dafür bereit bist.

Betonen muss ich aber, dass ich dir von den Übungen, die ich hier bespreche, abrate, wenn du nicht täglich sowohl Pranayama als auch Meditation praktizierst. Wenn du sie ohne Pranayama und Meditation versuchst, wirst du nicht viel Nutzen daraus ziehen. Obendrein kann es dir passieren, dass du in ein ganz falsches Fahrwasser gelangst.

Das vorausgeschickt, werden wir uns nun eine Übung, Mulabandha genannt, genauer ansehen. Mulabandha heißt übersetzt „Wurzelverschluss". Die Vorstellung, die dieses Wort hervorruft, ist viel stärker, als was die Übung tatsächlich ist. Alles was wir hier tun, ist sanft. Du könntest sagen, es ist ein sanftes Zureden. Wir wollen unser Nervensystem sanft dazu überreden, auf einer höheren Ebene zu funktionieren. Wir wollen es keinesfalls zu etwas zwingen.

Mulabandha ist ganz einfach. Doch es wird etwas Zeit brauchen, sich daran zu gewöhnen. So ziemlich alle fortgeschrittenen Yoga-Übungen, die wir in Angriff nehmen, müssen durch eine klobige Phase gehen, in der sie sich sonderbar anfühlen, bis wir uns mit ihnen angefreundet haben. So ist es aber mit den meisten Dingen im Leben, die wir zum ersten Mal ausprobieren. Wir gehen mit fast allem Neuen durch eine klobige Phase. Erinnerst du dich noch daran, wie es war, als du das erste Mal einen Computer eingeschaltet hast? Dann weißt du, was mit klobig hier gemeint ist.

Bei Mulabandha befinden wir uns in der gewöhnlichen Haltung für das Pranayama. So sitzend spannen wir leicht unseren Anusschließmuskel an und halten die Spannung. Aber das ist locker, d.h. das Ganze geht kaum jenseits der Absicht in die physische Wahrnehmung. Was wollen wir erreichen? Wir wollen die Gewohnheit entwickeln, diese leichte Anspannung des Anusschließmuskels die ganze Pranayama-Sitzung hindurch beizubehalten. Gleichzeitig spannen wir und ziehen oberhalb des angespannten Anusschließmuskels hoch und auch durch das Becken in unseren unteren Bauch. Dabei kommt nur eine geringfügige physische Bewegung zustande, gerade ein bisschen jenseits der Absicht, nur soviel, wie für die Aneignung einer physischen Gewohnheit nötig ist. Später wird die leichteste Absicht ausreichen, die sexuelle Energie im Flug nach oben zu senden. Hiermit beginnen wir, eine neue Sensitivität im Beckenbereich zu entwickeln. Wie bereits in früheren Lektionen erörtert, zieht das Pranayama in Folge eines biologischen Prozesses, der mit der sanften Beschränkung des Sauerstoffs im Körper zu tun hat, Prana aus dem Becken nach oben. Wir unterstützen nun dieses aufsteigende Prana mit etwas direkter Stimulation und verstärken dadurch seine Aufwärtsbewegung.

Mulabandha ist ein körperliches Manöver, das schnell zur Gewohnheit wird. Anfangs zieht es unsere Aufmerksamkeit noch zur dadurch hervorgerufenen sexuellen Empfindung. Das lenkt uns einige Zeit ab, ist aber normal. Die aufgewühlte sexuelle Energie mag anfangs genau so sehr nach unten gehen wollen wie nach oben. Das ist auch normal. Wir fahren einfach wie gewohnt mit unserer Pranayama-Übung fort, indem wir unsere Wirbelsäulenatmung völlig zwanglos favorisieren. Dadurch wird die Energie in unserem Wirbelsäulennerv nach oben und nach unten bewegt. Mit der Zeit nehmen wir weiter oben angenehme Empfindungen wahr und der Fall, dass Energie während dem Pranayama nach unten geht, wird seltener und schließlich überhaupt nicht mehr auftreten. Wie lange wird das dauern? Tage? Wochen? Monate? Das hängt vom Übenden ab. Es kommt mit dem Üben und entsprechend dem individuellen Verlauf der Reinigung im Nervensystem.

Manchmal werden wir während des Pranayama feststellen, dass sich die Spannung des Mulabandha löst. Dies ist in Ordnung. Bemerken wir es, setzen wir ganz einfach die beschriebene Anspannungsintention und fahren mit unserer Atmung durch die Wirbelsäule fort. Das gelegentliche Entspannen und Wiederanspannen ist normal und hat einen eigenen Namen, „Asvini Mudra". Wir machen dies im Moment nicht mit Absicht. Es wird ganz von selbst auftreten. Mit der Zeit kommt es auf ganz natürliche Weise in der Beckenregion und darüber zu einer sehr feinen wellenartigen Bewegung. Damit verbunden ist ein großes Wohlgefühl und innere Leuchtkraft. Wenn sexuelle Energie durch den Körper nach oben zirkuliert, entsteht von selbst ein neuer Wirkmechanismus – eine neue Biologie. Das initialisieren wir mit diesen fortgeschrittenen Yoga-Übungen. Sobald dies einmal in Gang gesetzt ist, wird es im Körper von selbst aufrechterhalten – sowohl während als auch außerhalb der Übungen. Auf diese Weise gelangen wir dahin, dass wir fortwährend eine Ekstase erfahren.

Das Ansteigen einer angenehmen Empfindung ist etwas Gutes. Es deutet auf das natürliche Aufkommen eines inneren biologischen Funktionierens hin. Wie zuvor fahren wir mit unseren Übungen fort und bemerken, wie zusammen mit ihrer Ausführung immer mehr Behagen verbunden ist. So läuft das ab.

Meditation nach dem Pranayama ist so wichtig wie eh und je. Mit Absicht machen wir während der Meditation keine der Übungen, die wir während des Pranayama ausführen. Stellen wir während der Meditation fest, dass wir uns in Mulabandha befinden, favorisieren wir das nicht – drängen es aber auch nicht ab. Wir kehren ganz einfach wieder zum Mantra zurück. Unsere Meditation wollen wir so einfach und rein wie möglich halten – nur das einfache Verfahren des Mantra-Gebrauchs. Dir wird vielleicht während der Meditation ein Wandel bei den Erfahrungen auffallen, da ganz natürlich nach dem Pranayama mehr ekstatische Energie durch den Körper fließt. Ekstase ist nur ein Ding mehr, das während der Meditation auftreten kann, so wie Gedanken, Gefühle und körperliche Empfindungen. Wir favorisieren ganz einfach das Mantra, lassen es feiner werden und verschwinden – immer und immer wieder. Das macht die aufsteigende sexuelle Essenz im subtilen Nervensystem nur noch angenehmer. Auch die Meditation wird immer effektiver, wenn das reine Glückseligkeitsbewusstsein zunimmt und sich innerhalb der ekstatischen, durch das Nervensystem rauschenden Energien ausdehnt und diese durchdringt. Das ist höchster Genuss!

Nun wollen wir aber nach oben zum anderen Ende des Wirbelsäulennervs gehen, zum Punkt zwischen den Augenbrauen und dort etwas zu unternehmen. Ob du es glaubst oder nicht, auch das regt den Aufstieg der sexuellen Energie nach oben an.

Der Guru ist in dir.

Anmerkung: Nach Veröffentlichung dieser einführenden Anweisungen zu Mulabandha teilten mir mehrere Personen mit, dass sie ohne einen deutlicheren Auslösereiz Schwierigkeiten hätten, das leichte Anspannen des Anusschließmuskels beizubehalten und/oder zu ihm zurückzukehren. Deshalb schlug ich vor, das Anspannen mit der Atmung beim Pranayama der Wirbelsäulenatmung zu koordinieren. Dies ist ein optionaler Ansatz, zu dem auch einige zusätzliche Übungen vorgeschlagen wurden. Solange beim Pranayama nur ein wenig dieser Anspannung vorhanden ist, wird auch der gewünschte Effekt erzeugt. Mit der Zeit wird dieses Anspannen noch viel subtiler und zu einem automatischen Bestandteil unserer inneren Neurobiologie. Die Vorschläge im Detail dazu finden sich in Lektion 119.

Lektion 56 – Sambhavi – Öffnung des dritten Auges

In der letzten Lektion haben wir Mulabandha vorgestellt. Damit stimuliert man den Wirbelsäulennerv (Sushumna) in der Nähe des unteren Endes und regt dadurch den Fluss der sexuellen Energie nach oben an. Jetzt gehen wir an das obere Ende des Wirbelsäulennervs und beginnen dort eine Verbindung herzustellen.

Eine Verbindung mit was? Das ist eines der erstaunlichsten Dinge, wenn man mit dem Wirbelsäulennerv arbeitet. Wird der Wirbelsäulennerv allmählich durch Pranayama und Meditation gereinigt, wird eine neue Art von Erfahrung möglich. Wir beginnen sexuelle Energie zu erwecken, aus der Nähe der Wurzel in eine Aufwärtsbewegung zu bringen und dann stellen wir eine Verbindung zwischen dem unteren und oberen Ende des Wirbelsäulennervs her. Diese Verbindung ist etwas Reales und kann vom Übenden klar als eine Art Leitfähigkeit durch den Wirbelsäulennerv, eine ekstatische Leitfähigkeit, wenn du so willst, wahrgenommen werden. Der Wirbelsäulennerv wird zu einem Leiter für ekstatische Erfahrung. Von dort breitet sie sich über alle Nerven des Körpers aus. Das nimmt man direkt durch alle fünf Sinne wahr, die im Inneren des Körpers wirken. Wenn die Erfahrung ekstatischer Leitfähigkeit tiefer in jede Zelle des Körpers eindringt, richten sich auch die Sinne nach innen aus. Die Erfahrung ist so angenehm und so bezaubernd, dass die Sinne nicht widerstehen können und nachfolgen. Das ist eine einzigartige Situation, in der die Sinne bereitwillig nach innen anstatt nach außen gehen. In der Yoga-Terminologie nennt man das Pratyahara – das Einziehen der Sinne nach innen. Diese Reaktion ist etwas vollkommen Natürliches, sobald die Erfahrungen von riesiger innerer Wonne unsere Sinne nach innen führen. Es ist zugleich ein großes Vergnügen. Manch einer sagt, das sei ein größeres Vergnügen als weltlicher Sex. Gut, du kannst dir selbst ein Urteil darüber bilden.

Mit Mulabandha haben wir mit dem Prozess der direkten Stimulation von ekstatischer Leitfähigkeit im Körper begonnen. Die ersten Male stimuliert das sexuell und man wird dadurch etwas abgelenkt. Doch die vitalen Essenzen arbeiten sich langsam weiter nach oben und beleben die höheren Energiezentren im Körper. Mit der Zeit wächst diese Erfahrung in etwas hinein, das ausgedehnter ist als weltliche sexuelle Gefühle. Um diesen Prozess zu erleichtern, werden wir noch weitere fortgeschrittene Yoga-Übungen anwenden. Jeder Erfahrungsebene begegnen wir auf ganz natürliche Weise, sobald die Tür mit den notwendigen Hebeln ein wenig aufgeschlossen wurde. Der menschliche Körper ist für die Ekstase geschaffen und schon ein klein wenig davon ist genug, den Skeptiker zu überzeugen. Es gibt nichts Besseres als direkte Erfahrung. Das Ziel dieser Lektionen ist es, dich in die Lage zu versetzen, direkte Erfahrungen zu machen. Du sollst dich also hier mit Übungen befassen, die auf deinen eigenen Erfahrungen aufbauen, statt auf reine Nachahmung oder blinden Glauben. Dein Fortschreiten durch die fortgeschrittenen Yoga-Übungen ist so entworfen, dass es immer erfahrungsorientiert bleibt.

Wir stimulieren also jetzt den Wirbelsäulennerv dort, wo er auf den Punkt zwischen den Augenbrauen trifft. Diese Stimulation trägt den Namen „Sambhavi". Wir wenden das während unserer gewöhnlichen Pranayama-Sitzung an und machen auch alles andere, was wir bisher schon gelernt haben. Versichere dich, dass du in deiner Pranayama-Übung gefestigt bist, wenn du daran denkst, Sambhavi anzugehen. Aber auch, wenn die Dinge mit Mulabandha noch etwas hektisch ablaufen und die sexuelle Energie in den unteren Regionen noch herumhüpft, ist es trotzdem in Ordnung mit Sambhavi anzufangen, weil Sambhavi dabei helfen wird, die sexuelle Energie höher nach oben zu bringen, wo sie größere Stabilität erreicht. Sambhavi und Mulabandha arbeiten dabei Hand in Hand – sie stimulieren und stabilisieren die sexuelle Energie, die während der Wirbelsäulenatmung den Wirbelsäulennerv hinauf- und hinunterwandert.

Sambhavi besteht aus zwei Hauptteilen. Zuerst setzt man ein sanftes Runzeln der Stirn am Punkt zwischen den Augenbrauen. Dadurch bewegen sich die beiden Augenbrauen leicht in Richtung Mitte. Das ist aber kaum körperlich wahrnehmbar und bleibt meist eine bloße Absicht. Es ist nur so weit physisch, dass es ein Feedback abgibt, worum sich eine Gewohnheit bilden kann. Unter normalen Umständen wird das für einen äußeren Beobachter nicht sichtbar sein – möglicherweise nur ein wenig in der Anfangsphase. Mit etwas Übung wirst du feststellen, dass dies wirklich eine innerliche Bewegung ist, die in das Zentrum deines Gehirns zurückreicht und das Zentrum deines Gehirns nach vorne zum Punkt zwischen den Augenbrauen zieht. Diese innere Aktivität beginnen wir mit dem gerade beschriebenen Stirnrunzelimpuls. Das wird sich danach natürlich entwickeln, sobald sich die ekstatische Leitfähigkeit einstellt. Du wirst fühlen, wie das im Inneren deines Kopfes arbeitet.

Die zweite Komponente von Sambhavi ist das körperliche Heben der Augen zu dem Punkt, an dem das Runzeln zwischen den Augenbrauen stattfindet. Zu dem Punkt, an dem das Runzeln zwischen den Augenbrauen fühlbar ist, gehen die Augen. Dazu ist es nötig, die Augen etwas anzuheben und zu zentrieren. Während wir das tun, halten wir die Augen bequem geschlossen. Wir zwingen die Augen nicht. Anfangs mögen sie vielleicht nicht so weit nach oben gehen, wie wir das wünschen. Das ist in Ordnung. Zwinge sie nicht. Lass sie nur auf ganz natürliche Weise durch die Empfindung des Runzelns zum Punkt zwischen den Augenbrauen hingezogen sein. Noch einmal, das ist eine feinsinnig körperliche Angewohnheit, die wir kultivieren wollen. Hat man die Gewohnheit einmal aufgebaut, ist die Aufmerksamkeit frei für das Atmen durch die Wirbelsäule. Beim Pranayama ist alles körperliche Angewohnheit, außer der Aufmerksamkeit, die ganz locker und einfach mit dem Atem entlang des Wirbelsäulennervs auf- und abgeht. Sobald wir das beherrschen, läuft alles automatisch ab und unsere Aufmerksamkeit ist völlig frei, leicht und locker im Inneren unseres Wirbelsäulennervs, der durch unser inneres Sehen transformiert wird, nach oben und unten zu wandern.

Während wir diese beiden Dinge gleichzeitig tun, das leichte Runzeln des Stirnzentrums und das Heben und Zentrieren der Augen auf den Punkt zwischen den Augenbrauen, fahren wir mit all den anderen Elementen des Pranayama ganz wie zuvor fort. Ich möchte darauf hinweisen, dass die Augen beim Auf- und Abwandern der Aufmerksamkeit durch den Wirbelsäulennerv mit dem Atem auf den Punkt zwischen den Augenbrauen nach oben gerichtet bleiben. Wir blicken nicht mit unserer Aufmerksamkeit durch die physischen Augen auf den Punkt zwischen den Augenbrauen. Unsere Aufmerksamkeit wandert den Wirbelsäulennerv entlang nach oben und unten. Wir versuchen nicht mit unserer Aufmerksamkeit durch unsere physischen Augen auf den Punkt zwischen den Augenbrauen zu schauen. Die Augen sind darauf gerichtet, aber unsere Aufmerksamkeit wandert den Wirbelsäulennerv entlang nach oben und unten. Bei unseren physischen Augen betätigen wir in der Tat lediglich etwas die Muskeln. Wenn sie zu dem Punkt zwischen den Augenbrauen hochgehen, stimulieren die Augen den Wirbelsäulennerv den ganzen Weg zurück durch das Gehirn und den ganzen Weg hinunter durch die Wirbelsäule zum Perineum physisch. Wir setzen die Augen auf eine körperliche Art ein, um dadurch den Wirbelsäulennerv zu erwecken. Währenddessen ist unsere Vorstellungskraft (unsere Aufmerksamkeit) nach innen gerichtet und geht durch den Wirbelsäulennerv im Inneren locker hinauf und hinunter. Es ist eine neue Art des Sehens, das wir damit initiieren, ein inneres Sehen.

Abhängig davon, wie weit du mit der Reinigung deines Wirbelsäulennervs durch Pranayama bereits gegangen bist, kannst du möglicherweise beim Ausführen von Sambhavi den ganzen Weg hinunter in den Beckenbereich eine Empfindung wahrnehmen – oder auch nicht. Wie auch immer, der Wirbelsäulennerv wird durch die kombinierten Effekte aller bisher besprochenen Übungen stimuliert und gereinigt. Es ist nur eine Frage der Zeit, wann die ekstatische Leitfähigkeit aufzutreten beginnt und wir zu „sehen“ anfangen, wirklich zu sehen. Wenn sich das ereignet, wird es da noch mehr Meilensteine geben, die wir auf unserer Heimreise beobachten können. Zuerst erkennen wir den Wirbelsäulennerv im Inneren als ekstatischen Faden. Dann wird er zu einer ekstatischen Schnur; danach zu einem ekstatischen Seil; später wie eine große Säule von Ekstase, die unseren gesamten Körper ausfüllt. Schließlich geht er in alle Richtungen hinaus und umschließt sanft alles, was wir außerhalb unseres Körpers wahrnehmen. All das strömt aus dem Wirbelsäulennerv heraus. Du kannst also sehen, wie wichtig es ist, sich am Wirbelsäulennerv entlangzutasten und die ekstatische Leitfähigkeit zu kultivieren.

Auch bevor man mit fortgeschrittenen Yoga-Übungen anfängt, gibt es biologische Präzedenzfälle für das, was wir hier erörtern. Vielleicht konntest du selbst in der Vergangenheit einmal einige angenehme Gefühle in deiner Beckenregion wahrnehmen, wenn du deine Augen gekreuzt hast. Es ist allgemein bekannt, dass die Augen beim Sexualakt manchmal die Neigung haben, sich zu kreuzen und zu heben. Da gibt es einen Instinkt. Etwas in uns weiß, wie man die sexuelle Energie durch das Zentrum des Nervensystems nach oben befördert. Es ist eine uns innewohnende Fähigkeit, die wir besitzen und eine natürliche Reaktion, die wir beobachten können, noch bevor wir mit Yoga beginnen. Mit Mulabandha und Sambhavi aktivieren wir bewusst eine natürliche Fähigkeit in unserm Inneren, genau so wie wir das auch mit allen anderen fortgeschrittenen Yoga-Übungen, die wir von Beginn an diskutiert haben, getan haben. So ist es auch mit allen Übungen, die wir in Zukunft vorstellen. Wir erwecken systematisch, was wir bereits besitzen – unseren Wirbelsäulennerv, unsere Schnellstraße in den Himmel.

Der Punkt zwischen den Augenbrauen wird „drittes Auge“ genannt. Warum Auge? Was können wir damit sehen? Als Chakra trägt es die Bezeichnung „Ajna“, was „Befehl“ oder „Kontrolle“ heißt. Diese beiden Beschreibungen weisen auf die Bedeutung der Energiedynamik hin, die in unserem Kopf als Resultat fortgeschrittener Yoga-Übungen entsteht. Wir beginnen nicht nur, dort etwas zu sehen, wir haben das auch unter unserer Kontrolle.

Jesus sagt: „Ist dein Auge einzig, wird dein ganzer Körper voller Licht sein.“ [Mt. 6,22][2]

---

[2] So lautet die wörtliche Übersetzung aus der lateinischen Vulgata (dem Original) und auch der King James Ausgabe der Bibel, die der englischen Version dieser Lektion zugrunde liegt. Die neueren Bibelübersetzungen (sowohl im Englischen als auch im

Das wird meist metaphorisch gedeutet: Wenn unsere Hingabe ungeteilt ist, werden wir mit dem Licht Gottes erfüllt sein. Das ist sicherlich wahr. Wir haben die Wichtigkeit von Hingabe auf der spirituellen Reise bereits betont. Ohne konzentrierte Hingabe an die spirituelle Transformation und Handlung in Form täglichen Übens wird nicht viel geschehen.

Diese Worte von Jesus haben aber auch eine wörtliche Bedeutung – eine sehr wörtliche Bedeutung. Wenn deine Aufmerksamkeit auf den einen Kanal des Wirbelsäulennervs fokussiert, und immer wieder zum Punkt zwischen den Augenbrauen zurückgebracht wird, erfüllt das den Körper mit Licht. So läuft das wirklich ab. Sambhavi ist eines der wichtigsten Mittel, durch die das dritte Auge geöffnet wird. Das Öffnen des dritten Auges aktiviert auch alles, was darunter ist. Sambhavi hat über den Wirbelsäulennerv direkten Einfluss auf die sexuelle Energie. Nimmt die Reinigung des Nervensystems zu, gibt uns Sambhavi ein großes Maß an Kontrolle über die Kultivierung und das Aufsteigen der sexuellen Energie. Das wiederum führt zu vermehrter Erfahrung von Ekstase im Körper, was tiefgreifende Erfahrungen des durch jeden Nerv in uns schäumenden göttlichen Lichtes einschließt. Unser ganzer Körper ist dann „voller Licht".

Wenn diese Transformation weitergeht, beginnen wir auch, über unseren Körper hinauszusehen. Wir werden herausfinden, dass der Wirbelsäulennerv nicht am Punkt zwischen den Augenbrauen aufhört, sondern sich weit darüber hinaus erstreckt. Sobald wir das beobachten, wird unsere Wirbelsäulenatmung in eine neue Dimension eintreten. Das dritte Auge öffnet sich!

Der Guru ist in dir.

Anmerkung: Wie bei Mulabandha schrieben mir auch zu dieser Übung einige, dass sie Schwierigkeiten hätten, die Gewohnheit von Sambhavi zu entwickeln. Das betrifft besonders die Koordination der während der Wirbelsäulenatmung das Rückgrat nach unten und oben nachfolgenden Aufmerksamkeit mit den nach oben zum dritten Auge gerichteten Augen. Für die Entwicklung der nötigen Koordination habe ich eine Übung bereitgestellt, die du in Lektion 131 findest. Zu Sambhavi gibt es in zukünftigen Lektionen noch ausführliche Erörterungen, weil diese Übung einen Hauptbeitrag zum Aufkommen ekstatischer Leitfähigkeit im Körper leistet. Im Schlagwortverzeichnis findest du eine Reihe von Übungen, die zu dieser Thematik gehören.

Deutschen) haben für das lateinische „simplex"/englisch „single" , da man offenbar keine sinnvolle Interpretation kennt, „klar, gesund oder gut" stehen (Anmerkung des Übersetzers).

Lektion 57 – Der Guru ist in mir?

Frage: Du schließt jede Lektion mit dem Satz: „Der Guru ist in dir." Heißt dies, dass ich mein eigener Guru bin und keinerlei äußere Gurus oder Lehrer brauche?

Antwort: Nein, das heißt es nicht. Wir brauchen alle Wissen von außen, damit wir uns für innere Erfahrungen öffnen können. Der Satz beabsichtigt, dich ständig daran zu erinnern, dass deine Erleuchtung mehr von dir als von irgendjemand anderem abhängt, denn nur durch deinen Wunsch und dein Handeln kann göttliche Erfahrung in dir aufsteigen. Nur durch dein eigenes Nervensystem kannst du Glückseligkeitsbewusstsein und göttliche Ekstase erfahren. Das kannst du nicht delegieren. Nur durch dich, durch deine täglichen Bemühungen dein Nervensystem zu reinigen, kann überhaupt etwas geschehen. Du bist es, der die Reise macht.

Möglicherweise gehört es zu deinem Weg, dass du dich dein ganzes Leben lang demütig einem äußeren Guru unterstellst. Vielleicht folgst du aber im Laufe deines Lebens einer Reihe von Lehrern und erreichst dadurch deine Reinigung. Als was sich die äußeren Beziehungen auch immer herausstellen, es ist der durch die Sehnsucht deines Herzens aus deinem Inneren kommende Ausdruck des Göttlichen, der dich dahin führt. Was im Äußeren geschieht, ist eine Widerspiegelung dessen, was im Inneren vorgeht – nicht anders herum. Das ist die Bedeutung von: „Der Guru ist in dir". Die Sehnsucht tief in unserem Inneren wirkt als Anziehungskraft auf die Lehrer, die wir brauchen. Dann hängt es aber von uns ab, aus den Segnungen, die wir angezogen haben, Vorteile zu ziehen und zu handeln. Wenn wir das tun, findet inwendig eine Ausdehnung statt – eine Ausdehnung reinen Glückseligkeitsbewusstseins und in uns erwachter göttlicher Ekstase. Wen oder was wir auch immer zu unserem Ideal erkoren haben, wir werden feststellen, dass sich das in uns ausdehnt. Deshalb ist der Guru im Inneren, auch wenn wir möglicherweise mit ihm oder ihr in äußerlicher Form (oder Formen) interagieren. Unsere Lehrer und Gurus sind Speicher spirituellen Wissens und spiritueller Energie, die wir anziehen und zu denen wir auf unserer Reise zum Unendlichen hingezogen werden. Letztendlich geschieht unsere Interaktion mit ihnen im Inneren. Das Bedeutende ereignet sich im Inneren.

Der Guru ist ein Bewusstseinsstrom, der in unserem Inneren beginnt, mit unserem Verlangen (nach dem Göttlichen) nach außen geht, sich mit äußerem Wissen verbindet und sich dann, wenn das Wissen angewandt wird, in unserem Inneren ausdehnt.

Es gibt das alte Sprichwort: „Ist der Schüler bereit, ist der Lehrer (Guru) nicht weit."

Eine Frage, die wir uns täglich stellen sollten, lautet: „Was habe ich in letzter Zeit getan, damit ich mich bereit mache?"

Der Guru ist in dir.

Lektion 58 – Schritt für Schritt

Frage: Ich frage mich, welche Auswirkungen es hat, wenn ich die Übungen, die du empfiehlst, mit den Methoden kombiniere, an die ich bisher gewohnt war. Werden sie sich gegenseitig unterstützen oder gegenseitig abschwächen? In Beziehung auf die letzte ergänzende Übung – Sambhavi – kann ich nur sagen: wow! Man kann ganz sicher behaupten, dass ich durch diese „klobige" Phase gehe! Die Fähigkeit den Anusschließmuskel angespannt zu halten, den Bauch zusammenzuziehen, beim Ausatmen einen hissenden Ton zu erzeugen und die Augen zu kreuzen, um sie auf das dritte Auge zu fixieren … alles gleichzeitig … ist wirklich eine ziemliche Aufgabe. Das ist aber noch gar nichts verglichen mit dem Ziel, das alles ganz entspannt auszuführen.

Antwort: Was du auch immer praktizierst, darüber hast nur du ganz alleine zu bestimmen. Folgst du einer etablierten Lehre, besteht diesbezüglich hier kein Wunsch, das irgendwie zu beeinflussen. Betrachte in diesem Fall diese Lektionen als „Gedankenfutter".

Wenn du versuchst, Dinge selbst zusammenzustückeln, dann geben wir dazu ganz bestimmte Empfehlungen.

Zuerst: Weniger ist in der spirituellen Praxis mehr. Einfachheit ist der Schlüssel. Versuchst du, die sich überschneidenden Versatzstücke aus verschiedenen Quellen zusammenzustückeln, wird dir das nicht helfen – außer du bist schon fortgeschritten und füllst klar ersichtliche Schwachstellen in deiner gegenwärtigen Praxis aus. Du scheinst noch nicht an diesem Punkt angelangt zu sein, wirst jedoch dahin gelangen, falls du lange genug dran bleibst.

Deshalb schlagen wir vor, dass du das, was du praktizierst, möglichst vereinfachst. Du erkennst ein Üben auf dem richtigen Niveau, wenn du Festigkeit, Kontinuität (und Freude!) bei deinen Übungen verspürst, anstatt dich selbst aus dem Rennen zu werfen, indem du dir zu viel vornimmst. Am besten misst man die Stabilität in den eigenen Übungen, indem man beobachtet, wie man sich danach im täglichen Leben fühlt. Fühlst du dich während des Tages niedergeschlagen, reduziere etwas und stabilisiere deine Praxis auf einem angenehmen Niveau. Stelle immer sicher, dass du am Ende der Meditation ausreichend ruhst.

Erinnere dich daran, dass wir mit natürlichen Fähigkeiten arbeiten, die unserm Nervensystem zu Grunde liegen. Die Wege nach innen sind feingliedrig. Je mehr wir die Übungen verwässern, indem wir unsere Aufmerksamkeit teilen, desto schwerer sind sie zu begehen. Diese natürlichen Fähigkeiten sind:

- ♥ Die Fähigkeit unseres Verstandes still zu werden und unser Nervensystem dem unendlichen Feld reinen Glückseligkeitsbewusstseins aufzuschließen.
- ♥ Die Fähigkeit unseres Atems und unserer Aufmerksamkeit, unseren Wirbelsäulennerv zu kultivieren und dadurch unser gesamtes Nervensystem in die Lage zu versetzen, ein fruchtbarer Boden für reines Glückseligkeitsbewusstsein zu werden.
- ♥ Die Fähigkeit unserer Sexualenergie aufzusteigen und unseren Wirbelsäulennerv bis hin zu einer ekstatischen Leitfähigkeit anzuregen, die sich in unser ganzes Nervensystem und darüber hinaus ausdehnt.
- ♥ Die Fähigkeit unserer Sinne sich zu verfeinern und entlang der vielen Straßen ekstatischer Erfahrungen nach innen zu wandern.
- ♥ Die Fähigkeit reinen Glückseligkeitsbewusstseins sich in und über uns hinaus auszudehnen und ein einheitliches Bewusstseinsniveau zu erreichen, das das gesamte Sein umfasst. Wir wissen dann, dass wir DAS sind.

Wir wollen all diese Fähigkeiten bis zu ihrer natürlichen Manifestation anregen. So sieht die Straße zur Erleuchtung aus. Aber wir können nicht erfolgreich sein, wenn wir mit allem gleichzeitig beginnen. Rom wurde nicht an einem Tag erbaut. Wir müssen jedes Übungsniveau bis zu einer stabilen Gewohnheit entwickeln. So ist es mit der Anwendung allen Wissens. Auf jedem Wissensniveau entwickeln wir eine stabile Gewohnheit. Zuerst lernen wir die erste Stufe. Wir tun das solange, bis es gut eingeschliffen ist. Dann können wir den zweiten Schritt hinzufügen, das stabilisieren und so weiter. Versuchen wir, die Schritte eins bis zehn alle zur selben Zeit zu meistern, haben wir eine sehr geringe Erfolgsaussicht. So ist es mit allem Neuen, das wir angehen, auch in der akademischen Erziehung. Wir besuchen eine Klasse nach der anderen und arbeiten uns schrittweise von den Anfangsgründen bis zum Ende durch.

Der Unterschied hier ist, dass das alles relativ schnell dargestellt wird, viel schneller als das irgendjemand in der Praxis übernehmen könnte. Weitere Gesichtspunkte zur Umsetzung der Lektionen in die Praxis kommen in Lektion

38 „Was ist der Zeitplan oder wie schnell soll ich vorgehen?“ zur Sprache. Das solltest du dir auch noch einmal anschauen.

Willst du diese Lektionen der Fortgeschrittenen Yoga Übungen als deine Hauptpraxisanleitungen nutzen, empfehlen wir diese auf diesem Stadium nicht mehr mit anderen Methoden zu verunreinigen. Beginne langsam mit der Meditation. Bringe das zuerst auf die Reihe. Dann, nach ein paar Wochen oder Monaten, kannst du die einfache Wirbelsäulenatmung hinzufügen. Mache dich damit gut vertraut. Später dann kannst du die Übungen der folgenden Lektionen mit hinzunehmen. Übernimm jeweils nur eine Übung zu einer Zeit, nicht alle gleichzeitig. Darauf wird in diesen Lektionen immer wieder hingewiesen.

Früher lag die Herausforderung darin, das Wissen irgendwo ausfindig zu machen. Heute besteht die Herausforderung darin, das Wissen in systematischer Weise anzuwenden. Das liegt in deiner Verantwortung.

Der Guru ist in dir.

Lektion 59 – Ein paar Einzelheiten zu Mantren

Frage: Ich habe einige Fragen zum *I AM [A YÄM]* Mantra. Was ist, wenn ich für die Meditation von jemand anderem ein Mantra bekommen habe? Hat *I AM* den gleichen Effekt wie *Om*? Kann ich *I AM* zum Chanten benutzen? Kann ich es während des Tages beim Arbeiten anwenden? Kann ich es einsetzen, wenn ich nachts schlafen gehe? Du hast gesagt: Wende *I AM* nicht während des Pranayama an. Was ist, wenn man ein Mantra wie So-Ham mit dem Atem während dem Pranayama einsetzt? Kann ich außer morgens und abends, auch mittags meditieren und *I AM* als Mantra verwenden?

Antwort: Wenn du einer anderen Lehre oder Tradition folgst und es gut funktioniert, behalte das bei. Das bezieht sich auch auf jedes andere Mantra, das dir gegeben worden ist. Betrachte diese Lektionen in solch einem Fall lediglich als „Gedankennahrung". Wir haben hier kein Interesse daran, mit existierenden Übungssystemen in Konkurrenz zu treten. Diese Lektionen wurden als „offenes System" integrierter spiritueller Übungen entworfen und veröffentlicht. Darauf kann jeder im gewünschten Maße zugreifen. Anfänger können ganz vorne bei Lektion 10 beginnen und sich Schritt für Schritt durch alle Lektionen arbeiten. Erfahrene Übende können dort aufschlagen, wo sie wollen und sich ein paar Winke herauspicken – das sind aber nur zwei mögliche Vorgehensweisen.

Wenn du dich dazu entschlossen hast, diese Lektionen als Hauptquelle für deine Übungspraxis zu verwenden, dann wäre es das Beste, alle anderen Praktiken, die sich mit denen von hier überschneiden, aufzugeben und genau den Anweisungen in diesen Lektionen zu folgen. Man kann nur eine bestimmte Anzahl von Dingen zur selben Zeit ausführen. Du siehst, dass es hier genügend Übungen gibt, die zu verdauen sind. Wir werden noch genügend mehr fortgeschrittene Yoga-Übungen einführen. Sieh zu, dass es so einfach wie möglich für dich bleibt und nimm nur einen Schritt auf einmal. Soll dies deine eigentliche Quelle für Übungen sein, dann hast du mehr als genug zu tun. Wir pflügen den gesamten Acker um.

Das *I AM* Mantra hat Ähnlichkeit mit dem Om-Mantra, aber sie sind nicht exakt gleich. Deshalb sind auch die Wirkungen etwas unterschiedlich. *I AM* enthält sowohl lineare als auch zirkuläre Eigenschaften, während „Om" nur zirkulär ist. „I" ist die lineare Eigenschaft in *I AM*, *AM* ist die zirkuläre Eigenschaft in *I AM*. Du erkennst also, dass *I AM* noch etwas Zusätzliches hat. Was ist das, was da noch hinzukommt? Es ist eine Polarität. Von *OM* ist bekannt, dass es der Ton von Kundalini ist, der sich durch den Körper bewegt. Das Nervensystem wird durch die sexuellen Essenzen, die weiter nach oben zirkulieren, belebt und eine neue Biologie stellt sich ein. Viele können das hören. Om ist der Klang der Mutter Natur in uns und sie ist ekstatische Glückseligkeit. Ahhh….

Om ist die Mutter. Doch wo ist der Vater? Im Prozess der Erleuchtung spielt sich in uns eine göttliche Romanze ab. Da wird eine Verbindung geschlossen. Im *I AM* Mantra ist „I" die väterliche Schwingung und *AM* die mütterliche Schwingung. Erinnere dich daran, dass Yoga „sich vereinigen" bedeutet. Dies geschieht auf vielen Ebenen und auf vielen Wegen. In der Meditation veredeln wir jeden Tag die Schwingungen des Mantras zu Stille, zu Ruhe, zu reinem Glückseligkeitsbewusstsein – immer und immer wieder. Durch den Gebrauch des *I AM* Mantras kultivieren wir im gesamten Nervensystem reines Glückseligkeitsbewusstsein und durchdringen so auch die natürliche Polarität, die in uns besteht. Wir beleben gleichzeitig die göttlich-männlichen und göttlich-weiblichen Eigenschaften in uns. Das zeitigt eine direkte Wirkung sowohl auf die Dynamik im Wirbelsäulennerv als auch auf die Dynamik der Kundalini. Mehr dazu später. Dabei ist wichtig zu verstehen, dass *I AM* einige besondere Eigenschaften hat. Das mag hier alles etwas theoretisch klingen. Doch durch direkte Erfahrung wird dies mit der Zeit begreifbar. Nehmen deine Erfahrungen zu, erkennst du, dass die Schwingungseigenschaft des Mantras eine direkte Beziehung zu inneren ekstatischen Erfahrungen aufweist. Diese bewirkt eine Auflösung von Polaritäten, die in unserem Nervensystem vorhanden sind. Das alles ist ein komplexer, aber automatischer Prozess, den wir durch unsere täglichen Übungen in Gang setzen.

Sei weiterhin darauf bedacht, bei deinen Übungen entspannt und ungezwungen zu bleiben. All die Theorie spielt im Vergleich zu dem einfachen Prozess der Meditation keine Rolle. Vergiss Bedeutungen, wenn du meditierst. Falls all diese Bedeutungen in der Meditation aufsteigen, behandle sie genauso wie all die anderen Gedanken. Gehe ganz locker und leicht zum Mantra zurück. Meditiere nur jeden Tag und alles wird sich ganz natürlich einstellen. Mit der Zeit erfährst du in deinem Inneren, was hier angedeutet wurde.

Ich rate dir, das *I AM* nicht zu chanten, wenn du es in deiner täglichen Meditation benutzt. Der Grund dafür ist, dass wir das Mantra verwenden, um in die Stille des Geistes und des Körpers zu gelangen. Chanten ist eine äußere Aktivität. Wir wollen aber die Gewohnheit formen, mit dem Mantra nach innen zu gehen. Es wird eine Zeit kommen, da chantest du das Mantra nur einmal und befindest dich in reinem Glückseligkeitsbewusstsein. Du gewöhnst dein Nervensystem daran, mir nichts, dir nichts in den meditativen Zustand einzutauchen – eine wunderbare Fähigkeit in dieser hektischen Welt. Falls du das Chanten liebst, suche dir etwas anderes für diesen Zweck. Das Chanten hat seine eigenen Vorteile und ist etwas Wundervolles – besonders in Gruppen. Halte daran fest mit Hilfe des *I AM* Mantras unter Anwendung des einfachen, aber kraftvollen Verfahrens der Meditation, nach innen zu gehen. Willst du das *I AM* Mantra zum Schlafengehen benutzen, ist das in Ordnung, aber halte es im Inneren. Denke daran, dass das für manche Menschen sehr stimulierend sein kann, besonders, wenn wir die Kundalini weiter erwecken. Das kann dich also wach halten. Natürlich ist es okay *I AM* [Ich bin] in normalen Gesprächen zu benutzen. Das ist gut. Das spielt sich auf der Bedeutungsebene ab. Meditation geht über die wörtliche Bedeutung hinaus und erreicht Ebenen innerer Verfeinerung von Gedankenschwingungen. Da ist viel mehr Kraft.

Das Mantra am Tage, während man einer Beschäftigung nachgeht, zu denken, ist nicht empfehlenswert. Wenn du in der Welt bist, sei in der Welt. Wenn du dich in Meditation befindest, sei in Meditation. Dein Tätigsein wird das reine Glückseligkeitsbewusstsein in deinem Nervensystem festigen. Das wird ganz natürlich geschehen, wenn du zweimal am Tag meditierst. Halte generell Meditation und Tätigsein getrennt. Beide haben ihren Zweck. In gleicher Weise benutzen wir auch das Mantra nicht absichtsvoll, wenn wir Pranayama üben und anders herum.

Wir nutzen das Mantra beim Pranayama nicht, weil wir bereits dabei sind, viele andere auf die Wirbelsäulenatmung bezogene Übungen zu Gewohnheiten auszubauen. Das Atmen durch die Wirbelsäule ist eine fortgeschrittene Technik und wird noch fortgeschrittener, wenn wir noch weitere Dinge, die wir beim Pranayama ausüben, hinzufügen. Es gibt Mantren für das Atmen, wie So-Ham, die einige während des Pranayama anwenden. Als Übung für einen Anfänger ist das ausgezeichnet, d.h. falls die Aufmerksamkeit noch nicht die Wirbelsäule nach oben und unten geht und auch die anderen für fortgeschrittene Yoga-Übungen notwendigen Gewohnheiten nicht ausgebildet werden. Weil wir in diesen Lektionen jedoch mit der Wirbelsäulenatmung beginnen, lassen wir die Anfängerübung mit dem Atem-Mantra weg. Stattdessen machen wir zuerst das Wirbelsäulen-Pranayama und als zweites die Meditation. In diesen Lektionen machen wir nicht beides zur selben Zeit.

Zweimal täglich ist der Standard für die Meditation. Wenn Morgen und später Nachmittag für dich besser ist als Morgen und früher Abend, dann mache das. Sobald du herauskommst aus der Meditation, ruhe dich gut aus, so dass du reibungslos zum Tätigsein zurückkehren kannst. Meditation dreimal am Tag kann dazu führen, dass du gereizt bist. Am Wochenende oder in den Ferien, wenn du keine Verpflichtungen hast, kannst du es einmal für ein oder zwei Tage mit drei Meditationen am Tag versuchen. Aber sei dir immer bewusst, dass du eine gewaltige Übung nutzt, die Blockaden/Unreinheiten in deinem Nervensystem beseitigt. Wenn diese zu schnell herauskommen, kann das unangenehm werden. Deshalb ruhen wir nach der Meditation und werden dann aktiv, um das reine Glückseligkeitsbewusstsein in uns zu stabilisieren. Finde dein stabiles Muster und mache daraus eine Routine. Bei regelmäßiger Übung über lange Zeit kommen die Fortschritte. Kurzes intensives Praktizieren für hier einen Tag und dann mal wieder dort einen Tag bringt wenig. Was du tagtäglich über Monate oder Jahre hinweg tust, ist ausschlaggebend. Dann macht sich die Stille reinen Glückseligkeitsbewusstseins in dir breit und durchdringt jeden Teil deines Lebens.

Der Guru ist in dir.

Lektion 60 – Plötzliche Unterbrechungen

Frage: Was soll ich tun, wenn ich beim Üben unerwartet unterbrochen werde?

Antwort: Wenn jemand „Feuer!" ruft oder deine Schwiegermutter hereinspaziert, tue, was getan werden muss.

Sobald die Unterbrechung vorüber ist, dann geh, wenn möglich, zurück und mach dort weiter, wo du in deiner Sitzung, von der Zeit her betrachtet, aufgehört hast. Fang nicht von vorne an. Wenn du wenig Zeit hast, dann meditiere noch für ein paar Minuten, ruhe aus und gehe. Falls du dich aufgrund der Störung gereizt fühlst, dann lege dich hin und ruhe dich aus, bis du dich beruhigt hast. Meditiere dann nicht mehr. Geh los, sei aktiv und freue dich auf deine nächste reguläre Sitzung.

Kannst du nicht zurückkehren, um die Meditation zu beenden, dann musst du das Beste draus machen. Das beste Heilmittel gegen Reizbarkeit ist wirklich, sich in Stille auszuruhen. Du kannst auch das Verfahren aus der Lektion 15 „Ruhelosigkeit" anwenden, um mit unangenehmen Empfindungen, die im Körper auftreten, umzugehen. Das Gute dabei ist, dass die Blockaden im Nervensystem nach langer Zeit des Übens viel weniger werden und der Prozess wird im Allgemeinen sehr viel sanfter. Solltest du dann einmal unterbrochen werden, ist das keine große Angelegenheit mehr. Du befindest dich dann jede Minute des Tages in reinem Glückseligkeitsbewusstsein.

Doch auch dann noch ist es unser Ziel, während der regelmäßigen Meditationen allein zu sein. Das ist eine sehr wichtige Angewohnheit. Unser Erfolg im Yoga basiert darauf.

Der Guru ist in dir.

Lektion 62 – Dauer eines Zyklus Wirbelsäulenatmung?

Frage: Wie lange soll ein Atemzyklus durch die Wirbelsäule dauern?

Antwort: Das ist von Person zu Person verschieden und ändert sich sogar von Zeit zu Zeit für eine Person. Es hängt davon ab, wie das Nervensystem zu einer bestimmten Zeit arbeitet. Das verändert sich, sobald Reinigungsschübe auftreten. Geht der Atmen langsam, werden wenige Blockaden gelöst, aber die Vorbereitung auf die Lösung von Blockaden ist während der langsamen Atmung im Gange. Wenn Blockaden gelockert und gelöst werden, wird das Atmen nicht so langsam sein. Die Anweisung für das Pranayama lautet, langsam und tief mit Bequemlichkeit zu atmen, aber sich nicht über die gegenwärtige natürliche Grenze hinaus zu zwingen. Diese Grenze kann sich tagtäglich oder sogar innerhalb einer einzigen Sitzung ändern.

Unter Vorbehalt der oben angesprochenen Punkte zum allgemeinen Verständnis der Sachlage können wir sagen, dass ein Atemzyklus (einmal Einatmen und Ausatmen) zwischen 15 Sekunden und einer halben Minute dauern kann. Es kann kürzer oder länger als diese Bandbreite sein. Setze keine Ziele. Lass dir von deinem Körper sagen, was rich tig ist. Manchmal können wir vielleicht mehr Luft brauchen. Zu anderen Zeiten kann unser Atem während des Pranayama ganz zum Stillstand kommen. Das ist ein natürlicher Prozess. Wir gehen da ganz einfach mit und folgen dem Ablauf.

Genauso können wir vielleicht auch während der Meditation sich verändernde Atemmuster feststellen, obwohl da keinerlei direkte Steuerung des Atems stattfindet – wir wenden nur das Mantra an. Der Körper reinigt sich, wenn wir ihm nur die Gelegenheit dazu geben. Veränderungen in der Atmung sind ein Indikator dafür, dass etwas Gutes passiert. Die fortgeschrittenen Yoga-Übungen arbeiten für uns. Wir bleiben ganz einfach beim Programm.

Der Guru ist in dir.

Lektion 63 – Kühle und warme Ströme beim Pranayama

Frage: Ich denke, dass ich das hinbekomme mit der Wirbelsäulenatmung, mit Mulabandha und Sambhavi. Mein Atem geht sehr langsam und hält manchmal von alleine an. Ich habe auch sonderbare Sinneswahrnehmungen von Kälte, die von meinem Wurzel-Chakra beim nach oben gehenden Einatmen aufsteigt und Wärme, die bei fallender Ausatmung nach unten geht. Was ist das? Ist das ein gutes Zeichen?

Antwort: Ja, ein sehr gutes Zeichen. Ein richtiger Meilenstein auf dem Weg zur Erleuchtung. Kommt sexuelle Energie nach oben, hat sie diese Kühle an sich – und die Wärme, wenn sie wieder zurück nach unten geht. So hast du also ein direktes Erlebnis von erwachender Kundalini. Das ist eine Art, wie sich das zunächst anfühlt. Es gibt auch noch andere Arten. Nicht bei jedem fängt das auf die gleiche Weise an. Aber die meisten werden früher oder später die Erfahrung mit den kalten und warmen Strömungen machen.

Wir können diese Empfindungen der Kälte und Wärme verstärken und dadurch unsere Übungen effektiver machen. Das ist fast so, als würden wir uns an den Haaren von Kundalini hochziehen und es kommt durch Ausnutzung der Induktionskraft des Atems zu Stande. Wir nutzen den Atem bereits zur Anregung des Prana-Flusses den Wirbelsäulennerv entlang nach unten und oben. Nun können wir da noch etwas anderes einklinken lassen. Der steigende und fallende Atem hat seine eigenen Wahrnehmungsgrößen von Kälte und Wärme, die darin eingebaut sind. Das ist ein Hebel, den wir bedienen können, um von der Vorstellung des Wirbelsäulennervs zur tatsächlichen fühlbaren Wahrnehmung davon zu gelangen. Für all jene, die die Kälte und Wärme nicht fühlen können, wie sie aus dem Becken aufsteigen und in es zurückfallen, kann das Vorstellen des sinnlichen Gewahrwerdens davon beim Atmen dazu verhelfen, dass es sich tatsächlich einstellt. Für diejenigen, die die kalten und warmen Strömungen bereits wahrnehmen, können sie dadurch verstärkt werden. Und so geht man dabei vor:

Kräusle deine Lippen und sauge Luft in deine Lungen. Fühlst du die Kälte der Luft, wie sie durch die Lippen, durch den Mund und durch die Luftröhre in die Lunge streicht? Wechsle nun die Richtung und drücke die Luft nach außen. Fühlst du die Wärme, die den ganzen Weg heraufkommt und durch die gekräuselten Lippen nach außen geht. Nun versuch es mit geschlossenem Mund, genauso wie du es beim Pranayama machst. Die Kälte und Wärme geht immer noch durch deine Luftröhre nach innen und außen, nicht wahr? Lass jetzt die Empfindung der Kälte, die bei der Einatmung in der Luftröhre auftritt, mit deiner Aufmerksamkeit wandern, wenn du im Inneren deines Wirbelsäulennervs heraufkommst. Du beginnst am Perineum und endest am Punkt zwischen den Augenbrauen – Kälte den ganzen Weg nach oben. Vergiss die Biegung nach vorne in der Mitte deines Kopfes nicht. Atmest du aus, lass die Empfindung von Wärme, die auftritt, wenn die Luft aus der Luftröhre herauskommt, gemeinsam mit deiner den ganzen Weg im Inneren deines Wirbelsäulennervs zurück nach unten gehenden Aufmerksamkeit wandern. Und so mache die ganze Zeit, die du auf die Wirbelsäulenatmung verwendest, weiter. Wie so vieles, das wir beim Pranayama tun, ist das eine Gewohnheit, die relativ einfach in unsere Routine eingebaut werden kann. Mit ein bisschen Geduld kommst du relativ schnell durch die „klobige" Phase. Aber wie mit allen Übungen, die wir erörtern, nimm diese hier nicht in Angriff, bevor du einigermaßen stabil mit allem anderem bist, was du machst. Es besteht kein Grund zur Eile. Zu viel zu schnell ist zu nichts gut.

Solltest du die im Wirbelsäulennerv hervorgerufene Kälte und Wärme nicht spüren, sei beruhigt. An einem gewissen Punkt kommt das von alleine, wenn sich deine sexuelle Energie beginnt, spürbar nach oben zu bewegen. In der Zwischenzeit hilfst du ihr mit all den Mitteln, die wir vorgestellt haben, auf die Sprünge. Übrigens kommen da sogar noch mehr Mittel hinzu.

Mit der Zeit werden sich die Kühle der heraufkommenden und die Wärme der hinunter gehenden sexuellen Energie verändern. Sie werden beginnen sich auszubreiten und ihren eigenen Willen zu entwickeln. Sie können feurig werden und sich in eine Säule wirbelnder Energien verwandeln. Das ist die im Inneren erwachende Kundalini. Mit unserem Atmen durch die Wirbelsäule fahren wir einfach ganz locker fort, ohne irgendeine bestimmte Empfindung bezüglich der sich in uns bewegenden Energie zu erzwingen. An einem bestimmten Punkt erkennen wir, dass wir, was sich ereignet, nicht mehr so sehr wie zuvor lenken. Stattdessen gehen wir mit der Energie im Innern eine Partnerschaft ein und gleichen ihre Bedürfnisse aus. Wirbelsäulenatmung ist dabei wichtig, weil es den Ausgleich der Polaritäten liefert, die für die Kundalini notwendig ist, damit sie ihre Bestimmung in uns erfüllen kann. Wie zwei Lektionen zuvor erörtert, gleicht auch die *I AM* Meditation die männlichen und die weiblichen Energien aus. Ohne diesen Ausgleich können die Dinge etwas heikel werden. Kundalini kann etwas verrückt spielen, wenn sie ihren Ehemann nicht findet. Auch im reibungslosesten Kundalini-Szenario wird es dafür einige Symptome geben. Besteht zwischen den weiblichen und männlichen Energien im Inneren ein Ungleichgewicht, können die Symptome unangenehm werden. Wir werden auf Kundalini-Symptome, -Unausgeglichenheiten und -Heilmittel in folgenden Lektionen eingehen. Das Ziel ist es, die Reise so sanft wie möglich zu gestalten.

Sei dir bewusst, dass du bei einem großen und wundervollen Abenteuer dabei bist – eine Reise des Schicksals heim zu deinem göttlichen Selbst.

Der Guru ist in dir.

Lektion 64 – Der ekstatische Silberfaden

Frage: Ich denke, ich bin von Mulabandha ein bisschen fortgetragen worden. Es fühlt sich einfach sinnlich sehr gut an, das zu machen, besonders es herumzubewegen, es heraufzuziehen und so weiter. Gut, ich will also nicht damit aufhören. Habe gestern nach der Übung bemerkt, als ich draußen spazieren ging, dass die Energie, mit der ich in Mulabandha gespielt habe, in einer sehr feinen Linie heraufkommt, wie ein Faden des Vergnügens, der in mein Becken und meine untere Wirbelsäule hinaufgeht. Mit den Augen meines Verstandes sieht das silbern aus, ein versengendes silbernes Gefühl und es ist gleichzeitig heiß und kalt. Ist das Kundalini? Mein Herz gerät vor dieser neuen Erfahrung in Verzückung.

Antwort: Ja, eine sehr gute Erfahrung – ein Meilenstein. Das ist wieder eine andere Art, wie sich Kundalini in den anfänglichen Stadien des Erwachens manifestieren kann. Das macht es auch klarer, was der Wirbelsäulennerv ist. Fahre also mit größerer Sicherheit fort und ziehe deinen Vorteil aus dieser erweiterten Definition bei deinen Wirbelsäulenatmungen. Du wirst bald merken, dass der Faden ganz nach oben zum Punkt zwischen den Augenbrauen geht, und eine direkte Verbindung mit Sambhavi wird hergestellt. Das ist dann die Ankunft der ekstatischen Leitfähigkeit im Wirbelsäulennerv.

Bezüglich des Wunsches Mulabandha auszuführen, weil es sich so gut anfühlt, ist da nichts Verkehrtes dabei. Führst du das rhythmisch aus, ist das Asvini Mudra und das ist auch in Ordnung, solange du einem natürlichen Drängen nachgibst. Ist hier jemals gesagt worden, dass spirituelle Praxis etwas anderes als vergnüglich sein sollte? Ganz im Gegenteil. Wenn es angenehm ist, ist das genau richtig. Der Weg zur Erleuchtung ist ein Weg der Verzückung.

Auch wenn das so ist, gib Acht, dass du die Struktur und Vorgehensweise deiner Übungen durch deine ekstatischen Träumereien nicht völlig durcheinander bringst. Denke daran, dass dein Ziel viel mehr als die Anfangserfahrungen von Ekstase ist. Wenn du deinen Übungen treu bleibst, nehmen die Erfahrungen stetig zu.

Die spirituelle Praxis kann sich zu einer wunderbaren, zweimal täglichen, ekstatischen Party entwickeln. Das wird es auch und das macht sich in jedem Winkel deines Lebens breit. Aber pass auf, dass das eine geplante Party bleibt. Mach damit weiter, die einfachen Vorgehensweisen für Pranayama und Meditation zu beachten. Erinnere dich daran, dass es auf Kosten deiner spirituellen Praxis geht, wenn du deine Aufmerksamkeit übermäßig mit Erfahrungen beschäftigst. Fragst du, was du damit anfangen sollst, sobald sich das über die Übungen hinaus auf dein tägliches Leben ausdehnt – das liegt ganz bei dir. Genieße aber vor allen Dingen!

Lass also die Korken knallen. Tu es aber verantwortungsvoll. Da ist noch viel mehr, was auf dich wartet – wenn du deine Übungsroutine ununterbrochen beibehältst, wie gut die Erfahrungen auch immer werden.

Der Guru ist in dir.

Lektion 65 – Die Zirbeldrüse und die Hypophyse

Frage: Wenn ich Sambhavi gemäß den Anweisungen ausführe, kann ich einen Zug spüren, der aus meinem Gehirn nach vorne kommt und unten eine sexuelle Empfindung, wie du gesagt hast. Hat diese Koppelung etwas mit der Hypophyse oder der Zirbeldrüse zu tun

Antwort: Das ist großartig, dass du die Verbindung von Sambhavi nach unten fühlst. Etwas Gutes ist da im Gange. Es besteht kein Zweifel, dass die Hypophyse und die Zirbeldrüse im Prozess der menschlichen spirituellen Transformation eine Rolle spielen. Der Wirbelsäulennerv geht nahe an beiden vorbei und Sambhavi wirkt auf beide direkt ein. Bald werden wir noch eine weitere fortgeschrittene Yoga-Übung, Kechari, kennen lernen, die ebenfalls auf die Hirnanhangdrüse und die Zirbeldrüse wirkt, wie auch auf viele andere Aspekte unserer Biologie und Neurologie.

Die Zirbeldrüse sitzt in der Mitte des Kopfes nahe der Stelle, an der sich der Wirbelsäulennerv nach vorne wendet. Wenn du mit einem Finger über dem Ohrloch auf Höhe der Schläfe in deinen Kopf hinein zeigst, zeigst du direkt darauf. Die Hypophyse befindet sich zwischen den Schläfen und sitzt in einer knöchernen Struktur über dem Nasenrachenraum, dem großen Hohlraum, der sich über deinem weichen Gaumen öffnet.

Die Erweckung ekstatischer Leitfähigkeit im Wirbelsäulennerv erweckt auch die Verbindung zwischen der Zirbeldrüse und der Hypophyse und das entspricht der Öffnung des dritten Auges, der Öffnung des inneren Sehens. Das ist ein komplexer Vorgang, in den das gesamte Nervensystem mit einbezogen ist. Eines Tages wird die Wissenschaft die gesamte Chemie enthüllen, die in die Transformation des Menschen zur Erleuchtung hin einbezogen ist.

Zum gegenwärtigen Zeitpunkt ist es am besten, wenn wir auf diese Probleme als „unter der Haube" blicken, ähnlich wie wir das bezüglich der Chakren in einer früheren Lektion vorgeschlagen haben. Andernfalls riskieren wir, uns zu sehr mit den inneren Details zu beschäftigen und den Fokus auf das einfache Verfahren der Übung, welche die Öffnung des Nervensystems zur göttlichen Erfahrung herbeiführt, zu verlieren.

Unser Augenmerk bei den Fortgeschrittenen Yoga Übungen liegt auf den Haupthebeln, die die komplexe Maschinerie im Inneren beeinflussen und das Nervensystem und die gesamte Biologie auf eine höhere Ebene des Funktionierens lockt – was auf ganz natürliche Weise andauerndes, reines Glückseligkeitsbewusstsein und ekstatische Erfahrungen in unserem täglichen Leben hervorbringt.

Falls du ein Arzt, Biologe, Neurologe oder ganz einfach neugierig bist, wird das für dich alles faszinierend sein. Solltest du dich dazu entschließen, den internen Ablauf des Erleuchtungsprozesses etwas zu erforschen, ist es ratsam zu vermeiden, das während der Übungen zu tun. Es ist besser sich während des Fluges nur auf die Hauptschalthebel zu konzentrieren. Danach, sobald du sicher auf der Landebahn angekommen bist, kannst du so viel über das Funktionieren der inneren Maschinerie nachdenken, wie du willst.

Der Guru ist in dir.

Lektion 66 – Ankommen, nicht Abfahren

Frage: Ich sorge mich etwas, dass sich die Pranayama-Übung soooo gut anfühlen könnte, dass ich möglicherweise völlig mein Interesse am sexuellen Kontakt mit meiner Ehefrau verliere. Passiert so etwas und wenn ja, kann man das umgehen?

Antwort: Der Aufstieg göttlicher Ekstase ist ein Ausdehnen, kein Aufgeben. Sex wird immer eine Option bleiben. Auch wenn es wahr ist, dass die Aufmerksamkeit ganz natürlich von der inneren Ekstase angezogen wird, ist es ebenfalls wahr, dass äußerer Sex dadurch einen Glanz bekommt und zu einer Blüte des Göttlichen wird, anstatt ein Ziel für sich selbst zu bleiben. Das ist es, was reines Glückseligkeitsbewusstsein und innere Ekstase aus allem Leben machen – sie erleuchten es aus dem Inneren heraus. Dann finden wir überall reine Freude. Das ist doch ein Fortschritt, oder?

Die Lektionen werden sich weiter unten noch eingehender mit dem Thema Yoga und Sex – den Auswirkungen des Erleuchtungsprozesses auf Beziehungen, Ehe und Sexualität – beschäftigen. Und niemand kann behaupten, dass diese Dinge unvereinbar sind. Wir behandeln auch einige wichtige Tantra-Übungen, wodurch äußerer Sex zu einem Teil göttlicher Ausdehnung werden kann – anstatt ein Hindernis sein. Natürlich ist es immer deine Entscheidung, ob du eine bestimmte fortgeschrittene Yoga-Übung anwendest oder nicht. Das gilt für alles hier. Du musst selbst herausfinden, was für dich Sinn macht und was nicht.

Willst du die Reise wirklich machen, findest du den Weg, der dich zum Ziel führt. Entschließt du dich, dich auf die Fahrt zu begeben, wirst du feststellen, dass du ankommst und nicht von etwas fortfährst.

Dein Wunsch führt dich den Weg entlang. – Das leitet über zu einer weiteren Überlegung, dem sehr wichtigen Thema *Bhakti.*

Der Guru ist in dir.

Lektion 67 – Bhakti – Die Wissenschaft der Hingabe

Hingabe ist die auf der Welt am weitesten verbreitete Yoga-Technik, obwohl sie nur selten „Yoga" genannt wird. Hingabe (im Sinne von "Glauben"), das anhaltende Fokussieren eines Verlangens auf ein besonderes spirituelles Ideal, ist so gebräuchlich, dass die Religionen der Welt „Glaubenssysteme" oder „Glauben" genannt werden, als ob nichts anderes als das in der spirituellen Praxis existierte. Was ist das, was wir als Hingabe bezeichnen? Warum ist es so wichtig?

Die Bedeutung von Verlangen wurde ganz am Anfang dieser Lektionen erörtert und seitdem oft erwähnt. Wir haben zunächst den rein logischen Aspekt von Hingabe betrachtet. Haben wir eine Vorstellung von etwas, eine Vision davon und einen anhaltenden Wunsch es zu erreichen, dann haben wir ein mentales und emotionales Vehikel, das uns befähigt, so zu handeln, dass wir ans Ziel gelangen. Als Vergleich wurde die Reise zu einem schönen Ort namens Kalifornien angeführt. Wären wir niemals fähig, uns den Ort vorzustellen, besäßen wir kein Wissen davon, wie könnten wir uns jemals dazu entschließen, dorthin zu gehen? Es ist also zuerst ein Bild da. Dann durchtränkt das Verlangen das Bild. Danach kommt die Handlung. Oder möglicherweise kommt auch ein nicht zielgerichtetes Verlangen zuerst hoch. Wir wissen nicht zu welchem Zweck – nach irgendetwas mehr. Es klinkt sich in etwas ein, dann in etwas anderes und dann wieder in etwas anderes. Schließlich heftet es sich an etwas Großes, eine große Idee: „Erleuchtung". Dann machen wir uns daran, das zu erreichen – im Bewusstsein, dass es das Höchste ist, was wir erreichen können. Verlangen hält immer Ausschau nach etwas mehr. Verlangen sucht ständig nach dem Größten, dem Besten, dem Meisten. Alle Wünsche, die in uns hochkommen, sind in ihrem Ursprung göttlich, es ist der Ausdruck der Suche nach dem Größtmöglichen im Leben. Wünsche sind die Urform des Gurus. Offensichtlich reicht das Verlangen alleine nicht aus, uns das erreichen zu lassen. Man muss bestimmte Wege einschlagen, dorthin zu gelangen.

Hingabe ist mehr als der psychologische Mechanismus, ein Ideal in unser Herz und unseren Verstand einzupflanzen, so dass wir ihm dann nachstreben können. Da spielt viel mehr mit als das. Gerichtete emotionale Energie, ein Verlangen, ein Wunsch, birgt große Kraft in sich. Die Handlung der Hingabe, die Handlung, das höchste Ideal, das wir uns vorstellen können, zu erwünschen, ist selbst eine transformierende Kraft. Sie bewirkt Veränderungen tief in unserem Nervensystem. Wenn wir Hingabe an ein hohes Ideal verspüren, wird uns das alleine schon im Inneren verwandeln – noch bevor wir uns hinsetzten, um irgendein Pranayama oder eine Meditation auszuführen oder irgendeine der anderen fortgeschrittenen Yoga-Übungen. Hingabe ist die erste Yoga-Technik, die Haupt-Yoga-Übung und das Feuer, das alles auf dem Weg erleuchtet. Ohne diese ist alles andere, was wir tun, nur Fassade. Hingabe an unser höchstes Ideal ist der tätige Guru in uns.

Wie all die anderen Befähigungen, die wir hier erörtert haben, ist Hingabe eine natürliche Manifestation in unserem Nervensystem. Es ist die eine, die am offensichtlichsten ist und in jedem Menschen auf die eine oder andere Weise hochkommt. Yoga-Techniken wirken stimulierend und öffnen die natürlichen Fähigkeiten in uns, um sie zu vollkommener Funktionsweise zu entfalten. Es gibt einen Yoga-Zweig, „Bhakti" genannt, der sich damit beschäftigt, Verlangen und Hingabe bis zur höchsten Ebene spiritueller Effektivität zu optimieren. Kennt man die grundlegenden Methoden von Bhakti-Yoga und wendet sie an, kann sich das außerordentlich auf den Verlauf unseres spirituellen Lebens auswirken.

Bhakti bedeutet „Liebe zu Gott". Ist Gott für dich nicht das richtige Wort, nutze einen Ausdruck wie „Liebe zum höchsten Ideal" oder „Liebe zur höchsten Wahrheit" – was immer bei dir für die größtmögliche Verwirklichung, die du dir vorstellen kannst, steht. Was auch immer es ist, die Liebe dazu wird dich verändern und dich dazu inspirieren, alles dir Mögliche zu tun, dich damit zu vereinigen. Wir wissen alle, dass Liebe uns verändert. Wenn wir uns um etwas oder jemanden mehr Sorgen machen, als um uns selbst, verändert uns das. Die Beatles haben auch gesungen: „All you need is love." [„Alles was du brauchst, ist Liebe."] Ach, wenn es doch nur so einfach wäre, würde die Erde bereits heute ein Paradies sein und jede Religion würde millionenfach Heilige hervorbringen. Wir sind noch nicht dort, aber wir sind auf dem Weg dahin. Liebe war damals der richtige Ausgangspunkt und er ist es heute noch. Damit ist nicht gemeint Liebe zu allem und zu jedem – überall hingestreut, ohne besonderen Fokus. Diese Art universeller Liebe kommt später, wenn sich das natürliche Ausfließen reinen Glückseligkeitsbewusstseins und göttlicher Ekstase einstellt. Die Art von Liebe, die die menschliche spirituelle Transformation vorantreibt und all der Yoga, der sie zum Vorschein bringt, ist die Liebe zu deinem höchsten Ideal.

Was ist das höchste Ideal? Wer entscheidet darüber, was es ist? Dein Guru? Dein Priester? Dein Rabbi? Dein Mullah? Da wird es viele Vorschläge geben. Jeder will, dass du seinen Idealen nacheiferst. Das ist auch in Ordnung.

Das ist ein Spiel, das wir Menschen tausende Jahre lang gespielt haben. Verehre meine Ideale, bist du bitte so gut? – Sonst setzt es was!

Aber nur du kannst darüber entscheiden. Nur du weißt, was am hellsten in deinem Herzen leuchtet. Das ist dein höchstes Ideal, was wie ein Leuchtfeuer in deinem Herzen brennt. Möglicherweise ist das Jesus, vielleicht Krishna, vielleicht Allah; möglicherweise dein Guru, vielleicht das Licht in dir. Es kann alles sein. Nur du kannst das wissen. Wer oder was immer es ist, es ist deines. Es ist persönlich. Du erkennst es, wenn du es siehst, weil es wie ein Signalfeuer in dir brennt. Es beinhaltet alle Tugend, allen Fortschritt und ist unfähig irgendjemandem zu schaden. Es ist das, was dich nach Hause führt, zu reinem Glückseligkeitsbewusstsein und göttlicher Ekstase.

In der Sprache von Bhakti wird das „Ishta", „gewähltes Ideal", genannt. Du wählst es aus. Wenn nichts hochkommt, was so licht brennt, ist es auch okay. Du wirst es nicht glauben! Aber da du das hier liest, bewegst du dich in Richtung deines höchsten Ideals, deines Ishta. Dein höchstes Ideal steckt hinter deinem Beweggrund, dir Wissen anzueignen und vielleicht deiner Neigung Yoga-Techniken zu üben. Dein Ishta ist irgendwo in dir. Dein Verlangen führt dich zu etwas. Das ist genauso viel Ishta, als hättest du in deinem Herzen eine klare Vision. Deine Reise ist dein Ishta.

Bhakti beginnt mit dieser allerersten Frage: „Gibt es da noch etwas mehr?"

Das Erstaunliche am Bhakti-Prozess ist, wie er mit der Zeit immer klarer wird. Zuerst ist die Auffassung davon verschwommen, einige Wünsche, die hochkommen. Es hat etwas Mysteriöses an sich. Allein schon diese Öffnung lässt Wissen herein. Wer weiß, von woher es kommt. Dann tasten wir uns weiter und beginnen etwas zu unternehmen, einige Übungen zu machen. Schließlich beginnt man, einige innere Erfahrungen zu haben, ein bisschen glückselige Stille, und dann kommt da etwas Klarheit. Wir lesen in den heiligen Schriften und Worte, die zuvor nur Worte waren, werden mit strahlender Bedeutung belebt. Nach einer Weile wird unser Ishta plastischer. Wir erkennen uns selbst in einer Beziehung mit dem stehend, was in uns vor sich geht. Bhakti wird ständig stärker und wir lassen uns mehr und mehr auf das göttliche Spiel ein.

Irgendwo entlang des Weges finden wir die Techniken von Bhakti und wenn wir uns die zu Nutze machen, beschleunigt sich der göttliche Prozess. Möglicherweise lesen wir etwas über die Techniken, vielleicht entdecken wir sie auch von selbst.

Was sind also die Bhakti-Techniken? Gut, es gibt in Wirklichkeit nur eine. Diese manifestiert sich auf tausend Wegen. Es ist keine Übung, die wir jeden Tag während unserer Pranayama- und Meditationssitzungen machen. Es ist etwas, das langsam in unseren täglichen Handlungen aufsteigt.

Ständig kommen Wünsche. Wir wollen dies, wir wollen jenes. Wir wollen Geld; wir wollen etwas zu Essen; wir wollen eine(n) Liebhaber/in; wir wollen ein neues Auto. Sogar Ärger und Frustration sind Wünsche – Wünsche, die auf eine Wand geprallt sind und in Folge dessen spielt die Energie in unserem Nervensystem verrückt. So fliegen viele Wünsche über den gesamten Platz, sie schicken uns hin und her und rammen einer in den anderen hinein. Überhaupt alles, was man sich vorstellen kann. Bei der Bhakti-Technik geht es um das Umleiten unserer Wünsche, um deren Zügelung. Einige Menschen besitzen ganz natürlich diese Gabe. Bei anderen stellt sie sich im Laufe der Zeit in dem Maße ein, wie durch Meditation mehr Stille in das Herz und den Verstand kommt. Die innere Stille, die wir in der Meditation kultivieren, geht noch tiefer als die heraufblubbernden Wünsche, so dass wir diese wie bewegliche Objekte sehen können. Dann haben wir uns etwas von der emotionalen Energie in uns gelöst und können sie in Richtung unserer höchsten Ideale einklinken – aber ein ganz sanftes Einklinken, keine Gewaltanwendung, keine großen Unternehmungen. Es ist gerade mal ein leichtes Anbinden an unser Ideal, sobald wir spüren, wie emotionale Energie nach oben schwillt. Es ist dabei unwichtig, ob es sich um positive oder negative Energie handelt.

Als Beispiel stellen wir uns vor, dass wir an einer roten Ampel aufgehalten werden und sich Frustration in uns breit macht, weil wir zu einem Termin zu spät kommen. Da wird sehr viel emotionale Energie vergeudet. Wir sind also frustriert. Nimm diese Frustration und lenke sie um. Mit deiner Aufmerksamkeit kannst du leicht das rote Licht dort als Gegenstand der Frustration, welcher dort kocht, loslassen. Ersetze ganz einfach diesen Gegenstand durch dein höchstes Ideal. Das hat sehr viel Ähnlichkeit mit Meditation. Du favorisierst ganz einfach ein Gedankenobjekt vor einem anderen. Du bist also jetzt über dein höchstes Ideal frustriert. „Verdammtes Ishta! Warum bin ich in dich noch nicht eingetaucht? Ich bin sehr frustriert!" Jetzt hast du eine wirkliche Motivation, deine tägliche Meditation nicht zu verpassen. Nicht nur das, deine auf diese Weise gelenkte emotionale Energie erzeugt spirituelle Veränderungen im Inneren deines Nervensystems. Es schließt dein Nervensystem deinem Ideal auf. Es birgt eine gewisse Ironie, dass wir ein rotes Licht mit unseren Emotionen nicht verändern können. Unser Nervensystem können wir damit jedoch zum Göttlichen öffnen. Es scheint etwas Wertvolles zu sein, das zu tun, oder etwa nicht?

Diese Vorgehensweise kann bei jeder Gefühlsregung, ob positiv oder negativ, angewandt werden – mit unseren Gefühlen zu allem, was wir tun. Heißt dies, dass wir aufhören, die Dinge zu tun, die wir tun und stattdessen davonlaufen, um zu meditieren? Nein. Wir meditieren, wenn es Zeit zur Meditation ist und während wir handeln, tun wir die Dinge, die wir uns in diesem Leben entschlossen haben zu tun. Das Umleiten emotionaler Energie zu unserem höchsten Ideal wird unsere Handlungen beleben, was immer das sein mag, und es wird unsere Übung extrem aufladen, wann immer wir uns hinsetzen sie auszuführen. Machen wir die Übungen, halten wir uns an die Vorgehensweisen der Übungen, nicht an die der Bhakti-Übungen. In dem Maß, in dem Bhakti in uns aufgrund der Umlenkung unserer Wünsche während des Tages kocht, werden unsere Übungen unterstützt. Wir wollen die Gewohnheit von Bhakti in unserem Leben still kultivieren. Wir sehen von außen betrachtet vielleicht völlig unverändert aus, doch im Inneren drehen sich die Räder von Bhakti ständig. Wir erfahren ein Ansteigen unserer spirituellen Intensität. Das nennt man „Tapas". Tapas ist das zu einer Gewohnheit gewordene Bhakti; und so hört dann Bhakti wie eine ewige in uns brennende Flamme niemals auf. Mit dieser Art von Bhakti wird unser gesamtes Leben zu einer spirituellen Übung. Mutter Teresa sagte, dass sie Jesus in den Augen jedes behinderten Kindes sieht, dem sie hilft. Das ist Bhakti.

Uns wird das so nicht immer gelingen. Das setzen wir auch nicht voraus. Urteile nicht über dich selbst, ob du in der Lage warst, deine Frustration an der roten Ampel in Frustration bezüglich deiner Erleuchtung umzuwandeln. Erinnere dich nur von Zeit zu Zeit an diese Vorgehensweise, während du deine täglichen Arbeiten ausführst, besonders wenn du dich selbst in einem Whirlpool von emotionaler Energie ertappst. Das ist für Bhakti die wichtigste Zeit. Schon ein Bewusstsein dieses Prinzips von Bhakti setzt Dinge im Inneren in Bewegung, sobald Emotionen aufflammen.

Der große indische Heilige des 19. Jahrhunderts, Ramakrishna, war ein Meister der Schaffung großer Ergüsse von Bhakti. Er kroch dann am Boden um die Basis der Statue der göttlichen Mutter herum, die er anbetete, und schluchzte und heulte für die kleinsten Berührungen von ihr im Inneren. Je erregter er wurde, desto mehr lenkte er das auf sein Ishta, die Statue. Er machte den Eindruck eines Verrückten. Währenddessen arbeitete sein Bhakti wie ein Laserstrahl, der durch jede Blockade in seinem Nervensystem schneidet. Allein durch Bhakti wurde er zum Göttlichen.

Wir bemühen uns hier in diesen Lektionen nicht notwendigerweise um die Extreme von Bhakti, das liegt aber bei dir. Schon ein wenig Bhakti hat große Auswirkungen. Ein großes Kraftpotential liegt darin. So viel, dass wir uns dessen immer bewusst sein sollten, dass intensives Bhakti große Auswirkung auf das Aufsteigen unserer Kundalini haben kann, sowohl direkt durch die emotionale Energie als auch durch den Effekt des Turboladers, den Bhakti in all unsere Übungen bringt. Wie mit allen Yoga-Übungen, können wir es auch mit Bhakti übertreiben. Daran sollten wir auch denken. Unsere Erfahrungen sind das beste Maß dafür, ob wir etwas übertreiben oder nicht. Jeder hat seinen eigenen Zeitplan, seine eigene Geschwindigkeit für den spirituellen Reinigungsprozess. Lass deine Erfahrungen dein Führer sein.

Weil die Methode des Bhakti immer wieder zu vorhersagbaren Ergebnissen führen wird, können wir sagen, dass sie eine systematische Wissensanwendung ist. Bhakti ist die Wissenschaft der Hingabe – in der Tat eine mächtige Wissenschaft.

Lasst uns nun zu Kundalini zurückkehren und etwas mehr über einige Symptome sprechen, die sich zeigen und was zu tun ist, wenn es scheint, dass die Dinge etwas ins Ungleichgewicht geraten sind.

Der Guru ist in dir.

Lektion 68 – Traumatische Erfahrungen und Bhakti

Frage: Vor vier Jahren hatten mein Bruder und ich einen Autounfall. Ich überlebte und er nicht. Danach war mein Leben eine Hölle, voll von Trauer, Schuldgefühlen, Ärger und Verzweiflung. Dann passierte etwas. Ich konnte es einfach nicht mehr ertragen. Ich sehnte mich nach einer Antwort und irgendetwas in mir ließ los. Sogleich begann spirituelles Wissen in mein Leben hineinzudrängen und ich wusste, was ich den Rest meiner Tage tun würde. Deine Lektion zu Bhakti klingt für mich glaubhaft, obwohl meine Erfahrungen damit nicht etwas langsam sich Entwickelndes waren. Es kam plötzlich aus meinem traumatisierten Zustand heraus und mein emotionaler Zustand treibt mich weiter schnell nach vorn. Was sind deine Gedanken dazu?

Antwort: Traumatische Erfahrungen können uns oft zu einer Erweckung verhelfen. Obwohl der plötzliche Verlust eines Nahestehenden niemals völlig durch etwas anderes wieder wettgemacht werden kann, wird der Bhakti-Prozess ohne Zweifel greifen, wenn wir in der Lage sind, uns zu öffnen. Die Emotionen sind so gewaltig, dass das geringste Loslassen, das geringste Umlenken der Emotionen dramatische Folgen hat. Keiner von uns würde so etwas freiwillig durchmachen wollen, doch zum Leben gehört so etwas dazu.

Wenn ein Trauma da ist, ob wegen des Verlustes eines Nahestehenden, des Verlustes der Gesundheit oder wegen anderer gravierender Brüche im Leben, kommt es zu einer Trauer-Phase. Das beginnt mit Unglauben, kann mit Ableugnen weitergehen, führt dann zu Ärger und schließlich einen langen emotionalen Abhang hinunter in die Verzweiflung. Für die meisten von uns gibt es da wenige Einflussmöglichkeiten, während das geschieht. Dann, an einem bestimmten Punkt, kommt es zu einem Loslassen. Das kann Monate, Jahre oder Jahrzehnte später sein. Möglicherweise stellt sich bei manchen ein Loslassen überhaupt niemals ein. Jeder ist verschieden. Tritt es ein, ist das ein entscheidender Punkt in dem Prozess. Entscheidend in dem Sinne, dass wir uns emotional zu einer Stelle zurückbewegen, die vergleichbar mit der Zeit vor dem Trauma ist. Es ist normal, dass man danach strebt. Oder man kann, wie du das getan hast, in einen göttlichen Raum loslassen. Dieser Punkt im Trauerprozess ist so etwas wie eine Kreuzung.

Immer geht es um den ersten Impuls von Bhakti, der Frage: „Gibt es da noch etwas mehr?" Ist diese Frage in irgendeiner Form gegenwärtig, drängt dorthinein emotionale Energie. Diese Frage ist ein Loslassen und der Beginn der Manifestation unseres Ishta, unseres höchsten Ideals im Inneren. Damit beginnt sich gleichzeitig der Guru zu manifestieren und Antworten aus unserer Umgebung werden uns zugetragen.

Es ist ein Öffnen, eine Empfänglichkeit, ein Loslassen, das den Bhakti-Effekt ermöglicht. Sobald wir unsere Gefühle einem höheren Zweck hingeben, werden sie zu göttlicher Energie, die mehr und mehr hereinströmt. Traumatische Erfahrungen versetzen uns in eine Situation, in der wir vielleicht keine andere Wahl haben, als entweder zu kapitulieren oder viele Jahre des Elends zu ertragen. Die Wahlmöglichkeiten, die in solch einem Fall vor uns liegen, sind viel klarer konturiert als diejenigen, die man wahrnimmt, wenn man während der kleinen Aufs und Abs des alltäglichen Arbeitslebens die göttliche Suche beginnen soll. Aber in Wirklichkeit ist jede Gefühlsregung eine Gelegenheit für Bhakti – die sehr kleinen, die sehr großen und jede Emotion dazwischen. Die Gefühle sind immer da. Das Loslassen mag da sein oder auch nicht – das hängt von uns ab. Wir sind es, die auswählen.

Bist du auf den spirituellen Weg mit einer starken und andauernden Bhakti-Woge eingeschwenkt, hast du etwas Heiliges in deiner Tragik gefunden. Denke daran, dass Bhakti eine kraftvolle spirituelle Praxis ist. Stelle sicher, dass du für deine Übungen einen Ausgleich herstellst, so dass du die besten Voraussetzungen für eine sanfte Entfaltung reinen Glückseligkeitsbewusstseins und göttlicher Ekstase schaffst.

Der Guru ist in dir.

Lektion 69 – Kundalini-Symptome, Unausgewogenheiten und Gegenmittel

Frage: Ich bin neu in dieser Gruppe. Ich habe Erfahrungen mit verschiedenen Symptomen der Kundalini-Erweckung gemacht, einschließlich, aber nicht ausschließlich brennender Empfindungen an verschiedensten Stellen meines Körpers. Bevor ich vor eineinhalb Jahren begann, regelmäßig zu meditieren (eine ähnliche Art aus einer anderen Quelle), hatte ich immer wieder einmal Schmerzen am dritten Auge. Ich nahm auch noch einige andere Übungen von noch wo anders her auf. So wurde die Empfindung am dritten Auge zu einem fast ununterbrochenen Brennen. Manchmal fühlte ich mich dazu angeregt, mich darauf zu konzentrieren, Energie aufwärts zu bewegen und sie systematisch durch meinen Körper kreisen zu lassen. Ich fühle auch ein fast ständiges Brennen an meiner Wirbelsäulenbasis. Doch im Moment, in dem ich die Energie loslasse, erfahre ich 'verheerende' Emotionen, wie Verzweiflung, Isolation und Leere. Aber ich fühle die Notwendigkeit fortzufahren und meine Übungen zu vervollkommnen. Ich freue mich über alle Vorschläge, Kommentare und Feedbacks.

Antwort: Du tust gut daran, an die Sache maßvoll heranzugehen und deine Praxis mit deinen Erfahrungen abzustimmen. Das Wichtigste ist, einen stabilen Rahmen für die täglichen Übungen zu finden, was dann die inneren Energien ausgleicht. Sobald du das einmal eingerichtet hast, kannst du dich daran machen, die Ausdehnung von Kundalini in bequemerer und angenehmerer Weise zu befördern und zugleich aggressiver vorzugehen. Das Finden des stabilen Rahmens kann auch erfordern, dass du bestimmte Dinge zusätzlich und außerhalb deiner regelmäßigen sitzenden Übungen machst.

Zuerst einmal, falls das noch nicht geschehen ist, schlagen wir vor, dass du damit beginnst, leichte Sitzungen mit Wirbelsäulenatmung vor der Meditation einzuschalten – nur fünf oder 10 Minuten. Schau mal, ob das etwas Ausgleich bringt. Sieh zu, dass du dir einen Übungsrahmen, nur bestehend aus Pranayama und Meditation, schaffst, und dass das reibungslos funktioniert. Mach noch kein Mulabandha oder Sambhavi. Achte darauf, dass du dir viel Zeit für Ruhe nimmst, wenn du aus der Meditation herauskommst. Wir schlagen also vor, dass du vorerst die anderen Dinge, die du noch machst, einstellst, weil sie möglicherweise die Probleme mit den Kundalini-Energien verschärfen können. Falls du Bhakti intensiv betreibst und starke spirituelle Emotionen verspürst, solltest du daran denken, das auch zu beschränken. Insgesamt ist das ein Abwerfen von etwas Ballast zum Zweck des Aufbaus einer stabilen, effektiven Praxis. Bhakti ist hervorragend, solange wir auf keine Mauer treffen. Dann kann es problematisch werden. Das kann für uns schon eine Herausforderung darstellen.

Falls du nach all dem noch keine innere Ausgeglichenheit feststellst, solltest du in Betracht ziehen, für einige Zeit deine Meditationszeit zu verkürzen, während du das Atmen durch die Wirbelsäule auf dem gleichen Niveau hältst – außer die Wirbelsäulenatmung vergrößert die Instabilität. Das sollte eigentlich nicht geschehen, doch alles ist möglich. Trachte danach, eine Routine mit ausschließlich Pranayama und Meditation zu finden, mit der es dir gelingt, den Wechsel in die täglichen Aktivitäten mit sanften Gefühlen zu bewältigen – eben mit geringerer Intensität der Symptome, die du beschreibst. Von dieser stabilen Basis aus kannst du dann beginnen – Schritt für Schritt – Dinge hinzuzufügen.

All das mag als Einschränkung empfunden werden, wenn du z.B. wünschst, auch angesichts einiger schwieriger Blockierungen wie gewohnt weiterzumachen. Es besteht kein Zweifel, dass der Rennwagen starten kann. Es besteht auch kein Zweifel, dass du damit weiterfahren willst. Doch man ist gut beraten, sich zu versichern, dass die Reifen richtig sitzen, bevor man Vollgas gibt. Hast du das einmal gemacht, ist eine viel höhere Geschwindigkeit möglich und es wird eine schnellere, sicherere und angenehmere Fahrt.

Betrachten wir einmal die Prinzipien, die beim Aufsteigen der Kundalini im Spiel sind und gehen wir der Frage nach, wie Unausgeglichenheit entstehen kann. Dabei betrachten wir auch einige andere Mittel, die du einsetzen kannst.

Durch die metaphorische Mythologie von Kundalini wird eine Vereinigung von Shakti (ein Name für Kundalini in Bewegung) und Shiva (reines Glückseligkeitsbewusstsein) umschrieben. Wie du weißt, setzt sich Shakti von der Wirbelsäulenbasis aus (im riesigen Prana-Speicher dort, d.h. der sexuellen Energie) in Bewegung. In der Mythologie ist der Sitz Shivas am Scheitel des Kopfes. So geht der Weg, wie es beschrieben wird, wenn Shakti erwacht, durch alle Chakren, bis sie den Scheitel des Kopfes erreicht. Dort vereinigt sie sich mit Shiva, der hier auf sie wartet. Er hängt dort nur herum, ohne etwas zu tun, weißt du. Sie machen Liebe, und Nektar fließt nach unten über, so dass der

Übende erleuchtet wird. Das ist sehr romantisch, nicht wahr? Besonders für Shiva, der dort oben sitzt und nichts tut, während Shakti sich ihren Weg nach oben (durch dein Nervensystem!) freikämpft, ihn zu finden.

Obwohl das auf dem Papier großartig aussieht, funktioniert dieses Szenario nicht sehr gut. Praktisch führt diese Herangehensweise meist zu einem Flop, weil sie darauf basiert, dass Shakti die ganze Arbeit macht und Shiva schließlich am Scheitel findet. Sie wird das sicherlich versuchen, aber in diesem Prozess dein Nervensystem aufreißen. Von daher die übermäßigen Kundalini-Symptome. Die Dinge können sich so unangenehm entwickeln, dass man mit den Übungen nicht mehr fortfahren kann und dann geht es von da in ein langes, langsames Brennen über.

Die Antwort darauf ist, Shiva dazu zu bringen, seinen Hintern ein bisschen zu bewegen und etwas zu tun. Er muss seinen luftigen Aussichtspunkt verlassen und zu Shakti „herunterkommen", wo immer sie im Körper sein mag – was überall ist, sobald sie einmal erwacht ist und nach oben kommt. Obwohl sich ihre Vereinigung schließlich irgendwo „da oben" vollzieht, müssen Shiva und Shakti zuerst überall im Körper zusammengebracht werden. Ist das einmal geschehen, mag es immer noch etwas Verrücktheit geben, aber es wird die Verrücktheit der ekstatischen Vereinigung von Shiva und Shakti sein, die in jedem Nerv und jeder Zelle des Körpers stattfindet, anstatt dem Schmerz hervorrufenden Chaos von Shaktis Energie alleine, die sich durch alles, was ihr begegnet, brennt, wobei all das in deinem Körper stattfindet. Kurz, was ziehst du vor: Ekstase oder Agonie?

Deshalb rate ich vor allem zur Wirbelsäulenatmung. Diese aktiviert direkt sowohl die männlichen als auch die weiblichen Energien und bringt sie auf eine ausgeglichene Art und Weise zusammen. Der aufsteigende Atem führt Shakti zu Shiva und der absteigende Atem Shiva zu Shakti. Das ist eine ausgeglichene Beziehung. Dann gehen sie vereinigt hinaus zu jedem Nerv und jeder Zelle des Körpers. Mit dieser Herangehensweise kann man viel mehr Energie mit viel weniger Stress für das System bewegen. Sie eröffnet die Möglichkeit für ein viel aggressiveres spirituelles Üben, als möglich wäre, würde man sich an den Nur-Shakti Ansatz halten. Außerdem ist das auch ein sehr viel ekstatischerer Spaß.

Es wäre noch anzumerken, dass mit dem *I AM*-Mantra ebenfalls der Ausgleich von männlichen und weiblichen Energien berücksichtigt wird, wie das schon in Lektion 59 – „Ein paar Einzelheiten zu Mantren" diskutiert wurde.

All unsere anderen fortgeschrittenen Übungen sind ebenfalls so entworfen, dass sie von Natur aus zweipolig sind. Wir haben Mulabandha an der Wurzel und Sambhavi am dritten Auge eingeführt. Auch die noch kommenden Übungen führen wir in einer bipolaren Ausführung ein – Gleichgewicht! Der Aufstieg ekstatischer Leitfähigkeit im Wirbelsäulennerv ist eine Manifestation dieses Gleichgewichts, der ekstatischen Vereinigung von Shiva und Shakti in der Sushumna.

Was hat es mit dem Scheitel eigentlich auf sich? Wir haben das bis jetzt in den Lektionen absichtlich außen vor gelassen. Er wird Sahasrara genannt, der „Tausendblättrige Lotus". Später werden wir uns damit befassen. Auch damit müssen wir uns beschäftigen. Aber das vorzeitig zu tun, kann zu der Art von „verheerenden Emotionen" führen, die du erwähnt hast. Zuerst wollen wir deshalb den vom spirituellen Auge zur Wirbelsäulenwurzel reichenden Wirbelsäulennerv gereinigt wissen und die ekstatische Leitfähigkeit vollständig eingerichtet haben. Dann kommt der Scheitel auf ganz natürliche Weise ins Spiel. Er hat seine eigene Verbindung zur Sushumna. Gehen wir zu schnell dahin und versuchen eine Abkürzung zu nehmen, werden wir einen Preis dafür zu zahlen haben. Der sicherste Weg, sich dem Scheitel zu nähern, ist durch eine Sushumna, die vorher gut gereinigt worden ist. Zuerst zum Scheitel zu gehen und danach die Sushumna zu reinigen ist ein Rezept für Unwohlsein – eine Menge von übermäßigen Kundalini-Symptomen kann die Folge sein.

Doch auch bei der sanftesten Kundalini-Erweckung treten einige Symptome auf. Es kann sich um Schmerz und/oder Hitze an den Enden des Wirbelsäulennervs handeln, genauso wie du es beschrieben hast – am dritten Auge und der Wurzel. Mit leichtem Wirbelsäulenatmen und Meditation sollte das nicht extrem werden. Wenn dennoch, stecke ein wenig mit deinen Übungen zurück, wie das empfohlen wurde, und versuche etwas von den weiteren Mitteln, die hier unten aufgeführt sind. Viele andere Dinge können eintreten: leichte Empfindungen des Brennens hier und da; etwas Taumeln des Körpers oder plötzliche Bewegungen von Luft aus den Lungen während der Übungen; das Gefühl, dass Insekten auf den Gliedmaßen krabbeln oder kleine Stiche, wie wenn man am Tage gelegentlich von ihnen gebissen wird; sonderbare Gefühle an den Beinen, die zugleich angenehm und juckend sind – das kann durch regelmäßige Spaziergänge gemildert werden. So etwas kann auch in den Händen auftreten. Es kann auch zu einer Mischung von Gänsehaut, gelegentlichem Zittern, sexueller Erregung, innerem schnurrendem und summendem Ton, heißen Nadelstichen, leichtem Kopfschmerz und anderen sonderbaren Empfindungen kommen. All diese Dinge legen sich mit der Zeit. Hält irgendetwas davon an, ist das überlagert von der Erfahrung reinen Glückseligkeitsbewusstseins und göttlicher Ekstase, die aus dem Inneren kommt. Dinge dieser Art gehören zu einer normalen Kundalini-Erweckung. All das sind Symptome für die Auflösung von Blockierungen, wodurch der Weg zu einem neuen Leben in unendlicher Ekstase freigelegt wird.

Werden Symptome extrem, so dass wir sie nicht durch Pranayama und Meditation lindern können – auch nicht, wenn wir die Übungszeiten verringern, dann sind weitere Maßnahmen nötig. Diese können von allen in Betracht gezogen werden, die sich mit spirituellen Übungen beschäftigen und Schwierigkeiten mit der Kundalini vermeiden wollen.

Es gibt drei Faktoren, die den Weg beeinflussen, auf dem sich Kundalini-Energie in uns bewegt – Körperstruktur, Lebensgewohnheiten und Übungen. Diese Faktoren bestimmen, ob wir mehr zu ausgeglichener oder unausgeglichener Kundalini-Energie tendieren.

Zuerst kommt die Körperstruktur. Damit werden wir geboren. Wir haben alle bestimmte Veranlagungen in uns, die bestimmen, wie Energie (Prana) durch unseren Körper fließt. Diese sind gut im indischen Medizinsystem, Ayurveda, beschrieben, in dem es immer um den Ausgleich von Energien im Körper geht. Es gibt drei Aspekte bezüglich unserer Struktur und wir können zu viel und zu wenig von jedem der drei haben:

Vata – Ist unsere Natur flexibel oder bewegt sie sich zu viel umher? *Pitta* – Ist unsere Natur konzentriert oder feurig und ärgerlich? *Kapha* – Ist unsere Natur stetig oder erstickt sie in Trägheit?

Das sind die drei „Doshas" (Aspekte) unserer Struktur. Wir bestehen alle aus einer verschiedenen Mischung dieser gerade erwähnten positiven und negativen Merkmale. Man kann viel tun, um ein Gleichgewicht zwischen den Doshas herzustellen. Ayurveda kennt viele Mittel Unausgeglichenheiten in der Struktur zu kompensieren und das kann auch bei übermäßigen Kundalini-Symptomen helfen. Besonders hilfreich sind Diäten und Kräuter-Ergänzungen, die so entworfen sind, dass sie zu viel Feuer (Pitta) und/oder Bewegungen (Vata) im Körper, Verstand und in den Emotionen, die normalerweise als Kundalini-Symptome auftreten, befrieden. Mehr über Ayurveda kannst du in den Schriften von Deepak Chopra und anderen erfahren. Auch im Internet findet man heute vielfältige Informationen dazu.

Der zweite bestimmende Faktor, der die Art bestimmt, wie sich Kundalini in uns bewegt, sind unsere Lebensgewohnheiten. Machen wir zu viele spirituelle Übungen und sind wir nicht genügend aktiv? Arbeiten wir zu viel oder nicht genug? Befinden wir uns ausreichend in einer Gesellschaft, die förderlich für unsere spirituelle Entschlossenheit ist? Dinge wie diese sind wichtig. Wenn wir übermäßige oder auch geringfügige Kundalini-Symptome haben, können „erdende" Aktivitäten helfen. Lange tägliche Wanderungen mit entspanntem Geist ist eine der besten Therapien zur Beschwichtigung aufwallender Kundalini-Energien. Regelmäßiges Tai Chi erdet ebenfalls sehr. Yoga Asanas (Stellungen), mit denen wir uns in den nächsten paar Lektionen beschäftigen, können helfen. Körperliche Betätigung im Allgemeinen eignet sich gut für das Erden der Energien. Eine schwerere Diät während der Perioden übermäßiger Kundalini-Energien kann auch helfen sie zu erden. Erdende Aktivitäten beseitigen Kundalini nicht. Vielmehr bringen sie die Shiva-Komponente mit ins Spiel, die hilft die Kundalini-Energie in unser Nervensystem zu integrieren. Es ist gut, solche Aktivitäten zusätzlich zur Wirbelsäulenatmung, Meditation und anderen fortgeschrittenen Yoga-Übungen auszuüben.

Der dritte Faktor, der die Art der Kundalini-Bewegungen in uns beeinflusst, ist unsere Übungspraxis. Wir haben dazu nebenbei wiederholt etwas gesagt, können jedoch immer noch etwas ergänzen.

Der Trick dabei ist, dass du dein Leben aus all diesen Blickwinkeln betrachtest und bestimmst, wo die Wurzel einer Unausgeglichenheit liegt und dich dann damit beschäftigst. Wir haben auf dem hohen Niveau des Ausgleichs der männlichen und weiblichen Energien innerhalb unserer Pranayama- und Meditationsübungen begonnen. Dort würden wir gern zu allererst den Ausgleich finden, der auch ein unmittelbarer Bestandteil unserer Übungen ist. Wenn das funktioniert, können wir vehement nach vorne drücken, mehr Übungen hinzunehmen und den ständig zunehmenden Erlebnissen reinen Glückseligkeitsbewusstseins und göttlicher Ekstase entgegengehen. Wenn es etwas anderes irgendwo in unserer Struktur oder unseren Lebensgewohnheiten gibt, das eine Unausgeglichenheit hervorruft, müssen wir uns damit befassen. Sobald wir das getan haben, können wir ein ordentliches Tempo mit unseren Übungen vorlegen, ohne unnötige Unannehmlichkeiten hervorzurufen.

All jene, die keine Kundalini-Symptome haben, sollen ruhig so weiterüben wie immer und den gegebenen Anweisungen für die Übungen (angepasst an deine persönlichen Möglichkeiten und deinen Zeitplan) folgen. Halte diese Lektion für einen Tag der Not bereit. Möglicherweise geht alles so glatt wie Seide vonstatten und du gleitest glückselig ohne Schwierigkeit in die Erleuchtung. Das wäre wunderbar. Wenn ein paar Kundalini-Symptome hier und da auf dem Weg auftreten, wirst du nach dieser Lektüre nicht überrascht sein. Diese Lektion wird es dir ermöglichen, nachzuschlagen, was vor sich geht, und rät dir, wenn nötig, einige Anpassungsmaßnahmen vorzunehmen.

Der Guru ist in dir.

Lektion 71* – Yoga Asanas – Ein wundervoller Milliarden-Markt

Eine Milliarde Dollar ist nur eine Schätzung. Vielleicht sind es mehr, möglicherweise auch weniger.

Niemand kann leugnen, dass das Lehren von Yoga-Asanas (Körperstellungen) ein riesiges weltweites Geschäft ist. Das ist jedoch ein Segen.

Wichtig ist nur, dass Yoga ans Licht der Öffentlichkeit gebracht und sehr populär geworden ist. So viel Gutes entsteht daraus. Es ist nicht wichtig, welcher Zweig des Yoga als erstes in großem Stil Anklang gefunden hat. Alle Yogazweige sind miteinander verbunden. Übst du Asanas, wirst du dich schließlich auch zu Pranayama und Meditation hingezogen fühlen. Wenn du meditierst, werden dich letztendlich auch Asanas ansprechen. So läuft das ab. Unser Nervensystem erkennt, was gut ist, sobald es damit in Berührung kommt. Erwecke das Nervensystem ein wenig – und es will mehr. All die Zweige des Yoga sind im Grunde genommen Ausdruck der natürlichen Wege, die unser Nervensystem zur göttlichen Erfahrung hin öffnen. In Wahrheit bestimmt unser Nervensystem die Übungen, nicht umgekehrt. Sie kommen zu uns, sobald wir sie brauchen. Es ist erstaunlich, wie das abläuft. Es ist die Kraft von Bhakti. Rechtzeitig kommen alle Übungen automatisch zusammen. Wir müssen das nur hie und da ein wenig anstoßen. Ein wenig Bhakti ist genug, uns in den Anstoß-Modus zu versetzen. Siehst du, wie einfach das ist?

Es ist kein Wunder, dass Yoga-Asanas so beliebt sind. Wir leben in einer Welt, in der sich menschliche Erfahrungen hauptsächlich auf der physischen Ebene abspielen. Unsere Sinne müssen erst noch nach innen gelenkt werden – soweit, dass innere Erfahrungen genauso Wirklichkeit werden (oder noch wirklicher) wie Erfahrungen in der äußeren Welt. Daher suchen wir immer nach einer physischen Lösung. Yoga-Asanas beginnen, uns von der physischen Ebene zu den subtileren Erfahrungen der göttlichen Energie im Nervensystem zu führen. Das ist der Grund, warum Asanas so entspannend sind und auch die Hauptursache für ihre Popularität. Menschen üben Asanas der Entspannung wegen, um ein bisschen inneren Frieden zu gewinnen. Yoga-Asanas sind dazu sehr gut geeignet. Sie sind auch sehr gut, um Körper und Geist für Pranayama und Meditation vorzubereiten. Aus dieser Sicht werden wir sie in diesen Lektionen betrachten – als eine Vorbereitung für unsere tägliche Routine mit Pranayama und Meditation.

Nicht alle Asanas sind aber entspannend. Heutzutage kannst du hingehen und einen Kurs für Power-Yoga oder Aerobic-Yoga besuchen und damit an die Grenzen deiner Belastbarkeit kommen. Das ist okay. Es ist jedoch nicht empfehlenswert, dies direkt vor der Meditation zu machen. Wir gehen für unsere Zwecke den anderen Weg, zu weniger Aktivität im Nervensystem, statt zu mehr.

Asanas im traditionellen Sinn sind dazu da, das Nervensystem zu beruhigen. Aber sie sind mehr als dies. Sie sind dafür entwickelt, den Fluss des Prana im Körper, speziell in der Sushumna, dem Wirbelsäulennerv, zu erleichtern. Du siehst also, dass Asanas eine exzellente Vorbereitung für Pranayama, speziell die Wirbelsäulenatmung, darstellen.

Asanas sind Teil eines größeren Yoga-Systems, das Hatha-Yoga genannt wird. Zu anderen Yoga-Systemen gehören auch Asanas. Niemand hat den Alleinvertretungsanspruch. Im Hatha-Yoga gibt es einige zusätzliche Übungen, die direkter darauf abzielen, Prana im Körper zu bewegen. Es gibt eine alte indische Schrift, die "Hatha-Yoga-Pradipika", die auf diese zusätzlichen Übungen näher eingeht. Diese Übungen kann man auch in anderen Systemen finden, zum Beispiel im Kundalini- und im Tantra-Yoga.

Letzten Endes zielt dies alles auf das ab, worüber wir in der letzten Lektion gesprochen haben, als es darum ging, Kundalini ins Gleichgewicht zu bringen – die Vereinigung weiblicher und männlicher Energien im Nervensystem, die Vereinigung von Shakti und Shiva. Hatha-Yoga bedeutet "Vereinigung von Sonne und Mond", männlicher und weiblicher Energien. Wir begegnen diesem Thema in jeder Tradition, weil es ein grundlegendes Merkmal des menschlichen Nervensystems darstellt. Die Taoisten nennen es Yin und Yang. Die Christen nennen es heiliger Geist und Gott der Vater. Das christliche Patriarchat hat versucht, den heiligen Geist androgyn zu machen, aber es ist unwichtig, was sie sagen. Das ändert nichts an dem, was er in uns wirklich ist.

Zwischen Asanas und fortgeschritteneren Übungen des Hatha-Yoga besteht eine gewisse Überschneidung. Manche dieser fortgeschrittenen Hatha-Yoga-Übungen tragen den Namen "Asana", während andere "Mudra" oder "Bandha" heißen. Wie immer man sie nennt, es sind hauptsächlich körperliche Übungen, die die Bewegung von Prana und des reinen Glückseligkeitsbewusstseins in uns befördern. Wir haben bereits einige dieser Methoden vorgestellt – Mulabandha und Sambhavi (-Mudra). In Kürze nehmen wir noch einige hinzu.

Lass uns aber zunächst noch etwas über Asanas sprechen. Wir versuchen in diesen Lektionen nicht, die volle Bandbreite von Yoga-Asanas zu lehren. Das wäre nicht zweckmäßig. Wenn du in oder in der Nähe einer Stadt oder Großstadt wohnst, stehen die Chancen gut, dass sich in deiner Nähe ein Yoga Studio befindet. Hast du das noch nicht getan, geh hin und nimm an einem der Yoga-Kurse teil. Du kannst dir dabei eine grundlegende Routine aneignen, die du dann zuhause, wenn du dazu neigst, üben kannst. Ungefähr fünf oder zehn Minuten sanfte Asanas vor dem Pranayama und der Meditation sind eine ausgezeichnete Möglichkeit, deine Sitzung einzuleiten. Falls du nicht dazu neigst, Yoga-Stellungen auszuführen oder keine Zeit dazu hast, ist das in Ordnung. Sieh dir jedoch noch mal die Lektionen zum Thema "Zeit finden" (Lektion 18) und "Zeitmanagement" (Lektion 50) an, in denen wir über das Einhalten einer täglichen Routine mit Pranayama und Meditation gesprochen haben. Die gleichen Richtlinien zum Zeitmanagement gelten auch dann, wenn du deiner Routine noch Asanas hinzufügst. Ist zu wenig Zeit vorhanden, kommen die Asanas als letztes in der Hackordnung. Ist also nur Zeit für eine Sache, dann ist Meditation normalerweise die beste Wahl, falls für zwei Dinge, dann Pranayama und Meditation. So in der Art. Damit soll nicht gesagt werden, dass eine Übung besser ist als die andere. Du neigst vielleicht von Natur aus dazu, Asanas zu üben und lässt Pranayama und Meditation beiseite. Das ist in Ordnung. Es mag vielleicht sogar notwendig sein, wenn bei dir einige unausgeglichene Kundalini-Energien vorhanden sind. Asanas können helfen, innere Strömungen auszugleichen. Verspürst du keinen starken Drang zum einen oder anderen, ist es normalerweise am besten, die Meditation auszuwählen, wenn du nur Zeit für eines hast. Meditation ist die Übung, die am tiefsten greift. Sie versetzt uns in direkte Verbindung mit reinem Glückseligkeitsbewusstsein.

Weißt du noch nichts über Asanas und lebst irgendwo in der Wildnis, würdest aber gerne etwas dazulernen, gibt es eine Menge guter Bücher und Videos zu Yoga-Asanas. So ziemlich jedes davon ist ausreichend. Für unsere Zwecke hier suchen wir nach einigen sehr einfachen Beuge- und Streckübungen zur Vorbereitung auf Pranayama und Meditation. Was du machst, liegt bei dir. Wenn du mehr als fünf oder zehn Minuten Asanas üben möchtest, ist das okay. Manche Menschen lieben Yoga-Asanas. Für manche kann das alleine zu einem Lebenssinn werden. Das ist auch in Ordnung. Welche Übungen du auch immer wählst, stelle sicher, dass du eine stabile tägliche Routine aufbaust, die du ohne Überanstrengung oder Unwohlsein aufrechterhalten kannst. Fühlt es sich nach den Übungen für den restlichen Tag und die Nacht gut an, befindest du dich auf dem richtigen Weg. Dann bist du in der besten Verfassung, zu gegebener Zeit mehr fortgeschrittene Yoga-Übungen hinzuzufügen.

In kommenden Lektionen sehen wir uns einige zusätzliche fortgeschrittene Yoga-Übungen an, die den Prana-Fluss im Körper noch mehr anregen.

Der Guru ist in dir.

Zusatz: Seit diese Lektion veröffentlicht wurde und auch schon vorher, haben mir viele geschrieben und gefragt, welche Asanas sie praktizieren sollten. Einige Übende haben sogar nach genauen Einzelheiten der Stellungen gefragt, worauf die Aufmerksamkeit beim Üben gerichtet sein sollte usw. Bei den Tausenden von Hatha-Yoga-Lehrern überall auf der Welt und Dutzenden Übungs-Systemen sind die Möglichkeiten praktisch endlos.

Doch es gibt etwas, das wir hier der Asana-Diskussion hinzufügen können. Du weißt, dass wir bei den Fortgeschrittenen Yoga Übungen Asanas zum Aufwärmen für unsere sitzenden Übungen mit Wirbelsäulenatmung, Meditation und so weiter nutzen. Deshalb liegt der Fokus hier nicht vornehmlich auf den Asanas. Schließlich sind Asanas in Patanjalis achtgliedrigem Pfad auch nur ein Glied – also ein Achtel der gesamten Yoga-Praxis. In späteren Lektionen findest du noch mehr zu den acht Gliedern.

Ziemlich viele Anfänger haben gefragt, wo sie mit Asanas beginnen sollten. D.h. sie wollten mit ein paar grundlegenden Stellungen ganz neu einsteigen. Da können wir schon behilflich sein – zumindest solange, bis jemand mit einem Kurs beginnst. Wir wollen das mal „Asana Grundausstattung“ nennen. Das ist das Mindeste, was wir tun können. Es ist auch ganz einfach.

Zuerst stellen wir eine Routine für Anfänger – einschließlich Abbildungen – vor, die man in ungefähr zehn Minuten unmittelbar vor dem Pranayama und der Meditation ausführen kann. Eine verkürzte Anfängerroutine mit gerade einmal ein paar Minuten für jene mit wenig Zeit fügen wir auch hinzu. Das deshalb, weil es bei Zeitnot besser ist, den Hauptteil unserer begrenzten Übungszeit auf die Meditation und das Pranayama zu verwenden.

Die Asana Grundausstattung

Wir betrachten hier ungefähr 12 grundlegende Stellungen, die man auf dem Boden ausführt. Falls du eine Matte zur Hand hast, ist das gut, doch besteht andererseits auch keine Notwendigkeit, hinauszulaufen und eine zu kaufen. Ein weicher Teppich mit einem darauf ausgebreiteten großen Handtuch oder einer Decke ist für diese Routine völlig ausreichend. Zieh aber eine bequeme Meditationskleidung an, bevor du beginnst.

Es ist wichtig, dass du bei keiner dieser Asanas etwas erzwingst. Heißt es bei einer Stellung, man solle die Zehen berühren und du kannst bequem nur bis zum Schienbein langen, halte dort an. Dies ist dann die perfekte Stellung für dich. Zwinge dich niemals in eine Stellung. In Wirklichkeit ist dies die Regel für alles, was wir bei den fortgeschrittenen Yoga-Übungen tun. Es ist die Essenz aller Selbstabstimmung und auch von allem Fortschritt im Yoga. Hier ist die Routine:

1. **Aufwärmende Herzzentrierung:** Setze dich kreuzbeinig auf den Boden. Massiere mit beiden Händen sanft deinen Kopf und bewege deine Hände dabei hinunter zum Herzen – zuerst über dein Gesicht und den Hals zu deinem Herzen und dann noch einmal den Hinterkopf hinunter über den Nacken nach vorn und weiter hinunter zum Herzen. Diese zwei Bewegungen kann man in ungefähr 15 Sekunden machen – nicht zu schnell und nicht zu langsam. Nun wende dasselbe auf den linken Arm an, beginne bei der linken Hand und massiere sie sanft mit der rechten, bewege die rechte Hand dabei und gehe so den ganzen Weg zum Herzen zurück – zunächst entlang der Oberseite des Arms zur Schulter und dann über die Brust hinunter zum Herzen und schließlich an der Unterseite des Arms über die Achselhöhle zum Herzen. Der linke Arm wird so mit der rechten Hand bearbeitet. Das Gleiche macht anschließend die linke Hand am rechten Arm. Nun wende dich mit derselben Vorgehensweise den Beinen zu und bearbeite sie so von den Zehen ausgehend den gesamten Weg bis hoch zum Herzen – einfach eine sich sanft weiterbewegende zweihändige Massage an jedem Bein. Drücke beim Heraufkommen von jedem der Beine auf dem Weg zum Herzen mit beiden Händen sanft auf deinen Bauch- und Solarplexusbereich. Greife schließlich mit beiden Händen nach hinten und führe eine Massagebewegung durch, die von den Pobacken nach oben und dann herum zur Brust und zum Herzen geht. Diese gesamten Übungen zur aufwärmenden Zentrierung auf das Herz können in ungefähr einer Minute gemacht werden. Falls du dich fragst, was du mit deiner Aufmerksamkeit während dieser Übungen machen sollst: lass sie nur locker mit deinen Händen mitgehen, während du deine Energie sanft zum Herzen hin massierst. Lass auch deine Atmung entspannt weitergehen. So gehen wir in allen diesen Grundstellungen mit der Aufmerksamkeit und Atmung um – sie bleiben locker und entspannt bei allem, was wir physisch tun, außer wenn es anders angegeben ist.

2. **Rollen mit angezogenen Knien:** Lege dich auf den Rücken und bringe deine Knie so weit nach oben, dass du jedes deiner Schienbeine mit einer Hand ergreifen kannst. Oder, wenn du soweit reichst, verschränke die Finger deiner Hände und lege sie in der Nähe der Knie um deine oberen Schienbeine. Lass deine Knie in Richtung Brust kommen und rolle dann von Seite zu Seite, ungefähr fünf Mal in jede Richtung, rechts und links, lass deinen Kopf zusammen mit deinem Oberkörper auf dem Boden von Seite zu Seite rollen. Rolle so weit auf jede Seite, wie es angenehm ist.

3. **Kniesitz (Vajrasana):** Stelle dich aufrecht auf deine Knie, wobei sich die Beine fast berühren. Lege einen der großen Zehen hinter dir über den anderen und setze dich dann nieder auf deine Fersen. Dabei bleibt der Oberkörper aufrecht. Lass deine Hände auf deinen Oberschenkeln oder in deinem Schoß ruhen. Sitze so für ungefähr 10 Sekunden. (Zähle mental, bis du ein gutes Gefühl der zehn Sekunden für das Halten dieser Stellung bekommst.) Dann stelle dich aufrecht auf die Knie, halte einige Sekunden und gehe wieder für 10 Sekunden hinunter in den Sitz. Komm wieder hoch und entspanne dann. Setze dich mit den Füßen nach vorn auf den Boden.

4. **Sitzende Kopf-zum-Knie-Stellung (Janushirshasana und Paschimottanasana):** Strecke beim Sitzen dein linkes Bein aus und bringe deinen rechten Fuß zum Schritt. Wenn es so weit angenehm ist, lass deine rechte Ferse sanft gegen dein Perineum drücken. Lässt sich der rechte Fuß nicht ganz nach innen bis zum Schritt führen, dann gib ihn so weit, wie es geht nach innen und lass ihn da ruhen. Lehne dich jetzt nach vorn, während du deine Hände zum linken Fuß ausstreckst. Wenn du bis dahin greifen kannst, fasse deine linke große Zehe mit beiden Händen. Kannst du den Zeh nicht fassen, lass deine Hände einfach auf deinem linken Schienbein ruhen – so weit, wie es eben bequem geht. Lass deinen Oberkörper und Kopf so weit nach unten kommen, wie es angenehm ist. Bist du sehr gelenkig,

kannst du deinen Kopf vielleicht sogar auf deinem linken Knie ruhen lassen. Geht es nicht bis dahin, dann halte da, wo du beim Vorwärtslehnen deine angenehme Grenze verspürst. Halte diese Stellung für ungefähr 10 Sekunden. Mache das Ganze nun genau anders herum – mit deinem rechten Bein nach vorn ausgestreckt und dem linken Fuß nach innen zum Schritt gelegt. Halte diese Stellung wieder für 10 Sekunden. Wiederhole nun alles noch mit beiden Beinen ausgestreckt. Fasse diesmal deinen linken und rechten Zeh mit der linken und rechten Hand respektive. Oder, falls du nicht so weit nach vorne kommst, lass einfach jede Hand auf der entsprechenden Stelle deiner angenehmen Grenze beim Strecken auf dem Schienbein ruhen. Lass den Oberkörper und Kopf wie bei den anderen Kopf-zum-Knie-Stellungen bis zu einer angenehmen Grenze nach unten zu den Knien kommen und halte für ungefähr 10 Sekunden. Entspanne dich danach. Bei einer fortgeschritteneren Version der links- und rechtsseitigen Kopf-zum-Knie-Stellung sitzt man auf der Ferse, wodurch mehr Druck auf das Perineum ausgeübt wird. Gleichzeitig hält man bei der Ausführung dieser Stellung die Luft einer vollen Einatmung an (Kumbhaka). Die Einatmung und Ausatmung erfolgt in Form der Wirbelsäulenatmung, und auch Sambhavi, Mulabandha und das Heben des Bauches (siehe unten – in diesem Fall bei gefüllten Lungen) werden während dieser Stellung genutzt. Diese fortgeschrittene Form der Kopf-zum-Knie-Stellung nennt man „Maha Mudra“.

5. Schulterstand (Viparitakarani oder Sarvangasana): Lege dich auf den Rücken und lass deine Hände auf den Seiten liegen. Bringe nun die Knie nach oben, rolle auch das Gesäß nach oben in die Luft und lege dabei die Hände unter den nach oben gerollten Rücken. Geh noch weiter in diese Richtung, strecke die Beine und geh damit über den Kopf nach oben. Nutze deine Hände zur Unterstützung deines Rückens, indem du sie mit dem Ellbogen auf dem Boden abstützt. Finde in dieser Stellung ein angenehmes Gleichgewicht und halte sie für ungefähr zehn Sekunden. Das muss kein Strecken gerade nach oben sein. Der eigentliche Sinn ist der, dass man den Körper in eine Umkehrstellung bringt. Dies ist der Hauptzweck des Schulterstandes. Bevor du zurück nach unten kommst, gehe noch zur nächsten Stellung.

6. Pflug (Halasana): Im Schulterstand lass deine Beine und deinen Oberkörper über deinen Kopf zum Boden herunterkommen. Behalte deine Ellbogen weiter auf dem Boden und stütze deinen Rücken je nach Bedarf mit den Händen. Soweit dies möglich ist, lass die Füße mit gestreckten Beinen bis ganz hinunter zum Boden kommen und dann auch die Arme nach unten, so dass sie hinter dir flach auf dem Boden liegen. Halte diese Stellung für ungefähr 10 Sekunden. Kommen die Beine und der Rücken nicht so weit, dass die Füße den Boden berühren, dann halte bei deiner angenehmen Grenze. In diesem Fall kannst du deine Knie in Richtung Schultern beugen, als ob du dich zu einem Ball einrollen wolltest. Bleibe dabei auf deine Schulterblätter gestützt und lasse die Arme deinen Rücken wie im Schulterstand unterstützen. Bist du bei dieser eingerollten Stellung angelangt, halte sie für ungefähr 10 Sekunden. Welche Stufe des Pfluges du auch erreichst, komme nach 10 Sekunden aus der Stellung heraus und rolle dich sanft nach unten aus, bis du wieder flach mit dem Rücken auf dem Boden und den Händen an den Seiten liegst.

7. Siegel des Yoga: (Yoga Mudra): Sitze kreuzbeinig auf dem Boden. Hake die Hände bequem hinter dem Rücken ein und lass deine Arme locker hängen. Beuge dich mit dem Kopf und Oberkörper bis zu einer angenehmen Grenze nach vorn. Bist du gelenkig, berührt der Kopf vielleicht den Boden. Halte diese Stellung an deiner angenehmen Grenze für ungefähr 10 Sekunden und richte dich dann wieder auf.

8. Kobra (Bhujangasana): Drehe dich auf den Bauch, so dass du flach auf dem Boden liegst. Lege deine Hände unter deine Schultern, als ob du Liegestütze machen wolltest. Dann hebe deinen Kopf und die Schultern mit Hilfe des oberen Rückens vom Boden weg. Dabei kannst du dich auch ein wenig mit den Armen abstützen. Dein Bauch sollte den Kontakt zum Boden nicht verlieren. Am Rücken hast du nun eine gute Wölbung. Halte diese Stellung für ungefähr zehn Sekunden und komm dann wieder sanft nach unten.

9. Die Heuschrecke (Shalabhasana): Du liegst immer noch flach auf dem Bauch, strecke deine Arme und lege die nach oben zeigenden Handflächen unter beide Seiten des Beckens. Halte dein Beine gestreckt und hebe deine Knie unter Nutzung der unteren Rückenmuskeln vom Boden weg. Halte diese Stellung für ungefähr 10 Sekunden und komme danach wieder sanft nach unten.

10. Der Drehsitz (Ardha Matsyendrasana): Sitze mit ausgestrecktem rechten Bein auf dem Boden und setze deinen linken Fuß unmittelbar an der Außenseite des rechten Knies auf den Boden. Dein linkes Knie ragt dann unmittelbar vor dir empor. Strecke deinen rechten Arm an der linken Seite deines linken Knies vorbei und nutze den Druck und Gegendruck deines Ellbogens gegen das Knie, um deinen Oberkörper gegen links zu drehen. Greife mit deinem linken Arm um dich herum hinter dich, drehe dadurch den Oberkörper noch weiter nach links und berühre den Boden hinter dir mit deiner linken Hand. Drehe auch deinen Kopf nach links und schaue soweit wie du kannst nach links hinten. Halte diese Drehung für 10 Sekunden. Überanstrenge dich nicht in der Dehnung. Drehe dich nur soweit herum, wie es angenehm ist. Wechsle nun die Beine und mache dieselbe Stellung auf die umgekehrte Weise, drehe dich nach rechts und halte wieder 10 Sekunden. Entspanne dann.

11. Das Heben des Bauches (Uddiyana Bandha oder Nauli): Stehe aufrecht, mit den Füßen schulterbreit auseinander und lehne dich mit den Händen auf die Knie. Nimm einen tiefen Atemzug und stoße so viel Luft aus den Lungen aus, wie du kannst. Ziehe nun den Bauch mit leeren Lungen unter Nutzung des Zwerchfells ein und nach oben. Halte den Bauch für fünf Sekunden innen und oben und lasse ihn dann wieder zurückgehen, ohne jedoch schon einzuatmen. Zieh deinen Bauch wieder für fünf Sekunden ein und nach oben und dann noch einmal für fünf Sekunden oder länger. Nun entspanne und nimm einen tiefen Atemzug. Diese Stellung nennt man Uddiyana Bandha. Man kann das so weiterentwickeln, dass es zu Nauli wird, wenn du bei den Lektionen soweit bist. Nauli ist das Thema der Lektion 129.

12. Stehende Rückwärtsbeuge (Urdhvasana): Stelle dich mit etwas gespreizten Beinen hin und beuge dich mit gestreckten Armen über deinen Kopf und Rücken soweit zurück, wie es für dich angenehm ist. Krümme dabei dein Rückgrat zurück und hab acht, dass du nicht nach rückwärts umkippst. Halte diese Stellung für ungefähr 10 Sekunden. Dann stell dich wieder aufrecht hin und entspanne.

13. Stehende Vorwärtsbeuge (Padahastasana): Stelle dich mit etwas geöffneten Beinen hin, greife mit beiden Händen hinunter auf den Boden und halte dabei deine Knie gestreckt. Berühre oder greife deine Zehen, wenn du dies ohne Unannehmlichkeit tun kannst. Wenn du gelenkig bist, kannst du die Handflächen flach auf dem Boden aufsetzen. Bei der Ausführung dieser Stellung kann der Kopf vielleicht in die Nähe der Knie kommen oder sie sogar berühren. Kommst du nicht so weit, ist das auch in Ordnung. Lass die Hände und den Kopf bis zu deiner angenehmen Grenze nach unten kommen. Halte diese Stellung für ungefähr 10 Sekunden.

14. Totenstellung (Shavasana): Lege dich auf den Rücken, spreize Arme und Beine etwas ab und entspanne. Erlaube deinem Geist, sich völlig zu entspannen. Bleib für ungefähr eine Minute in dieser Stellung, wenn du willst auch länger. Nun bist du bereit, deine Sitzhaltung für das Pranayama und die Meditation einzunehmen.

All diese Stellungen können in ungefähr 10 Minuten ausgeführt werden. Bist du in Eile, kannst du sie auch in noch kürzerer Zeit machen, doch ist dies nicht zu empfehlen.

Dies sind die grundlegenden Stellungen und die meisten davon können auch in fortgeschritteneren Varianten ausgeführt werden. Nauli, eine fortgeschrittene Version von Uddiyana, wurde erwähnt, weil die Übung weiter unten in den Lektionen beschrieben ist (Lektion 129). Maha Mudra wurde für diejenigen beschrieben, die die Prinzipien und Ausübung von Druck am Perineum (Siddhasana Effekt), Wirbelsäulenatmung, Atemrückhaltung (Kumbhaka), Sambhavi, Mulabandha und das Heben des Bauches (Uddiyana) in eine einzige Asana integrieren wollen. Maha Mudra ist die Asana, mit der man dies erreicht. Es ist eine exzellente Methode zur Lockerung der Sushumna vor dem Pranayama und der Meditation. Dadurch wird auch die Erweckung innerer ekstatischer Energien unterstützt. Es gibt noch sehr viele andere Asanas, die hier nicht erwähnt wurden. Dies ist eine Routine für Anfänger – eine Asana-Grundausstattung. Sie reicht aus, das Nervensystem für die sitzenden Übungen vorzubereiten.

Verkürzte Asana Grundausstattung

Für diejenigen, die nur wenig Zeit haben, gibt es immer noch Möglichkeiten, sich vor den sitzenden Übungen etwas aufzulockern. Der Kunstgriff besteht darin, ein paar Drehungen, Hebungen des Bauches, Rückwärtsbeugen, Vorwärtsbeugen und Umkehrstellungen zu machen. Dies sind die wesentlichen Elemente, die den Kern der meisten Asanas bilden. Zusammen genommen beugen sie den Wirbelsäulennerv und wirken so auf ihn ein, dass er für die Wirbelsäulenatmung und die tiefe Meditation vorbereitet wird. Zu diesem Zweck bieten wir hier die folgende gekürzte Routine an, die in ein paar Minuten durchführbar ist.

1. **Verdrehen der Wirbelsäule im Stehen:** Stehe aufrecht mit den Füßen schulterbreit auseinander und greife mit beiden Händen so weit wie möglich nach links hinter dich, umschlinge also deinen Oberkörper in diese Richtung. Lasse den Oberkörper und Kopf in diese Richtung (soweit es angenehm ist) mitdrehen. Halte diese Stellung für ungefähr 10 Sekunden. Entspanne dich und mache dasselbe dann in die andere Richtung.
2. **Heben des Bauches (Uddiyana oder Nauli):** Spreize deine Beine und mache diese Übung, wie sie oben beschrieben wurde.
3. **Stehende Rückwärtsbeuge:** Spreize die Beine etwas und führe die Übung wie oben beschrieben aus.
4. **Stehende Vorwärtsbeuge:** Stelle dich mit etwas gespreizten Beinen hin und führe diese Stellung genau so aus, wie oben beschrieben. Neben dem Beugen des Wirbelsäulennervs nach vorn beinhaltet diese Stellung zusätzlich eine Umkehrstellung, auch wenn diese nicht so ausgeprägt ist wie im Schulterstand.

Hier kannst du direkt zu deinen sitzenden Übungen übergehen. Wenn du die Zeit und den Platz dazu hast, dich für eine Minute hinzulegen (Totenstellung) bevor du mit dem Pranayama beginnst, ist das gut. Diese vier Stellungen können so gestrafft werden, dass sie – bei Zeitmangel – auf insgesamt ungefähr eine Minute verkürzt oder auch auf mehrere Minuten ausgedehnt werden können. Sollte für die gesamte Asana-Reihe nicht genug Zeit sein, ist dieser verkürzte Block viel besser, als überhaupt keine Asanas. Man braucht sich dazu nicht auf den Boden zu legen und er kann in Straßenkleidern fast überall ausgeführt werden.

Zeit ist unser wichtigstes Gut im Leben. Oft haben wir zu wenig davon. Das Thema Zeitmanagement greifen wir im Laufe der Lektionen immer wieder auf und behandeln es ausführlich in Lektion 209 „Das Einpassen der täglichen Übungen in einen vollen Terminkalender". Dort siehst du, wie Asanas in der Hackordnung in Beziehung zu all den anderen Übungen bei Zeitengpässen zu kategorisieren sind. Wir würden gern zweimal jeden Tag eine vollständige Routine machen. So beschleunigen wir unser Vorwärtskommen auf dem Weg zur Erleuchtung. In dieser geschäftigen Welt werden wir jedoch immer wieder einmal dazu gezwungen Kompromisse einzugehen. Wir versuchen also dabei so effizient wie möglich vorzugehen, indem wir bei unseren Übungen Prioritäten setzen, um mit der uns zur Verfügung stehenden Zeit so viel spirituelle Vorteile herauszuholen wie möglich.

Auf den folgenden Seiten findest du Abbildungen zur Asana-Grundausstattung. Mit der Zeit neigst du vielleicht zu fortgeschritteneren Versionen dieser Asanas oder du nimmst mehr Asanas in deine Zusammenstellung. Vielleicht bleibst du auch bei dieser Routine. Wie auch immer, hiermit hast du diese Routine für Anfänger und kannst einige effektive Beugungen und Streckungen machen, die dir beim Hineinkommen in die sitzenden Übungen helfen. Viel Spaß!

1. Aufwärmen:
a) Kopf zum Herzen

1b) Hände zum Herzen

1c) Füße zum Herzen

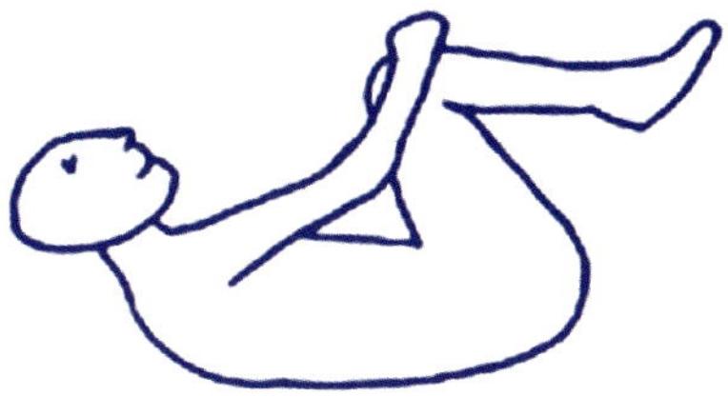

2a) Angezogene Knie

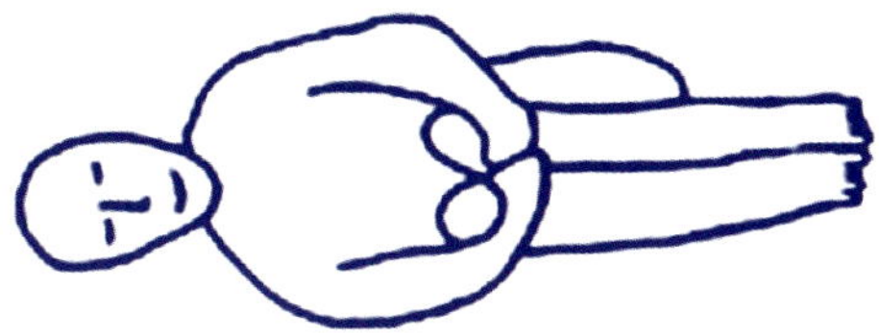

2b) Links-rechts-Rollen

3. Fersensitz

4. Im Sitzen: a), b) Kopf zum Knie

c) Kopf zu beiden Knien

5. Schulterstand

6. Pflug

7. Siegel des Yoga

8. Kobra

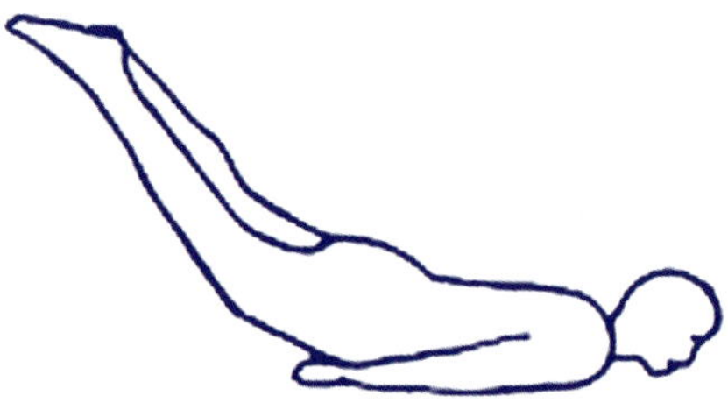

9. Heuschrecke

10. Drehsitz

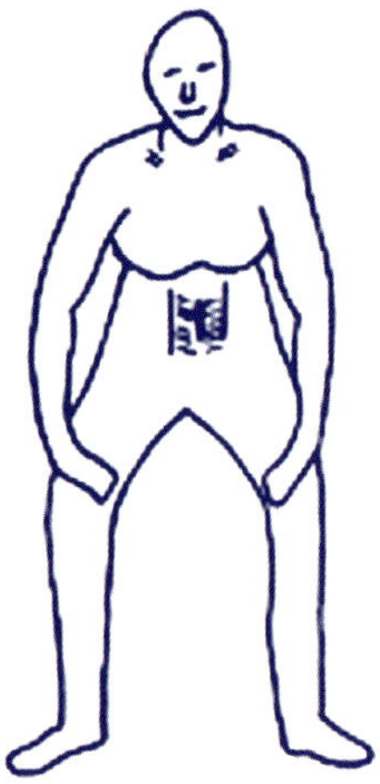

11. Heben des Bauches

12. Stehende Rückwärtsbeuge

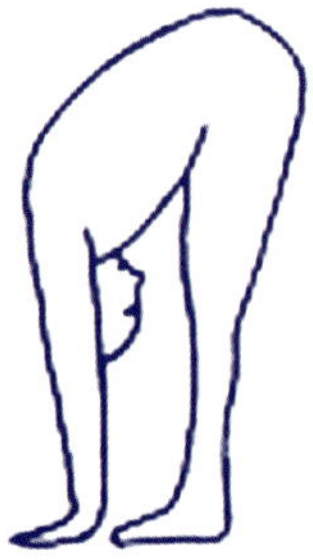

13. Stehende Vorwärtsbeuge

14. Totenstellung

Lektion 72 – "Bitte sag mir genau, was ich tun soll."

Frage: Wenn ich dir all die Einzelheiten meines Lebens schildere – meinen Lebensstil, meine Gewohnheiten, die frühere und derzeitige spirituelle Praxis, meine Erfahrungen – kannst du mir dann genau sagen, wie ich diese spirituellen Übungen, die du so beredsam beschreibst, handhaben soll?

Antwort: Das kann ich leider nicht. Bei unserem Ansatz muss das von dir selbst kommen. Das Ziel hier ist es, dir alles zur Verfügung zu stellen, was du brauchst, damit du eine gute Routine mit spirituellen Übungen aufbauen und dich mit der Zeit in Eigenverantwortung mit Selbstbeobachtung zu höheren Ebenen der Übung und Erfahrung entwickeln kannst. Wir stellen allgemeine Richtlinien für das Praktizieren zur Verfügung und weisen auch auf die notwendigen Vorsichtsmaßnahmen – eine Menge von Vorsichtsmaßnahmen – hin. Es ist mir nicht möglich, jede Person individuell anzuleiten, vor allem da jeder andere Neigungen besitzt, einen anderen Hintergrund mit spirituellen Praktiken hat und verschiedenartige Erfahrungen mit den früheren Übungen gesammelt hat.

Diese Lektionen sind für die große Allgemeinheit geschrieben. Erweist sich, dass sie etwas taugen, hoffe ich, dass sie schließlich auch die große Masse erreichen. Das liegt in den Händen aller Mitglieder, also auch in deinen, da gute Informationen hauptsächlich durch persönliche Empfehlung weitergegeben werden. Meine Aufgabe ist es, diese Lektionen für die allgemeine Leserschaft so gut wie möglich zu gestalten. Vielleicht ist das ein Ding der Unmöglichkeit. Die Zeit wird es zeigen.

Jemand sagte einmal: "Um die schwierigen Dinge können wir uns sofort kümmern. Das Unmögliche wird etwas mehr Zeit in Anspruch nehmen."

Dieser Ansatz ist nicht für jeden geeignet. Manche (vielleicht viele) werden die persönliche Unterstützung eines äußeren Gurus oder Lehrers in ihrer Nähe brauchen. Solltest du feststellen, dass du dergleichen benötigst, dann setze alles in Bewegung, damit du einen Guru oder Lehrer findest. Betrachte in solch einem Fall diese Lektionen als eine allgemeine Hilfsquelle. Sie sind so entworfen, dass sie auch dabei hilfreich sein können. Sie sind dazu da, dein Bhakti (spirituelles Verlangen) anzukurbeln und das inspiriert dich möglicherweise loszugehen und einen äußeren Guru zu suchen. Möglicherweise wird auch einer aufgrund deines gesteigerten Verlangens von dir angezogen. Das wäre wunderbar. Anderen werden diese Lektionen völlig ausreichen, wenn sie die mitgelieferten Richtlinien beachten. Es hängt alles von dir – und dem Licht, das in deinem Herzen heller wird – ab.

Natürlich sind Rückmeldungen und Fragen willkommen. Alle E-Mails beantworte ich so gut es mir möglich ist. Ich bin froh, wenn ich Vorschläge machen kann, aber ich bin nicht in der Lage, für jeden ein auf ihn selbst abgestimmtes Übungsprogramm zu erstellen. Viele aufrichtige Anfragen wurden bisher an mich gerichtet und ich fühle mich geehrt sie zu erhalten und zu beantworten. Fragen und Antworten von allgemeinem Interesse werden – so wie diese hier – in die Lektionen aufgenommen.

Der Guru ist in dir.

Lektion 73 – Mehr zu Chakren

Frage: Als Heiler hab ich es immer so verstanden, dass die Chakren sich im Gleichgewicht befinden sollten und dass Yoga ein Weg ist, der den Ausgleich in diesen Energiezentren unterstützt. Ich bin aber vor kurzem auf eine Hypothese gestoßen, dass nur das Basis-, das Sakral- und das Solarplexus-Chakra offen und das Herz-, Kehl- und Stirn- und Kronen-Chakra geschlossen sein sollten. Das finde ich sehr sonderbar und ich wäre dir dankbar, wenn du mir sagen könntest, wie du darüber denkst.

Antwort: In Lektion 47 – „Chakren?", findest du eine Übersicht zu dem Ansatz, den wir bezüglich Chakren in diesen Lektionen anwenden. Bei uns ist das keine direkte Einflussnahme auf die Chakren. Wir erlauben den Chakren, nachdem reines Glückseligkeitsbewusstsein und ekstatische Erfahrungen in den Übungen (insbesondere in der tiefen Meditation und der Wirbelsäulenatmung) aufkommen, mehr auf natürliche Weise ihre Funktion aufzunehmen.

Alle Übungen wirken grundsätzlich entweder direkt oder indirekt auf die Chakren. Dabei müssen wir dem inneren Mechanismus der Chakren gar keine Aufmerksamkeit schenken. Weil dieser Ansatz den Schwerpunkt auf Übungen legt, anstatt die Beeinflussung der Chakren in den Vordergrund zu stellen, wurden bisher noch keine Überlegungen dazu angestellt, welche Chakren offen und welche geschlossen sein sollten. Die einzige Ausnahme ist das Kronen-Chakra, das bei vorzeitiger Öffnung zu Problemen führen kann, wie bereits in der Lektion 69 – "Kundalini-Symptome, Unausgewogenheiten und Gegenmittel", besprochen wurde. Es gibt viele unangenehme Geschichten zu dem Thema. Gopi Krishnas Buch, "Kundalini – Erweckung der geistigen Kraft im Menschen", das vor vielen Jahren erschienen ist, ist nur ein Beispiel. Es ist ein gutes Buch, in dem berichtet wird, wie man auf die harte Tour zur Erleuchtung kommt. Das Kronen-Chakra ist also etwas, was wir nicht zu früh öffnen wollen.

Die von dir erwähnte Hypothese, dass man die unteren Chakren öffnen sollte, die oberen aber nicht, scheint mir nicht mit dem erstrebten Ausgleich der weiblichen und männlichen Energien im Körper vereinbar und wenig förderlich für die Erleuchtung, sollte dies das Ziel sein. Damit lässt man auf jeden Fall Meditation und Wirbelsäulenatmung unberücksichtigt, die beide eine umfassende Wirkung auf alle Chakren und besonders auf die zwischen Wurzel-Chakra und Stirn-Chakra verlaufende Sushumna (Wirbelsäulennerv) haben. Auch Sambhavi am dritten Auge und eine ganze Menge anderer Mittel, die wir hier behandeln wollen und auf die obere Hälfte des Körpers und den Kopf angewandt werden, können da keine Rolle spielen. Gemäß dieser Hypothese sollte man nur die untere Hälfte der Sushumna und der Chakren stimulieren und sich darauf verlassen, dass die Energie ihren Weg selbst nach oben findet, ohne irgendetwas dafür vorzusehen, dass die Energie auch nach unten fließt, um sich mit der nach oben fließenden zu vereinigen. Das scheint mir ein Nur-Shakti-Ansatz zu sein. Das würde sicher die Probleme mit dem Kronen-Chakra, wie wir es oben erwähnt haben, vermeiden. Aber es verhindert auch oder verzögert zumindest stark die Aktivierung der gesamten Sushumna. Es scheint mir also ein einseitiger Ansatz zu sein. Andererseits muss es aber für bestimmte Leute einen Nutzen haben. Warum wäre das sonst niedergeschrieben worden? Den Fall, dass es nur eine Theorie ist, schließe ich natürlich aus. Die Erfahrung, die jeder selbst macht, wird letztendlich das Urteil über alle Theorien fällen.

Vielleicht reden wir hier aber auch von zwei ganz verschiedenen Dingen. In diesen Lektionen geht es um die Förderung des Erleuchtungsprozesses im Menschen und es gibt viele Methoden, mit denen man initiativ auf jeden Winkel des Körpers, des Geistes und des Herzen dahingehend Einfluss nehmen kann. "Chakra Balancing"[3] und andere ähnliche Ansätze haben vielleicht als Hauptziel die Wiederherstellung der Gesundheit und fahren keine großen Geschütze für die Transformation zur Erleuchtung hin auf, einem Ziel, das viel ehrgeiziger ist. Wie auch immer, es scheint, dass der Ausgleich von weiblichen und männlichen Energien sehr wichtig ist – ganz zu schweigen vom Hervorbringen des alles umfassenden reinen Glückseligkeitsbewusstseins aus dem Inneren in der Meditation, die eine Voraussetzung sowohl für gute Gesundheit als auch für die Erleuchtung ist.

In diesen Lektionen sollen theoretische Ansätze des Yoga so weit wie möglich außen vor bleiben. Dieser Ansatz stützt sich vornehmlich auf Erfahrungen und ist deshalb, hoffentlich, für jeden etwas sehr Praktisches. In diesem Sinne ist das, was du hier siehst, auch das, was du bekommst. Das ist der wissenschaftliche Ansatz – oder zumindest ist er so wissenschaftlich, wie wir das werden können, wenn wir uns mit der subjektiven Seite von uns selbst beschäftigen.

---

[3] Übersetzt "Chakren-Ausgleich": Eine Gesundheitsmethode, die im englischsprachigen Wellness-Bereich ansässig ist.

Bei der Heilung arbeitest du zweifellos auch mit Erfahrungen, was vermutlich auch der Grund ist, warum du dich über die Hypothese, man solle nur die unteren Chakren öffnen, gewundert hast. Das scheint also für keinen von uns beiden viel Sinn zu machen.

Der Guru ist in dir.

Lektion 74 – Für dieses und für das nächste Leben

Frage: Ich bin 73 Jahre alt und lebe alleine, deshalb dachte ich, dass ich doch eine ganze Menge Zeit habe, meditieren zu lernen. Aber mir wurde gesagt, dass es ein ganzes Leben dauern kann, bis man den Zustand der Glückseligkeit erreicht, nach dem die Meditierenden streben. Ich habe jedoch nicht mehr viel von meiner Lebenszeit übrig. Kannst du mir irgendwelche Ratschläge geben?

Antwort: Es ist sehr inspirierend, dass du spirituell gesprochen das Beste aus der Zeit, die dir noch übrig bleibt, machen willst. Alle übrigen von uns sollten auch so denken, völlig unabhängig von unserem Alter.

Ja, allgemein meint man, dass das sehr lange dauert. Aber das ist natürlich relativ, weißt du. In der Bhagavad Gita der großen indischen Heiligen Schrift heißt es, dass bereits ein kurzes Eintauchen in die Unendlichkeit ganze Leben zukünftiger weltlicher Anstrengungen unnötig macht. Ob du also 23 oder 73 bist, sobald man damit beginnt, immer wieder kurz in reines Glückseligkeitsbewusstsein einzutauchen, bedeutet das einen großen Fortschritt. Wenn du dich in diesem Sinne mit dem Gedanken der Reinkarnation anfreunden kannst, ist das sehr motivierend. Es ist eine Form von Bhakti, weißt du. Wir alle haben spirituell gesehen viel Arbeit zu leisten, unabhängig davon, wie alt oder jung wir sind. Niemand sollte nur eine Minute zögern, damit zu beginnen.

Eines kann ich dir versichern: Was immer du heute mit deiner spirituellen Praxis erreichst, wird niemals verloren gehen. Später machst du dort weiter, wo du aufgehört hast, und setzt deine Reise zur Erleuchtung fort. Nicht nur habe ich das von jedem Weisen gehört und gelesen, dem ich in den vielen Jahren begegnet bin, ich habe das auch direkt erfahren. Ich wurde geboren und habe gleich damit angefangen, spirituelle Übungen auszuführen. Wie war das möglich? Es musste von irgendwoher kommen. Vielleicht war ich ein 73 Jahre alter Mann, der sich irgendwann in der Vergangenheit einmal spiritueller Übungen verschrieben hatte. Wer weiß? Alles, was ich weiß, ist, dass ich mit diesem Zeug, das in mir gesungen hat, geboren wurde. Die Tatsache, dass du interessiert bist, weist darauf hin, dass du auch nicht das erste Mal mit spirituellen Übungen zu tun hast. Wir waren alle schon einmal hier. Was wir jetzt mit unseren Übungen leisten, bringt uns der Erleuchtung näher. Nichts davon geht verloren.

Schreitest du in den Lektionen weiter voran, wirst du feststellen, dass die Übungen etwas aggressiver werden. Ich empfehle dir, nicht alles in Angriff zu nehmen, was du hier findest, nicht in deinem Alter. Das wäre zu viel Stress und Anstrengung. Aggressiveres Yoga ist etwas für die jüngeren Leute. Aber es gibt immer noch genug für dich zu tun. Zweimal täglich meditieren ist die beste Grundlage. Damit erreichst du schon sehr viel. Es ist, wie oben erwähnt, dein tägliches Eintauchen in die Unendlichkeit. Ein wenig leichte Wirbelsäulenatmung vor der Meditation kann helfen und möglicherweise ein paar tägliche Yoga-Stellungen, wenn du das willst und wenn du dazu in der Lage bist. Fast überall gibt es Yoga-Kurse für Senioren. Diese drei Dinge sind mehr als genug. Wenn du irgendein Unbehagen beim Pranayama (oder etwas anderem) fühlst, schraube etwas zurück oder höre sofort damit auf. Schau, dass du zu einer stetigen, komfortablen Routine findest, ohne dass du dich in deinen Übungen anstrengst. Das Wichtigste ist die angenehme, tägliche Routine ohne Anstrengung bei den Übungen. Machst du das jeden Tag, kannst du davon ausgehen, dass du eine große Investition für die Zukunft tätigst, sowohl für dieses wie für das nächste Leben.

Ich fühle mich geehrt, dass du hier teilnimmst. Ich fühle mich durch jeden hier geehrt. Das ist für mich etwas Heiliges. Vielen Dank.

Ich wünschte, jeder auf dieser Erde könnte hier mitmachen. Nicht wegen mir, sondern wegen all der aufrichtigen Sehnsucht, die man da draußen überall sieht.

Der Guru ist in dir.

Lektion 75 – Siddhasana – In einer Quelle von Ekstase leben

Gut, wir sind nun bereit für einige fortgeschrittenere Yoga-Techniken.

Von jetzt ab beschäftigen wir uns mit Übungen, die deutlich aggressiver sind. Bevor du eine davon aufnimmst, ist es unabdingbar, dass du in den bisher in Angriff genommenen Übungen gefestigt bist. Wenn du gleich mit diesen Übungen anfängst, ohne dass du dich mit Meditation, Pranayama und dem Rest der Übungen sehr gut angefreundet hast, wird nicht viel Gutes dabei herauskommen. Versichere dich, dass du im Einklang mit dem von dir gewählten Zeitplan vorgehst. Du kannst auch Jahre mit den anderen Übungen zubringen, bevor du dich bereit für diese nun folgenden sehr fortgeschrittenen Yoga- Techniken fühlst und das ist vollkommen in Ordnung. Rom wurde auch nicht an einem Tag erbaut.

Mit aggressiv meinen wir, dass mehr Fokus auf die Stimulation von Prana im Körper gelegt wird. Während das heißt, dass sich mehr reines Glückseligkeitsbewusstsein regt und mehr Ekstase in uns aufkommt, bedeutet es gleichzeitig mehr Reinigung im Nervensystem. Mehr Reinigung bedeutet, dass sich mehr Dinge lösen und aus dem Inneren herauskommen, wodurch auch Unbehagen entstehen kann. Versuche immer deine Übungen mit deinem Lebensstil in Einklang zu bringen, damit du ein stetiges Maß an Reinigung aufrechterhältst. Wir versuchen immer unsere Routine so auszubalancieren, dass der spirituelle Fortschritt maximal ist und wir gleichzeitig unser tägliches Leben locker weiterführen. Wie wir uns außerhalb der Übungen im täglichen Leben fühlen, ist die beste Messlatte. Dies wurde immer und immer wieder gesagt und kann nicht oft genug wiederholt werden. Es ist eine Lebenstatsache für jeden, der ernsthaft den Yoga-Pfad beschreitet. Man könnte dies die hohe Kunst der Hausreinigung nennen – eine, bei der wir kein Chaos verursachen.

In diesem Sinne wollen wir also in das Thema eintauchen.

Wenn du nach all dem, was wir bisher gemacht haben, immer noch mit leuchtenden Augen und buschigem Schwanz herumläufst, hast du für das, was jetzt kommt, sicher ein Naturtalent und du wirst jede Einzelheit davon lieben. Entweder das oder du schreiest "Das ist ja exzentrisch!". Vielleicht machst du auch beides zugleich – dass du das Exzentrische liebst.

Siddhasana ist der nächste Schritt in der Vervollständigung unserer Übungen. Es bedeutet "Sitz der Vollkommenen". Du erinnerst dich an Lektion 33, als wir über "eine neue Art des Sitzens" bei der Meditation sprachen. Vielleicht gehst du mal zurück und liest dir die Lektion noch einmal durch.

Wir gehen hier bezüglich dem, was wir in Lektion 33 besprochen haben, einen Schritt weiter. Wir haben dort gesagt, dass es gut wäre zu lernen, bequem in der kreuzbeinigen Sitzhaltung – die Zehen ein bisschen unter den jeweils anderen Fuß gesteckt und die Sohlen nach oben gedreht – meditieren zu können. Dies gelingt am besten auf einer weichen Unterlage wie einem Bett und mit Rückenunterstützung, wobei dies sowohl für das Pranayama als auch für die Meditation gilt.

Nun schieben wir den inneren Fuß weiter unter und setzen unsere Ferse unter unser Perineum. Wir sitzen dort auf unserer Ferse, während die Oberseite des Fußes fast flach auf dem Bett aufliegt. Es ist keine gute Idee, das auf einer harten Oberfläche auszuprobieren.

Man braucht nicht sein ganzes Gewicht auf die Ferse zu legen. Verwendest du die empfohlene Rückenunterstützung, kannst du dich ein wenig zurücklehnen und eine ziemlich angenehme Haltung finden, in der du mit der Ferse fest gegen das Perineum gepresst sitzt – nicht zu fest, nicht zu sanft. Wie schon in Lektion 33 besprochen, kannst du beide Füße in der unteren Position einsetzen und je nach Notwendigkeit, um zur Bequemlichkeit zurückzukehren, abwechseln. Wie bei allen neuen Übungen, die wir aufnehmen, gibt es eine "klobige" Phase, in der es sich ein wenig unbeholfen anfühlt. Bei dieser Übung ist dies vielleicht besonders der Fall. Lass dich dadurch nicht davon abhalten, sie zu lernen. Es sollte nicht lange dauern, bis du herausfindest, dass diese Übung sexuell stimulierend ist und das wird es als noch klobiger erscheinen lassen. Anfangs ist sie möglicherweise sowohl klobig als auch sinnlich.

Wir lassen den anderen Fuß dort, wo er war – unter das Schienbein des Beines geschoben, das nach unten gegangen ist. Oder wir können dieses zweite Bein manchmal ausgestreckt auf dem Bett lassen, wenn das bequemer ist. Dies ist eine vereinfachte Form von Siddhasana. Bei der offiziellen Version liegt der zweite Fuß auf dem ersten, wie im halben Lotussitz (ohne Rückenunterstützung) und man sitzt möglicherweise irgendwo auf einem harten Felsen. Es ist nicht notwendig, das alles so zu machen, um die richtige Wirkung zu erzielen. Diese Wirkung ist eine konstante vom Perineum aus aufwärts gerichtete Stimulation sexueller Energie während unserer sitzenden Pranayama- und

Meditationsübungen. Wir wollen dies und wir sitzen mit einem Druck auf dem Perineum so, dass wir das absichtsvoll ausbilden. Natürlich soll es sich auch gut anfühlen.

"Wie kann ich jemals auf diese Art meditieren?" sagst du vielleicht. Du kannst. Vielleicht am Anfang nicht, ohne ein wenig abgelenkt zu werden. Aber es ist etwas, in das du dich im Laufe der Zeit einarbeiten kannst. Anfangs wirst du vielleicht nur während des Pranayama im Siddhasana sitzen wollen und es während der Meditation wieder gut sein lassen. Aber schon bald wirst du dich in Siddhasana vollkommen wohl fühlen und sogar vergessen, dass du dich während deiner Übungen darin befindest. Es ist eine Art Training, das du aufnimmst, ein schrittweiser Aufbau einer Gewohnheit. Es sind jedoch zwei Arten von Training gleichzeitig am Laufen, was Siddhasana ein wenig knifflig macht.

Zuerst kommt der physische Teil: den Körper bis zu dem Punkt daran zu gewöhnen, bis es sich körperlich völlig bequem anfühlt, in Siddhasana zu sitzen. Wir wissen alle, dass wir den Körper schrittweise in eine bestimmte Richtung locken können. Haben wir es bereits geschafft, uns in der kreuzbeinigen Sitzhaltung wohl zu fühlen, wissen wir, dass man auch das erreichen kann. Haben wir uns bisher nicht an die kreuzbeinige Sitzhaltung gewagt, ist diese Art von Siddhasana im Moment nicht so einfach, nicht auf die Art, wie es eben beschrieben wurde. Aber es gibt andere Wege dorthin zu gelangen. Mehr dazu weiter unten.

Die zweite Art Training, die im Gange ist, kann eine größere Herausforderung sein. Das ist das Durchstehen der sexuellen Gefühle, die Siddhasana auslöst. In Siddhasana trainieren wir unsere sexuelle Energie dahin, dass sie auf angenehme Weise aufwärts fließt und dabei bisher inaktive Bahnen in unserem Nervensystem öffnet. Wir sitzen aus zwei Gründen während unserer spirituellen Praxis in Siddhasana. Erstens sitzen wir während Pranayama und Meditation die festgesetzte Zeit und das ist automatisch auch eine Zeit, die wir (eine zeitlang) in Siddhasana zubringen können. Das macht Siddhasana zu einer regelmäßigen täglichen Übung, wie alles andere auch und wir müssen keine zusätzliche Zeit zu unserer Übungszeit hinzufügen, um das durchführen zu können. Zweitens interagieren Pranayama und Meditation mit den Wirkungen von Siddhasana so, dass der Fluss von Prana und reinem Glückseligkeitsbewusstsein im Nervensystem sehr verstärkt wird. Zusätzlich üben wir uns in Mulabandha und Sambhavi. Die Integration all dieser Übungen befeuert den Prozess der in uns stattfindenden Evolution sehr stark.

Betrachte die sexuelle Energie als ein wildes Pferd. Wir wollen uns dieses Pferd für einen sinnvollen Zweck dienstbar machen. Was tun wir also? Wir besteigen dieses wilde Pferd und reiten es. Zuerst springt es wie wild umher – das sprichwörtliche "bockige, unberittene Pferd". Aber schon ziemlich bald merkt das Pferd, wer da buchstäblich die Zügel in der Hand hält und beginnt sich zu beruhigen. Es findet eine neue Art des friedlichen Daseins innerhalb der Bedingungen, die wir geschaffen haben. Dann wird das Pferd, für welchen Zweck wir es auch immer eingeritten haben, sehr nützlich. Das ist genau das, was Siddhasana leistet. Es erschafft eine Bedingung, an die sich die sexuelle Energie – zu unserem Vorteil – anpassen muss. Unser Ziel im Yoga in Bezug auf die sexuelle Energie ist es, deren Nützlichkeit nach oben auszudehnen und ihr dadurch zusätzlich zur nach außen gerichteten Reproduktionsfunktion noch etwas Weiteres hinzuzufügen. Wir wollen unsere Sexualität so umgewöhnen, dass sie unsere innere spirituelle Transformation unterstützt. Dieses Prinzip haben wir bereits in den bisherigen Lektionen angesprochen, als wir zum ersten Mal über Kundalini und Mulabandha sprachen. Nun gehen wir einen Schritt weiter. Sobald wir uns mit Tantra-Yoga-Methoden beschäftigen, fügen wir weitere Dinge hinzu, die in dieselbe Richtung führen.

Beginnt sich das undressierte Pferd der sexuellen Energie in Siddhasana zu beruhigen, verändern sich unsere Erfahrungen mit Pranayama und der Meditation außerordentlich. Was bisher eine wilde sexuelle Energie war, die dahin und dorthin drängte, wird zu einem ruhigen nach oben gerichteten Fluss wohltuender Energie, zu einer Quelle, die aus unserem Wurzel-Chakra aufsteigt. Dies ist eine friedvolle, leuchtende, ekstatische Energie, in der wir unbegrenzt bequem sitzen können. Es ist kein bockendes Pferd mehr. Stehen wir auf, unseren täglichen Pflichten nachzugehen, ist die Energie immer noch da (selbst wenn wir nicht mehr in Siddhasana sitzen). Unsere innere Biologie verändert sich in Bezug auf den inneren Prana-Fluss zu etwas viel Größerem. Für uns wird es dann ganz natürlich erscheinen, uns zu fühlen, als wären wir mit göttlichem Licht erfüllt. Wir werden in allen Lebensbereichen autonomer. Dann erst sind wir wirklich in der Lage, anderen zu geben, weil unsere grundlegenden Bedürfnisse durch eine überfließende Glückseligkeit aus unserem Inneren erfüllt werden.

Siddhasana ist also eine sehr wichtige Übung. Eine, die anfangs ein wenig knifflig ist, die es jedoch wert ist, sich darin einzuarbeiten.

Wie lange dauert es, "das Pferd" einzureiten? Das ist von Mensch zu Mensch verschieden. Für die meisten ist es eine schrittweise Entwicklung. Die erste oder auch noch die zweite Woche können verrückt sein. In einem Monat haben sich die Dinge ein wenig beruhigt. In drei Monaten ist es ganz angenehm. In sechs Monaten bis zu einem Jahr hat sich wahrscheinlich Stabilität eingestellt und es wird ein natürlicher Teil des täglichen Lebens sein. Nach ein paar

Jahren sind wir es gewohnt, uns ständig in Ekstase zu baden, ohne es aber jemals als selbstverständlich vorauszusetzen. Wir können dann immer, ohne abgelenkt zu sein, in Siddhasana sitzen und es ist für uns ganz normale ekstatische Glückseligkeit – das gewöhnliche Leben mit einem spirituell erwachten Nervensystem.

All die Wirkungen der fortgeschrittenen Yoga-Übungen, die bisher in diesen Lektionen besprochen wurden, werden durch Siddhasana sehr stark angereichert und wir können zu immer mehr weitergehen. Das ist sehr wichtig, da es immer höhere Ebenen des Fortschritts zu erreichen gibt. Ein wahrer Yogi oder Yogini hört niemals auf voranzuschreiten, wie ungeheuer die Erfahrungen auch immer werden.

Während all dieser durch Siddhasana hervorgerufenen Veränderungen behalten wir unser tägliches Pranayama und die Meditation wie bisher bei. Die Gefühle, die in Siddhasana aufkommen, behandeln wir wie alle anderen Gedanken und Gefühle, die beim Pranayama und der Meditation aufkommen: Wir favorisieren einfach die Technik, die wir gerade üben, wie wir das immer machen. Wir behalten auch wie bisher unsere Mulabandha und Sambhavi Übungen bei. Siddhasana hat einen starken Effekt auf die Öffnung des Wirbelsäulennervs und auf den Aufstieg ekstatischer Leitfähigkeit.

Für diejenigen, die, aus welchem Grund auch immer, nicht in der Lage sind, kreuzbeinig zu sitzen, gibt es immer noch die Möglichkeit von Siddhasana – mit den gleichen Effekten hervorgerufen durch andere Mittel. Du kannst, wo immer du auch für Pranayama und Meditation sitzt, eine Prothese verwenden. Vielleicht einen Gummiball oder ein hartes kleines Kissen – etwas, das dem Druck einer auf das Perineum drückenden Ferse ähnlich ist. Das ist völlig ausreichend. Du erzielst auf diese Weise auch den Effekt. So vermeidest du, deinen Körper zu größerer Flexibilität hintrainieren zu müssen und trainierst immer noch deine sexuelle Energie – worum es bei Siddhasana eigentlich geht. Alles andere stimmt mit dem oben Besprochenen überein. Du benutzt einfach nur eine andere Methode und erzielst das gleiche Ergebnis.

Wird die Stimulation zu irgendeinem Zeitpunkt zu stark, so dass es nicht mehr möglich ist, zu meditieren oder irgendetwas anderes Angenehmes in den Übungen zu tun, ist es wichtig, etwas zurückzustecken. Das gilt für alle fortgeschrittenen Yoga-Übungen. Sobald wir merken, dass wir uns übernehmen, machen einen Schritt zurück, weil wir es damit vermeiden, ganz vom Wagen der Übungen herunterzupurzeln. Wir spielen nicht den Helden und vermeiden es dadurch, aufgrund von übermäßigen Schwierigkeiten zu leiden. Mach immer einen Schritt zurück, wenn es zu viel wird. Finde deine eigene stabile Plattform abgeschwächter Übungen und entspanne dich dort, bevor du versuchst, wieder weiterzugehen. Du kannst immer zurückkehren und dort weitermachen, wo du vorher aufgehört hast.

Der Guru ist in dir.

Lektion 76 – "Siddhis: Sind diese Fähigkeiten etwas Reales?"

Frage: Gibt es die berühmten Siddhis wirklich? ... in deinen Erfahrungen, natürlich! Wenn sie existieren, könnten diese Übungen zu Erfahrungen mit ihnen führen? Ich weiß, viele Lehrer warnen, dass sie nur ablenken und eine Falle für das Ego darstellen, aber für mich wären sie der Beweis dafür, dass die menschlichen Fähigkeiten über das hinausgehen, was uns bisher gelehrt wurde.

Antwort: Stammst du aus Missouri, dem "Zeig-mir"-Staat? – Ich mach nur Spaß.

Das ist eine gute Frage.

Wenn du an das Neue Testament und viele andere Berichte glaubst, dann existieren diese Fähigkeiten wirklich. Aber ich werde für dich in absehbarer Zeit nicht durch den Himmel fliegen oder durch Wände gehen. Noch werde ich die 5000 speisen oder die Toten erwecken. Hier gibt es keinen Anspruch auf einen Guru-Status. Deshalb brauche ich keines dieser Dinge vollbringen. Ich bin ein ganz normaler Bursche wie jeder andere.

Wir ganz normalen Menschen können uns so kultivieren, dass wir ständig in unserem Leben wundersame Erfahrungen machen. Das ist wichtig anzumerken. Es besteht eine Beziehung zwischen dieser Tatsache und den Siddhis und zwar auf der Ebene der Übungen.

Wie du vielleicht weißt, wird in Patanjalis *Yoga Sutren* eine Technik, die als "Samyama" bekannt ist, als Quelle für die Siddhis angesehen. Samyama ist systematisches Initialisieren von bestimmten Vorstellungsbegriffen innerhalb des reinen Glückseligkeitsbewusstseins. Aber Samyama wird nicht ausgeübt, um damit Siddhis zu erlangen. Man macht Samyama zum Zweck der Reinigung des Nervensystems. Nebenbei führt es weiter auf dem Weg zu den Siddhis. Samyama ist eine spirituelle Übung, die wir mit allen anderen Übungen, die wir hier besprechen, in Einklang bringen und zusammen üben können. Die vornehmlichen Wirkungen von Samyama sind das Bewegen von reinem Glückseligkeitsbewusstsein und sich ausdehnender Ekstase im und über den Körper hinaus. Samyama ist eine Ausdehnung von all dem, was wir bisher in den fortgeschrittenen Yoga-Übungen tun. Es wurde in der allerersten Lektion in der Liste der Dinge, die abgedeckt werden würden, erwähnt. Dort hieß es, wir würden "mit potenten Mitteln stille innere, sich auch nach außen erstreckende Achtsamkeit entwickeln". Das ist Samyama.

Mit Samyama werden wir in ein paar Monaten beginnen. Es wird nur zur weiteren Ausdehnung von reinem Glückseligkeitsbewusstsein und göttlicher Ekstase – nicht zur Hervorbringung von Siddhis – angewandt, auch wenn wir uns natürlicherweise in diese Richtung bewegen. Wenn Siddhis einmal kommen, werden wir uns etwas daraus machen? Lange davor schon wird das Leben für uns andauernde ekstatische Glückseligkeit sein. Das ist ein wirkliches Wunder.

Ich verstehe deine Frage und warum du sie stellst. Wirst du dich mit reinem Glückseligkeitsbewusstsein und grenzenloser Ekstase zufrieden geben? Das können wir in reichhaltiger Fülle haben, wenn wir bereit sind, die Anstrengungen dafür aufzubringen. In diesen Lektionen geht es genau darum. Du kannst auf dem Weg zu den Siddhis vorwärts kommen, wenn du willst, indem du mit den fortgeschrittenen Yoga-Übungen beginnst. Doch sobald du sie erreichen wirst, werden sie vermutlich nicht mehr sehr wichtig für dich sein. Das Ego ist lange davor in die Unendlichkeit aufgegangen.

Der Guru ist in dir.

Lektion 77 – Noch mehr zu den Chakren

Frage: Das gehört zu der Frage über geschlossene und offene Chakren. Ich bin auch ein Heiler und was ich sowohl in den Lehren als auch aus Erfahrung gefunden habe, ist, dass die Chakren von Natur aus offen sind. Der Grad des Verschlusses oder der Inaktivität (oder Hyperaktivität) eines Chakras und wie sehr ausgelaugt oder strahlend es ist, bestimmt über Krankheit in einem Lebewesen – das heißt, dass die Dinge im ätherischen Körper nicht harmonisch zusammenstimmen und die Auswirkungen davon manifestieren sich im physischen Körper.

Außerdem: Wie ich es verstehe, ist es das Herz-Chakra, das uns befähigt zu geben, zu lieben – ohne Grenzen, ohne Bedingungen zu stellen. Bei einem Heiler glaube ich, muss das Herz-Chakra mehr als jedes andere Chakra offen, aktiv und gesund sein, damit er die göttlichen Heilenergien an die Patienten weitergeben kann; das ist mein Glaube. Ich hoffe, dass ich damit niemanden beunruhige.

Und ich habe auch deine Anmerkungen zur Öffnung des Kronen-Chakras als ein wenig verwirrend empfunden – um es gelinde auszudrücken. Wenn wir irgendeine Art von Pranayama, Übungen oder Meditation ausführen, wird die Kundalini-Energie in Aktivität versetzt. Abhängig von der ätherischen Verfassung der Sushumna und den Ida- und Pingala-Nadis wie auch der Gesundheit der Chakren beginnt die Kundalini-Energie nach oben zu steigen. Es braucht nicht gesagt zu werden, dass bei den meisten von uns normalerweise der ätherische Zustand dieser Chakren und Nadis entsetzlich ist!

Wenn das passiert, spielt die Kundalini-Energie verrückt und strömt in verschiedene Nadis, wo immer Platz ist. Im Fall von Gopi Krishna zum Beispiel stieg sie den ganzen Weg zur Krone durch den Kanal der Ida hoch und unmittelbar vor dem Verrücktwerden gelang es ihm, etwas davon durch die Pingala zu zwingen und wieder ein Gleichgewicht herzustellen, was ihn gerettet hat.

Was ich sagen will: das Gleichgewicht zwischen Yin und Yang, wie auch zwischen den Shiva- und Shakti-Energien, ist unbedingt notwendig für eine ausgeglichene und sichere Meditationspraxis. Die Shiva-Energie kommt von der Krone herunter – wie können wir uns das leisten, sie nicht zu öffnen? Und wenn die Kundalini und die Shiva-Energie von der Basis beziehungsweise vom Scheitel in die Sushumna eintreten, treffen sie sich im Herz-Chakra – wie können wir das geschlossen halten?

Bitte wirf etwas Licht da drauf.

Antwort: Danke für deine umfassenden Anmerkungen zu den Chakren. Du sprichst einige wichtige Punkte an.

Bisher wurde hauptsächlich auf die Gefahren hingewiesen, die mit einer „gewaltsamen" Bearbeitung des Sahasrara-Chakras im frühen Yoga-Prozess verbunden sind, weil Kundalini unter diesen Umständen überallhin gehen kann, wie du ja betont hast. Wie du sagst, trifft das auch auf jedes andere Chakra und jede Nadi zu. Viele machen den Fehler und denken, beim Yoga ginge es nur um Chakra-Konzentration, die nach oben geht, und kommen in Schwierigkeiten. Mehr als nur einige haben mir wegen ernster Probleme deswegen geschrieben und dies bricht mir das Herz.

Wir empfehlen nicht, dass irgendetwas geschlossen bleiben soll (Sahasrara eingeschlossen), sondern dass man beim Praktizieren der fortgeschrittenen Yoga-Übungen sich alles auf eine natürliche Weise öffnen lässt. Wir denken – bei diesem Ansatz – in der Tat überhaupt nicht an die Chakren, wenn wir unsere Übungen machen. Wir betrachten sie sozusagen als „unter der Motorhaube" des Fahrzeugs liegend, während wir uns auf die Steuerelemente beim Fahrersitz beschränken. Das heißt nicht, dass andere Ansätze, die die Chakren direkter angehen, keinen Wert haben. Dies ist nur hier bei uns nicht die Herangehensweise.

Das ist also der Grund dafür, dass wir mit den globalen Übungen der Meditation und der Wirbelsäulenatmung beginnen, damit sich alles Öffnen so reibungslos wie möglich vollzieht, d.h. auf natürlichem Wege von innen heraus. Anstatt zu versuchen, die Chakren noch vor der Meditation auszugleichen, kommt bei diesem Ansatz hier die Meditation als ausgleichendes Element zuerst. Wir vertrauen darauf, dass der Anstieg von reinem Glückseligkeitsbewusstsein in der Meditation und der Wirbelsäulenatmung die Reinigung und das Öffnen auf die richtige Weise vollbringen und das tun sie auch, wenn wir der einfachen Vorgehensweise Folge leisten. Dann, nach einiger Zeit, mit einiger globaler Reinigung von allem in unserem Inneren, können wir zu aggressiveren Methoden übergehen und schließlich auch zu mehr Konzentration auf das Kronen-Chakra. Shiva holen wir anfangs sehr sanft herunter, indem wir das Ajna-Chakra (drittes Auge) für das Erwecken benutzen. Das ist ein äußerst wichtiger Teil der Wirbelsäulenatmung und des stetigen Anstiegs der ekstatischen Leitfähigkeit in der Sushumna und allen Nadis (feinen Nerven). Nochmals, das ist die Herangehensweise in diesen Lektionen. Andere Ansätze können sehr stark davon abweichen und das ist in

Ordnung. Am Ende müssen alle Methoden der genauen Prüfung des Übenden standhalten. Die Erfahrungen, die wir damit machen, ist der beste Schiedsrichter für unsere Übungen. Das ist die wissenschaftliche Methode. Früher oder später kommen wir beim optimalen Yoga an, genauso wie wir das bei vielen Technologieanwendungen erreicht haben.

Bezüglich des Herzens stimme ich dir zu hundert Prozent zu. Deshalb legen wir hier die ganze Zeit die Betonung auf das Verlangen, die Hingabe und Bhakti. Das sich öffnende Herz führt uns nach Hause. In zukünftigen Lektionen behandelte fortgeschrittene Yoga-Übungen legen einen direkteren Schwerpunkt auf das Herz. Dennoch verlassen wir uns auf die globalen Wirkungen von Meditation und Pranayama, damit sie das Meiste der mühsamen Vorarbeit im Herzen leisten. Der Anstieg von Bhakti ist von dieser Vorarbeit abhängig. Wie können wir hingebungsvoll sein, wenn das Herz nicht offen ist? Wie können wir ohne Hingabe die Motivation zur Meditation aufbringen? Das ist das große Dilemma im Yoga. Was kommt zuerst, Hingabe oder die Übungspraxis? Wir können nicht das eine ohne das andere haben. Das eine ist die Ursache des anderen. Wir brauchen beides und früher oder später erreichen wir das eine oder andere irgendwie. Haben wir das einmal, sind wir auf dem besten Weg, alles zu bekommen.

Das Nervensystem weiß, was zu tun ist, sobald wir damit beginnen, es ein wenig mit wirkungsvollen Übungen anzuschubsen.

Der Guru ist in dir.

Lektion 78 – Vergnügen und der Pfad

Frage: Ich habe eine Theorie entwickelt, dass die sinnlichen Wonnen aufgrund von Kundalini mit der Reinigung der Kanäle zusammenhängen und dass sie später abnehmen und sich die Dinge bei größerer Normalität einpendeln.

Antwort: Ja, ich stimme zu, dass Wonne eine der Hauptzugänge zur Erweckung ist.

Erleuchtung ist das Ansteigen von ekstatischer Glückseligkeit. Und, ja, es wird zur ziemlichen Normalität. Es ist unser normaler Zustand. Das ist die natürliche Abfolge von Erfahrungen, wenn wir uns auf Siddhasana einlassen, wie das vor kurzen in einer Lektion diskutiert wurde. Deine Theorie scheint schon bald bewiesen zu werden. Diese Erfahrungen sind eine Realität für alle, die die nötige Reinigung erlangt und die sexuelle Anbindung erfolgreich in Angriff genommen haben. Mit der Zeit wird dies für die Menschen mehr und mehr greifbar. Das ist die Wahrheit. Möglicherweise ist die Menschheit heute reif genug, ohne Aberglauben oder Schuld in ekstatische Erfahrungen einzutreten. Wir werden sehen.

In unserer ganzen Ekstase dürfen wir unsere tägliche Meditation nicht vergessen. Das ist die zentrale Übung. Reines Glückseligkeitsbewusstsein ist die Voraussetzung für jedweden spirituellen Fortschritt.

Der Guru ist in dir.

Lektion 79 – Auffrischende Anmerkungen zum Mantra

Frage: Ich habe das ausprobiert, das Mantra verändert sich bei mir in meinem Geist zu etwas weniger Scharfem, etwas wie AHHHHHHH MMMMMMMMMMM... und scheint auf natürliche Weise mit der Ein- und Ausatmung zusammen zu stimmen ..., ohne dass ich dahin absichtlich strebe. Manchmal kommen da auch noch Bedeutungen dazu.

Das ist für mich ein merkwürdiges Experiment. Für mich ist Mantra-Meditation nicht neu, da ich im Laufe von vielen Jahren mehrere Arten von Meditation gemacht habe. Nie habe ich dabei viel gespürt. Mir wurde gesagt, dieser Mangel an Erlebnissen sei auf „schlechtes Karma" zurückzuführen. Ich würde Anmerkungen von dir dazu begrüßen.

Antwort: Es ist in Ordnung, wenn sich das Mantra ändert, verlängert, verkürzt etc., wenn es dazu während der Meditation auf natürliche Weise kommt. Auch wenn damit Bedeutungen in Verbindung gebracht werden, ist das in Ordnung. Wir favorisieren nur locker und leicht die Vorgehensweise, d.h. wir kommen immer wieder locker zum ursprünglichen *I AM* zurück. Aber es gibt dabei auch einen Trick, der in den Lektionen erwähnt wurde. Du bist vielleicht sehr ruhig und das Mantra hat eine sehr unklare Aussprache angenommen, sehr verschwommen. Wir wissen dann, dass es das ist und das ist es, wozu wir zurückkehren. Wir erzwingen keine klare Aussprache, wenn es auf eine natürliche Weise verschwommen ist. Das ist die einfachste Ebene, zu der wir zurückkommen können, denn das ist es, von wo unsere Aufmerksamkeit abgewandert ist. Wir fangen also mit einem tieferen Zyklus an und kommen auf diesem Weg zu ihm zurück, wir kommen dahin zurück, wo es ist, anstatt eine klare Aussprache erzwingen zu wollen.

Erinnere dich daran, dass das (das Mantra immer wieder zu verlieren) genau das Spiel ist. Auf das Verlieren haben wir gar keinen Einfluss. Das Mantra geht ganz von selbst. Das ist die natürliche Fähigkeit des Verstandes, still zu werden. Wir schaffen nur immer wieder die richtigen Bedingungen mit der Vorgehensweise des Mantra-Gebrauchs. Der Verstand leistet alles andere. Zuerst mag die Erfahrung der Beruhigung des Verstandes und des Nervensystems verschiedenartig sein – ein bisschen Stille, einige friedvolle Gefühle, etwas Entspannung. Wir nehmen das nach der Meditation hinüber in unsere Aktivitäten. Allmählich kann das zu innigen Gefühlen tiefer Glückseligkeit in der Meditation führen. Das ist reines Glückseligkeitsbewusstsein, das sich in unserm Nervensystem einnistet. Und das bleibt bei uns, auch wenn wir tätig sind. Das ist der Weg.

Wenn du beim Atmen merkst, dass das Mantra mit dem Atem geht, dann favorisiere einfach die Vorgehensweise des Mantra-Gebrauchs. Vertreibe das Atembewusstsein nicht, versuche auch nicht, daran festzuhalten. Behandle es einfach wie Gedanken, die hochkommen. Wie das schon detailliert in früheren Lektionen ausgeführt wurde, teilt der Versuch, die Aufmerksamkeit sowohl auf dem Mantra als auch auf dem Atem zu behalten, den Verstand und vermindert die Effektivität der einfachen Meditation. Kommt es, ist das in Ordnung, doch es sollte nicht absichtlich als doppelte Übung herbeigeführt werden. Das ist nicht die Herangehensweise in diesen Lektionen.

Vielleicht können einige der anderen fortgeschrittenen Yoga-Übungen, die du zusätzlich zur Meditation ausführen kannst, helfen, etwas bei dir zu öffnen. Alles Karma wird sich schlussendlich auflösen. Keine von dir effektiv ausgeführte Übung zum Eindringen in das Unendliche ist vergebens. Du hast offensichtlich ein starkes Bhakti – warum würdest du sonst die ganzen Jahre meditieren? Der Vorhang soll aufgehen und was du dahinter findest, wird gut sein. Die Zeit naht, da dein göttliches Innere nach außen scheint.

Der Guru ist in dir.

Lektion 80* – Körperliche Fitness und Yoga

Frage: Welche Beziehung besteht zwischen körperlicher Fitness und Yoga? Ich würde sagen, dass das so populäre Bodybuilding nicht gut damit vereinbar ist.

Antwort: Es gibt viele Definitionen von Fitness. Man sagt ja auch: „Schönheit entsteht im Auge des Betrachters."

Zum Zweck der spirituellen Praxis bedeutet Fitness, den Körper bei guter Spannkraft und äußerlich wie innerlich elastisch zu halten. Das kann durch tägliche Spaziergänge oder andere leichte Übungen im Stile von Aerobic, leichte Fitness- und Isometrische-Übungen für alle Muskelgruppen und natürlich Yoga-Asanas erreicht werden. So etwas wie Tai Chi ist ebenfalls gut, weil es eine gute Verbindung zwischen den physischen und spirituellen Dimensionen in uns herstellt und uns gleichzeitig erdet.

Für den Bodybuilder (oder jeden physisch orientierten Athleten) ist das nicht genug. Er oder sie will sehr viel mehr mit den Muskeln tun. Die Übungen müssen darauf abzielen.

Für die spirituelle Praxis sind die oben erwähnten Dinge genug. Für andere Definitionen von Fitness wird etwas anderes dazugehören.

Nebenbei erwähnt: Es gibt keine Regel, die besagt, dass ein Bodybuilder oder ein Athlet einer anderen Sportart kein Yogi oder eine Yogini werden können. Es gibt nichts, das sagt, man könne nicht beides tun, wenn man eine Neigung dafür hat. Es ist ausschließlich eine Frage, für was man Interesse hat. Ich halte es für das Beste, wenn jeder frei entscheiden kann und wenn jeder für sein Leben selbst die Verantwortung übernimmt. In all diesen Lektionen versuche ich diese Idee zu propagieren.

Deshalb endet auch jede Lektion mit:

Der Guru ist in dir.

Zusatz: Wie oben erwähnt, stärken leichte Aerobic-Übungen das Herzkreislaufsystem genauso wie einige gymnastische und isometrische Übungen alle Muskelgruppen. Die beiden eignen sich deshalb gut, den Körper in einer richtigen Verfassung für die Yoga-Übungen zu halten. Betätigt man sich damit zusätzlich zur täglichen Asana-Praxis, kann man eine gute Mischung von Kraft und Gelenkigkeit erreichen. Für all jene, die noch kein Übungsprogramm haben, schlagen wir hier einiges vor. Aber auch wenn du bereits ein Übungsprogramm unterhältst, sind vielleicht einzelne der Vorschläge hilfreich für dich.

Aerobic-Übungen

Was kommt also bei den Übungen zuerst? Die gute Verfassung unseres Herz-Kreislauf-Systems ist eine Grundvoraussetzung für gute Gesundheit. Beginnen wir also mit Aerobic-Übungen. Was sind Aerobic-Übungen? Es ist eine Aktivität, die den Körper dazu veranlasst, mehr Sauerstoff zu verarbeiten. Übt man derartige Aktivitäten regelmäßig aus, wird dadurch das Herz-Kreislauf-System (Herz- und Blutkreislauf) gestärkt. Bei Aerobic-Übungen übt man Aktivitäten aus, die dazu führen, dass der Herzschlag für einen gewissen Zeitraum erhöht ist. So zwischen 10 bis 30 Minuten beschleunigter Herzschlag wird als eine gute Aerobic-Einheit betrachtet. Damit bewegen die Lungen, das Herz und das Kreislauf-System mehr Sauerstoff zu den Muskeln, Geweben und Organen. Das ist mit „Aerobic" gemeint – Sauerstoffverarbeitung. Je besser unser Herz-Kreislauf-System trainiert ist, desto besser fühlen wir uns und desto besser sind wir auch auf Yoga vorbereitet.

Was sind einige gute Aerobic-Übungen? – Spaziergänge sind eine sehr effektive Art von Aerobic. Sie trainieren nicht nur das Herz-Kreislauf-System sehr gut; sie erden auch die inneren Energien. Wir empfehlen lange Spaziergänge, weil diese zugleich helfen, Kundalini-Ungleichgewichte aufzufangen. Andere Aerobic-Übungen sind Jogging, Radfahren, Schwimmen, Treppensteigen, Rudern, lebhaftes Tanzen oder alles, was konstante physische Bewegungen erfordert, die zu einem erhöhten Herzschlag (nicht zu stark) für mindestens 10 Minuten führen.

Wie bei einer Yoga-Routine ist ein Übungsprogramm nur so weit von Vorteil, wie wir eine Regelmäßigkeit im Üben aufrechterhalten können. Ein langer Spaziergang einmal wöchentlich bringt schon etwas Gutes mit sich, doch wird er unser Herz-Kreislaufsystem nicht besonders trainieren. Wollen wir die Vorteile eines Trainings genießen, ist Bewegung zumindest jeden zweiten Tag sehr wichtig. Tägliche Bewegung ist sogar noch besser.

Sobald wir mit einem Übungsprogramm begonnen haben, besteht das Kunststück darin, weiterzumachen, d.h. ein Programm von täglichen (oder dreimal wöchentlichen) Aerobic-Übungen für eine vorher festgesetzte Zeit oder Wegstrecke lang beizubehalten. Das Ziel dabei ist es, unsere Herz-Frequenz um 20 – 40 Schläge pro Minute zu steigern und sie für die Zeit unserer Übungen bei der erhöhten Frequenz zu belassen.

Bevor du mit deinem Aerobic-Übungsprogramm beginnst, stelle aber sicher, dass dir deine Gesundheit keine Beschränkungen auferlegt. Bist du dir nicht sicher, dann sprich zuerst mit deinem Arzt.

Muskelaufbau

Auf welche Art wir uns auch immer „aerobisch" betätigen, es führt gleichzeitig auch zu einem gewissen Muskelaufbau. Doch wird sich dieser wahrscheinlich – abhängig von der Art der Aerobic-Übungen – auf unsere Beine und Arme beschränken. Der wichtigste Effekt von Aerobic-Übungen ist die Konditionierung unseres Herz-Kreislauf-Systems. Darauf sind wir auch aus. Wie steht es aber mit unserem übrigen Körper – all die Hunderte von Muskeln, die es uns erlauben, das tägliche Leben zu bewältigen? Diese alle in eine gute Verfassung zu bringen und in dieser zu erhalten ist für Yoga ebenfalls eine wichtige Unterstützung.

Wir Leben im Zeitalter der Fitnessstudios. Jeder geht ins Fitnessstudio. – Gut, fast jeder. Doch müssen wir wirklich diesen Aufwand betreiben, damit unser Körper einen guten Muskelaufbau erhält? Und brauchen wir wirklich all diese Ausrüstung? Falls wir kein Fitnessstudio im Haus haben und auch keine Zeit, eins aufzusuchen, was können wir unternehmen, damit wir dennoch in Form bleiben? – Es ist möglich all unsere wichtigsten Muskelgruppen in guter Spannkraft zu halten, ohne dass wir eine Ausrüstung für die Übungen nötig haben und wir brauchen dazu nicht einmal aus dem Haus zu gehen. Der Weg dahin führt über eine konzentrierte Routine leichter gymnastischer und isometrischer Übungen. Du wirst erstaunt sein zu sehen, wie viel in nur wenigen Minuten getan werden kann.

Wir wollen hier eine gestraffte Routine mit leichten gymnastischen und isometrischen Übungen vorstellen, die man in 5-10 Minuten zu Hause ausführen kann und die alle Muskelgruppen anspricht. Machst du diese jeden Tag (zumindest jeden zweiten Tag), fühlst du dich innerhalb weniger Wochen bedeutend besser. Mit dieser Übungs-Routine werden deine Muskeln kräftig und geschmeidig, ohne dass du gleich große Kraftpakete ansetzt. Bevor all die Fitnessgeräte in Mode kamen, wurden Methoden wie diese sogar zum Aufbau großer Muskeln genutzt und das geht auch heute noch.

Hier also für dich zum Ausprobieren eine gestraffte Routine zum Muskelaufbau.

1. Vereinfachte Liegestütze: Jeder Mensch hasst Liegestütze, Anwesende eingeschlossen. Doch es gibt eine Art, sie ohne das Leiden und die Qual auszuführen, und ohne, dass du dir vorkommst, als wärst du gerade einer Fußballmannschaft beigetreten oder dem Militär. Liegestütze sind sehr gut für Brust, Arme und die Rückenmuskeln. Hier ist der Trick. Nimm zwei Stühle oder irgendetwas, das ungefähr die Höhe eines Stuhls hat und stütze dich daran in Liegestützposition ab – nicht schlecht, oder? Nun komm etwas nach unten, nicht zu weit und wieder zurück nach oben. Das zählt als einmal. Nun mach das 25 Mal und komm nur so weit herunter, dass etwas Spannung in deinen Arm- und Brustmuskeln entsteht. Komm nur so weit nach unten, dass du dir sicher bist, noch die 25 Wiederholungen zu Ende bringen zu können, auch wenn es jeweils nur 5 bis 10 Zentimeter sind. Bist du in guter Form, kannst du weiter nach unten kommen und die Wiederholungen dann auf diese Weise machen. Mit anderen Worten: Du stimmst auch hier ab, was du machst. Schaffst du irgendwann bequem 25 Wiederholungen (vielleicht in einigen Wochen), dann steigere die Wiederholungen auf 50. Du gehst dann bei jedem Liegestütz vielleicht nicht tief, doch du machst 50 Liegestütze. Dann kannst du damit weiterhin arbeiten und sehen, was dabei herauskommt, ohne dass du dich dabei jemals überstrapazierst – nur diese einfachen 50, das ist alles. Du wirst erstaunt sein, was das in einigen Wochen bewirkt und wirst dich niemals so anstrengen müssen, als wärst du in einem militärischen Ausbildungslager.

2. Isometrische Bögen: Stell dich aufrecht hin, die Füße etwa schulterbreit auseinander. Lege den Handballen deiner linken Hand auf den Handballen der rechten Hand. Nun hebe deine rechte Hand in einem gewundenen Bogen zu deiner Brust (Bewegung wie mit Hantel), leiste dabei mit deiner linken Hand einen festen Widerstand und geh dann den gleichen Weg wieder zurück nach unten. Mach 50 dieser Bögen und leiste genügend Widerstand, so dass sich ein gutes Muskeltraining ergibt, doch nicht so viel, dass du keine 50 Wiederholungen schaffst. Nun mache dasselbe auf der anderen Seite. Dies ist eine dynamische isometrische Übung für das Trainieren der Arm- und Schultermuskulatur.

3. Vereinfachte Kniebeugen: Bleibe weiter mit den Füßen schulterbreit auseinander stehen und verschränke deine Hände hinter dem Kopf. Mach eine kleine Kniebeuge, dann noch mal eine, noch eine und so weiter bis zu 50. Geh nicht zu weit hinunter – nur so tief, dass du noch die 50 schaffst, ohne dich zu sehr anzustrengen. Sind deine Füße in guter Form, dann geh etwas tiefer – du weißt: Selbstabstimmung. Dies trainiert die oberen Beine gut. Wenn du nicht viel Zeit hast, wie das oft vorkommt, kannst du die Kniebeugen gleichzeitig mit den isometrischen Bögen machen. Machst du die Kniebeugen die ganze Zeit zusammen mit den isometrischen Bögen (eine Kniebeuge und ein Bogen gleichzeitig) und mit einem Armwechsel, gehören dazu 100 Kniebeugen. Du kannst die Kniebeugen bei 50 anhalten oder bis zu den ganzen 100 gehen. Du stehst sowieso da, nicht wahr? Wenn du bei den Kniebeugen nicht zu weit nach unten gehst, sollten 100 kein Problem sein. Das ist alles eine Frage der Selbstabstimmung und hängt also nur von dir ab.

4. Kräftigung des Nackens: Nun arbeiten wir mit den Nackenmuskeln in vier Richtungen. Setze zunächst die Finger beider Hände auf deine Stirn und drücke deinen Kopf 20 Mal nach vorn und unten gegen den festen Widerstand deiner Hände. Lege nun deine Finger an die Hinterseite deines Kopfes und drücke deinen Kopf 20 Mal zurück und nach unten gegen den festen Widerstand deiner Hände. Mit dem Ballen deiner rechten Hand gegen die rechte Seite deines Kopfes über dem Ohr, drücke deinen Kopf 20 Mal gegen den festen Widerstand nach rechts und unten. Wiederhole schließlich dasselbe auf die linke Seite. Mit diesen vier isometrischen Übungen trainierst und stärkst du deinen Nacken gut.

5. Fuß- und Wadentraining: Nimm einen dieser Stühle und stelle ihn gegen die Wand. Stelle dich mit beiden Füßen darauf an den Rand, so dass die Fersen über den Rand herunterhängen. Stütze dich mit den Händen an der Wand ab, damit du das Gleichgewicht nicht verlierst. Senke nun deine Fersen und drück dich wieder so hoch nach oben, wie es dir angenehm ist, während du weiterhin mit den Zehen auf dem Rand des Stuhles stehst. Dasselbe kann man auch auf der untersten Stufe einer Treppe machen. Wiederhole das 50 Mal und nutze dabei die bekannte Methode der Selbstabstimmung, damit du nichts übertreibst. Der Schlüssel sind die 50 Mal. Das ist sehr gut für die Stärkung des Fußes, des Knöchels und der Wadenmuskeln.

6. Einfache Bauchmuskelübung: Lege dich auf dem Bett oder einer anderen weichen Unterlage auf den Rücken. Am besten verankerst du deine Füße irgendwo. Setze dich auf und verhake die Hände hinter dem Kopf. Nun geh wieder die halbe Strecke zurück nach unten, setz dich wieder auf und lehne dich in Richtung Knie nach vorn. Jedes Mal, wenn du nach oben kommst, drehe deinen Oberkörper, so dass ein Ellbogen in Richtung gegenüberliegendes Knie kommt. Wechsle die Drehrichtung bei jedem Nach-oben-Kommen. Mache 30 Wiederholungen. Dies ist eine Art von Bauchmuskeltraining, die es uns erlaubt, die am Bauch erzeugte Spannung auf eine Weise zu regulieren, dass sie jeder ausführen kann. Geh nur immer soweit hinunter, dass du dich leicht 30 Mal wieder aufsetzen kannst. Trainiert werden hauptsächlich die oberen Bauchmuskeln. Diejenigen, deren Bauchmuskeln nicht gut in Form sind, können sich gerade nur ein wenig nach hinten lehnen, so dass das Aufsetzen leicht ist. Diejenigen mit starken Bauchmuskeln können bis ganz hinunter gehen, wenn sie damit die dreißig Wiederholungen schaffen. Für jeden sollte es einfach sein und der obere Bauchmuskel sollte dabei gestärkt werden, egal auf welcher Ebene dies geschieht.

7. Einfaches Heben der Beine: Nun wieder liegend auf den Rücken, verankere deine Hände hinter dem Kopf und hebe deine Beine gerade nach oben. Halte die Knie ziemlich gestreckt. Lass die Beine zurück nach unten gehen in Richtung Bett und dann zurück gerade nach oben in die Luft. Mache dies 30 Mal und denke daran, dass du nur so weit mit den Füßen nach unten gehen solltest, wie es angenehm ist, sie 30 Mal wieder nach oben zu heben. Dies kräftigt die unteren Bauchmuskeln.

Das sind gerade mal sieben Übungen. Man kann das alles in 5-10 Minuten hinter sich bringen. Lass dich von der scheinbaren Einfachheit nicht täuschen. Dies ist eine ausgeklügelte, gestraffte Routine von Übungen, die alle Muskeln deines Körpers kräftigt. Es brauchte Jahre, sie bis auf dieses Niveau der Effektivität zu verbessern. Wie bei allen Übungen, die wir bei den Fortgeschrittenen Yoga Übungen diskutieren, ist diese Gruppe von Übungen auf Einfachheit und Kraft hin optimiert. Der effektive Gebrauch der Selbstabstimmung erlaubt es jedem, in jeder körperlichen Verfassung mit der Kräftigung der Muskeln zu beginnen.

Alle, die sich einer exzellenten körperlichen Form erfreuen, können mit diesen Übungen viel weiter gehen, als das beim angegebenen Minimum der Fall ist und auch – solange dies angenehm ist – die Anzahl der Wiederholungen erhöhen.

Aerobic-Übungen und die Kräftigung der Muskeln sollte man nicht unmittelbar vor den Yoga-Übungen ausführen. Wenn man sie gleich nach den sitzenden Übungen (und einer Ruhephase) einbaut oder zu einer anderen Zeit des Tages macht, ist dies gut. Widmest du dich diesen Übungen mindestens jeden zweiten Tag, bringt dir das sowohl kurzfristig wie auch langfristig großen Gewinn.

Natürlich sind all dies nur Vorschläge und du kannst, je nachdem, wie alles in deine allgemeine Routine passt, davon Gebrauch machen.

Lektion 81 – Geh ich vielleicht zu schnell vor?

Frage: Ich will dir zuerst für deine Unterweisungen danken!!!! Bei deinen Lektionen merke ich, dass ich wirklich den Prozess des Yoga fühle, die Schönheit von allem. Ich habe eine Frage bezüglich Sambhavi: Ich empfinde meine Augen als wund und in meinem dritten Auge fühle ich einen dumpfen Schmerz/Wunde. Bin ich da vielleicht zu ehrgeizig? Ist das eine natürliche Kundalini-Erscheinung (von deinem Kundalini-Beitrag)? Die Wirbelsäulenatmung hat mir auch geholfen: Ich setze deine Bemerkungen um, wie man Shiva dazu bringt, seinen Hintern zu bewegen. Ich visualisiere Shiva, wie er herunterkommt, Shakti zu besuchen und wie Shakti bei der Einatmung zum Treffen mit Shiva nach oben geht. Gewöhnlich lasse ich sie für eine kurze Weile (nachdem ich ein- oder ausgeatmet habe) zusammenbleiben und sich vermischen. Ich finde aber auch, dass ich jetzt öfter abgelenkt werde – vielleicht etwa, weil mein albernes kleines Ego spürt, dass da eine kleine göttliche Romanze am Laufen ist? Nochmals danke für die Lektionen. Jeden Tag freue ich mich darauf und behandle die Umsetzung fast religiös!! Dank dir.

P.S.: Ist es in Ordnung, wenn ich den Meditationsteil länger als die vorgeschlagenen 20 Minuten mache. Manchmal mache ich 45 Minuten oder mehr, abhängig davon, wann ich fühle, dass ich aus der Einheit herauskomme, denn das ist es, wie ich mir das vorstelle – Vereinigung mit der Seele. Das erlaubt es der Seele, sich zu nähren.

Antwort: Du machst das toll. Es ist wunderbar.

Unwohlsein um das dritte Auge herum (oder sonst wo) kann von einem zwanghaften Üben herrühren. Es kann auch die Kundalini sein, die da durchdrängt und auch beides gleichzeitig. Du weißt, was da zu tun ist, oder? Stecke etwas mit deinen Übungen zurück, bis es angenehmer wird. Wenn dann immer noch unangemessene Symptome auftreten, dann schau einmal bei der Lektion bezüglich Kundalini-Unausgeglichenheiten und Gegenmittel (Lektion 69) nach und ergründe die vielen Möglichkeiten dort. Mache nicht zu viel Tempo, bevor du nicht Stabilität erreicht hast. Du bist ein spiritueller Athlet, der sich in der Trainingsphase befindet. Du solltest alles schrittweise aufbauen. Das ist die beste Herangehensweise.

Ja, ich denke, du hast deine Frage bezüglich der Visualisierung einer Romanze zwischen Shiva und Shakti bei der Wirbelsäulenatmung selbst beantwortet. Damit mischt man Bhakti zu sehr in das, was eine sehr einfache Methode der Wirbelsäulenatmung ist. Dadurch wird auch die Aufmerksamkeit geteilt. Das Gleiche gilt auch für das lange Meditieren nur des „Erlebnisses" willen. Erinnere dich daran, dass wir diese Übungen machen, um Ergebnisse zu erhalten, die sich außerhalb davon im täglichen Leben zeigen. Wir bewegen Berge von Widerständen im Inneren, obwohl wir das vielleicht nicht merken, wenn wir uns in einem ekstatischen Tagtraum befinden. Diese enthusiastische Herangehensweise mit immer mehr Übung kann zu Kundalini-Ungleichgewichten beitragen und gleichzeitig die Effektivität der Übungen verringern. Mach also deine Übungen systematisch. Die Richtlinien wurden aus gutem Grund aufgestellt.

Eiskrem ist sehr gut, aber ist es gut, wenn man fünf Liter davon auf einmal isst?

All diese Übungen sind sehr kraftvoll, besonders, wenn sie, wie wir das tun, miteinander verbunden werden und man sollte sie entspannt und präzise ausführen. Wenn du dazu neigst, deine Übungszeit auszudehnen, tu das sehr sparsam und sieh, was sich bei jedem Schritt ergibt. Wenn du dich darauf beschränkst, nicht mehr als fünf Minuten insgesamt in einem Monat hinzuzufügen, ist das eine vernünftige Herangehensweise. Auch dann kannst du noch in eine instabile Situation abdriften. Nutze deshalb also deinen gesunden Menschenverstand. Verlaufen deine Aktivitäten außerhalb deiner Übungszeit reibungslos, dann machst du es richtig. Ist das nicht der Fall, machst du sehr wahrscheinlich viel Druck oder du dehnst deine Übungszeit zu sehr aus. Stelle sicher, dass du in deinem normalen täglichen Leben aktiv bleibst. Das ist genauso wichtig wie die Übungen. Aktivität festigt das reine Glückseligkeitsbewusstsein und die göttliche Ekstase, die wir in den Übungen erlangen.

Du machst das fabelhaft, wie das sprichwörtliche Kind im Süßwarenladen. Du bist genau die Art Mensch, für die diese Lektionen entworfen wurden. Das ist sehr spannend. Wende dieses Wissen bitte verantwortungsvoll an. Dann werden wir beide froh sein, dass all diese Sachen hier öffentlich gemacht werden.

Der Guru ist in dir.

Lektion 83 – Da ist sie ja – Kundalini zumindest

Frage: Namaste! Ich hab mir deinen Rat zu Herzen genommen und bin zu 20 Minuten für die Meditation zurückgegangen, allerdings kam es während des Pranayama zu Hitze und Kribbeln. Ich hab mir nichts dabei gedacht, doch als ich mit der Meditation weitermachte, stieg aus meinem Sakralbereich Hitze auf. Das setzte sich meine Wirbelsäule entlang nach oben fort. Dabei schallte ein pfeifendes Summen durch meine Ohren und schließlich pulsierte eine gewaltige Flut von Energie durch mich. Ich beendete meine Meditation mit einem Gebet und hab dann wirklich mit einem Atmungsgebet weitergearbeitet, machte dann eine 7/7/7 Atemübung, um mich zu beruhigen – die Energie war so heftig. Ich ging hinaus und suchte meinen Ehemann, damit er mich beim Erden hilft. Er konnte die Energie fühlen, die durch meine Hände und meinen Rücken pulsierte, als ich gegen ihn gelehnt dasaß – das dauerte ungefähr eine Stunde. Nun meine Frage dazu: Ist das das bockige, unberittene Pferd, von dem du gesprochen hast oder macht sich da Kundalini bemerkbar? Ich hab diesen Morgen mein Pranayama und die Meditation weiter zurückgefahren und Sambhavi, Mulabandha und Siddhasana weggelassen. Ich hab nur die Wirbelsäulenatmung und die *I AM*-Meditation gemacht. Das Pulsieren der Energie und das pfeifende Summen fühlte ich noch immer, aber nicht so heftig. Mein inneres Sehen gibt mir ein, dass es gut ist, wenn ich auf diese Weise vier Tage weitermache und dann zwei Tage nach diesen vier Tagen der Ruhe Sambhavi und Mulabandha hinzufüge, um zu sehen, wie das wirkt und dann noch Siddhasana, sobald ich mich im Gleichgewicht fühle. Denkst du, dass das so gut ist? Soll ich mit den fortgeschrittenen Yoga-Übungen weitermachen und versuchen das Pferd zu dressieren oder sollte ich das störrische Pferd ausruhen lassen, um dann zu versuchen, langsam die Kontrolle darüber zu gewinnen. Dann, nur um dich das wissen zu lassen: Spaziergänge draußen, Yogi-Atmung, Bauch-Atmung und stärkende Stellungen ist das, was ich heute alles anwenden werde, wie auch nervenstärkende Kräuter wie Helmkraut, Haferstroh und Kamille. Kaffee hab ich ganz gestrichen – wer braucht diese künstlichen Anregungsmittel, wenn man diesen Dynamo in sich selbst hat?

Antwort: Da ist sie ja – Kundalini zumindest. Du musst dich auf jeden Fall darauf konzentrieren, das alles in deine täglichen Aktivitäten zu integrieren. Es ist sehr weise von dir, deine Übungspraxis nicht blind voranzutreiben. Suche dir eine stabile Plattform von Übungen und einen Lebensstil, die rund um die Uhr, 24 Stunden, zusammenpassen. Das ist sehr wichtig. Du wirst wissen, wenn es wieder Zeit ist, dich mit Nachdruck vorzuarbeiten. Die Mittel werden dir zur Verfügung stehen, sobald du sie brauchst. Deine Aufgabe im Augenblick ist es, am Ball zu bleiben – oder, wie man im ländlichen Mississippi sagt: „Halt es zwischen den Deichen."

Das „störrische, halbwilde Pferd", worauf beim Siddhasana Bezug genommen wurde, ist die sexuelle Energie, die herumspringt, nachdem sie durch Sitzen im Siddhasana stimuliert wurde. Mit der Zeit verändert sich das und es wird zu einer sehr sanften und ekstatisch-glückseligen Energie, die wie eine Quelle im Körper ständig nach oben fließt. Es scheint, dass bei dir eine schlagartige Transformation im Gange ist und die sexuelle Energie rasch in Kundalini-Manifestationen nach oben startet. So unvermittelt wird das nicht bei jedem ablaufen. Das Nervensystem eines jeden ist (abhängig von Handlungen und Übungen in der Vergangenheit – das schließt auch alles in früheren Leben ein) in einer anderen Verfassung. Es ist gut, wenn du erst einmal Siddhasana beiseite lässt – auch die anderen stimulierenden Techniken. Zögere auch nicht dein Pranayama und die Meditation zurückzufahren, wenn deine Symptome es als nötig erscheinen lassen. Bei dir tut sich viel. Konzentriere dich auf Stabilisierung. Du kannst später wieder zum alten Übungsniveau zurückkehren und stimulierende Techniken zu deiner Routine hinzunehmen, sobald klar wird, dass du sie gebrauchen kannst.

Es ist offensichtlich, dass du im Augenblick genug einzugliedern hast. Achte darauf, dass du auch körperlich aktiv bleibst. Das ist sehr wichtig für die Einbindung von Kundalini-Energien in das Nervensystem. Wenn nötig, kannst du auch eine Zeit lang schwerere Kost zu dir nehmen, um dadurch den Anpassungsprozess zu unterstützen. Schau noch einmal die Lektion zu den Kundalini-Gegenmitteln (Lektion 69) durch und sieh, ob es noch andere Methoden gibt, die du vielleicht auch gerne einmal ausprobieren willst. Es wird alles reibungsloser verlaufen, wenn du einen Kurs mit erdenden Aktivitäten fährst. Lass dich durch deine Erfahrungen leiten. Der Schlüssel zum Erfolg in dieser Phase ist zu lernen, wie man sich mit Kundalini in Einklang bringt und wie man mit ihr arbeitet. Die Rolle des Yogis/der Yogini verwandelt sich vom Impulsgeber zum Partner. Mit der Zeit erkennst du, dass da nur einer in dir und überall ist.

Behalte im Gedächtnis, dass diese Transformation kein Ding ist, das über Nacht geschieht. Es ist ein lang ausgedehnter Prozess, der Jahre braucht sich zu vollenden. Das Nervensystem muss sehr viel an Reinigung und Entwicklung durchmachen. Sei also vorsichtig und geduldig und mach dich auf einen langen Weg gefasst. Steter Tropfen höhlt den Stein. Wir wollen vermeiden, dass das zu einer nicht endenden Achterbahnfahrt wird. Lebe ein aktives und ausgefülltes Leben und erlaube deiner wachsenden Erleuchtung, es mit dir zu leben. Die Reise kann so viel Spaß machen!

Der Guru ist in dir.

Lektion 84 – Die Kunst nichts zu tun

Frage: Krishnamurti und andere interessante Leute sagen, dass es verkehrt sei, sich auf Techniken einzuschwören, weil es keine Technik für die Meditation gäbe. Meditation sei immer, hier und jetzt. Ein Mantra zu rezitieren und Pranayama zu machen, bedeutet die Anwendung einer Technik. Und ich würde mal sagen, das geschieht mit der Absicht, mein Energieniveau anzuheben und mich einzustimmen, damit ich Glückseligkeit und die Welt auf ihren tiefsten Ebenen erfahren kann. Aber warum sagen einige Lehrer, dass Techniken falsch sind und dich auf Abwege bringen werden – und sie geben keine Unterweisungen, außer zu sagen: „Sei achtsam!" oder vielleicht nicht einmal das. Warum, ist das irgendwie mit dem yogischen Standpunkt vereinbar?

Antwort: Das ist nur eine Theorie. Aber vielleicht sind Leute wie Krishnamurti mit erfolgreichen Bergsteigern vergleichbar, die ihr Gedächtnis verloren haben. Sie stehen oben auf der Spitze des Berges und sagen zu jedem unten im Tal: „Du brauchst überhaupt nichts zu machen. Wach nur ganz einfach und automatisch auf der Spitze des Berges auf, wie ich das gemacht habe. Du bist bereits hier." Sie wurden in oder nahe der Erleuchtung geboren und haben offensichtlich keine Rückerinnerung an all die Anstrengungen, die sie in früheren Leben auf sich genommen haben, um diese Situation herbeizuführen. Wenn wir nichts tun, werden wir die Erleuchtung schließlich in Zigmillionen Jahren erreichen. Tun wir etwas dafür, tritt das sehr viel früher ein. Es gibt bestimmte bekannte und bewährte Methoden, mit denen man den Erleuchtungsprozess vorantreiben kann. Das ist genau das, was Yoga ist.

Jeder wählt seinen eigenen Weg – etwas zu tun oder nichts zu tun. Auch ein Weg, bewusst nichts zu tun (oder „achtsam bzw. bewusst zu sein") ist ein Tun. Wenn man es genau betrachtet, ist auch die Meditation, mit der wir uns hier beschäftigen, ein Nichtstun. Wir setzen nur eine Bedingung für unseren Verstand und der Geist leistet den ganzen Rest. Er geht in die Stille. Wir tun überhaupt nichts. Das Nervensystem macht alles, sobald wir die Anfangsbedingungen gesetzt haben. So stimme ich also im technischen Sinne mit dir überein, dass Nichtstun der Weg ist. Aber das Nichtstun effektiv zu tun, ist eine Kunst. Genau das ist die Kunst der Meditation. All die anderen fortgeschrittenen Yoga-Übungen sind ebenfalls jede eine Kunst des Nichtstuns. Wir setzen die Anfangsbedingung und das Nervensystem übernimmt das Kommando. Wir brauchen überhaupt nichts zu tun, sobald die natürlichen Fähigkeiten des Nervensystems ans Ruder gelangen. Yoga ist die Kunst, das Nervensystem mit bestimmten Mitteln anzustoßen und dann nichts zu tun.

Ramakrishna sagte, dass Yogis wie Brunnengräber sind und dass es drei Arten davon gibt. Die erste Art findet die Werkzeuge, gräbt den Brunnen (der Erleuchtung), springt hinein und nimmt die Werkzeuge mit sich. Niemand weiß, wie ihnen das gelungen ist. Die zweite Art von Yogis findet die Werkzeuge, gräbt den Brunnen und springt hinein. Aber diese Kerle lassen die Werkzeuge zurück. Sie liegen auf dem Boden herum und andere können sie finden. Die dritte Art von Yogis findet die Werkzeuge, gräbt den Brunnen und treibt sich dann noch eine Weile herum und zeigt jedem, der vorbeikommt, die Werkzeuge und wie man sie anwendet.

Vielleicht gibt es noch eine vierte Art von Yogis – diejenigen, die erleuchtet geboren wurden und keine Rückerinnerung an die Werkzeuge haben, die sie in früheren Leben benutzten. Sie erzählen jedem: „Du brauchst gar keine Werkzeuge. Sei nur ganz einfach erleuchtet. Es ist einfach. Siehst du nicht? Hier ist der Brunnen. Sei nur bewusst und du wirst sehen, dass du dich bereits in ihm befindest." So ungefähr, wer weiß? Eins ist aber sicher. Yogis wie Krishnamurti inspirieren zwar. Doch den meisten Menschen können sie keine praktische Hilfe bieten. Vielleicht können ein paar hoch entwickelte Seelen von ihnen profitieren. Das ist aber ein ziemlich exklusiver Club. Der Rest von uns braucht einen umfassenderen Ansatz – Yoga! Wir müssen etwas tun, um nichts tun zu können.

Der Guru ist in dir.

Lektion 85 – Nochmals zu den Erleuchtungsmeilensteinen

Frage: Zunächst würde ich dir gerne für die Lektionen danken, von denen ich glaube, dass sie sehr hilfreich sind und das Programm, das du zusammenstellst, scheint ein gutes zu sein, weil es alles abdeckt. Ich folge den Lehren eines anderen Yogis und bin glücklich damit. Aber ich vergaß dessen Kundalini-Meditation, die ich eigentlich wöchentlich üben sollte. Deshalb passen deine unschätzbaren Unterweisungen gut und sie füllen die Lücke, die in meinem spirituellen Programm entstanden ist. (Ich habe mein Herz- und Kronen-Chakra auf eine Art bearbeitet, dass Kundalini aufsteigt, aber habe mich nicht direkt auf meine Kundalini konzentriert.) Ich nehme deine Übungen sehr langsam durch (ich habe erst die ersten paar Sachen gemacht und übe auch nur einmal am Tag), weil ich vor ein paar Jahren einen Kundalini-Vorfall hatte, der mich fast umgebracht hätte, es hat einen sehr sprunghaften Herzschlag massiv verschlimmert; Atemprobleme hätten mich mit jeder Welle fast bewusstlos gemacht und das hat mich auch während der Wellen, die fast eine Stunde dauerten, teilweise gelähmt. Dabei baute sich die Energie jedes Mal mehr und mehr auf. Es war wie ein mich umgebender reißender Fluss ... seltsamerweise lief er auch außerhalb meines Körpers ... und auch von der Ebene der Wirbelsäule aufwärts tobend mitten durch meinen Körper. Ein Meister half, rettete mein Leben bei diesem Zwischenfall, indem er irgendwie die Energie während und zwischen den Wellen aus meinem Körper herauszog (er kann vielleicht auch die Kundalini-Energie in eine andere Energie umgewandelt haben), und hat dann als letztes Mittel versucht eine Art von völliger Energieentleerung anzuwenden. Das hat glücklicherweise die Wellen sofort angehalten. Ich glaube, dass ich tot wäre, wenn er und seine schnelle Hilfe nicht gewesen wären, ich war da in großen Schwierigkeiten). Ich brauche deshalb nicht zu sagen, dass ich jetzt vorsichtiger bin, als ich es früher war. Meine Frage bezieht sich auf einen Traum, den ich letzte Nacht hatte. Ich frage mich nun, ob das eine Warnung für mich war, mit meinen Übungen langsamer zu tun. Sollte ich das einfach ignorieren (ich frage mich, ob das möglicherweise von Kundalini ausgelöst wurde)? Ich habe geträumt, dass ich Kundalini-Wellen hatte, die genau mein Rückgrat entlang hochgingen. Aber die Kundalini lief in den inneren oberen Teil meines Kronen-Chakras (wie das Innere des Scheitels meines Kopfes), es stieß da jedes Mal dagegen, wenn es hochflutete. In meinem Traum wurde es dort deswegen ziemlich schmerzempfindlich. Glaubst du, dass ich deswegen in Sorge sein muss und deshalb alles ein bisschen zurückschrauben sollte?

Antwort: Danke, dass du deine Erfahrungen so großzügig mit uns teilst. Ja, in Anbetracht dessen, was du durchgemacht hast, stimme ich dir zu, dass du in deiner Praxis sehr zurückhaltend und maßvoll sein solltest. Jede Art von Warnsignalen solltest du sehr ernst nehmen. Jedoch sollte man vor seinem Erleuchtungsprozess auch keine Angst haben. Es ist allerdings klar, dass dies bei dir nicht der Fall ist. Für jeden von uns ist es wichtig, sich selbst zu kennen – seine Grenzen, seine Möglichkeiten für einen ausgeglichenen Prozess. Wir müssen in der Lage sein, uns auch hinsichtlich dessen zu beurteilen. „Orientierung an der Erfahrung" ist das Mahnwort in dieser Runde. Wir werden Hilfsmittel in rauen Mengen haben. Aber wie wir sie einsetzen, ist entscheidend. Jeder muss nach seinem eigenen Zeitplan – abgestimmt auf die eigenen Fähigkeiten und Bedürfnisse – vorgehen. Damit trägt man eine große Verantwortung.

Das Ziel dieser Lektionen ist es, jeder Person die Gelegenheit zu bieten, bei ihrer spirituellen Reise selbst auf dem Fahrersitz zu sitzen. Wer anders kann dort sitzen? Dies ist eine unorthodoxe Herangehensweise an die Weitergabe spirituellen Wissens. Aber das geht konform mit dem in den letzten Jahrhunderten vorherrschenden Geist der schnellen Ausdehnung praktischer Anwendungen zu wissenschaftlichen Erkenntnissen. So viel Gutes ist der praktischen Anwendung von Wissenschaft entsprungen, wie wir überall um uns herum sehen können. Ist das für jedermann absolut ungefährlich? – Nein, das ist es nicht. Es gibt immer Leute, für die es eine Gefahr darstellt, machtvolles Wissen frei zur Verfügung zu haben. Heißt das, es sollte in unserer Welt keine Autos, Flugzeuge, Elektrizität oder das Internet geben? Sollen die fortgeschrittenen Yoga-Übungen nicht für jeden frei verfügbar sein, weil dieses Wissen gelegentlich auch Risiken bergen kann? Ich hoffe nicht. Wie kann die ganze Menschheit lernen, den inneren Weg reinen Glückseligkeitsbewusstseins und göttlicher Ekstase zu wandern, wenn sie sich nicht damit beschäftigt? Das ist die Herausforderung. Astronauten werden einmal zum Mars fliegen und weiter. Jeder von uns wird sich irgendwann einmal mit dem Unendlichen in sich vereinigen und diese Erfahrung mit hinaus in sein alltägliches Leben nehmen. So verläuft die Reise des menschlichen Geistes zu mehr – zu immer mehr. Wir wissen intuitiv, dass wir unendlich sind. Für unsere Erfahrungen gibt es keine Grenzen.

Was hat es nun mit diesen Kundalini-Erfahrungen auf sich, mit denen wir uns in letzter Zeit öfter befasst haben? Einige davon sind ziemlich extrem. Sind diese zum Erreichen der Erleuchtung wirklich notwendig? Können wir weiterkommen, auch ohne solche extremen Zustände ertragen zu müssen? – Gehen wir für ein paar Minuten einen Schritt zurück und versuchen wir für Kundalini-Erfahrungen ein Verständnis zu entwickeln – warum sie sich ereignen und wie sie zu unserer allgemeinen Reise zur Erleuchtung passen. Dazu wollen wir zunächst zurückgehen und noch einmal die Lektion 35, „Meilensteine der Erleuchtung“ (Fragen und Antworten zur Meditation), ansehen.

In dieser Lektion sprachen wir über drei in unseren Erfahrungen sich manchmal überschneidende Stadien der Erleuchtung, die jedes ihre besonderen Merkmale hat.

Das erste Stadium ist der Anstieg von Stille im Nervensystem. Tiefe Stille ist das eigentliche Wesen reinen Glückseligkeitsbewusstseins. Sie ist absolute Stabilität. Nichts ist in der Lage, sie zu bewegen. Sie ist wie ein Fundament aus anstehendem Gestein, das allem unterlegt ist, was wir sind und tun. Sie ist das Wesen von dem, was wir sind. Sie kommt in erster Linie durch Meditation und ist die Quelle von innerem Frieden und unerschütterlicher Sicherheit, die wir beim Voranschreiten auf dem spirituellen Pfad erfahren. Sie ist unser unsterbliches Sein und ihr Aufstieg in unserem Nervensystem dient als Basis für jede weitere spirituelle Entwicklung.

Das zweite Stadium ist der Aufstieg von Ekstase. Dahinter steht Prana, das in unserem Nervensystem in einen sehr viel ausgedehnteren Funktionszustand übergeht. Es ist die sexuelle Energie, die nach oben steigt – Kundalini. Es ist gleichzeitig reines Glückseligkeitsbewusstsein – tiefe, in unserem Inneren sich bewegende Stille. Es ist die Ausdehnung von sinnlichen Erfahrungen in ekstatische Regionen. Dieser Wandel wird durch Pranayama und andere Techniken gefördert, die so gestaltet sind, dass sie Prana in einen Zustand der Kundalini-Erweckung anregen. Gewöhnlich ist das sehr angenehm. Manchmal aber können die Erfahrungen ins Extreme gehen, d.h. es können Kundalini-Probleme auftreten. Warum? – Mehr dazu in Kürze.

Das dritte Stadium, das Aufsteigen der Einheitserfahrung, in der wir alles als einen Ausdruck des EINEN sehen, zu dem wir geworden sind, ist die Vereinigung von individuellem Ego mit reinem Glückseligkeitsbewusstsein, mit göttlicher Ekstase und allem, was in der Vergänglichkeit existiert. Dazu kommt es, sobald unser Konzentriertsein in reinem Glückseligkeitsbewusstsein systematisch dazu ermutigt wird, über den Körper hinauszugehen. Das ist die Erleuchtung, die Verwirklichung, die Frucht des Yoga. Wir leben das „Lieben unseres Nächsten wie uns selbst“ als Realität: Es wird für uns aus eigener Erfahrung offensichtlich, dass unser Nächster wir selbst sind. Das hat natürlich einen großen Effekt auf unser Verhalten – einen positiven Effekt mit weit reichendem Nutzen.

Für jedes dieser drei Stadien gibt es spezielle fortgeschrittene Yoga-Übungen und es existiert für sie eine logische Abfolge. Zumindest gilt das für diese Lektionen hier in etwa so: erstes Stadium, zweites Stadium, drittes Stadium.

Dabei dreht sich alles um Reinigung. Wäre unser Nervensystem vollkommen rein, irgendwie befreit von all den „Karma-Samen“, die wir in unseren unzählbaren früheren Leben angesammelt haben, würden wir erleuchtet geboren werden. Dann wären wir vielleicht wie Krishnamurti (vgl. Lektion 84), säßen herum und würden sagen: “Da ist gar nichts dabei. Sei nur achtsam und bewusst.“ Man braucht nicht meditieren, es gibt keine fürchterlichen Kundalini-Erfahrungen, überhaupt keine Reise – nur Glückseligkeit, Glückseligkeit, Glückseligkeit!

Gut, die meisten von uns haben noch ziemlich viel Hausreinigung zu absolvieren und das ist keine Arbeit, die über Nacht geschehen kann. Es ist nicht im Entferntesten damit vergleichbar, einen Reinigungsdienst zu beauftragen, der dann für ein paar Stunden kommt und die Sache ist erledigt. Auch mit den besten spirituellen Übungen braucht das viele Jahre, vielleicht sogar ganze Leben. Doch, wie bereits oben erläutert wurde, geht keine Reinigungsanstrengung jemals verloren. Das ist das einzige, was wir mit uns nehmen können, wenn wir die Erde verlassen.

Es ist also der Prozess der Hausreinigung, der den Verlauf unserer spirituellen Reise, unsere Erfahrungen, bestimmt. Wie wir diese erledigen, ist entscheidend. Es gibt einige spirituelle Ansätze, die in der Mitte des Erleuchtungsprozesses anzusetzen scheinen. Sie beginnen mit Methoden, die Kundalini unmittelbar zum Aufsteigen bringen. Was passiert? Kundalini bewegt sich manchmal. Manchmal bewegt sie sich nicht. Wenn sie sich bewegt, kann das aufwärts in ein Nervensystem sein, das noch nicht bereit, noch nicht genügend gereinigt ist. Das ist dann vorzeitige Erweckung und die Ursache für sehr extreme Kundalini-Erfahrungen. Es ist eine verwickelte Angelegenheit, weil jemand vielleicht noch überhaupt keine Kundalini-Stimulierung in diesem Leben unternommen hat und doch zugänglich für vorzeitige Kundalini-Erweckung ist. Deren Nervensystem scheint dafür verdrahtet zu sein. Vielleicht haben sie diese Praktiken in früheren Leben betrieben und haben nun die Aufgabe, das zu stabilisieren. Wer weiß? Aber ohne Zweifel gibt es Leute, die einer vorzeitigen Kundalini-Erweckung zugänglich sind. Du wirst früh genug erfahren, ob du dazugehörst. Falls du zu diesen Leuten gehörst, musst du vorsichtig sein. Einige andere werden da einfach ohne Problem durchstarten. Am liebsten wären wir alle so gesegnet. Für die meisten Menschen ist es eine stufenweise Entfaltung und die Fortgeschrittenen Yoga Übungen sind so entworfen, keine Wunder über Nacht hervorzurufen – dafür jedoch einen stetigen Fortschritt.

Bei dem Ansatz hier führen wir zunächst eine sanfte, „globale" Hausreinigung durch – das heißt: Meditation, Hervorbringen der Stille, des reinen Glückseligkeitsbewusstseins und Baden des gesamten Nervensystems darin. Dies ist ein sehr effektives Reinigen des gesamten Nervensystems und ist gewöhnlich sehr sanft. Das ist ein Arbeiten am ersten Stadium der Erleuchtung, weißt du. Trotzdem, wenn jemand für Kundalini-Probleme anfällig ist, kann sogar sanfte Meditation die Dinge aufwühlen. Dann sollte die Praxis gemäßigt, die Meditationszeit verkürzt und dafür mehr körperliche Aktivität, mehr erdende Methoden eingeplant werden. Für einige Leute ist alleine schon Meditation genug. Eigene Erfahrung ist dabei der beste Führer.

Wenn die Meditation gut läuft und Stille und Frieden bringt, kann man die Wirbelsäulenatmung hinzufügen. Damit fokussiert man die Reinigung mehr auf den Wirbelsäulennerv, die Sushumna, und man schlägt eine sanfte Bahn in Richtung Hervorbringung ekstatischer Leitfähigkeit ein. Das ist eine sehr sanfte Art, Kundalini zu stimulieren. Man hält sie im richtigen Fahrwasser und stellt den Bezug zu ihrem entgegengesetzten Pol, der bei jeder Ausatmung von oben herunterkommenden männlichen Energie, her.

Sobald dann die Meditation und die Wirbelsäulenatmung reibungslos ablaufen, können weitere Übungen hinzugenommen werden. Dieser Prozess des Hinzunehmens kann, abhängig von der jeweiligen Person, mehrere Monate, Jahre oder Jahrzehnte in Anspruch nehmen. Der entscheidende Faktor wird die eigene Erfahrung sein, kein von irgendjemand vorgegebener Zeitplan. Dabei sollte aber auch kein rücksichtsloser Ehrgeiz, eine superschnelle Abkürzung zur Erleuchtung zu finden, eine Rolle spielen. Das wäre so, als würde man das erste Mal mit dem Auto fahren und dann gleich mit 160 Sachen. Der Ausgang dieser Art von Herangehensweise ist abzusehen.

Wie immer die Vergangenheit deiner Übungspraxis aussieht, das ist Vergangenheit. Ob gut oder schlecht, wir müssen mit den Ergebnissen daraus leben. Heute können wir neu beginnen und darauf achten, dass wir die Fundamente gewissenhaft legen und nicht bestrebt sind, gleich zum Ziel zu eilen. Kultivieren wir die Stille reinen Glückseligkeitsbewusstseins in uns solange, bis sie in uns genügend Festigkeit erlangt hat, stehen für uns die Chancen gut, Kundalini komplikationsfrei zu erwecken. Das ist dann statt einer schrecklichen eine ekstatische Erweckung. Die Kundalini-Erweckung ist eine Etappe auf dem Weg – irgendwo in der Mitte. Das Zum-Aufstieg-Bringen der Kundalini ist nicht der gesamte Weg. Es ist nur der mittlere Teil. Das Hervorbringen der Stille reinen Glückseligkeitsbewusstseins ist der ganze Weg – der Beginn, die Mitte und das Ende. Alles andere hängt davon ab. Das ist auch der Grund, warum in den frühen Lektionen einmal gesagt wurde, die Meditation sei ausreichend, wenn das alles wäre, zu was man neigt, und sie sollte immer im Zentrum unserer Praxis stehen. Für diejenigen, die ehrgeizig sind und darauf abzielen, den Job in diesem Leben zu einem Ende zu bringen, werden die anderen Mittel angeboten. Doch die Meditation sollte man niemals aus dem Programm streichen. Das Ganze kann zu einer sehr schwierigen Reise werden, wenn man versucht, die anderen Dinge zu machen, ohne eine feste Basis in tiefer Stille und reinem Glückseligkeitsbewusstsein zu besitzen.

Wie lange sollte man mit der Meditation das Haus reinigen, bevor man die Kundalini direkt stimuliert? – Das ist von Person zu Person verschieden. Hast du eine gute innere Stille und Stabilität, kann das schon bald sein. Für andere wird das lockere und entspannte Meditieren jeden Tag – über Jahre oder Jahrzehnte – eine gute Reiseroute darstellen. Es ist eine Verbindung aus deinen Fähigkeiten und deinem Verlangen (Bhakti), was deinen Weg bestimmt. Einige verhalten sich konservativ. Andere sind eher aggressiv. Denke aber immer daran, dass Rom nicht an einem Tag erbaut wurde. Versuche selbst einen für dich gültigen Zeitplan zu finden, ergründe deine Fähigkeiten und mache so Tag für Tag weiter. Es ist ein langer Weg. Es besteht keine Notwendigkeit, die Räder vom Wagen abzuschrauben, nicht nach der ersten Runde um den Parcours und auch nicht nach der einhundertsten.

Der Guru ist in dir.

Anmerkung: Der häufigste Grund für eine vorzeitige Kundalini-Aktivierung der extremen Art (wie oben erörtert) ist die vorzeitig Öffnung des Kronen-Chakras. Dies wurde bereits in früheren Lektionen (Lektion 69 und Lektion 77) erwähnt und wird in späteren Lektionen noch weiter ausgeführt (siehe hierzu „Kronen-Öffnung – Vermeidung einer vorzeitigen" im Index). Dabei wird auch auf die Mittel der gefahrlosen Kronen-Öffnung bei gleichzeitiger Minimierung des Risikos exzessiver Kundalini-Energien eingegangen.

Lektion 86 – Wie finde ich meine Meditationsroutine?

Frage: Ich habe erst vor kurzem begonnen, deinem Übungsprogramm zu folgen (und bin jetzt ganz an den Anfang zurückgegangen). Ich beschäftige mich schon seit mehreren Jahren mit Yoga und Meditation und frage mich, ob es in Ordnung ist, zur Verbesserung der Meditation Hintergrundmusik und Aromen zu nutzen. Oder führt das eher dazu, dass ich abgelenkt werde? Wie ist das mit der (hinduistischen) Gebetskette (Mala)? Auch scheine ich im Augenblick nur mit etwa 10 Minuten einsteigen zu können – wie wichtig ist es, jeden Tag die vollen 20 Minuten zu meditieren?

Antwort: Es ist natürlich nicht meine Absicht, deine dir angenehm eingerichtete Meditationsumgebung durcheinander zu bringen. Wenn es für dich am angenehmsten mit Weihrauch, Aromen, Hintergrundmusik oder was immer ist, ist das deine Entscheidung. Doch schlage ich vor, dass du sorgfältig die Lektionen zur Meditation und auch die Fragen & Antworten dazu liest. Dort findest du auch Anmerkungen zu verschiedenen Dingen, die einen während der Meditation umgeben können. Erinnere dich daran, dass Meditation zum Ziel hat, nach innen zu gehen. Wenn wir mit Musik oder anderen sinnlichen Inputs vibrieren, ist das nicht Teil der Mantra-Anwendung und es ist wahrscheinlich, dass dadurch unsere Aufmerksamkeit geteilt wird. Das kann dann verhindern, dass sich unsere Aufmerksamkeit auf natürliche Weise und tief in reines Glückseligkeitsbewusstsein einnistet. Natürlich ist es möglich (darauf haben wir bereits hingewiesen), ganz entspannt auch in Flugzeugen, überfüllten Warteräumen und praktisch überall zu meditieren. Was macht da ein bisschen Hintergrundmusik? Es stört vielleicht nicht, aber es ist auch nicht Teil der Meditation und es ist etwas Zusätzliches neben den Gedanken, was du leicht loslassen kannst, wenn du das Mantra favorisierst. Du entscheidest, was bei dir zu den besten Ergebnissen führt. Es liegt alles in deiner Verantwortung.

Zehn Minuten ist viel besser als überhaupt nicht und zehn Minuten zweimal am Tag ist viel besser als zwanzig Minuten nur einmal am Tag. Es gibt einen natürlichen Zyklus von Meditation und Aktivität, der durch die zweimal tägliche Meditation optimiert wird. Das „zweimal“ ist mindestens genau so wichtig wie die Länge der Meditation.

Verlaufen die Aktivitäten des Tages bei dir auch nach zwanzig Minuten Meditation reibungslos, dann tu dein Bestes, diese in deinen täglichen Ablaufplan einzubauen. Es wird bei dir zu sehr viel mehr innerer Reinigung kommen, wenn du diese Gewohnheit aufbauen kannst. Andererseits versuche auch Launenhaftigkeit – zwanzig Minuten diesmal, zehn das nächste Mal, dann 15 – zu vermeiden… Je regelmäßiger, desto mehr arbeitet es wie ein Uhrwerk und umso mehr wird dein Nervensystem es mögen. Sobald man sich das angewöhnt hat, meditiert das Nervensystem praktisch von selbst. Du wirst die Augen schließen und dich sofort in reinem Glückseligkeitsbewusstsein befinden und der Frieden und die Glückseligkeit davon werden den ganzen Tag und die ganze Nacht hindurch bei dir bleiben. Meditation gewöhnt unser Nervensystem daran, auf natürliche Weise in reinem Glückseligkeitsbewusstsein auszudauern. Das funktioniert wirklich so. Aber regelmäßiges Üben über eine lange Zeit hinweg ist nötig. Werden die Blockaden schrittweise beseitigt, steigt die Erfahrung von reinem Glückseligkeitsbewusstsein stetig an. Es ist wie ein Baumwachstum, das man beobachtet. Ich wünschte, ich könnte sagen, es ist wie einen Kudzu-Weinstock beim Wachsen zu beobachten (viel, viel schneller). Vielleicht ist es das für ein paar fortgeschrittene Seelen, die mit einem reinen Nervensystem geboren werden.

Die hinduistische Gebetskette (Mala beads) sind für eine andere Art Meditationsansatz und für eine andere Art von Pranayama gedacht. Sie ist gut fürs Zählen. Malas gab es lange vor den Uhren. Die Anzahl der Mantra-Wiederholungen und Atemzyklen wurden damit gezählt, so dass man wusste, wie viel man machte und nicht zu viel oder zu wenig übte. Das führt aber zu einer kleinen Erschwerung, besonders in der Meditation, weil es das Mantra an eine äußere Handlung fesselt, wenn man die Kügelchen eine nach der anderen durch die Finger gleiten lässt. Es wird zu einer unbewussten Gewohnheit. Doch wir steuern das Mantra trotzdem mit einer äußeren Handlung. Mit der Uhr können wir das Mantra (und den Atem im Pranayama) entsprechend den jeweiligen Reinigungsnotwendigkeiten des Nervensystems natürlich gehen lassen. Wir haben schon viel darüber gesprochen. Die Benutzung einer Uhr ist ein flexibler Ansatz, der die Messung der Übungspraxis ebenso gut leistet. Natürlich werden wir ein oder das andere Mal einen Blick auf die Uhr werfen. Aber mit der Zeit entdecken wir, dass unsere automatische innere Uhr fast so gut wie die äußere ist. Die äußere Uhr wird dann nur noch zur gelegentlichen Bestätigung der inneren Uhr herhalten. Es gibt dazu eine Lektion bei den Fragen & Antworten zur Meditation (Lektion 23: „Die Uhr im Auge behalten“).

Malas können auch einen emotional gefärbten Wert haben, einen Bhakti-Wert und das rechtfertigt ihr Tragen. Was immer dein Bhakti anregt, ist gut, solange du den Planeten nicht mit einer Überdosis an Kundalini in die Luft sprengst. Eine Mala kann ein Teil deines Ishtas (Ideals) sein, wenn es dich mit deinem gewählten Ideal verbindet. Und vielleicht basieren deine Meditation und dein Pranayama, das du woanders gelernt hast, auf Malas. Das ist auch in Ordnung. Die Mala ist nicht überholt und wird nicht so bald den Weg des zerbrochenen Kruges gehen. Es gibt sie seit Tausenden von Jahren. Aber denke daran, dass die Mala dazu da ist zu messen, wie viel wir in der Übung tun. Wir nutzen in diesen Lektionen dazu die Uhr. Das ist der Unterschied.

Ich wünsche dir auf deiner Reise nach Hause das Beste.

Der Guru ist in dir.

Lektion 88 – Der Zauber von Bhakti

Frage: Die Übungen sind gut. Ich muss aber trotzdem mal ziemlich sonderbar nachfragen. Sobald ich nur einige deiner Lektionen lese, stelle ich fest, dass sich mein Zustand automatisch in einen fast ekstatischen verwandelt... eine richtige Erregung! Es ist, als ob mein ganzes Wesen widerhallen würde mit dem, was ich lese. Da ich ein wenig NLP-Training genossen habe, bin ich mir bewusst, dass alles Mögliche jeden beliebigen Zustand in einer Person auslösen kann, abhängig von deren jeweiliger Verfassung und dass Wörter einen hypnotischen Effekt haben; aber das fühlt sich dann anders an. Ich frage mich, ob du das von deiner Perspektive aus etwas durchleuchten kannst. Ich freue mich darauf zu sehen, welche Auswirkung deine Antwort zeitigen wird. Ich bin ein sehr hungriges Wesen ... heiß darauf!!!

Antwort: Ja, es ist wunderbar anzuschauen, wie Bhakti wirkt. Etwas in uns beschleunigt sich, wenn wir uns einem Ausdruck von Wahrheit zugänglich machen. Es ist bereits in uns. Sogar schon der einfache Versuch von jemandem, Wahrheit niederzuschreiben, kann das bewirken. Es muss gar nicht vollkommen sein, muss nur in die richtige Richtung gehen. Das Nervensystem weiß es, wenn es das sieht. Ein paar Lektionen vorher erwähnte ich, dass diese Lektionen auch teilweise den Zweck haben, Bhakti in den Lesenden anzuregen. Ich hoffe, dass dies Offenlegen all dieses praktischen Wissens, das ich mein ganzes Leben lang angesammelt und genutzt habe, anderen hilft, so inspiriert zu sein, dass sie ihren eigenen Neigungen entsprechend üben können.

Schlage zu – aber natürlich mit Bedacht. Folge deinem aufblühenden Bhakti mit Weisheit und du wirst geradewegs nach Hause gelangen. Es ist mir eine Ehre, dir eine zusätzliche Anregung zu dem, was bereits in dir ist, geben zu können. Du wirst zu dem Schluss kommen, dass „ES" überall ist.

Der Guru ist in dir.

Lektion 89 – Der Hermesstab: Ein Schnappschuss von dir und mir

Frage: Ich weiß, dass du einen Ansatz der Einfachheit befürwortest und nicht einen, der sich um die Dinge „unter der Haube“ zu viel kümmert. Aber ich bin trotzdem sehr interessiert an Ida und Pingala. Sind diese beiden deines Wissens mit irgendwelchen in der „westlichen“ Medizin/Neuroanatomie bekannten Bahnen in der Wirbelsäule in Verbindung zu bringen? Wenn ja, könntest du mich bitte auf Literatur dazu verweisen?

Antwort: Eine großartige Frage. Danke.

Ich bin sicher, dass in der Neurologie irgendwo eine Übereinstimmung besteht. Da ich aber kein Arzt bin, kann ich dir keine definitive Antwort geben. Das Symbol der modernen medizinischen Gilde jedoch, der Merkurstab, ist ein Stab, an dem sich zwei Schlangen spiralförmig nach oben bewegen und dort in wie eine strahlende Kugel geformte Flügel beißen. Es ist leicht zu erkennen, dass das die Sushumna, Ida, Pingala und mehr repräsentiert. Die Griechen (oder wer immer den Caduceus hervorgebracht hat) verstanden also klar, dass da eine Verbindung zwischen der Medizin und unserer spirituellen Anatomie besteht. Ob die moderne Medizin irgendeine Rückbesinnung darauf hat, ist eine andere Frage. Vielleicht ist es Zeit für eine Renaissance? Wenn wir alle jeden Tag unsere Übungen machen und die herrliche, ekstatische, sich in uns regende Wahrheit erwecken, wird das eintreten müssen. Wer könnte das dann noch ignorieren?

Der Guru ist in dir.

Lektion 90 – Caduceus-Berichtigung und Wiederholung zu Ida und Pingala

Man hat mich darauf hingewiesen, dass der Merkurstab – obwohl ursprünglich aus einer alten spirituellen Tradition stammend – als Symbol für die westliche Medizin erst vor ungefähr einem Jahrhundert angenommen wurde. Das weist darauf hin, dass die westliche Medizin vielleicht doch keine so erleuchteten Wurzeln hat, wie das in der vorigen Lektion erwähnt wurde. Statt einer „Renaissance" (Wiederbelebung) ihrer spirituellen Anbindung wird die medizinische Wissenschaft also die Beziehung zwischen medizinischer Wissenschaft und spiritueller Anatomie möglicherweise zum ersten Mal entdecken. Wahrscheinlich geschieht dies, sobald in den kommenden Jahrzehnten mehr ganzheitliche Medizinsysteme wie Ayurveda mit der westlichen Medizin verschmelzen. Der Fokus wird sich dann mehr zu Ausgeglichenheit und Prävention verschieben und hoffentlich wird sich der medizinische Berufszweig dann eines Daseins erfreuen können, das weniger krisenorientiert ist. Die Menschheit verdient eine Ruhephase und genauso der medizinische Beruf. Der Hauptschlüssel zu guter Gesundheit liegt im von uns angenommenen Lebensstil. Am Ende ist nur wichtig, was du oder ich mit unserem Leben anfangen. Und natürlich spielen alle im Gesundheitswesen Beschäftigten – im Sinne von Inspiration und Unterstützung davon – eine wichtige Rolle.

Apropos Inspiration: Den Hermesstab haben wir in den Lektionen aus Gründen von Bhakti – Hingabe an ein höheres Ideal – erwähnt. Wann immer du dieses Symbol mit dem Stab, an dem sich zwei Schlangen zur leuchtenden Kugel hinaufwinden, siehst, hoffe ich, dass du zur Aufrechterhaltung deiner täglichen Übungen inspiriert wirst. Der Hermesstab kann so zur Erzeugung von nützlichem Bhakti genutzt werden. Es ist für den medizinischen Berufszweig – und für uns alle – eine stille Erinnerung an die Realität der menschlichen spirituellen Anatomie.

Öffnen wir hier mal für ein paar Minuten die Motorhaube und betrachten wir Ida und Pingala etwas genauer.

Bei geöffneter Motorhaube sehen wir ein wundersames Gewirr glühender Nerven, von Chakren und ekstatischer Energie, die nach außen flutet. Mein erster Impuls ist, die Motorhaube wieder zufallen zu lassen und zurück auf unsere Yoga-Praxis zu verweisen. Es ist doch so schön, hinter dem Lenkrad zu sitzen und die beeindruckende Landschaft vorbeiziehen zu sehen, anstatt sich unter der Motorhaube zu verlieren. Aber wir sind nun mal hier und starren auf das Innenleben, so wollen wir einmal einiges ausdifferenzieren.

Inzwischen sollten wir mit der Sushumna (dem Wirbelsäulennerv) sehr vertraut sein, da wir bei der Wirbelsäulenatmung damit arbeiten – oder zumindest haben wir uns theoretisch damit beschäftigt und daran gedacht, das zu tun. Für einige ist sie fühlbar geworden, wenn sich ekstatische Ausstrahlung begonnen hat, in dem langen fadenähnlichen, zwischen dem Perineum und dem Punkt zwischen den Augenbrauen verlaufenden Nerv zu regen. Wir können damit spielen, indem wir die Übungen anwenden, die wir bisher gelernt haben. Das ist ziemlich angenehm – wir können sagen ekstatisch. Andere haben die Ausdehnung ekstatischer Ausstrahlung noch in sehr viel größerem Ausmaß erfahren. Dies ist dann der Fall, wenn wir beginnen mit Ida und Pingala Erfahrungen zu machen. Sobald die Kundalini-Energie sich entlang der Sushumna nach außen ausdehnt, kommen bei der Erleuchtung zuerst Ida und Pingala an die Reihe.

Traditionellerweise werden Sushumna, Ida und Pingala als die drei wichtigsten Schnellstraßen einer erwachten Kundalini betrachtet. Diese drei Nerven regulieren den Fluss des Prana durch das gesamte Nervensystem. Dieser regulierende Effekt existiert schon, bevor Kundalini erweckt ist. Tritt die Erweckung einmal auf, dominiert der Prana-Fluss in der Sushumna. Aber auch Ida und Pingala werden erweckt. Ida verläuft an der linken Seite der Wirbelsäule durch die Nerven nach oben und unten und verbindet das Perineum mit dem sensitiven Gewebe hoch oben im linken Nasenloch. Pingala durchläuft die Nerven an der rechten Seite der Wirbelsäule nach oben und unten und verbindet das Perineum mit dem empfindlichen Gewebe hoch oben im rechten Nasenloch. Genauso wie die Sushumna sich ekstatisch ausdehnt, um viel mehr zu umfassen als den winzig kleinen Kanal in der Wirbelsäule, so erweitern sich auch Ida und Pingala ekstatisch, um viel mehr als die begrenzten physischen Dimensionen der außerhalb der Wirbelsäule nach unten und oben verlaufenden Nerven einzuschließen.

Das ist ein Grundsachverhalt, den man beim Nervensystem verstehen muss: Wir beginnen mit den begrenzten physischen Ausdehnungen dort, wo die Nerven sich in unserem Körper befinden. Dann, wenn Kundalini erwacht und die ekstatische Ausstrahlung ansteigt, werden die physischen Dimensionen überschritten. Deshalb entspricht ein Nadi oder spiritueller Nerv nur am Anfang dem physischen Nerv. Wird er erweckt, dehnt sich ein Nadi aus und strahlt Energie weit über den physischen Ort des Nervs hinaus aus. Man kann dies auf zwei verschiedene Weisen betrachten. Wir können sagen, wir „gehen nach innen" und reisen in einer sich ausdehnenden inneren Dimension. Es fühlt sich so an, als ob sich im Inneren die sinnliche Erfahrung ausdehnt. Die andere Art, das zu betrachten, ist zu sagen, wir „dehnen uns nach außen" in der physischen Dimension aus. Mit anderen Worten ist die Ausdehnung auf der inneren Ebene dasselbe wie das äußere Ausdehnen in der physischen Dimension. Wir müssen nach innen gehen, um nach außen gehen zu können. Menschen, die Kundalini-Erlebnisse hatten, haben die sich im Inneren ausdehnende Energie als gleichzeitig über den Körper hinausgehend beschrieben. Jeder, der in der Meditation tiefe Stille erreicht, fühlt diese Ausdehnung auch – wie sie nach innen geht, aber auch, wie sie etwas Friedvolles in die physische Welt ausstrahlt. Ob es sich bei der Erfahrung um die Ausdehnung der erwachenden Kundalini handelt oder um die erwachende Stille reinen Glückseligkeitsbewusstseins in der Meditation, dahinter steht eine Ausdehnung der Nadis. Beides sind verschiedene Seiten derselben Medaille. Es ist alles die Ausdehnung reinen Glückseligkeitsbewusstseins.

Was bedeutet dies also in Bezug auf die Erfahrung von Ida und Pingala? Werden diese beiden Nerven durch die Ausdehnung der Sushumna erweckt, dehnen sie sich ebenso über die physischen Nerven hinaus aus und erscheinen wie Peitschen ekstatischer Energie, die sich in Bögen aus der Wirbelsäule heraus und um sie herum bewegen. Sie bleiben dabei nicht statisch an einem Ort. Sie bewegen sich, kreisen, so dass man kaum links von rechts unterscheiden kann. Einer ist heiß, der andere kalt und das bringt die Empfindungen von Hitze und Kälte hervor, wie sie im Körper gleichzeitig existieren. Das ergibt eine spiralähnliche Wirkung. Stell dir eine rotierende Säule ekstatischer Energie vor, die sich vom Zentrum deiner Wirbelsäule nach außen ausdehnt. Das ist die Sushumna. Nun stell sie dir von wirbelnden Peitschen ekstatischer Energie umgeben vor. Das sind Ida und Pingala.

An bestimmten Punkten entlang der Wirbelsäule fließen diese drei Energien in ihrem ekstatischen Tanz zu sich drehenden Wirbeln zusammen. Diese Punkte des Zusammenfließens sind die so genannten Energiezentren oder Chakren. Sushumna, Ida und Pingala sind die Hauptleitungen, die die Chakren miteinander verbinden. Sobald die Nerven erwachen, erwachen auch die Chakren. Dies beginnt, wenn die Wirbelsäulennerven zu einer ekstatischen Ausstrahlung erwachen. Aber bevor irgendetwas davon geschieht, beginnt es langsam in Form der sanften Reinigung aller Nerven durch Meditation.

Die Abfolge bei der Erweckung in diesen Lektionen beginnt zuerst mit der globalen Reinigung des Nervensystems durch Meditation, wird gefolgt von sanfter Erweckung der Sushumna durch Wirbelsäulenatmung und geht schließlich zu zielgerichteteren Übungen über, die für die Ausdehnung der ekstatischen Strahlung in unendliche Regionen sorgen. Nicht alle Ansätze des Yoga gehen so vor. Einige sind darauf aus, die Sushumna unmittelbar zu erwecken, bevor irgendetwas Bedeutendes durch die Meditation erreicht ist. Andere bemühen sich darum, zuerst Ida und Pingala auszugleichen und befassen sich danach mit der Sushumna. Wieder andere arbeiten zuerst direkt mit den Chakren. Wie auch immer die einzelnen Ansätze vorgehen, das Endergebnis wird gleich sein: ein vollkommen erwecktes Nervensystem, das sich in strahlender Ekstase weit über die Begrenzungen des physischen Körpers ausdehnt. Alle Wege führen nach Hause, auch wenn die einzelnen Routen beträchtlich voneinander abweichen können.

Okay, schließen wir also die Motorhaube und klettern hinter das Lenkrad zurück. Es gibt da noch ein paar weitere Steuerelemente (fortgeschrittene Yoga-Übungen), die wir gleich erörtern und die uns helfen können, auf unserem Weg ein wenig zu beschleunigen.

Der Guru ist in dir.

Lektion 91* – Yoni Mudra Kumbhaka – Reinigung des dritten Auges und mehr

Nun, da wir alle bezüglich direkter Stimulation und Erweckung der eigenen Kundalini-Energie sensibilisiert sind, wollen wir uns gleich mit dem Großvater aller Kundalini-Stimulatoren – Kumbhaka (Atemanhalten) im Zusammenspiel mit einer ganzen Reihe von Bandhas und Mudras – vertraut machen. Warum nicht? Sobald du dazu bereit bist, brauchst du dann nicht mehr lange danach zu suchen. Du hast alles gleich zur Hand und bis das so weit ist, hoffe ich, dass du weise handelst und die Übungen nicht übertrieben anwendest.

Wir nähern uns Kumbhaka im Rahmen einer Übung namens „Yoni Mudra" – was so viel wie „Siegel der Göttin" heißt. Du kannst „Göttin" durch jeden Namen einer dir genehmen weiblichen Gottheit ersetzen. Wir wissen alle, wer sie ist, auch wenn sie verschiedene Namen trägt.

Bevor wir mit Yoni Mudra beginnen, erinnere dich daran, dass genau die gleichen Regeln der Vorsicht gelten, wie sie zu Beginn der Lektion 75 bei der Vorstellung von Siddhasana ausgeführt wurden. Du solltest ziemlich gefestigt in all deinen Übungen sein und keine inneren Energie-Ungleichgewichte während deiner alltäglichen Aktivitäten erleben. Du wirst sehen, dass vieles von dem, was wir bisher hier bereits gemacht haben, ein Teil der erweiterten Ausgestaltung von Yoni Mudra ist, wie wir das an dieser Stelle erörtern. Wir stellen eine Gruppe von Übungen zu einem Ganzen zusammen, so dass daraus etwas entsteht, das mehr als die Summe ihrer Teile ist. Dies erlaubt es unserem Nervensystem, sich schneller zu einer umfassenden und ganzheitlichen Ausgestaltung seines natürlichen Funktionierens hinsichtlich des Fließens reinen Glückseligkeitsbewusstseins und göttlicher Ekstase in unserem Inneren zu entwickeln.

Zuerst müssen wir jedoch eine besondere Warnung aussprechen: Wir halten hier unseren Atem an und fügen ein wenig leichten und gezielten Druck im Inneren unseres Körpers hinzu. Doch es wird nichts Extremes empfohlen – auf keinen Fall mehr, als was dem Sprung in ein Schwimmbecken und dem freiwilligen und kurzzeitigen Anhalten unseres Atems dabei entspricht. Falls bei dir ein Herzleiden vorliegt, du Atemprobleme, Bluthochdruck oder irgendwelche anderen Leiden hast, die durch das Anhalten des Atems verschlimmert werden könnten, dann lass entweder diese fortgeschrittene Yoga-Übung aus oder hole dir erst von deinem Arzt die Erlaubnis, bevor du damit anfängst. Mit anderen Worten, wenn du weißt, dass dein Arzt dem Anhalten deines Atems und dem Tauchen in einem Schwimmbecken nicht zustimmen würde, dann solltest du die Hände von Yoni Mudra lassen. Sicherheit ist das erste Gebot.

Die Übung von Yoni Mudra, wie wir sie hier erörtern, ist so optimiert, dass sie die gesamte Sushumna abdeckt. Dazu fügen wir zur selben Zeit noch mehrere andere Übungen hinzu.

Yoni Mudra führen wir am Ende der Wirbelsäulenatmung und vor der Meditation aus, d.h. unmittelbar zwischen diesen beiden uns schon gut vertrauten Übungen.

Beginnen wir also, indem wir uns so wie beim Pranayama hinsetzen. Das heißt, dass jeder sich in die Variante von Siddhasana setzt, die er für sich ausgewählt hat. Für die festgesetzte Zeit gehen wir dann im Inneren des Wirbelsäulennervs bei der Einatmung hinauf und bei der Ausatmung hinunter, schließen die Wirbelsäulenatmung ab und führen Yoni Mudra Kumbhaka aus.

Um in den Yoni Mudra-Abschnitt überzugehen, legen wir zunächst die Spitzen unserer beiden Zeigefinger nahe der äußeren Ecken der geschlossenen Augen gegen die unteren Lieder. Dann drücken wir die Augen sanft nach oben und zum Zentrum – in Richtung des Punktes zwischen den Augenbrauen. Das sollte ohne irgendwelche Anstrengung oder Unbequemlichkeit durchgeführt werden. Es ist nur ein sanftes Anstoßen der Augen in Richtung des Punktes zwischen den Augenbrauen. Sollten die Fingernägel deiner Zeigefinger lang sein, dann musst du sie für diesen Teil von Yoni Mudra etwas schneiden.

Jetzt, da die geschlossenen Augen auf diese Weise auf das dritte Auge ausgerichtet sind, gehen wir im Inneren des Wirbelsäulennervs mit der Einatmung vom Perineum zum Punkt zwischen den Augenbrauen hoch. Sobald die Lungen gefüllt sind und die Aufmerksamkeit sich am oberen Ende des Wirbelsäulennervs befindet, schließen wir die Nasenlöcher mit beiden, von außen auf die Seiten der Nase drückenden Mittelfinger. Gleichzeitig behalten wir die Zeigefinger dort, wo sie die Augen sanft in Richtung des Punkts zwischen den Augenbrauen drücken. Zur selben Zeit heben wir auch die Zunge zur Decke des Mundes und versiegeln den Mund im Inneren, so dass keine Luft durch ihn entweichen kann. Jetzt halten wir den Atem an. Aber wir halten ihn nicht mit dem Kehldeckel im Hals, wie wir das normalerweise tun würden. Stattdessen erlauben wir dem Luftdruck aus den ausgedehnten Lungen ungehindert in die Nasenöffnungen und -nebenhöhlen zu wirken. Das ist kein starker Druck, nur ein geringer. Wir drücken die Luft dort nicht hinauf. Wir lassen nur den natürlichen Druck der angefüllten Lungen dorthin wirken. Die Mittelfinger und die Zunge verschließen Nase und Mund, so dass keine Luft entweichen kann.

Versuche das mal und sieh, wie es funktioniert. Ziemlich einfach, nicht wahr?

Nun halten wir den Atem für eine angenehme Zeitspanne an – nicht zu lang und nicht zu kurz. Abhängig von deinem Vermögen könnten das dreißig Sekunden, eine Minute oder vielleicht sogar länger sein. Bist du ein professioneller Schwammtaucher, können es mehrere Minuten werden. Es ist nicht so wichtig, wie lange das genau ist. Wichtig ist aber, dass wir den Atem im Inneren eine Zeit lang so anhalten, dass es sowohl angenehm ist, als auch ein bisschen an den Rand unserer Fähigkeit reicht – aber nicht so weit, dass es zu einer Anstrengung wird. Auch nicht bis dahin, dass wir nach Luft schnappen, sobald wir aufhören. Sind wir bereit zum Ausatmen, lassen wir die Mittelfinger von den Nasenlöchern los – jedoch nicht die Zeigefinger von den Augen oder die nach oben gehaltene Zunge. Wir sollten genügend Fassung für eine beherrscht sanfte Ausatmung durch die Nase übrig haben, während wir mit der Aufmerksamkeit zurück den Wirbelsäulennerv bis hinunter zum Perineum gehen. Beim Ausatmen sollten wir nicht verzweifelt nach Luft ringen. Wir können aber etwas schneller als bei der normalen Wirbelsäulenatmung atmen, sowohl beim Ein- als auch beim Ausatmen. Falls wir jedoch in großer Eile nach Luft aus sind, haben wir den Atem zu lange angehalten. Da musst du einen gesunden Mittelweg finden. Auch dies wird zunächst etwas klobig verlaufen, wie bei all diesen fortgeschrittenen Yoga-Übungen. Indes wird es sich bald zu einer angenehmen Übung einspielen. Das Ziel ist es, eine herrliche Zeit mit dem im Inneren angehaltenen Atem zu verbringen. Es sollte nicht in eine Übung zur Heldenhaftigkeit ausarten.

Zu Beginn werden wir nur drei dieser Yoni Mudra Kumbhakas zwischen Pranayama und Meditation ausführen. Damit sind es nur ein paar Minuten, die wir zu unseren Übungen von Pranayama und Meditation hinzufügen. Aber zu Yoni Mudra Kumbhaka gehört mehr, als wir gerade erwähnt haben. Es gibt noch eine Reihe von Dingen, die wir im Bestreben, die besten Ergebnisse zu erzielen, während unseres Kumbhakas einsetzen wollen. Gehen wir also noch etwas weiter ins Detail.

Sind wir gerade mit der Wirbelsäulenatmung fertig geworden, haben wir Mulabandha und Sambhavi gesetzt und wir sitzen in Siddhasana. In Yoni Mudra Kumbhaka behalten wir Mulabandha bei. Sambhavi ist während Yoni Mudra etwas modifiziert, weil wir die Augen mit unseren Zeigefingern in Richtung des Punkts zwischen den Augenbrauen anstoßen. Da unsere Zeigefinger das übernehmen, lassen wir den Teil von Sambhavi, wo es um das Heben und Zentrieren geht, weg. Wir machen aber mit dem Runzeln der Stirn weiter, indem wir sanft die Augenbrauen gegen das Zentrum zusammenbringen. So ist also Sambhavi in Yoni Mudra eine Kombination aus Anheben und Zentrieren der Augen mit den Zeigefingern und sanftem Zusammenziehen der Augenbrauen mit den Kopfmuskeln. Außerdem ruht unsere Aufmerksamkeit während Yoni Mudra Kumbhaka die ganze Zeit des Atemanhaltens, bis wir den Wirbelsäulennerv bei der Ausatmung wieder hinunterwandern, auf dem Punkt zwischen den Augenbrauen. Es kann sogar sein, dass wir spüren, wie unsere Aufmerksamkeit bei Yoni Mudra Kumbhaka vor den Punkt zwischen den Augenbrauen nach außen gezogen wird. Das ist etwas Natürliches. Sobald der Wirbelsäulennerv beginnt, ein wenig ekstatisch leitfähig zu werden, wird es ziemlich angenehm, Sambhavi auszuführen. Das Drücken der Augen in Richtung drittes Auge beim Zusammenziehen der Augenbrauen während Yoni Mudra kann – bei ansteigender ekstatischer Leitfähigkeit im Wirbelsäulennerv – den ganzen Körper mit Wohlgefühl anfüllen. („Ist dein Auge einzig, wird dein Körper mit Licht erfüllt sein.“)[4] Das Wohlgefühl vergrößert sich auf natürliche Weise, sobald die Aufmerksamkeit über den Punkt zwischen den Augenbrauen hinausgeht. Da ist etwas außerhalb des Körpers, das uns zur Ekstase ruft. Wir entdecken, dass die Sushumna weitergeht und es ist in Ordnung, dort hinzugehen, wenn wir natürlicherweise davon angezogen werden. Was werden wir dort entdecken? Oh, wir finden das heraus. Es ist alles gut. Wenn diese Verlängerung der Sushumna auftritt, ist es okay, unsere Aufmerksamkeit auch während unserer normalen Wirbelsäulenatmung die volle Strecke davon nach vorne hinausgehen zu lassen. Das ist eine natürliche Weiterentwicklung der

---

[4] Mt 6,22. So lautet die wörtliche Übersetzung aus der Vulgata (dem Original in Latein) und auch der King James Ausgabe der Bibel, die der englischen Version dieser Lektion zugrunde liegt. Die neueren Bibelübersetzungen sowohl im Englischen als auch im Deutschen haben für das lateinische „simplex“/englisch „single“ , da man offenbar keine sinnvolle Interpretation kennt, „klar, gesund oder gut“ stehen (Anmerkung des Übersetzers).

Sushumna und der Wirbelsäulenatmung. Sie wird während Yoni Mudra befördert und ist nur eine der vielen Erträge dieser fortgeschrittenen Yoga-Übung.

Das Manöver mit der zur Mundhöhlendecke gehenden Zunge ist das Anfangsstadium einer „Kechari Mudra" genannten fortgeschrittenen Yoga-Übung. Die Zunge spielt beim Voranschreiten unserer Praxis eine sehr wichtige Rolle. Hier wollen wir erst mal nur auf eine angenehme Weise den Weg für die Luft abriegeln, damit sie während Yoni Mudra nicht durch den Mund entweicht. Das kann vielleicht bedeuten, dass unsere Zungenspitze hinter unsere Schneidezähne oder möglicherweise weiter zurückgesetzt wird. Falls wir auf angenehme Weise die Stelle erreichen, wo der harte und weiche Gaumen aufeinander treffen, ist das ein guter Ort für das Parken der Zungenspitze. Sie muss aber nicht dort sein. Wir wollen das, was immer im Augenblick am behaglichsten funktioniert. In zukünftigen Lektionen wird viel mehr zu Kechari gesagt.

Es gibt noch zwei weitere Bestandteile, die wir zu Yoni Mudra gerne hinzufügen würden. Zuerst „Jalandhara Bandha", was so viel wie „Kinnverschluss" heißt. Wir wählen dafür einen weniger strengen Ansatz, als durch die Bezeichnung angedeutet ist. Während des Atemanhaltens in Yoni Mudra Kumbhaka lassen wir – nur so weit das angenehm ist – den Kopf zur Brust herunter sinken. Während des Ein- und Ausatmens heben wir ihn wieder an. Das ist alles. Wir lassen den Kopf während des Atemanhaltens nur nach unten hängen und unsere Finger an den Augen und der Nase bleiben beim Nach-Unten-Sinken des Kopfes, wo wir sie hingesetzt haben. Kommt unser Kinn bequem halbwegs zur Halsgrube hinunter, ist das gut. Falls unser Kinn ganz bis zur Halsgrube hinuntergeht, ist das der ganze Kinnverschluss. Beides ist gut. Jalandhara dehnt den Wirbelsäulennerv im oberen Bereich des Körpers vom Punkt zwischen den Augenbrauen aus nach unten in die Länge. Es ist einfach, dieses Dehnen zu fühlen. Wir strapazieren den Nerv aber nicht. Ist im Wirbelsäulennerv bereits etwas ekstatische Leitfähigkeit vorhanden, können wir das Dehnen bis zum Perineum hinunter fühlen. Es ist erstaunlich, wie das zu Stande kommt. Mit Jalandhara dehnen wir die Sushumna vom dritten Auge bis zur Wurzel. Dieses Dehnen verstärkt den Effekt von Yoni Mudra Kumbhaka außerordentlich und fördert den Anstieg von ekstatischer Leitfähigkeit im Wirbelsäulennerv. Später arbeiten wir noch mehr mit Jalandhara und nutzen eine dynamische Variation davon, um damit riesige Mengen an Prana hoch zum Herzen, zur Kehle und in den Kopf in Bewegung zu bringen. Jalandhara ist eine sehr wichtige fortgeschrittene Yoga-Technik. Hier in Yoni Mudra führen wir eine Anfangsform davon ein – das einfache und lockere Nach-unten-sinken-Lassen des Kopfes, während der Atem angehalten wird. Atmen wir ein oder aus, heben wir den Kopf wieder an und sind immer darauf bedacht, dass alles behaglich bleibt.

Die andere Komponente, die wir hinzufügen, ist Uddiyana. Uddiyana gibt es auch in mehreren Varianten, die wir auf unserer weiteren Reise vollkommen ergründen werden. Auf dem gegenwärtigen Stadium führen wir für Yoni Mudra eine elementare Form von Uddiyana ein. Halten wir den Atem während Yoni Mudra an, heben wir das Zwerchfell ein wenig und ziehen den Bauch ein. Das stellt eine Verbindung zum vom analen Schließmuskel durch das Becken hochkommenden Mulabandha her. Beim Sitzen in Siddhasana wirkt Uddiyana Wunder. Uddiyana, was so viel wie „hochfliegen" bedeutet, steht mit den Vorgängen im Becken in Verbindung und befördert alles um ein Beträchtliches weiter nach oben. Weil wir in Yoni Mudra Kumbhaka mit Atemluft angefüllt sind, werden wir mit dem Zwerchfell nicht sehr weit nach oben ziehen – eben nur ein bisschen.

Du wirst fühlen, wie mittels Uddiyana der Druck durch den Körper nach oben kommt. Übertreibe es jedoch nicht. Falls du eine Einführung in Hatha-Yoga genossen hast (das zu tun, ist sehr zu empfehlen), wirst du zweifellos gelernt haben, wie man Uddiyana mit ganz entleerten Lungen aufrecht stehend ausführt. Das ist ein guter Weg, etwas damit vertraut zu werden. Mit dem Zwerchfell und den Bauchmuskeln kann man eine Menge machen. Wir beschäftigen uns später intensiver damit. Für den Augenblick zieh bei Yoni Mudra Kumbhaka nur ein bisschen nach oben. Lass locker, wenn du zwischen dem Atemanhalten aus- und einatmest.

Bei Yoni Mudra müssen also eine Menge Dinge eingestellt werden. Das meiste davon sind jedoch körperliche Gewohnheiten, die man sich leicht aneignen kann. Beizeiten, sobald wir einmal durch die klobige Phase hindurch sind, werden all diese Dinge zu einem einfachen ganzheitlichen Körperreflex, der automatisch abläuft, sobald der Atem angehalten wird. Steigt dann die ekstatische Leitfähigkeit an, verfeinern sich diese Manöver zu subtil abgestimmten inneren Bewegungen, die auf den natürlichen Fluss göttlicher Ekstase im Inneren reagieren. Alles, was wir hier erörtert haben, ist eine Einführung in eine neue natürliche Art körperlichen Funktionierens. In fortgeschrittener Form werden alle oben besprochenen Komponenten der Übung als eng miteinander verbunden erscheinen – als unsichtbar auftretende automatische „Kleinstbewegungen", die mit der sich in unserem Körper Tag und Nacht bewegenden Energie einhergehen. All diese körperlichen Methoden, die wir erlernen, haben einen direkten Bezug zu der sich im Körper einstellenden biologisch ekstatischen Erfahrung. Obwohl wir uns mit diesen Dingen im Moment noch in einer klobigen Phase befinden, wirst du erstaunt sein, wie fein, geschmeidig und natürlich miteinander in Beziehung stehend sie sein können. Tägliches Yoni Mudra Kumbhaka mit dem ganzen Spektrum von Bandhas und Mudras, das allmählich hinzukommt, verwandelt uns immer mehr in etwas wie einen gut eingestellten Ferrari. Im Moment mag es noch nicht danach aussehen, aber das ist es in der Tat, was sich da abspielt. Yoni Mudra Kumbhaka ist ein fortgeschrittenes spirituelles Training für unsere Biologie.

Wir werden uns Yoni Mudra Kumbhaka nur schrittweise annähern, indem wir – wie erörtert – leicht und langsam mit drei Wiederholungen zwischen Pranayama und Meditation beginnen. Diejenigen, die Yoni Mudra Kumbhaka gut und reibungslos beherrschen, können in Babyschritten erweitern. Übertreibe jedoch nicht. Kumbhaka ist die kraftvollste aller direkten Kundalini-Stimulatoren. Wenn drei Wiederholungen gut laufen, dann versuche vielleicht nach einem Monat auf vier zu erhöhen. Nach ein paar weiteren Monaten kannst du daran denken, es einmal mit fünf Wiederholungen zu probieren – so in der Art. Beginne nicht gleich mit fünf oder zehn, nachdem du das hier einmal gelesen hast. Ein sehr langsames Aufbauen ist das Richtige und auch nur, wenn sonst alles mit deinen Übungen und in deiner täglichen Beschäftigung glatt läuft.

Wir haben darüber gesprochen, wie Yoni Mudra Kumbhaka auszuführen ist, hingegen nicht so viel darüber, was Yoni Mudra Kumbhaka in uns bewirkt. Einfach ausgedrückt arbeitet diese Übung daran, jeden Winkel und jede Nische unseres Nervensystems zu öffnen und zieht gleichzeitig Kundalini (sexuelle Energie) nach oben. Sie erzeugt ein riesiges Maß an Reinigung in unserem Körper und kultiviert gleichermaßen die feinen Gewohnheiten eines ekstatischen, biologischen Arbeitens in uns.

Unsere Annäherungen an das dritte Auge aus verschiedenen Winkeln führen zu einem Reinigungseffekt am oberen Ende der Sushumna und im gesamten Kopf. Yoni Mudra ist also sicherlich ein Reinigungsinstrument für das dritte Auge. Der gesamte Wirbelsäulennerv wird gedehnt und mit aus dem Beckenbereich kommendem Prana durchtränkt. Außerdem zieht Kumbhaka eine große Menge sexueller Energie (Kundalini) vom riesigen Pranaspeicher im Becken nach oben, indem es einen zusätzlichen Bedarf an Lebenskraft im Körper schafft. Siddhasana, Mulabandha und Uddiyana fördern dieses Nach-oben-Ziehen, das im unteren Teil des Körpers stattfindet.

Das ist ein grober Überblick über das, was geschieht. Viele andere Dinge tun sich als Ergebnis von Yoni Mudra Kumbhaka in unserer Biologie und im Nervensystem – viel mehr, als in diesen wenigen Absätzen erörtert werden kann. Wir werden die Details in späteren Lektionen nachtragen, sobald wir die Erfahrungen dazu machen.

Zum Schluss sollte noch angemerkt werden, dass es sich hier um eine optimierte Version von Yoni Mudra handelt, die darauf abzielt, ein breites Spektrum von Öffnungen im Nervensystem zu erzielen. Das traditionelle Yoni Mudra bezieht den Gebrauch der anderen Finger zur Versiegelung der Ohren (Daumen) und des Mundes (Ring- und kleine Finger) und weniger der hier angegebenen Bandhas und Mudras ein. Was wir hier erlernen, ist eine Hybrid-Übung, die um der Effektivität willen zusammengestellt wurde. In einigen wenigen Extraminuten während unserer zweimal täglichen Übungssitzungen können wir allen unseren Übungen einen großen Schub verleihen, ebenso der Erfahrung eines Anstiegs reinen Glückseligkeitsbewusstseins und göttlicher Ekstase in unserem Leben. Diesem Zweck dient diese Art von Yoni Mudra Kumbhaka.

Der Guru ist in dir.

Zusatz: Die Einführung von Kumbhaka an dieser Stelle dient dem Anhalten der Luft bei angefüllten Lungen während der Ausführung von Yoni Mudra. Dies nennt man „internes Kumbhaka". Seitdem diese Lektion ins Netz gestellt wurde, haben mich mehrere Anfragen bezüglich des „externen Kumbhaka" erreicht, bei dem der Atem ausgeworfen und die Luft bei geleerten Lungen angehalten wird. Diese Art Übung wird in einigen Traditionen, jedoch nicht bei den Fortgeschrittenen Yoga Übungen gelehrt und wurde auch nicht in den Lektionen erörtert. Der Vollständigkeit halber sei hier eine Frage & Antwort diesbezüglich hinzugefügt

Frage: Hast du jemals von negativen Auswirkungen eines Kumbhaka nach der Ausatmung gehört? Ich habe damit eine Zeit lang experimentiert. Doch las ich kürzlich eine Reihe von Warnungen dazu, dass das langfristig schädlich sein könnte.

Antwort: Falls du unter „Kumbhaka nach der Ausatmung" verstehst, dass man den Atem mit geleerten Lungen außen hält, dann stimme ich zu, dass damit ein gewisses Risiko verbunden sein kann. In den Lektionen setzen wir diese Vorgehensweise für kurze Zeitperioden bei Uddiyana/Nauli ein (vollständig in Lektion 129 erklärt), doch nicht weit darüber hinaus. Kommt es dazu während unserer Übungen automatisch, lassen wir es, unter der Voraussetzung, dass es nicht extrem ist, zu. Manchmal passiert es während der Meditation automatisch, dass der Atem bei geleerten Lungen anhält. All das ist in Ordnung. Das Nervensystem weiß, was es benötigt. Die Lektionen verschreiben kein absichtliches, lang angehaltenes, externes Kumbhaka. Der Grund dafür ist, dass unsere Lungen dazu nicht entworfen sind und der erzwungene negative Druck in den Lungen mit der Zeit zu Schäden führen kann.

Aus demselben Grund beschränken wir auch bei Ujjayi- (Lektion 41) oder Brahmari-Pranayama (Lektion 229) die Einatmung nicht.

Die Lungen sind so entworfen, dass sie Luft im Körper halten und das ist sehr natürlich, wie jeder weiß. Die Luft gewaltsam draußen zu halten, ist nicht so natürlich, auch wenn es dazu bei Uddiyana/Nauli und manchmal beim automatischen Yoga kurzzeitig kommt. In keinem dieser Fälle werden die Lungen dabei übermäßig belastet. Das ist also die Herangehensweise für ein externes Kumbhaka in diesen Lektionen – sehr sparsam und nur in den gerade beschriebenen Situationen.

Lektion 92 – Der Stern

Frage: Ich meditiere seit zehn Jahren. Aber ich würde sagen, dass ich darin nie wirklich gut war. Das meine ich, weil ich während der Meditation immer leicht durch Gedanken abgelenkt wurde. Weil das in meinem Kopf so ablief, war es immer eine Glücksache, ob ich meditierte oder nicht. Mit anderen Worten, täglich hab ich nicht praktiziert – mehr so drei oder viermal die Woche.

Bevor ich in deine Gruppe eingetreten bin, hat man mir schon gesagt, wie ich Yoni Mudra ausführen muss. Aber in Wirklichkeit hab ich das nicht richtig gemacht. Trotzdem hab ich die ersten beiden Male den wunderschönen Kreis mit einem Stern in der Mitte gesehen. Damals hab ich nicht gewusst, dass das etwas ist, was gewöhnlich nach der Ausführung von Yoni Mudra auftritt. Einige Tage nachdem ich das gesehen hatte, erhielt ich mit der Post eine Broschüre von der Gemeinschaft der Selbstverwirklichung (SRF) und auf der Broschüre war genau das gleiche Ding abgebildet, das ich gesehen hatte. Seitdem hab ich es nie wieder gesehen, auch wenn ich es mit Yoni Mudra versucht habe.

Jetzt mal ein großer Sprung: Ich bin deiner Gruppe beigetreten und fand die Tatsache, dass die Gedanken, die kommen, in Ordnung sind, wirklich gut. Mach einfach weiter und geh zum Mantra zurück! Ich fühlte, dass ich es früher vielleicht doch richtig gemacht hatte und meine Erwartungen waren weg. Ich hab also den Vorsatz gefasst, zweimal am Tag die Übung zu machen und mir auch vorgenommen den „Zeitplan" im Auge zu behalten, um nicht so durch all das zu hetzen. Deshalb hab ich die fortgeschrittenen Yoga-Übungen eins ums andere hinzugefügt und auch keinen Schub der Kundalini-Energie erlebt, wie einige der Leute hier, aber ich hab mich entschlossen, die Übungen aufrecht zu erhalten.

Heute Morgen hab ich zum ersten Mal, seit ich deiner Gruppe beigetreten bin, Yoni Mudra gemacht. Sobald ich begonnen habe, sah ich einen Haufen irrsinniger Lichter. Ich hab nur zugeschaut und die Technik gehalten. Dann kamen die Kreise mit dem Stern in der Mitte. Es gab da einen leuchtenden Kreis mit einem dunklen darin. In der Mitte befand sich der Stern. Der Stern ist abwechselnd deutlich geworden und wieder verschwommen. Ich wollte nicht, dass es vorübergeht. Doch ich ging in meine Meditation und es verschwand.

Meine Frage ist nun: Was ist das überhaupt für ein Stern? Warum bin ich so begierig darauf, ihn zu sehen, wenn ich nicht einmal weiß, was das überhaupt ist? Ich weiß, dass es ein Teil des Prozesses ist, aber wie und warum weiß ich nicht. Werde ich das sehen, wenn ich meditiere oder nur während Yoni Mudra? Gibt es etwas, das ich tun kann, damit ich den Stern während der Meditation behalte? Warum ist er beim Ausführen von Yoni Mudra gekommen? Soll ich da irgendetwas mit dem Stern tun?

Antwort: Die einfache Vorgehensweise bei der Meditation stört sich überhaupt nicht an Gedanken oder irgendetwas anderem. Es ist die Kunst der sanften Überredung, die das Mantra zu reinem Glückseligkeitsbewusstsein verfeinert. Der Verstand kommt ohne Schwierigkeiten in die Stille, wenn wir den Kampf mit Gedanken aufgeben und ganz einfach auf natürliche Weise dem Mantra auf tieferen Ebenen den Vorzug geben, wann immer wir uns bewusst werden, dass wir davon abgekommen sind. So kommt man hinein.

Sieht man den Stern, ist das eine natürliche Folge einer Reinigung der Sushumna (Wirbelsäulennerv) und der Öffnung des dritten Auges. In der Lektion zu Yoni Mudra Kumbhaka wurde erwähnt, dass die Aufmerksamkeit früher oder später über den Punkt zwischen den Augenbrauen hinausgezogen wird. Das ist eine Ausdehnung der Sushumna über die körperlichen Grenzen hinaus. Am Ende der Sushumna findet man die unendlichen Reiche hellen weißen Lichts. Diese werden anfangs als leuchtender Stern wahrgenommen. Die den Stern kreisrund umgebenden Farben rühren von der Innenseite der Sushumna her. Du schaust aus dem Inneren heraus, siehst also das Innere der Sushumna in deinem Körper und das Ende der Sushumna – was dem Stern entspricht – davon abgesetzt in der Ferne. Du schaust durch den Tunnel der Sushumna und siehst „das Licht am Ende des Tunnels", wie man sagt. Im Inneren des Tunnels sind wir buchstäblich ein Regenbogen aus Licht – beginnend mit einem dunklen Rot ganz unten und endend mit Blau und Violett ganz oben. Du hast den Ausdruck: „Sie hat ein Herz aus Gold" schon einmal gehört. Gut, wir alle haben Herzen aus Gold. Es ist nur etwas Hausreinigung nötig, damit wir es sehen. Das ist der äußere Ring, den du siehst.

Einige der graphisch anschaulichsten und schönsten Beschreibungen des Inneren der Sushumna sind in dem Buch „Sacred Science" (Heilige Wissenschaft) von Norman Paulsen zu finden. Herr Paulsen ist einer der wenigen noch lebenden direkten Schüler von Paramahansa Yogananda, dem berühmten Yogi und Autor der „Autobiographie eines Yogi." In seinem Buch erörtert Herr Paulsen eine schwierigere Form der Wirbelsäulenatmung. Es gibt ganz verschiedene Ansätze der Wirbelsäulenatmung, verschiedene Stile. Der Ansatz für die Wirbelsäulenatmung in diesen Lektionen wurde aus Gründen der Einfachheit und erwiesenen Effektivität gewählt. Jeder Mensch ist frei, das für ihn Passende zu wählen. Deshalb halten wir hier verschiedene Übungsstile in Ehren.

Das heilige Diagramm „Sri Yantra" ist ebenfalls eine Darstellung der inneren Realität der Menschheit – konzentrische Kreise göttlich weiblicher Energie, die einen Tunnel formen, der zur letztendlichen Vereinigung von Shiva und Shakti im Zentrum führt. Führen wir die Wirbelsäulenatmung aus, vereinigen wir diese beiden Energien überall im Inneren der Sushumna und in jedem Teil unseres Nervensystems.

Das ist einer der wenigen Fälle im Leben, da „Tunnelblick" etwas Positives beschreibt.

Was sollen wir mit dem Stern tun, wenn wir ihn sehen und sich ein wachsendes Bewusstsein des Sushumna-Tunnels, das oft damit einhergeht, einstellt? Das ist eine wichtige Frage, die du aufwirfst. Ja, wir werden von dem Stern auf natürliche Weise angezogen. Das ist der „Himmel". Dorthin gehen wir, wenn wir sterben. Berichte über den Tunnel und das weiße Licht sind nichts Besonderes bei denen, die eine Nahtoderfahrung hatten. Der Tunnel ist auch der Weg, auf dem wir in diese irdische Existenz gekommen sind. Nun kannst du sehen, warum die Wirbelsäulenatmung in unserer Praxis so wichtig ist. Wir räumen unsere Schnellstraße in den Himmel frei.

Aber es ist noch nicht die Zeit zu gehen! Darin liegt die Antwort auf die Frage. Was machen wir mit dem Stern? Du wirst von verschiedenen Leuten verschiedene Antworten auf diese Frage erhalten. Da wird viel Lärm darum gemacht.

Die Antwort in diesen Lektionen besteht darin, dass wir mit dem Stern nicht viel unternehmen. Wir lassen die Erfahrung damit sich natürlich entwickeln, genauso wie wir das mit allem machen, was als Ergebnis unserer Übungen hochkommt. Wenn sich der Stern zeigt, betrachten wir das wie jeden anderen Teil unserer inneren Funktionsweise und gehen zu der Übung zurück, die wir gerade machen. Das ist schließlich nur ein anderes Element unserer spirituellen Anatomie, wie Nadis, Chakren und dergleichen. Alles im Himmel und auf Erden ist in uns enthalten. Wir müssen nirgendwo anders hingehen, um zu sein, was wir bereits sind. Wenn unsere Ekstase im Inneren oder äußere Übungen uns in den Stern hineinziehen, ist das ganz in Ordnung. Was immer da geschieht, ist Teil unserer Erfahrung göttlicher Ausdehnung. Zieht uns unsere Ekstase woanders hin in unserer spirituellen Anatomie, ist das auch gut. Wenn wir beim Praktizieren sind, favorisieren wir wie immer locker und leicht die Übung, die wir gerade machen. Wir drehen nicht gleich durch aufgrund dieser oder jener Erfahrung, die sich einstellen mag. Falls wir nicht praktizieren und sehen, dass sich in unserer spirituellen Anatomie etwas ereignet – dann genießen wir das! In diesen Lektionen sind wir in erster Linie Yogis und Yoginis und Touristen erst sekundär. Es ist schön uns der Landschaft zu erfreuen, wenn wir nicht beim Üben sind. Für uns gibt es viel zu sehen. Beim Üben halten wir jedoch an der einfachen Aufgabe fest, die Übung zu favorisieren, die wir gerade ausführen.

Auf dieser Erde sind wir damit beschäftigt, unser Nervensystem in eine gute spirituelle Arbeitsverfassung zu bringen. Dazu sind wir hier. Dies können wir nur erreichen, wenn wir fortwährend, d.h. von Tag zu Tag, unser Nervensystem auf höhere Ebenen des Funktionierens anheben. Sobald wir auf irgendeinen Aspekt unserer spirituellen Anatomie besonders fixiert sind, wird das möglicherweise auf Kosten unseres allgemeinen Ziels der Erleuchtung gehen. Deshalb tun wir gut daran, alle inneren Mechanismen und Erfahrungen als „unter der Haube" liegend zu betrachten, wenn wir auf unserer Straße der fortgeschrittenen Yoga-Übungen der Erleuchtung entgegensausen.

Gehen wir noch einmal zurück zu unserem Vergleich mit der Reise nach Kalifornien. Nehmen wir an, dass wir eine Straße nach Kalifornien bauen, eine, die es uns erlaubt, ganz nach unserem Belieben und ohne Schwierigkeit dorthin zu gelangen und auch wieder zurückzukehren. Sobald das Straßenbauteam nah genug an Los Angeles herankommt, sehen wir das glänzende Licht in der Ferne leuchten. Wir sind dann vielleicht versucht, die Straßenbauarbeiten einzustellen und einfach querfeldein auf die Lichter von LA zuzulaufen. Tun wir dies, landen wir schließlich in LA, lassen aber eine unvollendete Straße irgendwo außerhalb der Stadt zurück. Nicht dass LA noch irgendwo eine Straße bräuchte, doch das erfordert der Vergleich. Früher oder später müssen wir zurückgehen und unsere Straße vollenden. LA ist nicht ganz LA, bis wir ganz nach unserem Belieben dorthin gehen und es wieder verlassen können. Genauso ist auch der Himmel nicht ganz der Himmel, bis wir kommen und gehen können, wie wir wollen. Dazu brauchen wir ein Nervensystem, das vollkommen gereinigt ist.

Bei der Erleuchtung geht es nicht darum, schnell zum Himmel hinzueilen und ein ungereinigtes Nervensystem zurückzulassen, zu dem wir dann später in einem anderen Leben zur Vollendung der Aufgabe zurückkommen müssen. Es geht um die Vollendung der Aufgabe, das Nervensystem vollkommen zu reinigen. Dann gehört uns alles und wir sind alles: Himmel, Erde, der Kosmos, LA, alles. Dann drückt sich der Himmel durch uns auf Erden aus und wir können viel für andere tun, durch die sich der Himmel ebenfalls ausdrückt, die nur ebenso eine ordentliche Hausreinigung benötigen, das selbst zu erkennen. Es geht also nicht um das Fortgehen in den Stern hinein. Es geht um das Hereinholen des Sterns in die irdische Sphäre. Das tun wir, wenn wir das Nervensystem reinigen und öffnen.

Wie Jesus sagt: „Ihr seid das Licht der Welt." [Mt 5,14]

Solltest du also den Stern sehen oder eine Ekstase haben, die über den Punkt zwischen den Augenbrauen hinausreicht, dann gehe als Teil deiner normalen Wirbelsäulenatmung dahin. Das wird deine Übungen sehr bereichern. Falls du den Stern siehst oder eine sich während Yoni Mudra Kumbhaka über den Punkt zwischen den Augenbrauen hinaus ausdehnende Ekstase fühlst, dann verweile dort während Kumbhaka locker und leicht wie in den Anweisungen beschrieben. Versuche nicht, dich daran festzuklammern. Eine natürliche Reinigung und Anbindung findet statt. Lass es einfach geschehen. Sei dir bewusst, dass wir hier auf der Erde daran arbeiten, unser Nervensystem zu reinigen. Das ist es, was wir in der Meditation, der Wirbelsäulenatmung, mit Kumbhaka, den Bandhas, Mudras und all dem Rest machen. Erfreue dich an der Glückseligkeit des Himmels, wenn er dich küsst. Bringe das auf natürliche Weise durch deine Übungen zurück in deinen Körper. Denk daran, dass die Arbeit, die wir hier leisten, im irdischen Körper stattfindet. Was wir hier erreichen, werden wir –wo immer wir auch hingehen, wenn wir einmal scheiden – mit uns mitnehmen. Dieses Nervensystem ist das Tor. Wenn wir uns daran halten, wird alles andere für sich selbst sorgen.

Man hat gesagt, dass die Engel im Himmel ein wenig eifersüchtig auf uns sterbliche menschliche Wesen seien. Warum? Weil wir auf dieser Ebene der Existenz das Nervensystem griffbereit für die Reinigung haben und dazu noch die Motivation (die Sterblichkeit), uns auch darum zu bemühen. Es ist viel einfacher, diese Aufgabe hier auf Erden zu lösen als im Himmel. Deshalb sind die Engel ein wenig eifersüchtig. Sie warten darauf, dass sie an die Reihe kommen für das, was wir hier und jetzt tun können – fortgeschrittene Yoga-Übungen. Bevor wir also loslaufen zum Himmel, lasst uns also das Beste aus der Gelegenheit machen, die wir hier zur Verfügung haben. Der Himmel wird da sein, sobald unsere Zeit zu gehen gekommen ist. Je mehr wir unser Nervensystem hier und jetzt reinigen können, desto leichter wird es für uns später sein.

Bei einigen Ansätzen gibt es eine Absicht, eine besondere Vision zu bekommen. Diese Visionen zu haben, bedeutet alles. So muss es aber nicht sein. Die Manifestation der Wahrheit ist nicht für jeden genau gleich. Deshalb kann es ein Fehler sein, eine bestimmte Vision herauszugreifen und sich darum zu bemühen. Einige mögen vielleicht niemals einen Tunnel oder den Stern sehen. Vielleicht rasen sie einfach an einer bestimmten Stelle durch und es ist alles reines weißes Licht. Oder möglicherweise auch eine andere Art von Licht und dann weißes Licht. Vielleicht kein weißes Licht und nur mehr und mehr Ekstase bis zu einem Tag, an dem der Durchbruch plötzlich da ist – und weißes Licht ist überall im und außerhalb des Körpers. Das kann auf viele verschiedene Wege geschehen und hängt von den jeweiligen Reinigungsprozessen ab, die in jedem Menschen ablaufen. Niemand kann sagen, wie es für alle Menschen sein sollte. Aus diesem Grund kümmern wir uns nicht so viel um Visionen in diesen Lektionen. Wir machen jeden Tag die Übungen, von denen wir wissen, dass sie die Reinigung und natürliche Öffnung des Nervensystems fördern. Die Erfahrungen dabei können sein, was immer sie sein wollen. Reinigen wir die Schnellstraße in den Himmel, kann da kein Zweifel daran bestehen, dass wir in bester Verfassung und mit der uns ewig bleibenden Fähigkeit ankommen werden, zu kommen und zu gehen, wie immer wir wollen.

Eine Vision ist nicht der große Durchbruch im Yoga. Ewige Freiheit und Erleuchtung sind es!

Der Guru ist in dir.

Lektion 93 – Zeitenwende

Frage: Ich empfinde es als gut, wie die Meditation bei mir läuft und ich habe gerade erst mit der Wirbelsäulenatmung begonnen. Dabei stellt sich heraus, dass es etwas schwierig ist, durch die klobige Anfangsphase – wie du das nennst – zu kommen. Mit all den anderen von dir eingeführten Dingen fühle ich mich fast, als würde ich im Wasser untertauchen. So viele wunderbare Übungen, und ich bin für die Ausführung so ungeeignet. Ich zweifle an meinem Wert für all das. Trotzdem habe ich so großes Verlangen, den Pfad bis ans Ende zu gehen. Ich wünschte mir, ich hätte damit schon vor 20 Jahren angefangen. Ich werde verrückt vor Ungeduld, doch ich weiß, wenn ich mich zu sehr anstrenge, könnte das zu Problemen führen. Was soll ich tun?

Antwort: Du machst das genau richtig, dass du einen Schritt nach dem anderen machst. Auch wenn deine Gefühle wild nach dem Göttlichen sind, bist du dir darüber im Klaren, was in welcher Reihenfolge gemacht werden muss und was du jetzt und was später unternehmen kannst – das wirst du dann auch. Es fügt sich alles richtig zusammen. Überstürze nur nichts. Du wirst immer wissen, was du als Nächstes zu tun hast.

Du leidest unter einer äußerst gesegneten Krankheit – gefühlstiefes Bhakti. Wir alle sollten diese Krankheit haben. Hätten wir das, würde die Welt in einer Generation transformiert werden. Ich kann mir denken, dass solche Botschaften deine Ungeduld vielleicht nicht besänftigen mögen, aber weißt du, so ist das mit Bhakti. Wenn wir uns unserer Trennung vom Göttlichen klar bewusst werden, ersehnen wir Yoga wie verrückt. Wir werden verrückt nach Gott. Das ist jedoch ein gesegneter Zustand, falls man sich darin befindet. Es wird viel besser werden, wenn deine Erfahrungen von Vereinigung Fortschritte machen und das werden sie, falls du mit deinen täglichen Übungen weitermachst.

Bhakti wird im Laufe der Zeit in uns allen stärker werden. Es gibt da gewaltige Kräfte, die am Werk sind und uns die spirituellen Winde in unseren Rücken schicken. Wir müssen nur unsere Segel in Form unserer Praxis aufspannen und die spirituellen Winde, die ununterbrochen in unser Nervensystem blasen, leisten den Rest.

Machen wir einmal für eine Minute einen Schritt zurück und schauen auf das große Bild, von dem wir alle nur Teile sind. Wir leben in sehr interessanten Zeiten. In den 1960ern sang Bob Dylan: „The times, they are a-changing." (Die Zeiten, die ändern sich). Damals war das sicherlich wahr gesprochen und heute ist es sogar noch wahrer.

Abhängig vom astrologischen Ansatz, den du in Betracht ziehst, ist die Erde bereits oder wird bald in ein „Zeitalter" der Erleuchtung eintreten. Im Sanskrit werden diese Zeitalter „Yugas" genannt. Das neue hat vielleicht schon vor mehr als hundert Jahren begonnen. Oder es beginnt vielleicht gerade jetzt. Das ist seit diesen frühen Tagen Dylans ein populäres Gesprächsthema gewesen. Jedoch in der Yogawelt wurde das schon lange Zeit davor sichtbar. Der Beginn eines neuen Zeitalters ist kein augenblickliches Ereignis. Es nimmt seinen Anfang mit einem langsamen schrittweisen Aufbau und beschleunigt sich immer mehr, sobald das Momentum zunimmt. Bisher hat sich schon ziemlich viel getan und wir flitzen mit immer größerer Geschwindigkeit weiter.

Um die Wende des vorigen Jahrhunderts herum kam Vivekananda, ein führender Schüler Ramakrishnas, in den Westen und pflanzte die ersten Setzlinge des Yoga, die in den USA einen schon etwas fruchtbaren Boden vorfanden und sprossen. Zwanzig Jahre später kam Paramahansa Yogananda und fand sogar noch mehr Empfänglichkeit als Vivekananda. Als dann Maharishi Mahesh Yogi in den 1960ern kam, war eine ganze unzufriedene, nach dem 2. Weltkrieg geborene Generation bereit, in großem Stil auf den Yogazug – natürlich mit ein bisschen Hilfe der Beatles – aufzuspringen. Seit diesen Tagen sind hunderte Yogis aus Indien in den Westen gekommen und tausende westliche Yogis und Yoginis der „nächsten Generation" sind zum Lehrerpult hochgestiegen. In den letzten paar Jahrzehnten sind die Dinge zwar etwas durcheinander geraten und etwas konfus geworden. So viele verschiedene Zugänge zum Yoga sind aufgekommen, dass es schwer ist zu wissen, welche Yogamarke die richtige ist – wenn es überhaupt so etwas wie „den richtigen Yoga" gibt. Kann der richtige Yoga bitte mal aufstehen? Natürlich gibt es für diese herausragende Position viele Freiwillige. Einige sind sogar vor Gericht gezogen, ihren Anspruch auf dein Nervensystem anzumelden. Es hat immer Leute gegeben, die gern die Verantwortung für dein Tor zum Himmel übernehmen würden. Gut, mach dir nichts daraus.

In einem Jahrhundert haben wir also die Strecke von keinem Yoga zu vielen verschiedenen Arten von Yoga zurückgelegt und schauen heute auf den sprichwörtlichen Yoga-„Turm von Babel".

Das ist in Ordnung. Es ist etwas Gutes. Offensichtlich kann das nicht für immer so in tausend Teile zersplittert bleiben. Früher oder später wird etwas (oder mehrere Etwas) herausdestilliert werden, was der normale, für die Erleuchtung bereite Mensch aufgreifen kann. In den nächsten paar Jahrzehnten wird der Name des Spiels heißen: „Konsolidierung“, „Integration“, „Optimierung“ und „Vereinfachung“.

Greif irgendeinen dieser Begriffe heraus und du hast eine Vorstellung davon. Die wissenschaftliche Methode wird diese Destillation des Yoga-Wissens hervorbringen und so werden die weit verbreiteten Anwendungen zweckmäßig.

Als die PCs das erste Mal auf den Markt kamen, musste man eine vorsintflutliche Sprache wie „BASIC“ oder „DOS“ können, um irgendetwas in Bewegung zu setzen. Datenverarbeitung war eine esoterische Welt für Computerfreaks. Dann wurden die Mouse und die graphische Benutzeroberfläche mitgeliefert und plötzlich standen die Türen zum einfachen Arbeiten mit dem Rechner für jedermann weit offen. Das war eine Revolution.

Ähnlich lief es über die Jahrhunderte mit vielen Wissensanwendungen ab. Es beginnt mit einigen Freaks, die einen Anwendungsbrückenkopf einer bestimmten Art von Wissen errichten. Dann, nach einiger Zeit, kommen einige Forscher darauf, wie man es für jeden einfach macht, das Wissen anzuwenden. Fast immer endet das in der Vereinfachung der Benutzerschnittstelle, den Hauptschalthebeln, so dass alle das Wissen mit gutem Ergebnis anwenden können. Nützliche Technologie ist „benutzerfreundlich“. Erinnerst du dich an die Gebrüder Wright, an Henry Ford oder an Thomas Edison? Sie alle haben die Schnittstelle zwischen Nutzern und der Anwendung hochpotenten Wissens vereinfacht.

So etwas wird auch mit Yoga geschehen – das muss es. Millionen von Menschen fühlen die spirituellen Winde in diesem neuen Zeitalter in ihrem Inneren aufsteigen und die Segel der Praxis verlangen danach, gehisst zu werden. Es ist Zeit, dass die ganze Bandbreite des Yoga-Wissens benutzerfreundlich gemacht wird.

Nichts ist im Yoga neu. Alle Elemente der Übung sind seit Tausenden von Jahren bekannt. Natürliche Prinzipien ändern sich nicht. Das menschliche Nervensystem hatte immer die gleichen natürlichen Fähigkeiten. Es gab bereits erleuchtete Zeiten in der Vergangenheit. Damals stand Yoga in der Blüte. In dunkleren Zeiten war die Einsicht in die uns zur Verfügung stehenden Möglichkeiten weniger klar. Es gab heftigen Zweifel, Aberglauben und Furcht. Aber einige wenige haben immer mit der Anwendung yogischen Wissens herumgespielt. In den dunklen Zeiten mussten sie das im Geheimen tun, weil sie aufgehängt worden wären, hätten sie ihre Bemühungen zu öffentlich gemacht. Weißt du, das waren eine Art Yoga-Freaks – die Pioniere, die die esoterischen Traditionen geschaffen haben. Wir schulden den großen Yogis aus alten Zeiten viel. Sie haben uns die Wissenssamen übergeben, die wir für unser Voranschreiten mit Höchstgeschwindigkeit in das neue Zeitalter brauchen. Nun ist es Aufgabe dieser und der kommenden Generationen, eine vereinfachte Benutzeroberfläche für die Anwendung yogischen Wissens auf das menschliche Nervensystem zu entwickeln und anzuwenden, damit viele in die Lage kommen, die Yoga-Übungen aufzugreifen und gute Ergebnisse damit zu erzielen.

Im neuen Zeitalter geht es nicht nur um die spirituellen Winde, die in unserem Rücken aus dem Kosmos aufsteigen. Das Spiel der Erleuchtung ist kein Zuschauersport. Wir müssen mitspielen, wenn wir einen Nutzen daraus ziehen wollen. Wir müssen die Segel der Praxis hissen, um mitfahren zu können. Indem wir das tun, wird die Erde ein immer besserer Ort. Bringen wir die Realität von reinem Glückseligkeitsbewusstsein und göttlicher Ekstase durch unsere Übungen in diese Erdensphäre, wird sich alles verändern. Licht und Liebe wird überall im Überfluss aufsteigen. Das wird keine ideologische Erscheinung, sondern eine wirkliche Energietransformation – augenfällig für alle auf dieser Erde Lebenden. Wenn das Nervensystem überall ein mächtiger Strahler reinen Glückseligkeitsbewusstseins und göttlicher Ekstase wird, bleibt niemand im Dunkeln. Fortbestehende Zweifel werden fortgefegt. Die Bhakti-Winde tragen uns immer weiter vorwärts. Die Segel unserer täglichen Übung aufgespannt zu halten ist alles, was wir zu tun haben. Unser Nervensystem kümmert sich um den Rest.

Der Guru ist in dir.

Lektion 94 – Einige Tipps für die Hausreinigung

Die Fortgeschrittenen Yoga Übungen haben zum Ziel, die wichtigsten Yoga-Methoden auf eine leicht zu handhabende Weise zur Verfügung zu stellen. So kannst du mit einer täglichen Routine spiritueller Übungen beginnen und damit fortfahren, ohne dein Leben völlig auf den Kopf stellen zu müssen. Wir haben einen „modularen Ansatz" gewählt, bei dem du selbst entscheidest, wann du jedes der Einzelmodule deinem individuellen Zeitplan und deinen Kapazitäten entsprechend hinzunehmen willst. Jedes Einzelmodul ist für sich selbst eine ziemlich einfache Übung. Wenn du zwei, drei, vier oder zehn Module hast, wird es immer noch einfach sein, falls du einzelne Komponenten der Praxis nicht zu schnell hinzugefügt hast. Locker und leicht in der Übung und locker und leicht in den täglichen Aktivitäten bei stetig sprießendem reinen Glückseligkeitsbewusstseins und göttlicher Ekstase ist unser Ziel, damit das zu einer 24/7 Erfahrung wird (d.h. 24 Stunden 7 Tage die Woche).

In all unseren Übungen geben wir unserem Nervensystem die Gelegenheit, die alten angehäuften Blockaden, die die anhaltende Erfahrung unserer inneren Wahrheit – d.h. Glückseligkeit, Glückseligkeit, Glückseligkeit – verhindern, aus dem Weg zu räumen.

Was in unserem Nervensystem abläuft, ist eine Hausreinigung. Die Erfahrungen, die während der Hausreinigung aufkommen, decken ein weites Spektrum ab – vom Spektakulären über das Trübe zum Langweiligen. Was immer die Erfahrungen sein mögen, die Hausreinigung geht so lange weiter, solange wir unsere täglichen Übungen machen.

Es ist wichtig, sich über den Unterschied zwischen der Praxis und den Erfahrungen im Klaren zu sein. Dies ist besonders wichtig, seitdem wir Kundalini stimuliert haben und vielleicht haben wir einige ziemlich ekstatische Gefühle oder sogar einige beeindruckende Visionen, die aufkommen. Hier sind also einige Tipps, was zu tun ist, wenn einige dieser Dinge beim Üben auftreten.

Bist du mit der Wirbelsäulenatmung beschäftigt und du gelangst beim Einatmen gerade zum dritten Auge, da fährt dein Ishta (dein erwähltes Ideal – Jesus, Krishna, Moses, Mohammed, die göttliche Mutter etc.) in einem goldenen Triumphwagen zu dir heran und winkt dir zu hereinzuklettern und ein bisschen mitzufahren. Was machst du da? Du atmest locker und leicht aus und gehst den Weg die Wirbelsäule entlang hinunter zurück. Mit anderen Worten: Du gibst der Übung, die du gerade machst, den Vorzug. Geht der Triumphwagen mit deinem Ishta darin mit dir den Wirbelsäulennerv hinunter, ist das großartig. Wenn nicht, ist es auch okay. Wir vertreiben keine Visionen – genauso wenig kleben wir an ihnen fest. Wir geben nur der Übung, die wir gerade machen, den Vorzug. Haben diese Visionen einen wahren Hintergrund, werden sie lange Zeit mit uns bleiben – sowohl innerhalb als auch außerhalb unserer Übungen. Dein Ishta wird verstehen, dass du gerade mit deinen Übungen beschäftigt bist und glücklich sein, dich nach Beendigung deiner Übungen auf eine Fahrt mitzunehmen. Die Übungen waren es, die erst die Gelegenheit für solche Erfahrungen in deinem sich ausweitenden spirituellen Nervensystem geschaffen haben. Denke da immer dran. Lass deine Erfahrungen dich nicht von den Übungen abhalten, die dir den Zugang dazu erst ermöglicht haben. Bleibst du standhaft in deinen Übungen, werden deine Erlebnisse immer weiter zunehmen und dich schließlich nie mehr verlassen. Du wirst merken, dass du tagsüber mit deinem Ishta und einer extra Eskorte von Engeln herumziehst! Erlebnisse führen nicht zu größeren Erlebnissen – das Praktizieren schon.

Führst du Yoni Mudra Kumbhaka durch, um dich mit dem durch dein drittes Auge strömenden göttlichen Licht anzufüllen, und mehr und mehr Licht kommt, sodass du, weil das so gut ist, immer mehr Yoni Mudra Kumbhakas machen willst, was tust du? Du bleibst bei der Zahl an Wiederholungen von Yoni Mudra Kumbhaka, die deinem Zeitplan entsprechen. Gut, mach vielleicht eins mehr, wenn es so toll ist. Aber sei dir bewusst, dass man es schnell übertreibt, wenn so wundervolle Erlebnisse auftreten. Das Nächste, was du aber dann merkst, ist, dass du einige Tage lang innerlich brutzelst, weil du zu viel gemacht hast. Das Nervensystem kann auf einer bestimmten Ebene der Reinigung nur ein bestimmtes Maß verarbeiten. Schickt man durch die Nerven zu viel, bevor sie bereit dazu sind, kann der Brutzeleffekt auftreten. Es ist, als sei man im Feuer. Das ist nicht die Hölle, obwohl es sich so anfühlen könnte. Es ist nur zu früh zu viel Energie. Das ist alles. Geh an die Reinigung schrittweise heran und deine Reise verläuft viel angenehmer. So gefährdest du deine Fähigkeit nicht, die fortgeschrittenen Yoga-Übungen langfristig auszuführen. Das Ausführen von wohldosierten Übungen über einen langen Zeitraum hinweg führt zu Erleuchtung. Dann wird all das Licht und die Glückseligkeit ohne das Feuer da sein. Das Feuer ist auf die schnelle Hausreinigung zurückzuführen – manchmal wirbeln wir zu viel Staub auf und es geht zu schnell, weil so viel herauskommt. Im Hausreinigungsgeschäft gibt es keine Wunder, die sich übernacht einstellen.

Obwohl die Meditation gewöhnlich eher ein sanfter und glückseliger Prozess ist, können darin durch das Beruhigen des Nervensystems zu tiefer Stille und das umfangreiche Loslassen von Blockaden trotzdem noch starke Erlebnisse aufkommen. Erfahren wir Gedanken, Empfindungen, Lichter, Ekstase, Rastlosigkeit, Visionen, negative Emotionen – was auch immer, wir kommen ganz einfach zum Mantra zurück. Wir meditieren nicht wegen irgendeines bestimmten Erlebnisses – außer dem Erlebnis, dass wir dem Mantra den Vorzug geben, sobald wir merken, dass wir davon abgekommen sind. Es spielt keine Rolle, wohin wir abgedriftet sind. Sollten die himmlischen Heerscharen kommen und unsere inneren Visionen während unserer Meditation bevölkern und wir erkennen, dass wir das Mantra verlassen haben: was tun wir? Du hast es erraten. Wir gehen locker und leicht zum Mantra zurück. Bleiben wir der einfachen Vorgehensweise unserer Übung treu, können wir mit den himmlischen Heerscharen ausgelassen sein, wann immer wir wollen – während wir ein Sandwich essen, in der Dusche, beim Spazierengehen oder sonst irgendwo, außer bei unseren Übungen. Sehen wir diese während unserer Übungen und merken wir, dass wir vom Mantra weg sind, weg sind von der Wirbelsäulenatmung oder weg vom Zählen in Yoni Mudra Kumbhaka, dann tun wir am besten daran, wieder locker zu der Übung zurückzugehen, die gerade auf dem Programm steht.

Ein Wort, das manchmal beim Gespräch über Übungen auftaucht, ist „Erwartungen". Wir haben alle Erwartungen. Das sind Wünsche. Unsere Wünsche wollen immer mehr, sie strecken sich nach diesem und jenem. Wir können in die Gewohnheit abgleiten, bestimmte Arten von Erfahrungen zu erwarten. Wenden wir die Bhakti-Techniken an, können wir die Energie unserer Erwartungen transformieren, indem wir sie in die Motivation umlenken, unsere täglichen Übungen zu machen. Falls wir es mit Erwartungen von Visionen zu tun haben oder was auch immer und diese in unseren Übungen aufsteigen, behandeln wir sie wie alle anderen Gedanken oder Gefühle, die aufkommen mögen und gehen leicht und locker zur aktuellen Übung zurück.

Auf diese Art wird man am effektivsten fertig mit der Hausreinigung. Wir geben nichts auf, wenn wir diesen Ansatz wählen. Wir gewinnen alles.

Der Guru ist in dir.

Lektion 95 – Das Stabilisieren der Ekstase

Frage: Ich kann gar nicht ausdrücken, wie sehr ich diese Übungen genieße. Bei Siddhasana habe ich erst mal angehalten, weil ich so viel Glückseligkeit fühle und manchmal unglaubliche Energieströme, als würde mein ganzer Körper pulsieren! Meine ganze Zukunftsperspektive besteht aus Glückseligkeit. Manchmal sehe ich Gott, das universelle Wesen, überall. Als ich heute mit dem Auto fuhr, fühlte ich mich so wohl, ich fühlte mich berufen zum Fenster hinauszuschreien und jedem mitzuteilen, dass ich sie liebe und dass sie die Übungen auch machen sollten – ich musste tanzen, als ich nach Hause kam ... Nun lautet meine Frage: Soll ich da stehen bleiben, wo ich bin und nur genießen oder soll ich die nächste Übung auch hinzunehmen? Ich will die Kundalini nicht zu stark stimulieren, damit sie nicht ärgerlich mit mir wird. Momentan fühle ich die Glückseligkeitsanbindung manche Tage stärker und andere nur leicht.

Antwort: Dass sich die Dinge so gut entwickeln, höre ich mit sehr viel Freude.

Bei deiner Sensibilität (wundervoll!), wäre es gut, wenn du noch für ein zwei Monate auf deiner jetzigen Stufe bleiben würdest, vielleicht sogar länger. Du hast in einer sehr kurzen Zeit sehr viel aufgenommen. Gib dem, was sich daraus ergibt, die Gelegenheit sich zu konsolidieren. Stelle sicher, dass deine Übungen und deine täglichen Aktivitäten in geschmeidiger Weise weitergehen. Die großen Schübe von Ekstase sind auf die Reinigung zurückzuführen. Das ist die angenehme Seite der Hausreinigung; es ist allerdings immer noch Hausreinigung. Mit der Zeit gibt es immer weniger Reibung im Nervensystem und die Ekstase wird zu einem sanften göttlichen, fortwährend aus deinem Inneren nach außen strahlendem Lächeln veredelt – äußerst fried- und kraftvoll.

Sobald die Stufe, auf der du dich gerade befindest, stetig und ohne so viele große Schübe ist, wirst du erkennen, dass du bereit für den nächsten Schritt bist. Yoni Mudra Kumbhaka ist sehr kraftvoll und du solltest sicher und stabil sein, bevor du dich darauf einlässt. Beginnst du damit, fange langsam mit vielleicht nur einer oder zwei Wiederholungen bei jeder Sitzung an und sieh, wie sich das macht. Gehe damit sehr maßvoll um, weil es bei Kumbhaka zu einer verzögerten Reaktion kommen kann. Erspüre selbst, wie du entsprechend deiner Möglichkeiten und Fähigkeiten vorzugehen hast.

Bezüglich informieren anderer über diese Lektionen: Mache das auf jeden Fall, wenn du überzeugt bist, dass das gutes Material ist. Dieser unorthodoxe Zugang der offenen Weitergabe fortgeschrittener Yoga-Übungen wird nur wachsen, wenn viele dazu stoßen und damit guten Erfolg haben. Wer wird dann den Wert davon noch in Frage stellen können? Es ist wirklich eine Prüfung, inwieweit wir alle bereit sind für eine weit offen stehende spirituelle Wissenschaft, bei der jeder in seinem eigenen Fahrersitz steuern kann. Die Zukunft wird es erweisen.

Der Guru ist in dir.

Lektion 96 – Wiederholung zur Wirbelsäulenatmung für Einsteiger

Frage: Meine Frage bezieht sich auf die Erfahrungen, die ich erwarten sollte, wenn ich die Wirbelsäulenatmung mache. Ich tue mich nicht leicht mit dem Visualisieren und es ist für mich sehr schwierig, mir vorzustellen, dass sich irgendetwas in meiner Wirbelsäule nach oben und unten bewegt, weil ich nicht fühle, dass da irgendetwas geschieht. Manchmal spreche ich während dieser Übungen zu mir selbst („…das Licht geht nach OBEN zu meinem dritten Auge … das Licht kommt von meinem dritten Auge nach UNTEN…“). Manchmal versuche ich es stillschweigend auszuführen.

Wenn ich mich auf die VORSTELLUNG des Atems, wie er sich im Wirbelsäulennerv nach oben und unten bewegt, konzentriere, ist das ausreichend? Ich habe die Befürchtung, dass ich mich beim Versuch, mich zu konzentrieren, verspanne. Andererseits verliere ich mich in der Herausforderung, den Atem nach oben und unten durch mein Rückgrat zu bewegen und gewöhnlich sehe ich dann, dass ich mehr Zeit auf Pranayama verwendet habe, als ich mir vorgenommen hatte (und mir macht das auch wirklich Spaß)! Kannst du mir auf Grund meiner Beschreibung sagen, ob ich diese Technik richtig ausführe?

Antwort: Ja, du machst das gut. Fahr nur damit fort, dir den Atem vorzustellen, wie er im Inneren des kleinen Wirbelsäulennervs hinauf- und hinuntergeht. Es braucht seine Zeit, bis man die mentale Gewohnheit entwickelt hat. Nimm das locker wie die Meditation auch. Wenn du von der Wirbelsäulenatmung abdriftest, komm ganz locker und leicht zu ihr zurück. Du brauchst nicht mehr zu erwarten, als dass du diesen einfachen Ablauf beibehältst. Wenn andere Visionen auftauchen und deine Aufmerksamkeit ausfüllen, favorisiere nur die Übung der einfachen Wirbelsäulenatmung – atme und lasse dabei deine Aufmerksamkeit nach oben und unten gehen. Keine große Anstrengung zur Konzentration ist nötig und auch keine große Visualisierung. Du solltest sehr bald in der Lage sein, auf die Formulierungen zu verzichten. Es ist am besten, bei der Übung locker und entspannt zu sein.

Wiederhole die Lektionen zur Wirbelsäulenatmung in ein oder zwei Monaten und du kannst noch einige Verfeinerungen aufgreifen. Dann wirst du die „klobige“ Phase überwunden haben und viel geschmeidiger in deiner Übung sein. Mit der Zeit steigt dann der Wunsch auf, der Praxis noch mehr Elemente hinzuzufügen. Das ist aber alles in den Lektionen enthalten. Du wirst selbst wissen, wann du dazu bereit bist. Nimm nur immer einen Schritt nach dem anderen und geh locker an die Sache heran. Stelle aber sicher, dass du nach dem Pranayama die Meditation folgen lässt.

Etwas Gutes ist im Gange.

Der Guru ist in dir.

Lektion 97 – Tantra: Hilfe für Sexbesessene und gewöhnliche Liebhaber

Frage: Ich bin so was wie ein Sexbesessener. Es scheint, dass ich nicht genug davon kriegen kann. Meine Frau nutzt jede Gelegenheit, mich dazu zu ermuntern, deshalb muss sie auch eine sein. Ich brauche also nicht zu sagen, dass wir ein sehr aktives Sexualleben führen. Im letzten Jahr haben wir an Tantra und Yoga Interesse gefunden. Aber wir waren nicht in der Lage, unsere Sexualität unter Kontrolle zu bekommen. Wir wissen gar nicht, ob wir das überhaupt unter Kontrolle bringen sollten. Doch ich beginne mich darum zu sorgen, ob ich mich dadurch nicht täglich meiner Vitalität beraube. Ich weiß, dass es so nicht ewig weitergehen kann, wenn ich mir Hoffnung mache, spirituell irgendetwas zu erreichen. Du hast viele brauchbare Methoden zum Yoga dargestellt und wir sind dafür sehr dankbar. Doch wir sind immer noch süchtig nach Sex. Was schlägst du vor?

Antwort: Ist dein Wunsch, dein aktives Sexualleben in das Reich des Yoga zu integrieren, stark, kann viel durch Anwendung der Tantra-Methoden erreicht werden. Das heißt nicht notwendigerweise, dass das Sexualleben beschnitten werden muss. Das kann ganz natürlich wie zuvor weitergehen. Es bedeutet nur, einige Disziplin in Form besonderer Techniken zu entwickeln, die man während des Geschlechtsverkehrs anwenden kann. Diese kannst du zusammen mit dem Partner praktizieren. Es gibt auch noch andere Techniken, die du alleine üben kannst. Dann wirst du merken, dass Sex allmählich zu einem Teil des größeren Bildes deiner umfassenden Yoga-Übungen wird.

In den meisten Fällen ist es der Mann, der in sexuellen Beziehungen den Schlüssel zum Tantra in Händen hält, weil er es ist, der den größten Verlust von Prana erfährt. Er ist es auch, der gewöhnlich die Dauer des Sexualaktes bestimmt. Egal wie sehr eine Frau sich nach tantrischen Vereinigungen sehnen mag, es ist der Mann, der sie zuerst ermöglichen muss. Dann kann es sowohl für den Mann wie für die Frau der Himmel werden.

Wenn sich der Mann einmal dazu entschließt, seinen Prana-Verlust unter Kontrolle zu bekommen und dadurch die Dauer der sexuellen Vereinigung verlängert, wird das eine neue Art der körperlichen Liebe entstehen lassen, die in die gleiche Richtung wie Yoga geht. Dann kann Sex zu einem starken Vermittler der Vereinigung männlicher und weiblicher Energien in uns werden – ähnlich wie das mit Mulabandha und Siddhasana möglich ist.

Obwohl tantrischer Sex nicht zum Kern der fortgeschrittenen Yoga-Praktiken gehört, ist das eine wichtige Fertigkeit, die wir dann besonders entwickeln sollten, wenn wir dazu neigen, häufig Sex zu haben. Tatsächlich ist das nur eine Erweiterung der Prinzipien von Siddhasana, bei dem wir den Fluss der sexuellen Energien in unserem Nervensystem, nachdem dieses allmählich durch die Nutzung der ganzen Bandbreite fortgeschrittener Yoga-Übungen gereinigt wird, nach oben kultivieren.

Die Sexualmethoden des Tantra, die wir erörtern werden, sollen die umfassenden Ziele der in diesen Lektionen vorgestellten fortgeschrittenen Yoga-Übungen unterstützen, ohne der Freiheit, unsere Sexualität auszuleben, irgendeine Art drakonischer Beschränkung aufzuerlegen. Die Anwendung und die schrittweise Beherrschung der tantrischen Sexualmethoden befreit uns vom negativen Stigma, das manchmal mit Sexualität in Verbindung gebracht wird. Sex wird zu einem weiteren Aspekt unserer spirituellen Anatomie und wir bekommen dadurch die Mittel an die Hand, diese in Richtung des höheren Zwecks unserer Erleuchtung anzustoßen. Sexuelle Beziehungen werden zu einer Hilfe für unsere spirituelle Entwicklung, statt ein Hindernis zu bleiben. Gleichzeitig finden wir an Sex auf Wegen gefallen, wie wir uns das niemals hatten vorstellen können. Gutes Tantra ist allseitig sehr befreiend.

Um den Grundsätzen von Yahoo in Bezug auf die Veröffentlichung von sexuellen Inhalten Genüge zu leisten, wurden die Erörterungen zu Tantra ursprünglich in einer für diesen Zweck eingerichteten Gruppe nur für Erwachsene eingestellt und sind heute über den Link Tantra frei zugänglich.

Für alle, die sich also dafür interessieren, ist der Rest der Tantra-Lektionen dort zu finden, alle Fragen & Antworten, die sich zu den tantrischen Sexualmethoden und den Erfahrungen damit ergeben haben, eingeschlossen. Dort werden aber nur solche Themen behandelt, die sich auf Tantra beziehen, d.h. es sind reine Tantra-Lektionen, während die Erörterungen hier die Hauptlektionen bilden. Allerdings wirst du feststellen, dass die Tantra-Lektionen einen engen Bezug zu den Lektionen hier haben.

Die Lektionen in den Hauptlektionen werden den schon genannten Richtlinien folgen. Wie du weißt, gibt es zu den fortgeschrittenen Yoga-Übungen noch viel mehr zu sagen und das werden wir hier weiterführen.

Der Guru ist in dir

Lektion 98 – Yoga und Heirat

Frage: Kann ein Mensch heiraten und weiter mit den Meditationsübungen fortfahren und das Ziel erreichen? Wie hilft oder stört eine Heirat die spirituelle Entwicklung eines Menschen?

Antwort: Eine Heirat ist nicht notwendigerweise mit der spirituellen Praxis unvereinbar. Eine Heirat kann sogar ein wichtiger Teil der spirituellen Praxis sein. Denn sie kann uns dabei helfen, uns in ein Dasein liebenden Dienstes einzuleben. Auch der sexuelle Aspekt muss nicht nachteilig sein. Es hängt alles davon ab, wie du an die Sache herangehst. Die vorstehende Lektion zu Tantra beginnt mit der Erörterung dieses Themas.

Ich bin verheiratet, habe erwachsene Kinder und bin in der spirituellen Praxis mehr als jemals verankert. Dabei ist mein Leben mit Freude ausgefüllt. Die größte Herausforderung, die eine Heirat und das Großziehen von Kindern für die spirituelle Praxis mit sich bringt, ist die Notwendigkeit, für jeden Sorge zu tragen und dann auch noch Zeit für die Übungen zu finden. Dazu sind eine feste Entschlossenheit und sehr viel Bhakti nötig. Es warten indessen eine Menge Belohnungen auf den, der damit zurechtkommt. Einige mögen es vorziehen, sich nur auf ihr spirituelles Leben zu konzentrieren. Das ist aber auch nicht so leicht. Entsagende können eigenbrötlerisch und in ihren Perspektiven eng werden, sich nicht viel um andere kümmern und dadurch in ihrer spirituellen Entwicklung gehemmt sein, auch wenn sie viele Yoga-Übungen machen. Der Dienst an einer „Familie" irgendeiner Art ist notwendig für das Wachstum des Herzens und des spirituellen Fortschritts. Die Familie kann unser Nachbar sein, der Hilfe benötigt, unser Ehegatte und die Kinder, unsere Gemeinde oder die ganze Menschheit. Eine Vereinigung auf irgendeine Weise, ein Verbinden mit anderen durch unseren Dienst an ihnen ist wichtig. Wenn das Heirat ist, ist es großartig. Ist das nicht der Fall, sollte es etwas sein, das uns ein wenig in die Verantwortung der Hilfe für andere nimmt.

Helfen wir anderen, helfen wir uns selbst. Das ist die älteste Weisheit der heiligen Schriften.

Letztendlich hängt spiritueller Fortschritt weniger von unserer äußeren als vielmehr von unserer inneren Umwelt ab. Deshalb hat die Meditation oberste Priorität. Meditation geht direkt zur Quelle und beginnt sofort mit dem Aufbau einer förderlichen inneren Umgebung – dem reinen stillen Glückseligkeitsbewusstsein. Dann sollten wir hinausgehen und etwas mit unserer Eigenschaft der inneren Stille anfangen. Wir handeln weise, wenn wir unser reines Glückseligkeitsbewusstsein nehmen und es der Welt in irgendeiner Form des Dienstes zurückgeben. Dann sind wir wie ein Kanal, durch den das reine Glückseligkeitsbewusstsein und die göttliche Ekstase, die in uns aufkommen, hinausgehen zu anderen.

Mit dem Entschluss, eine förderliche innere Umgebung zu schaffen, werden alle äußeren Umgebungen natürliche Betätigungsfelder für unseren Dienst und das ist Bestandteil unserer Übungs-Praxis. Das nennt man Karma Yoga, Yoga der Handlung in liebendem Dienst. Karma Yoga ist nichts, was man erzwingen kann. Es ereignet sich einfach, sobald sich der Geist im Inneren ausdehnt. Der ganze Yoga ist auf diese Weise miteinander verbunden und das ganze Leben ist derart ineinander verwoben. Wir sind das Eine, das sich als viele ausdrückt.

Wir wollen also unsere fortgeschrittenen Yoga-Übungen ausführen, dann aus unserem Meditationsraum herauskommen und uns Gedanken darüber machen, wie wir anderen helfen können. Dadurch helfen wir letztendlich uns selbst.

Der Guru ist in dir.

Lektion 99 – Das vordere und das hintere Ende der Übungen

Frage: Ich wollte dir ein wenig Feedback geben und dich um etwas weitere Anleitung bitten.

Erstens hatte das Pranayama einen fast sofortigen beruhigenden Effekt und verminderte die Intensität und Wildheit des emotionalen Sturms, den ich erlebte. Im Augenblick und bisher geht es mir mit den Übungen sehr gut. Nur mit Yoni Mudra Kumbhaka hab ich etwas Probleme. Sehr gut in dem Sinne, dass, obwohl die Übungen immer noch ein wenig klobig sind, ich noch keinerlei Schübe und Ungleichgewichte erlebt habe.

An einem Tag probierte ich Yoni Mudra Kumbhaka aus und drei Tage später, nach einer schlimmen emotionalen Achterbahnfahrt, habe ich mich gefühlt, als wäre mein gesamtes Nervensystem gebrutzelt – ich war vollkommen erschöpft. Deshalb habe ich das fürs erste sehr schnell wieder sein lassen.

Andere Fragen:

Zuerst mal: Obwohl ich so etwas wie ein Zwei-Gipfel-Erlebnis hatte (eins davon, bevor ich noch jemals meditierte) – erlebe ich noch keine Gefühle der Glückseligkeit oder irgendetwas Ähnliches. Die meiste Zeit ist Meditation einfach ‚Meditation'. Wenn ich in irgendeine Form der Erwartung abrutsche, wird das dann sehr schnell zu einer Übung in Frustration. Vorschläge, Kommentare?

Dann weiter: im Allgemeinen bin ich in der Lage, Energie willentlich zu lenken, Kundalini eingeschlossen. Doch mein Körper scheint unfähig, mit der Energie zurechtzukommen, wenn ich das mache. Das ist so ähnlich, als hätte ich einen Rennwagen, aber kein Öl im Motor. Wirft man ihn an, brennt der Motor einfach durch. Wenn du hier auch irgendwelche Vorschläge und Kommentare hättest, wäre mir das sehr willkommen.

Antwort: Ich bin sehr froh, dass die Wirbelsäulenatmung geholfen hat. Das ist eine wundervolle Übung, nicht nur für das Herstellen eines Gleichgewichts, sondern für das allmähliche und sichere Erwecken der Shiva/Shakti-Vereinigung in der Sushumna und überall – erfahren als das Aufkommen der ekstatischen Leitfähigkeit. Und natürlich ist die Wirbelsäulenatmung auch gleichzeitig ein kraftvoller Verstärker für die Meditation und das ist einer der hauptsächlichen Gründe, warum wir sie durchführen.

Wenn du Mulabandha, Sambhavi und Siddhasana in so kurzer Zeit ohne Überbelastungen integriert hast, dann machst du das wirklich hervorragend. Yoni Mudra Kumbhaka ist ein weiterer großer Schritt. Sie schaltet die Drehzahl in allem hoch. Sogar nur ein paar Minuten damit bringen dich ein ganz schönes Stück weiter. Sobald du dich danach fühlst, es damit noch mal zu probieren, mach es nur ein einziges Mal und sieh, was passiert. Bei Kumbhaka kann es zu einer verzögerten Reaktion kommen, wie dir deine Erfahrung bewiesen hat. Du musst deinen Weg damit sehr vorsichtig erfühlen. Im Augenblick nimmst du dir die Auszeit, welche dich wieder auffrischt. Es besteht kein Grund zur Eile. Du wirst wissen, wann du bereit bist, es erneut zu versuchen.

Dieses Geschäft, beliebig die „Energie zu dirigieren", kann ein zweischneidiges Schwert sein. Es kann uns etwas Ekstase bringen, es kann uns aber auch im Inneren brutzeln. In Wirklichkeit ist es voreilig, das zu tun, wenn es zu den Schwierigkeiten führt, die du beschreibst. Besonders fraglich ist, ob man so etwas jemals außerhalb der Übungsstruktur tun sollte. Trotzdem sind wir alle gespannt zu sehen, was wir alles im Inneren vollbringen können.

Ob du die Energie auf eigene Faust bewegst oder in strukturierter Übung (wie bei den Bandhas, Mudras, bei Siddhasana und Kumbhaka), immer besteht vor allem die Notwendigkeit für die „globale Reinigung" deines Nervensystems. Das wird durch Meditation und die Wirbelsäulenatmung erreicht. Läuft die Meditation nicht rund (langweilig, frustrierend, unangenehm usw.), ist das manchmal ein Zeichen dafür, dass sehr viel Reinigung im Gang ist – eben genau das, was nötig ist, die Ursachen von Blockaden zu beseitigen, in die du immer wieder gerannt bist. Die Unannehmlichkeiten können minimiert werden, wenn man die Übungsrichtlinien beachtet. Sieh noch mal die frühen Lektionen durch, in denen die verschiedenen Dinge behandelt werden, die in der Meditation aufkommen können und wie man damit umgeht. Erinnere dich daran, dass Erwartungen wie jeder andere Gedanke behandelt wird, der während der Meditation aufsteigen mag; immer gehen wir locker und leicht zum Mantra zurück. Nimm dir stets genügend Zeit, wenn du aus der Meditation herauskommst. Tust du das nicht, kann es zu Irritationen oder anderem Unbehagen während des Tages kommen.

Mit der Meditation leistest du am meisten in Sachen Vorbereitung auf mehr Übungen am hinteren Ende (Yoni Mudra etc.). Sei also darauf bedacht, mehr von den Übungen am vorderen Ende zu tun, damit das deinen Übungen am hinteren Ende hilft.

Es gibt viel, was du zur Förderung der Tiefe, Kraft und Geschmeidigkeit deiner Meditation tun kannst. Die Dauer der Meditation ist jetzt in Ordnung. Zwanzig Minuten sind für die meisten Menschen optimal. Wenn du vor dem Pranayama Asanas machst, wird dir das eine zusätzliche Brücke nach innen bauen und auch helfen, die Dinge auszubügeln. Läuft dann Pranayama geschmeidig, kannst du es in kleinen Schritten zeitlich ausdehnen und dich dadurch weiter in die Tiefe führen lassen, bevor du in die Meditation gehst. Versuche fünf Minuten Pranayama hinzuzufügen. Wenn das für einige Wochen geschmeidig läuft, dann probiere es mit weiteren fünf Minuten. Die Wirbelsäulenatmung wird nicht nur die Meditation unterstützen, sie wird auch die Energie auf eine ausgeglichenere Weise so lenken, dass du innerlich erweckt wirst. Konzentriere dich während der Wirbelsäulenatmung auf das Lenken der Energie die Sushumna nach oben und unten zwischen dem dritten Auge und deinem Wurzel-Chakra. Dadurch erreichst du am meisten, bei geringster Wahrscheinlichkeit, dass irgendwelche Probleme auftauchen.

Schaffst du es einmal, zu zehn Minuten Asanas, zwanzig Minuten Pranayama und zwanzig Minuten Meditation zu kommen, wird bei dir das Haus im großen Stil gereinigt. Wenn all das geschmeidig bleibt, schüttest du viel Öl in deinen Rennwagen – d.h. du reinigst und ölst dein Nervensystem und so kann mehr Prana hindurchfließen. Du wirst wissen, dass das funktioniert, wenn du Yoni Mudra Kumbhaka statt mit emotionalen Aufwallungen mit Ekstase durchführen kannst. Auch in den anderen Übungen wirst du mehr Ekstase erleben. Es könnte eine Weile dauern, bis du zu diesem Stadium gelangst, aber du befindest dich auf dem richtigen Weg, wenn du dich mehr auf Übungen des vorderen Endes konzentrierst. Du scheinst mit deinem Energiefluss ein bisschen deinem Nervensystem voraus zu sein. Deshalb musst du zurückgehen und dich um die Reinigung des Fahrzeugs kümmern. Da gibt es wirklich keinen Weg daran vorbei, außer du willst den Weg Gopi Krishnas gehen (der zu viel Energie im Inneren fließen hatte und Jahre in Schwierigkeiten zubrachte) bis schließlich das Nervensystem im Inneren sauber gebrannt und der Rauch abgezogen ist. Das ist keine sehr gute Abkürzung. Es kann wirklich sehr viel Spaß machen.

Der Guru ist in dir.

Lektion 100 – Was ist Erleuchtung?

Frage: Bevor wir all diese Übungen machen, wäre es nicht wirklich sinnvoll, klar zu definieren, was ERLEUCHTUNG ist? „Was ist Erleuchtung?“ Ich schätze mal, dass viele Menschen die Techniken praktizieren, um damit Kräfte zu erhalten, Probleme zu lösen etc. Wenige wenden sie an, um wirklich erleuchtet zu werden ... macht das überhaupt einen Unterschied?

Antwort: Ja, ich stimme dir zu, dass es für jeden wichtig ist zu wissen, was das letztendliche Ziel der fortgeschrittenen Yoga-Übungen ist. Aber bewirkt das etwas? Lass uns das also einmal etwas untersuchen.

Wir haben das Thema des Erleuchtungsprozesses (die Verwirklichung in der Einheit eingeschlossen) bereits mehrmals unter die Lupe genommen und auch das Thema der „Kräfte“. Das sind einige der Lektionen:

Lektion 35 – Meilensteine der Erleuchtung
Lektion 76 – „Siddhis: Sind diese Fähigkeiten etwas Reales?“
Lektion 85 – Nochmals zu den Erleuchtungsmeilensteinen

Zusätzlich findest du die ganzen Lektionen hindurch eine ununterbrochene Erörterung der Frage, wo wir uns gerade im Erleuchtungsprozess befinden. Es gibt viele zu unterscheidende Zwischenmeilensteine. Im Allgemeinen versuche ich mich von philosophischen und theoretischen Spekulationen fern zu halten und stattdessen alles an den Übungen und den direkten Erfahrungen, denen wir begegnen, festzumachen. Die Lektionen versuchen immer relevant zu bleiben, indem sie die Erörterung so „erfahrungsbezogen“ wie möglich halten. Das hat einen praktischen Nutzen, wenn wir selbst mit solchen Erfahrungen konfrontiert werden. Verstehen wir, wie unsere Erfahrung in den allumfassenden Erleuchtungsprozess einzuordnen ist, können wir unsere Übungen viel besser in den Griff bekommen und wissen, wann wir kleine Anpassungen vornehmen müssen, wann wir vorwärts stürmen und wann wir uns zurückhalten sollten. Jeder sitzt also in seinem eigenen Fahrersitz – das ist ein neuer Ansatz, wirklich. So scheint es aber für viele zu funktionieren und das erfüllt mein Herz mit Freude.

Es muss betont werden, dass man die Meditation und die anderen fortgeschrittenen Yoga-Techniken nicht unbedingt mit dem Bewusstsein für das endgültige Ziel in Angriff nehmen muss. Wir wünschen uns alle ein wenig Erleichterung von den Lasten des täglichen Lebens, mehr inneren Frieden, mehr Glückseligkeit und auch mehr Energie und Kreativität zur Verwirklichung unserer Ziele, wie immer die aussehen mögen. Jeder hat sein eigenes Ideal, auf das er hinarbeitet, seinen eigenen Bhakti- Prozess, wenn du so willst: seine eigene Idee von „Erleuchtung“. Obwohl es also einen Erleuchtungsprozess gibt, hat jeder Mensch seinen eigenen Zugang dazu, sein eigenes Ideal, das er hofft zu erfüllen. Fahren wir mit unseren täglichen Übungen fort, wird mit der Reinigung unseres Nervensystems unser Ideal größer. Im Laufe der Zeit gelangen wir immer höher. Auf diese Weise entfaltet sich Bhakti in unserem Nervensystem. Schließlich sehen wir eines Tages jeden als einen Ausdruck unseres glückseligen Selbst und wir sind zu einer Quelle der Liebe geworden. Es kann auf dem Weg zu der einen vielleicht tausend Ebenen dieser Ausdehnungserfahrung geben und jede ist so wichtig und echt wie diejenige zuvor und danach.

Um dir die Wahrheit zu sagen: Es ist völlig unwichtig, aus welchem Grund Menschen die fortgeschrittenen Yoga-Übungen machen. Jeder von uns hat seine eigenen Gründe. Das Ausführen der Übungen allein öffnet die Tore zur Unendlichkeit, unabhängig von unserer ursprünglichen Motivation, die uns auf den Pfad brachte. Die Reinigung und Öffnung unseres Nervensystems für die Wahrheit dehnt unseren Blickwinkel so weit aus, dass wir die Wahrheit erkennen – unter welchem Gesichtspunkt wir auch immer damit begonnen haben. Während es also gut und wichtig ist, etwas von unserer letztendlichen Bestimmung, der Erleuchtung, zu erfahren, ist es sogar noch besser, heute eine erfülltere Persönlichkeit zu sein, als wir das gestern waren. Dies ist das wirklich Anziehende an den fortgeschrittenen Yoga-Übungen, denn sie zeigen ihre Wirkung bei regelmäßiger Praxis jeden Tag und das ist es, worauf es ankommt.

Was ist also Erleuchtung? Es ist ein Prozess, eine Reise. Am wichtigsten ist aber, dass es für dich ein Ideal darstellt, das du ausgewählt hast und das dich dazu motiviert, täglich deine Übungen zu machen.

Der Guru ist in dir.

Lektion 101 – Was ist Brahmacharya?

Frage: Was ist Brahmacharya?

Antwort: Brahmacharya bedeutet „wandeln in Brahma" oder „wandeln in der kreativen Kraft Gottes".

Das wird gewöhnlich so übersetzt, als hieße es Zölibat, aber es heißt nicht nur das. In Wirklichkeit bedeutet es die Erhaltung und Kultivierung der kreativen Lebenskraft, der sexuellen Lebensenergie, was entweder im Zölibat oder in einer tantrisch sexuellen Beziehung erreicht werden kann. Diese zwei Arten des Verhaltens führen zum selben Ergebnis. Denn in beiden geht es um die Erhaltung und Kultivierung sexueller Energie nach oben in die göttlichen Prozesse, die im Nervensystem durch die fortgeschrittenen Yoga-Übungen aufkommen.

Die Zugänge zu Brahmacharya werden in größerem Detail in den Fragen & Antworten der Tantra- Lektionen behandelt, sobald dort die grundlegenden Techniken vorgestellt sind.

Der Guru ist in dir.

Lektion 102 – Die Bedeutung einer langfristig ruhig laufenden Meditationsroutine

Frage: Ich habe mich mit der Meditation abgemüht und das seit ungefähr sechs Wochen. Könnte es sein, dass ich zuerst sehr viel Reinigung machen muss, bevor ich die Sache mit dem Atmen hinzufüge? Ehrlich gesagt, komme ich der „Glückseligkeit" noch überhaupt nicht nahe. Trotzdem bleibe ich mit Hingabe bei den Meditationsintervallen von zweimal 20 Minuten und merke, dass ich in gewissem Grad schon ruhiger bin. Doch ich habe während des Tages immer noch viele ‚Episoden', in denen ich nicht so ruhig bin …

Dennoch bin ich dir sehr dankbar, dass du diese Lektionen zur Erleuchtung vieler begonnen hast. Vor gerade mal fünf Jahren fühlte ich mich so alleine in dieser Welt … dass meine spirituelle Glaubenshaltung nicht von vielen geteilt würde, weil es einfach zu viele gab, die den allmächtigen Dollar über das Geistige stellten. Ich habe damals fast täglich darum gebeten, dass ich doch mehr gleich gesinnte Erdenengel (oder Krieger, wie manche sich gern bezeichnen) hätte und glücklich kann ich sagen, dass ich beginne, viel mehr Spirituelles in meinem Leben zu haben und es nimmt jeden Tag zu.

Antwort: Es hört sich an, als ob da Einiges bei dir passiert. Aber ein angenehmerer Verlauf wäre für dich besser. Es ist sehr ungewöhnlich, dass die Meditation über längere Zeit holprig ist. Es kann sein, dass da sehr viele Blockaden aufgelöst werden, was natürlich gut ist. Aber mehr Reibungslosigkeit in und nach der Meditation ist notwendig, wenn du motiviert und lange dabei bleiben willst.

Holprigkeit könnte darauf zurückzuführen sein, dass du das Mantra zwingst, dass du zu schnell aus der Meditation herauskommst oder auch für deine Verfassung zu lange meditierst. Stelle dir folgende Fragen:

1. Greife ich das Mantra locker und leicht auf, ohne eine bestimmte Betonung erzwingen zu wollen? Kämpfe ich mit Gedanken, um zum Mantra zurückzukommen? Wir wollen mit dem Prozess sanft umgehen und, sobald wir merken, dass wir davon abgekommen sind, das Mantra nur locker und leicht favorisieren. Es muss keine klare Betonung sein. Geht es wirklich zu einer sehr verschwommenen Aussprache über, ist das ganz in Ordnung. Es ist der Geist, der uns auf natürliche Weise zur Stille führt.

2. Stehe ich am Ende der Meditation zu schnell auf? Stehen wir zu schnell auf, können wir Blockaden einschließen, die während der Meditation herauskommen und das kann Holprigkeit während unserer Aktivitäten am Tage auslösen. Wir gönnen uns also am Ende der Meditation immer wenigstens ein paar Minuten der Stille ohne Mantra. Wenn die Meditation holprig war, mit vielen aufkommenden Gedanken und Gefühlen, dann lege dich für fünf oder zehn Minuten hin oder eben so lange, bis die Holprigkeit zur Ruhe gekommen ist. Dies kann für deine Erfahrungen am Tage sehr viel ausmachen.

Stellt sich die Reibungslosigkeit in der Meditation immer noch nicht ein, dann versuche es mit fünf Minuten Wirbelsäulenatmung vor der Meditation. Sollte das nicht zu einer Geschmeidigkeit in der Meditation führen, höre mit der Wirbelsäulenatmung wieder auf. Versuche es dann mit fünf oder zehn Minuten Yoga-Stellungen vor der Meditation. Das kann auch helfen die Meditation geschmeidig zu machen.

Im Falle, dass keine der obigen Vorschläge dir zu mehr Geschmeidigkeit verhilft, versuche es mit 15 Minuten zweimal am Tag, anstatt der zwanzig Minuten.

Dies sind nur Vorschläge, was man alles versuchen könnte. Experimentiere damit und sieh, ob du zu einem reibungslosen Rhythmus findest. Zur idealen Routine gehören Asanas, Pranayama und Meditation in dieser Reihenfolge. Die Zeit kannst du etwas variieren. Doch normalerweise sollten das 5, 10 und 20 Minuten in dieser Reihenfolge sein. Du musst deinen eigenen Bereich des Gleichgewichts und der Annehmlichkeit finden. Hast du das einmal erreicht, kannst du mit deiner Routine viele Jahre weitermachen und entlang des Weges zusätzliche fortgeschrittene Yoga-Techniken hinzufügen. Damit ist dir dann sehr viel Fortschritt sicher. Zurzeit kostest du etwas von der inneren Stille. Das ist wundervoll. Jetzt geht es darum, langfristig DA (reines Glückseligkeitsbewusstsein) immer mehr hineinzuwachsen, ohne aufgrund von Unbehagen infolge zu großer Reinigung schnell wieder vom Weg der Übungen abzukommen. Du selbst sitzt am Lenkrad. Fahre also mit Bedacht und gleichmäßig.

Ich wünsche dir allen Erfolg auf deiner Reise, du „Erdenengel". Du hast in letzter Zeit sehr viel Gesellschaft bekommen.

Der Guru ist in dir.

Lektion 103 – Schicksal und freier Wille

Frage: Ich praktiziere seit vielen Jahren mit langsamem, aber stetigem Fortschritt in Bezug auf die „Erfahrungen“ Yoga und Meditation. Wahrscheinlich ist das einzige Problem, das ich habe, meine Neigung, viele Techniken auszuprobieren, ohne für längere Zeit bei einer zu bleiben. Ist dies das Karma, das einen davon abhält, bei der Meditation Fortschritte zu machen? Sollten wir die Meditation aufgeben und den Dingen ihren Lauf lassen oder sollten wir unseren freien Willen einsetzen, damit die Dinge so geschehen, wie wir das wollen? Bei mir ist es einmal der freie Wille und einmal das Schicksal, was die Oberhand erhält … gut, das ist etwas verwirrend! Kommentiere das bitte ein wenig.

Antwort: Ich glaube, deine Frage zum freien Willen wird teilweise in Lektion 84 – „Die Kunst nichts zu tun“ beantwortet. Willigen wir ein, Teil der Evolution zu werden, werden wir auch etwas dafür tun. Die ganze Natur unternimmt etwas. Auch wenn man bewusst nichts tut, ist das trotzdem ein Tun. Der Trick ist, etwas zu tun, das sehr wenig ist, aber das natürliche Öffnen unseres Nervensystems zu reinem Glückseligkeitsbewusstsein und göttlicher Ekstase unterstützt. Dies zu erreichen, müssen wir hier und dort mit effizienten Hebelmechanismen ein bisschen anstoßen. Darum geht es bei diesen fortgeschrittenen Yoga-Übungen.

In unser Nervensystem eingelagertes Karma/Samskaras/Blockaden stehen zwischen uns und göttlichen Erfahrungen. Spirituelle Übungen sind dazu da, unser Nervensystem zu Selbstreinigung zu stimulieren, d.h. die Blockaden zu beseitigen. Das nicht zu tun und alles dem „Schicksal“ zu überlassen, verlängert unsere Reise und schiebt die Hausreinigung nur auf eine spätere Zeit auf. Das ist aber alles abhängig von unserem freien Willen. Wir alle besitzen die Freiheit zu entscheiden. Wir können es jetzt oder später tun. Das ist aber schon die ganze freie Entscheidung, die wir haben. Gehen wir es später an, kann es vielleicht aufgrund der positiven Einflüsse anderer oder der Position der Sterne leichter sein. Die meisten ziehen es vor, mit anzupacken, statt im Dunkeln herumzusitzen und darauf zu warten, dass jemand anders kommt und das Licht anknipst.

Vielleicht ist auch die Lektion 93 – „Zeitenwende“ interessant für dich. Darin wird erörtert, wie das Aufkommen der „New Age“-Bewegung die spirituellen Entscheidungen, die wir treffen, beeinflusst. Die Quintessenz daraus ist: Das „Schicksal“ liegt in den Sternen; der Rest bleibt uns überlassen.

Zu deiner Gewohnheit, viele Methoden auszuprobieren, kann ich nur sagen, dass hier die Analogie zum „Vergleich des Brunnengrabens“ greift. Graben wir an einer Stelle lange genug, stoßen wir früher oder später auf Wasser. Wenn wir hier ein bisschen, da und dort ein bisschen graben, kann es leicht passieren, dass es länger dauert, bis wir Wasser finden. Im Allgemeinen ist es also besser, bei einer Übungsform zu bleiben, vorausgesetzt sie ist eine bewährte und wahre.

In diesen Lektionen sprechen wir über ein ganzes Spektrum bewährter und wahrer Übungen und stellen sie in einer modularen Art geordnet zusammen, so dass jeder Mensch gefahrlos selbst damit experimentieren und sie sich nach seinen jeweils verschiedenen Fähigkeiten und zeitlichen Spielräumen aneignen kann. Für diejenigen, die bereits in anderen spirituellen Schulen verankert sind, wird dies hier als „Gedankenfutter“ angeboten. Das ist unser Ansatz.

Der Guru ist in dir.

Lektion 104 – Hartnäckige Energieblockaden

Frage: Ich habe eine Reihe von Fragen und würde mich über deine Rückinformation dazu freuen … falls jemand einige raue Erfahrungen mit der Kundalini-Energie hat, meinst du, dass es sinnvoll wäre, einen Heiler aufzusuchen, der auf der energetischen Ebene arbeitet, wie z.B. einen Reiki-Meister oder dergleichen oder ist das Betrug an der Sache oder so etwas wie eine Abkürzung, die sich langfristig nicht auszahlen wird? Natürlich meine ich dies unter der Voraussetzung, dass man mit den Übungen fortfährt; nur um zu sehen, ob mit ein bisschen äußerer Hilfe das Beseitigen von Blockaden besser möglich ist.

Wenn ich meditiere, spüre ich einen ziemlich intensiven Schmerz in meinem Rücken, der auf meine Sitzhaltung zurückzuführen sein könnte. Aber es könnte genauso gut eine Blockade sein (so vermute ich). – Ich habe es bereits mit allen möglichen Stützen zum Drauflehnen und mit Unterlagen probiert. Doch nichts hat bisher langfristig zu einer Beseitigung des Problems geführt. Ich kann meditieren, wenn ich auf dem Rücken liege. Ich bin immer so gut ausgeruht, dass ich eine halbe Stunde oder länger aufmerksam bleiben kann und nicht einschlafe. Doch intuitiv meine ich zu wissen, dass es mit der vertikalen Haltung etwas Besonderes auf sich hat, das irgendwie mit der Beziehung zwischen oben und unten zu tun hat, und von dem fühle ich, dass es wichtig ist und dass ich mir das entgehen lasse, wenn ich es in der horizontalen Lage mache. Was denkst du dazu?

Außerdem wollte ich wissen, ob Mulabandha, Sambhavi und Siddhasana vom Pranayama mit in die Meditation hinüber genommen werden können. Ist das in Ordnung?

Antwort: Kommt es zu rauen Kundalini-Erfahrungen, chronischen Blockaden oder irgendetwas dergleichen, dann sind alle Mittel erlaubt, die man zur Erleichterung findet. Wir möchten gerne eine so angenehme Reise haben wie möglich. Andernfalls kann es leicht dazu kommen, dass wir den Wunsch aufgeben, weiter zu machen. Falls also Reiki, Massage, Energieheilung, Chiropraktik, Tai Chi oder irgendwelche anderen Hilfsmittel verfügbar sind und eine hartnäckige Energie-Blockade lösen, dann nimm sie um Himmels Willen in Anspruch. Vielleicht gehst du auch noch mal zurück zur Lektion 69 über die Kundalini-Heilmittel, die ich vor ein paar Wochen ins Netz gestellt habe. Vergiss auch die Yoga-Asanas nicht. Diese sind besonders gut für Wirbelsäulenblockaden – vorausgesetzt, dass keine medizinischen Probleme vorliegen. Falls du meinst, es könnte sich um ein medizinisches Problem handeln, dann hole dir auf jeden Fall ärztlichen Rat.

Natürlich können wir auch etwas an unseren Übungen einstellen und damit Unannehmlichkeiten, deren Ursache in der Energie liegt, abschwächen. Dies ist tatsächlich das Erste, worauf wir bei Anpassungsmaßnahmen achten, wenn die Energie in eine unangenehme Wand rennt. Die entwicklungsgemäße Energie, die uns voranbringt, kommt aus unserem Inneren und löst und stößt dabei Blockaden heraus. Dabei gibt es viel, was wir tun können, diesen Prozess in unseren Übungen zu beschleunigen oder zu mäßigen. Das ist das ganze Spiel, wirklich. Jeder von uns reagiert anders auf spirituelle Übungen. Wir würden gern jeden Tag von diesen Blockaden in unserem Nervensystem etwas mit sanften Stößen abschnippen, anstatt mit dem Vorschlaghammer drauf zu schlagen. Stelle deine Übungen also so ein, dass deine Erfahrungen im angenehmen Bereich bleiben. Was wir hier tun, ist immer „an unseren Erfahrungen ausgerichtet".

Falls du länger als 20 Minuten meditierst, ist das zu viel. Werden viele Blockaden losgelöst, ist es manchmal nötig, auf weniger als zwanzig Minuten zurückzugehen.

In der Tat ist die vertikale Ausrichtung in der Meditation auf jeden Fall besser als das Hinlegen, doch sind wir diesbezüglich in diesen Lektionen nicht fanatisch. In erster Linie sollte Meditation etwas Angenehmes sein, warum sollten man sich sonst damit abmühen? Bis sich also das mit den Rückenproblemen klärt, lehne dich so viel zurück, wie es nötig ist. Behalte aber das Ziel im Auge, dich stufenweise wieder zur aufrechten Position zurückzuarbeiten. Vielleicht legst du diese Woche ein Kissen unter, nächste Woche zwei und drei die Woche danach. Schau, ob du langsam, Schritt um Schritt den Weg zurück zu einer angenehmen Sitzposition mit Rückenunterstützung finden kannst. Ist der Rückenschmerz auf eine Energieblockade zurückzuführen, sollte sich das früher oder später klären.

Bezüglich der Frage, was man vom Pranayama hinüber in die Meditation nehmen soll, ist die Antwort einfach: nur das, was nicht zu Ablenkungen führt. In diesem Stadium ist das nur Siddhasana, weil keine gesonderte Aufmerksamkeit dazu nötig ist, darin zu sitzen. Natürlich kann auch Siddhasana in der Anfangsphase, wenn das Perineum stimuliert wird, ablenken. Deshalb ist es auch in Ordnung das wegzulassen, bis es beim Pranayama eine vertraute und unauffällige Angewohnheit geworden ist. Es ist deine Entscheidung. Mulabandha und Sambhavi benötigen auf dieser

Stufe zur Aufrechterhaltung Aufmerksamkeit. Deshalb versuchen wir nicht, diese während der Meditation beizubehalten. Die Idee dahinter ist, unsere Aufmerksamkeit für die Befolgung der einfachen Vorgehensweise der Meditation freizuhalten. Dies ist sehr wichtig.

Im Laufe der Zeit, sobald die Yoga-Prozesse in unserem Nervensystem flüssiger werden, treten einige der Yoga-Sachen während der Meditation spontan auf. Mit einigen davon mögen wir schon vertraut, andere für uns ganz neu sein. Wir ermutigen solche Dinge nicht, wir leisten ihnen aber auch keinen Widerstand. Sollten wir uns mitten in der Meditation auf dem Kopf stehend wieder finden, was tun wir? Genau, wir gehen locker und leicht zum Mantra zurück.

Gut, wir werden uns sehr wahrscheinlich nicht sehr oft spontan auf dem Kopf stehend wieder finden. Aber andere ungewöhnliche Dinge können auftreten und werden es auch. Das ist alles Teil des In-Verbindung-Stehens im Yoga. Das Nervensystem weiß, was es zu tun hat, wenn wir ihm die Gelegenheit bieten, sich zu öffnen. Das Nervensystem ist die Quelle von allem Yoga. Wir reichen nur hier und dort eine helfende Hand und erleichtern dadurch den automatischen Prozess der Erleuchtung, du weißt schon.

Der Guru ist in dir.

Lektion 105 – Mit Mulabandha auf eine Wand treffen

Frage: Ich habe mit den Übungen von vorne begonnen und es lief alles gut, bis ich zu Lektion 55, „Mulabandha“, kam. Ich finde es nahezu unmöglich, den Anusschließmuskel "leicht anzuspannen". Wenn ich es versuche, verspanne ich vollkommen und erlebe als Ergebnis eine Vielfalt von Beschwerden und Schmerzen. Ich bemühe mich trotzdem, kann es aber immer kaum erwarten, bis ich mit dem Pranayama fertig bin, das ich bis dahin als ziemlich angenehm erlebte. Dass die Lektionen einen sexuellen Unterton erhalten haben, beunruhigt mich ebenso. Ich sehne mich nach spiritueller Erleuchtung und frage mich jetzt, ob ich mich nicht mit den falschen Übungen beschäftige.

Antwort: Wenn es mit Mulabandha auf diesem Übungsstadium nicht gut geht, ist das völlig in Ordnung, wenn du es weglässt, auf ein angenehmes Übungsniveau zurückkehrst und dort für eine Weile bleibst. Es kann Monate oder auch viel länger dauern, bis du dich bereit fühlst, zum nächsten Schritt weiterzugehen. Das ist okay. Was du machst, ist bereits sehr fortgeschritten. Du reinigst und öffnest dich damit in scharfem Tempo. Es ist deine Reise.

Dieser Ansatz für spirituelle Praxis ist in dem Sinne unorthodox, dass jeder in seiner eigenen Geschwindigkeit vorwärts gehen kann. Deshalb musst du in deiner Herangehensweise maßvoll sein und deine Übungen auf deine Erfahrungen abstimmen. Viele dieser Übungen, die in diesen Lektionen beschrieben werden, sind in früheren Zeiten nur ganz wenigen Auserwählten beigebracht worden. Heute ist das anders. Deshalb haben wir alle eine große Verantwortung, wenn wir uns diesem neuen Ansatz widmen. Es besteht aber die Hoffnung, dass sehr viel mehr in der Lage sein werden, von den fortgeschrittenen Yoga-Übungen zu profitieren, als das in den vergangenen dunklen Jahrhunderten der Fall war.

Es ist nicht für jeden möglich, in ein paar Monaten durch alles hindurchzusausen, ohne irgendwann auf eine Wand zu treffen. Wir unternehmen hier eine lange Reise. Erinnere dich an Lektion 38 „Was ist dein Zeitplan oder wie schnell soll ich vorgehen?“. Die Lektionen sollen ein langfristiger Begleiter sein, damit sie den Aspiranten ständig und auf jeder Ebene als Informationsquelle zur Verfügung stehen. Die Übungen werden zunehmend fortgeschrittener, wenn du weiter liest, und manche mögen dir als unerhört erscheinen. Es ist ganz natürlich, dass für die höheren Ebenen weniger bereit sind. Doch es gibt hier inzwischen Leute auf jeder Stufe. Deshalb machen wir weiter. Mit der Zeit wird jeder so weit gehen, wie er willig und es für ihn möglich ist. Hier soll der Weg vom Anfang bis zum Ende klar dargestellt werden, so dass jeder daraus seinen Nutzen ziehen kann.

Zum sexuellen Aspekt kann ich nur sagen, dass man das nicht weglassen kann. Es ist fester Bestandteil des mittleren Teils der Reise. Es war mir nicht möglich, einen Weg zu finden, wie man das umgehen könnte. So schauen wir dem direkt in die Augen. Du wirst sehen, wie gut es hereinpasst, wenn du weiter liest. Am Ende wird die Sexualität in etwas viel Größeres verwandelt. Würden wir sie ignorieren, bedeutete das den Aufprall auf die schlimmstmögliche Wand – so tun, als ob etwas nicht da sei. Sexualität ist da und die Energie wird sich an einem gewissen Punkt nach oben ausdehnen. Falls sie das nicht tut, heißt das nur, dass es da Blockaden gibt, die beseitigt werden müssen. Dies gehört zur fundamentalen Wirklichkeit in der Transformation des Nervensystems zu einem höheren Funktionieren. Bist du noch nicht bereit, dich in den Übungen direkt darauf einzulassen, ist dies in Ordnung. Lass dir nur Zeit. Meditation und Wirbelsäulenatmung werden in subtiler Art auf die Öffnung und Belebung deines gesamten Nervensystems hinarbeiten und du kannst die direkte Stimulierung der sexuellen Energie vermeiden, wenn das das Beste für dich ist. Lass also einstweilen Mulabandha und auch Siddhasana weg. Sogar Sambhavi (am dritten Auge) ist etwas Sexuelles, wenn die Verbindung hergestellt wird und die ekstatische Leitfähigkeit im Wirbelsäulennerv vom Beckenbereich nach oben gebracht wird. Die Drähte für die Erleuchtung sind einfach so geknüpft, verstehst du. Aber du kannst das alles mit Meditation und Wirbelsäulenatmung erreichen. Es dauert nur ein bisschen länger und die sexuellen Belange bleiben mehr hinter dem Vorhang. Die Erfahrungen sind letztendlich dieselben und du wirst für sie bereit sein. Das Nervensystem wird sich ganz natürlich zu seiner eigenen Wahrheit öffnen und du wirst mit Licht und Glückseligkeit angefüllt.

Es gibt keinen bestimmten Ort, an dem du auf diesem breiten Spektrum von Übungen sein solltest. Jeder bildet die Speerspitze seiner eigenen Reise zur Erleuchtung. Wo immer es für dich am besten läuft, dort sollst du sein. In dem Maß, wie die Reinigung bei dir auftritt, kannst du in deinem eigenen Tempo weitergehen. Sei vorsichtig, dass du nichts überspannst und dich nicht fortdauernden Schwierigkeiten aussetzt. Dies hier soll Spaß machen. Such dir also für dich eine Übungsebene, die dir eine reibungslose und angenehme Fahrt erlaubt.

Der Guru ist in dir.

Lektion 106 – Mantra und Atmung in der Meditation

Frage: Wenn ich versuche, eine bessere Übungsgewohnheit der Meditation – die mir, obwohl ich ziemlich neu auf dem Gebiet bin, ausgezeichnet gefällt – zu entwickeln, macht es etwas aus, wenn ich mir innerlich beim Einatmen „I“ [ich, AY] zu sagen vorstelle oder es höre und beim Ausatmen „AM“ [bin, ÄM] ODER wenn ich „I AM“ „I AM“ „I AM“ beim Einatmen und dann dasselbe beim Ausatmen höre etc. ...?

Antwort: Es gibt Meditationssysteme, bei denen ein Mantra mit dem Atem zusammen eingesetzt wird. Beim Ansatz dieser Lektionen tun wir dies nicht. Deshalb nein, es ist nicht wichtig, ob das Mantra mit dem Atem synchron ist oder nicht. Wir lassen den Atem in der Meditation einfach gehen und kümmern uns nicht darum, was er macht. Der Grund dafür liegt darin, dass wir das Mantra sich frei und natürlich in Geschwindigkeit, Frequenz und Grad der Klarheit verändern lassen wollen, damit der Verstand die Freiheit hat, leicht in die Stille zu gehen. Wir wollen, dass die Meditation den Atem auf natürliche Weise anführt, nicht anders herum. Wenn wir den Atem favorisieren und er das Mantra leitet, werden wir in eine Pranayama-Art der Nervenkultivierung abdriften, bei der der Verstand auf einer weniger feinen Ebene agiert, als er bei der tiefen Meditation die Gelegenheit hat. Das ist ein feiner Unterschied, der leicht übersehen wird. Dies wird klarer werden, sobald wir das Mantra durch einige zusätzliche Silben erweitert haben.

Die Kultivierung der Nerven ist etwas sehr Gutes und Angenehmes und das machen wir im Pranayama. Aber die Meditation, die dem Atem folgt, ist keine so tiefe Meditation, wie jene, in der das nicht der Fall ist. Kommt der Atem in der tiefen Meditation zur Ruhe, werden der Atem und der Stoffwechsel automatisch verzögert. Es ist besser, das Mantra frei auf sehr feinen bzw. ruhigen Ebenen im Verstand aufzugreifen, ohne es gewohnheitsmäßig an den Atem gebunden zu haben. Folgt das Mantra dem Atem, favorisieren wir den Atem nicht und drängen ihn auch nicht ab. Wir folgen nur leicht und locker der Technik, das Mantra zu favorisieren – auf welcher Ebene der Stille im Verstand wir uns auch immer befinden. So gehen wir weiter zu mehr Stille und reinigen das gesamte Nervensystem mit dem Aufsteigen reinen Glückseligkeitsbewusstseins aus dem tiefen Inneren heraus.

Das Pranayama dient also dazu, die Nerven mittels Aufmerksamkeit und Atem zu kultivieren und die Meditation dazu, den Verstand in die Tiefe gehen zu lassen und den stillen Samen reinen Glückseligkeitsbewusstseins tief in unserem Nervensystem zu erwecken. Bei diesem Ansatz kultivieren und pflanzen wir nicht zur selben Zeit. Eine weitergehende Erörterung findest du in Lektion 43 – „Beziehung von Pranayama zur Meditation“. Du wirst sehen, dass du bei freier Entfaltung des Atems in der Meditation in viel tiefere Stille gehen kannst, besonders wenn du das Pranayama der Wirbelsäulenatmung vor der Meditation ausgeführt hast.

Der Guru ist in dir.

Lektion 107 – Selbstabstimmung bei den Yoga-Stellungen und in den Übungen

Frage: Ich habe mich 5 1/2 Jahre – manchmal viel, manchmal wenig – mit Ashtanga-Yoga versucht und mein Yoga hat mir mit dem Atmen und Mulabandha geholfen (Ashtanga war sehr angenehm, sogar für einen nicht sehr gelenkigen Langlauf-Triathleten wie mich). Doch vor kurzem war ich in einen Autounfall verwickelt und mein Handgelenk wurde gezerrt. Hast du irgendwelche Vorschläge, wie ich den Sonnengruß und die Ashtanga Vinyasas abändern könnte, damit ich möglichst effektiv mit meinen Übungen fortfahren kann, da ich, bevor ich den Unfall hatte, gerade begonnen hatte, wieder richtig in Fahrt zu kommen.

Antwort: Beim Sonnengruß, den Asanas und in Wirklichkeit bei allen Yoga-Übungen gilt der erste Grundsatz: niemals etwas zu erzwingen und immer auf sanftes Zureden zu bauen. Falls eine steife Stelle, eine Verletzung oder Unannehmlichkeit vorhanden ist, dann gehen wir nur bis an unsere natürliche Grenze und testen das ein wenig aus, aber niemals bis zum Punkt des Schmerzes oder der Spannung, nur bis zum Punkt der Beweglichkeitsgrenze. Dann kann man dort für die Zeit der Stellung bleiben. Dies kann weit von der vollen Ausführung der Stellung entfernt sein und das ist vollkommen in Ordnung. Wir tun, was wir ohne Anspannung auf angenehme Weise in Richtung der Stellung tun können und sind uns bewusst, dass wir in folgenden Sitzungen stufenweise mehr tun werden. Falls irgendein Maß an Dehnung zu Unbehagen führt, gehen wir zu einer angenehmeren Übungsebene zurück. Oder wenn es ohne Anspannung ein bisschen weiter gehen kann, dann lassen wir das zu. Darüber haben wir viele Male auf unserem Weg durch die fortgeschrittenen Yoga-Übungen gesprochen. Das macht das Prinzip der „Selbstabstimmung" aus. Dies ist die hohe Kunst, im Yoga Fortschritte zu machen – niemals etwas zu erzwingen, stets nur sanfte Überredung einzusetzen. Mit dieser Herangehensweise bewegen sich Körper und Nervensystem langsam, aber sicher zu mehr Flexibilität, Reinigung und größeren Erfahrungen von innerem Frieden und Glückseligkeit.

Es gibt das alte Sprichwort: „In Metern gemessen ist das Leben schwer, in Zentimetern, ist's kaum ein Kinderspiel mehr."

Es ist leicht im Yoga ein Fortgeschrittener zu werden, wenn wir wissen, wie wir mit Selbstabstimmung umgehen müssen.

Der Guru ist in dir.

Lektion 108* – Kechari Mudra – Ein Riesenschritt für die Menschheit

Kechari Mudra wird heutzutage immer mehr zum Diskussions- und Streitthema. Das ist ein gutes Zeichen. Es bedeutet, dass diese Übung aus dem Schatten des esoterischen Yoga in den frühmorgendlichen Sonnenschein des aufkommenden Erleuchtungszeitalters heraustritt.

Was ist Kechari Mudra? Wir wollen das mit einfachen Begriffen erklären, damit wir das leichter auf uns beziehen können. Einen Zentimeter oder zwei oberhalb unserer Mundhöhlendecke befindet sich eines der ekstatisch sensitivsten Organe unseres gesamten Körpers. Dieses können wir relativ einfach mit unserer Zunge erreichen. Es befindet sich am hinteren Rand unserer Nasenscheidewand und wenn das Nervensystem durch fortgeschrittene Yoga-Übungen genügend gereinigt ist, wird unsere Zunge zurückrollen und hinauf in den Hohlraum des Nasenrachenraums gehen, um dort auf den sensitiven Rand unseres Septums (der Nasenscheidewand) zu treffen. Geschieht dies einmal, ist das vergleichbar mit dem Umlegen eines Hauptschalters unseres Nervensystems und all unsere fortgeschrittenen Yoga-Übungen und Erfahrungen beginnen, sich auf einer viel höheren Ebene abzuspielen. Sobald man auf natürliche Weise in Kechari eintritt, kommen wir auf die Schnellspur des Yoga. Wenn man will, kann man sagen, dass das die erste Liga des Yoga ist.

Ramakrishna sagte: „Sobald die himmlische Göttin erscheint, rollt sich die Zunge zurück."

Viele haben dieses natürliche Phänomen bereits von Zeit zu Zeit in ihrer Yoga-Praxis erlebt. Ist das Nervensystem dazu bereit, geschieht dies ganz einfach. Die Zunge will zurückgehen. Allerdings sind nur wenige in der Lage, dem Impuls ganz nachzugeben, obwohl das nur eine Frage der Erziehung ist. Hat man ein starkes Bhakti und rollt sich die Zunge zurück, ist es nur eine kurze Reise bis zur Verbindung mit einer höheren Ebene spiritueller Erfahrung im Nasenrachenraum.

Nur wenige Menschen auf der Erde haben diesen wichtigen Übergang bereits hinter sich. Es ist jedoch wahrscheinlich, dass die Anzahl der Menschen, die in Kechari eintritt, in den kommenden Jahren drastisch ansteigt. Kommt es dazu, wird das für die Menschheit ein riesiger Schritt nach vorn sein, denn es ist ein Indiz für den Wandel zu einer vornehmlich spirituellen Funktionsweise im Nervensystem. Es schließt die vielen Vorteile der sich durch unsere moderne Gesellschaft ausbreitenden und aufsteigenden Erleuchtung ein. Kechari ist so bedeutend, so kraftvoll und solch ein Indikator für die Richtung, die die menschliche Rasse einschlägt, dass selbst einige wenige Yogis und Yoginis in Kechari eine gewaltige Auswirkung auf die spirituellen Energien in allen haben können. Sie strahlen eine Energie aus, die das Ansteigen des Erleuchtungsprozesses in allen beschleunigt. Obwohl Kechari also ein individuelles Phänomen auf der Straße menschlicher spiritueller Transformation ist, hat es wie alle fortgeschrittenen Yoga-Techniken globale Folgen. Jesus sagt ja: „Ihr seid das Licht der Welt."

Doch genug zur spirituellen Bestimmung der Menschheit. Wie steht es mit jedem von uns und unserer Beziehung zu Kechari?

Seitdem Kechari vor einiger Zeit zum ersten Mal in den Lektionen erwähnt wurde, haben mir mehrere mitgeteilt, sie hätten die ersten Symptome davon bemerkt und fragten sich, was sie nun tun sollten. „Sollte ich die Zunge daran hindern, sich zurückzurollen?" „Sollte ich weiter gehen? Und falls ja, wie?" Dies sind die Fragen, die gestellt wurden.

Rollt sich die Zunge zurück und fühlen wir, dass da zu viel ins Rollen kommt, dann brauchen wir nichts zu überstürzen. Falls wir Zweifel oder übermäßige Kundalini-Erfahrungen haben, kann es das Beste sein, zu warten. Dies gehört zur Anwendung von Selbstabstimmung – du verstehst schon. Nur du kannst wissen, wann die Zeit reif ist. Niemand kann dir sagen, wann die Zeit für Kechari oder für irgendeine andere fortgeschrittene Yoga-Übung gekommen ist. Deine Erfahrungen und dein Bhakti sind deine Führer.

Auch wenn es sich nur um eine Reise von einigen Zentimetern handelt, gehört zu Kechari ziemlich viel – nicht so sehr körperlich, obwohl auch ein wenig körperliche Herausforderung mitspielt, mehr auf der Ebene der Psyche und der Emotionen. Kechari ist etwas Großartiges. Es reicht an den Kern unserer spirituellen Identität heran. Sind wir bereit, einen neurologischen Schalter umzulegen, der uns auf eine höhere Ebene der Existenz befördern wird? Dies heißt nicht, dass wir auf der Stelle und für immer verwandelt werden. So ist es nicht. Am Tag, nachdem wir zum ersten Mal in Kechari eintreten, sind wir immer noch dieselbe Person. Wir können sogar, wenn wir einmal ständig in Kechari eingetreten sind, wieder damit aufhören. Es entsteht kein Schaden. Kechari hat seine „klobige" Phase – genauso wie alle fortgeschrittenen Yoga-Übungen. Es ist etwas Entschlossenheit nötig, durch die eckigen Anfänge von Kechari hindurch zu kommen.

Wir sind nicht augenblicklich in der Minute, in der wir mit Kechari anfangen, eine andere Person. Nur im Laufe der Zeit und bei täglicher Übung ändern wir uns. Dies ist dann aber eine wesentliche Veränderung. Auf eine reale Weise sind wir bereits zu einer anderen Person geworden, bevor wir mit Kechari beginnen. Schon die Entscheidung dafür ist genauso eine Überschreitung einer Grenze, wie das tun selbst. In diesem Sinne ist Kechari mehr als eine physische Handlung. Die Entscheidung für Kechari ist eine Bestätigung des Nervensystems, dass es für die nächste Ebene bereit ist. Das Nervensystem sagt uns selbst, wann es bereit ist. Wir sind schon zu Kechari geworden, bevor wir in es eintreten. Ist dies nicht für alle fortgeschrittenen Yoga-Übungen wahr, die wir in Angriff nehmen? Wir fühlen, dass wir bereit sind. Wir beginnen mit der Übung. Haben wir uns gut auf unser Nervensystem eingestimmt, bleibt uns die Übung erhalten. Sind wir zu früh dran, kommt es zu Rauigkeit und wir werden sie wieder zurückfahren müssen. Das ist in Ordnung. Das ist der Weg des Testens und des Findens von Öffnungen, durch die wir uns im Yoga vorwärts bewegen. Bei Kechari ist es ebenso. Nur müssen wir bei Kechari ein bisschen mehr tun, um in diese Übung hineinzukommen und die Erfahrung ist ziemlich drastisch. Deshalb ist für die Durchführung eine hohe Motivation – ein starkes Bhakti – notwendig.

Kechari bedeutet: „Fliegen durch den inneren Raum."

Das hört sich poetisch und dramatisch an. Doch ist Kechari noch viel mehr als das. Es ist viel persönlicher. Regelmäßig ausgeführtes Kechari versetzt uns in einen permanenten Zustand eines Liebesaktes unterschiedlicher Pole in uns. Die Auswirkungen von Kechari übertreffen diejenigen von tantrisch-sexuellen Beziehungen, wie sie in den Tantra-Lektionen diskutiert werden. Das ist erstaunlich, da Kechari überhaupt keine äußere sexuelle Aktivität einschließt. Kechari ist eine der großen Geheimnisse erleuchteter Zölibatäre. Nicht dass Kechari nur mit Zölibat möglich ist. Jeder kann Kechari ausüben und mit den normalen sexuellen Beziehungen fortfahren. Wenn jemand jedoch einen Weg des Zölibats wählt, dann bringt Kechari zusammen mit anderen fortgeschrittenen Yoga-Übungen mehr als die nötige Kultivierung sexueller Energie nach oben im Nervensystem hervor. Es ist ein natürlicher innerer Prozess, der in uns zum Laufen gebracht wird.

„Fliegen" wir mit Kechari wirklich „durch inneren Raum?" Der größte Teil der Kechari-Erfahrung ist das Aufsteigen ekstatischer Glückseligkeit. Die Sinne werden auf ganz natürliche Weise nach innen gezogen und dies ist vergleichbar mit einem Fliegen im Inneren. Unsere inneren Räume sind riesig und wir schweben in einer anhaltenden Träumerei durch sie hindurch.

Die Verbindung, die wir durch Kechari in der Nähe des oberen Endes von Sushumna, Ida und Pingala herstellen, ist eine ekstatische, die mehr als jede andere Übung ekstatische Leitfähigkeit im Nervensystem nach oben bringt. Jede andere fortgeschrittene Yoga-Übung wird dann bezüglich eines Aspekts in ihrer Effektivität gesteigert – dem Anstieg der ekstatischen Leitfähigkeit. Deshalb ist Kechari eine ekstatische Verbindung, die unser gesamtes Nervensystem erleuchtet. Der sensitive Rand der Nasenscheidewand ist ein Altar der Glückseligkeit. Je mehr Zeit wir dort verbringen, desto mehr Glückseligkeit erfahren wir. Kechari ist der perfekte Gefährte Sambhavis. Die beiden Übungen ergänzen einander. Sambhavi und Kechari ziehen gemeinsam die göttliche Ekstase nach oben und erfüllen uns mit göttlichem Licht.

Fortgeschrittene Yogis und Yoginis nutzen Kechari ihre ganze sitzende Übungspraxis hindurch und oft während des Tages, wenn sie nicht gerade sprechen. Mit anderen Worten: Kechari ist die Heimat für fortgeschrittene Yogis und Yoginis. Wir wissen nicht einmal, dass sie sich in Kechari befinden. Nur das feine Glühen göttlichen Lichts gibt einen Hinweis darauf. Im Innern sind sie mit dem ununterbrochenen Spiel göttlicher Liebeswerbung beschäftigt.

Wir behandeln hier vier Stufen von Kechari (vergleiche die Darstellungen auf der Grafik am Ende der Lektion), alle beziehen sich auf eine andere Stellung der Zungenspitze.

Stufe 1 – Am Punkt der Mundhöhlendecke, wo der harte und der weiche Gaumen aneinander stoßen. Dies ist die Grenzlinie, die überschritten werden muss, bevor die Stufe 2 erreicht werden kann.

Stufe 2 – Hinter den weichen Gaumen und nach oben zur Nasenscheidewand. Dies ist eine kurze Reise, aber eine folgenschwere. Anfangs wird diese Stufe mit Zuhilfenahme eines Fingers erreicht. Dieser drückt die Zunge von unten nach hinten und an der linken oder rechten Seite des weichen Gaumens vorbei, wo das Durchkommen am einfachsten ist. Dazu ist möglicherweise ein „Zerreißen des Jungfernhäutchens“, der Membran unter der Zunge, nötig – hierzu unten mehr.

Stufe 3 – Langsames Vorarbeiten zum oberen Ende des Nasenrachenraums und der Nasenscheidewand. Das führt uns zur knöchrigen Struktur, in der die Hirnanhangdrüse sitzt.

Stufe 4 – Eintreten in die nasalen Gänge von innen und Bewegung nach oben über das obere Ende des Nasenrachenraumes hinaus zum Punkt zwischen den Augenbrauen. Dies ist für die Zunge nicht so weit, wie es scheint. Lege deinen Daumen auf dein Kiefergelenk und deinen Zeigefinger auf deine gerade nach vorne ausgestreckte Zungenspitze. Dann drehe diese feste Länge deines Zeigefingers mit deinem Daumen als Fixpunkt nach oben zum Punkt zwischen den Augenbrauen. Siehst du? Für die Zunge ist es gar nicht so weit, von ihrer Wurzel aus geradewegs bis dort nach oben zu gehen.

Zwischen Stufe 1 und Stufe 4 können viele Jahre vergehen. Kechari ist eine sich lang hinziehende Entwicklung, kein Ereignis, das sich über Nacht einstellt. Trotzdem hat es seine aufregenden Momente des Übergangs, besonders zwischen Stufe 1 & 2 und 3 & 4. Betrachten wir die vier Stufen jetzt einmal genauer.

Stufe 1 setzt uns mittels der Mundhöhlendecke mit dem Boden des Nasenrachenraums in Verbindung. Dies wurde bereits in der Lektion 91 zu Yoni Mudra Kumbhaka als ein zu erarbeitendes Ziel vorgeschlagen. Am Punkt, wo der harte auf den weichen Gaumen trifft, kann in gewissem Maß – wenn das Nervensystem an Reinheit gewinnt – eine ekstatische Reaktion wahrgenommen werden. Stufe 1 ist nicht einfach, weil es für die meisten Menschen ein wenig anstrengend ist, die Zunge an der Mundhöhlendecke zu halten und sich mit ihr allmählich und schrittweise weiter nach hinten zu arbeiten. Mit der Zeit entwickelt sich jedoch eine Gewohnheit. Reicht die Zungenspitze einmal hinter den Punkt, an dem sich der harte und weiche Gaumen treffen, so dass der weiche Gaumen mit der Zunge nach oben gedrückt werden kann, ist Stufe 2 sehr nahe.

Das Erreichen von Stufe 2 kommt einer Umwälzung gleich. Die Zunge wird mit dem Finger auf der linken oder rechten Seite des weichen Gaumens zurückgedrückt. Dies sind die kürzesten Durchgänge, die hinter den weichen Gaumen führen. Der eine von beiden ist kürzer als der andere. An einem bestimmten Punkt wirst du anfangen, damit zu experimentieren und selbst sehen. Der lange Weg nach innen führt durch die Mitte nach oben. Der weiche Gaumen besitzt eine elastische Sehne, die über den hinteren Rand verläuft. Sobald die Zungenspitze zum ersten Mal hinter sie gelangt, kann die elastische Sehne schnell um den Zungenboden herumschlüpfen, als ob sie sie fassen wollte. Dann ist die Zunge plötzlich im Nasenrachenraum und berührt zum ersten Mal den Rand der Nasenscheidewand.

Die erste Reaktion ist Überraschung und die Zunge wird wahrscheinlich schnell wieder herauskommen. Man kann sie leicht – ohne Nachhelfen mit einem Finger – wieder herausziehen. Es bereitet auch keinerlei Probleme durch die Nase zu atmen, wenn sich die Zunge im Nasenrachenraum befindet. Beim ersten Eintreten können die Augen tränen und die Nase kann etwas nass werden, ein Niesreiz, sexuelle Erregung und starke Gefühle sind ebenfalls möglich. All dies sind vorübergehende Reaktionen auf das erste Eintreten in Stufe 2 von Kechari. Dringt man dann öfter dort ein, beruhigen sich die Dinge wieder. Im Laufe der Zeit werden die Finger nicht mehr benötigt, um hinter den weichen Gaumen zu kommen. Die elastische Sehne entlang des Rands des weichen Gaumens dehnt sich aus und Stufe 2 von Kechari wird ziemlich angenehm. In Wirklichkeit ist es sogar einfacher in Stufe 2 zu bleiben, als in Stufe 1 von Kechari. Die Zunge ruht sehr locker, ohne irgendeine Anstrengung im Nasenrachenraum und es wird sehr einfach, diese Zungenstellung während des Pranayama und der Meditation zu nutzen. Offensichtlich ist die Zunge dazu geschaffen, sich glückselig im nasalen Rachenraum aufzuhalten.

Es gibt zwei praktische Dinge, die man berücksichtigen sollte, sobald man sich die Stufe 2 zu Eigen gemacht hat. Das erste ist die Gleitfähigkeit im Nasenrachenraum, das zweite die Anhäufung von Speichel im Mund.

Der Pharynx (Nasenrachenraum) kann ein bisschen launenhaft sein. Gewöhnlicherweise ist er von Natur aus feucht und für die Zunge gut gleitfähig. Manchmal ist er indes trocken und nicht so gut geschmiert. Im ersteren Fall kann Kechari praktisch unbegrenzt ausgeführt werden, unter der anderen Bedingung nur sparsam. Ist der Nasenrachenraum trocken, kann es zu einem beißenden Gefühl kommen, wenn die Zunge sich darin befindet. Dies ist dann nicht die geeignete Zeit, für die Ausführung von Kechari. Tritt das ein, gehen wir einfach in Stufe 1. Interessanterweise wird der Pharynx während unserer Übungen fast immer feucht sein. Jedoch kann man dies nicht mit Sicherheit erwarten. Wir gehen einfach hinein, wenn wir willkommen sind – was meistens der Fall ist. Sind wir nicht willkommen, zeigen wir vor der Situation Ehrfurcht und halten uns zurück. Das ist also ganz einfach.

Befinden wir uns in Kechari Stufe 2, wird sich im Mund unten Speichel ansammeln. Da wir nicht hinunterschlucken können, was sich in unserem Mund ansammelt, wenn unsere Zunge nach oben in den Nasenrachenraum gegangen ist und wir nicht geifern wollen, kommen wir also, wenn nötig, aus Kechari heraus und schlucken den Speichel in unserem Mund hinunter. In der ersten Gewöhnungsphase an Kechari Stufe 2 kann sich sehr viel Speichel ansammeln, so dass wir öfter schlucken müssen. Mit der Zeit geht die Speichelproduktion zu einem Normalmaß zurück und das Herauskommen aus Kechari zum Zweck des Hinunterschluckens ist nur noch selten nötig.

In Stufe 2 von Kechari lassen wir unsere Zunge also einfach locker auf dem Rand des Nasenrachenraums ruhen und das setzt spirituelle Prozesse überall in unserem Körper in Gang.

Zu Beginn der Stufe 2 von Kechari sind wir neugierig. Wir befinden uns an einem neuen Ort und wollen herausfinden, was es im Nasenrachenraum alles zu entdecken gibt. Da ist die empfindliche Nasenscheidewand, der „Altar der Glückseligkeit“. Es bereitet uns keine Schwierigkeit herauszufinden und zu erkennen, dass es am besten ist, beim Pranayama und der Meditation mit unserer Zunge auf der Nasenscheidewand zu ruhen. Es fühlt sich an, als sei auch noch am anderen Ende des Wirbelsäulennervs ein kraftvolles Siddhasana am Werk, um unser gesamtes Nervensystem vom oberen Ende her zu erwecken. Erfreuen wir uns an der Nasenscheidwand keiner Glückseligkeit, werden wir ohne Zweifel erkunden und die hervorstehenden Schalltrichter der eustachischen Röhre auf beiden Seiten des Nasenrachenraums finden. Auch können wir die Eingänge zu den Nasengängen auf beiden Seiten der Nasenscheidewand nicht übersehen und werden schnell die extrem empfindlichen erigierbaren Gewebe darin entdecken. Da eilen wir indes schon voraus. Halte dich lieber einige Zeit davon fern. Wir gehen also auf unserer Reise der Nasenscheidewand entlang zur Spitze des Nasenrachenraums nach oben zu Stufe 3. Für einige ist das eine kurze Reise. Für andere, kann es lange Zeit in Anspruch nehmen. Gehen wir dahin, setzen wir die ganze Länge des Nasenscheidewandrands unserer Zunge aus und bereiten uns darauf vor, schließlich in die Nasengänge einzudringen und noch höher zu gehen.

Eine Übung, die dabei helfen kann über Kechari Stufe 2 hinauszukommen, ist das so genannte „Melken der Zunge“. Es besteht aus dem sanften Ziehen an der Zunge mit den Fingern beider Hände, wobei man mit den Händen abwechselt, als ob man eine Kuh melken würde. Eine gute Gelegenheit, dies ein paar Minuten zu praktizieren, bietet sich beim täglichen Stehen in der Dusche. Auf diese Art bekommst du die Vorteile daraus, ohne über deine ganzen Kleider geifern zu müssen. Im Laufe der Zeit kann die Zunge mit dieser Methode verlängert werden. Dies ist jedoch keine nützliche Übung, um in Stufe 2 zu gelangen. Dazu ist es vor allem wichtig, sich mit dem Frenum zu befassen, wie das unten erörtert wird. Das Melken der Zunge hilft, wenn man über Kechari Stufe 2 hinausgehen will, besonders zu Stufe 4.

Stufe 4 ist ein weiterer einschneidender Schritt. Stufe 4 kann Jahre von den Stufen 2 & 3 entfernt liegen. Jeder wird sich dem auf verschiedene Art nähern. Aber es gibt auch einen Trick, den man anwenden kann. Die Nasengänge sind hoch und eng, während die Zunge dünn und breit ist. Die Zunge kann also nur in die Nasengänge gelangen, wenn sie sich auf die Seite dreht. Doch auf welche Seite? Die eine Seite ist dazu besser geeignet als die andere. Die Zunge kann auf natürliche Weise mit der Oberseite zum Zentrum hin gedreht werden, indem man dem Kanal am oberen Ende des Schallrohres jedes der eustachischen Röhren in die anliegenden Nasengänge folgt. Dadurch wendet sich die Oberseite der Zunge ganz natürlich zur Mitte hin und erlaubt es ihr, an der Seite der Nasenscheidewand nach oben in den Nasengang zu gleiten. Durch das Drehen der Zunge nach innen zum Zentrum kommt man nach oben in die Gänge. Der Eintritt in Stufe 4 ist genauso drastisch wie das Eintreten in Stufe 2, weil die Gewebe in den Nasengängen extrem empfindlich sind. Setzt man sich in der beschriebenen Weise mit ihnen in Verbindung, hebt es das Nervensystem auf ein weiteres höheres Niveau. Stufe 4 führt zu einer ausgedehnten Stimulation des oberen Endes der Sushumna wie auch von Ida und Pingala und dies hat enorme Auswirkungen auf das gesamte Nervensystem, besonders wenn es zusammen mit unserem Pranayama und den dazugehörigen Bandhas und Mudras ausgeführt wird.

Ist das Gehen in die Stufen 2 & 3 zur zweiten Natur geworden, kommt man auch auf natürliche Weise in Stufe 4. Bevor das erreicht ist, werden wir aufgrund der Empfindlichkeit in den Nasengängen nicht besonders davon angezogen. Unser sich öffnendes Nervensystem und das ansteigende Bhakti bringen uns – sobald wir dazu bereit sind – zur Stufe 4.

Ist man einmal in die Nasengänge eingedrungen, kann die Zunge während Pranayama und Yoni Mudra Kumbhaka dazu genutzt werden, die „Wechselatmung durch verschiedene Nasengänge“ zu üben. Dies beschert eine abwechselnde Stimulierung in den Nasengängen und erzeugt zusätzliche Reinigungseffekte in der Sushumna sowie in Ida und Pingala. Unser Pranayama und Kumbhaka werden in Kechari Stufe 4 in höchstem Maße aufgeladen.

Die vier Stufen von Kechari fördern die wichtigsten neurologischen Vorgänge der Öffnung im Kopf und im gesamten Nervensystem. Kechari ist eine der angenehmsten und weitreichendsten aller fortgeschrittenen Yoga-

Übungen. Kechari bildet in unseren fortgeschrittenen Yoga-Übungen eine Hauptschwelle zu einem viel höheren Niveau.

Sprechen wir nun etwas über die Membran/Sehne an der Unterseite der Zunge, die man „Frenum“ nennt.

Für die meisten von uns wird das Frenum den Engpass darstellen, der uns daran hindert, durch die Stufen von Kechari zu wandern. Zur Frage, ob das Frenum durchtrennt werden sollte oder nicht, gibt es keine einhellige Meinung. Einige behaupten, dass man sich Kechari verdient hat oder nicht, je nach dem, welche Art von Frenum wir unter der Zunge besitzen und dass der einzige Weg zu Kechari im Dehnen des Frenums besteht. Sind wir nicht in der Lage, das Frenum weit genug zu dehnen, um in Kechari hineinzukommen, so sei das „Gottes Wille“.

In diesen Lektionen unterstützen wir diese limitierende Ansicht nicht. Unser Standpunkt hier lautet: „Hilf dir selbst, dann hilft dir Gott.“

In diesen Lektionen sehen wir das Frenum als einen Haltegurt an, der etwas zurück geschnippelt werden kann, sobald die Zeit dazu reif ist. Das hält uns von Kechari entfernt, bis wir dazu bereit sind. Sind wir bereit, und jeder von uns weiß selbst, wann dies so weit ist, kann das Frenum beschnitten werden. Das Frenum ist mit einem „Jungfernhäutchen“ vergleichbar. Ist eine Frau für den Geschlechtsverkehr bereit, verschwindet ihr Jungfernhäutchen. Bis dahin dient es als Schutz. Dieses Durchbrechen des Jungfernhäutchens kann ein anstrengendes und schmerzhaftes Ereignis sein, wenn es erzwungen wird. Früher oder später wird es auch zum erzwungenen Öffnen des Frenums kommen, weil das Gehen in Kechari genau so natürlich ist wie der Geschlechtsverkehr. Es ist eine biologische Bestimmung für uns. Dazu kommt es, sobald das Nervensystem reif dafür ist. Die fortgeschrittenen Yoga-Ubungen bringen uns mit jedem Tag der täglichen Übung näher an diesen Übergang heran.

Kechari ist das Ergebnis einer zweiten Pubertät in uns – unserer spirituellen Pubertät. Mit dem Reinerwerden unseres Nervensystems verstärkt sich auch unser Bhakti. Mehr als alles andere ist es unser Bhakti, das uns in Kechari befördert. Will erst einmal jede Faser unseres Körpers Gott, gelangen wir auch dahin. Die Zunge wird sich zurückrollen und dorthin gehen – ganz einfach.

Wird unsere Zunge einmal durch unser Bhakti in Kechari zurückgeworfen, muss das Brechen des Frenum-Jungfernhäutchens keine Schmerzen verursachen oder anstrengend sein. Es kann alles sehr leicht und sanft abgehen. Vor allen Dingen kann und sollte es schrittweise vonstatten gehen. Es wird mit sehr winzigen Schnitten vollzogen – winzige Schnitte, ein jeder so dünn wie ein Haar oder ein sehr feiner Faden. Ein sterilisierter scharfer Nagelhautschneider (ähnlich einem kleinen Drahtschneider) kann für diesen Zweck eingesetzt werden – Stückchen für Stückchen. Heben wir unsere Zunge, können wir genau sehen, wo der Punkt der größten Spannung am Frenum liegt. Bringen wir dort einen winzigen Schnitt an, nicht breiter als ein Haar, wird es wahrscheinlich nicht einmal bluten – möglicherweise ein Tropfen. Falls es mehr als ein Tropfen ist, haben wir zu tief geschnitten. Der winzige Schnitt heilt in ein oder zwei Tagen. Die Gewebe im Mund heilen sehr schnell. Dann, möglicherweise nach einer Woche oder einem Monat, wann immer wir ein gutes Gefühl dabei haben, sind wir bereit, den Vorgang zu wiederholen – und dann nach einer weiteren Woche oder mehr, kannst du es wieder tun. Sind wir empfindlich, können wir ein bisschen Eis zur Betäubung des Frenumrands benutzen. Dann spürst du beim Schnippeln nicht einmal einen kleinen Kniff. Verwende das Eis jedoch nicht, um einen großen Schnitt anzubringen. Das ist zu viel und birgt ein gewisses Infektionsrisiko. Auch sollten wir nicht schneiden, wenn wir irgendeine Art von Infektion im Körper haben. Feine Schnitte werden es dem Frenum der Zunge im Nu erlauben, weiter zurückzugehen und bevor wir es wissen, können wir unsere Zunge mit den Fingern hinter den weichen Gaumen drücken.

Sobald wir uns einmal in Kechari Stufe 2 befinden, können wir mit den feinen Schnitten fortfahren. Das hilft uns, weiter zu Stufe 3 zu gelangen. Danach können wir mit den winzigen Schnitten immer noch weiter machen, auch wenn wir schon an der Spitze des Nasenrachenraums angekommen sind. Dies hilft uns, noch über die Stufe 4 hinauszukommen. Das nimmt Jahre in Anspruch. Es besteht jedoch keine Eile. Wir können viele Monate oder auch Jahre überhaupt ohne Schneiden weitermachen und uns zufrieden der Stufe von Kechari, die wir bis dahin erreicht haben und des stetigen spirituellen Wachstums, das damit einhergeht, erfreuen. Dann inspiriert uns vielleicht wieder etwas, mit der Zunge weiter nach oben zu gehen und wir nehmen wieder einige Schnitte vor.

Macht man mit dem Schnippeln auch nach Erreichen von Kechari Stufe 2 weiter, wird es sehr leicht, es auszuführen. Das Frenum gibt langsam nach, und der Rand, den es bildet, sobald man es streckt, wird wie eine Hornhaut. Man verspürt dann beim Durchschneiden keinen Schmerz mehr und es fließt kein Blut. Es ist nicht schwierig, es so zurückzustutzen, dass die Zunge weiter nach oben zu fortgeschritteneren Stufen von Kechari gehen kann. Zeitlich gesehen ist dies eine lange Reise, doch sie ist erfüllend. Es kann Jahrzehnte dauern, bis man von Stufe 1 zu Stufe 4 kommt. Aber es besteht keine Eile. Das Nervensystem weiß, was zu geschehen hat. Weiß es das, wissen wir es durch unser Bhakti.

Das Frenum eines jeden Menschen ist unterschiedlich. Einige wenige können in Kechari ohne ein Schnippeln eintreten. Bei anderen ist sehr viel Schnippeln notwendig. Beim Rest von uns liegt es irgendwo dazwischen. Wie immer das geartet sein mag, wir wissen, was zu tun ist, sobald unser Bhakti aufsteigt. Niemand anders kann uns sagen, was wir wann tun sollen. Alles in diesen Lektionen ist ein Informationsangebot, damit du dir eine bessere Vorstellung davon machen kannst, was deine Optionen sind, wenn dein Bhakti sich bemerkbar macht.

Einige werden medizinische Einwände bezüglich der Beschneidung des Frenums anführen. Die meisten Ärzte werden Bedenken anmelden. Besteht eine Gefahr? Es besteht immer eine gewisse Gefahr, wenn wir etwas Neues unternehmen. So ist das Leben. Die Praxis des Frenum-Zurechtschnippelns für Kechari gibt es seit Tausenden von Jahren – mindestens so lange wie die Beschneidung, Piercing oder Tattoos. Das soll nicht heißen, dass diese anderen Typen von Körperveränderungen sich in derselben Klasse wie Kechari tummeln. Das tun sie keineswegs. Kechari ist eine der fortgeschrittensten Yoga-Übungen auf dem Planeten. Wissen wir einmal, dass wir dazu bereit sind, werden wir gewillt sein, jedes Risiko auf uns zu nehmen, das mit dem Eintreten darin verbunden sein mag. Jeder wählt seinen eigenen Weg entsprechend der Gefühle, die in seinem Herzen aufsteigen.

Diese Lektion ist nicht dazu da, Kechari Stufe 2 und höher für jedermann anzupreisen. Sie ist dazu da, eine nützliche Information für all jene zu liefern, die Kechari-Symptome erfahren und merken, dass sie sich auf natürliche Weise danach strecken, über die Stufe 1 hinauszugelangen. Was du mit der Information hier anstellst, ist deine eigene Sache. Erinnere dich daran, dich stets mit dir selbst entsprechend deinem Vermögen und deinen Erfahrungen abzustimmen.

Der Guru ist in dir.

Zusatz: Es gibt eine fünfte Stufe von Kechari Mudra, die in der Hatha Yoga Pradipika vorgestellt wird und es ist angebracht, diese hier zu erwähnen, auch wenn ihre praktische Anwendung für die meisten Yogis und Yoginis eher etwas für die fernere Zukunft sein dürfte. Man braucht sich aber deswegen nicht zu sorgen: Die Kechari-Stufen 1-4 sind mehr als genug für die Vollendung der Reise. Es ist sogar möglich, die Reise zu einem Ende zu bringen, ohne überhaupt über den weichen Gaumen hoch zu gehen. Bei jedem von uns ergibt sich eine andere Manifestation der vielen Aspekte von Yoga im Nervensystem. Wenn wir also Kechari erörtern, sprechen wir über Möglichkeiten und Optionen. Ob du zu Kechari hingezogen wirst oder nicht, ist eine Funktion deiner eigenen Reise. Wirst du hingezogen, ist das klar genug erkennbar. Und wenn du es nicht wirst, wird das genauso offensichtlich sein. Niemand sollte sich zu irgendwelchen Übungen zwingen, zu denen er von innen heraus keinen Drang fühlt.

Nachdem dies nun alles gesagt ist, wollen wir einen genaueren Blick auf Kechari Stufe 5 werfen. Was soll man sich darunter vorstellen? – Man geht dabei mit der Zunge den Schlund (die Speiseröhre) hinunter. Es ist offensichtlich, dass die Zunge zu diesem Zweck vollkommen vom limitierenden Einfluss des Frenums, der Sehne unter der Zunge, befreit sein muss. Tritt dies einmal infolge täglichen Streckens durch Melken der Zunge und/oder Schnippeln ein, sind die Kechari-Stufen 1-4 bereits erreicht. Deshalb wird das Hinuntergehen der Zunge in den Schlund Stufe 5 genannt, obwohl die Richtung der Zunge in diesem Fall derjenigen der Stufen 1-4 entgegengesetzt ist.

Warum sollte irgendjemand die Zunge hinunterschlucken wollen? Was ist der yogische Nutzen daraus? Für jene, die die Stufen 2, 3 und 4 gemeistert haben, ist der Nutzen offensichtlich. Das Voranschreiten in Kechari verleiht dem Aufkommen der ekstatischen Leitfähigkeit im Nervensystem einen Schub.

Im Fall von Kechari Stufe 5 kommt etwas Neues hinzu. Es hängt mit den letzten Schritten in der Evolution zur göttlichen Vereinigung zusammen. Die Vereinigung von innerer Stille mit ekstatischen Energien im Nervensystem (die Vereinigung von Shiva und Shakti) läuft überall im Körper ab. Gleichzeitig steigt es hoch und findet ihren Fokuspunkt im Kopf. Kechari und Sambhavi sind wichtige Einflussfaktoren bei dieser zunehmenden Vereinigung. Natürlich bilden die Grundlage dafür all die anderen Elemente der Yoga-Praxis: Meditation, Wirbelsäulenatmung, Kumbhaka (Atemanhalten), Siddhasana, Mulabandha etc. Die Vereinigung, die sich in jeder Zelle des Körpers abspielt, gravitiert also nach oben und der Fokuspunkt erreicht schließlich den Kopf. Ist dies einmal in ausreichendem Maße geschehen, beginnt etwas anderes abzulaufen: Der Fokuspunkt der göttlichen Vereinigung im Kopf weitet sich aus nach unten in die Brust und das Herz schmilzt.

Die Neurobiologie dieser Herzschmelzung ist ziemlich komplex und viele Dinge laufen dabei gleichzeitig ab. Zuerst erreicht die Vereinigung des aufsteigenden und absteigenden Prana im Kopf eine kritische Masse. Dies führt dazu, dass die Sekrete des Gehirns (Amrita/Nektar) verstärkt hinunter in den Magen-Darmtrakt fließen. Dies wiederum erzeugt eine natürliche Anziehung auf die neurobiologischen Energien im Kopf nach unten und dies hat zur Folge, dass die Zunge tendiert, nach unten in die Kehle und schließlich in die Speiseröhre gezogen zu werden. Tritt dies einmal auf, wird die Neurobiologie der Kehle und Brust auf einer höheren Ebene des Funktionierens stimuliert. Die Erfahrung der Vereinigung der inneren Stille (Shiva) mit der Ekstase (Shakti) ist ekstatische Glückseligkeit und der Fokuspunkt dabei ist der Kopf. Weitet sich diese Vereinigung vom Kopf hinunter in die Herzgegend aus, wird die Erfahrung zu einer der ausströmenden göttlichen Liebe. Dies ist die Erklärung dafür, dass erleuchtete Weise eine nicht versiegende Quelle von Liebe und Mitgefühl sind. Ihre Herzen befinden sich aufgrund der ständig im Inneren ablaufenden göttlichen Vereinigung in einem andauernden Zustand des Schmelzens. Dies entspricht dem höchsten Zustand der Erleuchtung, in dem man alles als integralen Bestandteil des Selbst sieht und alles aus tiefem Herzen heraus liebt. Auf dieser Stufe des Funktionierens im menschlichen Nervensystem ist die göttliche Kraft dazu da, alle, ob nah oder fern, zu heilen und sie in der spirituellen Transformation zu unterstützen.

Kechari Stufe 5 hat den größten Nutzen, wenn einmal die Neurobiologie im Kopf mit Hilfe einer ganzen Bandbreite von fortgeschrittenen Yoga-Übungen vollkommen erweckt worden ist. „Vollkommen erweckt" bedeutet, dass das dritte Auge vollkommen aktiviert ist und Sambhavi völlig in den Prozess der ekstatischen Leitfähigkeit involviert ist. Zu diesen Voraussetzungen wird im weiteren Verlauf der Lektionen noch viel mehr gesagt.

Für den Augenblick haben wir Kechari Stufe 5 ausreichend angeschnitten. Sobald das für uns einmal aktuell wird, ist das für uns kein solches Mysterium mehr und wir können von dort weiter vorwärtsschreiten. Vielleicht wird Stufe 5 für uns auch niemals aktuell. Zur Erleuchtung kann es auch ohne diese, genauso wie ohne die Stufen 2-4 kommen. All diese Erörterungen zu Kechari sind nur dazu da, dich über das zu informieren, was alles möglich ist, sodass du weißt, was es ist, sollte das mal anfangen, sich einzustellen. Lass dein Bhakti und deinen gesunden Menschenverstand bei der Annäherung an die verschiedenen Stufen von Kechari Mudra dein Führer sein und das gilt natürlich genauso für alle fortgeschrittenen Yoga-Übungen.

Die folgenden Abbildungen zeigen die Stufen 1-5 von Kechari:

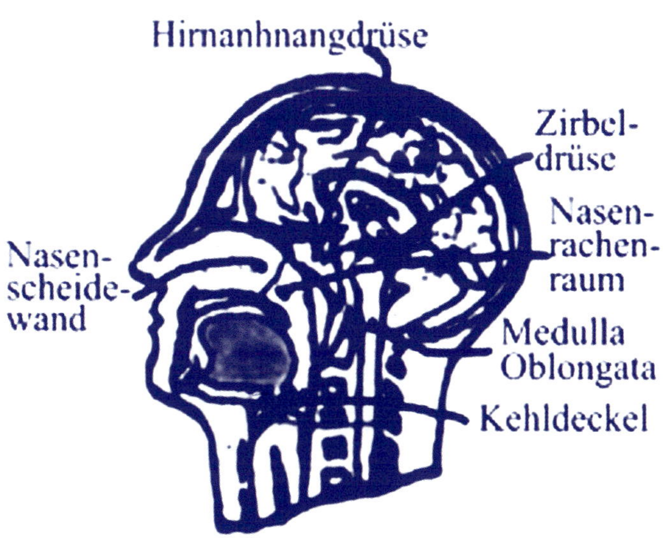

Vor Kechari

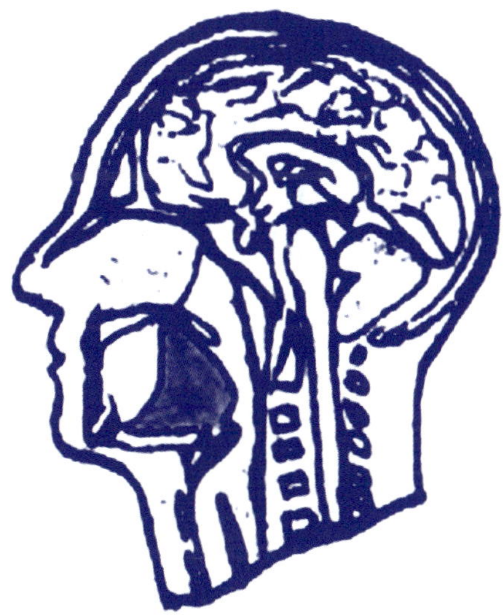

Stufe 1

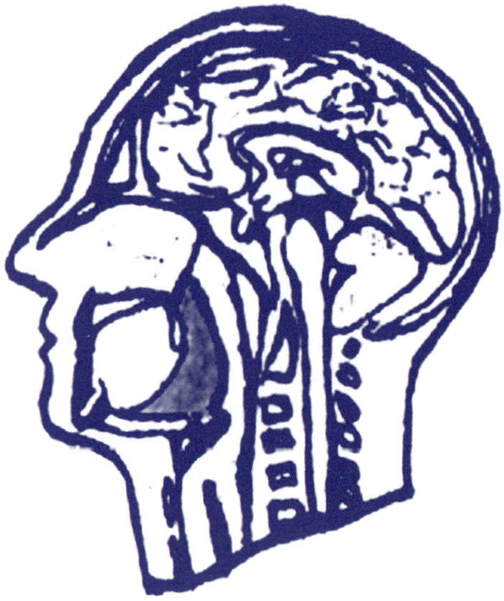

Stufe 2

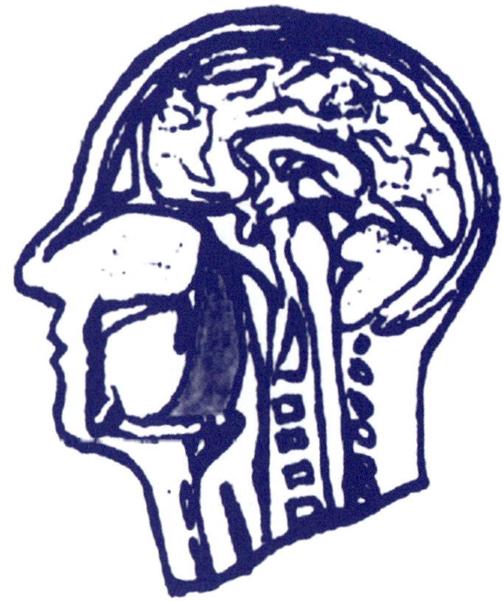

Stufe 3

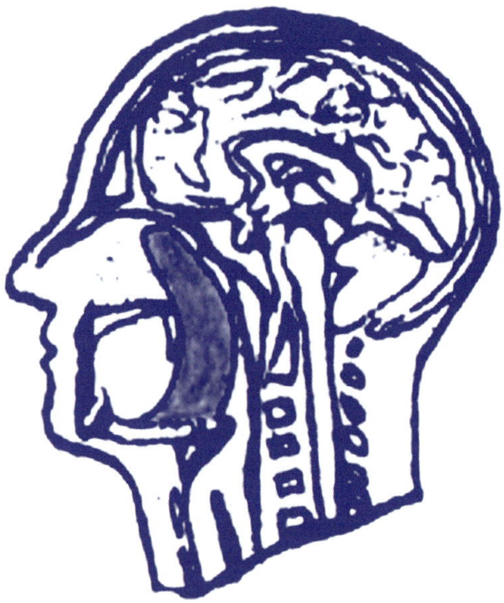

Stufe 4 – linkes Nasenloch

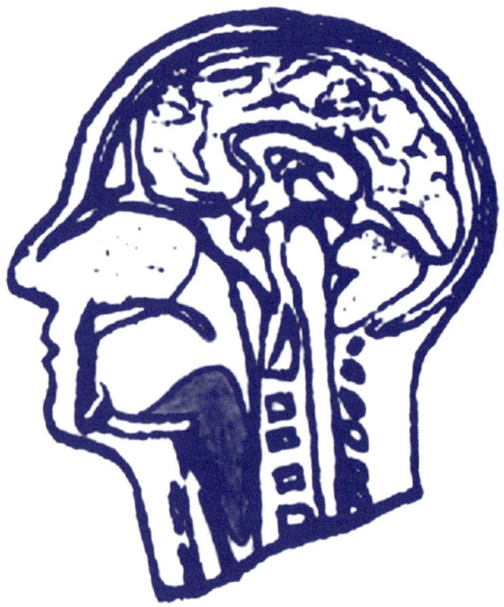

Stufe 5

Lektion 109 – Bhakti, Meditation und innere Stille

Frage: Ist es möglich, dass Kundalini sozusagen, weil mir kein besseres Wort dazu einfällt, mit dir spricht? Ich hol mal etwas aus…nachdem ich die Bhakti-Lektion gelesen hatte, habe ich mit der Methode des Umlenkens von Wünschen in Richtung Geist gearbeitet – das klappte manchmal nicht so gut. Andere Male fühlte ich, dass meine Schritte und Gedanken da waren, wo sie sein sollten. An einem Punkt hab ich Gott gebeten, mich durch die göttliche Kundalini-Energie zu leiten, mich wissen zu lassen, was Geist und was nur das Ego ist, das sich als Geist ausgibt. Manchmal, wenn ich in einer spirituellen Weise arbeite, führt mich die Energie durch glückselige Gefühle und Ströme. Meine Frage lautet also, ob Kundalini mit ihrer Energie zu uns sprechen kann, oder ob das eine direkte Antwort von Gottes- oder Engelgedanken ist? Ist dies Bhakti? Gibt es irgendwelche Techniken, die wir nutzen können und die uns helfen, alte Gewohnheiten und Wünsche zu reinigen und sie mit Bhakti umzulenken?

Antwort: Ja, Gott kann zu uns sprechen und tut dies die ganze Zeit. Das kann durch Kundalini oder jeden anderen Gottes-Kanal kommen, den wir wählen. Indem wir uns auf ein spirituelles Ideal festlegen und darauf fokussieren, können wir den Lärm in uns ausfiltern und eine ständige Führung erhalten. Im Laufe der Zeit werden wir mit der Führung eins, denn der Guru/Gott ist in uns und ist wir. Das ist nicht so sehr eine Sache des Verstandes. Gott spricht nicht zum Intellekt. Sei also vorsichtig mit den intellektuellen Spielchen, die wir mit uns selbst spielen können. Wir können mit unserem Intellekt im Nu Luftschlösser bauen. Er/Sie spricht zu uns in unserem Herzen in Form von Gefühlen und Intuitionen. Auf diese Weise sprechen auch wir mit Gott – mit unserem Herzen und unseren Gefühlen. Stehen wir mit unserem Ideal mittels unseres Bhakti in einer gefühlstiefen Verbindung, wird uns das, was wir brauchen, automatisch vermittelt und wir wissen, was als nächstes zu tun ist. So ist das – ein sehr intimer Prozess, der als eine Einheit in unserem Inneren auftaucht, auf den inneren Ebenen der Gefühle.

Wir erfahren ein tiefes Gefühl des Wissens und der Sicherheit, bevor wir im Äußeren wissen, was es genau ist. Falls das bei dir in dieser Art abläuft, kannst du sicher sein, dass es eine göttliche Führung ist und nicht irgendein Trick, mit dem dich dein Verstand an der Nase herumführt.

Der beste Weg zur Kultivierung von Bhakti ist die Reinigung des Herzens und dies geschieht durch all die fortgeschrittenen Yoga-Übungen, die wir bisher erörtert haben – aber vor allem durch die Meditation. Ein gereinigtes Herz ist ein glückselig stilles Herz. Meditation bringt in uns den „stillen Zeugen" hervor. Das ist die tiefe Bewusstheit aus dem Herzen heraus, die es uns erlaubt, darüber zu entscheiden, wohin sich unsere Emotionen wenden. Bevor wir den Zeugen kannten, wurden wir von unseren Gedanken und Emotionen in beliebige Richtungen gezogen, weil wir uns mit ihnen als unser Selbst identifiziert hatten. Mit dem stillen Zeugen erfahren wir unser Selbst als über all das hinausreichend. Dadurch werden Gedanken und Emotionen zu Objekten, die wir lenken können, bevor sie sich im Äußeren manifestieren. Wir können bei einem aktuellen „inneren Job" an unseren Gedanken und Gefühlen ziehen und so Probleme vermeiden, die entstehen, wenn im Inneren alles durcheinander fliegt und nach außen drängt. Kurz gesagt können wir, wenn wir von der Ebene des stillen Zeugen aus arbeiten, die Gewohnheit entwickeln, tief in unserem Verstand verankerte Gedanken und Gefühle umzulenken, bevor sie an die Oberfläche treten. Das wurde bereits in der ersten Lektion zu Bhakti, Lektion 67, erwähnt.

Bei diesem inneren Bhakti-Prozess geht es mehr um Gefühle als um das Denken. Tief in unserem Inneren existiert eine dünne Linie zwischen dem Fühlen und dem Denken. Die Grenzlinie liegt dort, wo der Verstand und das Herz aufeinander treffen, und das ist der Ort der Stille. Diesen glückseligen Ausgleich zwischen Herz und Verstand herzustellen, ist die Bestimmung des Yoga: Wir trainieren uns ein Leben in Einheit mit Gott an. Meditation und die anderen fortgeschrittenen Yoga-Übungen sind dazu da, dies zu kultivieren.

Es stehen noch einige Übungen aus (Mantra-Erweiterung, Samyama und körperliche Techniken), die unsere schweigende Gegenwart im Herzen ausweiten und diese werden unseren Zeugen (reines Glückseligkeitsbewusstsein) und Bhakti viel stärker machen.

Falls du schon jetzt mehr tun willst, begünstige eine Haltung der Dienstfertigkeit in dir und sei darauf bedacht, dieser Haltung Gefühle bzw. Emotionen als Opfer darzubringen. Alle Gefühle können auf diese Art umgeleitet werden. Es ist ein Pfad der Unterwerfung und es ist etwas, das wir jederzeit und überall ausführen können. Das tut dem Herzen sehr gut. Doch lass dich dadurch auch nicht zu weit davontragen. Wir wollen das nicht auf Kosten der sitzenden Übungen betreiben. Die beste Form von Bhakti ist diejenige, die uns jeden Tag zu den sitzenden Übungen bringt.

Der Guru ist in dir.

Lektion 110 – Romantische Liebe

Frage: Gibt es eine effektive Yoga-Übung, mit der man Gefühle einer romantischen Liebe zu jemandem unterbinden kann?

Antwort: Wenn es sich nur um eine Vernarrtheit handelt, sollte das von alleine vergehen. Handelt es sich um eine Besessenheit, dann wird dir die tägliche Praxis, wie sie bisher erörtert wurde (besonders Meditation), helfen, das allmählich in etwas mehr Entwicklungsgemäßes zu verwandeln. Falls es sich um sexuelle Abhängigkeit handelt, die dich zurückhält, dann sieh bei den Tantra-Lektionen nach, falls Du das noch nicht getan hast.

Sollte es sich um eine reine Liebe zu jemandem handeln, würde ich nicht empfehlen, das gewaltsam zu einem Abschluss zu bringen. Lass das lieber durch deine sitzenden Übungen, Bhakti und liebenden Dienst sich zu göttlichen Dimensionen weiter ausdehnen.

Wenn dir derjenige, den du liebst, schadet, dann denke daran, dass wirkliche Liebe weise und stark ist und auch „Nein“ sagen kann.

Bleibt deine Liebe unerwidert, dann lenke sie durch Bhakti um, erweitere sie und lass sie nach außen zu denen fließen, die um dich herum in Not sind. Die sich ausweitende Liebe kennt keine Grenzen und erwartet keine Gegenleistung.

Romantische Liebe ist nichts Verkehrtes, wenn man sie in ein göttliches Liebesverhältnis ausweitet. Erleuchtung ist ein nie endendes, göttliches Lieben im Inneren und diese Liebe fließt über zu allem, was existiert.

Der Guru ist in dir.

Lektion 112 – Bhakti – nah und persönlich

Frage: Meine Frage bezieht sich auf Bhakti?? Es wird als Liebe zum Göttlichen beschrieben, worunter man Liebe zu Menschen, zur Natur und allem Geschaffenen verstehen kann. Manchmal wird dies als eine bestimmte Übung angesehen, so wie das Chanten oder das Sitzen und Singen von spirituellen Liedern. Bhakti wird so hoch angepriesen und ich frage mich, wie man es wirklich übt. Die Liebe zu einem „Gott" ist etwas Abstraktes. Man kann die Eigenschaften Gottes (wie z.B. bedingungslose Liebe, göttliche Führung, Licht) lieben und sich von daher danach sehnen, in der Gegenwart Gottes zu sein und über Gott nachzudenken und sich so mit Gott beschäftigen. Dieses Wort „Bhakti" ist jedoch nur ein Wort, was ist das?

Antwort: Eine sehr gute Frage. Liebe zu Gott (Bhakti) kann sehr abstrakt sein, sogar nebulös. Es gibt so viele äußere Formen von Bhakti wie es Vorstellungen von Ishtas (gewählte Ideale) und Attributen gibt – also unendliche! In den Lektionen beschäftigen wir uns damit nicht besonders eingehend. Dies ist das Geschäft der religiösen Traditionen. Für diejenigen, die Gott nach Art einer Tradition anbeten wollen, ist das sehr gut. Für jene, die dafür keine Neigung besitzen, bedeutet dies nicht das Ende der Welt. Mit Yoga kann man sehr gut auch ohne die formalen Anbetungsformen Fortschritte machen. Yoga funktioniert sowohl auf die eine wie die andere Weise.

Die Art von Bhakti, über die wir in diesen Lektionen sprechen, ist die „nahe und persönliche". Dieser Ansatz ist an keine Konfession gebunden. Wenn hier von Bhakti die Rede ist, dann geht es um dich, um dein Nervensystem, deine Wünsche, deine Übungen und deine Erfahrungen. Sprechen wir hier über Bhakti als der „Liebe zu Gott", meinen wir damit das, was unser höchstes Verlangen ist. Was ist das höchste Ideal, das wir für uns erstreben? Möglicherweise ist das bisher nur die Beantwortung einer Frage wie: „Gibt es mehr als das?" Stellen wir diese Frage mit Ernsthaftigkeit in unserm Herzen und lassen auch unsere Gefühle sich darauf einstimmen, wird sich in uns ein bisschen gutes Bhakti regen. Wirkliches Bhakti ist etwas sehr Persönliches. Es hat Bezug zu unserem innersten Wunsch, damit dieser ein größeres Gewicht in unserem Leben bekommt. Es hat mit dem Wunsch zu tun, die Wahrheit zu erkennen und unsere Gefühle dafür nutzbar zu machen. Das kann sich so einfach gestalten wie das reine Wissenwollen – hungrig danach zu sein, etwas zu wissen. Das ist Bhakti. Es kann jedoch auch eine enge und engagierte Beziehung zu unserem gewähltem Ideal, unserem Ishta, sein. Das ist ebenfalls Bhakti. Auf welche Weise es immer auftritt, der Prozess ist derselbe – die Emotionen werden für das Erreichen eines Ideals eingespannt, dadurch bewegt sich Energie durch unser Nervensystem und reinigt und öffnet es.

Drückt sich Sehnsucht tief in unserem Herzen aus, geschieht etwas: Wir erhalten Antworten. Übungen kommen zu uns. Dann beginnen wir uns zu öffnen und wollen höher aufsteigen. Das führt zu mehr Öffnung, zu mehr Antworten und mehr Praktizieren. So in der Art läuft das ab. Schrauben sich die Dinge um Bhakti hoch, wirkt es wie ein Zauber. Dies geschieht in Übereinstimmung mit der Öffnung unseres Nervensystems. Wir haben das Nervensystem das Tor zum Unendlichen genannt. Das Tor ist in beiden Richtungen offen. Wir können durch unser Nervensystem, sobald es gereinigt ist, in die Unendlichkeit hinaussehen. Und Gott kann durch unser Nervensystem in uns hineinkommen. Gott kommt als Bhakti in unser Herz. Gott, der Guru, und Bhakti in uns sind ein und dasselbe. Es ist das Unendliche, das auf unseren inneren Ruf antwortet, und durch unser Nervensystem zu uns hereinkommt.

Vielleicht siehst du zu weiteren Einzelheiten in Bezug auf den hier vertretenen Ansatz von Bhakti noch einmal die nachfolgend aufgelisteten Lektionen durch:

Lektion 12 – Der wichtigste Bestandteil – Wunsch
Lektion 67 – Bhakti – Die Wissenschaft der Hingabe
Lektion 68 – Beziehung zwischen traumatischen Erfahrungen und Bhakti
Lektion 88 – Der Zauber von Bhakti
Lektion 109 – Bhakti, Meditation und innere Stille

Das Kräftespiel von Bhakti ist auch in viele andere Lektionen eingewoben. Spirituelles Verlangen stellt sich auf natürliche Weise ein, sobald sich unser Nervensystem öffnet. Unsere Übungen vermählen sich mit unserem sich ausweitenden Verlangen. Das ist für jeden von uns ein persönlicher Prozess. Doch ist es ziemlich einfach, in ihm verschiedene Stadien zu unterscheiden, und dies ist weder abstrakt noch nebulös.

Gerichtetes Verlangen ist der Kernbestandteil in allen spirituellen Praktiken – allerdings gilt das nicht für die konkrete Ausführung einer Übung. Der Vorgehensweise bei jeder Übung folgen wir genau wie angegeben, ob es sich nun um die Meditation, Pranayama, Bandhas, Mudras, Asanas etc. handelt. Es ist das Bhakti, das uns zu unserem Meditationsraum bringt. Wir geben dann ganz locker und leicht der einzelnen fortgeschrittenen Yoga-Technik, die wir gerade ausführen, den Vorzug. Die Übungen sind so entworfen, dass sie unser Nervensystem stetig öffnen, jeden Tag, jeden Monat und jedes Jahr. Deshalb führen wir sie präzise, entsprechend der Vorgehensweise aus, die in den Lektionen erörtert worden ist. Dann haben wir ein Nervensystem, das ständig gereinigt und geöffnet wird und unser Verlangen nach Wahrheit und Erleuchtung weiter ansteigen lässt – und wir sehnen uns immer danach zur nächsten Ebene der Übungen weiterzugehen. So geht es weiter, immer höher hinauf.

Der Guru ist in dir.

Lektion 113 – Glückseligkeit, Ekstase und göttliche Liebe

Frage: Kannst du den Unterschied zwischen Glückseligkeit und Ekstase erklären?

Antwort: Schlagen wir die beiden Begriffe im Lexikon nach, finden wir für Glückseligkeit die Bedeutung „vollkommenes Glück, Himmel, Paradies." Ekstase bedeutet „überwältigende, verzückte Wonne."

Die Begriffe scheinen sich etwas zu ähneln, doch nicht dasselbe zu sein. Für die Interpretation von Glückseligkeit und Ekstase im Sinne der Fortgeschrittenen Yoga Übungen, liegt der Unterschied in den verschiedenen Ausgangspunkten der entsprechenden Erfahrungen. Dies ist der Schlüssel für das Verständnis der Begriffe, wie wir sie in den Lektionen verwenden und wie sie in Bezug auf einige unserer Übungen einzuordnen sind. Man kann genauso eine Verbindung herstellen zur inneren göttlichen Romanze, die wir vor kurzem erörtert haben und auch zu unseren Stufen entlang des Pfads zur Erleuchtung.

Wir geben Erfahrungen, die wir während und nach unseren Yoga-Übungen machen, Namen. Die Begriffe hier haben also ihren Ursprung in realen Erfahrungen, wie das auch bei allem anderen der Fall ist, was wir in den Lektionen erörtern. Es sind Begriffe, die wir verwenden, um das zu beschreiben, was in uns geschieht. Zuerst kommt die Erfahrung, dann kommen die Begriffe – nicht umgekehrt.

Glückseligkeit hat einen Bezug zum „reinen Glückseligkeitsbewusstsein", das wir in der Meditation und – wenn wir fortfahren zu meditieren – allmählich auch immer mehr in unserem alltäglichen Leben erfahren. Es stellt sich als eine angenehme, friedvolle Stille ein und ist vergleichbar mit einer Art nicht endenden inneren Lächelns. Es ist ein Glück, das aus dem Inneren wie aus dem Nichts aufsteigt, wenn wir den Verstand und Körper in der Meditation immer und immer wieder zur Stille hinführen. Ist die innere Stille, mit der wir während der Meditation in Berührung kommen, „vollkommenes Glück, der Himmel, das Paradies"? Wenn dieser Zustand in uns wächst und wächst, kommt er dem sehr nahe. Er ist unerschütterlich, immer positiv, was immer auch um uns herum vor sich gehen mag und er vermittelt uns gleichzeitig ein Gefühl von Ewigkeit. Am wichtigsten jedoch: Er ist unsere absolute Bewusstheit – unabhängig vom Körper, Atem, Verstand, Emotionen, den Sinnen und allen äußeren Ereignissen. Er ist der sprichwörtliche ‚Fels in der Brandung', der von den Stürmen des Lebens nicht bewegt wird. Sobald unser Sinn für unser Selbst zu dieser inneren Stille geworden ist, wo sind wir dann angelangt? – Überall und nirgendwo. Reines Glückseligkeitsbewusstsein ist ein Mysterium – genauso wie wir von unserer innersten Natur her. Wir erfahren das als Glückseligkeit, ein vollkommenes, nicht endendes Glück. Unser Bewusstsein ist Glückseligkeit. Niemand muss meine Worte auf Treu und Glauben annehmen. Meditieren wir täglich, erkennen wir allmählich, was reines Glückseligkeitsbewusstsein ist. So heißt es auch in den Psalmen: „Sei stille und erkenne, dass ich Gott bin." [46,10]

Ekstase ist andererseits ein Ungeschehen-Machen. Ich meine damit, dass wir uns in einen Traum von Vergnügen verlieren. „Überwältigendes, reizendes Verzücken" ist eine gute Beschreibung dafür. Woher kommt Ekstase? Während Glückseligkeit ihren Ursprung in unserem Bewusstsein hat, entsteigt Ekstase unserem Körper. Ekstase ergibt sich, wenn uns Prana auf Wegen des Entzückens mitreißt. Du wirst dich daran erinnern, dass Prana, Lebenskraft, eine der ersten aus reinem Glückseligkeitsbewusstsein hervorgehende Manifestationen ist. Bewegt sich Prana in entwicklungsgemäßer Weise im Nervensystem, produziert es Schwingungen, die wir als überwältigendes Wohlgefühl wahrnehmen. Ekstase ist die sich in uns bewegende Göttin. Ekstase strahlt von einer erwachten Kundalini aus, von der wir wissen, dass sie unserer sexuellen Energie, unserem großen Pranaspeicher, entspringt.

Nun kommt die Koppelung, die Beziehung, die zwischen Glückseligkeit und Ekstase besteht, und die uns manchmal dazu veranlasst, Bedeutungen in Ausdrücken wie „glückselige Ekstase" oder "ekstatische Glückseligkeit" zu vermengen. Was geht hier vor? Ist Yogani nicht mehr ganz bei der Sache, wenn er solche Ausdrücke verwendet? Darauf kannst du wetten. Wer ist das nämlich nicht, wenn dieser innere Liebesakt vollzogen wird?

Glückseligkeit und Ekstase wollen sich tatsächlich in uns vereinigen. Metaphorisch gesprochen ist reines Glückseligkeitsbewusstsein Shiva, der überall in uns als innere Stille gegenwärtig ist. Zumindest ist er das, wenn wir gewohnt waren zu meditieren. Haben wir Kundalini-Shakti mit der Wirbelsäulenatmung und anderen fortgeschrittenen Yoga-Techniken erweckt, ist sie in unserem Nervensystem auf der Jagd nach Shiva. Wir wissen, dass sie das ist, weil wir fühlen, wie sie sich bei der Hausreinigung durch uns als Ekstase (oder Feuer) bewegt. Irgendwann haben wir in unserem Inneren innere Stille stabilisiert und gleichzeitig ist auch Ekstase in uns in Bewegung. Was passiert?

Die Aktivierung der Erfahrungen von Glückseligkeit und Ekstase durch die fortgeschrittenen Yoga-Übungen entspricht den ersten beiden Stufen der Erleuchtung, wie das in früheren Lektionen erörtert wurde, – dem Anstieg innerer Stille und dem Anstieg von Ekstase – und vorzugsweise geschieht dies in dieser Reihenfolge. Die dritte Stufe der Erleuchtung ergibt sich als Folge der Vereinigung von Glückseligkeit und Ekstase in der göttlichen Liebesaffäre in unserem Inneren. Während dies im Gang ist, passiert es uns leicht, dass wir die Beschreibungen durcheinander bringen, weil beide, reines Glückseligkeitsbewusstsein und göttliche Ekstase, zur selben Zeit gegenwärtig sind und sich in unserem Inneren vereinigen!

Was ergibt sich aus dieser Vereinigung der polaren männlichen und weiblichen Energien in uns? Wir haben die dritte Stufe der Erleuchtung als „Einheit" bezeichnet, bei der wir alles als den Ausdruck des Einen, zu dem wir geworden sind, erkennen. Dieses Eine ist reines Glückseligkeitsbewusstsein, das bei allen (ekstatischen) Prozessen der Natur gegenwärtig ist. Sind wir bei dieser Stufe angelangt, werden wir zu einem Kanal für den nicht endenden Fluss göttlicher Liebe. Wir handeln zum Wohl aller und erwarten nichts als Gegenleistung, weil wir alles als einen Ausdruck von uns selbst wahrnehmen. Auf dieser Stufe haben sich persönliche Notwendigkeiten so erweitert, dass sie die Notwendigkeiten des Universums umfassen. Das ist Erleuchtung, göttliche Liebe, die sich auf natürliche Weise durch uns manifestiert, geboren aus der Vereinigung von reinem Glückseligkeitsbewusstsein mit göttlicher Ekstase in unserem Inneren.

Die fortgeschrittenen Yoga-Übungen sollen den evolutionären Prozess der Transformation unseres Nervensystems fördern. Jeder hat von Geburt aus die Fähigkeit diese Reise erfolgreich zu bestreiten.

Der Guru ist in dir.

Lektion 114* – Kechari – „Kehlhemmung“ in Stufe 1

Frage: Ich bin einer von jenen, deren Zunge sich zurückgerollt hat. Deine kürzlich eingestellte Lektion zu Kechari ist wundervoll, ein richtiger Augenöffner. Meine Frage bezieht sich auf einige Schwierigkeiten, die ich habe, wenn die Zunge zur Decke der Mundöffnung zurückgeht. Anfangs hatte ich einen lustigen Reflex in meiner Kehle, der aber geringer zu werden scheint. Manchmal, wenn meine Zunge während der Meditation zurückgerollt ist, wird meine Atmung zeitweise blockiert. Sind dies normale Erfahrungen?

Antwort: Dies sind vorübergehende Erfahrungen, die auf Stufe 1 von Kechari auftreten können. Die Ursache dafür ist etwas, was ich als „Kehlhemmung“ bezeichne. Es ist ein zeitweiliges Phänomen, das zwischen den Stufen 1 und 2 auftreten kann.

Weil die Zunge in Stufe 1 nicht nach oben über die Munddecke hinausgehen kann, wenn sie weiter zurückgeht, wird die Zungenwurzel weiter in die Kehle hinuntergedrückt. Dies kann tief in der Kehle einen Art „Verstopfungseffekt“ verursachen, der zu einem lustigen Reflex und/oder auch einem Schließen des Kehldeckels über dem Eingang der Luftröhre (Trachea) führt. Die Epiglottis (Kehldeckel) ist wie die Klappe einer Falltür mit der Zungenwurzel verbunden und schließt die Luftröhre, wenn wir schlucken und auch, wenn wir unseren Atem ganz normal anhalten.

Bei jedem sieht die körperliche Anatomie ein bisschen anders aus. Deshalb können einige diese vorübergehenden Erfahrungen während der ersten Stufe machen, andere nicht. Auf jeden Fall sollte diese Art von Erfahrung von selbst vorübergehen. Dehnt sich das Frenum unter der Zunge oder wird beschnitten, reicht die Zunge schließlich nach oben hinter den weichen Gaumen in die Stufe 2 von Kechari. Geschieht dies, sollte die Kehlhemmung natürlicherweise aufhören, weil die Zunge nach oben in den Nasenrachenraum geht und nicht länger so sehr in die Kehle hinunterdrückt. Ich sage „so sehr“, denn wenn das Frenum die Zunge immer noch nach unten zieht, kann es auch in Stufe 2 noch zu etwas Kehlhemmung kommen – allerdings sehr viel weniger und es ist auch weniger wahrscheinlich, dass es dadurch zu einer ablenkenden Erfahrung in der Kehle kommt. Geht die Zunge höher nach oben, wird das Frenum immer weiter gestreckt (oder beschnitten) und die Nebenwirkung der Hemmung wird ganz wegbleiben.

Wie erwähnt, werden nur einige Menschen aus anatomischen Gründen mit dem Kehlverstopfungssymptom konfrontiert, während andere dem überhaupt nicht begegnen. Was immer der Fall ist, das Phänomen wird mit der Entwicklung von Kechari nach oben vorübergehen.

Lass dir mit Kechari Zeit. Finde deinen eigenen Weg, dich dem anzunähern. Dein Bhakti wird dich mit nach oben nehmen, sobald die Zeit dazu da ist.

Der Guru ist in dir.

Zusatz: Eine weitere Frage zum Übergang von Kechari Stufe 1 zu Kechari Stufe 2.

Frage: Ich habe eine Frage bzw. einen Vorschlag zu deiner sehr hilfreichen Kechari-Mudra-Lektion. Bei der Beschreibung der vier Stufen auf dem Weg der Zunge wäre es vielleicht sinnvoll, einige bekannte Orientierungspunkte mit einzubeziehen. Du erwähnst zum Beispiel das Gaumenzäpfchen oder die Mandeln nicht. Ich frage mich, wo sie bei dem ganzen Prozess auftauchen?

Außerdem ist ja der erste kritische Schritt, zunächst mal „die Stelle an der Munddecke zu erreichen, wo der harte und der weiche Gaumen aufeinandertreffen“. Ich bin mir jedoch nicht ganz sicher, ob ich weiß, wo diese Stelle genau zu finden ist. Kann man das auch mit Fachbegriffen wie Zähne, Gaumenzäpfchen, Mandeln etc. beschreiben?

Antwort: Zur Kechari-Reise kann immer noch mehr gesagt werden. Kommt man da jemals zu einem Ende? Das ist eine Übung, die so tief geht. Zum Gaumenzäpfchen und zu den Mandeln habe ich nichts gesagt, weil man an diesen sehr schnell vorbeikommt, wenn die Zunge von Stufe 1 zu Stufe 2 nach oben in den Nasenrachenraum geht. Da hat man wirklich nicht viel mit ihnen zu tun.

Es gibt Menschen, die dem Gaumenzäpfchen große Bedeutung beimessen – Nektar, der über diesen Weg nach unten kommt und all das. Doch ich sehe da wenig Sinn darin. Ist einmal der „Geheime Ort“ am rückwärtigen Rand des Septums über dem weichen Gaumen erreicht (siehe dazu Tantra-Lektion 34), gelangt man zu einem ganz neuen

Niveau der Stimulation, weit jenseits dessen, was man mit dem weichen Gaumen oder dem Gaumenzäpfchen erreichen könnte. Der weiche Gaumen ist ein Durchgang und sonst wenig mehr.

Eine erhebliche Stimulation kann auch unterhalb des weichen Gaumens erreicht werden, an dem Punkt, an dem der harte und weiche Gaumen an der Munddecke aufeinander treffen (Stufe 1). Dieser Punkt ist leicht zu finden, wenn man entlang der Munddecke nach hinten geht. Die Decke ist hart, nicht wahr? Dann kommst du zu einer Stelle, an der sie weich ist. Das ist unmittelbar unterhalb des Septums und des Nasenrachenraums. Es liegt ungefähr in der Mitte zwischen den Schneidezähnen und dem Gaumenzäpfchen. Die Nerven des Septums (der Geheime Ort) gehen hinunter an diese Stelle, wo der harte und weiche Gaumen an der Munddecke aufeinander treffen. Deshalb kann man auch eine ziemlich gute Stimulation erreichen, sobald einmal die Zungenspitze diesen Ort erreicht. Natürlich hängt es auch davon ab, ob bereits einige ekstatische Leitfähigkeit im Nervensystem durch eine tägliche Routine von Yoga-Übungen kultiviert wurde.

Lektion 115 – Mantra, Sprache und Bedeutung

Frage: Englisch ist nicht meine Muttersprache. Ich frage mich, ob ich das Mantra *I AM* in meine eigene Sprache übersetzen und so für meine Meditation nutzen sollte?

Antwort: Dies ist eine wichtige Frage. Andere haben dies ebenfalls schon gefragt. Auch diejenigen, deren Muttersprache Englisch ist, sollten die folgenden Hinweise genau beachten.

Nein, übersetze das Mantra nicht. Wie an früherer Stelle schon gesagt wurde, geht es beim Mantra nicht um die Sprache oder die Bedeutung. Hätten wir das Mantra mündlich erhalten, gäbe es dazu keine Schreibweise, keine Sprache oder Bedeutung. Es ist nur eine Klangschwingung, die wir uns in der Meditation auf diese besondere Weise nutzbar machen, so dass es dem Verstand möglich wird, auf natürliche Art in die Stille zu gehen.

Da dies hier alles schriftlich übermittelt wird, müssen wir das Mantra irgendwie buchstabieren. Ob es nun buchstabiert ist oder nicht, es ist nur ein Klang, der erwiesenermaßen bestimmte gute Wirkungen tief in unserem Nervensystem hervorbringt. Das wurde bereits in Lektion 59 – „Ein paar Einzelheiten zu Mantren" wiederholt. In der englisch-christlichen Tradition findet sich das als I AM [ICH BIN] wieder. Auch andere Traditionen und Sprachen benutzen es in ähnlicher und manchmal identischer Form. Die naturgegebenen Schwingungseigenschaften in unserem Nervensystem sind universell und hängen nicht von der Sprache ab.

Sollte dich die Buchstabierung als „I AM" stören, denke an den gleichen Klang in einer anderen Buchstabierung, z.B. – AYÄM. Die Aussprache ist dieselbe, doch hat das keine Bedeutung und kommt in keiner Sprache vor. Versuchen wir daran eine Bedeutung festzumachen, tun wir unserer Meditation keinen Gefallen. Lass uns einmal einen Klang in unserem Leben haben, der keine weltliche Konnotation hat. Das soll das Mantra sein. Das Mantra sollte nur eins bedeuten. – Es ist unser Fahrschein für die Reise in die Unendlichkeit. Dazu wollen wir ihn benutzen, wenn wir meditieren, und nur dazu.

Kommen Bedeutung und Sprache in der Meditation hoch, betrachten wir das wie jeden anderen Gedanken, der sich einstellt, und gehen locker und leicht, auf welcher Ebene der Stille oder Unschärfe das immer sein mag, zum Mantra zurück. Dann setzen wir unseren inneren Marsch zur Stille, inneren Ruhe und reinem Glückseligkeitsbewusstsein fort.

Der Verstand kommt am einfachsten zur Ruhe, wenn wir nur die Schwingung nutzen. Bedeutungen haben die Tendenz, uns zur Oberfläche des Verstandes zurückzuziehen. Deshalb lassen wir sie ganz locker ziehen und geben der feineren Ebene der Mantra-Schwingung den Vorzug. Bedeutung und Sprache ist etwas für die äußere Welt. Schwingungen, die ganz natürlich feiner und feiner werden, sind etwas für die innere Welt des reinen Glückseligkeitsbewusstseins. Dazu ist das Mantra da. Es ist kein Wort mit Bedeutung. Es ist ein Beförderungsmittel aus Schwingung, das feiner wird und schließlich verschwindet, je weiter wir jeden Tag in die Unendlichkeit reisen.

Mit der einfachen täglichen Übung der Meditation wird unsere innere Welt stillen reinen Glückseligkeitsbewusstseins im Laufe der Zeit zu unserem ständigen Begleiter in der äußeren Welt und umgekehrt. Das Tor unseres Nervensystems öffnet sich weit. Wir erfahren die Wahrheit des Yoga, die Vereinigung des Unendlichen mit unserem täglichen Leben. Wir entdecken, dass wir dies sind.

Dieses herrliche Endergebnis hat nichts mit Sprache oder irgendeiner äußeren Bedeutung des Mantras zu tun. Wir lassen all das hinter uns, wenn wir meditieren.

Der Guru ist in dir.

Lektion 116 – Meditation – Erste Mantra-Erweiterung

Fahren wir mit der Nutzung des Mantras, *I AM*, in dieser besonderen Weise fort, erlaubt dies dem Verstand, in die Stille zu gehen und wir lösen die Blockierungen tief in unserem Nervensystem auf. Im Laufe der Zeit und mit Fortschreiten der Reinigung wird unsere Erfahrung geschmeidiger und tiefer. Wir erleben mehr innere Stille. Bei zunehmender Stille werden wir an einer bestimmten Stelle unseres Weges bereit, tief in unserem Nervensystem breiter zu stoßen, ohne an der Oberfläche unseres Verstandes zu sehr stecken zu bleiben. Dann sind wir bereit für eine Erweiterung unseres Mantras.

Das hat Ähnlichkeit mit dem Gangwechsel beim Auto. Bei einem Schaltgetriebe fahren wir mit dem ersten Gang an und sind an einem gewissen Punkt bereit, in den nächsten Gang zu wechseln. Der erlaubt es uns, weil wir zuerst mit dem niedrigeren Gang auf eine hinreichende Geschwindigkeit beschleunigt haben, mit Leichtigkeit schneller zu fahren. Schalten wir zu früh in den zweiten Gang, was passiert? Der Motor fängt wegen zu geringer Geschwindigkeit an zu stottern und wir haben nicht viel davon. Den Gang zu früh einzulegen, belastet nur und hilft uns nicht die Geschwindigkeit zu erhöhen.

Bei einer Mantra-Erweiterung ist es nicht anders. Haben wir Geschmeidigkeit und hinreichende Tiefe in der Meditation mit I AM erreicht, können wir daran denken, zur ersten Mantra-Erweiterung überzugehen. Das kann nach einigen Monaten oder auch erst nach Jahren mit der Meditation sein. Jeder ist verschieden. Das ist eine der Situationen, in denen Selbstabstimmung wichtig ist. Es besteht keine Eile zu schnell zu beschleunigen. Wenn wir wollen, können wir die gesamte Reise mit Nutzung des I AM Mantras für unsere Meditation zu Ende bringen. Nichts fehlt dabei. Es ist nur eine Frage der Schnelligkeit, mit der wir vorankommen wollen. Wann und ob die Zeit reif ist, den Wechsel vorzunehmen, werden wir wissen. Dann sind wir auch in der Lage, es zu tun, und der Übergang wird mit nur ganz geringfügiger Klobigkeit ziemlich glatt verlaufen – so, als würde man einen reibungslosen Gangwechsel mit dem Auto hinbekommen. Die Erweiterung geschieht durch ein Hinzufügen von Silben und Klangschwingungen zu unserem Mantra. Dadurch hinterlassen unsere Meditationen „größere Fußspuren" in unserem Nervensystem. Bei dieser Meditation wird es länger dauern, bis wir in die Stille kommen, aber auch länger bis wir wieder aus ihr herauskommen. Dies hat die Wirkung, dass das reine Glückseligkeitsbewusstsein besser in unserem Nervensystem und in unserem Bewusstsein haften bleibt. Das ist der Vorteil der Erweiterung. Sie beschleunigt die Kultivierung innerer Stille, so dass mehr davon und stetiger in uns vorhanden ist. Es ist ein „höherer Gang".

Die erste Erweiterung ist ein breiteres Mantra. Es lautet:

… SHREE SHREE I AM I AM … [… SCHRIE SCHRIE AYÄM AYÄM …]

Wir setzen es auf genau dieselbe Weise ein, wie wir das mit I AM [AYÄM] gemacht haben und folgen auch derselben einfachen Vorgehensweise der Meditation, die wir in den frühen Lektionen gelernt haben. Sobald wir den Wechsel vollzogen haben, ist das von da an unser Mantra. Wir werden gleich einen Unterschied feststellen. Unser Verstand wird langsamer in die Stille gehen und wird auch langsamer aus der Stille wieder herauskommen. Interessanterweise beschleunigt die Verlangsamung des Hinein- und Hinausgehens der Aufmerksamkeit das Einflößen reinen Glückseligkeitsbewusstseins in unser Nervensystem.

Denke an das Mantra als an etwas, mit dem wir systematisch das Gewebe unseres Unterbewusstseins durchdringen. Ein Mantra mit wenigen Silben dringt schneller hindurch und löst Blockaden jeweils ein kleines bisschen auf einmal leicht auf. Dann kommt der Punkt, an dem wir beim Hineingehen und Herausgehen in unser Unterbewusstsein ein „breiteres" Mantra einsetzen und einen größeren Bereich abdecken können, um damit mehr Blockaden bei jedem Passieren aufzulösen. Ein Mantra mit mehr Silben leistet das – jedoch erst, nachdem wir den Boden mit dem Mantra der ersten Stufe, I AM, bereitet haben.

Hast du erst vor kurzem mit Meditation begonnen, nimm dir genügend Zeit zur Entwicklung einer guten Gewohnheit mit der Nutzung des I AM Mantras. Entwickle eine Geschmeidigkeit und hinreichende Tiefe innerer Stille, bevor du nach vorn zur ersten Erweiterung springst. Einige Monate sollten das zumindest sein. Es können auch ein oder zwei Jahre – vielleicht auch länger – sein, bevor die Meditation mit dem I AM das Nervensystem genügend klärt. Wir alle haben unsere eigene einzigartige Reise zu bestehen und auch einen eigenen Zeitplan für die Öffnung unseres Nervensystems zur Unendlichkeit. Die Mantra-Erweiterung wird hier sein, sobald wir dazu bereit sind. Lassen wir uns also Zeit… und genießen wir es.

Der Guru ist in dir.

Lektion 117 – Wie findet man ein Mantra ohne Bedeutung?

Frage: Da alle Mantren mit einer gewissen Bedeutung behaftet sind, sogar die aus dem Sanskrit, wie finde ich ein Mantra ohne Bedeutung?

Antwort: Das Tragen von Bedeutung oder deren Abwesenheit hängt davon ab, wie wir den Klang einsetzen. In der Vorgehensweise der Meditation wird dem Klang des Mantras der Vorzug vor aufkommenden Gedanken – Bedeutungen eingeschlossen – gegeben. Das Mantra hat also bei dieser Anwendung des Klangs im Innern keine Bedeutung.

Nimm den Klang von „AM“ [Bin]. Es ist nicht nur ein Wort im Englischen, es tritt auch in Hunderten von anderen Wörtern auf – ham [Schinken], lamb [Lamm], sham [nur zum Schein], bam [beschwindeln], cram [voll stopfen] usw., dabei lassen wir noch unzählige Bedeutungen in anderen Sprachen unberücksichtigt. Denken wir an all diese Worte und Bedeutungen, wenn wir den Klang „AM“ denken? Nein. Es ist also eine Frage des Kontextes, der Situation, in der wir uns befinden, wenn wir den Klang benutzen.

Das Mantra hat einen singulären Kontext für seine Benutzung. Es wird auf spezifische Weise für das Nach-innen-zur-Stille-Gehen des Verstandes verwendet. Bei dieser Methode lassen wir alle Bedeutung außer Acht. Wir brauchen uns nicht darum zu kümmern, wie wir die Bedeutung vertreiben oder sonst irgendetwas dergleichen. Die Meditationsmethode wird das für uns besorgen. Das ist sehr einfach. Wenden wir das Mantra an, folgen wir einer speziellen Denkungsart, einer Vorgehensweise, die wir in eine Gewohnheit ausbilden. Diese nutzen wir, wann immer wir uns zur Meditation niedersetzen. Zu dieser Vorgehensweise gehört es auch, den Klang des Mantras locker und leicht allen Gedanken, die aufkommen mögen, vorzuziehen. Sobald diese Gewohnheit einmal sitzt, kommen keine Bedeutungen mehr auf, wenn wir uns zum Meditieren niedersetzen. Es ist nur das Mantra. Das meinen wir, wenn wir sagen, dass das Mantra keine Bedeutung hat. Welchen besonderen Klang wir auch immer in der Meditation als Mantra hernehmen, er verliert seine Bedeutung infolge der Art und Weise, wie er eingesetzt wird.

Einzelheiten zur Vorgehensweise der Meditation findest du in den Lektionen 13 bis 38. Und in dem Buch „Tiefe Meditation“.

Der Guru ist in dir.

Lektion 118 – Starker Pulsschlag in der Meditation

Frage: Ist es möglich, dass Energie in meinem Solarplexus hängen bleibt? Zum Hintergrund dazu möchte ich sagen, dass ich die Übungen seit ungefähr zwei Monaten treu und brav zweimal am Tag mache. Während der Atemübung wende ich auch Sambhavi und Siddhasana an. Mulabandha nehme ich nicht mit hinzu, weil ich merkte, dass ich nicht in der Lage war, tief einzuatmen, ohne den Verschluss loszulassen, und das hat mich abgelenkt. Ich konzentriere mich jetzt auf Sambhavi, bis es zu einem Automatismus wird und werde es dann noch mal probieren. Ich mache 15 Minuten Pranayama. Während der Meditation bleibe ich in Siddhasana und meditiere 20 Minuten.

Seit kurzem bemerke ich während der Meditation einen sehr starken Pulsschlag in meinem Solarplexus und das lenkt mich vom Mantra ab. Das kann eine ziemlich heftige Serie von Stößen sein. Ich gehe dann locker und leicht zum Mantra zurück, doch fast mit jedem Atemzug werde ich von dem starken Pulsschlag wieder abgelenkt. Dieser Puls ist am stärksten, nachdem ich mit dem Ausatmen begonnen habe. (Er macht sich auch beim Einatmen und manchmal während des Pranayama bemerkbar). Halte ich nach dem Ausatmen an – was ich gemacht habe, um zu sehen, was geschieht – lässt er etwas nach. Es hat den Anschein, als würde er im Laufe der Meditation stärker werden und ich fühle es oft sogar bis oben zu meinen Ohren hin. Niemals geht es tiefer als bis zu meinem Nabel. Ich glaube, es würde mir nichts ausmachen, könnte ich auf das Mantra konzentriert bleiben, doch es lenkt ab. Das Auftreten dieses Pulsschlags kam nicht mit Einführung irgendeiner neuen Praxis. Ich habe die ganze Zeit so ziemlich dasselbe gemacht. Meistens mache ich auch ein bisschen Yoga vor dem Pranayama. Das Yoga hat keinerlei Einfluss auf den Puls. Ich frage mich, ob du da irgendwelche Vorschläge hast. Mir scheint es, als wäre ich schon am Punkt, wo man auf mich deine Erörterung zur Glückseligkeit beziehen könnte, wenn dieses Problem nicht wäre. Ich schätze jeden Gedanken, den du dazu haben könntest, und danke dir für deine Zeit und deine Überlegungen.

Antwort: Manchmal kann dieser Puls in den Übungen tage- oder wochenlang einfach so auftreten. Das kann fast überall im Körper sein. Normalerweise gibt sich das wieder, sobald sich das Nervensystem angepasst hat. Der Solarplexus kann die Blockade sein. Aber die Ursache kann auch irgendwo anders in den Nadis (feinen Nerven) liegen. Ich nehme an, dass der Puls während der täglichen Aktivitäten nicht mehr da ist. Ist er da und es hört nicht auf, dann sei bitte so vorsichtig und suche einen Arzt auf. Ich will hier keine Panik verbreiten. Doch wir wollen uns angesichts möglicher gesundheitlicher Probleme nicht blind stellen.

Vielleicht wiederholst du einmal die Lektion zu physischen Empfindungen, die sich während der Meditation einstellen können – Lektion 15. Dort findest du eine spezielle Technik zum Umgang mit störenden physischen Empfindungen während der Meditation, was auch einen störenden Pulsschlag einschließen kann.

Hast du die Methode aus Lektion 15 angewandt und du wirst immer noch abgelenkt, könntest du es mit etwas Verringerung deiner Pranayama-Übung (auch Siddhasana und Sambhavi, wenn nötig) für eine Woche oder so versuchen, um zu sehen, ob das hilft. Dann komm langsam wieder zu deiner alten Übungsintensität zurück, wenn die Symptome abklingen. Du weißt, das gehört zur Selbstabstimmung. (Du hast Yoni Mudra Kumbhaka nicht erwähnt – selbstverständlich gehört eine Verringerung dieser Übung auch dazu, sollten die Symptome überhand nehmen.)

Auch könntest du als Teil deiner Asanas vor Pranayama und Meditation etwas Uddiyana einbauen (und Nauli erlernen). Diese können dabei helfen, den Solarplexus frei zu räumen. Nauli (ein spezielles Durchrühren der Bauchmuskeln) werden wir in ein oder zwei Wochen in den Lektionen durchnehmen, dann auch noch eine andere physische Technik weiter oben im Körper, die die Energie durch den Solarplexus und die Brust hochbringt. Wir werden daran also noch von einigen anderen Ecken aus arbeiten.

Mulabandha braucht nicht die ganze Zeit während de Pranayama geschlossen zu sein. Es wird – abhängig von der Freilegung unserer inneren spirituellen Biologie – ganz natürlich durch ihr eigenes Muster von Pulsierungen gehen. Ja, es lenkt etwas ab, wenn Mulabandha zum Leben erwacht. Doch verwandelt sich die Ablenkung im Laufe der Zeit in ekstatische Glückseligkeit, wenn die inneren Prozesse in uns freikommen. Dies ist Teil des Prozesses.

Der erste Punkt der Tagesordnung ist die Schaffung einer angenehmen Routine, und dazu gehört möglicherweise eine zeitweise Verringerung von Übungen, wie oben erwähnt, bis du über dieses Schlagloch in der Straße hinweg bist. Das liegt jedoch in deiner Verantwortung.

Wirkliche Yogis und Yoginis sind hungrig und wollen auf der ersten Welle ihrer Reise bleiben und ich bewundere dich dafür. Dein Bhakti ist gewaltig. Doch wir wollen vermeiden, dass dies zu einer blutenden Wunde wird. Es sollte Spaß machen. Mit der Zeit wird das zu viel mehr als Spaß. Es wird zu unendlicher Freude.

Der Guru ist in dir.

Lektion 119 – Einige andere Herangehensweisen an Mulabandha

Frage: Ich habe ebenfalls noch einige Schwierigkeiten mit Mulabandha. Es ist sehr schwer, die Muskeln angespannt zu halten. Wenn ich die Muskeln nicht stark anspanne, bin ich mir manchmal nicht sicher, ob sie das sind. Gibt es da irgendwelche unterstützende Übungen, die ich machen kann? Wenn ich es einfach nicht mache – ich kann nicht sehen, wie ich jemals zu dem Stadium weiterkommen kann, wo ich dazu in der Lage bin – ich muss mich wirklich sehr anstrengen, damit ich das während des Pranayama halten kann und ich weiß nicht, ob das gut ist.

Antwort: Vielleicht ist es etwas einfacher, wenn du das sanfte Anspannen zusammen mit der aufsteigenden Einatmung bei der Wirbelsäulenatmung machst und bei der absteigenden Ausatmung wieder entspannst. Dann ist der Atem der Auslösereiz für das Anspannen. Das nennt man in Wirklichkeit Asvini Mudra – das abwechselnde Anspannen und Entspannen des Anusschließmuskels. Klappt es nicht damit, dann versuche während der Atmung durch die Wirbelsäule ein kurzes Anspannen unten und ein kurzen Anspannen oben einzuschieben – hier ist wieder der Atem der Auslösereiz. Diese letzte Herangehensweise ist vielleicht die einfachste, weil man nur kurz anspannt und dann ist man fertig damit. Sobald das gut klappt, mache vielleicht zwei oben und zwei unten bei jedem Zyklus und geh dann weiter zum Anspannen beim Aufsteigen und Entspannen beim Absteigen. Später kannst du dazu übergehen, spontaner zu werden, wie bei der ursprünglichen Anleitung vorgesehen. Was du noch tun könntest, sind Anspannübungen mit zehn oder mehr Wiederholungen ein paar Mal am Tag. Dies dient vor allem der Entwicklung von Koordination und Vertrautheit. Dann wird dies zur zweiten Natur. Der Anusschließmuskel ist Teil eines Organs spiritueller Ekstase. Beim Yoga finden wir diese überall im Körper, manchmal an Orten, wo wir sie am wenigsten vermuten würden.

Das Ziel bei Mulabandha oder Asvini sind spontane und ganz feine Bewegungen, während die ekstatische Energie sich ganz natürlich in uns bewegt. Zudem entwickelt es sich allmählich mit dem Aufkommen unserer inneren ekstatischen Leitfähigkeit auf natürliche Weise. All die anderen Bandhas und Mudras nehmen dann in simultaner Koordination daran teil, so dass dies zu einem einzigen spontanen Ganzkörper-Mudra wird, das ganz subtil überall in uns am Werke ist. Sind wir an diesem Stadium angelangt, haben wir unsere neue natürliche spirituelle Biologie gefunden. – Ein einziges Nach-oben-Gleiten der Augen und wir befinden uns überall im Inneren in ekstatischer Glückseligkeit. Unser Nervensystem ist dauerhaft auf eine höhere Ebene des Funktionierens gehoben.

Es gibt nicht nur einen einzigen Weg zur Erweckung von Mulabandha/Asvini, also auch keine exakte Anleitung. Experimentiere und sieh, was für dich das Beste ist. Es soll sich gut anfühlen. Du findest vielleicht einen Weg, den ich nicht erwähnt habe, der aber für dich gut funktioniert und dich nicht übermäßig von anderen Übungen ablenkt. Natürlich, wenn du Siddhasana mit irgendeiner dieser Mulabandha/Asvini-Kombinationen zusammenführst, ist es wahrscheinlich, dass es für kurze Zeit zu Ablenkung kommt. Das gehört dazu. Es ist eine Übergangsphase, die mit Entzücken angefüllt ist, und es wird die ganze Zeit noch entzückender. Schließlich beruhigt es sich zu einem unendlichen göttlichen Lächeln, das von innen herausstrahlt.

Der Guru ist in dir.

Lektion 120 – „Wie wird man erleuchtet?“

Frage: Das Hauptziel meines restlichen Lebens ist es, alle möglichen Anstrengungen zu unternehmen, damit ich noch in diesem Leben vom Rad der Wiedergeburt befreit werde. Ich weiß, dass ich noch viele Schwächen überwinden muss. Doch will ich dennoch alle möglichen Anstrengungen auf mich nehmen, damit ich von ihnen loskomme und noch in diesem Leben diese Seele mit der Höchsten Seele sich vereinigen lasse. Ist das möglich oder nicht? Wenn ich mich dazu für längere Zeit einer intensiveren Übungsweise unterziehen muss, will ich das gerne tun, z.B. eine längere Wirbelsäulenatmung und Meditation oder irgendwelche andere Übungen. Würdest du mich bitte dazu anleiten?

Antwort: Ja, das verstehe ich, dass du keine Minute verschwenden willst, die du auf deine Erleuchtung verwenden könntest. Das ist sehr gut! Seit ich vor vielen Jahren in diesem Leben mit den Übungen begonnen habe, ist meine Einstellung dieselbe. Du solltest entsprechend deiner Möglichkeiten mit den Übungen fortfahren, aber Selbstabstimmung anwenden und darauf bedacht sein, es nicht zu übertreiben. Führt es zu Überanstrengungen, dann ist es zu viel. Jeder muss in seiner eigenen Geschwindigkeit weitergehen. Sonst wird der Fortschritt behindert. Ich werde mein Bestes geben, damit hier in diesen Lektionen alles steht, was du brauchst – alles, nur kein gereinigtes Nervenssystem. Das musst du selbst leisten – angetrieben von deinem eigenen Bhakti, deiner Liebe zur Wahrheit und zu Gott, d.h. dem lebendigen Gott in dir.

Sei dir aber bewusst, dass „Erleuchtet Werden“ eine Strategie des Egos ist und dass es dann sehr wahrscheinlich nicht in diesem Leben erreicht wird, wenn es in dieser Weise auf einer Basis des „Bekommens“ weitergeht. Das heißt andererseits nicht, dass die Übungs-Praxis für den Fortschritt nicht nötig ist. Aber das Erleuchtet-Werden ist ein Loslassen – ein Paradox. Nicht notwendigerweise das Loslassen von Übungen, doch das Loslassen von etwas Bestimmtem: Loslassen unserer Sehnsucht, es zu werden. Wie können wir das loslassen, wonach wir uns so verzweifelt sehnen, was wir so nötig haben? Wie können wir genau das loslassen, was wir kultivieren – ein intensives Verlangen nach Gott?

Das ist ein sonderbares Ding. Irgendwo entlang des Wegs hören wir auf, die Erleuchtung „bekommen“ zu wollen und erkennen, dass wir uns ihr „hingeben“. Wir machen vielleicht genau dasselbe – Übungen, Bhakti, Dienst an anderen und all das. Vielleicht machen wir sogar mehr Übungen – ja, ganz bestimmt mehr Übungen. Wenn das Nervensystem sich öffnet, will es sie machen. Aber etwas verändert sich. Vielleicht hat es mit dem Aufsteigen der Kundalini zu tun und wir fühlen, dass wir nicht mehr die Befehlsgewalt innehaben. Es ist leicht, sich einem kraftvollen göttlichen Prozess hinzugeben, der im Inneren automatisch abläuft, selbst wenn wir weiterhin aggressive Übungen ausführen. Löst sich das Ego auf und wird zu reinem Glückseligkeitsbewusstsein, sehnt es sich immer noch nach Erleuchtung und bemüht sich, mehr davon zu „bekommen!“. Dann verändert sich aber auf magische Weise unsere Notwendigkeit zu „bekommen“ in eine Notwendigkeit zu „geben“. Das ist ein wichtiger Wendepunkt, der seinen Ursprung in den Übungen und im zunehmenden Bhakti hat. Es ist ein Reifwerden, zu dem es in unserem Nervensystem kommt, wenn es gereinigt wird.

Ich halte es für die effektivste Strategie, sich einen Tag um den anderen vorzunehmen. Hier muss man sich auf einen höheren Pfad begeben. Kümmere dich nicht um die Erleuchtung, auf die du irgendwo auf dem Weg triffst. Wie ist es heute? Geht es heute besser als gestern, letzte Woche und letztes Jahr? Das ist etwas Reales und Konkretes. Die Erleuchtung kann vielleicht nächstes Jahr oder von heute aus in hundert Leben da sein. Wer weiß das? Wie wir uns heute fühlen und was wir tun können, damit wir uns morgen besser fühlen, ist nicht so nebulös. Das ist etwas Reales, wohingegen Erleuchtung, Erlösung oder was immer sich irgendwo draußen in der Vorstellung befindet.

Die Zukunft ist nichts Reales. Heute ist real. Es ist etwas Kümmerliches, etwas Zukünftiges zu wollen, wo es sich doch dort außer Reichweite befindet. Die Zukunft kommt niemals. Sie ist Maya (Illusion). Andererseits ist das zu wollen, was wir heute schon haben, Glückseligkeit, wenn es etwas Gutes ist, und wir davon kosten, wissend, dass es morgen schon wieder mehr sein wird. Deshalb habe ich gesagt: „Mache heute etwas Nettes für jemanden.“ Das ist mehr Erleuchtung, als wir irgendwo in unserer Vorstellung über die Zukunft finden können. Wenn es Erleuchtung gibt, muss sie heute gefunden werden. Das ist ein wichtiger Gesichtspunkt. Solange wir Übungen für die Zukunft machen, wird auch die Erleuchtung in der Zukunft bleiben. Machen wir Übungen für unser heutiges oder morgiges Glück, ist die Erleuchtung plötzlich viel näher da. Dann können wir ein bisschen entspannen und durchatmen. Das Entspannen und tiefe Atmen ist schon die Erleuchtung, die sich bemerkbar macht.

Werden wir jemals die Erleuchtung in der Zukunft erfahren? Nein, niemals werden wir das. Wir können sie nur in der Gegenwart erleben – das heißt heute.

Was bedeutet dies für unsere Übungen? Erinnere dich daran, dass Meditation heißt: nach innen gehen, wenn wir sitzen, und danach hinausgehen in die täglichen Aktivitäten, um mit der glückseligen Stille, die wir erlangt haben, etwas zu unternehmen. Meditieren wir den ganzen Tag, haben wir sehr viel Stille. Nehmen wir die Stille aber nicht für bedeutungsvolle Aktivitäten in Dienst, werden wir keine volle Erleuchtung erlangen – vielleicht nur die erste Stufe: unendliche innere Stille. Das ist nicht schlecht, aber auch nicht das Ganze. Erleuchtung ist die Vereinigung des Inneren mit dem Äußeren. Sind wir nur das Innere und nichts von dem Äußeren, sind wir nicht im Yoga. Wir müssen zum ganzen Inneren und zum ganzen Äußeren werden – zweimal ein Ganzes. Dann werden wir zu ihm.

Seit Monaten sitze ich hier und schreibe das alles auf. Warum tue ich das? Gut, natürlich ist das eine wichtige Sache, die getan werden muss, das ist klar. Das werden viele unterschreiben. Ich selbst sehe das so, dass ich mit meiner inneren Stille hinaus in viele Leben gehe und das hilft mir, mich im Inneren gewaltig auszudehnen. Je mehr ich von mir fort gebe, desto mehr fülle ich mich mit ekstatischer Glückseligkeit. All diese Weitergabe von Wissen mache ich aus sehr selbstsüchtigen Gründen. Aber mein Selbst wird zu mehr und mehr in jedem. Deine Freude ist meine Freude. Du kannst es in deinem Leben ebenso machen. Führe deine sitzenden Übungen aus – wie viele und von welcher Art du immer findest, dass sie gut für dich sind – und dann geh und tu etwas Gutes für jemand anders. Das ist die aufkommende Erleuchtung.

Teilen wir es nicht mit anderen, bekommen wir es auch nicht. Es kann sich schon heute ereignen. Mach dir keine Gedanken über eine Erleuchtung in der Zukunft. Fordere Erleuchtung heute ein, indem du deine Übungen machst, und gib dann deine Stille und deine Glückseligkeit an andere weiter. Was für gute Gefühle die Übungen dir immer bringen, gib sie in deinen täglichen Aktivitäten weiter. Das ist die Erleuchtung, die sich jetzt schon bemerkbar macht. Alles was wir tun müssen, ist „Ja" zu sagen zu dem Strom göttlicher Liebe, der hinausgeht, und sie wird wie ein endloser Fluss ekstatischer Glückseligkeit durch uns nach außen strömen.

Dann werden wir die ganze Zeit wie frohe unschuldige Kinder lachen. Das sind wir auch, wenn erst einmal all die Blockaden und all das Festhalten weg sind.

Die Erleuchtung bekommen heißt, sie weiterzugeben. Die Erleuchtung zu bekommen ist ein Loslassen.

Der Guru ist in dir.

Lektion 121 – Pratyahara: Ausweitung der Sinne nach innen

Frage: Während der Wirbelsäulenatmung und der Meditation hört man verschiedene Töne. Einer davon ist ein tiefer flatternder Ton. Ich nehme mal an, das ist der AUM-Klang. Allerdings höre ich diese Frequenz nicht immer. Manchmal hört man eine Vielzahl von Frequenzen. Stehen diese Tonlagen mit den verschiedenen Chakren in Verbindung und weist dies darauf hin, dass sie aktiv sind und möglicherweise gereinigt werden? Sollte man die Aufmerksamkeit auf diesen Tönen ruhen lassen oder sollte man sie ausblenden?

Antwort: Schon früher hat jemand eine ähnliche Frage gestellt und die Antwort dazu findest du in Lektion 53 – Licht und Ton beim Pranayama. Kurz gesagt, ja, es handelt sich um Reinigung und wir ziehen immer locker und leicht unsere Übungen diesen vielleicht aufkommenden Erfahrungen vor. Und ja, auch die Chakren spielen dabei eine Rolle, aber es besteht keine Notwendigkeit, darauf irgendwie im Detail Einfluss zu nehmen. Es befindet sich sozusagen „unter der Motorhaube", weißt du, um die Analogie aus vergangenen Lektionen noch einmal zu zitieren.

In Wahrheit werden mit dem Fortschreiten auf dem Pfad all unsere inneren Sinne überall in unserem Nervensystem (Nadis und Chakren) belebt. Deshalb müssen wir darauf bedacht sein, uns nicht von den Übungen ablenken zu lassen, die unser Nervensystem den göttlichen Erfahrungen öffnen. Im Yoga bezeichnet man den Wandel, der sich bei den sinnlichen Erfahrungen vollzieht, „Pratyahara". Oft interpretiert man das so, als bedeute es das Verlieren oder Aufgeben von Anhaftung an sinnlichen Erfahrungen. Daraus wird dann manchmal gemacht, dass man die Beteiligung an den Sinnen aufgeben, sie abtöten oder kontrollieren soll – also etwas, das gegen die Sinne gerichtet ist. Das hat dann in einigen Fällen zu bizarren Übungen geführt und man läuft von den natürlichen Erfahrungen in der Welt weg. Dies ist eine unvollständige Interpretation von Pratyahara. In Wirklichkeit bedeutet Pratyahara „die Ausweitung der Sinne nach innen". D.h. wir nehmen mehr und mehr göttliche Erscheinungen in unserem Inneren wahr und diese Wahrnehmungen sind vom Wesen her bezaubernder als die physische Sinnlichkeit. Wir werden also sinnlich davon angezogen. Wir lehnen die physische Sinnlichkeit nicht ab. Wir beginnen uns nur, mit der Öffnung unseres Nervensystems einer größeren Bandbreite von Sinnlichkeit aufzuschließen. Mit der Zeit werden mit der Öffnung unserer inneren Sinnlichkeit auch unsere physischen Sinne geschärft und unsere sinnliche Wahrnehmungsfähigkeit wird zu einem breiten Kontinuum. Die ganze Zeit halten wir aber unsere täglichen Übungen – die dieser Transformation zu Grunde liegende Ursache – aufrecht. Der Anstieg reinen stillen Glückseligkeitsbewusstseins, ein fundamentaler Bestandteil dieses Prozesses, erlaubt es uns, bei der Erweiterung unserer sinnlichen Erfahrungen außerhalb der Reichweite egoistischer Anhänglichkeit zu bleiben.

Einige Traditionen nutzen innere sinnliche Erfahrung für die Übungen. Falls das zu der Tradition gehört, die du gewählt hast, und du damit gute Ergebnisse erzielst, ist es natürlich nicht falsch, damit zu arbeiten. Doch, wie du sagst, sind die Erfahrungen abhängig vom Verlauf der Reinigung in verschiedenen Teilen des Nervensystems manchmal da, manchmal sind sie nicht da. Bei den Fortgeschrittenen Yoga Übungen wenden wir unabhängig davon, was sonst in unserem Inneren vorgeht, global wirkende Übungen an, die unser gesamtes Nervensystem reinigen. Deshalb kommen bei uns die Meditation und die Wirbelsäulenatmung zuerst. Diese leisten die Reinigung für das gesamte Haus und wir sind nicht von irgendwelchen besonderen Erfahrungen, die sich in einem bestimmten Teil unserer spirituellen Anatomie einstellen, abhängig.

Früher oder später wird alles aufgeschlossen. Stellen sich Erfahrungen ein – großartig. Wir erfreuen uns daran. Irgendwann werden sie 24 Stunden am Tag 7 Tage die Woche bei uns sein. Ereignen sie sich während unserer Übungen, bleiben wir einfach bei der Übung, die wir gerade machen. Kommen sie auf, während wir mit unseren täglichen Aufgaben beschäftigt sind, können wir uns an ihnen auf jede Art erfreuen, die uns gefällt. Unsere Wahrnehmung unserer inneren und äußeren Welt wird sich sehr zum Besseren verändern. Das ist die Frucht aus den Übungen, nicht die Übung selbst.

Sobald die Meditation und die Wirbelsäulenatmung gut aufgestellt sind, können wir an beiden Enden des Wirbelsäulennervs Übungen zur Stimulation hinzufügen, um diesen Nerv zur ekstatischen Leitfähigkeit zu erwecken. Das breitet sich dann automatisch auf unser gesamtes Nervensystem aus. Die Übungen dazu wurden bereits in früheren Lektionen mitgeteilt.

In den noch folgenden Lektionen wenden wir uns weiteren Übungen zur Anregung des Prana-Flusses von beiden Enden unseres Wirbelsäulennervs aus in Richtung auf unser Zentrum, dem Herzen hin, zu.

Der Guru ist in dir.

Lektion 122 – Zeugenschaft

Frage: Seit langem mache ich einen Prozess durch, in dem ich mich einfach nicht mit dem Körper identifiziere. Ich identifiziere mich nicht mit den Emotionen oder Gefühlen. Etwas anderes fühlt sie, nicht ich. Manchmal merke ich, dass ein Gefühl hochzukommen versucht, aber ich weiß einfach nicht, was ich damit anfangen soll. Deshalb ignoriere ich es und es verschwindet. Meine Großmutter ist vor zwei Wochen verstorben und das hat mich nicht im Geringsten betrübt. Ich muss die einzige gewesen sein, die bei der Beerdigung lächelte oder sagen wir lieber, die die meiste Zeit versuchte, nicht zu lächeln. Ich glaube, dass meine Katze, die alles für mich ist, mein bester Freund … mein Gefährte, meine Liebe … stirbt oder langsam stirbt und das stört mich einfach nicht. Ich mach mir Gedanken und bin ein bisschen beunruhigt, ja, aber ich bin nicht geplagt. Das verändert die Dinge draußen, doch nicht im Inneren. Ich kann die Treppe hinunterfallen und dabei lachen, ich mach mir nichts draus. Man könnte mich von meinem Arbeitsplatz feuern, ohne dass ich mir um irgendetwas in der Welt Sorgen machen würde. Ich hänge einfach an nichts. Seit kurzem meine ich sogar, die Identität mit meinem Namen verloren zu haben. Es verletzt mich fast, eine E-Mail oder einen Beitrag mit meinem Namen unterzeichnen zu müssen. Ist dies normal und etwas anderes als Pratyahara? Gibt es dabei Stadien, damit ich mich auf das, was als nächstes kommt, etwas vorbereiten kann?

Antwort: Vielen Dank für dein Schreiben und die Bereitschaft zu teilen.

Die Antwort hängt von deinem wirklichen Zustand ab und das wiederum hat damit zu tun, wie du dahin gelangt bist. Hast du regelmäßig meditiert und fühlst du die Trennung als stiller Zeuge, ist das eine Sache. Hast du dich vom Leben und der Welt auf Grund eines Traumas in der Vergangenheit in Form eines psychologischen Abwehrmechanismus losgesagt, ist das etwas anderes. Das erstere ist die Folge von Reinigung im Nervensystem. Das letztere ist ein Kopf-in-den-Sand-Stecken der Bewusstheit, um damit unterbewusste Blockaden zu vermeiden, die sehr viel Schmerz verursachen. Das eine ist letztendlich ein Öffnen zur Welt. Beim anderen verschließt man sich der Welt. Sie können als ähnlich erscheinen, sind es aber nicht. Unter besonderen Umständen kann es sogar sein, dass beide zur selben Zeit auftreten.

Handelt es sich um das Aufkommen innerer Stille in Folge der Reinigung im Nervensystem, dann wäre es geboten, sich mit spiritueller Praxis zu beschäftigen und sich in der Welt zu betätigen. Letztendlich geht es bei der Erleuchtung nicht um uns. Es geht um alle anderen. Die erste Stufe der Erleuchtung ist ein Aufkommen fortwährender innerer Stille – eine zeitweilige Trennung. Bei der zweiten und dritten Stufe geht es um die Verbindung mit dem Göttlichen, das dynamisch in uns und in anderen aufsteigt (hier kommen die Ekstase und Pratyahara ins Spiel, nicht viel früher). Über die erste Stufe (innere Stille/Zeuge) hinauszugehen, bedeutet nicht, träge zu werden und nichts mehr zu tun. Es beinhaltet das Aufsteigen von Hingabe und die Einbringung unseres reinen Glückseligkeitsbewusstseins in den weiteren Prozess der Erleuchtung und dazu gehören das Ausführen spiritueller Übungen und das Sich-tätig-einbinden-in-die-Welt. Das ist eine natürliche Entwicklung, zu der jedoch auch unsere bewusste Entscheidung zur Teilnahme gehört.

Vorschlag: Wenn Emotionen hochkommen, ignoriere sie nicht, sondern bemühe dich vielmehr um die Einleitung eines Bhakti-Prozesses. Dieser wurde in Lektion 67 – Bhakti – Die Wissenschaft der Hingabe und nachfolgenden Lektionen, die auf die genaueren Einzelheiten der Zeugenschaft und Bhakti eingehen (besonders Lektion 109 – Bhakti, Meditation und innere Stille), beschrieben. Dort findest du einige Hinweise, wie du die Stufe der Zeugenschaft besser nutzen kannst, um damit zu weiteren Stufen überzugehen. Die Schlüssel-Dynamik dazu liegt in der Beziehung zwischen Zeugenschaft und den Gefühlen. Reines Glückseligkeitsbewusstsein, der stille Zeuge, bleibt unbeeinflusst von der phänomenalen Welt. Dieser Zustand ist jedoch nicht ohne Empathie – im Gegenteil. Innere Stille ist eine unerschöpfliche Quelle von Liebe und Mitgefühl und nötigt uns auf ganz natürliche Weise, aktiv die ekstatischen Prozesse in unserem Körper zu unterstützen und gleichzeitig anderen in liebender Hingabe zu dienen. Wir können auf der Stufe der Zeugenschaft sogar verärgert werden und auch weinen – dabei fährt das Nervensystem fort, sich zu reinigen. Obwohl der stille Zeuge der höchste unbewegte Beobachter ist, ist das Spiel der Erleuchtung kein Sport, bei dem man nur zuschaut. Das ist eines der Paradoxe im spirituellen Leben. Bevor das reine Glückseligkeitsbewusstsein in jedem Atom unserer Existenz völlig gegenwärtig ist und sich beständig mit den ekstatischen Prozessen der Schöpfung verbindet (im göttlichen inneren Sexualakt), kann die Erleuchtung nicht zur Vollendung kommen. Wollen wir zu höheren Stufen der Erleuchtung gelangen, müssen wir uns aktiv dafür einsetzen.

Deshalb wäre mein Vorschlag für dich, dass du nachforscht, ob du nicht einen Wunsch in dir findest, über den Zustand, in dem du dich derzeit befindest, hinauszuwachsen und diesen Wunsch zu pflegen. Jedes beliebige Verlangen kannst du dazu hernehmen, weil du in der Stufe der Zeugenschaft leicht Emotionen in Bhakti umwandeln kannst, wenn du dich dazu entschließt. Bist du dazu in der Lage, kultiviere das. Dann wird es leicht für dich sein, etwas zu unternehmen – etwas tägliche Übungen, etwas Dienst, etwas für jemand anderen tun. Ist es für dich schwierig, dich zu „engagieren", dann ist die Situation möglicherweise psychologisch komplizierter, als das für einen durch spirituelle Übungen im Nervensystem angeregten Prozess der Reinigung kennzeichnend ist. Manchmal kann es aber auch in der Stufe der Zeugenschaft (oder jeder anderen Stufe) zu etwas Verzagtheit kommen und wir müssen unsere Zeit einfach etwas aussitzen – ein Art von Heilungsprozess, der uns in einen neuen Seinszustand führt. Fühlen wir uns einmal wohl in dem Zustand, in dem wir uns befinden, wird sich mehr Interesse für das Weitergehen in den nächsten Zustand einstellen.

Was immer die unserer Zeugenschaft zugrunde liegende Ursache ist: Es wird nicht schaden, täglich zu praktizieren – besonders Meditation und Pranayama. Früher oder später werden die dich auf ganz natürliche Weise zur nächsten Stufe bringen.

Ich wünsche dir auf dem von dir gewählten Pfad allen Erfolg.

Der Guru ist in dir.

Lektion 124 – Wie hält man es einfach?

Frage: Ich habe einen Guru, der mir Heilenergie sendet. Ich weiß nicht recht, was ich damit anfangen soll. Mit mehreren Techniken habe ich mich bereits befasst. Aber das verwirrt mich: Soll ich ausatmen, einatmen, nach oben schauen nach unten schauen? Ich bin im Pranayama Anfänger und ich weiß nicht, wie ich diese Energie, mit der ich gesegnet wurde, richtig nutzen kann.

Es fühlt sich so an, als sei meine Wirbelsäule energetisiert und ich würde diese Energie gern zum Vorteil meines spirituellen Fortschritts und für mein Lebens nutzen. Ich bin mir ziemlich sicher, dass ich bereits davon profitiere, seit das angefangen hat. Nun mühe ich mich damit ab herauszufinden, was ich tun soll. Zu verschiedenen Zeiten habe ich mich aufgerafft und versucht, damit zu meditieren. Es flaut ab. Dann lege ich mich manchmal einfach hin, aber ich habe das Gefühl, als sei ich für den gesamten Prozess nutzlos. Ich bin für deine Unterweisungen dankbar, habe mir jedoch diese Art von Fragen und Antworten noch gar nicht richtig zu Nutze machen können. Ich bin mir sicher, dass du dies schon irgendwie beantwortet hast. Weise mich aber bitte auf eine Technik oder Lektion hin, die mir helfen kann. Ich weiß nicht, ob ich gegen diese Heilenergie arbeite.

In der Meditation kommt immer ein Punkt, bei dem ich fühle, dass ich mich da nicht hindurchbewegen kann, als sei da eine Hürde, die mich vom möglichen Grenzenlosen abhält. Ich hatte auch Angst, meine Kontrolle, d.h. mich selbst zu verlieren. Furcht kam in mir hoch, etwas loszulassen, aber ich wusste nicht, was ich tun sollte. Muss ich mich einfach damit abzufinden? Wird es mit mehr Meditationspraxis verschwinden und was könnte helfen? Was in deiner Materialsammlung bezieht sich auf Kriya-Techniken, die in diesem Fall helfen könnten?

Antwort: Bei dir ist sicherlich sehr viel am Laufen. Mein Vorschlag wäre, die Art und Weise, wie du deine spirituelle Reise machst, zu vereinfachen und dass du dir die Dinge eins nach dem anderen vornimmst. Willst du diese Lektionen als deine hauptsächliche Quelle für Anleitungen nutzen, dann geh an den Anfang zurück und arbeite alle Lektionen zur Meditation – einschließlich derjenigen mit Fragen und Antworten – durch. Baue zuerst eine krisensichere Routine mit Meditation auf. Belaste dich nicht mit Pranayama oder irgendetwas anderem, bevor du dich nicht in die Meditation für mindestens einige Monate richtig hineingelebt hast. Der Schlüssel für eine erfolgreiche Intensivierung und Erweiterung der Übungen liegt im vorherigen Aufbau einer belastbaren und ausgeglichenen Übungsplattform. Das muss zuerst da sein. Für die Lektionen der Fortgeschrittenen Yoga Übungen bedeutet dies, so lange Meditation und nichts anderes zu üben, bis du erreicht hast, dass diese hinreichend reibungslos läuft.

Hast du während der Meditation Emotionen oder mentale Bedenken, behandle sie wie jeden anderen aufkommenden Gedanken und geh locker und leicht, wie in den Lektionen beschrieben, zum Mantra zurück. Es gibt nichts, was du fürchten müsstest, wenn du loslässt und in dich gehst. Was du im Inneren findest, ist dein „Selbst“ – aller Frieden, Liebe und Glückseligkeit … und Freiheit von Furcht. In der Übung wird es immer einmal etwas besser und einmal etwas schlechter laufen. Das ist normal. Folge nur der angegebenen Vorgehensweisen der Meditation und alles wird gut. Du wirst deine aufkommende innere Stille fühlen. Das ist ein Nach-Hause-Kommen.

Bezüglich der inneren Energien: Ob sie von einer äußeren Quelle oder einem inneren Prozess in unserem Nervensystem stammen, sie können immer gleich behandelt werden. Lass sie während der Meditation einfach fließen und favorisiere die Vorgehensweise der Meditation. Läuft die Reinigung oder Heilung im Inneren ab, müssen wir dies nicht beaufsichtigen. Das geschieht automatisch. Lass es einfach geschehen, ohne Sorge zu tragen oder zu glauben, du müsstest „etwas damit tun“.

Später, in ein paar Monaten, wenn du eine gewisse Robustheit in deiner Meditationsroutine fühlst, versuche es mit etwas leichter Wirbelsäulenatmung vor deiner Meditation, so wie du es in den Anweisungen der Lektionen vorfindest. Ist diese Zeit gekommen, kümmere dich darum, deine Stabilität in der Meditation in der Weise auszudehnen, dass sie etwas Wirbelsäulenatmung mit einschließt. Behalte immer eine stabile Plattform einer täglichen Übung bei. Das ist sehr wichtig.

Die Lektionen sind eine besondere Form des schrittweisen Aufbaus fortgeschrittener Yoga-Übungen. Wenn du dich eng daran hältst, unterziehst du dich einem logischen Lehrgang. Versuchst du zu viele Dinge auf einmal zu machen, wird das Ganze für dich zu einem Verwirrspiel. Auch wenn du mehreren Lehren folgst, kann das verwirrend werden. Entscheide dich also für ein Programm und bleibe dabei. Entschließt du dich, einem Guru oder den Lehren einer Organisation zu folgen, ist das gut. Dann betrachte diese Lektionen nur als eine Art Gedankenfutter. Eine Lehre sollte den Vorzug haben – alles andere ist lediglich Gedankenfutter.

Der Guru ist in dir.

Lektion 125 – Hitze der Kundalini

Frage: Seit einiger Zeit erforsche ich Kundalini und fühle infolge der Kriyas und der Meditationen ziemlich viel innere Hitze. Doch habe ich vor kurzem gelesen, dass der Teil des Kopfes (Sushumna), der einmal, als wir noch Kinder waren, weich war, wieder weich werden muss, damit die Hitze entweichen kann. Andernfalls könne die Kundalini-Erfahrung schmerzvoll sein. Der Weg, wie das herbeigeführt werden könne, sei durch Tummo Reiki? Kannst du das für mich etwas beleuchten? Ich habe seit einigen Tagen meine Meditationen und mein Sadhana etwas beschnitten, was ich eigentlich nicht gerne tue.

Antwort: Mir sind die Reiki-Methoden nicht sehr vertraut. Deshalb kann ich zu Reiki Tummo nicht viel sagen, außer dass mir das eine aggressivere Methode zu sein scheint, die darauf abzielt, die Kundalini zum Aufsteigen zu bringen, mehr als dies beim Heil-Reiki der Fall ist. Vielleicht ist sie also mit anderen Yoga-Systemen verwandt, deren Ziel es ist, zuerst die Kundalini zum Aufsteigen zu bringen. Damit wären wir auch schon bei deiner Situation.

Wie du weißt, ist es Ziel dieser Lektionen, durch die Übungen zunächst eine „globale Reinigung" des Nervensystems zu erreichen, bevor wir verstärkt damit anfangen, die Kundalini direkt zu stimulieren. Wir machen also zunächst die tiefe Meditation und die Wirbelsäulenatmung. Mit diesen als Basis wird das Risiko von Kundalini-Schwierigkeiten sehr stark reduziert. Natürlich würden wir alle gern die Zeitspanne bis zum Erreichen der Erleuchtung etwas abkürzen. Deshalb machen wir etwas Druck und lassen manchmal sogar die notwendigen Methoden zur globalen Reinigung bei Seite. Es gibt Traditionen, die diese einfach ganz weglassen!

Kommt es bei dir zu zuviel Hitze, kann das an Blockaden in den Nadis und Chakren und an der vorzeitigen Erweckung der Kundalini in diesen Regionen deines Nervensystems liegen. Wendet man ausschließlich die alten Methoden an, kann es zu einer langen, langsamen und unbequemen Plackerei werden, bis man da hindurchkommt. Wiederhole auf jeden Fall die Lektion 69 zu den Kundalini-Symptomen und Gegenmitteln.

Neben inneren Blockaden gibt es einen anderen Grund für Hitze und du solltest auch dies sorgfältig beachten, weil viele Kundalini-Traditionen darüber hinwegsehen. Konkret handelt es sich um das Thema des Ausgleichs von auf- und absteigendem Prana (Shiva und Shakti) im Wirbelsäulennerv. Der traditionelle Kundalini-Yoga verwendet dafür Mudras und Bandhas. Doch diese sind oft nicht ausreichend. Die Wirbelsäulenatmung kann Wunder im Ausgleich des aufsteigenden und absteigenden Prana vollbringen und in manchen Fällen zum sofortigen Abflauen unbequemer Symptome führen.

Metaphorisch gesprochen sucht Shakti ihren Gefährten, Shiva, überall in unserem Körper. Sie reinigt (das Haus) und fährt nebenbei mit ihrer Jagd nach Shiva fort. Zeigt er sich nicht, wird sie immer wilder und bereitet im Inneren alle möglichen Schwierigkeiten. Bringen wir in der Wirbelsäulenatmung Shiva sanft in Shaktis Reich des Nervensystems hinunter, sind die beiden in der Lage, sich überall dort zu vereinigen, wo Shakti sucht – in jedem Nerv und jeder Zelle unseres Inneren. Das ist die metaphorische Erklärung dafür, wie die Wirbelsäulenatmung zur Stimulierung und zum Ausgleich des Prana in unserem Nervensystem arbeitet.

Außerdem wird mit der inneren Stille, dem Zeugen, die gesamte dynamische Aktivität im Inneren des Nervensystems sehr viel handhabbarer. Vergiss nicht, dass der Zeuge durch all das Zeug, das da vor sich geht, nicht berührt wird. Dennoch hat er mittels der Bhakti-Verbindung die Leitung inne. Reines Glückseligkeitsbewusstsein ist unsere Plattform des Selbst, die es uns erlaubt, uns für das göttliche Verlangen zu entscheiden, in die Kundalini-Erfahrung einzutreten. Haben wir uns als Selbst/Zeuge etabliert, befähigt uns das auch dazu, besser mit allem umzugehen, auf was immer wir stoßen mögen, wenn wir durch die Dynamik des Kundalini-Aufstiegs gehen. Innere Stille ist definitionsgemäß tiefe anhaltende globale Reinigung im Nervensystem. Das ist der Grund dafür, dass Meditation die wichtigste fortgeschrittene Yoga-Übung ist und die Kernübung für die gesamten Lektionen bleibt. Mit innerer Stille kann alles andere zu einem Kinderspiel werden. Ohne innere Stille kann alles andere ein Sprung von einer Klippe in ein Inferno sein. So ist das einfach.

Welche Übungen du auch immer sonst machst, wenn du sicherstellst, dass die Wirbelsäulenatmung und Meditation am vorderen Ende ihren Platz haben, sollte das Problem mit der Hitze weniger akut werden. Sobald der Ausgleich zwischen aufsteigendem und absteigendem Prana durch regelmäßige Wirbelsäulenatmung über einen längeren Zeitraum erreicht ist, erlangen wir die Fähigkeit, mit der Kundalini viel mehr anzufangen und gleichzeitig verringert sich die Wahrscheinlichkeit, dass dadurch Schwierigkeiten entstehen. Wir machen mehr Fortschritte bei weniger Unannehmlichkeiten. In der Tat können die richtigen Übungen die Reise in eine endlose Freudenfahrt ekstatischer

Glückseligkeit verwandeln. Und wir müssen deshalb nicht einmal Gewissensbisse haben, denn unser Nervensystem ist dafür ausgelegt, so zu funktionieren. Es ist eine ekstatische Maschine der Glückseligkeit und jeder Mensch hat so eine. Ach du meine Güte, lass uns also keine Minute verlieren, sie gut in Schuss zu bekommen.

Die Fontanelle am Scheitel des Kopfes sehe ich nicht als Überdruckventil für die aufsteigende Kundalini an. Die gängige Vorstellung, dass die Kundalini nach oben geht und am Scheitel des Kopfes hinaus, ist eine zu große Vereinfachung des Prozesses. Vielmehr kommt es auf jeder Ebene des Körpers zu einer Vereinigung der in uns existierenden Polaritäten. Auf der physischen Ebene vollzieht sich das in der Brust, wo sich aufsteigendes und absteigendes Prana treffen. Von dort geht es durch die Wirbelsäule nach oben ins Gehirn, dann vorne zurück nach unten und wieder zurück nach oben durch die Wirbelsäule und so weiter in einem endlosen Kreislauf. Das ist Teil unserer neuen spirituellen Biologie. Mit hinreichender globaler Reinigung und einem Ausgleich der inneren Polaritäten stellt sich das alles mit wenig Hitze und sehr viel ekstatischer Glückseligkeit ein. So wird dies zu einem inneren geschlossenen Kreislauf der Vereinigung, anstatt dass Kundalini von selbst durch den Scheitel hinausplatzt. Zu einem Ausblasen der Kundalini am Scheitel könnte es kommen. Doch damit gerät der Prozess in die falsche Richtung und das ist nicht sehr gesund. Besser ist es, die innere sexuelle Liebesvereinigung zu kultivieren. Der Rest ergibt sich auf ganz natürliche Weise und ist ziemlich angenehm.

Was am Scheitel hinausgeht, ist eine Flut strahlender Heilenergie, die sich als Nebenprodukt der sich im Inneren vollziehenden Vereinigung der Polaritäten ergibt. Das kommt aber erst später und wird nicht als Hitze, sondern als ekstatische Glückseligkeit wahrgenommen. Die Shiva- und Shakti-Energien sind zu etwas Neuem vereinigt, und das entspricht dem dritten Stadium der Erleuchtung – Einheit, göttliche Liebe, die zuerst durch das Nervensystem und dann hinaus zu jedem und allem fließt – das Eine, das als Liebe hinausfließt und überall in dem Einen ist. In der christlichen Tradition wird dies „Christus" genannt.

Ich glaube nicht, dass die physische Öffnung der Fontanelle das eigentliche Problem ist. Vielleicht kommt es dazu, vielleicht nicht. Geschieht es, wird es ein natürliches Ergebnis des Erleuchtungsprozesses sein, nicht etwas, weswegen wir uns auf dieser Stufe groß Sorgen zu machen brauchen. Die Fontanelle befindet sich über der Hirnanhangdrüse, die von manchen als der Sitz des höheren Bewusstseins angesehen wird. Im Zentrum des Kopfes liegt die Zirbeldrüse, die unser Empfangsorgan für göttliches Licht ist. Über der Zirbeldrüse befindet sich die Corona radiata, die sich beim Nach-oben-Gehen von Energie in Form einer Tasse nach oben wölbt (dies kann mit dem inneren Sehen klar gefühlt und beobachtet werden). Das ist das Sahasrara Chakra, der tausendblättrige Lotus.

Wir haben also den Punkt zwischen den Augenbrauen, an dem sehr viel ekstatische Energie mit der Wirbelsäulenatmung und auch den anderen fortgeschrittenen Yoga-Übungen hinein- und herausstimuliert wird; die Fontanelle, bei der Energie hauptsächlich aufgrund der Erleuchtung der Hirnanhangdrüse hinein- und hinausfließt, und das Sahasrara oberhalb der Zirbeldrüse und der Wirbelsäule, von der eine riesige Aura in Form eines Brunnens ausgeht. Die Dinge dort oben werden ganz schön auf Trab gebracht. Dann gibt es – im Gehirn selbst – durch die Ventrikel die Dynamik zwischen der Hirnanhangdrüse und der Zirbeldrüse (Aktivierung des dritten Auges), die hinunter in die Medulla oblongata und über den Wirbelsäulennerv bis ganz hinunter zum Perineum/der Wurzel reicht. Es laufen also viele ekstatische Energiedynamiken im Kopf ab. Eines Tages werden spirituelle Neurobiologen all dies für uns im Einzelnen aufklären. In der Zwischenzeit müssen wir mit den fortgeschrittenen Yoga-Übungen fortfahren und mit ihnen unser Nervensystem öffnen und reinigen, damit die Neurobiologen jemanden haben, den sie sezieren können. – Das ist natürlich nur Spaß!

Dies ist eine sehr aufregende Zeit – ohne Frage. Ich wünsche dir auf deiner Reise viel Erfolg.

Der Guru ist in dir.

Lektion 126 – Beziehung zwischen Pratyahara, Intellekt und Bhakti

Frage: Philo von Alexandria schrieb im ersten Jahrhundert in Ägypten über dieses Thema: Das Sich-von-den-Sinnen-Zurückziehen. Seine Bemerkungen berühren mich vor allem aus historischem Interesse, weil sie zeigen, dass nicht nur indische, sondern auch ägyptische Übende an diesen Dingen interessiert waren. Was er dazu sagt, ist für mich irritierend. Aber er scheint vorzuschlagen, dass man mit einer außerordentlichen Aufmerksamkeit auf die Sinne beginnen, sich dann von ihnen zurückziehen soll, um dann ganz bei der intellektuellen Natur zu verweilen. Der Verstand wurde von diesen Mystikern als vom Ursprung her göttlich angesehen. Deshalb sollte er der Kontaktpunkt zwischen den Mystikern und was immer sich im Universum Göttliches befindet sein.

Antwort: Ja, der Verstand ist die Hauptverbindung zum Göttlichen, wie wir das alle erfahren können, wenn wir meditieren. Die Dinge haben sich also diesbezüglich seit diesen alten Zeiten nicht verändert. Allerdings geht der Weg, auf dem uns der Verstand mit dem Göttlichen verbindet, nicht durch den Intellekt. Es geschieht vielmehr durch seine Fähigkeit, still zu werden. Das ist das große Geheimnis der Verbindung des Verstandes mit dem Göttlichen. So heißt es auch im Alten Testament: „Sei stille, und wisse, dass ich Gott bin."

Wie du weißt, weicht mein Ansatz hier von der populären Definition von Pratyahara als „Rückzug von den Sinnen" ab. Ich denke, das ist eine zu grobe Vereinfachung, die als eine Art von Abtötung der Sinne verstanden werden kann, und das unterstütze ich nicht. In Wirklichkeit wird unser Interesse, die physischen Sinne ständig mit Vergnügungen anzufüllen, geringer, je weiter sich unsere Sinnlichkeit in die göttlichen Regionen ausdehnt. Denn diese sind sogar noch vergnüglicher. Schließlich ziehen unsere physischen Sinne aber gleich, wenn unsere innere göttliche Erfahrung zurückkommt, nach außen in das tägliche Leben. Ich glaube nicht, dass dieser Prozess viel mit dem Intellekt zu tun hat, außer, dass wir uns über den Intellekt entscheiden, die Reise der Yoga-Übungen anzutreten.

Ein großer indischer Weiser, Ramana Maharshi, sagte, dass der Intellekt nur einen sinnvollen Zweck habe und der sei, ununterbrochen die Frage zu stellen: „Wer bin ich?" Es ist seltsam genug: Obwohl Ramana als ein sehr hoch entwickelter Jnani (jemand, der durch den Intellekt erleuchtet wird) angesehen wurde, war seine andauernde Frage: „Wer bin ich?". Dies ist eine reine Form von Bhakti. Ist jemand alleine daran interessiert, diese Frage zu beantworten, wird das Leben zu reinem Bhakti oder Verlangen nach Wahrheit. Wenn der Intellekt also auf die richtige Weise genutzt wird, verschmilzt er mit der tiefsten Herzenssehnsucht nach Wahrheit. Auf diese Weise kann uns der Intellekt helfen, spirituellen Fortschritt zu machen.

Ist man nicht in der Lage, den Intellekt über die Vernunft hinaus zur Stufe des einfachen göttlichen Suchens zu bringen („Was bin ich? Gibt es nicht noch mehr als all dieses?"), dann ist er nicht viel mehr als eine Maschine, die geneigt ist, zu viele Luftschlösser zu bauen und kann uns auf diese Weise leicht in falsche Richtungen führen. Durch unsere innere Stille kann der Intellekt auf nützliche Bahnen gelenkt werden. Gelingt das, verschmilzt er mit Bhakti.

Der Guru ist in dir.

Lektion 127 – Siddhasana oder Padmasana (Lotussitz)?

Frage: Ich habe eine lange Zeit immer im Padmasana (Lotussitz) meditiert. Nachdem ich deine Lektion 75 gelesen habe, wurde mir bewusst, dass ich dadurch überhaupt keinen Druck gegen das Perineum aufbaue. Muss ich zu Siddhasana wechseln? Das habe ich versucht, doch es sieht so aus, als würde es einige Zeit dauern, bis ich mich daran gewöhne. Lass mich wissen, wie ich weitermachen soll. In Padmasana stoße ich an Grenzen, weil nach ungefähr 45 Minuten des Sitzens meine Beine leicht taub werden, und das lenkt mich ein bisschen ab.

Antwort: Padmasana ist ein sehr guter Sitz, der seine speziellen Vorteile hat. Allerdings können darin nicht viele bequem für längere Zeit sitzen. Siddhasana in der vereinfachten Form, wie in den Lektionen 33 und 75 dargestellt, ist ein einfacherer Sitz und man kann lange darin bleiben, wenn man ihn sich einmal angeeignet hat. Seine Wirkungen können auch mit Nutzung einer Art Prothese am Perineum erlangt werden. Einzelheiten dazu findest du in den genannten Lektionen.

Was ist das Beste? Das hängt von deinen Vorlieben und deinem Ansatz zur Erreichung der Ziele im Yoga ab. Bist du nicht geneigt, die sexuelle Energie direkt zu stimulieren, um damit Kundalini ansteigen zu lassen, dann brauchst du dich auch nicht zu bemühen, schnell in Siddhasana hineinzukommen. Liegt dir jedoch andererseits etwas daran, die sexuelle Energie auf direkte Weise nach oben zu bringen, dann ist Siddhasana etwas sehr Wünschenswertes, wünschenswerter als Padmasana.

Es ist eine Frage, wo auf der Tantra-Gradeinteilung wir uns gerade befinden. Siddhasana hat auf dem Maßstab seinen Platz links vom Zentrum, während Padmasana rechts vom Zentrum liegt. Auf der linken Seite arbeitet man mehr und auf der rechten weniger mit der Sinnlichkeit bei den Übungen. Wie du weißt, gehen wir in den Tantra-Lektionen weit nach links. Siddhasana befindet sich in dieser Richtung. Wie sehr wir dazu neigen, uns mit Siddhasana auseinanderzusetzen, hängt von unserem Bhakti ab, und das ist wiederum davon abhängig, wie viel wir unser Nervensystem gereinigt haben. Interessanterweise ermutigt uns mehr Reinigung dazu, mit spirituellen Übungen mehr in die direkte Kultivierung unserer sexuellen Energie nach oben involviert zu sein.

Im Yoga ist es nicht möglich, der Auseinandersetzung mit sexueller Energie auf ewig aus dem Weg zu gehen. Denn das Nervensystem wird früher oder später durch das Aufsteigen der Kundalini aktiviert und die innere Ekstase explodiert im Inneren. Es gibt nichts Sinnlicheres als dies. Alle fortgeschrittenen Yoga-Übungen sind so entworfen, dass sie das natürliche Aufkommen der Ekstase im Nervensystem fördern. Auch die Meditation dient letztendlich dazu, weil sie von der tiefen inneren Stille weiter zur Vereinigung in ekstatischer Glückseligkeit im Körper und darüber hinaus führt. Deshalb werden die Fortgeschrittenen Yoga Übungen auch „einfache Lektionen für ein ekstatisches Leben“ genannt.

Doch hat jeder seine eigenen Vorlieben bei den Yoga-Übungen und das Respektieren der Vorlieben jeder Person ist viel wichtiger als jedem denselben Null-acht-fünfzehn-Ansatz zur Erleuchtung auszuhändigen. Eine Technologie ist nur gut, wenn sie flexibel genug ist, dass jeder sie nutzen kann. Deshalb halten wir jede der Übungen so einfach und direkt wie möglich und sprechen viel von Selbstabstimmung. Jeder muss seinen eigenen Weg gehen und seine eigene Geschwindigkeit wählen. Der Werkzeugkoffer ist da und du kannst ihn einsetzen oder auch nicht, je nach dem, wie du es für geeignet ansiehst. Brauchen wir im Augenblick ein Werkzeug nicht, brauchen wir es vielleicht später. So ist das.

Da dein Interesse vorhanden ist, solltest du vielleicht daran denken, Siddhasana zu entwickeln. Arbeite dich stufenweise dahin vor und sieh, ob dir das vom Gesichtspunkt der Energie her hilft. Wenn nicht, kannst du zu Padmasana zurückkehren. Es wird dir nicht schaden, wenn du beide Sitzhaltungen kennst. Ich bin vor vielen Jahren durch eine ähnliche Testphase gegangen und dann auf lange Sicht bei Siddhasana hängen geblieben. Meine Verortung ist etwas links vom Zentrum, weil meine Erfahrungen mir gezeigt haben, dass das für mich sehr sinnvoll ist. Was immer es für dich ist, es wird hier vollkommen respektiert.

Der Guru ist in dir.

Lektion 128 – Siddhasana und Druck im Kopf

Frage: Vielen Dank für deinen erhellenden Diskurs zum „linken" Siddhasana und „rechten" Padmasana (Lektion 127). Meine Erfahrungen mit diesen beiden Asanas gehen vollkommen konform mit dem, was du beschreibst. Wenn ich im Siddhasana für länger als eine halbe Stunde sitze, merke ich, dass es zu einem intensiven Druck kommt, der sich im Kopf aufbaut (so ziemlich der gleiche Druck, den man im Kopf während Mulabandha fühlt). Gibt es etwas, das ich zur Milderung des Drucks tun kann? Ich frage mich, ob man eine Prothese zur Stimulation am Perineum anbringen kann, wenn man im Padmasana sitzt. Es scheint mir, als müssten dadurch die Vorteile sowohl von Siddhasana als auch Padmasana erreichbar sein?

Antwort: Ich freue mich, dass dir die Lektionen helfen. Zum Ausgleich des Drucks im Kopf übe auf jeden Fall die Wirbelsäulenatmung und setze am besten auch Sambhavi zusammen mit Mulabandha und Siddhasana ein. Letztendlich wird dir auch Kechari zur Verfügung stehen, das eine wichtige Rolle bei der neuen Biologie im Kopf spielt. Dies alles wird helfen, die aufsteigenden Energien auf ein ausgeglichenes spirituelles Funktionieren treffen zu lassen.

Im Kopf wird es zu einer gewissen Anpassung kommen, wenn die spirituelle Energie nach oben steigt. Ich sage dazu „die Schmerzen des Wachsens". Manchmal müssen wir unseren Weg einfach durch diese heilen. Bei mir traten gelegentliche Schmerzen im Hirnstamm (Medulla oblongata) auf und das setzte sich auch fort bis durch das dritte Auge nach vorne. Heute sind dies alles alte Geschichten. Daraus wurde ekstatische Glückseligkeit und so wird es für dich auch kommen. Wird es unangenehm, nimm deine Mudras, Bandhas und Kumbhakas etwas zurück und lass es etwas ruhen. In ein oder zwei Tagen sollte das verheilt sein. Das alles hat sehr viel Ähnlichkeit mit dem Training eines Athleten und führt uns schrittweise zu neuen Ebenen von Fähigkeiten, die wir vorher nicht besaßen. Nutze Selbstabstimmung und übertreibe nichts. Sollte das unangenehme Gefühl im Kopf chronisch sein und von Änderungen in den Übungen unberührt bleiben, suche einen Arzt auf.

In ein oder zwei Wochen beginnen wir mit dem dynamischen Jalandhara, und das schaltet vom Herzen bis zum Kopf alles in einen hohen Gang. Halte also deinen Hut fest.

Bezüglich der Idee Padmasana und Siddhasana mit einer Prothese zu kombinieren: Ich habe das nicht für längere Zeit ausprobiert. Da es sich hier um Wissenschaft handelt (wir suchen die beste Anwendung von Wissen) und du auf den Gedanken gekommen bist, warum versuchst du es nicht einmal selbst, um zu sehen, welche Wirkung das bei dir hervorruft? Natürlich ist es sinnvoll, da maßvoll heranzugehen, damit die Energieflüsse nicht zu stark werden.

Ich wünsche dir allen Erfolg.

Der Guru ist in dir.

Lektion 129 – Nauli – Kundalini mit deinen Bauchmuskeln aufsteigen lassen

In der Lektion zu Yoni Mudra Kumbhaka (Lektion 91) haben wir eine Muskelbewegung eingeführt, die man Uddiyana nennt. Dabei hebt man den Bauch mit Hilfe des Zwerchfells. Manchmal wird Uddiyana „Bauch-Aufzug" genannt. Du wirst dich daran erinnern, dass Uddiyana „hochfliegen" bedeutet. Halten wir gleichzeitig den Atem im Inneren zurück, ist Uddiyana etwas knifflig, weil das Zwerchfell nicht so weit nach oben geht, wenn die Lungen mit Luft angefüllt sind. Deshalb wurde vorgeschlagen, Uddiyana auch außerhalb von Yoni-Mudra Kumbhaka zu praktizieren. Wir machen das, indem wir mit den Füßen etwas weiter als schulterbreit stehen; die Knie sind dabei etwas gebeugt und wir bücken uns so weit nach vorne, dass unsere Hände auf unseren Knien ruhen können. In dieser Position sehen wir aus wie ein Halbspieler (shortstop) beim Baseball, der etwas vorwärts gebeugt mit seinen Händen auf den Knien dasteht und gespannt darauf wartet, dass der Schlagmann den Ball trifft. Vielleicht stehen sie auch manchmal im Kricket so da?

Sind wir im Yoga (nicht Baseball) einmal in dieser Halbspieler-Position, dann werfen wir alle Luft aus den Lungen aus und heben dann unser Zwerchfell. Tun wir dies mit einer nackten Taille, sehen wir, wie unser Bauch nach innen zieht, sobald das Zwerchfell in den Brusthohlraum nach oben geht. Die meisten Yogaschulen lehren dieses Uddiyana im Stehen als Teil einer regelmäßigen Routine von Stellungen, und da kann man diese Übung auch wirklich gut unterbringen – während der Asanas vor unserem Pranayama und der Meditation. Uddiyana hat positive Auswirkungen auf die Gesundheit. Es zieht Energie von unserer Beckenregion nach oben. Deshalb ist es auch Teil von Yoni Mudra Kumbhaka – zusammen mit anderen Mudras und Bandhas, die wir dabei gleichzeitig ausführen und die alle darauf abzielen, die Kundalini-Energie zu erwecken und sie nach oben durch unser Nervensystem zu bewegen.

Bei Uddiyana bleibt der Bauch ziemlich statisch, weil wir überhaupt nichts Dynamisches mit den Bauchmuskeln machen. Der Bauch wird ganz einfach eingezogen, indem wir unser Zwerchfell nach oben heben. Uddiyana wird dynamisch, indem wir das Zwerchfell abwechselnd nach oben ziehen und wieder senken. Wir würden die Dinge aber gerne noch weiter aufmöbeln und mehr Stimulation auf die Kundalini-Energie in unserer Beckenregion legen. Indem wir das tun, schaffen wir auch die Voraussetzung für ein integriertes Netzwerk von Kleinstbewegungen im ganzen Körper, die beim Aufsteigen der ekstatischen Leitfähigkeit auftreten, wenn unser Nervensystem zur Reife kommt. Ein Teil dieser Integration ist eine automatische Verbindung zwischen den Bewegungen im Bauch und den Bewegungen in der Beckengegend, die uns schließlich ekstatische Mikrobewegungen den ganzen Weg von der Wurzel bis hinauf zur Brust bescheren.

Anfangs ist davon natürlich nichts eine „Mikro-Bewegung". Wir müssen mit „Makro-Bewegungen" – was die Mudras und Bandhas auch anfangs sind, wenn wir sie lernen – beginnen. Lernen wir Violine spielen, geht es zunächst darum, die langen einfachen gleichmäßigen Striche beherrschen zu lernen, bevor wir uns an die kurzen, komplexen, vielstimmigen heranwagen können. Vergleichbar damit treten die Mudras und Bandhas gewöhnlicherweise anfangs deutlich sichtbar hervor und verfeinern sich dann mit der Zeit auf natürliche Weise zu zarten unsichtbaren automatischen Kunstgriffen tief in unserem zunehmend ekstatisch werdenden Nervensystem. Dann sind es die Bewegungen ekstatischer Kundalini-Energie in unserem Nervensystem, die die Mikrobewegungen über unseren ganzen Körper verteilt initiieren und wir werden Zeugen eines unendlich glorreichen Anblicks von leuchtender Neurobiologie, die in unserem Inneren am Werke ist.

Die dynamische Technik, die uns über Uddiyana hinausführt, nennt man „Nauli" und das heißt soviel wie „durchrühren" oder „herumwirbeln". Wir beginnen in der oben beschriebenen stehenden „Halbspielerhaltung". Dann machen wir Uddiyana, indem wir all unsere Atemluft auswerfen und das Zwerchfell nach oben ziehen. Das führt dazu, dass der Bauch eingezogen wird. Damit haben wir also Uddiyana aufgebaut. Nun machen wir noch etwas anderes, um Nauli daraus zu entwickeln. Gehen wir aber Schritt um Schritt vor.

Sobald wir uns einmal in Uddiyana befinden, ziehen wir als Erstes die Bauchmuskeln zusammen, indem wir gleichmäßig mit beiden Armen auf unsere Knie hinunterdrücken. Das ist wie eine Rumpfbeuge im Stehen. Nur kommt es zu keiner Bewegung des Zusammenklappens, weil unsere Arme und Hände unseren Oberkörper auf den Knien abstützen. Während wir dies tun, befinden wir uns in Uddiyana – unser Bauch ist also durch das angehobene Zwerchfell immer noch eingezogen. Nun geschieht etwas Neues. Auch wenn wir den Bauch mittels des Zwerchfells einziehen, werden wir merken, dass sich unsere Bauchmuskeln in einer Linie nach oben und unten entlang des Zentrums unseres Bauches aufwölben. Dadurch nimmt die Sogwirkung auf die Beckengegend beträchtlich zu. Versuche, während du dich in Uddiyana befindest, die Bauchmuskeln einige Male zu beugen und sieh, wie sie entlang der Mittellinie des Bauchs aussehen.

Zusammenfassung: Steh da wie ein Halbspieler, Hände auf den Knien. Wirf alle Atemluft aus. Hebe das Zwerchfell und beobachte, wie der Bauch eingezogen wird. Dann drücke den Oberkörper, der über die Hände auf den Knien abgestützt ist, wie bei einer Rumpfbeuge nach unten in Richtung Knie. Beobachte dann die Reihe der Bauchmuskeln, wie sie sich in einer Linie längs der Mitte des Bauches auswölben.

Siehst du, wie einfach das ist? Fühlst du den zusätzlichen Sog von der Beckengegend nach oben? Großartig! Jetzt hast du es verstanden. Nun beuge diese Bauchmuskeln ein paar Mal. Komm in einen Rhythmus und führe alle paar Sekunden eine Beugung durch. Suche dir einen Rhythmus, der sich für dich gut anfühlt. Machst du das ein paar weitere Male, wirst du vielleicht bemerken, dass das Beugen der Bauchmuskeln zu der Ebene von Mulabandha/Asvini, mit der du bisher vertraut geworden bist, passt. Lass das, wenn du willst, gemeinsam spielen. Im Laufe der Zeit werden sie auf einer feinen neurologischen Ebene miteinander verbunden und es wird dir nicht mehr möglich sein, das eine zu machen, ohne geneigt zu sein, auch das andere hinzuzufügen. Diese Art natürlicher Integration stellt sich bei allen Mudras und Bandhas im Körper ein – doch mehr dazu später.

Hier bist du also und beugst weiter. Vielleicht fühlst du eine Art nette Energie im Bauch hochkommen und vielleicht noch weiter hoch in die Brust und sogar den ganzen Weg hinauf bis zum Kopf. Die Bauchmuskeln können auf diese Weise sehr kraftvoll für das Aufsteigenlassen der Kundalini eingesetzt werden.

Doch du weißt sicher, dass das noch nicht Nauli ist. Wir haben noch nicht damit begonnen, diese Muskeln zu „wirbeln". Der Schlüssel beim Wirbeln liegt in der Trennung der Beugung des linken Bauchmuskels vom Beugen des rechten und diese beiden Beugungen in einer wirbelnden Bewegung zu koordinieren. Wir besitzen dort drin zwei lange Bauchmuskeln. Einer geht auf der rechten Seite des Bauches nach oben und unten und der andere auf der linken Seite nach oben und unten. Wie trennen wir sie voneinander? Dank unserer Halbspielerstellung ist es nicht sehr schwierig zu lernen, das zu tun.

Begib dich also wieder genauso in die Halbspielerstellung für Uddiyana und Nauli, wie du sie vorher innehattest. Anstatt die Bauchmuskeln über die Arme mit gleichem Druck auf beide Knie zusammenzuziehen, übe diesmal nur über einen Arm Druck auf ein Knie aus. Wähle dir selbst eine Seite aus. Befindest du dich in Uddiyana, ziehe dich mit deinen Bauchmuskeln über einen Arm nur zu einem Knie hinunter. Was passiert? Hast du gesehen, wie sich eine Seite deiner Bauchmuskeln herauswölbt und die andere Seite drinnen bleibt. Ist dies der Fall, hast du es richtig gemacht. Nun wechsle zur anderen Seite. Beuge deinen Bauch indem du den gesamten Druck über den anderen Arm zum anderen Knie gehen lässt. Hat sich die andere Seite deiner Bauchmuskeln herausgewölbt? Gut. Nun versuche, im gleichen Rhythmus, den du innehattest, als du beide Seiten zur selben Zeit betätigt hast, heraus- und hineinzugehen. Lass aber diesmal abwechselnd die linke und rechte Seite sich auswölben.

Nun baust du abwechselnd auf der linken und rechten Seite des Beckenbereichs einen Sog nach oben auf. Das ist für die Kundalini-Energie stimulierender. Bist du bereit, nun auch noch den Rest zu erfahren? – Schauen wir mal, ob wir diese Muskeln wirbeln können.

Sobald du es schaffst, deine Bauchmuskeln geschmeidig heraus- und hineingehen zu lassen, abwechselnd auf der linken und rechten Seite, ist es nur noch ein kleiner Schritt zum vollständigen Nauli. Anstatt mit den Muskeln links und rechts jede zu seiner Zeit heraus- und hineinzugehen, versuche ein Fegen von links nach rechts hinzubekommen. Das bedeutet: Während dein linker Bauchmuskel nach außen gebeugt ist, kommst du bereits mit dem rechten hervor, noch ehe du den linken ganz zurückgelassen hast. Auf diese Weise sind für einen Augenblick in der Mitte beide gebeugt. Gehst du dann weiter zum Beugen der rechten Seite, lässt du die linke los. Der Effekt ist, dass du eine fortlaufende Bewegung deiner Bauchmuskeln siehst, wie sie von links nach rechts gehen – ein Fegen. Entspannt dann dein rechter Muskel und geht zurück nach innen, kommt der linke wieder zurück nach außen und du gehst wieder hinüber vom Muskelspiel der linken Seite zu rechten und so gehst du herum und herum, wirbelst von links nach rechts, von links nach rechts, so immer wieder. Du kannst das Wirbeln spüren und regulieren, indem du den Wechsel des Drucks, der durch deine Arme vom linken Knie zum rechten Knie geht, fühlst, wenn das Beugen deines Bauchmuskels von der linken zur rechten Seite wechselt und dann zurück.

In dieser frühen Phase trainieren wir uns eine Gewohnheit an, Nauli auszuführen. Auch wenn Nauli anfangs zweifellos etwas „klobig" ausfallen wird, gib nicht auf. Du wirst lernen, damit umzugehen. Eigne dir zuerst das Fegen in eine Richtung an. Wir haben mit dem Nach-außen-Wirbeln der Muskeln von links nach rechts begonnen. Sobald dies bei dir gut läuft, lerne auch von der anderen Seite her, also von rechts nach links zu fegen. Kannst du einmal von beiden Seiten aus wirbeln, bist du auf dem Weg, ein Nauli-Experte zu werden.

Mit etwas Übung bist du in der Lage, deine Bauchmuskeln wie ein Springseil herumzuwirbeln und das hat köstliche Wirkungen auf die Energie in deinem Beckenbereich. Kundalini ist bei so viel liebkosender Stimulation nicht in der Lage zu widerstehen.

Wir machen diese Makro-Bewegung von Nauli nicht während unserer sitzenden Übungen, sondern bevor wir uns zu Pranayama und Meditation hinsetzen. Es kann ein Teil unserer Asanas sein und da eingebaut werden, wo in unserer Hatha-Yoga-Routine Uddiyana an der Reihe ist. Oder, wenn wir es nicht gewohnt sind Asanas zu machen, können wir Nauli alleine ausführen, bevor wir uns zu unseren Übungen niedersetzen. Praktizieren wir Nauli vor unseren sitzenden Übungen, erweckt dies unser Nervensystem auf eine Weise, die sehr förderlich für Pranayama, Yoni Mudra Kumbhaka und die Meditation ist.

Versuche vor jeder Pranayama- und Meditations-Sitzung mindestens zwanzig Nauli-Rotationen in jede Richtung zu machen. Kommst du beim Ausführen von Nauli außer Atem, belaste dich nicht. Mach einfach eine Pause, nimm einen oder zwei tiefe Atemzüge, atme erneut vollständig aus und fahre fort. Bist du mit Nauli vertrauter, wirst du auch in weniger formeller Weise, in Situationen, in denen du dich nicht in der Halbspielerposition befindest, deine Bauchmuskeln rotieren lassen können. Hast du dir z.B. die Gewohnheit angeeignet, die beiden Bauchmuskeln getrennt voneinander zu kontrollieren, wird es für dich einfach sein, entspannt auf dem Rücken liegend und schließlich auch aufrecht sitzend Nauli zu praktizieren. Mit der Zeit verfeinert sich Nauli soweit, dass es dir möglich ist, Nauli fast unmerklich, ohne sichtbare Bewegung fast überall auszuführen – mit wundervollen ekstatischen Wirkungen. Diese Art von Nauli lässt sich – während man in Kechari ist – sehr schön mit feinen Bewegungen von Mulabandha/Asvini abstimmen. Man kann diese ekstatischen Übungen in der Öffentlichkeit praktizieren, ohne dass irgendjemand bemerkt, dass du etwas Besonderes machst – außer natürlich, dass dir ein Glühen ins Gesicht geschrieben ist.

Eine subtile Version von Nauli werden wir einsetzen, wenn wir zum dynamischen Jalandhara („Kinn-Pumpe") weitergehen. Dabei ist der obere Teil des Körpers in einem viel größeren Maß in die Stimulation der Kundalini-Energie zwischen Herz und Kopf einbezogen.

Nauli ist eine kraftvolle Übung und hat weit reichende Auswirkungen. Wir haben hier nicht wie sonst zu Beginn der Lektion auf Vorsichtsmaßnahmen aufmerksam gemacht, weil Nauli normalerweise keine Übung ist, die uns unmittelbar in Schwierigkeiten mit der Kundalini-Energie bringen kann. Es ist aber selbstverständlich, dass du Nauli nicht durchführen solltest, wenn du gesundheitliche Schwierigkeiten hast, die durch Nauli verschlimmert werden könnten. Außerdem könnte es zu Energieungleichgewichten im Körper führen, wenn Nauli über längere Zeit ohne die Vorteile der Übungen zur globalen Reinigung, d.h. Meditation und Wirbelsäulenatmung durchgeführt wird. Es ist auf jeden Fall von Vorteil, zunächst gute Übungen zur allgemeinen Reinigung beherrschen zu lernen und regelmäßig zu praktizieren, bevor man irgendwelche Übungen aufnimmt, die sich zur Kundalini-Stimulierung auf bestimmte Körperbereiche konzentrieren. Deshalb haben wir diese Lektionen hier mit Meditation und Wirbelsäulenatmung begonnen und weisen auf diese auch immer wieder als die Kernübungen der fortgeschrittenen Yoga-Übungen hin. Sie sind die Voraussetzung für alles, was wir hier tun.

Nauli kannst du, wenn du willst, erlernen, bevor du dich anderen über die Meditation und die Wirbelsäulenatmung hinausgehenden fortgeschrittenen Yoga-Übungen zuwendest. Meditation und Wirbelsäulenatmung sind jedoch die empfohlene Mindestvoraussetzung für Nauli.

Stelle immer sicher, dass die Übungen, die du bereits erlernt hast, geschmeidig sind, bevor du neue aufnimmst. Es ist sehr wichtig, eine stabile Plattform von Übungen zu pflegen, die du langfristig aufrechterhalten kannst. Sobald du weißt, dass du bereit dazu bist, kannst du, wenn dich dein Bhakti zu mehr aufruft, auf methodische Weise neue Übungen hinzunehmen.

Der Guru ist in dir.

Lektion 130 – Vibrationen an der Wurzel

Frage: Ich übe schon seit langer Zeit Asanas (Körperstellungen). Bin ich mit meinen Asanas fertig und liege in Shavasana (Totenstellung), fühle ich manchmal ein sonderbares Schwingen oder mehr eine Art (Herz-)Klopfen in der Region unter meinen Genitalien. Meist bin ich in der Lage, damit willentlich aufzuhören, manchmal aber auch nicht. Diese Schwingung fühle ich bisweilen auch bei der Arbeit. Dann wird das sehr lästig. Es wird fast unkontrollierbar und ich scheine es einfach nicht aufhalten zu können. Ist dies eine Art von Reinigungsprozess oder ist da etwas mit mir falsch? Ich übe nur die normalen Asanas, die ich in einem Hatha-Yoga-Kurs erlernt habe und auch Asvini Mudra und Nauli. Ich würde Anmerkungen von dir dazu sehr begrüßen.

Antwort: Ja, es handelt sich um Reinigung/Säuberung. Dies ist ein frühes Kundalini-Symptom. Da ist nicht irgendetwas falsch bei dir. Gute Dinge sind im Gange – nur möglicherweise ein bisschen aus der Ordnung geraten.

Ein paar Schmerzen, Beschwerden und Vibrationen können während der Reinigung des Nervensystems auftreten. Es ist nichts Ungewöhnliches, wenn sich die Kundalini in der Nähe der Wurzel oder des Perineums zu regen beginnt. Die Symptome sollten vorübergehen. Tun sie das nicht, dann ist die Standardvorgehensweise, die Praxis ein wenig zurückzunehmen, bis sie das tun. Dies wird in den Lektionen Selbstabstimmung genannt.

Mulabandha/Asvini (das Zusammenziehen des Afterschließmuskels) und Nauli sind starke Mittel für die Stimulierung der Energie in der Region, die du erwähnt hast, und sie sind wahrscheinlich die Schuldigen. Schwächst du diese ab, wird das wahrscheinlich etwas Abhilfe schaffen. Es ist nicht überraschend, dass man derartige Erfahrungen bei der Ausführung dieser besonderen Hatha-Praktiken macht, wenn man die „globalen" Übungen, die eigentlich vorausgesetzt werden, weglässt.

Die regelmäßige Ausführung von tiefer Meditation und Wirbelsäulenatmung, bevor man damit beginnt Kundalini anzuheben, ist der beste Weg, die Reinigung im Gleichgewicht zu halten und unangenehme Kundalini-Symptome zu vermeiden.

Vielleicht ist es an der Zeit für dich, ernsthaft in Betracht zu ziehen, dir das regelmäßige tiefe Meditieren anzueignen. Sobald du eine gute Routine mit der Meditation am Laufen hast, nimm auch die Wirbelsäulenatmung hinzu. Die Lektionen gehen durch alles Schritt für Schritt hindurch. Tust du das mit deren Hilfe, denke ich, hast du keine Schwierigkeiten mehr mit einem Flaschenhals. Auf jeden Fall wirst du so Schwierigkeiten früh abfangen, bevor es ihnen gelingt, höher in den Körper hinaufzusteigen. In den Lektionen findest du all die Gründe, warum es wichtig ist, sich zunächst um die globale Reinigung zu kümmern und die mehr gezielten Übungen im Stil des Hatha-Yoga erst zu beginnen, sobald die allgemeine Reinigung gut eingeführt ist. Es ist sehr wichtig, die Dinge in der richtigen Reihenfolge durchzuführen, weil das helfen kann, eine Menge Schwierigkeiten und ein Steckenbleiben mit der Kundalini-Energie zu vermeiden. Stattdessen hat man dann sehr viel Ekstase und einen schnellen Fortschritt.

Asanas/Stellungen sind für die meisten Menschen auf jeder Ebene gut und wärmen wunderbar für Pranayama und Meditation auf. Beginnst du aber mit Übungen wie Mulabandha/Asvini und Nauli, sind die vorbereitenden Übungen der Meditation und Wirbelsäulenatmung nötig, die stimulierten Energien an der Wurzel aufzunehmen, auszugleichen und sie dann auf natürliche Weise durch das Nervensystem nach oben zu befördern.

Der Guru ist in dir.

Lektion 131 – Koordination von Sambhavi mit der Wirbelsäulenatmung

Frage: Bei mir taucht ein Problem auf, wenn ich Sambhavi und die Wirbelsäulenatmung gleichzeitig mache. Ich glaube, wenn ich mich auf die Wirbelsäulenatmung konzentriere, bleiben meine Augen nicht zwischen den Augenbrauen. Meine Augen gehen überall dorthin, wohin meine Aufmerksamkeit geht. Führe ich Sambhavi getrennt aus, habe ich überhaupt kein Problem damit. Beginne ich jedoch mit der Wirbelsäulenatmung, neigen die Augen dazu, der Wirbelsäule entlang zu laufen. Kann ich mir das Bild der Wirbelsäule zwischen meinen Augenbrauen vorstellen, um dieses Problem zu beseitigen? Konzentriere ich mich auf den physischen Ort der ‚Sushumna', bleiben meine Augen nicht zwischen den Augenbrauen. Könntest du einen Weg vorschlagen, wie man diese beiden Übungen synchronisieren kann?

Antwort: Das ist eine gute und wichtige Frage. Ich denke, dass viele auf die eine oder andere Weise mit diesem Problem konfrontiert sind. Die Koordination von Sambhavi mit der Wirbelsäulenatmung ist etwas, das sich über die Zeit entwickelt. Zuerst geht es darum, eine Gewohnheit auszubilden. Dann wird es später sehr einfach, weil das Aufkommen innerer sinnlicher Erfahrungen die physischen Augen und die Aufmerksamkeit auf natürliche Weise zur optimalen Funktionsweise für das Aufsteigenlassen der Ekstase bewegen.

In unserem bisherigen Leben ging unsere Aufmerksamkeit immer durch die physischen Augen. Damit wir unseren Horizont in das innere spirituelle Leben ausdehnen können, ist es nötig, dass wir die zusätzliche Fähigkeit entwickeln, die physischen Augen an einen Ort gehen zu lassen und die Aufmerksamkeit zur gleichen Zeit an einen anderen. Die Visualisierung der Wirbelsäule am Punkt zwischen den Augenbrauen leistet das nicht, wenn das auch eine raffinierte Idee ist.

Damit die Aufmerksamkeit in der Wirbelsäulenatmung ihre Funktion erfüllen kann, muss sie die physische Länge des Wirbelsäulennervs (die Sushumna) von der Wurzel am Perineum bis zum Punkt zwischen den Augenbrauen immer wieder durchmessen. Geschieht dies zusammen mit langen, langsamen Atemzyklen und anderen Aspekten der Wirbelsäulenatmungspraxis, führt dies zur ausgeglichenen Bewegung von Prana im Wirbelsäulennerv und Kultivierung des gesamten Nervensystems. Gleichzeitig stimulieren die physischen Augen auf physischem Weg die neurobiologischen und biologischen Prozesse, die im Gehirn beginnen und bis nach unten durch den Wirbelsäulennerv zur Wurzel reichen. Während die Aufmerksamkeit im Wirbelsäulennerv also mit dem Atem mitgeht, stimulieren die Augen das Gehirn physisch, was ebenso Auswirkungen auf den Wirbelsäulennerv bis ganz nach unten hat. Dann ist da auch noch das Runzeln der Brauen (ein leichtes Zusammenziehen der Augenbrauen), das ebenso zur physischen Stimulation des Gehirns beiträgt. Dies ist die andere Hälfte von Sambhavi. Außer bei der physischen Positionierung der Augen ist mit Sambhavi nur Aufmerksamkeit verbunden, wenn die Aufmerksamkeit nach oben kommt und zum (oder durch den) Punkt zwischen den Augenbrauen geht. Doch auch dies heißt nicht, dass die Aufmerksamkeit mit dem Sehen durch die Augen beschäftigt ist. Die Augen sind quasi nur zufällig auch dort. Wir schauen nicht durch die Augen. Wir schauen durch den Wirbelsäulennerv und das stimmt an diesem Ort mit dem dritten Auge überein.

In der Wirbelsäulenatmung und wenn wir unseren inneren Blick auf (durch) den Punkt zwischen den Augenbrauen (wie in Yoni Mudra) heften, schenken wir unsere Aufmerksamkeit nicht den physischen Augen. Wir sind mit dem inneren Sehen beschäftigt. Die physischen Augen werden für das innere Sehen überhaupt nicht gebraucht. Die Augen zusammen mit den Brauen erfüllen eine physische Funktion. Sie drücken das Innere des Gehirns auf gewisse Weise etwas zusammen und das ist alles.

Diese Abtrennung der Aufmerksamkeit von den physischen Augen ist für die Entwicklung der inneren spirituellen Erfahrungen sehr wichtig.

Als Jesus sagte: „Ist dein Auge einzig, wird dein Körper mit Licht erfüllt sein", sprach er über zwei Dinge: Das physische Zentrieren der Augen und die Aufmerksamkeit im Wirbelsäulennerv, die durch das dritte Auge arbeitet. Wird beides in Übereinstimmung durchgeführt, erfüllt es den Körper mit Licht, sobald sich die ekstatische Leitfähigkeit im Wirbelsäulennerv einstellt, und breitet sich über den restlichen Teil unseres Nervensystems aus.

Wie erreichen wir also diese Abtrennung der Aufmerksamkeit von den physischen Augen? Das Feedback der Sinne ist dabei ein bedeutender Faktor und die ekstatischen Wahrnehmungen in unserm Körper sind die besten sinnlichen Rückmeldungen. Was aber, wenn wir die innere ekstatische Leitfähigkeit noch nicht haben? Wie separieren wir dann die Aufmerksamkeit von den Augen? Auch in diesem Fall können wir das Feedback der Sinne für die Entwicklung der Gewohnheit einspannen, und diese Gewohnheit wird uns helfen, die innere ekstatische Leitfähigkeit hervorzubringen.

Suche dir einen Gegenstand auf der gegenüberliegenden Seite des Raumes und hefte den Blick darauf. Untersuche den Gegenstand nicht und am besten „siehst“ du ihn gar nicht. Hefte nur die Augen daran und lasse sie dort ruhen. Während du dies so beibehältst, lass die Aufmerksamkeit zum Perineum wandern. Das ist nicht schwer, oder? Nun behalte die Augen weiter auf das Objekt geheftet und lass die Aufmerksamkeit im Zentrum der Wirbelsäule nach oben zum Punkt zwischen den Augenbrauen wandern. Kümmere dich nicht um die Atmung. Halte nur den Blick auf den Gegenstand gerichtet und bewege die Aufmerksamkeit. Wandern die Augen vom Gegenstand weg und du wirst dich dessen bewusst, dann setze sie wieder locker und leicht darauf zurück. Nutze den Gegenstand vor dir als eine visuelle Rückmeldung. Geh das Rückgrat einige Male mit der Aufmerksamkeit nach oben und unten, ohne die Augen von dem Gegensand wegzunehmen. Übe das eine zeitlang, bis du mit der Aufmerksamkeit die Wirbelsäule nach oben und unten gehen kannst, ohne die Augen von dem Objekt viel weg zu bewegen. Driften die Augen oder die Aufmerksamkeit ab, dann bringe sie locker und leicht zur gerade vorliegenden Aufgabe zurück. Dies ist eine Gewohnheit, die du entwickelst. Es ist so ähnlich, wie wenn man lernt, sich mit einer Hand auf den Kopf zu klopfen und gleichzeitig mit der anderen kreisförmig am Bauch zu reiben.

Mache diese Übung so lange, bis du die Aufmerksamkeit die Wirbelsäule nach oben und unten bewegen kannst, während du den nichts sehenden Blick auf einem Objekt hältst. Das Objekt ist dein Sinnes-Feedback, das es dir erlaubt, die Augen an einem Ort zu halten, während die Aufmerksamkeit woanders hingeht.

Sobald du damit gute Erfolge erzielst, versuchst du die Fähigkeit bei der wirklichen Wirbelsäulenatmung einzusetzen. Das Runzeln der Brauen erzeugt eine Empfindung am Punkt zwischen den Augenbrauen und kann ebenso als sinnliches Feedback für die Augen benutzt werden. Sieh mal, ob du das zum Zentriert-und-aufwärtsgerichtet-Halten-der-Augen nutzen kannst, während die Aufmerksamkeit die Wirbelsäule nach oben und unten geht. Das ist kein Feedback des Sehsinns. Deshalb ist es möglich, dass dies nicht so einfach nutzbar zu machen ist wie der Gegenstand am anderen Ende des Raumes. Doch versuche es einmal. Stellt sich dies als ein zu großer Sprung von der Nutzung des Objekts heraus, ist da immer noch deine Nasenspitze oder das Nach-oben-Blicken mit den halb geöffneten Augen, womit du für das Sambhavi während der Wirbelsäulenatmung ein wenig visuelle Rückmeldung bekommst. Diese Behelfsmaßnahmen sind nicht ideal, doch wenn du visuelle Rückmeldungen brauchst, nutze sie, bis du mit der sinnlichen Wahrnehmung der leicht gerunzelten Brauen auskommst.

In Sambhavi brauchen wir etwas, von dem die Augen ein sinnliches Feedback bekommen können, etwas zu dem wir die Augen sanft zurückbringen, sobald wir erkennen, dass sie woanders hingewandert sind. Wie bereits erwähnt, wird es später die ekstatische Freude in unserem Körper sein, die uns dazu bewegt, die Augen zu heben und zu zentrieren. Einstweilen nutzen wir andere sinnliche Feedbacks, die es uns erlauben, die Augen zu trainieren und sie von der die Wirbelsäule nach oben und unten wandernden Aufmerksamkeit zu trennen.

Kommt die Aufmerksamkeit weiterhin zu den Augen zurück, obwohl wir all das versuchen, ist das auch keine so schwierige Situation. Wir wissen von unserem Training mit der Meditation, wie wir mit unserer umherschweifenden Aufmerksamkeit umzugehen haben. Beim Ausüben der Wirbelsäulenatmung kann die Aufmerksamkeit überallhin gelangen. – Zu den Augen, fort zu Gedanken und Gefühlen, zum Supermarkt oder den halben Weg durch die Galaxie – einfach überall. Passiert dies in der Meditation, was tun wir? Wir kommen einfach locker und leicht zum Mantra zurück. Bei der Wirbelsäulenatmung ist es genau dasselbe. Geht die Aufmerksamkeit zu den Augen oder irgendwo hin und wir bemerken das, gehen wir nur locker zu unserer Wirbelsäulenatmung zurück. Verlieren wir uns an einer Stelle bei unserm Weg entlang der Wirbelsäule, macht das nichts. Es muss nicht exakt sein. Wir steigen einfach mit dem Atmen wieder ein. Sind wir beim Einatmen, gehen wir die Wirbelsäule hoch. Atmen wir aus, gehen wir die Wirbelsäule hinunter und machen so weiter. Geht die Aufmerksamkeit wieder irgendwohin, greifen wir die Wirbelsäulenatmung einfach wieder auf. So wird es oft ablaufen und das ist normal. Auch die Augen werden viele Male abwandern. Das ist auch normal. Wir strengen uns niemals übermäßig an oder kämpfen um Perfektion. So etwas gibt es nicht. Die Übung wirkt am besten, wenn wir locker damit umgehen und immer der gerade aktuellen Vorgehensweise den Vorzug geben, wenn wir merken, dass wir davon abgekommen sind.

Eine sinnliche Rückmeldung und ein lockeres Favorisieren der die Wirbelsäule nach oben und unten entlang wandernden Aufmerksamkeit sind also die Schlüssel für die Entwicklung dieser beiden unterschiedlichen Funktionen. Das wird sich alles langsam geben. Rom wurde auch nicht an einem Tag erbaut. Am Ende machen wir bei der Wirbelsäulenatmung eine Menge Sachen gleichzeitig. Das sind dann Gewohnheiten, die wir eine nach der anderen entwickelt haben, damit sie zu Automatismen werden.

Machen wir auf diese Art unbeirrt weiter, fühlen wir irgendwann etwas Angenehmes von der Wurzel die Wirbelsäule heraufziehen. Dann merken wir, dass dies durch Sambhavi beeinflussbar ist. Wir werden ebenfalls bemerken, dass die Wirbelsäulenatmung dieses Angenehme nach oben und unten überall in uns hin verteilt. Dann sind diese Übungen im Innern mit sehr schönen sinnlichen Rückmeldungen verbunden. Wir werden für unsere Übungen mit Ekstase belohnt. Wir werden konditioniert, auf Ekstase sehr leicht anzusprechen, und dann werden alle Elemente der Übung zu einem Kinderspiel. Uns allen wurde das Potential zur Entwicklung dieser Fähigkeit mitgegeben. Anfangs bedienen wir uns also einer wie auch immer gearteten sinnlichen Rückmeldung und wissen dabei, dass uns im Inneren eine völlig neue Welt erwartet. Bevor wir es richtig erkennen, ist unser Körper mit Licht ausgefüllt und wir baden uns den ganzen Tag und die ganze Nacht in der ekstatischen Glückseligkeit Gottes.

Der Guru ist in dir.

Lektion 132 – Was ist Sünde?

Frage: Was ist Sünde? Ist das ein Zustand, den wir unmöglich ohne das Eingreifen von jemandem, der dazu ordiniert ist, überwinden können? Sind wir Sünder – oder sind wir göttlich? Ich bin verwirrt.

Antwort: Jesus sagt: „Was du säst, wirst du auch ernten." Im Osten drückt man den gleichen Sachverhalt mit dem einen Wort „Karma" aus. Karma bedeutet Handlung und die Folgen daraus. Dazu zählen auch die Einprägungen, die verborgen bleiben und die wir über eine Vielzahl von Leben tief in uns angesammelt haben.

Mit Yoga-Übungen regen wir die natürliche Fähigkeit des Nervensystems an, die vielen in uns aufgespeicherten, verborgenen Karma-Einprägungen aufzulösen. Wir erfahren diese Einprägungen als Begrenzungen und Neigungen in unseren Gedanken, Gefühlen und Handlungen. Diese Einprägungen stellen Hindernisse für die Erfahrung der Wahrheit in uns dar. Reinigen wir uns davon, erkennen wir die göttliche Wahrheit in uns und werden von den uns bindenden Einflüssen infolge unserer vergangenen Handlungen befreit. Dann neigen wir auf natürliche Weise dazu, so zu handeln, dass wir keine uns in der Zukunft begrenzenden Blockaden mehr aufbauen und mehr und mehr als reine Kanäle göttlicher Liebe fungieren. Damit hat Yoga eine direkte Auswirkung auf den gesamten Prozess des Säens, Erntens und den verborgenen Einprägungen des Karma.

Damit ist deine Frage bezüglich der Sünde unmittelbar noch nicht beantwortet. Ich wollte jedoch zuerst die praktischen Aspekte der Rolle, die Yoga dabei spielt, ausbreiten: Handlungen, Folgen der Handlungen und die Mittel zur Auflösung der bindenden Folgen von Handlungen. So passt sich Yoga darin ein.

Was ist Sünde? Schlägst du das in einem Lexikon nach, wirst du sehen, dass man sich dabei auf die negativen Aspekte von „Wie du säst, wirst du ernten" und „Karma" konzentriert.

Sünde wird als „Vergehen gegen die Religion oder Moralgesetze, ein Vergehen gegen Gott" angesehen.

Säen und Ernten ist in Wirklichkeit eins; es ist ein Prozess der Natur. Bei Handlungen, die entweder hin zu oder weg von der Reinigung unseres Nervensystems und dem Ausdruck göttlicher Liebe führen, findet er einfach statt. Was wir hineinstecken, bekommen wir auch wieder zurück. Machen wir Yoga-Übungen und geben dem Öffnen vor dem Schließen den Vorzug, führt dies für uns in diesem Prozess zu einem großen Vorteil.

Sünde liegt ein bisschen außerhalb des natürlichen Prozesses des „wie du säst…" und Karma. Es ist ein „Vergehen". Ein Vergehen gegen wen? Sünde ist mit menschlichen Urteilen eingefärbt. Tust du dies oder jenes, begehst du eine Sünde. Du tust etwas Böses. Du vergehst dich an Gott. Wer entscheidet darüber? – Meist entscheiden wir selbst darüber – durch unsere Schuldgefühle oder Scham über unsere Handlungen. Vielleicht sind wir durch andere seit unserer Kindheit dazu konditioniert worden, so über uns zu fühlen. In unserem noch immer begrenzten Zustand des Bewusstseins haben wir die Tendenz, auf eine Art zu handeln, die uns bindet, und in unserem Bewusstsein (der göttlichen Moralität in uns) fühlen wir Gewissensbisse. Urteilen wir nicht über uns selbst, werden gewiss andere zur Stelle sein und das für uns übernehmen. Dadurch beanspruchen sie die Stelle eines Vermittlers zwischen uns und unserer Erlösung. Und damit hast du die psychologische Struktur, die den größten Teil der organisierten Religionen der Welt zusammenhalten.

Die Vorstellung von Sünde ergibt sich aus der menschlichen Einfärbung eines Naturgesetzes. Sünde ist eine bewusste (oder unbewusste) Tatsachenverdrehung eines natürlichen Prozesses. Sie entsteht aus unseren eigenen Schuldgefühlen und/oder dem Urteil anderer. Zu starke Anhänglichkeit an die Vorstellung der Sünde kann zu einer Art Hoffnungslosigkeit und einer ungesunden Abhängigkeit von anderen für unsere Erlösung führen, da es in Wahrheit nur einen Ort gibt, wo wir jemals Erlösung finden werden: in uns selbst.

Von jemand anderem – ob ordiniert oder nicht – zu erwarten, dass er uns von unseren Sünden befreit, ist eine Formel für das Scheitern. Wahre Religion ist kein Geschäftsvorgang, bei dem wir etwas Bestimmtes geben und dafür etwas anderes erhalten. So funktioniert das nicht.

Vor einem höheren Ideal zu kapitulieren ist etwas anderes. Das ist eine persönliche Angelegenheit, die sich in unserem Herzen abspielt und ist nicht von der genauen Prüfung oder dem Urteil einer anderen Person abhängig. So lange wir loslassen und uns einem höheren Ideal in unserem Herzen unterstellen, weist unser Bhakti eine große reinigende Kraft auf und wird uns zu spirituellen Übungen drängen.

Wurden wir in der Vergangenheit erzogen, uns als hoffnungslose Sünder zu betrachten, sollten wir dies sinnvollerweise sorgfältig überdenken. Glauben wir nämlich nicht an unsere eigene Göttlichkeit, haben wir es schwer, das nötige Verlangen für die Beendigung der Reise aufzubauen. Uns als Sünder zu betrachten, ist nur eine Etikettierung, die wir selbst vornehmen, während unsere Identität als göttliche Wesen ein beweisbarer menschlicher Zustand ist, den wir für uns einfordern können.

Heilige und Heilande tausender Jahre haben immer wieder bewiesen, welche Fähigkeiten wir besitzen, unsere menschliche Natur spirituell zu transformieren.

Schon wenn wir uns das erste Mal zur Meditation hinsetzen, kann das den illusionären Zauber, in dem uns das Sünden-Konzept gefangen hält, zerschlagen. Dies befreit uns nicht schon am ersten Tag völlig von allen Blockaden in uns, doch ist es der Beginn einer Straße, auf der wir reisen können und die uns mit zunehmender Reinigung und Öffnung unseres Nervensystems jeden Tag mehr göttliches Licht offenbart.

Der Guru ist in dir.

Anmerkung: Jemand schickte mir dieses wundervolle Zitat von Paramahansa Yogananda: „Ein Heiliger ist ein Sünder, der niemals aufgab."

Lektion 133 – Nektar

Frage: Manchmal fühle ich am Ende meiner Kehle einen sehr süßen Geschmack. Es ist nicht ganz exakt süß, aber so, dass man es *madhur* (ein indisches Wort, von dem ich die englische Entsprechung nicht genau weiß) nennen könnte. Es kommt von selbst und vergeht nach einer Stunde oder so. Ich war noch nicht in der Lage, eine Verbindung zu irgendetwas herzustellen – nicht zu irgendetwas, das ich esse, noch was ich tue. Ich mag das wirklich sehr, wenn es dazu kommt, und je mehr ich schlucke, desto intensiver wird der Geschmack. Ich hoffe, du kannst etwas Licht darauf werfen.

Antwort: Deine Beschreibung hört sich so an, als ob es sich um den Nektar handelt, den man Amrita oder Soma nennt. Er hat seinen Ursprung im Gehirn und zieht über den Nasenrachenraum nach unten. Er wird durch spirituelle Übungen, besonders Pranayama, Kumbhaka und Kechari stimuliert. Doch kann er von jeder Übung – manchmal sogar nur von Bhakti – kommen.

Bei der Biologie der Kundalini spielen auch sexuelle Essenzen eine Rolle, die durch die Wirbelsäule und auch durch das Verdauungssystem und andere Kanäle nach oben steigen. Dann gibt es im Gehirn einen Prozess, der den Nektar über den erwähnten vorderseitigen Durchlass nach unten ins Verdauungssystem bringt, wo er noch einmal verarbeitet und dann wieder nach oben gesandt wird. Daraus ergibt sich insgesamt ein kreisförmiger Prozess, der in der Mitte nach oben und vorne nach unten verläuft. Diese Biologie ist die Grundlage für zunehmende innere Erfahrungen. Sie ist Teil der menschlichen spirituellen Transformation. Die Fortgeschrittenen Yoga Übungen sind so entworfen, dass sie diesen Prozess unterstützen.

Der Nektar kann von blumenduftiger Süße sein. Man bemerkt ihn meist in frühen Stadien der Kundalini-Erweckung. Später fällt dies dann weniger auf. Konzentriere deine Aufmerksamkeit nicht zu sehr darauf. Fahre mit deinen Übungen fort, was immer sein mag. Diese Erfahrung ist Teil eines größeren Prozesses und stellt keinen Selbstzweck dar.

Gutes ist im Gange.

Der Guru ist in dir.

Lektion 134 – Yoga und die westliche Psychologie

Frage: Ich bin vor kurzem auf deine Lektionen gestoßen und muss dir sagen, dass ich die Förderung von Meditation und anderer Übungen in Eigenregie überhaupt nicht gutheiße. Wenn Menschen beginnen, sich auf sich selbst, die Empfindungen in ihren Körpern etc. zu konzentrieren, machen sie sich sehr verwundbar und zur selben Zeit haben sie die Gelegenheit, eine große Wahrheit aufzudecken: In Situationen, in denen sie keine Unterstützung bekommen, werden sie am Ende nicht besser oder sogar schlechter dastehen, weil sie nicht in der Lage waren, ihre Gefühle zu verstehen, ihre Schmerzen zu heilen und andere Emotionen auszudrücken, die vielleicht hinzukommen. Du behauptest, Reizbarkeit sei ein Ergebnis von Unausgeglichenheiten in den Übungen (Anmerkung: wie beim zu schnellen Herauskommen aus der Meditation) und da widerspreche ich vehement. Ich glaube, dass in der Meditation aufkommende Emotionen einen Grund haben und der einzige Weg auf eine größere Bewusstheit in dieser Situation hinzuarbeiten, ist, sich auf diese Emotionen zu konzentrieren, sie auszudrücken und sie zu verstehen. Ist eine Person erst einmal durch diesen Heilungsprozess hindurchgegangen, wird sie eine größere Bewusstheit erreicht haben. Geben Menschen das als etwas anderes aus, werden sie immer wieder durch denselben Zyklus gehen und das vielleicht den Rest ihres Lebens. In dieser Situation ist eine Betreuung sehr wichtig, weil der Hilfeleistende die Person dazu anleiten kann, sich durch die Situation hindurchzuarbeiten.

Antwort: Du hast möglicherweise etwas Wichtiges übersehen, was zur Meditation gehört: Wenn die Meditation richtig ausgeführt wird, sind die in einer einzelnen Sitzung aufgelösten Blockaden weg. Sie sind nicht mehr da. Es gibt also nichts mehr zu verarbeiten oder zu analysieren. Nur noch die innere Stille und das Licht, das aus unserem Inneren, wo vorher Blockaden waren, durchscheint, sind da. Man muss also schon klar sehen, wie diese Mechanismen funktionieren. Was wir vermitteln, ist effektiver Yoga, eine neurologische Reinigung, durch welche die Effekte von vergangenen Handlungen aufgelöst werden. Sie werden nicht auf der Ebene von Begriffen oder Bedeutungen, sondern neurologisch aus dem Inneren heraus durch das uns innewohnende reine Glückseligkeitsbewusstsein, zu dem wir in der Meditation Zugang finden, aufgelöst. Das ist keine Frage des Glaubens oder von Analysen. Dies ist ein mechanischer Prozess. Er greift bei jedem Menschen, der die Methoden anwendet, auch für jemanden der skeptisch ist.

Es klingt ganz danach, als seist du ein Anhänger der westlichen Psychologie, die an die Oberfläche des Bewusstseins tretende Gefühle auf der Ebene der Bedeutung analysiert – Psychoanalyse. Dies hat einen gewissen Wert, ist jedoch weit von yogischen Methoden entfernt, die viel tiefer gehen, dorthin, wo keine analytischen Prozesse des Verstandes existieren. Die westliche Psychologie ist so etwas, wie die Wellen, die an der Oberfläche des Ozeans aufscheinen, während Yoga (besonders die tiefe Meditation) vergleichbar ist mit der Reinigung des Ozeans von Grund auf, auf Ebenen, auf denen keine Analyse möglich ist. Nur der Prozess der Reinigung ist da. Blockaden bestehen aus Energie, das Denken ist Energie. Yoga behandelt diese Dinge an der Wurzel, indem es über die Energie hinaus zu reinem Glückseligkeitsbewusstsein geht. Bedeutung ist eine weniger grundlegende Form neurologischer Energie, die man nahe der Oberfläche des Verstandes findet. Bedeutung ist sozusagen der Schwanz am Hund der Gedankenenergie und wir alle wissen, dass der Versuch, den Schwanz zu fassen um damit „den Hund zu wedeln“, nicht sehr effektiv ist. Wir können das zwar nutzen, wenn es uns hilft, uns in irgendeiner Form besser zu fühlen. Sind wir etwas anpassungsfähiger, werden wir aber auch täglich meditieren, was dann damit vergleichbar ist, einen Kuchen zu haben und ihn auch zu essen [oder wie man im Deutschen sagt: nicht nur zu studieren, sondern auch zu probieren]. Es ist aber nicht klug zu versuchen, beide Methoden gleichzeitig auszuführen, weil dadurch keiner von beiden geholfen wird.

Beim Yoga geht es jedoch nicht nur um die Reinigung der Psychologie. Das ist nur ein Nebenprodukt. Beim Yoga geht es um die Erleuchtung, um einen direkten Pfad zur Ebene der Verwirklichung, wie sie z.B. Jesus, Krishna, Buddha, Lao Tse, Rumi usw. erreicht haben.

Verglichen mit den Methoden des Yoga befindet sich die westliche Psychologie diesbezüglich noch immer im Embryonalstadium. Bedenke, dass es die Psychoanalyse ein bisschen mehr als 100 Jahre gibt, während Yoga so ungefähr 5000 Jahre alt ist. Damit meine ich nicht, dass „die Zeit im Geschäft zu sein“ alleine etwas darüber aussagt, wie weit man fortgeschritten ist. Doch es ist ein ziemlich guter Indikator. Die Erfahrungen der modernen Yogapraktizierenden belegen die Ergebnisse aus der langen Geschichte des Yoga. Den Beweis dafür, dass man einen Pudding vor sich hat, erbringt man am einfachsten durch das Essen.

Vom Standpunkt des Yoga aus bezieht sich die Offenbarung „großer Wahrheit“ nicht vornehmlich auf ein intellektuelles Verstehen oder die Auflösung emotionaler Schwierigkeiten. Es geht darum, selbst zur Wahrheit zu werden. Dies erreicht man durch eine systematische Reinigung auf jeder Ebene des Erfahrungsinstruments, d.h. des menschlichen Nervensystems. Es ist die Göttlichkeit des menschlichen Wesens, die wir unter Nutzung lang erprobter Methoden hier aufschließen.

Rein logisch kommt man leicht zu dem Schluss, dass die westliche Psychologie viel vom vorurteilsfreien Studium der Yogamethoden lernen kann. Der große Psychologe Carl Jung hat dies am Ende seiner Karriere eingesehen.

Der Guru ist in dir.

Lektion 135*– Kundalini-Ströme in den Beinen und Armen

Frage: Ich praktiziere bereits seit ungefähr sechs Jahren Yoga und Pranayama. Ich begann diese Übungen, weil ich meine Schwierigkeiten mit Asthma loswerden wollte. Das ist mir heute zu 90% gelungen. Normalerweise mache ich keine Meditation (außer einige Affirmationen und Entspannungen nach meinem Pranayama). Der *OM*-Klang interessiert mich wegen meiner religiösen Vorgeschichte nicht besonders. Jetzt bin ich auf dich gestoßen und habe die letzten 50 Tage die Meditation entsprechend deiner Anweisungen ausgeführt. (Die letzten drei Jahre habe ich Yoga nicht regelmäßig praktiziert, aber ich führe Pranayama immer fünf Minuten am Tag aus, bevor ich mit einer Meditation beginne).

Als ich mit der Meditation angefangen habe, war es gut und nach ein paar Tagen fühlte ich, dass eine Art angenehm kühle Brise (kühler Strom) begann, während und nach meiner Meditation in meinem Rücken zu fließen. Bei meinen Gebeten während des Tages und am Nachmittag fühle ich, wie sich dieselben Empfindungen über meinen Rücken bis ganz nach oben ausbreiten. Ich mache mein Pranayama und die Meditation im Siddhasana.

Nun meine Frage: Seit zehn Tagen habe ich während des Tages von ungefähr 10:00 Uhr vormittags bis 14:30 Uhr oder 15:00 Uhr die Empfindung eines warmen Stromes, der in meine beiden Beine und Hände von der Schulter bis zu meinen Fingerspitzen fließt. Manchmal ist der Strom sehr stark, aber angenehm. Sag mir bitte, was dieser Zustand bedeutet. Wie ich es verstehe, sollte die Energie in die oberen Teile des Körpers fließen, nicht nach unten. Lass mich bitte wissen, was es ist oder ob die Energie nach unten statt nach oben fließt. Gib freundlicherweise einige Ratschläge.

Antwort: Das ist die Kundalini-Energie. Die kann sich sehr stark in den Beinen und Armen bemerkbar machen. Du hast sicher den Ausdruck „Lotusfüße" schon mal gehört? Die Kundalini geht überall hin, wo das Nervensystem hinreicht. Das heißt in jede Zelle des Körpers. Es beginnt im Wirbelsäulennerv (Sushumna) und strahlt von dort aus, manchmal gleichzeitig mit dem Ansteigen der ekstatischen Leitfähigkeit im Wirbelsäulennerv und zu anderen Zeiten mit etwas Zeitverzögerung, wenn die Kundalini sich den Weg aus dem Wirbelsäulennerv heraus und nach oben bahnt. Außerdem reicht das feine Nervensystem durch die Aura energetisch weit über die Körpergrenzen hinaus und die Kundalini geht auch dahin. So können andere unsere wachsende ekstatische Glückseligkeit fühlen – angenehme Schwingungen, du weißt schon.

Vor vielen Jahren machte ich dieselbe Erfahrung, die du beschreibst. Es war so intensiv angenehm in meinen Beinen und Füßen, dass ich barfuß die gesamte Nachbarschaft ablief, um das wieder abflauen zu lassen. Es war, als hätte ich Orgasmen in meinen Füßen. Dasselbe hatte ich auch in meinen Armen und Händen. Körperliche Aktivität hilft, so etwas wieder zu normalisieren. Vielleicht siehst du auch in Lektion 69 zu den Kundalini-Symptomen, Unausgewogenheiten und Gegenmitteln nach, wenn du meinst, es sei nötig, dies weiter auszuglätten.

Die Symptome haben viel zu tun mit der Reibung zwischen der Kundalini-Energie und tief sitzenden Blockaden, die herauskommen. Im Laufe der Zeit ergibt sich daraus überall im Körper ein geschmeidiges Gleichgewicht nicht endender, ekstatischer Gefühle. Das ist dann in der Tat ein ekstatisches Leben.

Wenn ich raten soll, würde ich sagen, dein Pranayama die letzen paar Jahre hat dein Nervensystem aufgeschlossen und nun bedient sich die Meditation des Vorteils dieses schon vorbereiteten Zustands. Es ist sehr klug von dir, mit der Meditation zur Ergänzung des Pranayama zu beginnen. Die Beziehung zwischen diesen beiden Übungen und die Wichtigkeit, beide auszuführen, wird beginnend mit den ersten Unterweisungen zur Wirbelsäulenatmung (Lektion 39) die gesamten Lektionen hindurch erörtert. Wenn du das noch nicht getan hast, wäre es vielleicht gut, du würdest dein Pranayama auf das Niveau der Wirbelsäulenatmung bringen. Das verstärkt noch einmal die Effekte des Pranayama, während es gleichzeitig zu viel mehr Energieausgeglichenheit im Nervensystem führt. Dies ergibt einen größeren Fortschritt bei gleichzeitig verringerter Wahrscheinlichkeit von übermäßigen Energieflüssen.

Da tut sich etwas Gutes.

Der Guru ist in dir

Zusatz: Hier ist noch eine Frage & Antwort. Dabei geht es um das wohlbekannte Hand-Mudra (Jnana oder Chin Mudra), bei dem zwischen Daumen und Zeigefingern eine Verbindung hergestellt wird, in diesem Fall als Ergebnis innerer Energiebewegungen:

Frage: In den Lektionen ist eins sonderbar, und zwar, dass die Funktion der Hände nicht erwähnt wird. Deshalb gebe ich sie immer dahin, wo immer ich mich damit wohl fühle, d.h. entweder an die Seiten oder gefaltet auf meine Füße. Die letzten paar Tage hab ich nun bemerkt, dass in der Meditation zu gewissen Zeiten mein Zeigefinger und der Daumen von zumindest einer Hand (manchmal beide) sich ruckartig bewegen und sich an den Fingerkuppen vereinigen. Ich weiß, dass dies eine automatische Yoga-Stellung sein könnte, wie du das erwähnt hast. Doch habe ich nun erfahren, dass man diese Handhaltung Jnana Mudra nennt. Ich wollte wissen, ob es hilfreich wäre, diese Stellung willentlich beizubehalten? Gibt es irgendwelche anderen Mudras, die die Übungspraxis unterstützen könnten?

Dies scheint mit der Praxis von Amaroli begonnen zu haben, die ich vor kurzen anfing.

Antwort: Die Priorität in den Lektionen liegt seit Beginn darin, dass wir uns auf Übungen konzentrieren, die den größten Gewinn aus der eingesetzten Aufmerksamkeit und Zeit herausholen. Deshalb beginnen die Lektionen mit tiefer Meditation und gehen dann über zur Wirbelsäulenatmung, den Mudras, Bandhas, Siddhasana usw. Aufgrund dieser Art der Prioritäten setzenden Herangehensweise rücken manche der üblichen Dinge im Yoga in den Hintergrund. Auch Yamas und Niyamas (zu denen ein Verhaltenskodex zählt), Diät und bestimmte körperliche Reinigungsmethoden (Shatkarmas) haben wir bisher außen vor gelassen. Das deshalb, weil wir wissen, dass sie mit Meditation und Wirbelsäulenatmung ganz von alleine durch das „In-Verbindung-Stehen“ im Yoga hervortreten werden. Sie werden zu „automatischen“ Tendenzen und dann können wir sie einbauen, ohne zu riskieren, dass wir damit zu früh beginnen und nur wenig spirituellen Nutzen daraus ziehen.

Das von dir erwähnte Hand-Mudra (Jnana oder Chin-Mudra genannt) gehört ebenfalls zu dieser zweiten Kategorie, auch wenn es zu den sichtbarsten „Yoga-Gebärden“ gehört. Wegen dieser Sichtbarkeit wurde das in hohem Grade ritualisiert, was ebenfalls ein Grund dafür ist, dass es in den Lektionen bisher nicht erörtert wurde. Eine nach außen gerichtete „Show“ von Ritualen ist fast immer entweder wirkungslos oder bewirkt sogar aufgrund der Normen äußerer gesellschaftlicher Konformität das Gegenteil von dem, was man mit Yoga erreichen will. Individuelle Unternehmungslust und Verantwortung sind unabdingbar für einen Erfolg im Yoga und diese bilden auch die Basis für die FYÜ-Lektionen, wie du weißt.

Heißt dies nun, dass Jnana Mudra etwas Schlechtes ist und all die potentiell ablenkenden Praktiken zu meiden sind? – Keineswegs.

Du bist zu dem Hand-Mudra auf genau dem richtigen Weg gekommen – deine Energieerfahrungen haben es hervorgebracht. Das ist perfekt. Machen wir unsere Kernübungen und die Energie beginnt sich im Inneren zu bewegen, entdecken wir schließlich die Wirkrealität von Dingen wie Jnana Mudra. Dann merken wir, dass es wie das Schließen eines Energiekreises ist, wenn sich die Daumen und Zeigefinger unserer beiden Hände berühren und Kreise bilden. Dies erlaubt es der Kundalini-Energie während unserer Übungen, effektiver durch unsere Arme zu zirkulieren. Es kann auch dabei helfen, Bewegungen zu beruhigen, die durch die Energie in unseren Armen verursacht werden, und ekstatische Gefühle in unserem gesamten Körper zu betonen. Während wir Jnana-Mudra ausüben, können wir unsere Hände mit den Handflächen nach oben oder nach unten auf den Knien, im Schoß oder wo immer sie sich bequem anfühlen, ruhen lassen. Jnana Mudra ist mehr eine Auswirkung als eine Ursache, denn wenn nicht zuerst die Kundalini-Energie fließt, trägt das Mudra zu unserem spirituellen Fortschritt praktisch nichts bei. Wenn die Energie jedoch einmal in Bewegung gekommen ist, so dass wir das spüren, kann sich die Neigung einstellen, diesen Kreislauf in unseren Händen zu schließen – oder auch nicht. Das Pranayama und die Meditation sind genau gleich effektiv, ob die Hände nur so im Schoß zusammengelegt sind oder sich in Jnana Mudra auf den Knien oder sonst wo befinden. Es hängt also mehr als alles andere von der persönlichen Neigung ab, was wir mit den Händen anfangen, solange wir uns nicht zu sehr mit unseren Händen beschäftigen und so abgelenkt werden. In diesem Fall gehen wir mit dieser Art von Ablenkung auf genau die gleiche Weise um wie mit jeder anderen während der Übungen auftretenden Ablenkungen und geben locker und leicht der gerade anstehenden Übung den Vorzug.

Unser spiritueller Fortschritt wird nicht wesentlich davon beeinflusst, ob wir Jnana Mudra nutzen oder nicht. Es liegt also alles in deinem Ermessen. Ich würde nur dazu raten, es alles natürlich geschehen zu lassen.

Von weiteren Mudras und Bandhas haben wir die Wichtigsten bereits für die Integration in die Übungen behandelt: Mulabandha/Asvini, Sambhavi, Uddiyana/Nauli, Jalandhara (statisch und dynamisch), Kechari und Yoni. Es gibt noch ein paar, die bei den Asanas vorkommen und bisher noch nicht oft in den Lektionen erwähnt wurden –

Maha Mudra und Yoga Mudra. Bei beiden beugt man sich mit Kopf und Oberkörper nach vorn Richtung Boden oder dem ausgestreckten Bein, um dadurch die Sushumna zu strecken und zu lösen. Beide können auch während der Meditation oder des Pranayama als automatisches Yoga vorkommen. In Lektion 183 geht es um eine derartige Situation. Wenn wir diese beiden Mudras in unserer Asana-Routine machen, wird es hilfreich für das Pranayama und die Meditation sein, weil die Sushumna dadurch bereits gelöst wird. Damit verringert man auch die Wahrscheinlichkeit von ziellosen und möglicherweise ablenkenden Bewegungen (wieder Lektion 183) während der sitzenden Übungen. Alle Asanas dienen diesem Zweck, doch diese beiden spielen eine besondere Rolle und werden zur Kategorie der „Mudras" gezählt.

Das ist großartig, dass nach dem Beginn mit Amaroli (vgl. Tantra-Lektion 32) ein merklicher Anstieg der Verbundenheit des Yoga zu verzeichnen war. Ja, das kann schon daher kommen. Das Nervensystem kann nicht widerstehen sich zu öffnen, wenn es yogisch aus so vielen Richtungen stimuliert wird.

Lektion 136 – Vigyan Bhairav Tantra – die 112 Techniken

Frage: Pranam! Darf ich um etwas Anleitung auf Basis der Übungen aus den Dharmas von Vigyan Bhairav bitten.

Antwort: Ich bin mit der Schrift Vigyan Bhairav Tantra hauptsächlich durch die Schriften von Osho/Rajneesh (*Das Buch der Geheimnisse: 112 Meditationstechniken zur Entdeckung der inneren Wahrheit*) bekannt. Dies ist ein ausführlicher Kommentar zu den 112 „Zentrierungsübungen" aus dem Buch *Zen Flesh, Zen Bones [Zen-Fleisch, Zen-Knochen]*, einer Sammlung von Zen- und Vor-Zen-Schriften, gesammelt und transkribiert von Paul Reps und Nyogen Senzaki, publiziert erstmals 1957.

In den Lektionen der Fortgeschrittenen Yoga Übungen findet man die Prinzipien von Vigyan Bhairav in konzentrierter und praxisnaher Form mit einer Reihe von effektiven Übungen, die man – sobald man dazu bereit ist – in einer Art modularer Bauweise in seine Übungsroutine aufnehmen kann.

Neben Vigyan Bhairav (und anderen Tantra-Yoga-Quellen) integrieren die Lektionen Prinzipien und für unsere Zwecke optimierte Übungen aus dem Bhakti Yoga, Mantra Yoga, Kriya Yoga, Raja Yoga, Hatha Yoga und Kundalini Yoga und natürlich auch etwas altmodischen, christlichen, gesunden Menschenverstand. Es ist ein offenes und integriertes System von Übungen, das mit dem Ziel der leichten Anwendung, Effektivität und Vollständigkeit auf wissenschaftlicher Basis abgeleitet wurde.

Ich hoffe, du findest die Lektionen beim Verfolgen des von dir gewählten Weges nützlich.

Der Guru ist in dir.

Lektion 137 – Mit beiden Füßen ins Paradies

Frage: Ich bin bereit, wieder mit Meditation zu beginnen, damit ich das fühlen kann, was ich in der Vergangenheit gefühlt habe. Es hatte schon damit begonnen, als ich noch in der Schule war. Ich habe mich immer nach etwas gesehnt, doch bis jetzt wusste ich nicht, nach was. Damals hab ich mit Meditation begonnen. Ich habe immer versucht in Shavasana (Totenstellung, d.h. im Liegen) zu meditieren, weil es heißt, dass diese Stellung eine Haltung ist, in der man über Stunden sitzen, oder besser gesagt, liegen kann, ohne den Körper zu überanstrengen ...

Es war vor ungefähr 5 Jahren, als ich eines Tages das Licht fühlte. Ich kann nicht erklären, was es ist … doch am nächsten Morgen erzählte mir meine ganze Familie, dass ich mich in der Nacht in der Luft oben über meinem Bett – und das ist ungefähr ein Meter über der Erde – befand und mein Körper glühte. Seit diesem Tag hab ich mich bemüht herauszufinden, was mir da passiert ist. Ich habe weiter meditiert und danach passierte es auch mehrmals, dass ich mich fühlte, als hätte ich kein Gewicht und ich hatte eine sonderbare Empfindung in der Region meines dritten Auges. Danach, aufgrund von Studium, Beruf und Heirat, hab ich mit der Meditation aufgehört und es sind nun ungefähr drei Jahre vergangen, aber immer noch rieche ich manchmal einen Duft von Blumen und manchmal kann ich den Duft nicht definieren, doch er ist sehr angenehm. Manchmal höre ich Glockengeläute im Inneren und manchmal höre ich ein Geräusch von Hriim, das sich anhört wie Hriiiiiiiiiiiiiiiiiiiimmm. Bitte erkläre mir, was da los ist, oder sag mir wenigstens, wie ich weitermachen soll, da ich jetzt nicht meditiere und wieder damit anfangen will.

Antwort: Danke, dass du schreibst und teilst. Du gehst am besten zum Beginn der Lektionen. Die Lektionen gehen Schritt für Schritt durch die Anweisungen für die Meditation, Pranayama und später zur Einbindung physischer Übungen (Bandhas, Mudras, Asanas, Kumbhaka). Es gibt auch eine Erörterung zur Frage „Warum?" das in uns hochkommt und wie man es zur Steigerung von Bhakti – Wunsch nach dem Göttlichen – einsetzt. In diesen Lektionen wird nicht so viel zur Philosophie oder zur Theorie gesagt. Der Fokus hier liegt auf den Übungen und auf dem Umgang mit verschiedenen Arten von Erfahrungen, die sich als Ergebnis daraus einstellen.

Deine Erfahrung von innerem Licht, Schwerelosigkeit, süßen Düften, inneren Tönen usw. sind alle Symptome einer Art guter Reinigung in deinem Nervensystem. Natürlich ist das größte „Symptom", das man haben kann, unendliche göttliche Freude.

Du wirst gute Fortschritte machen, sobald du erst einmal wieder mit den Übungen beginnst. Bedenke aber, dass die Symptome für Reinigung nicht die Übungen selbst sind, dass weiterer Fortschritt davon abhängt, wie du deine Übungen machst und dass du dich nicht übermäßig auf irgendeine besondere Erfahrung, auch wenn sie einem Wunder gleicht, konzentrieren solltest. Dies leitet sich direkt von Patanjalis Yoga Sutren ab und ist ein guter praktischer Ratschlag für jeden auf dem Yoga-Pfad mit gleich welcher Art von Erfahrungen.

Shavasana (Totenstellung) ist eine wundervolle Stellung, die gewöhnlich am Ende einer Asana-Routine eingenommen wird und man kann auch am Ende der sitzenden Übungen mit Meditation, Pranayama usw. in Shavasana gehen. Traditionellerweise nimmt man Shavasana nicht für die Meditation ein und dafür gibt es eine Vielzahl von Gründen. Ratschläge für verschiedene Arten des Sitzens während der Meditation findest du in den Lektionen. Du wirst selbst merken, wie das Sitzen sich mit dem Fortschritt der Übungspraxis mitentwickelt.

Ist dein Wunsch für die Meditation stark, wirst du die Zeit zur Durchführung einer täglichen Übungsroutine finden. Du brauchst dafür vorerst lediglich 20-30 Minuten zweimal am Tag. Zum Zeitmanagement findest du ebenfalls Hinweise in den Lektionen.

Entscheidest du dich dafür, zu deinen früheren Übungen zurückzukehren, oder wenn du einen Lehrer oder Guru hast, der dir hilft, dann betrachte diese Lektionen lediglich als „Gedankennahrung".

Es scheint, als hättest du schon fast einen Fuß im Paradies gehabt. Vielleicht ist es jetzt an der Zeit, mit beiden hineinzukommen. Ich wünsche dir auf dem von dir gewählten Weg allen Erfolg.

Der Guru ist in dir.

Lektion 138 – Möchtest du rekonditioniert werden?

Frage: (Zur Lektion 35 – Meilensteine der Erleuchtung). Zum Dreiklang Stille, Glückseligkeit und Harmonie in deiner Erörterung der Meilensteine: Sind diese nahe oder ähnlich der Beschreibung von Brahman als Sein-Bewusstsein-Glückseligkeit (Sat-Chit-Ananda)? Ist der Reinigungsprozess für Körper und Verstand ein anderer Name für die Rekonditionierung oder für die Beseitigung von Konditionierungen?

Antwort: Zu Sat-Chit-Ananda (Sein-Bewusstsein-Glückseligkeit) stellen wir in der tiefen Meditation eine Verbindung her und Sat-Chit-Ananda ist auch das, was in uns als Stille (auch das „Zeugen-Bewusstsein" genannt) wächst. Die Festigung dieser transzendentalen Realität als unsere Selbstwahrnehmung 24 Stunden sieben Tage die Woche ist die erste Stufe der Erleuchtung. Der Ausdruck „reines Glückseligkeitsbewusstsein", der in den Lektionen oft verwendet wird, ist ein Synonym für Sat-Chit-Ananda, innere Stille und der Zeuge. Glückseligkeit ist dabei ein Schlüsselwort. Der unbewegliche innere Zeuge ist ein glückseliger Zeuge, und wir sind es deshalb auch, wenn wir zu ihm werden, und viel mehr wird danach noch kommen.

Ekstase ist das Schlüsselwort im zweiten Stadium der Erleuchtung. Ekstase wird von der Bewegung des Prana (Kundalini) im Nervensystem hervorgerufen. Mit der Verfeinerung der inneren sinnlichen Erfahrungen wächst die Hingabe (Bhakti) in uns und wir beschleunigen in unserer neurobiologischen Transformation hin zu andauernder göttlicher Erfahrung. Technisch bedeutet die Bewegung von Prana/Kundalini die Bewegung von Sat-Chit-Ananda, weil alles dies ist. Nur unterscheiden wir zwischen der Glückseligkeit (reines Bewusstsein) und der Ekstase (des Körpers), denn im dritten Stadium vereinigen sich diese beiden Aspekte unserer Natur, und da kommt dann auch das Wort „Harmonie" und das Anwachsen des bedingungslosen Ausflusses von göttlicher Liebe ins Spiel. Dann sind wir Kanäle für das Göttliche auf Erden und wir lieben jede Minute davon.

Die Lektionen 85 und 113 wiederholen die Stufen der Erleuchtung aus verschiedenen Perspektiven und auch in vielen anderen Lektionen werden diese von verschiedenen Erfahrungsebenen aus betrachtet.

Nichts davon würde hier auch nur erwähnt werden, wenn sich nicht die entsprechenden Erfahrungen mit den Übungen einstellen würden. Es besteht also eine Notwendigkeit für einen Verständnisrahmen (und von Meilensteinen). Aus diesem Grund wird es erörtert. Wer würde all diesen Krempel sonst brauchen? Sind die Erfahrungen einmal da, beschreiben der mentale Rahmen und die Metaphern (Shiva, Shakti usw.), was im Innern abläuft, und dies hilft, für die Fortführung der Übungspraxis zu begeistern.

Die Begriffe „Rekonditionierung" und „Dekonditionierung" sind meiner Meinung nach in Hinblick auf das, was wirklich geschieht, etwas vage. Mir gefallen Reinigung und Säuberung besser. Ist das Nervensystem einmal gesäubert, wird es zu einem in beiden Richtungen offenen Tor zum Unendlichen in uns. Tatsächlich ist dies jedoch nur Semantik. Die Worte, die für dich wirken, sind in Ordnung, solange du deine Erfahrungen mit deiner eigenen Ausdrucksweise eindeutig interpretieren kannst und nicht das, was geschieht, falsch interpretierst. Ein falsches Verständnis (und Furcht, wenn es dort draußen zu Erfahrungen kommt) kann zum Verlust der Motivation für das Üben führen. Es ist also wichtig zu verstehen, was wirklich abläuft. Die Hauptsache ist immer, dass wir motiviert bleiben, unsere Übungen auszuführen und uns dadurch rekonditionieren!

Der Guru ist in dir.

Lektion 139 – Dynamisches Jalandhara – Die Kinnpumpe

Mit der Meditation und der Wirbelsäulenatmung schaffen wir eine globale Hausreinigung des Nervensystems. Gleichzeitig stimulieren wir die göttlichen Energien in uns und bringen sie in ein Gleichgewicht. Diesen wundervollen globalen Übungen haben wir eine Reihe von Mudras, Bandhas und Asanas hinzugefügt, die bestimmte Gebiete des Körpers – oben wie unten – gezielt behandeln. Mit Kumbhaka (Atemanhalten) in Yoni Mudra haben wir die Kundalini und den Fluss von Prana im Wirbelsäulennerv und darüber hinaus stark angeregt. Dann fügten wir Nauli hinzu und begannen mit zielgerichteten Übungen, die die Kundalini noch mehr von der Beckenregion durch den Bauch in Richtung Herz und weiter nach oben bringen sollen.

Nachdem wir mit all dem genügend Erfahrung gesammelt haben, sind wir bereit, uns gezielt mit dem Energiefluss zwischen Herz und Kopf zu beschäftigen. Dies ist das Hoheitsgebiet des dynamischen Jalandhara. Wir haben das statische Jalandhara Bandha bei Gelegenheit von Yoni Mudra Kumbhaka (Lektion 91) gelernt; konkret ist dies ein Sinkenlassen des Kinns in Richtung Brust, bis es seine angenehme Grenze erreicht. Nun nutzen wir das auf eine mehr dynamische Weise. Die Wirkung davon ist die Stimulation der Prana-Bewegung zwischen Herz und Kopf. Ich nenne dies die "Kinnpumpe", weil Prana durch diese Übung zwischen Herz und Kopf auf eine Art nach oben und wieder nach unten gepumpt wird, wie du das nicht für möglich hältst. Es ist eine wirkliche Reinigungs- und Energiestimulationsübung für den Oberkörper und den Kopf.

Mit der Kinnpumpe nehmen mir noch eine neue Kumbhaka-Übung in unsere Meditationssitzung hinein. Wie wir das genau einbauen, besprechen wir später. Jetzt gehen wir zunächst genauso vor, wie wir dies bei Yoni Mudra Kumbhaka tun – außer, dass wir die Finger weder an den Augen, noch an der Nase benutzen. Wir wollen, dass sich der Kopf frei herumbewegen kann.

Auch dieselben Richtlinien wie bei Yoni Mudra bezüglich der Übungen, die man bereits sicher und gut beherrschen sollte, und der Gesundheitsprobleme, die möglicherweise durch das Atemanhalten verschlimmert werden könnten, gelten hier. Du solltest inzwischen auch alle Aspekte von Yoni Mudra Kumbhaka genauso gut und sicher beherrschen, bevor du es mit der Kinnpumpe versuchst. Eine zusätzliche Vorsichtsmaßnahme für die Kinnpumpe ist, dass du keinerlei Probleme am Nacken oder Kopf haben solltest, die durch das Herumbewegen des Kopfes verschlimmert werden könnten.

Wir sitzen also in Siddhasana und atmen wie bei der Wirbelsäulenatmung von der Wurzel aus durch den Wirbelsäulennerv hinauf zum Punkt zwischen den Augenbrauen ein und halten den Atem, indem wir die Luftröhre in der Kehle auf dem gewöhnlichen Weg mit Hilfe des Kehldeckels schließen. Dann sind wir also in Mulabandha, Uddiyana, Sambhavi und Kechari und schauen mit unserer Aufmerksamkeit durch das dritte Auge, genauso, wie wir dies bei Yoni Mudra Kumbhaka tun. Bei der Kinnpumpe ruhen aber unsere Hände locker auf unseren Knien oder Oberschenkeln.

Jetzt beginnen wir unseren Kopf langsam nach links zu rotieren, dann nach hinten, dann rechts und dann lassen wir ihn in einer schnelleren, stürzenden Bewegung nach unten auf die Brust „fallen", fegen über den untersten Punkt von rechts nach links und kommen auf der linken Seite des Kreises wieder nach oben, werden wieder langsamer, dann wieder hinten herum, lassen ihn wieder fallen und immer so weiter. Wir beschreiben also – mit Ausnahme des schnelleren Fallens/Nach-unten-Sausens zur Brust von rechts nach links – mit unserem Kopf einen langsamen Kreis. Wir machen mit dieser kreisförmigen Kopfbewegung weiter, wenn wir bereit sind, unser Kumbhaka an der angenehmen Grenze zu beenden, lassen die Luft langsam ausströmen und gehen dabei mit unserem Atem die Wirbelsäule zurück nach unten. Auch beim Wiederauffüllen, wenn wir den Wirbelsäulennerv mit unserem Atem nach oben verfolgen, lassen wir unseren Kopf sich derart weiterbewegen. Dann, wenn wir die Lungen wieder aufgefüllt haben, machen wir die Rotation des Kopfes in die andere Richtung, so dass wir dann von links nach rechts fallen bzw. fegen, wenn wir zur Brust nach unten gehen. Wir machen in dieser Art mit angehaltenem Atem weiter, bis wir ausatmen und wieder einatmen. Dann, wenn wir wieder mit Luft angefüllt sind, tauschen wir erneut die Richtung der Kopfbewegung u.s.w. Wir rotieren mit einem vollständigen Kumbhaka-Atem nach links und mit dem nächsten Kumbhaka-Atemzug nach rechts und immer so weiter. Wir wechseln die Richtung des Kopfkreisens jedes Mal, wenn wir wieder vollständig mit Luft angefüllt sind. Dies ist die Kinnpumpe.

Lass uns nun über einige weitere Einzelheiten sprechen: Anfangs, beim Erlernen, begrenzen wir die Atemzüge auf vier. Später, wenn es angenehm damit läuft, können wir auf die Verwendung der Uhr umstellen und die Übung für fünf Minuten durchführen und schließlich – mittels Anwendung der üblichen Selbstabstimmung – bis zu zehn Minuten ausdehnen. Die Kinnpumpe machen wir gleich nach der Wirbelsäulenatmung und unmittelbar vor der Meditation. Führen wir die Kinnpumpe in unsere Routine ein, dann verschieben wir unser Yoni Mudra Kumbhaka an das Ende unserer Übungen, d.h. nach der Meditation und vor der abschließenden Ruhephase. Yoni Mudra Kumbhaka führen wir genau gleich aus wie zuvor. Wir verlegen sie nur an eine andere Stelle in unserer Routine. Dann haben wir also Kumbhaka mit der Kinnpumpe vor der Meditation und Kumbhaka mit Yoni Mudra nach der Meditation. In dieser Zusammenstellung liegt große Kraft.

Die Kinnpumpe wird sich anfänglich klobig anfühlen. Du wusstest schon, dass dies der Fall sein würde, nicht wahr? Man muss sich etwas daran gewöhnen. Doch dieses Daran-Gewöhnen ist die Mühe wert. Wir zwingen uns zu nichts. Nie gehen wir über den angenehmen Bereich von Bewegungen unseres Nackens hinaus. Wir machen es langsam und achten darauf, dass wir nicht verspannen. Mit anhaltender Übung wird sich die Reichweite unserer Kopfbewegung schrittweise ausdehnen. Im Laufe der Zeit kann unser Kinn nahe an unsere obere Brust herankommen oder sie sogar berühren, wenn wir nach unten stürzen. Doch habe keine Eile damit. Vielleicht kommen wir auch nie so weit hinunter und das ist auch vollkommen in Ordnung. Wie bei allen Yoga-Übungen gehen wir niemals über die Grenze des Angenehmen hinaus. Beginne stets mit einer kleineren Bewegung des Kopfes und lass sie sich auf natürliche Weise und allmählich während einer Sitzung zu dieser angenehmen Grenze ausdehnen. Damit funktioniert die Kinnpumpe von Beginn an optimal. Vielleicht bemerkst du einige Geräusche oder Empfindungen in deiner Brust, wenn du die Kinnpumpe ausführst. Das ist normal. Es kann sich wie ein Pochen anhören oder sich hinter dem Brustbein wie ein Zermalmen anfühlen. Auch dein Nacken kann ein bisschen knirschen. Das ist auch normal. Unannehmlichkeit ist jedoch nicht normal. Verspürst du also etwas davon in irgendeiner Form, dann nimm gleich die nötigen Anpassungen vor. Übertreibe es mit der Kinnpumpe nicht. Es braucht etwas Zeit, bis man seine innere Statur dazu aufgebaut hat. Sei also sehr vorsichtig und wende Selbstabstimmung an. Stelle sicher, dass du in deinem angenehmen Bereich der Bewegungen bleibst. Denke daran, dass wir alle anderen angegebenen Mudras und Bandhas während des Kinnpumpen-Kumbhakas weiterhin anwenden. Und natürlich sitzen wir während der gesamten Routine, solange wir bequem darin bleiben können, in Siddhasana.

Was könnten wir als Ergebnis des dynamischen Jalandhara, d.h. der Kinnpumpe, erleben? Hast du bereits einige aktive Kundalini-Energie in deinem Körper, etwas Prana, das sich in deinem Nervensystem bewegt, wird die Kinnpumpe zwei Dinge bewirken. Erstens wird sie Prana stark hinunter in die Herzgegend bringen, wo es sich mit dem Prana verbindet, das durch den Bauch von der Beckenregion nach oben steigt. Dies sind zwei verschiedene Formen von Prana, die durch die energetische Polarität in unserem Körper charakterisiert sind. Zweitens bringt die Kinnpumpe das vereinigte Prana vom Herzen in großen Mengen zurück nach oben in den Kopf. Ist die Kundalini im Körper aktiv, wird sich der Kopf anfühlen, als würde er mit vitaler Lichtessenz voll gepumpt. Jeder Hohlraum des Kopfes wird sich aufhellen. Auch in den Nebenhöhlen können diese Empfindungen auftreten. Das kann sich etwas sonderbar anfühlen, doch geht die Sonderbarkeit bald vorüber. Ist die Kundalini im Körper noch nicht sehr aktiv, wird die Kinnpumpe – zusammen mit all den anderen Mitteln, die wir anwenden – ihre Erweckung erleichtern. Alles steht miteinander in Verbindung. Es ist nur eine Frage der Zeit, weil so viele Aspekte des Nervensystems stimuliert werden.

Anfänglich kann es zu einigen Nebeneffekten der Kinnpumpe kommen. Sie sollten nicht lange anhalten. Etwas Benommenheit kann auftreten, vielleicht auch ein leichter Kopfschmerz oder Energieströme, wie sie vorher noch nicht im oberen Teil des Körpers und des Kopfes erlebt wurden. Es ist eine kraftvolle Übung und wir greifen damit nach einem Durchbruch zu einer höheren Ebene des Funktionierens in unserem Nervensystem. So kann es bei der Fahrt einige Schlaglöcher in der Straße geben. Aus diesem Grund ist es vielleicht gut, wenn du deine erste Übung mit der Kinnpumpe auf ein Wochenende legst, an dem du weniger Verpflichtungen hast. Geh methodisch vor und übertreibe es nicht. Wenn irgendwelche Symptome unangenehm werden, nimm die Übung sofort zurück und gib dir Zeit zur Erholung. Dann kannst du später wiederkommen und es von neuem versuchen – langsam. Halte deine Grenzen in Ehren und wende Selbstabstimmung an. Bei der Kinnpumpe ist Selbstabstimmung sehr wichtig. Mit dieser Übung bewegen wir eine Menge an Energie nach oben durch die Kanäle, in denen Energie in diesen Mengen vorher noch nicht war. Und wir befassen uns mit feinen Komponenten unserer Anatomie – unserem Nacken und Kopf. Wollen wir die Erleuchtung, dann müssen wir die Türe aufstoßen, so dass die spirituellen Energien, die sich in unserem Inneren regen, ihre natürliche neurobiologische Funktion finden können. Die Kinnpumpe ist ein kraftvoller Weg, die Türen zwischen dem Herzen und dem Kopf zu öffnen.

Wenn wir mit der Kinnpumpe täglich weitermachen, werden wir im Lauf der Zeit eine Stärkung in unserer Brust, unserem Nacken und Kopf feststellen. Es ist eine spirituelle Stärkung, wenn das Prana durch uns auf eindrucksvollen neuen Wegen fließt. Unser Herz wird erfüllt von einer kraftvollen und greifbaren Liebe. Unsere spirituell-visionäre Kraft wird verstärkt. Das dritte Auge ist ein direkter Empfänger für den ansteigenden Energiefluss. Das Gleiche gilt für die Krone. Es fühlt sich sehr gut an, wenn die Energie sich auf gesunden Wegen in den höheren Bereichen des Körpers bewegt. Auch eine physische Stärkung geht mit der Nutzung der Kinnpumpe einher. Es sind damit also viele Vorteile verbunden und deshalb ist es eine Übung, die es sich sehr lohnt zu erlernen und mit der Zeit zu verfeinern. Fange nur langsam damit an und baue es ganz schrittweise auf.

Haben wir das dynamische Jalandhara beendet, werden wir uns energetisiert fühlen und vielleicht wünschen, uns eine oder zwei Minuten Zeit zu lassen, bevor wir uns in die Meditation begeben. Es ist mehr eine pranische Energetisierung als eine physische, auch wenn nach einem mehrminütigen Kumbhaka mit dem beschriebenen Kreisen des Kopfes beide da sein können. Nimm dir also ein paar Minuten Zeit, um dich für die Meditation zu beruhigen. Vielleicht beginnst du also erst einige Minuten später und fängst mit dem Mantra an, sobald du die Notwendigkeit dazu fühlst. Stelle sicher, dass du mit dem Mantra ohne Anstrengung entsprechend der ursprünglichen Anweisung beginnst und folge wie immer der einfachen Vorgehensweise der Meditation. Wir gehen von der hohen pranischen Energetisierung zur tiefen Stille. Der Mix aus diesen beiden ist sehr mächtig und es wird zu einer anderen Art von Erfahrung in der Meditation kommen. Die höchste Art der Kultivierung mit dem Kinnpumpen-Kumbhaka vermählt sich mit der höchsten Stille der tiefen Meditation. Eine neue Art der leuchtenden Fülle wird in unserem Nervensystem geboren und das begleitet uns hinaus in unsere täglichen Aktivitäten. Wir werden dann sowohl zur stillen Glückseligkeit als auch zur ekstatischen Ausstrahlung und beide sind gleichzeitig da.

Dies verwandelt sich in ekstatische Glückseligkeit!

Der Guru ist in dir.

Lektion 140* – Kinnpumpe: Koordination der Rotation des Kopfes mit der Atmung

Frage: Diese Kinnpumpe ist schlichtweg wundervoll. Ich habe es ein paar Mal, so gut ich es eben verstanden habe, probiert und es ist wirklich ziemlich gewaltig. Danke, dass du uns an so kostbarem Wissen teilhaben lässt.

Doch bevor ich sie wirksam in mein tägliches Sadhana einfügen kann, brauche ich etwas Klarstellung. Ich will sichergehen, dass ich die Technik richtig verstehe. Wenn ich von rechts nach links gehe und von links nach rechts, geschieht das in einem Atemzyklus oder sind das verschiedene Atemzyklen? Wenn der Kopf noch in Bewegung ist, sollte man da auch atmen?

Du hast erwähnt, dass wir die Übung auf viermal beschränken sollen, wenn wir sie neu lernen. Kannst du das bitte noch etwas verdeutlichen? Bedeutet das, dass wir vier Runden des Kopfkreisens in jede Richtung machen oder zählen wir einfach vier Atemzüge, egal ob die Kinnpumpe von rechts nach links oder links nach rechts geht?

Antwort: Zu jeder Rotation in eine Richtung gehört eine vollständige Atmung (mit Kumbhaka/Atemanhalten, Ausatmen, Einatmen). Dann, am Ende einer neuen Einatmung, schalten wir um und gehen mit dem Kopf den ganzen Atemzyklus lang wieder, beginnend mit Kumbhaka (Atemanhalten), in die andere Richtung. Wenn du dann beim nächsten Atemzyklus wieder vollständig mit Luft angefüllt bist, wechselst du wieder die Richtung der Kopfbewegung.

Der Kopf hält nie an, sondern wechselt nur beim Beginn eines neuen Kumbhaka (Atemanhalten) seine Richtung.

Vier Atemzüge bedeuten viermal Kumbhaka (Atemanhalten) mit vier Serien von Kopfrotationen, bei denen man jeweils beim Beginn jeder der vier Kumbhaka die Richtung wechselt. Immer zu Beginn eines neuen Kumbhaka gehen wir mit dem Kopf in die entgegengesetzte Richtung. Funktioniert dies geschmeidig und angenehm mit vier Atemzügen, kannst du vom Zählen der Atemzüge zur Nutzung der Uhr übergehen und das für fünf Minuten so machen. Die Anzahl der Atemzüge spielt keine Rolle, wenn wir die Uhr benutzen. Mach gerade so viele angenehme Kumbhaka, wie sie natürlich in die vorgegebene Zeit passen. Sobald fünf Minuten bei dir angenehm geworden sind, versuche es mit zehn Minuten. Haste aber nicht zu diesem Niveau. Geh einfach dort hin, wenn deine Übungsweise geschmeidig geworden ist und es dir leicht fällt, noch mehr hinzuzunehmen. Merkst du, dass du zu weit gegangen bist, dann geh wieder etwas zurück und bleibe bei einer Zeitspanne, die eine angenehme Übungsweise erlaubt, bis du dich bereit fühlst, erneut zu versuchen, die Zeit etwas auszudehnen.

Die Kinnpumpe ist sehr kraftvoll und hat sehr weitreichende Auswirkungen. Ich werde dazu in einigen Tagen noch mehr schreiben.

Der Guru ist in dir

Zusatz: Hier ist ein kurzer Austausch zur Kinnpumpe mit einem fortgeschritten Übenden.

Frage1: An diese Kinnpumpe muss man sich erst gewöhnen, da es nicht einfach ist, den Pranayama-Atem mit der Kreisbewegung des Kopfes zu koordinieren. Ich will es auch ein bisschen mit halben Rotationen versuchen und das ein wenig untersuchen, da ich am nächsten Tag ein wenig Nackenschmerzen und Steifheit hatte, nachdem ich damit experimentierte. Ich will jedoch weitermachen und das erkunden, denn es geht absolut konform mit den Nackenbewegungen und Stellungen (automatisches Yoga), von denen ich bereits profitiert habe.

Antwort1: Pass auf jeden Fall auf, es mit der Kinnpumpe nicht zu übertreiben. Nur Teile einer gesamten Kreisbewegung zu machen oder was auch immer bei dir in deiner jetzigen Verfassung gut verträglich ist, ist die richtige Art da heranzugehen. Manchmal können automatische Bewegungen ein wenig zu enthusiastisch werden und wir sollten sie in den Grenzen eines für uns gefahrlosen Übens halten. Dies ist eine Frage des Ausbalancierens unseres Bhakti und von automatischen Bewegungen mit gutem, altmodischem Menschenverstand. Das ist dann heilsame Selbstabstimmung.

Frage 2: Die Kinnpumpe (innerhalb der für mich gültigen Grenzen) fühlt sich nun gut an und ich gehe während des Pranayama und auch der Meditation in Kechari Stufe 3.

Antwort 2: Das hört sich alles sehr gut an. Viel Vergnügen!

Lektion 143 – Kinnpumpe – Auswirkungen auf den unteren Teil des Körpers

Wir haben die Kinnpumpe (das dynamische Jalandhara) als eine „zielgerichtete" fortgeschrittene Yoga-Übung erörtert. Sie fokussiert vor allem auf die Öffnung der Prana-Kanäle, die in beide Richtungen zwischen dem Brusthohlraum und dem Kopf verlaufen. Doch es steckt noch viel mehr dahinter.

Alle Yoga-Übungen sind miteinander verknüpft. Manchmal können wir die bestehenden Verbindungen sehen (oder fühlen). Andere Male sind die Verbindungen nicht so offensichtlich. Es hängt davon ab, wie viel Reinigung wir in unserem Nervensystem kultiviert haben. Je mehr Reinigung da ist, desto wahrnehmbarer werden die Verbindungen sein.

In Lektion 91 zu Yoni Mudra Kumbhaka haben wir die statische Version von Jalandhara eingeführt. Dabei lässt man das Kinn nur nach vorne in Richtung Brust bis zur angenehmen Grenze fallen und es dort während Kumbhaka (Atemrückhaltung) ruhen. Wir haben erwähnt, dass Jalandhara den Wirbelsäulennerv auf seiner gesamten Länge vom Punkt zwischen Augenbrauen bis ganz hinunter zur Wurzel am Perineum streckt.

Die Kinnpumpe weitet diesen Streckeffekt für den Wirbelsäulennerv ein ziemliches Stück aus. Auch die Rotation des Kopfes wirkt auf den Wirbelsäulennerv bis ganz hinunter zur Wurzel und zwar in einer viel anregenderen Weise. Der Effekt ist ein leichtes Verdrehen des Wirbelsäulennervs von oben bis unten. Mit dem Anwachsen der ekstatischen Leitfähigkeit im Wirbelsäulennerv wird dieses Verdrehen auch noch ekstatisch und spielt eine bedeutende Rolle in der Vereinigung reinen Glückseligkeitsbewusstseins (Shiva) mit göttlicher Ekstase (Shakti) im Herzen und im gesamten Körper.

Die Kinnpumpe reift mit der Zeit aus und es kommt zu einer natürlichen Koordination mit allen Mudras und Bandhas im Körper. Am Ende gibt es nur noch ein subtiles *Ganzkörper*-Mudra, das sich aus all den Teilen zusammensetzt, die wir im Augenblick eins nach dem anderen lernen. Jedes einzelne Element ist zu Beginn „klobig" und wird später subtil, geschmeidig und intim miteinander verknüpft, sobald die unendliche ekstatische Glückseligkeit in uns geboren ist und vom Körper ausstrahlt. Die Kinnpumpe trägt zu dieser Verfeinerung bei. Später in den Übungen, wenn der Kopf bereits zum Stillstand gekommen ist, wird das spirituelle Verdrehen innen um das Zentrum des Wirbelsäulennervs herum trotzdem noch weitergehen und göttliche Energien in alle Richtungen aussenden. Mach dir aber keine Sorgen, du wirst es dann gar nicht mehr merken. Niemand wird es merken, wenn er dich anschaut, außer, dass er das glühende Lächeln auf deinem Gesicht wahrnimmt und die Lust, sich in deiner Nähe aufzuhalten. Eine schlichte Absicht deinerseits wird genügen, die spirituellen Ströme in Bewegung zu setzen. Dann wirst du die ekstatischen Energien quirlen, ohne deinen Kopf überhaupt zu bewegen.

Neigst du dazu, das innere spirituelle Quirlen äußerlich zu manifestieren, kannst du die wirbelnden Derwische aufsuchen und die ganze Nacht durchtanzen. Viele spirituelle Rituale und Tänze gehen auf unser inneres spirituelles Quirlen zurück. Für einige ist es etwas Natürliches, das innere Licht offen zu zelebrieren. Andere bevorzugen es, ruhig dazusitzen und in einer ekstatischen inneren Träumerei zu tanzen. Unabhängig von Kultur, Religion oder persönlichen Vorlieben ist es immer derselbe Tanz. Es ist der Tanz des Göttlichen im Inneren.

Hast du dich an die Ausführung der Kinnpumpe gewöhnt, wirst du merken, dass viele Dinge geschehen. Die Energie fließt zwischen Herz und Kopf, wie wir das bereits früher erörtert haben. Du wirst auch merken, wie sich das Strecken und Quirlen des Wirbelsäulennervs in die unteren Bereiche des Körpers ausdehnt. Beim Nach-oben-Schwingen deines Kopfes während der Rotation bemerkst du dann vielleicht in deinen Knien eine Neigung, sich leicht zu heben und dann wieder abzusenken, sobald dein Kopf nach Durchlaufen der rückseitigen Rotation zur Brust hinuntersinkt. Später dann fällt dir vielleicht auf, dass deine Knie an verschiedenen Stellen der Kinnpumpe leicht nach oben und unten gehen. Eine Art von Koordination zwischen der Rotation des Kopfes und den feineren Bewegungen der Knie wird sich entwickeln.

Was ist das? Es ist der Beginn der Mikrobewegungen des subtilen Nauli, wie es in Lektion 129 erwähnt wurde. Und wozu dient Nauli? Zum Quirlen der Kundalini-Energie nach oben. Da haben wir wieder das Wort „Quirlen (Verdrehen)“. Mit der Zeit schließen sich die Kinnpumpe und Nauli ganz natürlich auf einer Ebene innerer Mikrobewegungen zusammen, um dadurch dieses Quirlen des Wirbelsäulennervs zu unterstützen. Dies wird sichtbar, sobald unsere Kinnpumpe Fortschritte macht und die Beine, Hände und Bauchmuskeln auf natürliche Weise ihren Weg in die Übung finden. Versuche nicht, dies alles gleich in der Anfangsphase zusammenzubringen. Sei dir dessen nur bewusst. Es ist nicht in erster Linie eine physische Handlung. Es ist die Reaktion des Körpers auf die Bewegung der ekstatischen Energie im Wirbelsäulennerv. Ekstatische Leitfähigkeit ist die Grundvoraussetzung für alle natürlichen Verbundenheiten zwischen den Übungen.

Das Aufkommen dieser feinen Bewegungen während der Kinnpumpe verleiht auch dem Siddhasana einen neuen Schub, macht es subtil dynamisch und sogar noch köstlicher. Du kannst dir denken, dass Mulabandha, Sambhavi und Kechari schließlich auch noch ins Spiel kommen. Diese alle sind Techniken, die verschiedene Aspekte unseres Nervensystems stimulieren. Das Nervensystem bildet eine Einheit und früher oder später gehen alle Übungen in eine einzige viel-dimensionale Handlung ein, die Ausdruck dieses Nervensystems ist. An diesem Punkt sind nicht länger wir die Impulsgeber – Gott ist es. Darum geht es im Yoga, dass wir zu dem werden, was wir sind – das Tor zu unendlicher Glückseligkeit, Ekstase, Liebe und Freude.

Der Guru ist in dir.

Lektion 144 – Kinnpumpe lite (ohne Kumbhaka)

Frage: Ich habe ein Problem meinen Atem anzuhalten, und wenn ich Kumbhaka ausführe, ist das für mich sehr klaustrophobisch. Ich weiß nicht, vielleicht bin ich in meinem letzten Leben in einer Kohlenmine erstickt oder so etwas. Kann ich die Kinnpumpe ausführen, ohne den Atem anzuhalten? Es geht gut mit der Wirbelsäulenatmung, solange ich nicht zu langsam werde.

Antwort: Ja, das ist bei der Kinnpumpe möglich. Wenn für dich Kumbhaka auch in der einfachen Form, wie sie angeleitet wurde, schwer ist, dann halte den Atem nicht an.

Diese Frage wurde bereits mehrmals unter verschiedenen Voraussetzungen gestellt und es ist Zeit, darauf einzugehen. Manchmal ist Kumbhaka nicht nur unangenehm, sondern kann auch zuviel Kundalini stimulieren. In beiden Fällen lautet die Anweisung dann: zurückstecken und auf eine angenehme für uns stabile Plattform von Übungen zurückkehren, bis wir wieder bereit sind, etwas hinzuzunehmen.

Sobald wir Behaglichkeit mit der Wirbelsäulenatmung, Siddhasana und den dazugehörigen Bandhas und Mudras erreicht haben, können wir die leichte Version der Kinnpumpe gut in den letzten paar Minuten unserer Wirbelsäulenatmungssitzung ausführen. Haben wir für die Wirbelsäulenatmung, sagen wir, zehn Minuten vorgesehen, dann können wir die letzten drei bis fünf Minuten davon die Kinnpumpe zusammen mit unserer Wirbelsäulenatmung machen. Die Vorgehensweise bei dieser Kinnpumpe unterscheidet sich von der in Lektion 139 vorgestellten nur darin, dass wir den Atem nicht anhalten. Die Richtung der Kopfrotation schlagen wir an derselben Stelle des Atemzyklus um, wie beim Einsatz von Kumbhaka, d.h. nachdem wir nach Beendigung der Einatmung mit unserer Aufmerksamkeit am oberen Ende des Wirbelsäulennervs angelangt sind. Diese Version der Kinnpumpe ohne Kumbhaka könnte man „die Kinnpumpe lite“ nennen.

Hier ist es gut zu erwähnen, dass die Wirbelsäulenatmung und alle Pranayama-Methoden Formen von Kumbhaka sind, und zwar in dem Sinne, dass die „Zügelung des Atems“ (das genau bedeutet Pranayama) die Sauerstoffzufuhr im Körper ein wenig verknappt. Das führt zu einem Sog auf das Prana im riesigen Speicher der Beckenregion. Prana wird im Nervensystem nach oben gezogen. Ob wir also die Wirbelsäulenatmung oder Kumbhaka machen, in beiden Fällen zügeln wir den Atem – nur verschieden stark. Je mehr wir zügeln, desto mehr strömt die Kundalini nach oben. Deshalb ist es in Ordnung, die Kinnpumpe mit der Wirbelsäulenatmung zusammen auszuführen. Das zeitigt gute Wirkungen – nur wird nicht so viel Prana fließen, wie beim Einsatz von Kumbhaka. Das ist aber okay. Wir bringen das in Bewegung, was wir – ohne zu starken Fluss von Energie zu verursachen – in Bewegung bringen können. Auf jeder Ebene, auf der wir operieren, werden wir unser Nervensystem zu immer mehr Reinigung führen. Das ist das ganze Spiel: Wir erhalten die Vorwärtsbewegung aufrecht, ohne in einen chaotischen Energiefluss zu geraten, der uns dazu zwingen würde, mit unseren Übungen aufzuhören.

Natürlich ist die tägliche Übung der global wirkenden tiefen Meditation in diesem Reinigungsprozess entscheidend. Mit der Stille reinen Glückseligkeitsbewusstseins reinigt sie im Untergrund sanft alles, was im Nervensystem abläuft, und dies hilft allen anderen Übungen, viel geschmeidiger und schneller zu wirken.

In zukünftigen Lektionen untersuchen wir eine andere Form von Pranayama: Bastrika. Mit Bastrika sättigen wir den Körper einerseits mit Sauerstoff und andererseits verknappen wir ihn – beides hat stark reinigende Wirkung.

Wie immer bei unseren Übungen wenden wir auch bei der Wirbelsäulenatmung und bei Kumbhaka Selbstabstimmung an. Merken wir, dass die Kinnpumpe oder die Kinnpumpe lite zu viele Energieflüsse erzeugt, gehen wir auf eine angenehmere Übungsebene zurück.

Bei Yoni Mudra ist dies eine andere Geschichte. Kumbhaka ist für Yoni Mudra der zentrale Bestandteil, weil wir den sanften Druck der Luft, der von den Lungen hochkommt, zur Reinigung der Nebenhöhlen und zur Stimulation des dritten Auges nutzen. Ohne Kumbhaka wird Yoni Mudra zu einem Schieben der Augen mit den Fingern Richtung Punkt zwischen den Augenbrauen reduziert. Das ist auch in Ordnung, doch ist es wahrscheinlich besser, Yoni Mudra einfach wegzulassen, wenn wir Kumbhaka nicht mit Behaglichkeit ausführen können. Machen wir während der Wirbelsäulenatmung ein gutes Sambhavi, dann ist das genauso gut, wie das Drücken der Augen in die angegebene Richtung. Wenn Kumbhaka für dich nicht in Frage kommt, dann vergiss Yoni Mudra Kumbhaka ganz einfach und mach die anderen Übungen, wie sie erörtert wurden.

Die Kinnpumpe lite bringt einen kleinen Zeitvorteil. Das deswegen, weil sich diese Kinnpumpe und die Wirbelsäulenatmung zeitlich überschneiden. Für beschäftigte Leute mag dies einen Anreiz darstellen. Wenn wir Pranayama (mit Kinnpumpe lite) und die Meditation in dreißig Minuten anstatt von 35 oder 40 Minuten mit Kumbhaka ausführen können, kann uns das an einem Tag mit vollem Terminplan helfen, unsere Routine aufrecht zu erhalten. Die Übungen zu beschneiden, wird hier (im Rahmen von FYÜ) nicht so sehr empfohlen. Doch wie bereits in früheren Lektionen erörtert, ist eine kurze Übung besser als überhaupt keine. Wenn also ein Zeitengpass besteht, dann finden wir Wege, die wichtigsten Übungen in einer optimierten Weise durchzuführen. Zufällig liegt die Kinnpumpe lite, die man ja während der Wirbelsäulenatmung macht, genau auf dieser Linie.

Machen wir Fortschritte und werden stetig in unseren Übungen – auf welchem Niveau das auch immer sein mag – dann ist es ganz klar, dass wir danach Ausschau halten, wie wir uns weiter nach oben öffnen können. Reinigung und Wachstum der inneren göttlichen Gegenwart sind jedoch immer und auf jedem Übungsniveau im Gange.

Im Laufe der Zeit, wenn sich mit der Auflösung von altem Karma aus dem Inneren heraus das Nervensystem immer mehr reinigt, wird es dir weniger Schwierigkeiten bereiten, deinen Atem anzuhalten. Tatsächlich wirst du dann feststellen, dass der Atem dazu neigt, während der leichten Übung von Pranayama und Meditation von ganz alleine mehr und mehr auszusetzen, ohne dass wir das irgendwie beabsichtigen und ohne dass uns das anstrengt. Es ist, als würden wir manchmal ganz allein von dem Prana, das durch uns aus dem Inneren hoch strömt, ernährt. Dann ist Kumbhaka nicht mehr schwierig. Es kommt einfach dazu – und manchmal für überraschend lange Zeit. In diesem Stadium ist es dann keine Zügelung des Atems mehr. Es ist ein natürliches Aussetzen des Atems. Dann können wir entweder die Luft von außen oder das Prana aus dem Inneren einatmen. Beide Wege sind in Ordnung – völlig unkompliziert und ohne Anstrengung.

Das göttliche Licht steigt in uns auf und fließt in uns und wir ergeben uns in die liebenden Arme Gottes.

Der Guru ist in dir.

Lektion 145 – Übertreiben mit Asanas (Körperstellungen)

Frage: Nachdem ich jahrelang immer wieder mal hineinprobierte, habe ich nun begonnen, Yoga und Meditation ernsthaft zu praktizieren (jetzt ungefähr ein Jahr). Bei einer Yoga-Stunde kürzlich haben wir ungefähr 85 Minuten lang Asanas gemacht, dann legten wir eine kurze Pause ein, bevor wir mit Pranayama weitermachten. Während dieser Pause fand ich mich von Emotionen überwältigt. Ich habe gezittert, war nicht fähig zu sprechen und konnte niemandem in die Augen sehen. Als wir mit Pranayama begannen, rannen mir Tränen das Gesicht herunter. Es ist nun schon einige Tage her und ich bin immer noch (ungewöhnlich) emotional. Es ist derart schmerzhaft, dass ich daran denke, mit dem Yoga aufzuhören. Doch ich weiß, dass ich weitermachen muss, dass ich kurz vor einem Durchbruch stehe. Es fühlt sich an, als sei meine Brust aufgerissen, so dass mein Herz zur Schau gestellt worden sei. Das ist das Gegenteil der Glückseligkeit, nach der ich suchte. Ich betrauere den Tod meines Vaters, doch diese Herzschmerzen scheinen unmittelbar von meinen Yoga-Übungen zu kommen. Danke für alle Einsicht, die du anbietest.

Antwort: Danke, dass du schreibst und mit uns teilst.

Es tut mir Leid zu erfahren, dass du da in einige Schwierigkeiten geraten bist. Es hört sich aber an, als hättest du es vielleicht mit deinen Übungen etwas übertrieben – 85 Minuten ist viel Zeit für Asanas, besonders, wenn du das nicht im Laufe der Zeit stufenweise als stetige tägliche Kost aufgebaut hast.

Hast du nichts übertrieben, dann hast du vielleicht am Ende deiner Routine nicht genügend geruht und etwas ist aus dem Gleichgewicht geraten, weil du zu früh aufgestanden bist, anstatt dich während der Übung und der Ruhephase davon frei zu machen.

Es könnte auch an der Zusammenstellung deiner Übungen liegen. Die körperlichen Hatha-Yoga Methoden stellen immer eine Gefahr dar, wenn sie zu stark als allein stehende Übungen gemacht werden. Es ist viel besser sie gemäßigt zusammen mit den globalen Methoden der Reinigung (Meditation und Wirbelsäulenatmung) durchzuführen. Dies ist auch der Ansatz in diesen Lektionen. Als flexible Richtlinie kann gelten: zweimal am Tag 10 Minuten Asanas, 10 Minuten Pranayama und 20 Minuten Meditation. Diese Zeiten werden noch etwas ausgedehnt durch zusätzliche Übungen wie Kumbhaka, die später erörtert werden. Die Zeiten kann man mittels Selbstabstimmung individuell nach oben und unten anpassen.

Trotzdem wird all das momentan kaum etwas an deinen Gefühlen ändern. Dies ist nur ein Ratschlag für die Zukunft. Im Augenblick solltest du sehr nett zu dir selbst sein. Nimm deine Übungen so weit zurück, wie das nötig ist, damit dein Herz heilt. Gib jedoch nicht auf. Etwas leichte Wirbelsäulenatmung und tiefe Meditation können vielleicht helfen. Mach auch einige lange Spaziergänge. Alles wird heilen und vielleicht achtest du in Zukunft auf Mäßigung und Ausgleich in deinen Übungen. Yoga ist ein sehr mächtiges Werkzeug und wirkt gut, wenn es im rechten Verhältnis ausgeübt wird. Zu viel in der falschen Kombination kann zu Schwierigkeiten führen – dann kommt es zu schnell zu zu viel Reinigung. Es ist nur eine Frage der Schulung und einer den eigenen Erfahrungen entsprechenden weisen Selbstabstimmung.

Ich wünsche dir Heilung und andauernden Fortschritt auf dem von dir gewählten Weg.

Frage: Danke für deine feinfühlige Antwort. Ich gebe zu, dass ich nicht immer maßvoll bin und ich übertreibe es möglicherweise etwas mit den Asanas. Gerade bei besagter Yoga-Stunde nahmen viele Fortgeschrittene und auch professionelle Yoga-Lehrer teil. Mein Wunsch Fortschritte zu machen übersteigt meine Fähigkeiten/Erfahrungen. Ich werde Gewaltlosigkeit gegenüber mir selbst üben und mich auf Meditation und Wirbelsäulenatmung konzentrieren.

Ich habe gemerkt, dass deine Lektionen sehr viel Einsicht vermitteln und mir im täglichen Leben nützen. Danke, dass du sie mit mir und anderen teilst.

Antwort: Dein Verlangen ist etwas Gutes. Es ist Bhakti und befeuert dich für deine Übungen. Natürlich musst du auf deine Neigung zu übertreiben Acht geben. Wenn du die Lektionen durchgehst, wirst du in den Fragen und Antworten viele Situationen wiedererkennen, in denen die Verhältnisse ähnlich liegen wie bei dem, was du durchmachst. Bei der Selbstabstimmung geht es um viele Feinheiten. Wenn dein Bhakti/Wunsch anhält und du Selbstabstimmung weise einsetzt, kannst du nicht fehlgehen. Ich wünsche dir allen Erfolg.

Der Guru ist in dir.

Lektion 146 – Shaktipat: Direkte Übertragung spiritueller Energie

Frage: Ist es an einem gewissen Punkt notwendig, Shaktipat zu erhalten, bevor man Samadhi erfahren kann? Sogar der große Paramahansa Yogananda erhielt von Sri Yukteswar Shaktipat, bevor er Samadhi erreichen konnte. Im Falle, dass es nötig ist: Wie stellt man es an, Shaktipat zu erhalten?

Antwort: Shaktipat ist die direkte Übertragung spiritueller Energie vom Guru auf den Schüler. Die Übertragung spiritueller Energie kann auch in der Form von Darshan (Segnung vom Meister), Satsang (Pflege spiritueller Gemeinschaft), durch unser gewähltes Ideal (Ishta), durch die Intensität unseres eigenen inneren Bhakti und sogar durch das Lesen inspirierender spiritueller Schriften erfolgen. Es ist alles spirituelle Energie, die in uns aufgrund verschiedener Einflussfaktoren fließt und es kann auf vielen Wegen geschehen. Unser Bhakti ist es, das den Grad des Fließens mehr als alles andere bestimmt. Ist das Bhakti intensiv, wird die Energie von irgendwoher fließen, von überallher. So hat Shaktipat seinen Ursprung also im Aspiranten und nicht in irgendjemand anderem.

Es gibt heutzutage in uns allen einen anderen Stimulator für spirituelle Energie, und das sind die Sterne. Die Sterne geben uns ihr Darshan jede Minute, jeden Tag. Dies deshalb, weil ein neues Zeitalter der Erleuchtung im Kommen ist, und wir werden mehr und mehr dazu angeregt, uns aus dem Inneren heraus zu öffnen. Im vergangenen dunklen Zeitalter war die durch andere angeregte spirituelle Erweckung wichtiger als dies heute der Fall ist. Damals war ein Weiser wie eine Kerze in einem riesigen Meer der Dunkelheit. Diese Kerze war eine Seltenheit und nur bei ganz wenigen bestand die Hoffnung, von ihr entzündet zu werden. Das war eine Zeit der spirituellen Armut und die Flamme wurde durch das Weiterreichen zwischen sehr wenigen am Leben gehalten. Dank ihnen und durch den Wandel der Zeit ist das jetzt ganz anders.

Heutzutage stehen wir alle an der Schwelle zur Erleuchtung. Es mag nicht so scheinen, weil es immer noch viele Hindernisse gibt, die im Inneren überwunden und aufgelöst werden müssen. Doch ist das heute viel leichter zu erreichen, als es das für Tausende von Jahren oder sogar nur vor ein paar Jahrzehnten war. Die Sonne Gottes geht auf. Hass hat seinen letzten chaotischen Auftritt in der Welt und er wird nicht siegen. Wenn das Licht kommt, verschwindet die Finsternis.

Es ist wichtig, Shaktipat und das traditionelle Guru-Schüler-Verhältnis im Lichte dieser sich ändernden Zeiten zu sehen. Wir sind für unsere Erleuchtung nicht mehr völlig von einzelnen Weisen und Lehrern abhängig. Wir werden alle spirituell selbstgenügsam. Wir werden alle fähig, unsere eigene spirituelle Transformation hervorzubringen.

Das tägliche Ausführen von Yoga-Übungen ist der beste Weg, erleuchtet zu werden. Es ist der sicherste und ungefährlichste Weg. Denn wir sind es, die durch die Anwendung vorsichtiger Selbstabstimmung bei der Nutzung kraftvoller spiritueller Übungen (die noch vor ein paar Jahrzehnten den meisten nicht zur Verfügung standen) darüber bestimmen, wie viel Energie von innen fließen soll.

Noch ein weiterer wichtiger spiritueller Einfluss wirkt heute in der Welt. Dieser ist jetzt größer als die Kraft aller Gurus auf dem Planeten. Je mehr Menschen auf den Zug zu ihrer Erleuchtung durch ihre eigenen Anstrengungen aufspringen, desto mehr intensiviert sich auch die Ausstrahlung spiritueller Energien von so vielen sich öffnenden Nervensystemen und das führt zur beschleunigten Öffnung von jedem. Wenn mehr Menschen ihre täglichen Übungen machen, steigt dieser Einflussfaktor exponentiell an. Deshalb ist dein tägliches Üben nicht nur für dich gut. Es ist für die ganze Welt gut. In den Zahlenmassen steckt eine große Kraft und so wird die Welt spirituell transformiert. Dies ist das ultimative Shaktipat/Darshan/Satsang für jeden.

Ist das individuelle Shaktipat für das Erreichen der Erleuchtung immer noch notwendig? Vielleicht bekommen wir an einer bestimmten Stelle auf unserm Weg eine individuelle Infusion dieser Art von irgendwoher, vielleicht auch nicht. Wir brauchen nicht umherzuziehen, um danach zu suchen. Sei bei jedem auf der Hut, der dir eine Shaktipat-Abkürzung anbietet. So funktioniert das nicht.

Wir brauchen uns nur jeden Tag in unseren Meditationsraum zu setzen und dann hinauszugehen, unsere Liebe überall auszuteilen. Das ist alles, was wir zu tun haben. Samadhi (grenzenloses, reines Glückseligkeitsbewusstsein) kommt in der Meditation. Vollkommene Erleuchtung erhalten wir, wenn wir unseren Samadhi der Welt geben. Die spirituelle Energie der Transformation, die wir brauchen, wird aus unserem Inneren und von außen kommen, wenn wir nur unser Nervensystem durch unsere eigenen Anstrengungen reinigen. Ist unser intensiver Wunsch nach Erleuchtung da, wird alles, was wir brauchen, dies zu erreichen, auch da sein.

Der Guru ist in dir.

Lektion 147 – Die Abfolge von Asanas, Pranayama und Meditation

Frage: Ich kombiniere einige andere kräftigende Übungen wie Liegestützen, Kniebeugen usw. mit Yoga. Einige dieser Übungen verbrauchen sehr viel Energie. Lasse ich dann danach Pranayama und Meditation folgen, fühle ich aufgrund dieser anderen Aktivitäten eine Verminderung der „Meditationsfrische". Ist es also in Ordnung, wenn ich zuerst die Meditation mache und dann Hatha-Yoga mit Körperübungen und danach Pranayama? Ich bitte um Vorschläge zur Lösung dieses Problems. Vielen Dank für die kontinuierliche Führung.

Antwort: Danke, dass du schreibst und dich mitteilst.

Wie du selbst schon festgestellt hast, macht man körperliche Übungen am besten nach der Meditation, nicht unmittelbar davor. Durch die Meditation bringen wir Geist und Körper systematisch zur Stille. Diese Stille ist eine der wichtigsten Quellen für spirituellen Fortschritt.

Asanas und Pranayama sind Teil dieses Prozesses des In-die-Stille-Gehens. Mit leichten Beuge- und Streckübungen beginnen wir unsere Nerven zu beruhigen und bereiten den Wirbelsäulennerv für Pranayama vor. Durch Pranayama beruhigen wir unser gesamtes Nervensystem weiter und kultivieren es auf eine Art, die es für die tiefe Meditation vorbereitet. Dies ist die traditionelle Abfolge mit den besten Ergebnissen einer Übungs-Routine – Asanas, Pranayama und Meditation. Und das zeigt tatsächlich seine Wirkung.

Ich schlage vor, dass du den Teil des leichten Beugens und Streckens deiner Asanas an den Beginn verlegst, dann machst du Pranayama und schließlich die Meditation. So kannst du die ganzen Vorteile aus der oben erwähnten Abfolge ziehen. Nach der Meditation und einer ausreichenden Ruhephase für das Herauskommen ist dann die richtige Zeit für lebhaftere körperliche Übungen.

Wir machen also zuerst diese Dinge in der besten Reihenfolge, die uns zum reinen Glückseligkeitsbewusstsein führt, und dann kommen wir erfrischt heraus und sind bereit, in der Welt aktiv zu sein. Heftige Aktivität nach der Meditation ist kein Problem, wenn wir uns zunächst ausreichend Zeit gegeben haben, völlig aus ihr herauszukommen. Aktivitäten helfen die Glückseligkeit und Ekstase in unserem Nervensystem zu stabilisieren. So verwandeln wir uns und werden zu den wandelnden Erleuchteten, anstatt der wandelnden Was-auch-Immer, die wir zuvor waren.

Der Guru ist in dir.

Lektion 148 – Warum macht man die Übungen zweimal am Tag?

Frage: Warum ist es wichtig, die Übungen zweimal am Tag zu machen?

Antwort: Beim Üben locken wir unser Nervensystem in eine andere Funktionsweise: die Aufrechterhaltung tiefer Stille (reines Glückseligkeitsbewusstsein). Auf späteren Stufen, wenn die Kundalini aktiv ist, wird daraus ekstatische Glückseligkeit. Um all dies zu stabilisieren, gehen wir hinaus und sind jeden Tag in der Welt aktiv. Bei der Aktivität des Tages klingt das höhere Funktionieren im Zuge des Einarbeitens in unser tägliches Leben allmählich aus. Dieses Ausklingen erfolgt innerhalb von 5 bis 10 Stunden. Dann können wir uns wieder den Übungen widmen und die höhere Art des Funktionierens erneut aufrichten. Diese lässt man dann wieder im Handeln ausklingen. Den sich so darstellenden Zyklus kann man zweimal am Tag durchlaufen, indem man Übungen am Morgen und frühen Abend macht. Während der Stunden des Tages bewirkt das für Menschen mit einem aktiven Leben ein Maximum an Reinigung und Wachstum.

Macht man die Übungen nur einmal am Tag, geht alles viel langsamer voran – statt zweier Zyklen des täglichen Kultivierens und Ausklingens hat man nur einen. Außerdem kommt es zu einem zu starken Ausklingen, bevor es am nächsten Tag wieder zu einer Verstärkung der höheren Art des Funktionierens kommt. Das zweimal tägliche Üben ist also eine Frage der Effektivität und Wirksamkeit.

Hält man das zweimal tägliche Üben lange genug aufrecht, wird der Effekt des Ausklingens ekstatischer Glückseligkeit mit der Zeit immer geringer und die höhere Funktionsweise des Nervensystems bleibt 24 Stunden am Tag stetig und unerschütterlich. Das ist der Ertrag aus dem Prozess: Erleuchtung im täglichen Handeln und auch die ganze Nacht hindurch. Es ist der ständig sich wiederholende Zyklus von Übungen und Aktivitäten, der die Wirkungen hervorbringt.

Ist man in einem Retreat, bei dem keine sonstigen Verantwortungen bestehen, können mehr als zwei Praxisroutinen am Tag unternommen werden. Da wechselt man mit Mahlzeiten, leichten Aktivitäten und Satsang (spirituellem Beisammensein) ab. Drei oder vier Zyklen von Übungen können unter diesen Bedingungen durchgeführt werden. Hartgesottene Yoginis und Yogis können vielleicht auch mehr machen. Dies ist eine Frage von Selbstabstimmung mit dem Ziel von Annehmlichkeit und Effektivität. Dann kann man in Retreats für Tage, Wochen oder Monate sehr tief gehen. Das führt schließlich über zu einem anderen Zyklus, von einem Retreat zum anderen, der viel länger dauert (Wochen und Monate), und dieser überlagert den zweimal täglichen Zyklus von Übungen, mit dem wir in unserem gewöhnlichen Leben fortfahren, wenn wir in der Welt zurück sind. Auf diese Weise beschleunigen Retreats den Prozess. Doch sind Retreats kein Ersatz für die langfristige, zweimal tägliche Übung zu Hause. Am Ende wird ausschlaggebend sein, was wir auf lange Sicht jeden Tag machen.

All dies hier ist so zusammengestellt, dass es zum bestmöglichen Fortschritt führt und die natürliche Fähigkeit unseres Nervensystems zur Erleuchtung sowie die uns für die Erledigung der Aufgabe zur Verfügung stehende Zeit optimal nutzt.

Du bist verantwortlich für deine Reise. Dies sind geprüfte und wahre Prinzipien der Entfaltung, die du so für dich nutzen kannst, wie du das auf deiner Heimreise zur Erleuchtung für geeignet hältst.

Der Guru ist in dir.

Lektion 149 – Die Acht Glieder des Yoga und Samyama – Auflösen der Finsternis

Es ist nun an der Zeit zu Samyama weiterzugehen. Dies beinhaltet ein Hinausgehen mit unserer Aufmerksamkeit in reines Glückseligkeitsbewusstsein und führt als Nebeneffekt zu so genannten yogischen Kräften. Bevor wir Samyama erörtern, wollen wir jedoch über den achtgliedrigen Pfad der Yoga-Sutren Patanjalis reden, was wir bisher noch nicht gemacht haben. Samyama ist eine kombinierte Anwendung der drei letzten dieser acht Glieder und ist auch mit den anderen fünf Gliedern verwoben. Es ist jetzt also ein guter Zeitpunkt, auf diese einzugehen. Wie du weißt, ist alles im Yoga miteinander verknüpft. Alles ist über das menschliche Nervensystem miteinander verbunden. In der Tat ist der gesamte Yoga ein Erzeugnis des menschlichen Nervensystems – nicht anders herum, wie wir manchmal geneigt sind zu denken.

Die Menschen brauchten eine Weile, bis sie glaubten, dass die Erde rund und nicht flach ist und dass die Sonne das Zentrum des Sonnensystems ist und nicht die Erde. Einige Beweise waren nötig. Dann glaubte das fast jeder und schnell bemühte man sich, alle möglichen Vorteile aus dem neuen Wissen, dem neuen Paradigma, zu ziehen

Jetzt ist es für uns an der Zeit, uns mit der Tatsache abzufinden, dass das menschliche Nervensystem das Zentrum aller spirituellen Erfahrungen und aller göttlichen Glückseligkeit ist. Das ist dein Nervensystem, genau das, in dem du jetzt im Augenblick steckst. Je schneller wir uns an den Gedanken gewöhnen, dass jeder von uns ein direktes Tor zum Göttlichen ist, desto besser ist es für jeden. Wie immer, wenn man ein Wissen annehmen soll, sind auch einige Beweise nötig. In diesem Fall liegt der Beweis in dir. Öffne hier und dort ein paar Tore, indem du einige effektive Yoga-Übungen ausführst und du wirst erkennen, was du bist. Damit gibst du den Startschuss für das Rennen um die Öffnung von all dem. Ein neues Paradigma ist geboren!

Wie du weißt, ist dies wirklich nichts Neues. Unsere alten Vorfahren wussten über all diese Dinge Bescheid. Vieles davon wurde niedergeschrieben. Doch waren die Mittel der Kommunikation unzureichend und die Menschen lebten so sehr in Aberglauben verstrickt. Heute ist das etwas anderes. Wir können jede Information finden, die wir haben wollen. Es öffnen sich für uns so viele Türen des Wissens. Die alte Weisheit wird neu entdeckt. Das menschliche Nervensystem hat sich die ganze Zeit hinweg nicht verändert. Es hat geduldig gewartet – wie eine Schatztruhe, die sich danach sehnt, geöffnet zu werden. Es ist Zeit dafür.

Patanjalis Buch der Yoga-Sutren ist eines der größten Weisheitsbücher aller Zeiten. Es sagt uns nicht nur, was wir sind, sondern auch, wie die Türen des Nervensystems geöffnet werden können. Es steckt die Beziehungen zwischen den natürlichen Prinzipien der Öffnung ab, die in uns existieren. Dies geschieht mittels der berühmten acht Glieder des Yoga.

Seitdem wir mit den Lektionen der FortgeschrittenenYogaÜbungen begonnen haben, sind wir durch die acht Glieder des Yoga gereist. Dabei sind wir nicht der Reihe nach vorgegangen und manche würden das wohl als etwas unkonventionell bezeichnen. Wir haben uns aber auf eine effektive und sinnvolle Weise hindurchbewegt; deshalb brauchen wir uns nicht zu entschuldigen. Wir werden uns darüber noch weiter unterhalten, doch zunächst wollen wir die acht Glieder wiederholen:

1. **Yama** bedeutet „Zügelung“ und schließt Ahimsa (Gewaltlosigkeit), Satya (Wahrhaftigkeit), Asteya (Nicht-Stehlen), Brahmacharya (Bewahrung der Sexualenergie und deren Kultivierung) und Aparighraha (Begierdelosigkeit) ein.

2. **Niyama** bedeutet „Beachtung“ und schließt Saucha (Reinheit und Reinlichkeit), Samtosa (Zufriedenheit), Tapas (Hitze/Konzentration/Strenge), Svadhyaya (Studium der heiligen Schriften und des Selbst) Isvara Pranidhana (Ergebung in das Göttliche) ein.

3. **Asana** bedeutet „Stellung“, und dazu gehören all die Asanas, die wir kennen und lieben gelernt haben. In den Lektionen werden Asanas als Vorbereitung auf Pranayama und die Meditation genutzt. Verschiedene Asanas regen das Aufsteigen der Kundalini an.

4. **Pranayama** bedeutet „Zügelung der Lebenskraft/des Atems", und schließt die von uns erörterten Pranayama-Methoden und einige, die wir noch erörtern müssen, ein. Pranayama kultiviert den Boden des Nervensystems und bereitet ihn für tiefe Meditation und göttliche Erfahrungen vor. Besondere Formen von Pranayama lassen die Kundalini aufsteigen.

5. **Pratyahara** bedeutet das „Nach-innen-Kehren-der-Sinne". In den Lektionen ist Pratyahara sowohl Wirkung als auch Ursache und tritt auf, wenn Kundalini aufsteigt und ekstatische Erfahrungen unsere Aufmerksamkeit nach innen ziehen. Dann lernen wir durch Pratyahara unsere sinnlichen Erfahrungen als ein Kontinuum kennen, das die ganze Bandbreite von Manifestationen von den ersten inneren Schwingungen reinen Glückseligkeitsbewusstseins (OM) bis zu denen der physischen Welt umfasst.

6. **Dharana** bedeutet „Konzentration der fokussierten Aufmerksamkeit" und ist die erste Stufe beim Führen des Geistes durch Meditation nach innen. In den Lektionen halten wir die Aufmerksamkeit nicht für lange Zeit auf irgendetwas gerichtet. Wir bringen unsere Aufmerksamkeit nur locker und leicht zu einem Objekt (Mantra) und lassen sie dann gehen, wohin sie will. Das führt die Aufmerksamkeit fast unmittelbar über die anfängliche Wahrnehmung des Objektes hinaus und das ist genau das, was wir wollen. Der Geist führt uns nach innen, sobald wir ihm die Gelegenheit dazu geben.

7. **Dhyana** bedeutet „Meditation" und ist das Nach-innen-Fließen der Aufmerksamkeit. Es kann auch als Ausdehnung der Aufmerksamkeit über ein beliebiges Objekt hinaus verstanden werden. In den Lektionen wird das Mantra als Vehikel dafür benutzt. Wir kommen locker und leicht zum Mantra und dann verändert sich das Mantra und verschwindet. Unsere Aufmerksamkeit weitet sich aus und gelangt zu ihrem natürlichen anhaftungslosen Zustand – zur Stille.

8. **Samadhi** bedeutet „Absorbierung/Transzendenz" und ist das, was wir in der täglichen Meditation erfahren. Im Laufe der Zeit weitet es sich aus und wird schließlich unser natürlicher Seinszustand im täglichen Handeln. Es ist reines Glückseligkeitsbewusstsein, der innere stille Zeuge. Samadhi in seinen verschiedenen Stufen der Entfaltung ist die Erfahrung unseres unsterblichen, universellen Selbst. Das ist das, was wir sind.

Du hast vielleicht bemerkt, dass nach Yama und Niyama, die (mit Ausnahme von Brahmacharya) weitgehend entsprechend der klassischen Definition vorgestellt wurden, dem ganzen Rest der Glieder ein Beigeschmack mitgegeben wurde, wie er der Art der Wissensvermittlung in den FYÜ-Lektionen entspricht. Das ist normal. In der Tat präsentiert jede Yoga-Lehrtradition die acht Glieder des Yoga anders.

Die acht Yoga-Glieder sind so logisch und einfach zu verstehen, dass praktisch jeder Yoga-Lehrer beteuert, er unterrichte sie. Das entspricht auch mehr oder weniger der Wahrheit, weil die acht Glieder in allem aufscheinen, was man im Yoga machen kann. In diesem Sinne repräsentieren sie eine vollständige Straßenkarte, einen Bauplan und eine spirituelle Checkliste der verschiedenen Wege, wie man das menschliche Nervensystem göttlichen Erfahrungen aufschließt.

Fasst man die acht Glieder des Yoga als ein übergreifendes System auf, bezeichnet man sie gern als „Ashtanga Yoga" und „Raja (königlicher) Yoga". Was bedeuten aber schon Namen? Die Fortgeschrittenen Yoga Übungen stehen ebenfalls für die acht Yoga-Glieder. Dasselbe gilt für jeden Ansatz zur menschlichen spirituellen Transformation – in Teilen oder insgesamt – und damit sind auch alle großen Weltreligionen gemeint. Hat irgendetwas mit der menschlichen spirituellen Transformation zu tun, dann wird man das auch irgendwo in den acht Gliedern des Yoga wieder finden. Das ist die Schönheit der acht Yoga-Glieder. Betrachtest du irgendeine spirituelle Lehre oder eine religiöse Tradition und nimmst die acht Glieder als Maßstab, erkennst du gleich, was da ist und was nicht. Die erleuchteteren Traditionen werden mehr und die weniger erleuchteten weniger der Glieder abdecken.

Traditionellerweise unterzog man sich der acht Glieder in der angegebenen Reihenfolge. Der Sinn dahinter liegt darin, dass die Menschen zuerst lernen müssen, sich richtig zu verhalten und sich durch strenge Verhaltensregeln vorzubereiten, bevor sie damit beginnen können, direktere spirituelle Übungen anzuwenden. Sobald sie sich richtig verhalten, können sie mit dem Körper (Asanas) beginnen und sich später über den Atem (Pranayama) weiter hineinarbeiten, bis sie schließlich reif für Konzentration (Dharana), Meditation (Dhyana) und reines Glückseligkeitsbewusstsein (Samadhi) werden. Mit einem traditionellen Ansatz wie diesem kann das ein hartes Stück Arbeit bedeuten, besonders wenn ein (lebender) Guru seine Schüler auf jedem Schritt des Weges zu den höchsten Leistungsstandards anhält. Auch Patanjali hatte diese Abfolge von Übungen im Sinne, als er seine Yoga-Sutren schrieb.

Aber dieser Gesichtspunkt (dass man durch die acht Glieder über einen langen Zeitraum hinweg eins nach dem anderen der Reihe nach durchgeht) funktioniert nicht sehr gut. Das ist in der Yoga-Gemeinde weithin anerkannt und Patanjali muss dies auch gewusst haben. Vielleicht war es zu seiner Zeit nicht so einfach, die Menschen mit heute gebräuchlichen fortgeschrittenen Yoga-Techniken wie tiefe Meditation und Wirbelsäulenatmung auf Touren zu bringen

Über die Jahre hinweg sind verschiedene Lehrer direkt zu verschiedenen Stellen der acht Glieder gesprungen. Einige beginnen mit Asanas und andere mit Pranayama. Einige konzentrieren sich zunächst auf Hingabe und springen dann zur Meditation oder etwas anderem. Andere springen gleich zur Meditation und arbeiten sich dann durch die Glieder zurück. Wie du weißt, gehören diese Lektionen zum letzteren Ansatz. Wir beginnen mit der tiefen Meditation und steuern dann Pranayama, physische Techniken und so weiter an und behalten die Rolle von Bhakti/Verlangen auf dem ganzen Weg gut im Auge.

Eines bemerkt jeder, der sich mit Yoga beschäftigt: Die Glieder des Yoga stehen miteinander in Verbindung, d.h. wenn wir mit einem Glied beginnen, werden die anderen dadurch ebenfalls berührt und auf dem Weg der Reinigung und Öffnung werden wir schließlich von allen Glieder angezogen. Menschen, die erst zu meditieren beginnen, werden üblicherweise unersättliche Leser spiritueller Bücher (Svadhyaya), neigen zu einer reineren Diät (Saucha) und nehmen das Wohlergehen anderer mit mehr Sensibilität wahr (Ahimsa). In der Tat ist der beste Weg, Fortschritte in Yama und Niyama zu machen, mit tiefer Meditation schnurstracks in Samadhi zu gehen. Dann entwickelt sich ein harmonisches Verhalten auf natürliche Weise aus dem Inneren heraus, anstatt dass man von Außen dazu gezwungen werden muss. All diese Dinge deuten auf das In-Verbindung-Stehen des Yoga hin. So erscheint das auf allen Übungsniveaus. Manchmal wird es „Gnade" genannt, weil spirituelle Segnungen aus dem Nichts zu kommen scheinen. In Wahrheit werden solche Segnungen mittels der in unserem Nervensystem aufsteigenden spirituellen Leitfähigkeit durch uns gesandt, weil wir etwas Bestimmtes auf dem achtgliedrigen Yoga-Baum geleistet haben. Sogar der ernsthafte Gedanke: „Gibt es nicht noch mehr als das?" ist eine kraftvolle Yoga-Übung. Man findet sie im Niyama-Glied als Ergebenheit, Bhakti. Wie du aus den Lektionen weißt, wird diese Leitfähigkeit im Nervensystem „ekstatisch", sobald die Kundalini anfängt, sich zu bewegen. Geschieht dies, beginnen wir wirklich durch die Glieder des Yoga verknüpft zu werden – hier, dort und überall.

Beschäftigt man sich bereits früh auf koordinierte Weise mit effektiven Übungen, die verschiedene Yoga-Glieder einbeziehen, reinigt und öffnet sich unser Nervensystem sehr schnell. Dies ist ein wichtiges Prinzip, dem in der Kernstrategie dieser Lektionen (durch die Nutzung eines integralen Systems von Übungen zu ermöglichen, dass man sich durch so viele Glieder wie möglich arbeitet) Rechnung getragen wird.

Samyama ist ein Absprungpunkt aus den acht Gliedern. Es unterscheidet sich etwas von jedem der einzelnen Glieder, die für die Reinigung und Öffnung des Nervensystems genutzt werden. In Patanjalis Yoga-Sutren ist dem Samyama ein ganzes Kapitel gewidmet, das mit „übernatürliche Kräfte" betitelt ist.

Samyama ist definiert als die zielgerichtete Nutzung einer Kombination aus den letzten drei Gliedern des Yoga. Indem wir die fokussierte Aufmerksamkeit (Dharana), die tiefe Meditation (Dhyana) und tiefe innere Stille (Samadhi) zusammen mit einem Objekt oder Objekten auf eine besondere Weise nutzen, sind wir in der Lage, übernatürliche Kräfte, auch Siddhis genannt, zu entwickeln. Patanjali erklärt uns, dass Samyama eine innigere Übungsform ist und dass sie zum „Licht des Wissens" führt. Er sagt uns außerdem, dass wir vermeiden sollten, uns von den Erfahrungen ablenken zu lassen, die sich bei der Ausführung von Samyama einstellen. Wir haben uns damit bereits in den Lektionen beschäftigt. Wir sehen Lichter oder haben einige ekstatische Erfahrungen und müssen uns daran erinnern, locker und leicht zu den Übungen zurückzukehren, die wir ausführen. Dies deshalb, weil Erfahrungen unseren spirituellen Fortschritt nicht voranbringen. Nur die Übungen selbst sind dazu in der Lage. Dasselbe trifft auch für Siddhis zu, wenn sie sich manifestieren. Wie dies bereits vor langem in der Lektion 76 erwähnt wurde, führen wir Samyama aus, um unser reines Glückseligkeitsbewusstsein und Ekstase in unserem Nervensystem und darüber hinaus auszudehnen.

Kommen wir mit der Erwartung zu Samyama, einige übernatürliche Kräfte für unseren persönlichen Gebrauch zu erhalten, werden wir nicht weit kommen. Dies ist die Schönheit von Samyama. Sie ist eine Übung, die sich moralisch selbst reguliert. Alles hängt vom Vorhandensein innerer Stille ab: keine innere Stille, kein reines Glückseligkeitsbewusstsein – kein Samyama. Es ist nicht möglich, diese Übung ohne zumindest etwas innere Stille im Nervensystem durchzuführen. Haben wir etwas Samadhi, haben wir automatisch auch etwas Yama und Niyama. Je mehr Samadhi wir haben, desto mehr Yama und Niyama ist da und dann werden wir auch mehr Erfolg mit Samyama haben. Ist sehr viel Samadhi (erste Stufe der Erleuchtung) vorhanden, ist auch sehr viel Yama und Niyama und auch sehr viel Fortschritt in Samyama da. Die Glieder des Yoga hängen auf diese Weise immer miteinander zusammen.

Samyama wirkt auf die tiefste Ebene des Bewusstseins in uns und lockt dieses durch die Bereitung einer Reihe von Kanälen für die Durchlässigkeit durch unser Nervensystem in die volle Manifestation. Mit Samyama bewegen wir innere Stille. Wir bewegen das Unbewegliche, indem wir den Fels des reinen Bewusstseins bewegen. In Wirklichkeit machen wir den Fels größer. Wir dehnen ihn durch und über unser Nervensystem hinaus aus. Bei den meisten Übungen arbeiten wir von außen nach innen. Bei Samyama gehen wir in die andere Richtung. Wir arbeiten von der Innenseite nach außen. Bei den meisten Übungen beginnen wir mit unserem begrenzten Ego-Selbst und gehen nach innen. Bei Samyama beginnen wir mit unserem universalen göttlichen Selbst und kommen damit nach draußen. Dies ist der Unterschied zwischen Samyama und den anderen Übungen.

Bewegt sich das Bewusstsein mit Samyama nach außen, erfahren wir mehr Öffnung und all unsere Übungen bewegen sich auf eine höhere Ebene. Dies ist der Vorteil aus der Integration von Übungen. Alles, was wir im Yoga machen, hilft allem anderen, was wir im Yoga unternehmen. Auf diese Weise werden die Yoga-Übungen zu einer Spirale ekstatischer Glückseligkeit, die sich höher und höher schraubt.

Wir fahren also mit den Übungen, die wir bisher gelernt haben, fort und haben zusätzlich die Option, die Samyama-Übung hinzuzunehmen, die das Nervensystem noch einmal auf eine andere Weise öffnet. Die Voraussetzungen für die Durchführung von Samyama sind nicht so zahlreich. Es ist ein mentaler Vorgang und deshalb sind keine physischen Bedingungen zu erfüllen – außer natürlich, wenn du nolens volens durch die Luft zu fliegen beginnst: Für diesen Fall solltest du natürlich die geeigneten physischen Vorsichtsmaßnahmen treffen. :-)

Jeder, der einige Monate meditiert und die Erfahrung von etwas innerer Stille macht, kann Samyama ausführen. Die Wirkungen sind dann direkt von der Menge an innerer Stille im Nervensystem abhängig. Samyama dehnt unsere innere Stille aus und bringt Stabilität in sie hinein. Sie ist deshalb eine exzellente Ergänzung zur Meditation. In der nächsten Lektion werden wir die Einzelheiten der Samyama-Übung durchgehen.

Mit den acht Gliedern des Yoga und Samyama lösen wir Finsternis, wo immer sie sein mag, auf. Packen wir's an!

Der Guru ist in dir.

Lektion 150 – Samyama-Übung

Meditation ist der Prozess, mit dem man die Aufmerksamkeit nach innen zur Ruhe, zur inneren Stille, zum reinem Glückseligkeitsbewusstsein, zum Zustand des Zeugen, zu Samadhi bringt. All dies beschreibt Aspekte ein und derselben Sache. Wir haben eine besondere Vorgehensweise für die Meditation, die wir für eine vorgegebene Zeit zweimal am Tag durchführen. Das funktioniert wie ein Uhrwerk und mit der Zeit, wenn wir täglich meditieren und danach hinausgehen, um aktiv zu sein, gewöhnt sich unser Nervensystem auf natürliche Weise daran, innere Stille zu erhalten und auszustrahlen. Unser tägliches Leben wird dann aus dem Inneren heraus ruhiger. Wir werden von äußeren Ereignissen weniger überwältigt. Dies ist das Aufkommen der ersten Stufe der Erleuchtung, die dem Vorhandensein innerer Stille in unserem Leben für 24 Stunden und 7 Tage die Woche entspricht.

Haben wir einmal etwas innere Stille erreicht – wenn auch nur ein wenig – dann können wir beginnen, von dieser Ebene eines unendlichen Potentials in uns aus zu operieren. Alles, was existiert, ist daraus manifestiert und wir, die wir das sind, sind fähig, von diesem unendlichen Reservoir des Lebens aus zu manifestieren. Haben wir also erst einmal unsere große Zehe im Unendlichen platziert, können wir beginnen, unsere Transformation zur Erleuchtung damit zu beschleunigen. Und das ist einfach zu bewerkstelligen.

Du erinnerst dich daran, dass wir in der Meditation einen Gedanken an einen Laut ohne Bedeutung, das Mantra, nutzen, um dem Verstand systematisch zu erlauben, in die Stille zu gehen. Man lässt alle Bedeutung, Sprache oder intellektuellen Inhalte los und ergreift nur den Gedanken an das Mantra, was zusammen in der Lage ist, tief in reines Glückseligkeitsbewusstsein einzutauchen. Das Nervensystem geht mit dem Verstand ebenso in die Stille und unser Stoffwechsel verlangsamt sich.

Bei Samyama fangen wir an, den anderen Weg zu gehen. Nachdem unsere Meditationszeit vorüber ist, ruhen wir ein oder zwei Minuten und gehen in Samyama über. Wir beginnen mit einem einfachen Zustand des Nicht-Denkens, bei dem wir nur in unserer Stille ruhen. Steigen Gedanken auf, lassen wir sie einfach ziehen, ohne auf sie irgendwie einzugehen. Bei der Samyama-Übung nutzen wir auch das Mantra nicht. Wir beginnen damit, nichts zu favorisieren und nur locker und leicht in unserer Stille zu sein, wie viel Stille wir auch von unserer gerade erst beendeten Meditationssitzung und aufgrund unserer Jahre und Monate täglicher Meditation natürlich gegenwärtig haben. Stille ist der Ausgangspunkt von Samyama.

Die einzige Voraussetzung für die Samyama-Übung ist das Vorhandensein von ein wenig innerer Stille. Für die meisten Menschen ist das nach wenigen Monaten täglicher tiefer Meditation entsprechend den Anweisungen in den frühen Lektionen der Fall.

Nun sind wir bereit, mit der Samyama Übung zu beginnen. Man macht das wie folgt:

Bei Samyama führen wir in die Stille Bedeutungen ein. Wir tun dies auf eine einfache, leichte und systematische Weise. Zuerst schaffen wir einen Impuls für eine Bedeutung in der Stille. Dann lassen wir sie in die Stille gehen.

Lass uns mit „Liebe“ anfangen. Das ist ein guter Ausgangspunkt für den Beginn mit Samyama. Wir schlagen vor, dass du bei Samyama deine intimste Form von Sprache verwendest, die Sprache, die am tiefsten in dein Herz dringt, wie immer diese aussehen mag.

In deiner lockeren Stille greife – nur einmal – das unschärfste Gefühl des Wortes ‚Liebe’ in deiner eigenen Sprache auf. Sprich es nicht absichtsvoll klar aus und rufe auch nicht mentale Bilder dieser oder jener Szene oder Situation hervor, die für dich Liebe repräsentiert. Habe nur eine schwache Erinnerung an Liebe und lass sie dann in deine Stille gehen, in die lockere Stille, in der du dich befindest, wenn du die unklare Bedeutung von Liebe aufgreifst. Denke nicht über Liebe nach und analysiere sie auch nicht während Samyama. Denke überhaupt nicht daran. Komm nur einmal in einer undeutlich subtilen Art zu ihr und lass sie dann in die Stille gehen. Wir gelangen zu einem subtilen Gefühl der Liebe, zu nichts mehr und dann lassen wir los – einfach so.

Nachdem du „Liebe“ einmal gedacht hast, bleibe für ungefähr 15 Sekunden in der Stille. Sollten irgendwelche Gedanken kommen, lass sie locker und leicht ziehen. Schau nicht auf die Uhr. Mit ein bisschen Übung wird dir deine innere Uhr mit ausreichender Genauigkeit verraten, wann fünfzehn Sekunden vorüber sind. Sei einfach für rund eine viertel Minute locker und leicht in der Stille. Greif dann das schwache, undeutliche Gefühl von „Liebe“ noch einmal auf und lass es wieder für ungefähr 15 Sekunden in deine Stille gehen.

Das sind zwei Wiederholungen von Samyama – das zweimalige Aufgreifen von Liebe auf ihrer subtilsten Ebene des Gedankens und das zweimalige Gehenlassen in die innere Stille. Welche Wirkung hat dies? Was geschieht?

In dem Maß, in dem wir an der Grenze zur inneren Stille (der feinsten Ebene des Denkens) Bedeutung aufnehmen und sie dann locker und leicht in unsere Stille gehen lassen, wird die Wirkung sehr kraftvoll sein. Innere Stille ist ein riesiger Verstärker für subtile Gedanken. Innere Stille ist der einzige Verstärker von Gedanken. Sie ist die Quelle der Gedanken. Gewöhnlicherweise kommen unsere Gedanken – angeregt durch alles, was in unserem unterbewussten Geist festsitzt – aus der Stille. So viele Gewohnheitsmuster herrschen in unserem gehemmten, unterbewussten Denken, und diese sind es auch, die den Fluss der göttlichen Energie aus unserer inneren Stille in unser tägliches Leben stören und schwächen. Mit Meditation räumen wir die Hindernisse in unserem unterbewussten Verstand aus und entwickeln eine klare Bewusstheit unserer inneren Stille. Mit Samyama wirken wir direkt in unsere innere Stille hinein zur Erzeugung eines Ausfließens positiver Effekte, die das Nervensystem und die Umgebung auf mächtige Wege reinigen.

Bei Samyama fühlen wir vielleicht, wie sich etwas Energie aus unserer inneren Stille herausbewegt. Das kann als körperlich, mental und emotional erfahren werden. Vielleicht fühlen wir aber auch nicht viel, bis wir später aktiv sind und merken, dass wir dann aus keinem erkennbaren äußeren Grund liebevoller und mitleidvoller sind. Wir verwandeln uns aus dem Inneren heraus. Das ist Samyama: Absichten, die sich aus der göttlichen Ebene der Stille in uns hinaus in die äußere Manifestation bewegen.

Samyama ist das, zu was ein Gebet wird, wenn es zur tiefsten Ebene der Kommunion mit dem Göttlichen in unserem Inneren genommen wird – wenn es in die göttliche, innere Stille genommen wird. Effektives Gebet basiert auf diesen Prinzipien von Samyama, die wir hier erörtern. Jeder Gedanke bzw. jede Bedeutung, die wir in Samyama verwenden, nennt man „Sutra". Auf Sanskrit bedeutet Sutra: „zusammenbinden" oder „heften". Der medizinische Fachausdruck im Englischen, *suture* (Naht) leitet sich von Sutra ab. In Samyama sind Sutren kleinste Einheiten von Bedeutung, die wir dem grenzenlosen, reinen Glückseligkeitsbewusstsein einflößen, damit es sich in das tägliche Leben hinaus ausdehnt und es unser äußeres und inneres Leben „zusammenbindet". Sutren sind also kleinste Einheiten von Yoga, die wir durch die Samyama-Übung in uns bewusst kultivieren können.

Im dritten Kapitel oder Buch von Patanjalis Yoga Sutren zu übernatürlichen Kräften werden viele Sutren für viele verschiedene Dinge aufgeführt. All diese Informationen sollen nicht dazu dienen, dass wir sofort Ergebnisse oder Kräfte erhalten. Damit wäre niemandem auf seinem Weg zur Erleuchtung gedient. All diese Kräfte wären nur eine große Ablenkung vom Yoga, könnten sie so leicht erreicht werden. Wie in der letzten Lektion erwähnt, ist Samyama glücklicherweise in moralischer Hinsicht eine sich selbst regulierende Übung, was heißt, dass innere Stille (Samadhi) die Voraussetzung für den Erfolg von Samyama ist. Ist innere Stille da, wird auch moralische Verantwortlichkeit und moralisches Verhalten (Yama und Niyama) vorhanden sein, weil all die Glieder des Yoga miteinander verknüpft sind.

Samyama setzt innere Stille (Samadhi) und die Fähigkeit, einen Gedanken aufzugreifen (Fokussieren/Dharana) und ihn nach innen gehen zu lassen (Meditation/Dhyana) voraus. Dann kommen die Ergebnisse aus der inneren Stille automatisch hervor. Haben wir die letzten drei Glieder des Yoga, dann haben wir auch die anderen Glieder. Die aus Samyama gewonnenen Kräfte sind also ihrem Zweck nach göttlich. Auch wenn das so ist, sollten wir uns – wie immer – über den Unterschied zwischen Erfahrungen und Übungen im Klaren sein und darauf achten, dass wir nicht von sich einstellenden Erfahrungen gefangen genommen werden. Ergeben sich Erfahrungen, kommen wir locker zu der Übung zurück, die wir gerade tun.

Wie dies für alle fortgeschrittenen Yoga-Übungen gilt, sind die wahren Vorteile durch Samyama erst nach lang anhaltender täglicher Übung mit einer bestimmten Routine von Sutren zu erwarten. Ändern wir die Sutren jeden Tag oder jede Woche und machen wir unsere Übungen unregelmäßig, werden sich die Wirkungen nicht aufaddieren. Beim Brunnengraben trifft man dann auf Wasser, wenn man immer an derselben Stelle in die Tiefe gräbt. Samyama können wir bei den fortgeschrittenen Yoga-Übungen nach jeder Meditationssitzung folgen lassen, bevor wir noch in Yoni Mudra Kumbhaka gehen (falls wir es an dieser Stelle ausführen) und vor unserer Ruhephase am Ende. Samyama ist eine Fortsetzung unserer Meditationsübung. Zuerst gehen wir mit Meditation hinein und kommen schließlich mit Samyama wieder heraus.

Zu diesem Zweck wird hier eine ausgewogene Reihe von neun Sutren angegeben. Wir schlagen vor, dass man jede für zwei Samyama-Zyklen durchführt, dass man also zweimal jeweils rund 15 Sekunden mit jedem Sutra in der Stille bleibt und dass man so in der vorgegebenen Reihenfolge durch die Sutren hindurchgeht. In wenigen Tagen wird man sie im Gedächtnis haben und es wird einfach sein, mit Nutzung der Samyama-Methode durch sie hindurchzunavigieren und mit jeder Sitzung allmählich immer tiefer zu gehen. Die Sutren lauten:

Liebe

Ausstrahlung

Einheit

Gesundheit

Stärke

Überfluss

Weisheit

Nach innen gerichtete Sinnlichkeit

Akasha – Leichtigkeit von Luft

Jedes Sutra mit den 15 Sekunden der Stille danach sehen wir als Einheit an. Z.B. ist „Nach innen gerichtete Sinnlichkeit" (steht für Pratyahara, dem Nach-innen-Richten-der-Sinne) ein einzelnes Sutra, dem 15 Sekunden der Stille folgen. „Akasha – Leichtigkeit von Luft" ist ebenfalls ein einzelnes Sutra, an das sich 15 Sekunden Stille anschließen. Die Bedeutungen der Sutren kannst du – wie oben bereits erörtert – in deine Muttersprache oder deine tiefste Sprache übertragen. Das gilt für alles außer „Akasha", was für das Sanskritwort „feinster Äther, innerer Raum" steht. Von der Physik wissen wir, dass wir Äther sind, leerer Raum im Inneren; hier ist überhaupt nichts Festes. Unser Körper ist das und wenn wir Samyama über „Akasha – Leichtigkeit von Luft" praktizieren, beginnen wir uns sehr leicht zu fühlen.

Wenn du jede dieser neun Sutren in deiner Samyama-Sitzung zweimal machst, wird dies ungefähr fünf Minuten in Anspruch nehmen. Fühlst du, dass es nötig ist, für ein bestimmtes Sutra mehr zu tun, dann füge das ans Ende hinzu und mache Samyama damit für weitere fünf Minuten. Der Zyklus bleibt weiterhin 15 Sekunden und wir machen damit einfach fünf Minuten lang weiter. Diese fünf Minuten messen wir mit der Uhr ab. Hast du keine anderen Vorlieben, kannst du auch das Sutra der Leichtigkeit am Ende noch einmal für fünf Minuten machen. Das ist sehr kraftvoll – eine mentale Kundalini-Technik, die viel Energie durch unser Nervensystem nach oben bringt. Es ist nicht ungewöhnlich, wenn wir während Samyama mit dem Sutra der Leichtigkeit körperliche Symptome wie Hecheln (automatisches Bastrika-Pranayama) und ein „Gehoppel" erfahren. Geschieht dies, stelle sicher, dass du auf einer weichen Unterlage, z.B. einer Matratze sitzt. Auch bei den anderen Sutren können verschiedene Symptome auftreten. Wir bewegen die unendliche innere Stille in uns. Deshalb können die daraus hervorgehenden Manifestationen sehr real und merklich sein. Patanjali nennt diese Manifestationen „übernatürliche Kräfte" oder „Siddhis".

Jene, die von Bhakti für die Erleuchtung nur so strotzen, können die Wiederholungen von Samyama auf vier für jedes Sutra erhöhen und mit zehn Minuten eines bevorzugten Sutras oder des Leichtigkeits-Sutras abschließen. Das sind dann ungefähr 20 Minuten der Samyama-Übung. Stelle sicher, dass du dir genügend Zeit für das Ausruhen nimmst, wenn du aus deiner Routine von Übungen herauskommst, besonders, wenn du Samyama machst. Sich am Ende für fünf oder zehn Minuten hinzulegen, ist gut. Wende wie immer bei deinen Übungen Selbstabstimmung an. Mentale Techniken wie Meditation und Samyama sind sehr kraftvoll. Übertreibt man dabei, lädt man sich unangenehme Energieflüsse ein. Jeder wird durch vorsichtige Selbstabstimmung seine angenehme Grenze finden.

Samyama stärkt unsere Präsenz in der Stille des reinen Glückseligkeitsbewusstseins. Es fördert die Integration der inneren und äußeren Aspekte des Nervensystems. Samyama regt das Nervensystem zur Reinigung und Öffnung hin zum zweiten und dritten Stadium der Erleuchtung an und verstärkt auch unsere innere Stille (erstes Stadium) im täglichen Leben. Es verstärkt die allgemeine Kraft unserer Wünsche außerordentlich. Wollen wir etwas erreichen, das sich im Einklang mit dem göttlichen Fluss befindet, wird der Widerstand viel geringer sein und die Hindernisse scheinen förmlich wegzuschmelzen.

Für jene, die in der Stille des reinen Glückseligkeitsbewusstseins leben und die Gewohnheit entwickeln, auf natürliche Weise von dieser unbegrenzten Ebene des Lebens aus zu funktionieren, wird ein ständiger Strom „kleiner Wunder" zur Normalität.

Führe die Übung des Samyama für einige Monate nach deiner Meditation durch und sieh selbst. Samyama ist mehr als eine sitzende Übung. Es ist ein Weg des Denkens und Handelns, der in unser tägliches Leben kommt, während wir auf der Straße zur Erleuchtung reisen.

Der Guru ist in dir.

Lektion 152 – Über Bedeutungen nachdenken vs. Ausführen der Samyama-Übung

Frage: Nun bin ich ein wenig verwirrt. Ich dachte, wir sollten nur das Wort denken und es dann gehen lassen. Diese gerade gegebene Antwort (vorherige Lektion) klingt, als sollten wir darüber meditieren oder nachdenken. Eine andere Frage: Ich erhalte während des Tages diese Ausbrüche von Gefühlen oder Energie in meinem Körper. Ich kann sie lokalisieren und es scheint als hätte ich einige Kontrolle über sie. Ich nehme an, dass dies die Kundalini ist. Meine Frage ist Folgende: Ist das nur ein angenehmes Nachspiel oder wird da etwas freigesetzt?

Antwort: Ja, du hast recht. Greife das Sutra nur als eine schwache Idee auf und lass es wieder gehen. Dann kommen 15 Sekunden der Stille. Diese Erörterung zur Bedeutung hat überhaupt nichts mit der Ausführung der Samyama-Übung selbst zu tun. Einige Menschen gehen durch eine Art Klärungsprozess; sie gewöhnen sich an Bedeutungen und finden ihre eigene Ökologie. Es gibt Menschen mit den verschiedensten Muttersprachen, die diese Lektionen durcharbeiten. So kannst du dir vorstellen, welchen Prozess da jeder einzelne durchmacht. Sobald man sich dann an die Sutren gewohnt, gehen die Bedeutungen in das Unterbewusstsein. Das ist nicht Teil der Samyama-Übung. Es ist etwa wie: „Was ist Akasha? … Okay, das ist es." Dann vergiss es einfach, mache Samyama mit den Worten, den Sutren. Die Bedeutung steckt darin. Wir machen uns während Samyama dazu keine Gedanken. Wir greifen nur das Sutra schwach auf und lassen es dann los.

Die angenehmen „Ausbrüche" sind etwas sehr Gutes. Innere Stille bewegt sich in dir aufgrund von Samyama. Man kann das auf vielen Wegen erfahren. In der nächsten Lektion (zur Frage wie man übernormal wird) findest du mehr Einzelheiten dazu. Viele machen ähnliche Erfahrungen. Es besteht keine Notwendigkeit, Erfahrungen zu kontrollieren. Sie sind etwas Natürliches. Lass sie nur geschehen – innerhalb vernünftiger Grenzen. Sie ergeben sich aus der Auflösung von Blockierungen und dem Aufleben göttlicher Erfahrungen. Mit der Zeit erreichen sie eine gewisse Stabilität – mehr natürliche stille Glückseligkeit und ekstatische Ausstrahlung im Leben. Beim Samyama übt man den Yoga von innen nach außen und das zusätzlich zu unseren anderen Übungen, die von außen nach innen gehen.

Die baldigen Ergebnisse, die viele mit Samyama haben, sind sehr beeindruckend. Bravo!

Der Guru ist in dir.

Lektion 153 – Übersetzungen der Yoga-Sutren und wie man „übernormal“ wird

Frage: Nochmals danke für deine Lektionen!!! Zwei Fragen, wenn ich darf. Kannst du vielleicht eine gute Übersetzung der Yoga-Sutren von Pantanjali empfehlen? – Schließlich habe ich beim Arbeiten mit Sutren auch bemerkt, dass sich mein Brustkorb anfühlt, als würde er sich ausdehnen und genauso mein Kopf. Das war etwas ziemlich Außergewöhnliches. Ist das normal? Du hast von den verschiedenen Wegen gesprochen, wie sich Energie manifestiert und ich habe mich nur gefragt, ob dies ebenfalls eine dieser Manifestationsformen ist? Mit Liebe und Einheit.

Antwort: Es gibt viele Online-Übersetzungen der *Yoga-Sutren* und das neben dutzenden in Englisch in vielen verschiedenen Sprachen. Viele von diesen haben Kommentare. Die einen stimmen voll mit dem Ansatz in diesen Lektionen überein, die anderen nicht. Deshalb empfehle ich, mit einer ohne einen Kommentar zu beginnen. Das ist leicht zu finden, wenn du z.B. unter „Yoga-Sutren“ und „Yoga Texte“ in der FYÜ-Link-Abteilung der Website nachsiehst.

Die *Yoga Sutren* bestehen aus vier „Büchern“. Die gesamte Schrift umfasst weniger als 20 Seiten – alles ist sehr knapp gefasst. Wenn du dich fragst, wo die acht Glieder des Yoga beschrieben werden: Das beginnt in Buch 2-29. In Buch 3 geht es um Samyama und übernatürliche Kräfte. Nebenbei gesagt: Der Gedanke, „übernormal“ zu werden, ist doch ziemlich ansprechend, oder? Eigentlich ist er sogar ganz normal. Denn für den Menschen ist Erleuchtung etwas Normales. Warum sollten wir also nicht übernormal werden?

Ja, deine Ausdehnung ist (über-)normal, ein sehr schöner Indikator dafür, dass sich deine Stille von innen nach außen bewegt. Dies ist Samyama im Handeln. Viele verschiedene Dinge können sich ereignen. Es kann zu mehr Ausdehnung, mehr inneren sinnlichen Erfahrungen, starken Gefühlen, Lachen, Weinen, physischen Schwingungen und neuen Formen des Atmens kommen. Alles dreht sich um die Auflösung von Blockierungen, wenn sich die innere Stille als Ergebnis unserer Übungen – jetzt noch mit der Hinzufügung von Samyama – weiter durch unser Nervensystem nach außen bewegt. Das Nervensystem weiß, was es zu tun hat, wenn sich das reine Glückseligkeitsbewusstsein hindurchbewegt. Werden Symptome übermäßig, dann nutze nur Selbstabstimmung in deinen Übungen. Falls nötig, kann dies bedeuten, dass man die Anzahl der Wiederholungen von Samyama für eine Weile reduziert. Nimm dir immer genügend Zeit für die Ruhephase, wenn du aus der Meditation und aus Samyama herauskommst. Das ist für den Aufbau eines ausgeglichenen Energieflusses in den täglichen Aktivitäten wichtig.

All diese Symptome sind normale Freisetzungen und Hinweise für das Erscheinen der inneren Göttlichkeit. Es ist in Ordnung, sie zuzulassen. Will sich dein Körper bewegen oder schütteln, dann lass ihn – doch nicht bis ins gefährlich Extreme. Wirst du sexuell erregt (und das kann gut sein), lass es zu, doch nicht bis ins gefährlich Extreme. Das ist alles normal, wenn göttliche Energie aus dem Inneren durch das Nervensystem brodelt.

Das erinnert mich an einen Abschnitt in Swami Muktanandas Buch „Spiel des Bewusstseins“, wo er ein bestimmtes Stadium seiner Reise beschreibt: Er ist da immer aus dem Haus hinausgegangen und hat gebrüllt wie ein Tiger. Man braucht nicht zu erwähnen, dass die Nachbarn ein wenig beunruhigt waren. Man muss es nicht so weit treiben.

Manchmal mag es entlang des Weges scheinen, als ob mit unserer inneren Energie nicht viel geschehe. Vielleicht lösen sich die Dinge im Untergrund, ohne dass es viele Anzeichen dafür gibt und später bemerken wir etwas davon. Oder wir warten, dass sich innere Stille einstellt, nachdem wir mehrere Wochen und Monate meditiert haben. Oder wir lassen das subtile Gefühl des Sutras in Samyama nicht los. Manchmal ist das Nichtstun – d.h., dass man nichts favorisiert, was während der 15 Sekunden Stille im Geist hochkommt – etwas verzwickt.

Erfolgreich im Yoga zu sein, bedeutet nicht, dass man bestimmte Erfahrungen macht; es geht nur darum, dass wir der Vorgehensweise unserer Übungen Rechnung tragen. Durch die Übungen ändern wir uns, nicht durch Erfahrungen. Erfahrungen sind das Nebenprodukt unserer Übungen und der sich daraus ergebenden spirituellen Transformationen, die im Gang sind.

Denke auch daran, dass unmittelbar auftretende Reaktionen infolge der Sutren ebenfalls während Samyama losgelassen werden sollten. Das ist das vollkommene Karma-Yoga: Man tut etwas Göttliches und lässt die Frucht dieses Tuns wieder los. Dies ist in die Technik des Samyama eingebaut: Man tut etwas und lässt gleichzeitig das Tun los. So ist Samyama gleichzeitig die Kultivierung des Ausfließens göttlicher Liebe, die nichts als Gegenleistung erwartet.

Machen wir unser Samyama so, werden wir im Laufe der Zeit zu strahlenden Leuchttürmen durch die Luft wogenden göttlichen Lichts.

Wer wird dann noch abstreiten können, was wir Menschen sind? Wer wird nicht übernormal werden wollen?

Der Guru ist in dir.

Lektion 154 – Samyama: „Loslassen und Gott zulassen“

Frage: Ich glaube, dass ich nicht wusste, um was es im Leben geht, bevor ich zu dieser Gruppe gestoßen bin. Deine Lektionen zu Samyama haben mich fortgeblasen. Ich fülle mich jedes Mal mit Licht und Freude, wenn ich die Sutren mache und damit überfließe. Endlich weiß ich, was die Worte bedeuten: „Loslassen und Gott zulassen.“ Namaste!

Antwort: Ja, genau: Loslassen und Gott zulassen, darum geht es bei Samyama. Wir bieten mit einem Sutra einen subtilen Angriffspunkt und lassen los; unsere innere Stille macht dann den Rest. Mit einer Sutren-Reihe können wir uns mit unserer inneren Stille in jede Richtung ausweiten.

In der lockeren, tiefen Meditation folgen wir der uralten Maxime: „Sei still, und wisse, dass ich Gott bin.“ [Ps. 46,10]

Dann machen wir Samyama und lassen los, so dass wir in unsere göttliche Stille kommen und es wird klar, wie wir in dieser Welt ein Pol strahlender Harmonie sein können.

Der Guru ist in dir.

Lektion 155 – Samyama: Leichtigkeit, Taumeln … und Levitation?

Frage: Ich wende die Sutren seit ungefähr einer Woche an und habe seit Beginn gute Gefühle. Heute Nacht während dem der Leichtigkeit war da ein Anschwellen der Energie, das sich auch sehr gut anfühlte und mich im Inneren sehr leicht machte. Dann begann ich mich zu schütteln und ich wankte. Meine Arme gingen nach oben und unten, ich bebte und dachte, ich würde gleich zu schreien anfangen, doch ich tat es nicht. Ich weiß nicht, wo dies alles herkam. Das Nächste, was ich weiß, war, dass ich mich in der Nähe des Fußendes meines Betts befand und ich weiß nicht, wie ich vom Kopfende des Betts, wo ich mit gekreuzten Beinen saß, dahin gekommen war. Ich ging zurück zum Kopfende des Betts, begann von neuem und es ist wieder passiert. Diesmal öffnete ich meine Augen ein wenig, als das Taumeln nach dem Sutra begann und ich sah, wie mein Körper von einem Ende des Betts zum anderen hopste. Ich machte das noch ein paar Mal, legte mich dann hin und fühlte mich, als ob jeder Nerv meines Körpers einen Einlauf hätte. Ist dies Levitation oder ist es nur etwas Körperliches? Was immer es ist, es fühlt sich gut an – wenn es da ist und auch danach. Deshalb muss es eine Übung sein, die okay ist. Ich will damit weitermachen. Bist du damit einverstanden? Nur fürchte ich etwas, vom anderen Ende des Betts zu fallen. Sollte ich das also besser auf dem Boden ausführen?

Antwort: Das kam aus deiner inneren Stille und es ist ein wundervoller Einstieg mit dem Leichtigkeits-Sutra. Fühlst du dich danach wohl, dann behalte es nur bei. Stelle sicher, dass du dir genügend Zeit für Ruhe nimmst, wenn du aus der Übung herauskommst. Ist es für dich angenehmer, das Leichtigkeits-Sutra auf Kissen oder einer Matratze auf dem Boden zu machen, dann tue das. Du kannst dann, wenn du willst, deine anderen Übungen weiterhin auf dem Bett machen und am Ende für das Leichtigkeits-Sutra auf den Boden gehen. Allerdings wirst du feststellen, dass kein großes Risiko besteht, vom Bett zu fallen, weil du dir während der Übung intuitiv deiner genauen Position bewusst bist. Es ist wahrscheinlicher, dass das Bett während der dynamischen Anfänge mehr als du beschädigt wird. Das ist also auch ein Grund, das auf den Boden zu verlegen. Stelle sicher, dass du auch ein gutes dickes Polster unter dir hast.

Ist das Levitation? Gut, es versucht es zu sein, nicht wahr? In diesem Stadium kommt es zu einer Menge Reinigung im Nervensystem und der Körper reagiert auf die durchflutende Energie durch Wanken und das Gehoppel. Mit der Zeit beruhigt sich das und wird viel sanfter und die Bewegungen werden viel subtiler. Im Inneren wird mehr Energiebewegung da sein, doch von außen wird es dafür weniger Anzeichen geben.

Bewegungen und einschneidende Empfindungen im Inneren (Ekstase eingeschlossen) rühren von der Reibung im Nervensystem bei der Hindurchbewegung der Energie her, die die Blockierungen in beträchtlichen Mengen herausbläst. In großem Stil werden karmische Abfälle nach außen abgeführt. Von daher kommt das Gefühl, dass die Nerven durchspült werden. Das ist die große Kraft von Samyama. Es versetzt uns in die Lage, systematisch und mit relativ wenig Unannehmlichkeit das Nervensystem von innen heraus zu reinigen. Durch den Einsatz von Samyama gereinigt zu werden, ist gewöhnlich sehr angenehm. Das deshalb, weil Samyama erst richtig in unserem Nervensystem greift, wenn wir bereits genügend innere Stille zur Verfügung haben, die das erst ermöglicht. Es ist also reines Glückseligkeitsbewusstsein, das in Antwort auf die Sutren durch unser Nervensystem nach außen strömt und deshalb fühlt es sich so gut an. Es ist stille Glückseligkeit, die in großen Mengen durch uns nach außen fließt. Dadurch werden all unsere inneren Übungen unterstützt und auch jeder, der sich in einem Umkreis von Kilometern um uns herum aufhält.

Werden mit dem Leichtigkeits-Sutra die Blockierungen im Laufe der Zeit weniger, gibt es weniger Reibung und die Bewegungen werden feiner. Vergleichbares geschieht mit den Erfahrungen zu den übrigen Sutren. Alles wird sehr geschmeidig, angenehm und leicht.

Was immer für Erfahrungen die Entwicklung der Samyama-Übung im Laufe der Zeit mit sich bringt: Es ist ein Nebenprodukt der Reinigung unseres Nervensystems. Haben wir einmal fortgeschrittenere Erfahrungen (Siddhis), dann werden sie nicht annähernd so vergnüglich und anziehend sein wie die göttliche Liebe und die Freude, die wir natürlicherweise jeden Augenblick in alle Richtungen ausstrahlen.

Der Guru ist in dir.

Lektion 156 – Muladhara/Wurzel und Integration von Übungen

Frage: Ich bin sehr daran interessiert das Muladhara (Wurzel-Chakra) physisch zu stimulieren. Darauf konzentriere ich mich im Yoga besonders. Kannst du mir erklären, wie dies mit den Übungen möglich ist?

Antwort: Die Stimulation von Muladhara, der Wurzel, am Perineum ist wichtig, doch nicht wichtiger als alles andere. Das Ziel ist es, die Wurzel zu aktivieren, aber diese Aktivierung an die spirituelle Erweckung des gesamten Nervensystems anzubinden.

In den Lektionen verwenden wir zwei körperliche Haupttechniken für die physische Stimulation der Wurzel – Mulabandha/Asvini (Zusammenziehen des Afterschließmuskels) und Siddhasana (Sitzen auf der Ferse). Es gibt für die Stimulation der Wurzel aber noch viel mehr als nur körperliche Handlungen.

Eine sehr wichtige Methode ist diejenige, die das Muladhara energetisch in das gesamte Nervensystem einbindet – die Wirbelsäulenatmung, bei der der Atem mit der Aufmerksamkeit zwischen dem dritten Auge und der Wurzel zirkuliert. Tiefe Meditation bewirkt im Nervensystem ebenfalls die „globale" Integration von allem, indem sie den Verstand und den Körper zur göttlichen Stille führt.

In Samyama kann es bei Anwendung der *Leichtigkeits*-Technik auch zu etwas Hüpfen kommen. Das kommt aus dem Inneren. Es ist nur eine mentale Technik, aber die Wurzel wird während des spontanen Gehoppels angeschlagen. Geschieht dies, ist die Konzentration auf Muladhara allerdings das Letzte, worum wir uns kümmern, denn der gesamte Körper füllt sich mit Licht und dem Begehren an, sich zu erheben.

Belegt man das Muladhara zu sehr mit Aufmerksamkeit, kann das ablenken. Es ist Teil eines viel größeren Ganzen und wir sollten nicht zu sehr darauf fixiert sein. Ich würde dir vorschlagen, Muladhara sich ganz natürlich als Teil der gesamten Übungen einpassen zu lassen. Erlaube dir, über Muladhara hinauszugehen, höher – durch die Methoden für den Körper, den Verstand und den Atem. Etwas Loslassen im unteren Zentrum (in den unteren Zentren) kann nicht schaden. Dadurch wirst du zum Verrichten weiterer Arbeiten weiter oben im Körper frei. Hast du es z.B. schon mit der „Kinnpumpe" versucht? Das ist eine körperliche Methode, die sehr tief geht. Sie wird hier in den Lektionen behandelt (Lektion 140 ff.). Man führt sie hoch oben im Körper aus, doch bindet sie Muladhara/die Wurzel in die Erleuchtung von Herz, Kehle und Kopf mit ein.

Lass mich noch hinzufügen, dass es möglich ist, so ziemlich alles, was für das Muladhara körperlich notwendig ist, durch das Sitzen in Siddhasana während der Übungen (wenn die Aufmerksamkeit mit all den übrigen Methoden weiter oben beschäftigt ist) anzugehen. In diesem Sinne ist die Stimulation von Muladhara unter Verwendung von Siddhasana ein einfach zu lösendes Problem. Beherrscht man einmal Siddhasana, dann kann alles (Wirbelsäulenatmung, Meditation, Mulabandha, Sambhavi, Kechari, Nauli, Kinnpumpe, Kumbhaka, Samyama usw.) gemacht werden, ohne dass die Aufmerksamkeit abgelenkt wird. „Beherrscht" bedeutet, dass man in Siddhasana mit ständiger Stimulation von Muladhara bleiben kann, ohne dass die Aufmerksamkeit daran festklebt und deshalb frei ist, all die anderen Übungen auszuführen. Es ist nicht schwierig, diese Gewohnheit zu entwickeln, denn Siddhasana erfordert keine Anstrengung, sobald man sich einmal daran gewöhnt hat. Das ist die beste Rahmenbedingung: Stimulation am Muladhara Chakra bei vollkommen freier Aufmerksamkeit für all die anderen Übungen, die das gesamte Nervensystem öffnen.

Muladhara ist der notwendige Beginn für die Kundalini-Erweckung, doch ist es nicht das letztendliche Ziel. Genauso wie das Erdgeschoss als Anfang unabdingbar für ein großes Gebäude ist. Doch die beste Aussicht hat man ohne Frage weiter oben. Das ist gesunder Menschenverstand, oder?

In der Integration einer ganzen Reihe von Übungen, die das gesamte Nervensystem ansprechen, liegt die riesige Kraft, die man im Yoga findet. Patanjalis acht Glieder des Yoga unterstützen diese Sichtweise. Irgendeine oder zwei Übungen, die man unter Ausschluss all der übrigen macht, ist nicht der effektivste Yoga. Ich würde dir raten zu vermeiden, in die Falle zu gehen, die dir rät, bei einem oder zwei Aspekten deines Nervensystems stecken zu bleiben. Integrierte Übungen sind nötig, damit das Nervensystem dazu verführt wird, sich vollkommen zu reinigen und zu öffnen. Wäre das nicht so, würden wir heute sehr viel mehr erleuchtete Menschen in dieser Welt sehen. Es ist Zeit für einen Wechsel zu einem integrierteren System von Übungen, d.h. zu einer ausgeglicheneren Beachtung unseres Nervensystems und der Methoden, es zur Reinigung und Öffnung anzuregen.

Der Guru ist in dir.

Lektion 157 – Was ist innere Stille?

Frage: Innere Stille wurde in diesen Lektionen viele Male erwähnt und von den Worten her scheint es einfach, doch würde ich gerne klarstellen, über was wir reden. Ich glaube, dass es Krishnamurti war, der vom Springen in den Raum zwischen mentalen Worten gesprochen hat. Ist es das, was innere Stille im Kontext dieser Lektionen bedeutet – dieser Raum ohne hörbaren Inhalt, in dem ich mich für eine Weile ausdehnen kann, bevor der Verstand von neuem zu plappern beginnt?

Ich habe auch bemerkt, dass ich beginne, während der Samyama-Übung lebhafte, mentale Bilder zu haben. Nichts Hörbares unterbricht die Stille, doch klare Bilder wie im Traum sind da. Ich vermute, dass dies bedeutet, dass ich im Sadhana einschlafe. Doch darin liegt eine andere Frage. Wird Meditation und Samyama so ausgeführt, dass man auf der Kippe zwischen tiefer Entspannung und Schlaf hin- und herwippt? Oder ist der Verstand vom Pfad des Schlafes abgekommen und hat eine andere Richtung eingeschlagen?

Antwort: Innere Stille bildet den Kern des Yoga. Ohne sie kann es keinen Yoga geben. In der zweiten Lektion (Lektion 11) haben wir erörtert, wie Yoga die Verbindung des Subjekts (dem Beobachter) mit dem Objekt (dem Beobachteten) ist. Das Objekt zu finden, ist nicht so schwer. Es ist alles, was wir in unserem Herzen und Verstand und draußen durch die Sinne wahrnehmen. Das Objekt ist überall. Das gleiche gilt für das Subjekt. Doch das Subjekt ist nicht immer so offensichtlich. Das Subjekt ist die innere Stille, über die wir hier so oft gesprochen haben.

Was ist innere Stille? In den verschiedenen Traditionen hat sie viele Namen: Sat-Chit-Ananda, das Selbst, der Zeuge, unbedingte Bewusstheit, das Nichts, die Leere, Gott Vater, Shiva, Samadhi, Tao und so weiter … In diesen Lektionen nennen wir sie oft reines Glückseligkeitsbewusstsein. So viele Namen für das, was eigentlich nichts ist. Doch das Nichts ist lebendig. Es ist bewusst. Es ist überall. Und es ist etwas Glückseliges in sich selbst. Es ist das „Ich" in dir und in mir, das beständig bleibt. Es ist das universelle „Ich", das sich ausdrückt als alles, was wir sehen, und doch meist im Inneren verborgen bleibt, außer bei denen, die Selbst-Bewusstheit durch Yoga kultiviert haben. Erfolg bei dieser Kultivierung bringt einen Zustand der Freiheit von dem ständigen Auf und Ab in dieser Welt, selbst wenn wir weiter in unseren täglichen Aktivitäten aufgehen.

Im Yoga geht es um das Aufdecken unseres Ich, es in seinem ursprünglichen, uneingeschränkten Zustand zu erfahren. Im Yoga soll die Frage beantwortet werden: „Was bin ich?" und dass man das dann bewusst wird. Unser Nervensystem hat die Fähigkeit, uns diese Erfahrung zu vermitteln und noch mehr. Deshalb wird das menschliche Nervensystem auch „Tempel Gottes" genannt.

Mit direkter Erfahrung aufgrund von Übungspraxis können wir von der Philosophie bzw. Theorie der inneren Stille bis zu ihrer Realität gelangen. Den Sprung von der Theorie zur Realität findet man in den Wegen, auf denen unser Nervensystem verschiedene Formen der Bewusstheit manifestiert. Das Nervensystem hat verschiedene Betriebsarten, die wir als verschiedene Bewusstseinszustände unterscheiden können. Es gibt drei Formen des Bewusstseins, die wir alle gut kennen:

1. Den Wachzustand – was wir in unserem täglichen Leben erfahren.

2. Den Traumzustand – was wir manchmal im Schlaf erleben.

3. Den traumlosen Tiefschlaf – wovon wir nicht viel erleben, doch wir waren irgendwo.

Innere Stille ist ein Zustand, der sich deutlich von diesen dreien unterscheidet. Wir erkennen ihn in unserer tiefen Meditation als glückselige Bewusstheit ohne Objekte. Oder es kann auch mit Objekten wie Gedanken, Gefühlen oder was auch immer vermischt sein. Doch in seinem ursprünglichen Zustand ist er objektlos. Im Yoga erhält er also seine eigene Zahl als spezifischer Bewusstseinszustand:

4. Innere Stille – das ist alles, wofür die bereits oben erwähnten beschreibenden Worte und Definitionen stehen. Im Yoga wird dies manchmal einfach „Turiya" genannt. Turiya ist Sanskrit und bedeutet „der vierte Zustand".

Der Unterschied zwischen innerer Stille und den anderen drei Bewusstseinszuständen ist der, dass innere Stille sich nicht verändert und im Nervensystem so kultiviert werden kann, dass sie als eine nicht endende Gegenwart die anderen drei Bewusstseinszustände auf jede denkbare Weise überlagert. Jene, die schon einige Zeit meditieren, können bestätigen, dass dies der Fall ist. Es beginnt als etwas innerer Frieden und als Bewusstsein einer stillen Eigenschaft, die mit und in den Objekten unserer Wahrnehmung mitexistiert. Dies geschieht bei äußeren Beobachtungen durch die Sinne und auch mit unseren Gedanken und Gefühlen. Wir sehen sie als die Objekte, die sie sind. Sie erscheinen uns außerhalb unserer unbedingten inneren stillen Bewusstheit. Mit täglichen Yoga-Übungen nimmt die innere Stille zu und wird zur Filmleinwand, auf die all unsere Erfahrungen projiziert werden. Wir werden zur Filmleinwand – der unendlichen Filmleinwand des Lebens.

Ist die innere Stille „der Raum zwischen mentalen Worten“ (Gedanken)? Ja, das ist sie. Es ist die Lücke, die wir manchmal erleben, wenn wir von einem Gedanken zu einem anderen überwechseln und von einem Bewusstseinszustand in einen anderen. Wenn die Musik für einen Augenblick anhält, sind wir mit innerer Stille, unserem Selbst, zurückgelassen. Eine Yogini oder ein Yogi erfährt innere Stille auch hinter und in Gedanken und im ganzen Leben. Wenn wir also während Samyama in die innere Stille loslassen, kann da etwas mentale Aktivität sein oder auch keine. Lassen wir los, ist unsere Aufmerksamkeit in der inneren Stille – vorausgesetzt wir haben etwas davon zuvor schon in tiefer Meditation kultiviert. Samyama und Erleuchtung (erste Stufe und darüber) hängen von der eingeborenen inneren Stille ab, die da ist, ob der Verstand nun „plappert“ oder nicht. Sie stellt sich auch im Zustand des Träumens beim Schlaf oder im Tiefschlaf ein – das ist dann innere Stille 24/7. Befindet sich das einmal im Ansteigen, werden wir bereit für den ernsthaften Yoga, der Vereinigung des Subjektes mit dem Objekt, und dies ist die Vereinigung der göttlichen Pole in uns, was zu dem Zustand der Vereinigung führt, bei dem alles als göttlicher Fluss des Einen erfahren wird.

Wir beginnen also in diesen Lektionen mit Meditation, weil wir die innere Stille, die Voraussetzung für den ganzen Rest, der im Yoga geschieht, zuerst kultivieren wollen. Befindet die sich einmal im Anmarsch, ist es möglich, viele Türen zu öffnen. Wenn Shiva (innere Stille) da ist, dann wird das Erwecken und Hegen der ekstatischen Vereinigung mit der Kundalini/Shakti möglich, und zwar als freudiges Erlebnis – anstatt eines traumatischen. Es ist der natürliche nächste Schritt. Haben wir die Meditation erst einmal zu einem Bestandteil unseres Lebens gemacht, ist es das, was wir in diesen Lektionen hier tun: Wir erwecken die Kundalini und machen uns an die Aufgabe heran, Subjekt und Objekt zu vereinigen. Das ist Yoga.

Zur Frage nach dem Einschlafen bei Samyama, Meditation usw.: Du kannst aus dem oben Gesagten erschließen, dass es nicht das Gleiche ist wie das Übergehen von einem Zustand (innere Stille) in einen anderen (wie Schlaf). In den Übungen geht es nicht um entweder oder. Wir können uns in beiden gleichzeitig befinden, was besonders bei der Meditation oft der Fall ist. Deshalb zählen wir die Zeit, in der wir uns in Gedanken oder "keine Gedanken" während der Meditation „verlieren“ zur Übungszeit. Die Reinigung im Nervensystem geht unter diesen Bedingungen weiter. Driften wir in Samyama ab, greifen wir einfach locker und leicht die Sutren wieder auf, wo wir sie verlassen haben. In solch einem Fall sind wir von dem Sutra in eine Art Mischung der inneren Stille mit den subtilen Aromen des Sutras übergegangen. Sobald wir erkennen, dass dies geschehen ist, machen wir einfach dort weiter, wo wir abgekommen sind. Die Zeit für das Durchgehen durch Samyama kann in diesem Fall etwas ausgedehnt werden. Überkommt uns so etwas wie Schlaf immer wieder in einer bestimmten Samyama-Sitzung, können wir die Sitzung für beendet erklären und uns zum Ausruhen ein wenig niederlegen. Das ist auch gutes Samyama. Es kann dazu kommen, wenn viele Blockierungen freigesetzt werden. Innere Stille wird durch den gesamten Vorgang kultiviert, deshalb noch einmal: Es ist nicht der eine Bewusstseinszustand oder der andere. Es ist ansteigende innere Stille, gleich was auch immer anderes dabei vorgeht.

Denke daran, dass all dies, über was wir reden, nicht auf der Ebene des neugierigen Verstands, des Intellekts stattfindet. Nur bei der Theorie hat der Intellekt etwas zu suchen. Die Übungen sind nicht dazu da, Theorien zu verbreiten. Tägliche fortgeschrittene Yoga-Übungen haben den Zweck, unser Nervensystem auf neurologischen und biologischen Wegen zu reinigen und zu öffnen – das führt zu einer außerordentlichen Ausdehnung der Funktionsweisen unseres Nervensystems. Die Erfahrungen ekstatischer Glückseligkeit, die uns begegnen, sind sehr real – schlussendlich genauso real wie der intimste Liebesakt, den wir uns vorstellen können, und es spielt sich alles in unserem Inneren ab. Die Kultivierung innerer Stille hat also weitreichende Folgen für unser Leben.

Der Guru ist in dir.

Lektion 158 – Zu entspannt in der Meditation?

Frage: Danke für diese Lektionen. Ich habe sehr viel Freude an ihnen. Schön langsam werde ich bereit, als nächstes Yoni Mudra in meinen Übungen einzusetzen, doch ich hab noch eine Frage: Während der Meditation schlafe ich fast immer ein, wenn ich mich in Siddhasana befinde. Manchmal muss ich mich sogar beim Pranayama daran erinnern zu atmen, weil er mir beginnt auszugehen. Dann kommt es zuerst zu viel Kopfnicken. Ich wache dann auf und sitze krumm da (manchmal auch Sabbern). Ich versuche mich von der Wand wegzusetzen, weil ich mich beim Wegdämmern manchmal angeschlagen habe. Während der Übungen oder während des Tages fühle ich mich nicht müde. Ich wache gewöhnlich so bei der Marke von 20 Minuten auf. Gibt es da etwas, was bei mir fehlt? Wie die Dinge so laufen, macht es mir eigentlich Spaß, doch wollte ich wissen, ob du vielleicht einen Rat für mich hast.

Antwort: Das ist eine gute Übungsweise, die du beschreibst. Es wird nicht immer so bleiben. Das ist eine besondere Art des Schlafs, die mit der tiefen inneren Stille und Reinigung während der Meditation zusammenhängt. Hat dein Nervensystem einmal diese tief verwurzelten Blockierungen dort freigesetzt, wirst du viel mehr Klarheit während der Übungen erfahren. Deine Wachheit beim Tätigsein ist der Beweis dafür, dass gute Dinge im Gange sind. Das ist ein großartiger Weg, sich von dem Karma zu befreien, das man in vielen Erdenleben angesammelt hat. Während du „schläfst“, entfaltet sich das Unendliche in dir.

Ich wünsche dir beim Weitermachen viel Erfolg.

Der Guru ist in dir.

Lektion 159 – Zu viele Gedanken in der Meditation?

Frage: Ich danke dir sehr für den großen Dienst, den du erweist. Das ist eine gute Arbeit und halte das bitte bei. Ich habe aber eine Frage: Wenn ich meditiere, driftet mein Verstand ab und beginnt unablässig über verschiedene Dinge nachzudenken, die ich vor kurzem gemacht habe und die ich vielleicht in der Zukunft tun werde. Deswegen meditiere ich statt der 20 Minuten länger, manchmal auch bis zu 40 Minuten. Mache ich so die Meditation öfter, bekomme ich Kopfschmerzen und werde auf andere auch nur wegen Kleinigkeiten wütend. Deswegen konnte ich keine höhere Meditation machen. Kannst du mir bitte helfen, dass ich regelmäßig meditieren kann? Wie kann ich mich auf das konzentrieren, was ich tue? Wie kann ich auch all diese Kopfschmerzen loswerden?

Antwort: Danke für dein Schreiben und Teilen.

Gedanken sind ein normaler Teil der Meditation. Sie kommen mit dem Lösen von Blockierungen im Nervensystem. Meditierst du viel länger als 20 Minuten, schlägst du zu viel los in einer Sitzung, und das ist der Grund für die Gereiztheit und die Kopfschmerzen. Kehre also wieder zu 20 Minuten zurück und folge der Vorgehensweise des lockeren und leichten Zurückkommens zum Mantra, wann immer du dir bewusst wirst, dass du es verlassen hast. Beginnst du mit der Meditation und hast dann die ganze Zeit nichts als nur lauter Gedanken, ist das in Ordnung. Es ist dann das, was zusammen mit der Reinigung deines Nervensystems tief im Inneren geschehen muss. So wird es nicht immer bleiben. Die Erfahrungen ändern sich mit der Zeit. Im Augenblick bestehen deine Erfahrungen aus Gedanken – was der Freisetzung einer Menge tief sitzender Blockierungen entspricht. Gutes ist im Gang – doch mit so viel Meditation ist es des Guten zu viel.

Führst du die Meditation wie in den Lektionen beschrieben aus, dann schlage ich dir vor, all die Lektionen zur Vorgehensweise der Meditation – einschließlich der Fragen & Antworten – noch einmal durchzusehen. Gedanken sind ein normaler Bestandteil des Prozesses. Meditationen können manchmal sehr profan erscheinen. Aber ich kann dir versichern, dass du dich tief in Meditation befindest. Wärst du das nicht, käme es nach dem Überziehen nicht zu Gereiztheit und Kopfschmerzen.

Stelle auch sicher, dass du – entsprechend der Anweisungen in den Lektionen – ausreichend Ruhezeit hast, wenn du aus der Meditation kommst. Dies wird Geschmeidigkeit während deines Tätigseins erleichtern

Richte dich nach den einfachen Richtlinien und du wirst dich wohl fühlen. Sollten weiterhin Schwierigkeiten auftreten, lass mich das wissen.

Der Guru ist in dir.

Lektion 160 – Extreme Sensibilität bezüglich der Meditation – was kann man tun?

Frage: Nach 5-7 Minuten Meditation erscheinen bei mir Farben wie Orange, Gelb, Grün und Dunkelblau in der Form von hellem Licht vor meinen Augen. Dies bleibt so für ungefähr eine Minute oder zwei, mein Kopf beginnt danach zu schmerzen und ich kann nicht mehr länger meditieren. Ich komme dann aus meiner Meditation heraus und schlafe, weil mein Kopf sehr schwer ist. Nachts, wenn ich nach der Meditation schlafe, bekomme ich sehr brutale Träume, wie von einer Frau, die vergewaltigt wird, und andere derart destruktive Handlungen. Das Gefühl ist so real, dass es mir ganz schön Furcht einflößt. Diese Art von Dingen ist mir vorher niemals passiert. An Tagen, an denen ich nicht meditiere, bekomme ich keine solchen Träume. Ich will sehr gern weitermeditieren. Doch diese Erlebnisse werden zu einem Hindernis. Ich würde mich über deinen Rat freuen.

Antwort: Danke für dein Schreiben und Teilen.

Du bist eine der wenigen Personen, die auf die Meditation sehr sensitiv reagieren. Viele Blockierungen kommen bei ganz wenig Übungszeit sehr schnell heraus.

Zuerst musst du für dich das richtige Gleichgewicht des Übens finden, so dass die Lösung von Blockierungen während der Meditation und nicht in der Zeit danach erfolgt. Um dieses Gleichgewicht zu finden, muss man verschiedene Dinge ausprobieren. Wenn du entschlossen bist, bist du auch in der Lage, das zu entwickeln. Hier sind einige Vorschläge. Fühle dich aber frei zu experimentieren, bis du eine stabile Routine gefunden hast.

Versuche es zuerst für einige Tage mit einer nur zehnminütigen Meditation am Morgen vor dem Frühstück. Lege dich danach für 5-10 Minuten hin – oder länger, wenn du dich nicht ganz wohl fühlst. Sich genügend Zeit für das „Herauskommen" aus der Meditation zu nehmen, ist sehr wichtig, besonders wenn es während der Meditation zu zuviel Freisetzung kommt. Sieh, ob du mit nur zehn Minuten am Morgen und der Ruhe danach eine angenehme Routine zum Laufen bringst. Ist dir das möglich, dann versuche dem eine zweite zehnminütige Sitzung am frühen Abend, vor dem Abendessen, doch nicht kurz vor der Schlafenszeit hinzuzufügen.

Hast du starke Empfindungen oder Kopfschmerzen in der Meditation, dann höre mit dem Mantra auf; sitze nur da und lass deine Aufmerksamkeit locker auf dieser Empfindung ruhen. Das sind Blockierungen, die sich auflösen, und leichte Aufmerksamkeit darauf ohne Nutzung des Mantras wird die Auflösung unterstützen. Wenn es zu viel ist, wie du beschrieben hast, dann leg dich nieder und lasse deine Aufmerksamkeit locker von deiner Empfindung angezogen sein. Zwinge die Aufmerksamkeit nicht, auch nicht leicht. Sei nur locker dabei. Wenn möglich, stehe nicht auf, bis die Empfindung nachgelassen hat. Dann weißt du, dass der Auflösungsprozess zu Ende geführt worden ist. Meditiere nicht länger als die festgesetzte Zeit – dazu gehört auch die Zeit, die mit Gedanken, Empfindungen usw. verbracht wird. Alles, was in der festgesetzten Zeit (10 Minuten in diesem Fall) geschieht, wird als Teil der Meditation betrachtet.

Stelle auch sicher, dass du dich nach der Meditation während des Tages und am Abend ausreichend betätigst. Dies ist wichtig für die Stabilisierung der während der Meditation ablaufenden Reinigung im Nervensystem. Gehe in Gesellschaft, kümmere dich um Familienangelegenheiten, geh spazieren, betätige dich in kreativer Arbeit oder Diensten – wo immer dein Herz dich hinführt.

Meditiere nicht unmittelbar vor dem Zu-Bett-Gehen. Lege die Meditation immer vor Aktivitäten.

Erreichst du die 10 Minuten zweimal am Tag mit guter Stabilität und fühlst dich während deiner Aktivitäten am Tag und am Abend (und in der Nacht) gut, dann versuche es mit 15 Minuten zweimal am Tag. Ist das nach einigen Wochen oder Monaten gut, versuche es mit 20 Minuten. Fühlst du Unbehagen und fühlst du, dass du zu lange meditierst, dann geh zum letzten bequemen Übungsniveau, das du gefunden hast, zurück und bleibe dort für eine Weile.

Du solltest dich gemäß deiner eigenen Erfahrungen selbst abstimmen. Dies ist der Schlüssel zu langfristigem Erfolg in allen Übungen – dass man zu einer Übungsform findet, die über viele Monate und Jahre stabil bleibt.

Was du noch probieren kannst, ist etwas leichte Wirbelsäulenatmung vor der Meditation (5 Minuten oder so), wie das in den Lektionen beschrieben wurde. Das kann helfen, Probleme mit der Meditation auszubügeln. Die Wirbelsäulenatmung ist sehr gut für den Ausgleich widerspenstiger Energien im Nervensystem, und das schließt den Verstand und die Emotionen mit ein. Schließlich kannst du auch einige leichte Asanas mit Beugen und Strecken (für 5-10 Minuten) vor der Wirbelsäulenatmung und der Meditation versuchen. Vielleicht hilft in diesem Stadium nur die

Wirbelsäulenatmung – vielleicht auch nur Asanas, vielleicht beide – oder nichts von beidem. Feststellen kannst du das nur durch Ausprobieren.

Vielleicht ergibt sich auch, dass nur Asanas einmal oder zweimal am Tag mit oder ohne der Wirbelsäulenatmung und keine Meditation das ist, was du für eine Weile brauchst, bis die Blockierungen ausgeräumt und ein bisschen aus deinem Nervensystem beseitigt sind. Dann kannst du versuchen, dem später die Meditation hinzuzufügen. Wo ein Wille ist, da ist ein Weg.

Dies sind einige Möglichkeiten, die man beim Suchen einer stabilen Routine in Betracht ziehen kann. Ich wünsche dir allen Erfolg.

Der Guru ist in dir.

Anmerkung: Dieser Dialog wird in Lektion 200 mit den Ergebnissen aus den unternommenen Schritten in der Selbstabstimmung und mit einer neuen Herausforderung fortgesetzt.

Lektion 161 – Dunkle Nächte und der Anstieg innerer Stille

Frage: Ich bin immer noch auf dem Wagen und glaube, dass ich in diesem Leben nicht mehr aufhören werde, zweimal am Tag zu meditieren.

Trotzdem hab ich meine Übungen auf „nur Meditation“ zurückgeschnitten. Ich bin bis zu Meditation plus Pranayama plus Mulabandha plus Sambhavi gekommen und die Dinge liefen wirklich gut. Ich machte sogar gute Fortschritte im kreuzbeinigen Sitzen, was ich anfangs als sehr schwierig und von der Meditation ablenkend empfand. Als die Dinge das letzte Mal gut liefen, befand ich mich auf Urlaub, zuerst in den österreichischen Bergen und dann auf einer kleinen Insel an der deutschen Nordsee. Es war eine sehr schöne Zeit und ich freute mich erwartungsvoll auf die Rückkehr nach Hause, begierig mein Leben mit mehr Spaß und auf einem höheren Energieniveau als jemals zu deichseln.

Dann, als ich (vor zwei Wochen) nach Hause kam, schien während der ersten 36 Stunden alles so zusammengestürzt … Ich fühlte mich sehr, sehr schlecht, und dies dauerte mehrere Tage an (es ist im Augenblick nicht ganz vorbei, jedoch besser). Zu dieser Zeit stellte ich sogar für eineinhalb Tage meine Übungspraxis völlig ein. Äußerlich war nichts Schlimmes passiert – es war nur, dass ich versuchte, mein Leben dort aufzugreifen, wo ich es zuvor verlassen hatte, bevor ich in die Ferien fuhr, und das funktionierte nicht mehr.

Ich bin mir jetzt felsenfest sicher, dass Yoga nicht der Grund für diesen Absturz war. Es muss die positive Entwicklung gewesen sein, die ich durchmachte, während ich ‚keine Pflichten’ hatte. Vielleicht habe ich mich nur aus meiner früheren Lebensform herausgelebt.

Irgendwo in den Lektionen erwähnst du die Vorteile eines geschäftigen Lebens für die Integration der durch die Übungen erreichten Reinigung und Ausdehnung. Ich glaube das sehr wohl – trotzdem bin ich viel mehr eine „Seiende“ als eine „Tuende“ – mein Leben befindet sich in dem Sinne sicherlich aus dem Gleichgewicht, weil ich mich zu sehr aus weltlichen Angelegenheiten zurückziehe. Mein ganzes Leben lang war es für mich nicht zu schwierig, „hoch zu greifen“, und ich habe manchmal ziemlich intensive spirituelle Erlebnisse – doch im „äußeren“ täglichen Leben fühle ich mich oft extrem überfordert, weil ich spüre, dass die Welt viel zu rau und grob für mich ist – ein wohl entwickelter Sinn von Verletzlichkeit.

Das ist der Grund, warum das Konzept des Yoga, das du in den ersten paar Lektionen umreißt, für mich so anziehend erscheint. Das Versprechen, die äußere Welt mit der inneren zu versöhnen … ich sehne mich richtig danach …

Da kommt so viel alter Schmerz in mir hoch, während ich das tippe – es scheint so etwas wie der Ruin meines Lebens zu sein (und die grundlegende Anatomie der Trennung, die fast jeder Mensch während seiner Inkarnation auf Erden erfährt). Das ist SCHMERZHAFT.

Ich arbeite meinen Weg also mit den Übungen wieder hoch. Ich glaube dir wirklich, wenn du sagst, dass dies ein verlässlicher Weg heraus ist – davon habe ich bereits so viel gefühlt.

Wahrscheinlich erlebe ich gerade „die dunkle Nacht der Seele“.

Antwort: Es ist unausweichlich, dass Höhen auch zu Tiefen führen. Nur in der inneren Stille finden wir die Wahrheit von dem allen. Dazu dient die Meditation: Schritt für Schritt diese stille Glückseligkeit hervorzubringen, die in uns, in all den Funktionen von Körper, Geist und Emotionen und der Welt verborgen liegt. Dann sehen wir, dass alles auf und ab geht, während wir uns als stilles Glückseligkeitsbewusstsein nicht vom Fleck rühren.

Bezüglich dem Aktivsein: Ja es ist gut, unsere in der Meditation gewonnene Stille in täglichen Handlungen zu stabilisieren. Doch wer soll bestimmen, welche Handlungen das für dich sein sollen? Ich nicht. Es ist deine Aufgabe, deinem Herzen zu folgen und die Dinge zu tun, die dir Freude bereiten. Einige von uns sind von Natur aus mehr introvertiert. Die „Handlung“ kann dementsprechend auch etwas sein, wo man nicht ständig mit Menschen zu tun hat. Für andere ist es wichtig, sich ständig mitten im Gewühl menschlicher Bestrebungen zu befinden. Nur du kannst wissen, was deine richtige Tätigkeit ist.

Manchmal stellt sich uns auch die Aufgabe, unseren Ängsten in die Augen zu sehen und Dinge zu tun, vor denen wir zurückscheuen. Dann fühlen wir Wachstum aufgrund der Auseinandersetzung mit unserer Furcht. Doch wir sollten uns (und unsere spirituellen Übungen) auch nicht im übermäßigen Genuss von dem, was für uns nicht natürlich ist, ertränken. Vor allem ist es wichtig, dass wir Wege finden, dem Leben mit unserer schöpferischen Tätigkeit irgendwie zu dienen oder anderen in direkter Weise zu helfen. Das kann man als Unternehmer, durch Wohltätigkeit oder auch durch Kunstschaffen irgendwo in einem Studio – was immer die innere Sehnsucht in uns allen stillt, mit unserem Herzen in die Welt auszufließen. Du handelst weise, wenn du deine Meditationen aufrechterhältst. Das wird dir allmählich die innere Stetigkeit bringen, mit der du die besten Entscheidungen für dein Leben fällen kannst. Übereile nichts. Geh nur achtsam und zielbewusst mit deinem Leben um und versuche immer, die tiefsten Sehnsüchte in deinem Herzen zu ergründen und sie zu erfüllen.

Mit deinen Fortschritten in den Übungen und mit vorsichtiger Selbstabstimmung werden sich diese alten inneren Blockierungen allmählich auflösen. Gib dem Zeit. Dies ist der Weg hinein in die andauernde ekstatische Glückseligkeit und heraus aus dem Elend.

Frage: Danke für deine Antwort, all deine Antworten und deine wundervollen Lektionen. … alles so sehr erbauend und belebend ...

Ich bewege mich langsam heraus aus der Sch... – ich weiß, dass ich meine allgemeine Ausrichtung im Leben umgestalten muss und ich werde es auch tun. Ich beginne gerade damit, auf diese Neuausrichtung als einen kreativen Prozess zu blicken, etwas, in das ich mich aktiv einbringe, manchmal vielleicht sogar von Vergnügen und Freude durchdrungen … das ist etwas ganz Neues für mich … vielleicht bewege ich mich heraus aus der Art des Fühlens, wie ich es gewohnt bin, mehr oder weniger überwältigt, meistens sogar, ohne es zu wissen …

Gestern machte ich, während ich eine meiner Lieblings-CDs anhörte, eine sehr überraschende Erfahrung. Schöne Musik hat mich schon immer berührt. Doch mit mehr und mehr Stille, die sich in meinem Geist anhäuft, hat sich etwas verändert. Ich habe mich immer darüber gewundert, dass ich keine Melodien, die ich so sehr liebte, wiederholen konnte, sie nicht singend wiederholen konnte. Ich konnte die Musik immer in meinem Inneren fühlen, doch wenn ich versuchte, sie zu singen, kam nur etwas mehr oder weniger dem Original Ähnliches heraus, und wenn die Melodie kompliziert war, etwas weniger Ähnliches …

Gestern erkannte ich plötzlich, dass ich immer versucht hatte, meine von der Musik aufgewühlten Emotionen zu singen, was natürlich nicht die Melodie selbst war. Mit einem jetzt etwas ruhigeren Geist kann ich immer noch all die Emotionen wahrnehmen, die der Künstler in die Musik legt und auch meine Reaktionen darauf. Daneben kann ich aber auch noch auf einer mehr „analytischen Ebene“ zuhören. Ich höre einzelne Töne anstatt nur große Cluster emotionaler Reaktionen, ich habe auch eine innere „Visualisierung“ der überlagerten Melodien erlebt – und für mich äußerst überraschend habe ich eine andere Melodie in dem Track entdeckt, den ich zuvor schon so oft angehört habe: Die Stille zwischen den Noten zeichnete sich wie ein sehr wichtiges, neues Instrument ab, das ich vorher überhaupt nicht wahrgenommen hatte.

All diese einzelnen Titel sind „graziöser“, etwas „dünner“ mit vielen leeren stillen Zwischenräumen in ihnen geworden … Das ist sehr überraschend und sehr interessant.

Mmmh … Ich frage mich, wie die Welt aussehen wird, wenn diese Art von Musikerfahrung allgemein verbreiteter wird – mehr Anhaftungslosigkeit, mehr riesige leere stille Räume überall um uns und möglicherweise mehr kreative Freude im Universum, mit der man viel leichter umhergehen und mit ihr umgehen kann?

Ich erwarte Veränderungen (und sage Dank für deine andauernde Unterstützung).

Antwort: Da kommt eine sehr hübsche Beobachtung von Stille in deiner Erfahrung von Musik zum Vorschein. Ja, das ganze Leben wird mehr und mehr dem ähnlich werden. Es wird zur Normalität und als nichts Besonderes mehr auffallen, weil man vergessen wird, wie dunkel es gewesen ist. Dann wird es ein Kontinuum von Abschattierungen innerer Stille zu mehr Stille und schließlich der aufkommenden Ekstase, vermischt mit der Stille, geben. Das entwickelt sich wie eine Spirale nach oben.

Die Ursache dafür sind die Übungen, denke daran. Wir alle vernarren uns manchmal in unsere Erfahrungen. In den Lektionen sage ich immer wieder: Fortschritte kommen mit dem Praktizieren und nicht mit den Erfahrungen. Das soll nicht heißen, dass wir nicht manchmal mit den Früchten unseres Yoga ein bisschen Feste feiern können.

Veränderungen liegen für alle von uns in der Luft. Hier kommt die Wonne. Erfreue dich daran!

Der Guru ist in dir.

Lektion 163 – Unvergleichliche Klarheit

Frage: Als ich die Frage der Person las, die die Musik auf andere Art zu hören begann, mit mehr Klarheit, mehr Tiefe, fühlte ich mich irgendwie angesprochen. Heute ist mein zehnter Tag mit Meditation und am Abend, als ich meinen Spaziergang machte, fühlte ich mich ganz anders. Es war keine Freude oder Ekstase oder ein Impuls von Vergnügen; es war etwas Tiefergehendes ... unvergleichlich ... tief ... wie die Erinnerungen an unsere Kindheit. Dann war da einige Zeit ein hängender Schmerz, der allmählich verging. Bald begann der Geist wieder mit unglaublicher Klarheit und Schärfe zu fließen. Noch niemals hatte ich so etwas erlebt und war äußerst erregt und wollte dies mit jemandem teilen. Sind solche Auswirkungen normal, sind sie zu erwarten?

Antwort: Danke, dass du schreibst und teilst.

Dies ist eine klare Erfahrung von reinem Glückseligkeitsbewusstsein, die du schon in den frühen Tagen deiner Meditation beschreibst – sehr schön. Das kann jedem jederzeit auf dem Pfad geschehen und ist normal. Außerdem können aber auch Blockierungen nach außen kommen, und dann ist es nicht so klar. Doch das ist ebenfalls normal. So läuft das immer ab. Das Licht ist immer noch dort drin. Meditation führt uns zur Stille und mit dieser können wir solche Erfahrungen während der Übung oder danach machen. Wenn es dazu kommt, ist es der Beweis, dass da etwas Wunderbares im Innern ist, das wir durch unsere täglichen spirituellen Übungen entfalten können.

Vielleicht erleben wir am Anfang Klarheit und erst danach bewegen sich die Wolken auf ihrem Weg nach außen durch. Vielleicht sind wir auch von Beginn an wolkenverhangen und später scheint dann das Licht durch – manchmal ganz plötzlich oder auch Stück für Stück, ein bisschen mehr jeden Monat. Es kann sich auf so viele Arten abspielen, je nach dem, wie die Blockierungen in unserem Nervensystem festsitzen und freigesetzt werden. Eines ist jedoch sicher: Es wird dazu kommen, wenn wir bei unseren Übungen bleiben. Zur rechten Zeit steht so die Wirklichkeit im Inneren klar und glückselig vor uns, verschwindet nicht mehr, und wir nehmen es als unser normales Leben an. Wenn uns dann Leute fragen, wie wir angesichts all der Dunkelheit in der Welt fühlen, können wir nur antworten: „Dunkelheit? Welche Dunkelheit? Ich sehe keine Dunkelheit – nur das göttliche Licht überall und nur hier und dort zieht ein Schatten vorüber." Dann sind wir angefüllt mit gewaltigem Mitgefühl für jeden und tun alles, was wir können, damit das Licht durchscheinen und die nachklingende Dunkelheit auflösen kann. Das ist genau der Weg, auf dem sich dieses neue Zeitalter entfaltet. Jeder hilft jedem. Niemand hilft nur sich selbst. Jede Meditation dient der Erleuchtung von allen.

Natürlich ist das äußerst fesselnd, wenn wir solch einen Einblick, wie du ihn beschreibst, schon gleich zu Beginn bekommen. Nutze das als eine Motivation für die Aufrechterhaltung deiner regelmäßigen Routine. Stellst du irgendwelche Erwartungen an deine Übungen (was in diesem Stadium etwas Normales ist), fahre einfach fort, locker und leicht das Mantra in deiner Meditation, deine Wirbelsäulenatmung beim Pranayama und so weiter zu favorisieren. Halten wir an den unkomplizierten Vorgehensweisen der Übungen fest, machen wir stetige Fortschritte auf unserem Weg zu erhabenen Gefühlen und Klarheit in unserem täglichen Leben.

. Wir alle haben diese Bestimmung in unser Nervensystem eingebaut. Keiner ist dabei eine Ausnahme. Es hängt alles nur davon ab, ob man die Hausreinigung für so lange Zeit aufrechterhält, bis das immer aus unserem Inneren scheinende himmlische Licht Gottes offenbar wird. Der Kern unseres Wesens ist reines Glückseligkeitsbewusstsein, das jeglicher Beschreibung trotzt. Du hast uns heute gezeigt, dass dies der Wahrheit entspricht.

Der Guru ist in dir.

Lektion 164 – Kräfte des Menschen

Frage: Ich bin ein neues Mitglied in dieser Gruppe. Ich bin jemand, der schon immer an die Kraft im Menschen geglaubt hat. Mir ist aufgefallen, dass Yoga die Grundlage für alle Techniken wie Hypnose, Mesmerismus, Telepathie usw. bildet. Doch kenne ich die genauen Unterschiede zwischen diesen Dingen nicht. Ist es vielleicht möglich, dass ich hier die Antwort erhalte?

Antwort: Die größte aller menschlichen Kräfte ist das Göttliche im Inneren. Yoga ist gut für das Verbinden (Vereinigung) mit und das Werden zu Dem. Das allerwichtigste beim Yoga ist die Vereinigung mit Gott in unserem Inneren.

Jesus sagt: „Suchet zuerst das Himmelreich Gottes und alles andere wird euch hinzugegeben."

Die Kräfte, die du erwähnst, stammen aus dem unterbewussten Verstand. Sie sind im Vergleich zum reinen Glückseligkeitsbewusstsein unserer Göttlichkeit relativ unbedeutend, weil letzteres jenseits des unbewussten Verstandes liegt und seine Ursache darstellt. Bist du an solchen Kräften interessiert, wie wir sie in diesen Lektionen erstreben, halte dich an die Lektionen mit „Samyama" (v.a. Lektionen 150 ff.). Dies hier ist ein integraler Ansatz zur Entwicklung von Kräften, wobei wir zunächst unser tiefstes inneres Glückseligkeitsbewusstsein ausweiten und danach kommt der ganze Rest als ein Nebenprodukt dieser Ausweitung in die Erleuchtung hinterdrein. Dies ist die richtige Herangehensweise zur Entwicklung menschlicher Kräfte: Zuerst suchen wir das Reich Gottes und der ganze Rest wird hinzugegeben …

Hast du dich einmal über Samyama kundig gemacht, gehe zurück an den Anfang der Lektionen (Lektion 10), damit du mit tiefer Meditation, Wirbelsäulenatmung und vielen anderen Hilfsmitteln, die in modularer Bauweise zu einer machtvollen täglichen Routine zusammengesetzt werden, deine vollkommene göttliche Kraft entfalten kannst.

Ich wünsche dir auf dem von dir gewählten Weg allen Erfolg.

Der Guru ist in dir.

Lektion 165 – Wunsch und Veränderung

Frage: Ich habe für das Erreichen meiner Lebenspläne immer sehr intensiv aus meinen Wünschen heraus gelebt. Was geschieht, wenn den Glaubensgrundsätzen der Vergangenheit durch neue Entdeckungen (Yoga, Meditation, Wiedergeburt) die Grundlagen entzogen werden und die Wünsche und die Motivation für die meisten Dinge verschwinden?

Antwort: Unser Wunsch/Verlangen führt uns den ganzen Weg zu unserer Bestimmung. Manchmal kann unser Wunsch, etwas Bestimmtes zu erreichen, zu erstaunlichen Offenbarungen von dem, was wahr ist, führen und wir stellen fest, dass wir gezwungen sind, unsere Ausrichtung zu ändern. Veränderungen können verwirrend sein, aber ist die Entdeckung der Wahrheit nicht etwas Gutes? Es ist eine Geburt. Und wie bei allen Geburten ist es eine Veränderung des derzeit Bestehenden. Doch muss man die Welt nicht auf den Kopf stellen. Es ist eine Erfüllung, zu deren Zeuge wir heute werden, keine Zerstörung.

Es gibt viele Wege, wie man das in den Griff bekommen kann – so viele Wege, wie es Menschen gibt, scheint es. Denn wir alle reagieren anders auf unsere sich verwandelnden Einsichten und Verhältnisse.

In diesen Lektionen empfehlen wir eine allmähliche Herangehensweise. In Wirklichkeit ist sie jedoch ziemlich flott, wenn man die Schnelligkeit berücksichtigt, mit der wir uns kraftvolle Übungen zu eigen machen können. Doch zur selben Zeit geht unser tägliches Leben weiter und in den Lektionen wird nicht empfohlen, dass wir unsere Familie, Karriere, Kultur oder unseren religiösen Hintergrund aufgeben. Die Wahrheit quillt überall im Leben hervor. Wir sind uns dessen bisher nur nicht so bewusst geworden. Das Licht dringt überall heraus. Sollen wir erleuchtet werden (und das werden wir), dann kann und muss dies genau dort geschehen, wo wir uns in unserem derzeitigen Leben, in der Familie, in Tätigkeiten usw. befinden. Warum auch nicht?

Man hatte immer die Vorstellung, dass wir irgendwohin in einen Ashram fortlaufen, aus der Gesellschaft „aussteigen" und unsere weltlichen Ziele aufgeben müssen. Paradoxerweise ist dies eine altmodische Strategie, die sich auf das äußere Erscheinungsbild stützt. Wir müssen nirgendwohin gehen. Auch unsere Ziele in der Welt müssen wir nicht aufgeben, denn diese werden auch von Gott gesponnen. Blicken wir tief in uns selbst, werden wir entdecken, dass unsere Glaubensgrundsätze noch Platz für das Licht und die Wahrheit haben, und so steht es auch mit unserem restlichen Leben, wie es sich heute darstellt. Tatsächlich braucht unser alltägliches Leben das, was Yoga uns bringt, und da gibt es nicht entfernt diese Unvereinbarkeit, wie es uns manchmal erscheinen mag. Geh nur in tiefer Meditation in deine Stille und sieh für dich selbst.

Es gibt Menschen, die würden gerne alle religiösen Traditionen der Welt liquidieren, um Platz für die neuen zu schaffen. Dafür bin ich nicht. Alle religiösen Überlieferungen der Welt werden mit derselben großen Wahrheit Gottes, die sie ja auch hervorgebracht hat, erblühen. Es ist das menschliche Verlangen und die spirituelle Betätigung (tägliche Übungen), die die alten Werte, Glaubenssysteme und Traditionen aus dem Inneren heraus erleuchten werden.

Wirf deine Glaubensbasis also nicht über Bord. Lass sie im lebendigen, aus dem Inneren fließenden Licht baden, sobald du dein eigenes Experiment der menschlichen spirituellen Transformation mit Meditation, Wirbelsäulenatmung und den übrigen fortgeschrittenen Yoga-Übungen beginnst. Du wirst feststellen, dass die meisten unserer Glaubensgrundsätze gut sind und nur eine naturgemäße Aufmöbelung aus dem Inneren heraus nötig haben. Was nicht wahr ist, verblasst und die Wahrheit scheint aus dir immer heller hervor.

Nenne es eine Wiederbelebung von dem, was du bist – ein Nachhause-Kommen.

Das hier ist keine Welt in Schwarz-Weiß. Wahrheit und Unwahrheit finden sich vermischt in allem. Es ist besser mit dem hellen Licht spiritueller Übungen durch das alles hindurchzuleuchten, bevor man sich dazu entschließt, radikale Veränderungen vorzunehmen oder irgendetwas über Bord zu werfen. Nach einiger Zeit mit täglicher spiritueller Übung wirst du wissen, was zu tun ist. Es gibt nichts zu fürchten …

Der Guru ist in dir.

Lektion 166 – „Bezahl dafür, indem du es weitergibst“ oder „Das Glücksprinzip“

Frage: Ich lese die Lektionen durch und finde, dass sie sehr klar, informativ und ausgewogen sind. Dies ist eine sehr wertvolle Inspiration für Menschen, die mit einer Meditationsroutine beginnen oder sie aufrechterhalten wollen. Deshalb danke für die mühselige Arbeit, die du in diese Wissensbasis gesteckt hast. Ich habe deine Internetadresse an 1800 Menschen in meinem Verteiler weitergesandt und bin mir sicher, dass viele davon profitieren werden.

Antwort: Vielen Dank, dass du den Link zu diesen Lektionen an so viele weitergibst. Mit diesen Lektionen das wahrste und effektivste Wissen zu spirituellen Übungen ins Netz zu stellen, ist für mich in dieser Phase meines Lebens das Wichtigste. Das nächst Wichtige ist, so vielen wie möglich bekannt zu machen, dass diese Lektionen existieren. Deshalb will ich an dieser Stelle andere dazu ermuntern, es dir gleichzutun.

****

Vor ein paar Jahren erschien in Amerika ein Film mit dem Titel „Das Glücksprinzip“ (engl. „Pay it forward“). Das ist eine Geschichte über einen kleinen Jungen, der in der Schule aufbekommen hatte, sich einen Weg auszudenken, wie man die Welt zum Guten verändern könne. Seine Idee war es, drei Menschen in ernsthaften Schwierigkeiten zu helfen und die einzige Bedingung für die Hilfe sollte sein, dass diese mit der gleichen Bedingung dasselbe auch für drei andere Menschen tun sollten, vorausgesetzt sie fühlten, dass ihnen geholfen wurde. Wer also fühlte, dass ihm geholfen wurde, sollte unter Weitergabe der Bedingung wieder drei Menschen helfen, und so weiter. Der Junge stellte sein Projekt in der Klasse vor und verdeutlichte mathematisch, wie vielen Tausenden und letztendlich Millionen durch dieses System geholfen würde. Jeder, auch der Lehrer, sagte: „Wow“, und das war das Ende davon ...

Nein, es war nicht das Ende. Sieh, dieser kleine Junge ging wirklich hinaus und half drei Menschen mit ernsten Problemen und erlegte ihnen die Bedingung auf, dasselbe für drei andere Menschen zu tun. Das war nicht einfach und es gab eine Menge Schwierigkeiten. Doch er tat es. Später, nachdem er die ersten Male Hilfe geleistet hatte, schien alles in die falsche Richtung zu laufen und er wurde entmutigt, weil nichts Gutes aus seinen Anstrengungen zu resultieren schien. Das war allerdings schon der Fall. Für ihn verborgen spann sich das Netz der Hilfe schnell weiter und am Ende der Geschichte ... gut, das erzähle ich natürlich nicht. Geh und schau dir den Film an. Er ist sehr inspirierend.

Die Fortgeschrittenen Yoga Übungen ist ein Projekt im Sinne dieses „Glücksprinzips“. Es ist meine Art, all den Großen, die den Weg bereitet haben, Dank zu sagen. Aufgrund ihrer Vorarbeit haben wir heute die Yoga-Übungen, die es uns erlauben, unser Nervensystem für das Göttliche im Inneren zu reinigen und zu öffnen. Yoga funktioniert – besonders wenn man ihm die Flexibilität zugesteht, sich passend für die Nöte jedes Individuums zu integrieren und zu optimieren. Der Guru ist immer in uns allen.

Viele haben mir geschrieben und sich für die Lektionen bedankt. Ich bin sehr glücklich, dass die Lektionen anderen geholfen haben. Die Hilfe für andere ist mein Lohn. Eigentlich wünsche ich mir nichts weiter – nur das Eine:

Wenn dir diese Lektionen auf irgendeine Weise hilfreich waren, wenn du denkst, dass du etwas von Wert erhalten hast, dann revanchiere dich bitte auf deine Art dafür.

Vielleicht hast du ein großes Netzwerk, zu dem du Zugang hast, wie die gutherzige Person oben, die den Link zu den Lektionen an 1800 Menschen weiterleitete. Oder vielleicht hast du auch nur drei Freunde, von denen du weißt, dass sie vielleicht von den Informationen hier profitieren könnten. Erzähle ihnen davon – und sage ihnen, wenn sie fühlen, dass sie hier etwas Brauchbares gefunden haben, dass sie es doch bitte ebenfalls „weitergeben“ sollen – so in der Art.

Dass man es weitergibt, ist die einzige Bitte, die hier unterbreitet wird. Das ist das einzige Prasad (göttliche Opfergabe). Gibst du das, wirst du dafür aus dem aufgehenden Licht in den Vielen, denen ihre Yoga-Praxis hilft, tausendfache Segnungen erhalten.

Wenn du nicht glaubst, dass dies eine gute Idee ist, so ist das in Ordnung. Dies ist nur ein Vorschlag. Alle sind hier immer willkommen, was immer für Meinungen sie haben.

Mache deine täglichen Yoga-Übungen und erfreue dich an den Ergebnissen. Wenn du hier Hilfe bekommen hast, auch wenn du die Information von diesen Lektionen nicht weitergeben willst, dann gehst du vielleicht hinaus und hilfst drei Menschen in Not … hilfst drei Leuten mit einem ernsten Problem, teilst deinen guten Willen. Und dann, wenn sie sich in irgendeiner Weise verpflichtet fühlen, sag ihnen, sie sollen gehen und drei anderen Menschen helfen. Das „Weitergeben“ funktioniert, ob man mit diesen Lektionen vertraut ist oder nicht.

Für jeden ist das eine gute Idee. Es ist ein natürliches Verhalten, das von täglicher Yoga-Übung, dem Ansteigen ekstatischer Glückseligkeit und dem nicht endenden Ausfließen göttlicher Liebe kommt. „Gib es weiter“ ist eine Yoga-Übung, die zur Einheit, dem höheren Zustand der Erleuchtung führt.

Versuch es also. Teile dein Licht auf irgendeine sinnvolle Weise und sieh, wie gut sich das anfühlt.

Der Guru ist in dir.

Anmerkung: Der Film “Das Glücksprinzip” (engl. „Pay it Forward“) basiert auf dem Buch mit dem gleichnamigen Titel von Catherine Ryan Hyde.

Lektion 167 – Von der Luft und dem Sonnenlicht alleine leben?

Frage: Hast du schon von dieser Praxis gehört oder vielleicht praktizierst du sie ja selbst oder kennst irgendjemanden, der sie anwendet, dass man seinen Körper ausschließlich von den Essenzen am Leben hält, die man vom Weltraum oder dem Sonnenlicht bezieht? Ich habe viele Biographien von den alten MahaSiddhas gelesen. Fast jeder von ihnen hat sich der Entsagung (Fasten) unterzogen und die Fähigkeit entwickelt, den physischen Körper OHNE Nahrung am Leben zu halten. Nebenbei bemerkt, übe ich die Praxis des „Sungazing" (In die Sonne blicken), die von HRM (Hira Ratan Manek) wieder entdeckt wurde, und er sagt, dass er jetzt nur noch von Sonnenlicht und Wasser lebt.

Antwort: Ich habe keinen Kontakt zu jenen, die allein vom Prana in der Luft oder im Sonnenlicht leben. Das ist auch keine Fähigkeit, auf deren Entwicklung ich mich derzeit konzentriere. Doch sollte das Prinzip von unseren Yoga-Übungen und -Erfahrungen her ziemlich klar sein.

Mit unserem Fortschreiten im Yoga reinigt und öffnet sich unser Nervensystem für unsere inneren pranischen Energien, die sich aus der aus der Beckenregion aufsteigenden Kundalini-(Sexual-)Energie speisen. Mit der Reifung dieses Prozesses werden wir viel mehr von der aktiven Lebenskraft (Prana) aus unserem Inneren genährt – so sehr, dass der Atem ganz spontan für längere Zeitperioden während des Pranayama und der Meditation und schließlich auch außerhalb der Übungen anhalten kann. Sogar diejenigen, die erst mit der Meditation beginnen, machen Erfahrungen mit dieser automatischen Verlangsamung und dem Anhalten der Atmung. Dasselbe trifft auf die Nahrungsaufnahme zu. Werden wir aus dem Inneren genährt, sind wir auch weniger von einer ständigen Nahrungsaufnahme abhängig und es fällt uns leicht, ohne Unannehmlichkeit zu fasten. Allerdings braucht dieser Prozess im Vergleich zur oben genannten unmittelbaren Reaktion der Atmung mehr Zeit.

Es ist selbstverständlich, dass das innere Prana von irgendwoher aufgefüllt werden muss – normalerweise sowohl von der Luft, als auch von der Nahrung – und das könnte der Punkt sein, wo die Methoden der allein vom Atem ("Breatharians") und vom Sonnenlicht ("Sungazers") Lebenden ins Spiel kommen. Basierend auf dem, was ich gerade über Ernährung aus dem Inneren gesagt habe, scheint es, dass diese Praktiken nicht für eine direkte Ernährung, sondern ein Wiederauffüllen und Speichern von Prana im Körper (vielleicht in den unteren Zentren) im Rahmen einer inneren Versorgung gut sind.

Es scheint mir, dass man dem allen am besten dient, wenn man sich zunächst mit Yoga-Übungen beschäftigt, um für die Reinigung und Öffnung des Nervensystems, die eine Voraussetzung für eine derartig verfeinerte innere Ernährung darstellt, zu sorgen. Dies kann man dann – falls gewünscht – dadurch unterstützen, dass man Prana von der Luft oder vom Sonnenlicht erntet. Diese Praktiken scheinen also Dinge einer späteren Stufe des allgemeinen Prozesses der Erleuchtung zu sein.

Die erste Frage in den Lektionen ist immer: Was trägt dies heute zum Prozess der menschlichen spirituellen Erleuchtung bei? Führt es zu mehr Reinigung und Öffnung im Nervensystem oder zäumt es den Karren vor dem Pferd auf? Wir würden alle gern wie die Siddha-Heiligen leben. Haben wir jedoch zuerst all den Yoga praktiziert wie sie, um zu der Stufe zu gelangen, wo wir ihnen gern gleichen wollen? Oder ist diese Fähigkeit (Siddhi) nur ein Nebenprodukt von etwas, das viel wichtiger ist – unsere Erleuchtung, also die Vereinigung unserer inneren Stille mit ekstatischen Energien in uns. Wie wir unser Prana wieder auffüllen, ist eine ziemlich mondäne Angelegenheit, wenn man sie mit der göttlichen Vereinigung vergleicht, die in unserem Inneren abläuft.

Ohne Zweifel werden höhere Fähigkeiten kommen, sobald sie für die Öffnung unseres Nervensystems und für das natürliche Aufsteigen ekstatischer Glückseligkeit und göttlicher Liebe notwendig sind. Mit dieser Haltung bezüglich der Entwicklung irgendwelcher Siddhis fährt man am besten, weil sie am wenigsten vom eigentlichen Ziel ablenkt.

Dies ist nur ein wenig Gedankennahrung (Wortspiel!). Ich wünsche dir viel Erfolg auf dem von dir gewählten Weg zur Erleuchtung.

Der Guru ist in dir.

Lektion 168 – Ist Schmerz eine Voraussetzung für inneren Frieden?

Frage: Ich meditiere nun seit fast einem Monat. Das gibt mir enorme Energie und Frieden. Doch ein Freund von mir, eine Person, die ein ziemliches Yoga-Wissen hat und die ich sehr achte, sagte mir, dass, wenn ich diesen Weg weiterverfolge, ich gewillt sein sollte, Schmerz zu erfahren, besonders da meine Vergangenheit sehr schmerzvoll war. In Wirklichkeit habe ich mit Meditation begonnen, um mich von diesem Schmerz zu heilen, mich dem Leben zu stellen und weiterzugehen, das Leben mit Frieden, Harmonie und Respekt für meine Mitmenschen zu leben. Ist Schmerz eine Voraussetzung für das Finden von Frieden?

Antwort: Danke, dass du schreibst und teilst. Nein, Schmerz ist keine Voraussetzung für das Finden von Frieden. Das bedeutet nicht, dass wir überhaupt nie Schmerzen haben werden oder dass wir annehmen sollten, dass es die Reise zu machen nicht wert ist, wenn wir auf dem Weg zur Reinigung und Öffnung unseres Nervensystems etwas damit konfrontiert werden.

Alles hängt von den Blockierungen ab, die in unserem Nervensystem festsitzen und wie wir unsere Übungen für deren Freisetzung handhaben. Frieden und Glückseligkeit wohnen uns von Natur aus inne. Es gibt viele Wege, wie wir unseren natürlichen Zustand enthüllen können. Einige sind radikaler (und unbequemer) als andere.

In den Lektionen wurde alles so entworfen, dass es einfach bleibt und trotzdem bei minimalen Unannehmlichkeiten die maximale Kraft wirkt. In Wirklichkeit sind die Fortgeschrittenen Yoga Übungen so angelegt, dass sie vom Anfang bis zum Ende ein Pfad des Vergnügens sind. Es besteht keinerlei Notwendigkeit für irgendjemanden, sich mit irgendeiner Übung zu überanstrengen – tatsächlich raten wir ausdrücklich davon ab. Finden wir Vergnügen an den Ergebnissen unserer täglichen Übungen, werden wir weitermachen. Sind sie eine schmerzvolle Schinderei, wer sollte dann Yoga ausführen wollen? – Nur Masochisten. Deshalb ist alles so aufeinander abgestimmt, dass die Übungen ausgeglichen sind und eine positive Erfahrung einer andauernden Reinigung und Wachstum aufrechterhalten wird. Das kann wirklich erreicht werden.

Die Fortgeschrittenen Yoga Übungen sind wie ein Auto, in dem alles fein aufeinander abgestimmt ist. Du kannst auf das Gaspedal treten und genau so schnell fahren, wie du willst. Du kannst sanft und sicher an deinem Bestimmungsort ankommen oder du kannst dich um einen Baum wickeln. Das liegt alles am Fahrer, weißt du. Du bist bei diesen Übungen der Fahrer. Deshalb sprechen wir in diesen Lektionen so viel über „Selbstabstimmung“. Das ist sehr wichtig. Das hier ist der neue Ansatz für die moderne Zeit. Jeder Mensch kann sich selbst mit seiner eigenen Geschwindigkeit nach Hause zur Erleuchtung fahren. Viele sind reif dafür.

Auch ein guter Fahrer wird ab und zu auf ein Schlagloch treffen. Das ist auf jeder Reise unvermeidbar und gehört zum Leben. Deshalb gleichen wir aus, fahren langsamer, wenn das Reisen etwas holprig wird und beschleunigen, sobald die Straße wieder besser ist, wie das sicherlich der Fall sein wird.

Müssen wir unseren Weg verlassen, um in jedes Schlagloch und durch jede Rinne zu fahren, die wir sehen? Nein. Deshalb können wir behaupten, dass Schmerz keine Voraussetzung für Frieden ist.

Es scheint, dass du bisher geschmeidig vorwärts kommst, und es erfüllt mein Herz mit Freude, von deiner zunehmenden Energie und Frieden zu hören. Mit deinen Übungen bist du ein Segen für die gesamte Welt, weil jeder von deiner Reinigung und Öffnung profitiert. Mach mit Begeisterung und vorsichtiger Selbstabstimmung weiter und du wirst geradewegs nach Hause zu deinem göttlichen Selbst kommen. Mit jeder Übungssitzung wird viel erreicht. Ganze Leben an Schmerz und Leiden schmelzen schmerzlos dahin.

Der Guru ist in dir.

Lektion 169 – Ist das die ekstatische Leitfähigkeit?

Frage: Ich habe vor zwei Wochen mit Yoni Mudra Kumbhaka begonnen und seitdem fühle ich eine sonderbare neue Verbindung zwischen dem Kopf und dem Perineum. Ich mache Sambhavi und fühle es dort unten. Ich setze die Zunge an die Decke des Mundes und fühle es dort unten. Dies ist ziemlich toll und sexuell, aber auch ziemlich sonderbar. Ist das die ekstatische Leitfähigkeit, die du so oft erwähnt hast? Das scheint es doch zu sein. Warum geschieht das und wohin führt es? Woher kommt der Ausdruck „ekstatische Leitfähigkeit“? Ich habe das noch in keinem Yoga-Buch gesehen.

Antwort: Was für eine wunderschöne Erfahrung. Ja, das ist der Beginn von ekstatischer Leitfähigkeit, und sobald es einmal begonnen hat, wird es dir auch bleiben. Dein Nervensystem hat eine Stufe der Reinigung erreicht, bei der deine früher erlernten Übungen durch die Hinzunahme von Yoni Mudra Kumbhaka zu einer verräterischen, inneren Sinnlichkeit zwischen Gehirn und Wurzel geführt haben. Es ist eine Erweckung deines Wirbelsäulennervs, wodurch es zu bewussten Sinneseindrücken zwischen seinem oberen und unteren Ende gekommen ist. Dies ist eine wundervolle Art, mit einer sanften und liebenden Kundalini-Erweckung zu beginnen – mit Ausgeglichenheit und ekstatischen Energien zwischen dem Kopf und der Wurzel gleich von Anfang an. Es bedeutet, dass du eine gute innere Stille besitzt, die sich schrittweise und auf gesundem Weg mit dem Aufstieg ekstatischer Energien in deinem Nervensystem harmonisiert.

Wie du deine Übungen von jetzt an ausführst, wird über die Geschwindigkeit entscheiden, mit der die Öffnung weitergeht. Würdest du heute mit den Übungen aufhören, würde es wahrscheinlich bei dem gegenwärtigen Niveau der Verbundenheit oder *ekstatischen Leitfähigkeit* bleiben. Machst du mit den Übungen weiter, wovon ich mit Sicherheit ausgehe, wird sich die Leitfähigkeit mit der Zeit noch verstärken. Es sollte zu einer angenehmen und geschmeidigen Entfaltung kommen, wenn du weiterhin bei den Übungen deinen Erfahrungen entsprechend Selbstabstimmung anwendest. Bei der tiefen Meditation und Wirbelsäulenatmung können wir uns für die reinigenden und stabilisierenden Wirkungen, unser fortschreitendes Wachstum und unsere zunehmende Stabilität bedanken.

Ich bekenne, dass „ekstatische Leitfähigkeit“ ein Begriff ist, auf den ich vor vielen Jahren zur Beschreibung meiner eigenen Erfahrung selbst gekommen bin. Die waren ähnlich wie jene, die bei dir jetzt beginnen. Es ist die Erweckung der Kundalini und wir benutzen zu ihrer Beschreibung auch die Kundalini-Terminologie. Jede Tradition entwickelt ihre eigene Sprache für die Erfahrungen. In der heutigen Zeit, da wir in der Lage sind, solche Veränderungen als eine Erweckung latenter Fähigkeiten in unserem Nervensystem zu verstehen, können wir es als das Aufkommen zunehmender Leitfähigkeit in den elektrischen Leitungen (Nerven) unseres Körpers verstehen. Genau das ist es auch. Und wie du schon sagst, ist es etwas Angenehmes. Das Vergnügen nimmt sogar noch zu, wenn die Leitfähigkeit sich weiter verbessert. Am Ende, wenn ich das noch erwähnen darf, wird der darin liegende Genuss alles übersteigen, was sich der normale Mensch vorstellen kann. Man kann es also wirklich „ekstatische“ Leitfähigkeit nennen, weil es das sicherlich ist.

Warum hast du jetzt diese Erfahrungen und wohin führt dies? Gut, weißt du, die Zeit für dich ist einfach gekommen. Du machst jeden Tag kraftvolle Übungen und die Zeit für die Öffnung des Nervensystems ist jetzt da. Es ist wie eine zweite Pubertät, die sich in so vielen von uns ereignet, wenn wir unsere Reise zum inneren göttlichen Liebesleben, die zum Einheitszustand der Erleuchtung führt, antreten. Beginnt die Kundalini zu erwachen, deutet sich die innere Vereinigung, die Vermählung unserer göttlichen Polaritäten an. Es kann nur wenige Jahre oder auch viele Jahre in Anspruch nehmen, diesen Prozess zum Abschluss zu bringen. Das hängt ab von den noch vorhandenen Blockierungen in unserem Nervensystem und dem Maß an Hingabe, das wir in unseren täglichen Übungen aufbringen. Und wohin führt dies alles? Natürlich ist Einheit Freiheit in nicht endender ekstatischer Glückseligkeit und göttlicher Liebe. Das ist unsere Bestimmung, unser Schicksal – das Geburtsrecht eines jeden von uns. Wir haben dies in den Erörterungen der verschiedenen Lektionen zu den Meilensteinen und den Stufen von Erfahrungen auf der Reise zur Erleuchtung bereits untersucht.

Auch die Erfüllung der Reise wurde erst vor kurzem in den Tantra-Lektionen der Fortgeschrittenen-Yoga-Übungen aus einem etwas anderem Blickwinkel, dem Blickwinkel des heiligen Schaubilds *Sri Yantra* von *Sri Vidya* erörtert. Vielleicht gehst du diese Lektion (noch) einmal durch.

Ich wünsche dir allen Erfolg auf deiner Reise zu ekstatischer Leitfähigkeit und unendlicher göttlicher Liebe.

Der Guru ist in dir.

Lektion 170 – Ist das die Kundalini?

Frage: Nachdem ich seit ungefähr 12 Jahren Yoga-Meditation mache, fühle ich eine Energie in meiner Brust; ich fühle mich auf eine Art erleuchtet und dass ich das Heft in der Hand habe. Ich denke, in der Brust befindet sich das Chakra; auch wenn ich feine Düfte rieche oder etwas Musik höre, fühle ich in im ganzen Körper Energie. Das ist sehr angenehm. Ist das die Kundalini?

Antwort: Sehr schön. Ja, all diese Erfahrungen sind Symptome der Kundalini/ekstatischen Leitfähigkeit. Versuche, dich nicht übermäßig in sie zu vernarren und mache mit deinen Übungen weiter. Übungen werden dich mit gleichmäßigem Fortschritt zur Erleuchtung führen. Die spirituellen Erfahrungen sind die Nebeneffekte entlang des Wegs und lenken wegen ihres angenehmen Aspekts manchmal ab. Genieße sie, wie es angebracht ist; stelle jedoch sicher, dass du deinen Übungen immer den Vorzug gibst. Erfahrungen erzeugen keine Erleuchtung – die Übungen aber sehr wohl. Du machst das sehr gut. Es ist eine Ehre, dich hier zu haben.

Der Guru ist in dir.

Lektion 171 – Wirbelsäulen-Bastrika-Pranayama – Hochdruckreinigung für dein Karma

Es ist nun an der Zeit, in eine kraftvolle, neue Pranayama-Übung namens Wirbelsäulen-Bastrika einzuführen. „Bastrika" bedeutet „Blasebalg". Man atmet dabei schnell, wie beim Hecheln eines Hundes – nur mit dem Zwerchfell (Bauchatmung) und vorzugsweise durch die Nase. Ist es durch die Nase zu schwierig, kann man auch, wenn nötig, durch den Mund atmen.

Das Bastrika dieser Lektionen führt man zusammen mit einem schnellen Laufen der Aufmerksamkeit entlang des Wirbelsäulennervs zwischen dem Perineum (Wurzel) und dem Punkt zwischen den Augenbrauen (drittes Auge) durch, genauso wie wir das schon von der normalen Wirbelsäulenatmung her kennen – nur viel schneller. Der Wirbelsäulenaspekt verleiht dem Bastrika-Pranayama sehr viel mehr Kraft und führt auch zu einem Ausgleich zwischen den göttlichen inneren Polaritäten im Körper. Das Wirbelsäulen-Bastrika lädt das gesamte Nervensystem auf ausgeglichene Weise mit riesigen Mengen reinigenden Pranas auf.

Diese Übung ist durch das Senden kräftiger pranischer Impulse nach oben und unten im Inneren des Wirbelsäulennervs und ihr Ausströmen durch jeden Nerv im Körper ausgezeichnet geeignet, hartnäckige karmische Blockierungen im Nervensystem zu beseitigen.

Wie bei jeder Übung sind auch hier einige Voraussetzungen und Vorsichtsmaßnahmen zu beachten. Deshalb wollen wir zunächst auf diese eingehen.

Erstens ist Bastrika kein Allheilmittel und vor allem keine Übung, die gut für sich alleine stehen kann. Sie wird ihre Wirkung nur entfalten, wenn ausreichend vorbereitende Übungen (vor allem Wirbelsäulenatmung und tiefe Meditation) über einige Zeit regelmäßig und stetig angewandt wurden. Das Wirbelsäulen-Bastrika führt man zwischen den sitzenden Übungen der Wirbelsäulenatmung und der tiefen Meditation durch. Seine größte Wirkung entfaltet sie in Verbindung mit diesen Kernübungen.

Zweitens: Wenn du irgendwelche gesundheitlichen Probleme hast, die durch diese Art des längeren hechelnden Atmens verschlimmert wird, dann nimm bitte von dieser Übung Abstand. Bist du dir nicht sicher, dann sprich erst mit deinem Arzt.

Drittens: Unter gewissen Umständen kann das Wirbelsäulen-Bastrika innere Blockierungen verschlimmern und sollte in diesem Fall natürlicherweise nur mäßig eingesetzt werden. In den meisten Fällen setzt es Blockierungen frei, ohne etwas zu verschlimmern und kann dann forcierter angewandt werden. Zu einer Gewissheit, wie dein Nervensystem auf das Wirbelsäulen-Bastrika reagiert, kannst du nur gelangen, wenn du es ausprobierst. Deshalb ist es gut, langsam und mit vorsichtigem Einsatz von Selbstabstimmung anzufangen. Denke aber daran, dass es bei dem Wirbelsäulen-Bastrika zu verzögerten Reaktionen kommen kann, d.h. dass du nicht alle Effekte sofort bemerkst.

Das Wirbelsäulen-Bastrika ist am nützlichsten, wenn der Boden dafür, d.h. das gesamte Nervensystem, bereits mit tiefer Meditation und Wirbelsäulenatmung bereitet wurde. Dann kann das Wirbelsäulen-Bastrika helfen, unsere Aufgabe, alle noch übrig gebliebenen, störrischen, karmischen Blockierungen herauszubekommen, zu einem Ende zu bringen. In diesem Sinne ist es wie ein Hochdruckreiniger, den man einsetzt, um noch die hart sitzenden Widerstände, die bereits etwas mit Meditation und Wirbelsäulenatmung gelockert wurden, herauszubrechen und fortzuspülen.

Wie bereits erwähnt, bedeutet Bastrika „Blasebalg". Ich nenne es jedoch „Hündchenhecheln" und möchte damit mehr ein sanftes, kontinuierliches, schnelles Atmen als das Keuchen und Schnaufen, was durch das Bild des Blasebalgs befördert wird, in die Vorstellung rufen. Das Hündchenhecheln kann man allerdings auch ziemlich lebhaft machen. Manchmal wird es von ganz alleine lebhaft. Es ist eine lange Reihe flacher, schneller Atemzüge unter ausschließlicher Nutzung des Zwerchfells und das hält man die gesamte festgesetzte Zeit bei, während die Aufmerksamkeit mit dem Atem den Wirbelsäulennerv zwischen der Wurzel und dem dritten Auge nach oben und unten geht. Man muss sich etwas daran gewöhnen. Wie das bei allen anderen Übungen auch der Fall ist, wird das Wirbelsäulen-Bastrika anfangs ein wenig „klobig" sein. Du wirst sehen, dass es etwas Übung erfordert, die Aufmerksamkeit mit dem Atem schnell nach oben und wieder nach unten wandern zu lassen. Es kann auch vorkommen, dass die Lungen dazu tendieren, während des langen Hechelns immer leerer oder voller zu werden. Dieses „Abdriften" ist normal und es ist in Ordnung, wenn man die Lungen während einer Wirbelsäulen-Bastrika-Sitzung, falls notwendig, mehrmals leert oder auffüllt, um dieses Abdriften auszugleichen. Kommt es zu keinem Abdriften, ist das sehr gut. Dann fahr nur für die festgesetzte Zeit mit Wirbelsäulen-Bastrika fort.

Wir empfehlen, dass du mit zwei Minuten Wirbelsäulen-Bastrika gleich vor der Meditation beginnst, d.h. also nach der Wirbelsäulenatmung und allen anderen Pranayama-Formen, die du noch machst (Yoni Mudra Kumbhaka oder die Kinnpumpe). Halte Siddhasana, Sambhavi, Mulabandha, Kechari etc. weiter bei. Etwas Uddiyana (leichtes Einziehen des Bauches) kann auch während des Wirbelsäulen-Bastrika gesetzt werden. Sobald du das Gefühl für die Energie bekommst, die sich beim Wirbelsäulen-Bastrika bewegt, wird dein Körper instinktiv wissen, was er zu tun hat und all diese Manöver werden sich von selbst verfeinern und anpassen. Sobald man sich daran gewöhnt hat, ist das Wirbelsäulen-Bastrika mit all ihren zugehörigen Komponenten etwas ganz Normales. Es wird zu einer sehr angenehmen Übung mit lang nachwirkenden ekstatischen Ergebnissen in den täglichen Aktivitäten und trägt ständig zur Erleuchtung bei. Sind diese karmischen Blockierungen weg, sind sie für immer fort, und das Licht scheint hell aus dem Inneren.

Hat man die zweiminütige Praxis so eingerichtet und ist sie nach ein oder zwei Wochen angenehm geworden, kann man das Wirbelsäulen-Bastrika – wenn man sich danach fühlt – drei Minuten und schließlich bis zu fünf Minuten ausführen. Wirbelsäulen-Bastrika ist bei längerer Anwendung sehr kraftvoll. Denke daran und auch an die verzögerten Effekte, wenn du darangehst, damit Erfahrungen zu sammeln.

Du wirst sehen, dass dir Wirbelsäulen-Bastrika hilft, deine Meditation zu vertiefen. Wenn so viel während der verschiedenen Formen von Pranayama vor der Meditation losgeschlagen wird, macht das den Prozess der tiefen Meditation, der zu innerer Stille und globaler Reinigung im Nervensystem führt, viel schneller und geschmeidiger.

Wirbelsäulen-Bastrika schaltet den allgemeinen Reinigungsprozess in einen höheren Gang, löst die Nerven und kultiviert das gesamte Nervensystem immens. Stelle sicher, dass du wie bei all deinen anderen Übungen auch beim Wirbelsäulen-Bastrika Selbstabstimmung anwendest. Stimme deine Übungen immer so ab, dass die sich ergebende Reinigung im Nervensystem nie deine Grenze des Angenehmen überschreitet. Lass dir Zeit bei der Suche einer ausgeglichenen Integration von Wirbelsäulen-Bastrika in deine Routine täglicher Übungen.

In einigen Wochen werden wir noch auf einige Variationen von Wirbelsäulen-Bastrika eingehen, die für ein zielgerichteteres karmisches Reinigen eingesetzt werden können.

Der Guru ist in dir.

Lektion 172 – Die Energie des Wirbelsäulen-Bastrika, Schlaf und Zeit für die Übungsroutine

Frage: Die letzten paar Tage habe ich 3-5 Minuten Wirbelsäulen-Bastrika in meinen Sitzungen eingebaut. Erstaunlich! Letzte Nacht konnte ich nicht schlafen, ich war nach der Übung so aufgeladen. Ich werde mit den Übungen einige Zeit ohne irgendwelche Änderungen weitermachen, um zu sehen, wie stabil ich mit dieser Routine bin. Es summiert sich inzwischen auf zweimal 40-45 Minuten am Tag. Zeitlich gesehen wird es deshalb für mich in dieser Phase etwas schwer.

Antwort: Bedenke, dass bei kraftvollen Übungen wie dem Wirbelsäulen-Bastrika einige verzögerte Reaktionen möglich sind. Es kann sich während der Ausführung großartig anfühlen und dann ein paar Stunden oder Tage später kann es zu einer Blockierung kommen. Deshalb ist es ratsam, die Zeit nur langsam zu erhöhen, damit man das reibungslose Fließen der Energie sicherstellt. Jeder wird die Energie ein wenig anders erfahren. Und ja, die Energie kann im Inneren in verschiedenster Form fließen (Licht, Klang, physische Vibrationen usw.) und noch eine ziemliche Weile nach Ausführung der Übungen. Deshalb ist es wichtig, dass du deine zweite Routine vor dem Abendessen machst und am Abend halbwegs aktiv bist, damit sich die Dinge vor dem Zubettgehen stabilisieren. Geschieht dies nicht, dann zieh in Betracht, deine Übungszeit eine Zeitlang etwas zurückzunehmen, bis du einen guten Ausgleich zwischen den Übungen, deinen Aktivitäten und Schlaf findest. Von diesem stabilen Gleichgewicht aus kannst du Schritte erkunden, deine Geschwindigkeit gefahrlos zu erhöhen. Natürlich wollen wir die Erweckung jedes Winkels unseres Nervensystems und werden das auch erreichen, doch wir wollen auch die Dinge so einteilen, dass wir uns nicht abnutzen. Rom wurde nicht an einem Tag erbaut, und wir alle brauchen unseren Schlaf. Erlauben wir, dass unsere Ruhe ständig auf der Strecke bleibt, ist dies kein nachhaltiger Weg zur Erleuchtung.

Zu deiner Bemerkung, dass die Praxisroutine etwas lang wird, empfehle ich dir, sie so zurechtzustutzen, dass sie sich in deinen allgemeinen Tagesablauf einpasst. Es ist besser, auch für Monate und Jahre jeden Tag etwas weniger zu tun, als zu viel und dann nach kurzer Zeit auszubrennen. Dies wurde in den früheren Lektionen zum Zeitmanagement diskutiert (Lektion 18 und Lektion 50). Natürlich wird es jetzt etwas komplizierter, weil zum Mix mehr Übungen gehören, doch gelten noch dieselben Prinzipien.

In den Lektionen kommt nicht mehr viel mehr Zeit zur Übungsroutine hinzu – nur ein bisschen mehr einer optionalen Übung (gezieltes Wirbelsäulen-Bastrika) nahe dem Ende der Routine. Der Rest der neuen Übungen wird innerhalb der jetzigen Routinezeit unterzubringen sein (so etwas wie die zweite Mantra-Erweiterung). Man kann die Dinge immer so flexibel anwenden und zurechtschneiden, dass sie einen kleineren Happen aus unserem Tag herausbeißen. Wir behandeln dies noch detaillierter, sobald alle Übungen vorgestellt wurden, d.h. in einigen Monaten. Dann werden wir sie alle nebeneinander stellen, sie als ein Ganzes betrachten und noch etwas abstimmen und optimieren.

Es gibt viele Wege, das Haus der Erleuchtung zu bauen. Dazu gehören auch Wege, die es uns erlauben, täglich sehr viel tiefe Reinigung in zwei „ökonomischen" Sitzungen zu erhalten. Ich weiß, dass das wichtig ist, weil ich selbst viele Jahre in der Wirtschaft tätig war. In einer beschleunigten kulturellen Umgebung kann die effiziente Nutzung der für Yoga zur Verfügung stehenden Zeit sehr wichtig sein. Wir müssen uns also damit auseinandersetzen. Wo ein Wille ist, da ist auch ein Weg.

Der Guru ist in dir.

Lektion 173*– Die Dauer eines Zyklus mit Wirbelsäulen-Bastrika

Frage: Vielen Dank für deine Lektion zu Bastrika, dem schnellen, belebenden Wirbelsäulenatmungs-Pranayama. Kannst du bitte kurz angeben, wie viele Bastrika-Atmungen man idealerweise in einer Minute machen soll? Dann noch: Ich mache Bastrika ungefähr fünf Minuten. Ist das in Ordnung?

Antwort: Das Tempo beim Bastrika ist wie bei einem angenehmen Hundehecheln. Es gibt keine ideale Zeit für einen Zyklus. Was bei dir angenehm ist, ist ideal. Manchmal wird es von selbst schneller oder langsamer. Das Nervensystem weiß, was es braucht. Geh mit ihm, solange es nicht unbehaglich wird.

Fünf Minuten Wirbelsäulen-Bastrika ist für den Beginn viel zu lange. Falls diese Übung für dich neu ist, mach nur zwei Minuten, bis du dir über die Erfahrungen in der Übung Klarheit verschafft hast und deine täglichen Aktivitäten reibungslos ablaufen. Dann kannst du deine Zeit schrittweise erhöhen und dabei immer auf deine Erfahrungen achten. Vielleicht siehst du dir die Lektion zum Wirbelsäulen-Bastrika noch einmal durch.

Ich wünsche dir mit deinen Übungen viel Erfolg.

Der Guru ist in dir.

Zusatz: Hier ist eine weitere Fragen und Antworten zu einigen praktischen Aspekten der Wirbelsäulen-Bastrika-Übung.

Frage: Ich habe mit Bastrika begonnen und nun einige Fragen zu dem, wie es sich entwickelt hat. Der Ablauf bei mir war immer folgender:

1. Wirbelsäulenatmung (10 Minuten)
2. Kinnpumpe Kumbhaka (Ziel – bis zu 5 Minuten)
3. Wirbelsäulen-Bastrika (Ziel – bis zu 5 Minuten)
4. Meditation (20 Minuten)
5. Samyama (5 Minuten)
6. Yoni Mudra Kumbhaka (Ziel – bis zu 10 Minuten)

Ist diese Reihenfolge richtig? Ich weiß, du hast mich schon einmal davor gewarnt, nicht zu viel Pranayama zu machen. Aber ich gehe schon vorsichtig vorwärts. Außerdem praktiziere ich Pranayama bereits seit ein paar Jahren, jedoch mehr in einer Art „Freistil". In vielen Yoga-Büchern findet man den Hinweis, man solle Bastrika vor dem Kumbhaka üben. Was denkst du dazu?

In den meisten Quellen heißt es, man solle 40-60 Bastrika-Zyklen in der Minute ausführen. Sollte das auch mein Ziel sein? Während des Bastrika nutzen wir einen "flachen schnellen Atem nur unter Zuhilfenahme des Zwerchfells". Was geschieht dabei mit dem Bauch? Weiten wir ihn aus und füllen ihn wie einen Ballon mit Luft an, wenn wir einatmen und ziehen wir die Muskeln beim Ausatmen zusammen (im Taoismus nennt man das Feuer-Atmung). Oder sollte man die Bauchmuskeln mehr oder weniger unter Kontrolle halten und nur das Zwerchfell benutzen?

Antwort: Ja, deine Routine ist in Ordnung. Nähere dich aber den angegebenen Zielzeiten nur vorsichtig an und konzentriere dich dabei jeweils auf nur eine Übung, wie das schon früher diskutiert wurde. Du kannst zuvor noch Asanas machen, wenn du willst, und vergiss am Ende nicht die mindestens 5-10-minütige Ruhephase. Die Ruhephase am Ende ist sehr wichtig, um Reibungslosigkeit in den folgenden Aktivitäten zu gewährleisten. In der Ruhephase kannst du dich auch hinlegen, falls du das wünschst.

Das Wirbelsäulen-Bastrika sollte man in seiner eigenen Geschwindigkeit machen, eben so schnell, wie es angenehm ist. Dazu habe ich ja den Vergleich mit dem „Hundehecheln" herangezogen. Jeder Mensch wird da zu seinem eigenen Rhythmus finden und schließlich wird es zu einem automatischen Yoga – manchmal langsamer und manchmal schneller. Das Zählen der Atemzüge ist während des Wirbelsäulen-Bastrika nicht empfehlenswert, weil das zu einer Teilung der Aufmerksamkeit führen kann, wenn diese schnell zwischen der Stirn und der Wurzel oszilliert.

Bastrika kannst du vor der Wirbelsäulenatmung oder der Kinnpumpe machen, wenn du das wünschst. Du gehst in dem Sinne richtig vor, dass es mehr der Tradition entspricht, wie du das machst. Wir legen Bastrika hinter die Wirbelsäulenatmung, weil es nach der Wirbelsäulenatmung und etwas Kumbhaka sehr viel vergeistigter sein wird. Später, im Rahmen von Yoni Mudra, kommt noch mehr Kumbhaka hinzu. Darüber kann jedoch jeder Übende selbst entscheiden. Es ist da gar nicht möglich, große Fehler zu machen, wenn man die Pranayama-Übungen auf diese Weise ein wenig umstellt. Mache aber die Wirbelsäulenatmung immer vor der Meditation. Das ist wichtig. Achte auch darauf, dass die Zeiten für die einzelnen Übungen nicht zu lang werden. Das ist ebenfalls sehr wichtig. Andernfalls tut man schnell zu viel des Guten und hat dann später Probleme mit übermäßigen Energieflüssen, die wir nicht haben wollen. Die Beibehaltung von Stabilität durch einen guten Ausgleich in den Übungen ist für einen stetigen Fortschritt wesentlich.

Atmung mit dem Zwerchfell ist dasselbe wie Bauchatmung. Es ist das Zwerchfell, das den Bauch dazu bringt, sich hinein- und hinauszubewegen. Also ja, der Bauch kann sich bewegen. Zu anderen Zeiten kann der Bauch aufgrund des automatischen Yoga auch nach innen und oben gezogen werden. Das Zwerchfell ist immer noch für die Atmung verantwortlich, doch der Bauch bewegt sich vielleicht auch nach oben. Dies ist eine Kombination von Bastrika und Uddiyana bzw. Nauli. Wir sollten das bei unseren Übungen nicht zu erreichen versuchen, doch wenn es manchmal aufgrund von automatischem Yoga dazu kommt, kämpfen wir nicht dagegen an. Beide Arten sind gut. Durch das Bewegen des Bauches während des Bastrika, werden die unteren Zentren stimuliert. Zieht der Bauch beim Bastrika nach oben, zieht das auch die Energie nach oben. Während der Wirbelsäulenatmung kommt eine Zeit für beides. Das Nervensystem weiß Bescheid. Haben wir keine klare Neigung zum einen oder anderen, bleiben wir bei der Bauchatmung.

Beste Wünsche für deine weitere Praxis!

Lektion 174 – Sex und Sambhavi

Frage: Wenn ich Yoga entsprechend deiner Anleitung praktiziere, kommen einige zusätzliche Fragen bezüglich gewisser Dinge auf. Ich hoffe, dass du auf einige davon eingehen kannst.

1. Sexuelle Erregungen während der Meditation: Während der Meditation und Pranayama verspüre ich eine starke sexuelle Erregung. Ich weiß, dass dies ein übliches Symptom ist. Doch ich glaube, dass ich es in einer ziemlich extremen Weise erlebe: Die Empfindungen sind manchmal sehr stark und noch mehr – bisweilen habe ich während der Meditation eine Ejakulation (ich merke es nicht, wenn es geschieht, erst wenn die Sitzung vorbei ist). Ich mache bisher noch nicht einmal Siddhasana – es geschieht einfach, wenn ich dem Mantra folge. Ist das nicht eine fürchterliche Verschwendung von Prana? Kannst du irgendeinen Weg empfehlen, dies zu vermeiden?

2. Das Kreuzen der Augen während Sambhavi – die Aktion, dass man die Augen in Richtung Punkt zwischen den Augenbrauen lenkt, beunruhigt mich ziemlich. Offensichtlich ist das keine natürliche Tätigkeit für die Augen und ist (auch wenn man es sanft ausführt) sehr anstrengend und anspannend für sie, besonders, wenn man den Effekt bedenkt, dass man die Anstrengung über eine lange Zeitperiode ansammelt. Ist das nicht gefährlich für die Funktion der Augen? Kann dadurch nicht das Sehvermögen geschädigt werden?

Antwort: Sexuelle Erregung während der Meditation und der Wirbelsäulenatmung ohne Siddhasana ist in Wirklichkeit kein üblicherweise auftretendes Symptom. Trotzdem ist es ein Hinweis darauf, dass gute Dinge im Gange sind, da es eine fortgeschrittene Erfahrung für Reinigung ist. Das mit den Ejakulationen wird sich legen. Beunruhige dich deswegen also nicht übermäßig. Betrachte es wie feuchte Träume als ein vorübergehendes Stadium. In diesem Fall sind es feuchte spirituelle Träume auf deinem Weg durch eine zweite Pubertät, die von der spirituellen Art. Genitale Erregung und Auswürfe werden aufhören, sobald die Blockierungen herauskommen und sich das normale ekstatische Funktionieren deiner tieferen Zentren in Verbindung mit deinen höheren Zentren entwickelt.

Sobald du dich in Siddhasana eingewöhnst, wird das in deiner Situation mehr eine Hilfe als eine Verschlimmerung bedeuten. Zu allererst lockt das deine sexuelle Energie schrittweise nach innen und höher nach oben. Gleichzeitig wird die Tendenz, mit der Energie nach unten zu gehen, viel geringer. Zweitens kann Siddhasana auch dazu benutzt werden, die Ejakulation zu unterbinden. Sobald die Ferse auf die richtige Weise und angenehm an den weichen Bereich hinter das Schambein gesetzt ist, kann man die Harnröhre durch ein leichtes Vorbeugen blockieren. Nicht, dass es so wichtig ist, einige Ejakulationen einzusparen, doch diese Möglichkeit liegt in Siddhasana und kann dafür genutzt werden, wenn das so gewünscht wird. Bevor du mich dazu mit Fragen bombardierst, lies bitte zuerst die Tantra-Lektionen, wenn du das noch nicht getan hast. Dort findest du detaillierte Lektionen zur Frage des Umgangs mit sexueller Energie im Zusammenhang mit Yoga.

Bezüglich Sambhavi will ich darauf aufmerksam machen, dass alle Übungen hier, mit denen man neu beginnt, anfangs eine „klobige“ Phase haben, d.h. beim Erlernen kann es bei allen Übungen scheinen, als wären sie ein wenig unnatürlich. Sobald man sich daran gewöhnt, ändert sich diese Wahrnehmung. Wird die Rolle Sambhavis bei der Reinigung und Stimulierung zur Öffnung höherer Erfahrungen im Nervensystem deutlich, verliert sich der Gedanke einer Unnatürlichkeit. Dann wissen wir, dass die Übungen genau das vollbringen, was sie sollen: Sie locken natürliche spirituelle Fähigkeiten hervor, die in unserem Nervensystem verborgen liegen. Sobald wir an diesen Punkt gelangen, werden die Übungen für uns so natürlich wie das Atmen, weil wir, sobald wir sie nutzen, sogleich Glückseligkeit und Ekstase erfahren. Die Ursachen und die Wirkungen von ihnen in unserem Nervensystem werden zu einem integralen und automatischen Teil unseres neurobiologischen Funktionierens.

Forciere Sambhavi nicht. Geh locker und leicht an das Ausrichten deiner Augen heran und begünstige die Empfindung, die durch das leichte Runzeln deiner Stirn am Punkt zwischen den Augenbrauen entsteht. Mit der Zeit wird dies sehr angenehm und daraus wird dann leicht eine Automatik. Das schadet auch deiner Sehkraft nicht. Tausende von Yogis, Weisen und Heiligen haben Tausende Jahre lang Sambhavi ohne negative Effekte angewandt. Ganz im Gegenteil: Sambhavi öffnet mit Hilfe unseres zunehmend ekstatischen Nervensystems unser inneres Sehen, so dass es letztendlich den Kosmos umfasst. Vielleicht siehst du auch einmal eine andere Lektion zu Sambhavi, Lektion 131, durch. Dort werden noch weitere Details der Technik behandelt.

Interessanterweise hat deine Frage zu Sambhavi einen Bezug zu deiner Frage zur sexuellen Erregung. Ich sage dies, weil das Aufkommen einer direkten sexuellen Verbindung zwischen dem physischen Hirn und den niederen Zentren der Weg ist, die Erweckung des dritten Auges und der Sushumna (Wirbelsäulennerv) zu erfahren. Sambhavi spielt dabei eine Schlüsselrolle, zusammen mit der Wirbelsäulenatmung, Mulabandha, Siddhasana, Kechari, Kumbhaka und einigem anderen. Sambhavi spielt in der einen oder anderen Form in jeder spirituellen Tradition eine herausragende Rolle. Sobald das dritte Auge, die Sushumna, erweckt ist, wird Sambhavi zu einem vorzüglichen Mittel zur willentlichen Förderung ekstatischer Leitfähigkeit im Nervensystem (siehe auch die Lektion 169 zur ekstatischen Leitfähigkeit). Eine einfache Absicht mit den Augen ist genug für das Auslösen von Wellen der Ekstase im Nervensystem des Yogis oder der Yogini. Welch ein Schatz ist Sambhavi?

Sobald die Leitfähigkeit durch all die erwähnten Mittel aufkommt, sind die sexuellen Folgen unverkennbar. Von dort entwickelt es sich vom sexuell Erotischen zum spirituell Ekstatischen. Die zwei Erfahrungen hängen voneinander ab, da sie unterschiedliche Äußerungen sexueller Energie sind, die sich in unserem Nervensystem höher entwickelt.

Schattierungen davon erfährst du bereits während der Meditation und der Wirbelsäulenatmung und ohne Zweifel wird da dein flügge werdendes Sambhavi ebenfalls mit ins Spiel kommen. Es ist ein Zeichen guter Dinge, die sich vollziehen. Beunruhige dich also nicht. Alles wird sich gut entwickeln. Es gibt nichts, vor was man sich zu fürchten braucht.

Der Guru ist in dir.

Lektion 175 – Neue Erfahrungen

Frage: Als ich heute beim langsamen Atmen Atemachtsamkeit praktizierte, begann ich zu fühlen, wie der Atem von den Nasenlöchern nach hinten ging – zum oberen Ende der Nase, dann zum Rachen, in den Brustraum und oberen Bauch. Ich entschloss mich, noch weiter zu tasten und begann noch weiter nach unten zu gehen zum Punkt des Nabels und noch darunter. Plötzlich stellte ich fest, dass meine Atmung weitgehend zum Stillstand gekommen war! Sie war sehr, sehr, sehr schwach, als ob ich überhaupt nicht atmen würde. Ich konnte Luft im unteren Bauchraum fühlen. Dann konzentrierte ich mich weiter und zu meiner Überraschung:

1. Obwohl ich mich nur sehr über den schwachen Atem wunderte und nicht an Sex dachte, wurde das Sexualorgan sehr erregt.
2. Auch wenn ich mich beim Pranayama auf die Stirn konzentriere, kann ich fühlen, wie Energie vom Chakra fließt. Doch diesmal floss die Energie nach oben, vom unteren Bauch aus (ich bin mir nicht sicher, wie das Chakra genau heißt).
3. Sonderbarerweise fühlte ich die intensive Energie nur in Siddhasana, aber nicht, nachdem ich mich niedergelegt hatte.
4. Als ich das erste Mal praktiziert habe, sah ich das Bild einer zischenden Schlange, die um den Lingam Shivas gelegt war.

Warum sind die oben erwähnten Dinge geschehen?

Antwort: Danke dafür, dass du schreibst und deine Erfahrungen teilst.

All diese Erfahrungen sind Zeichen von Reinigung und deuten bereits auf die vollkommene Öffnung deines Nervensystems zu göttlichen Erfahrungen hin. Es ist normal, dass sich der Atem in der Meditation und in der Wirbelsäulenatmung verlangsamt, auch wenn man gerade erst beginnt. Die Symptome zeigen an, dass dein Nervensystem spirituell sensitiv ist und dass du sehr wahrscheinlich bei täglicher Yoga-Praxis mit tiefer Meditation und dem Pranayama der Wirbelsäulenatmung und anderen Übungen, die so entworfen sind, das Nervenssystem zu größerer Öffnung zu stimulieren, sehr gut ansprechen wirst.

Du hast nicht erwähnt, ob du deine sitzenden Übungen den Lektionen entsprechend machst oder ob du sie von woanders hast. Obwohl dein Experiment mit der Atmung und der Aufmerksamkeit interessant ist, wird es dein spirituelles Wachstum nicht besonders fördern. Wenn du noch keine täglichen Übungen machst, wäre es vielleicht gut, die Lektionen von Beginn an durchzugehen. Da erlernst du nicht nur solide Übungen, du stößt auch auf die Erörterung vieler ähnlicher Erfahrungen und siehst, wie man damit umgeht.

Alle Erfahrungen sind ein Zeichen von Reinigung und Öffnung. Doch erzeugen die Erfahrungen selbst nicht den spirituellen Fortschritt. Der kommt nur durch das Üben. Merken wir, dass während der Übungen Erfahrungen aufkommen, gehen wir nur locker und leicht zu den Übungen zurück, die wir gerade machen. Wenn wir analysieren, zu lenken versuchen oder uns während der Übungen zu sehr mit den physischen Empfindungen, Visionen und anderen inneren sinnlichen Erfahrungen beschäftigen, wird uns das von unserem Fortschritt abhalten. Deshalb geben wir ganz einfach der Übung den Vorzug, die wir gerade ausführen. So ein Vorgehen bringt das Maximalergebnis. Das Engagement, den Übungen vor den Erfahrungen den Vorzug zu geben, ist sehr wichtig. Dies wurde bereits früh in den Lektionen erwähnt und wie hier weise ich wiederholt darauf hin. Erfreue dich an der Landschaft, die vorbeizieht, doch nimm deine Augen nicht von der Straße, damit du deine gute Fahrpraxis (die Übungen) nicht gefährdest.

Alles, was du im Moment siehst, ist normal und es gibt nichts, worüber man sich beunruhigen müsste. Gutes ist im Gange. Erfahrungen kommen und gehen. Ekstatische Glückseligkeit und wachsende Erleuchtung aus den Übungen kommen und bleiben. Wir alle sind dazu geboren, das zu leben. Ich wünsche dir auf dem von dir gewählten Weg allen Erfolg.

Der Guru ist in dir.

Lektion 176 – Analyse von Samyama

Frage: Die Frage, die aufkommt, bezieht sich auf die Kohärenz und Definition von Samyama. Doch ohne diese beiden haben wir keine Lehren, oder?

Ich denke, die Yoga Sutren machen klare Aussagen zu den 8 Stufen und sagen, dass Dharana, Dhyana und Samadhi Stufen sind, durch die unser Bewusstsein während unserer Übungen geht. Während ich also Dharana praktiziere, bin ich noch nicht in Dhyana und Samadhi. Sobald mein Dharana Dhyana erreicht, bin ich nicht in Dharana oder Samadhi, und wenn mein Bewusstsein Samadhi erlangt, bin ich nicht länger in Dharana oder Dhyana. Ist das richtig?

Wie kann ich diese drei Übungsbereiche zusammen anwenden? Sehr wahrscheinlich nur, wenn ich Samadhi erreiche. Dann kann ich mein Bewusstsein soweit senken, dass es Gedanken als Objekte für das Dharana produziert, um die Übung in dem andauernden Zustand zu baden, der Samadhi ist. Dhyana wird als ein Verschmelzen der beiden erscheinen (Dharana und Samadhi). Ist das richtig?

Auf unsere Samyama-Übung bezogen: Ist die innere Stille nach der Meditation über das Mantra eine Art von Samadhi? Doch wenn es das ist, welche Art von Samadhi ist dann in Kapitel 1 von Patanjalis Sutren beschrieben, wo diese innere Stille hinpasst?

Ich weiß, dass die bei jeder Person anders aussehen wird – abhängig davon, wie tief man in die Meditation geht. Doch die zweite Frage ist, dass die Ebenen von Samadhi im ersten Kapitel von Patanjalis Sutren nicht leicht unterschieden werden können.

Aber vielleicht brauchen wir das alles ja gar nicht zu verstehen.

Antwort: Deine letzte Aussage ist richtig: „Vielleicht brauchen wir das alles gar nicht zu verstehen."

Setzen wir uns in unser Auto und fahren los, müssen wir nicht alles verstehen, was unter der Motorhaube abläuft. Wir drücken nur aufs Gaspedal und fahren los. Gut integrierte fortgeschrittene Yoga-Übungen sind dem vergleichbar. Wir müssen nur wissen, wo die leicht handhabbaren Bedienelemente liegen und können sie nutzen, um loszufahren. All die Übungen in den Lektionen sind damit vergleichbar.

Erinnere dich daran, dass Patanjali versuchte, das innere Funktionieren des menschlichen Nervensystems zu analysieren und zu beschreiben. Das Nervensystem ist da und er (oder du und ich) definieren nicht, wie es arbeitet. Wir können nur versuchen, es zu beschreiben, die zugrunde liegenden Prinzipien zu verstehen, die Bedienelemente herauszufinden, es zu öffnen und zu unserem Vorteil zu benutzen.

Dharana, Dhyana und Samadhi sind Begriffe zur Beschreibung von Aspekten bewusster Verstandesprozesse, die sich in zwei Richtungen bewegen können. Von der Aufmerksamkeit auf ein Objekt (in diesem Fall Dharana auf ein richtiges Mantra) nach innen, über das langsame Ausblenden (Dhyana) zur reinen inneren Stille (Samadhi). Und von der inneren Stille (anhaltender Samadhi – das kann jedes Niveau sein und wir spalten darüber kein Haar) zur Aufmerksamkeit bzw. feinem Gefühl eines Objekts (Dharana über ein Sutra), wodurch es in die Stille losgelassen wird (Dhyana). Dadurch kommt es zu einem Fluss göttlicher Energie aus der inneren Stille – das ist Samyama und führt zu Reinigung und Siddhis.

Um die einfachen Übungen von Meditation und Samyama machen zu können, brauchen wir all diese Elemente nicht zu verstehen. Die Übungen selbst sind genug für die Aktivierung der Maschinerie des Nervensystems. Die einzelnen Elemente, die Patanjali unterscheidet, treten meist zur selben Zeit auf oder überschneiden sich zeitlich. Hat man die Meditation einmal für einige Monate beibehalten, wird die ganze Zeit etwas innere Stille da sein. Dharana ist auf einem See von Stille etwas sehr Kleines – ein Augenblick der Aufmerksamkeit auf etwas, das man aufgrund der entwickelten Meditationsgewohnheit mit dem Versand augenblicklich loslässt und dieses Loslassen ist Dhyana. Das alles ist ein mentaler Prozess, der Kultivierung und Nutzung des natürlichen Zustands der Stille bzw. der inneren Ruhe im Geist beinhaltet. Tun wir dies, verändern wir auch gleichzeitig alles in unserem Körper und schaffen dadurch die Voraussetzung für das Aufkommen von Ekstase in unserem Nervensystem und die Vereinigung von Stille und Ekstase zur Erzeugung des Einheitszustands der Erleuchtung – ekstatische Glückseligkeit und immer fließende göttliche Liebe. Wir sind so konstruiert, dass wir auf dieser Erde dazu werden. So sieht das „Auto" aus, das wir fahren.

Wir brauchen nur über die Übungen Bescheid zu wissen; der Rest läuft automatisch ab. Das Erlangen eines intellektuellen Verständnisses (das Sezieren des Gesamtprozesses in benennbare Elemente oder Glieder) hat vor allem den Zweck, dass wir Vertrauen in das behalten, was wir tun und somit mit unseren täglichen Übungen fortfahren. Es gibt keinen anderen Grund, warum wir die inneren Abläufe durchschauen müssten. Das spielt sich alles unter der Haube ab. Drücke nur auf das Gaspedal und fahre. So einfach ist das. Es ist so einfach, dass viele Menschen Tausende Jahre daran vorbeigelaufen sind. Es wird Zeit, dass jeder Mensch davon Kenntnis erlangt, was wir alle haben – dieses menschliche Nervensystem, das Tor zum Göttlichen, das wir leicht öffnen können, wenn wir wissen, wo die entsprechenden Schalthebel sind. Darum geht es in den Lektionen. Nur um das – um nichts anderes. Spirituelle Wissenschaft interessiert sich nur für verlässliche Resultate, die jeder herbeiführen kann, wenn er die effektivsten Methoden benutzt. Und die spirituelle Wissenschaft hält immer nach noch besseren Wegen zur Nutzung natürlicher Prinzipien in unserem Nervensystem Ausschau, die dazu dienen, uns dem Unendlichen in uns zu öffnen.

Der Guru ist in dir.

Lektion 177 – Fortgeschrittenes Siddhasana

Frage: Was geschieht, wenn ich im Siddhasana meine Ferse unter mein Perineum lege? Kann das irgendeinen Schaden anrichten? Es fühlt sich gut an, wenn ich es mache, doch habe ich bemerkt, dass mein Sex-Drive zurückgegangen oder kontrollierter ist. Ist Kontrolle über den Sex-Drive ein Teil der Wirbelsäulenatmung und Siddhasana? Ich wollte nur sicher gehen, dass ich keine Blutzirkulation kappe oder sonst irgendetwas Gefährliches anstelle. Ich beklage mich nicht. Ich fühle mich großartig, wenn ich Wirbelsäulenatmung, Yoni Mudra usw. mache ... Das hat meinen Übungen wirklich geholfen!!! Ich fühle mich wie ein neuer Mensch.

Antwort: Wirbelsäulenatmung, Siddhasana und andere Übungen, die unsere Lebenskraft (sexuelle Energie) nach oben in das Nervensystem kultivieren, verringern nicht unsere sexuellen Fähigkeiten. Vielmehr erweitern sie unseren Gebrauch der sexuellen Energie über die Funktion der Fortpflanzung hinaus, hinauf durch unseren ganzen Körper in die erwachende Neurobiologie.

Es ist richtig, dass uns diese erweiterte Rolle der sexuellen Energie in unserem Nervensystem mehr „Kontrolle" über den Sex verleiht. In Wirklichkeit ist es ein Weniger an Abhängigkeit, was wir erfahren und weniger obsessive Notwendigkeit für Sex. Endlich haben wir eine Wahl und wir können zu unserer sexuellen Energie und zu unserem(r) Liebhaber(in) in eine viel gesündere Beziehung treten, besonders, wenn wir stetig in die ekstatische Glückseligkeit der Erleuchtung unseres täglichen Lebens aufsteigen.

Siddhasana spielt in dieser Transformation eine Schlüsselrolle. Wie in den Lektionen gelehrt wird, ist es eine sichere und heilsame Übung mit auf die lange Sicht riesigen Auswirkungen. Ich habe diese die letzten mehr als zwanzig Jahre mit guten Ergebnissen täglich angewandt.

Zufällig wurde heute eine neue Lektion zum fortgeschrittenen Siddhasana in den Tantra-Lektionen im Netz veröffentlicht. Darin werden bedeutende Erweiterungen vorgestellt, die erfahrene Übende zum grundlegenden Siddhasana hinzunehmen können. Sie behandelt ebenso fundamentale Fragen zum Was und Warum von Siddhasana.

Die Lektion heißt Fortgeschrittenes Siddhasana für Frauen und Männer.

Das sollte deine Fragen zu Siddhasana beantworten und dich noch weiterführen. Es ist in Ordnung, wenn du diese Lektion liest, ohne zum Beginn der Tantra-Lektionen zurückzugehen. Doch wenn du noch mehr zu Tantra lesen willst, dann fängst du am besten von vorne an.

Es sieht aus, als würdest du es sehr gut machen. Ich wünsche dir allen Erfolg auf dem von dir gewählten Weg.

Der Guru ist in dir.

Lektion 178 – Dharma

Frage: Seit vielen, vielen Jahren male ich draußen in der Natur. Obwohl ich mich niemals hingesetzt habe, um mit Absicht zu meditieren, kann ich mich nicht an eine einzige Gelegenheit erinnern, wo ich im ‚Malprozess' bewusst ‚gedacht' habe. Es existiert nur die „Stille", die da ist, wenn man sich in der richtigen Gehirnfunktion befindet. Bei dieser habe ich immer gefühlt, dass sie meine Meditation ist. Ich bin noch nicht weit mit den Lektionen gekommen, doch finde ich sie sehr interessant und werde wohl einmal „Meditation" ohne Malen probieren.

Antwort: Deine „Mal-Meditation" ist etwas Schönes. Jeder sollte so gesegnet sein und innere Stille in seiner Arbeit finden. Ich bin mir sicher, dass es dir über die Jahre hinweg viel Frieden und spirituelles Wachstum bereitet hat. Man nennt dies unser „Dharma" – Handlungen die wir ausführen und die unsere spirituelle Entfaltung unterstützen.

Nimmst du sitzende Yoga-Übungen wie Meditation oder die Wirbelsäulenatmung hinzu, wird es dein Sein in stillem, reinem Glückseligkeitsbewusstsein ausweiten und stabilisieren. Eine der wundervollen Eigenschaften des Yoga ist das Miteinander-in-Verbindung-Stehen durch unser Nervensystem. Damit meine ich, dass deine malende Meditation deiner sitzenden Meditation helfen wird und umgekehrt und genauso werden Atem-(Pranayama-)Methoden mit anderen Übungen, die du machst, in Verbindung treten. Alle Yoga-Übungen verbinden sich durch unser Nervensystem und ergeben einen Hebeleffekt, der uns immer höher hievt.

Aufgrund desselben Prinzips wird uns eine Übungsform oft zu zusätzlichen Übungsformen führen. Das Nervensystem weiß instinktiv, was es braucht, sobald sich die inneren Türen zu öffnen beginnen. Es ist also wahrscheinlich so, dass deine malende Meditation deine Aufnahmefähigkeit für andere Methoden des Yoga erhöht hat.

Ich wünsche dir allen Erfolg auf deiner weiteren inneren Reise. Hab Freude daran!

Der Guru ist in dir.

Lektion 179 – Noch einmal zum Stern

Frage: Ich habe die vorhergehenden Lektionen gelesen und verspüre den Wunsch, zu Yoga-Übungen und vor allem zur Meditation zurückzukehren.

Vor ungefähr vier Jahren habe ich regelmäßig abends meditiert und das ist es, was passierte: Ich sehe immer ein violettes wolkenähnliches Objekt, das beginnt, mein Bewusstsein durch den Tunnel zu ziehen, wie ich das nenne. Mein Mantra ist gewöhnlicherweise das Wort oder das Bild vom Wort Gott. Wenn ich durch diesen Tunnel gehe, sehe ich etwas, das so ähnlich aussieht wie das Universum der Sterne – angefüllt mit kleinen weißen Bohnen, die Sterne am Himmel zu sein scheinen. Ich verweile einfach dort.

Doch dieses eine Mal begann der Stern oder Lichtstrahl sich auf mich zu zu bewegen (meine Zirbel, wie ich es nenne – das dritte Auge). Zuerst fühlte ich mich etwas alarmiert und dann sagte ich nur: „Lass nur das, was von Gott ist, zu mir kommen." Und ich machte mit meinem Mantra „Gott" weiter. Als das Licht näher kam, erkannte ich, dass es eine riesige weiße Kugel der Schönheit und des Lichts war und daran festgemacht und davon ausfließend war eine Vielzahl tanzender Bänder. Die Bewegung war herrlich und auch das Licht der Kugel.

Schließlich, als ich es beobachtete, verschmolz das Licht völlig mit mir – das ist meine Zirbel. Für viele Wochen danach bekam ich das, was ich *Licht*-Blitze nennen möchte, im vorderen Teil meines Gehirns und ich konnte sie sehen, während ich mich um meine üblichen täglichen Angelegenheiten kümmerte.

Ich habe immer Leute, die meditieren, sagen hören: „Konzentriere dich nicht auf diese Ereignisse." Meine Antwort darauf ist: Es fällt ziemlich schwer, sich an solche kraftvollen Phänomene NICHT zu erinnern, sie nicht zu fühlen und nicht daran zu denken. Es ist nicht so, dass ich dem Macht über mich gegeben hätte – es ist nur so, dass ich erstaunt war über die Schönheit und die Wirkung, welche diese Erfahrung auf mich hatte!

Danke für deine Gedanken.

Antwort: Danke, dass du schreibst und teilst.

Das ist eine sehr schöne Erfahrung und sie ist etwas Natürliches, wenn das Nervensystem einen zunehmend gereinigten Zustand erreicht.

Vielleicht wiederholst du noch einmal die Lektion 92 – „Der Stern", wo einige Details der Art von Erfahrungen behandelt werden, wie du sie beschreibst. Das kann dir einige zusätzliche Perspektiven auf deine innere Anatomie eröffnen. Von Mitgliedern der Fortgeschrittenen Yoga Übungen berichtete Erfahrungen werden – wie sie sich eben gerade auf bestimmte Übungen beziehen – auch an vielen anderen Stellen in den Lektionen diskutiert.

Erfahrungen sind die ‚Landschaft', die uns auf unserem Weg zur Erleuchtung begegnet. Wir sind sicherlich berechtigt, Visionen, die kommen, zu genießen. Gleichzeitig ist es wichtig zu erkennen, dass Erfahrungen ein Produkt der Reinigung sind, die sich in unserem Nervensystem aufgrund täglicher Übung vollzieht. Wie bei jeder Reise können wir uns an den Aussichten auf unserer Reiseroute erfreuen. Doch damit wir unser Ziel erreichen, dürfen wir ganz offensichtlich nicht stehen bleiben. Das heißt, wir müssen fortfahren, sanft und locker unseren Übungen, die wir gerade machen, den Vorzug vor den Erfahrungen zu geben, die sich während unserer Routine einstellen können. Nach unseren Übungen, während des Tages, sollten wir da Visionen haben, können wir uns daran erfreuen oder auch die Arbeit verrichten, die wir zu der Zeit machen. Das liegt ganz bei uns. Innere Erfahrungen werden zu einem festen Bestandteil unseres Lebens und wir gehen weiter zu immer höheren Ausdrucksweisen des Göttlichen, das durch uns nach außen scheint. Mit der Zeit werden wir zu reinen Kanälen göttlicher Liebe in dieser Welt.

Dahin entwickelt sich die Menschheit – zu mehr Erleuchtung, die in jedem im täglichen Leben hervortritt. Das kommt, wenn mehr und mehr Menschen sich mit täglichen Übungen engagieren. Jeder der seine Übungen macht, hilft einem jeden anderen energetisch. Niemand muss deswegen irgendwohin gehen. Wir öffnen uns genau da, wo wir uns gerade im gegenwärtigen Leben befinden.

Sobald du bereit bist, Übungen wieder aufzunehmen, wäre es gut, wenn du die Lektionen der Reihe nach von vorn durchgingst. Damit baust du Schritt für Schritt integrierte Übungen auf, die zu stetiger Reinigung und Öffnung im Nervensystem anregen. Ich denke, dass du eine Menge interessanter Informationen findest, die auf deine spirituelle Entfaltung Bezug nehmen. Nutzt du ein System von Übungen einer anderen Quelle, dann nimm diese Lektionen einfach als „Gedankennahrung". Du sitzt bei deiner Reise selbst am Steuer.

Ich wünsche dir allen Erfolg bei deinem weiteren Voranschreiten auf dem von dir gewählten Weg. Lass deine Hände am Steuer und erfreue dich deiner Fahrt!

Der Guru ist in dir.

Lektion 180 – Mit der Meditation großartig beginnen

Frage: Ich wollte dir nur sagen, wie froh ich bin, dass du mit diesen Lektionen begonnen hast. Ich will die erste Person sein, die zugibt, wie skeptisch sie dem Yoga gegenüberstand. Ich bekam eine E-Mail-Empfehlung und beschloss, zumindest einmal zu lesen und mich zu unterrichten. Doch nach meiner allerersten Meditationssitzung muss ich zugeben, dass ich mich noch NIE so entspannt gefühlt habe. Ich habe mich sehr sonderbar, aber behaglich gefühlt. Die Zeit flog vorbei. Meine Meditation dauerte ungefähr 26 Minuten und es schien wie 5 Minuten. Ein paar Dinge sind geschehen, von denen ich in den Lektionen keine Erwähnung fand. Ich fühlte ein „Kribbeln" und Taubheit. Ich hatte sogar kleine Visionen, wenn man das so sagen kann, von „tanzendem" Licht, die sich in kleine Lichtbälle umformten. Egal, ich wollte dir nur sagen, wie ich mich „im Frieden" mit mir selbst fühle nach meiner ersten Lektion. Ich habe ein sehr stressiges Leben und eine Menge an Dingen, die herausgespült werden müssen und ich werde mit deinen Lektionen weitermachen, wie lange das eben braucht. Ich lächele gerade – etwas, was ich, ich weiß nicht, wie lange nicht getan habe. Danke! Du hast aus mir einen Gläubigen gemacht.

:-)

Antwort: Du hast mit deiner Meditation großartig begonnen und das ist wunderbar. Dringst du tiefer in die Lektionen ein, wirst du mehr Informationen finden, die dir helfen, dein Verständnis des Prozesses von Reinigung und Öffnung deines Nervensystems zur Wirklichkeit im Inneren zu erweitern. Die inneren Lichter und das Kribbeln, das du gleich zu Beginn erlebt hast, sind Symptome dafür, dass gute Dinge im Gange sind – innere Öffnungen. Wenn sich Erfahrungen wie diese während der Meditation einstellen und du erkennst, dass du von ihnen fort getragen wirst, dann komm nur wieder locker und leicht zum Prozess der Meditation, d.h. zum Mantra zurück. In den ganzen Lektionen findest du eine Vielzahl von Erörterungen, wie man mit den Erfahrungen während der Übungen umgehen soll. Erfahrungen sind gute Hinweise auf Fortschritte bei unserer Reise zur Selbstverwirklichung, doch sind es die Übungen, die uns vorwärts bringen und deshalb favorisieren wir nur die Übung, die wir gerade während der Zeit unserer Routine machen. Das bedeutet nicht, dass wir, während wir unsere Reiseroute abfahren, nicht ab und zu einmal aus dem Fenster blicken dürfen, um uns an der herrlichen Landschaft zu erfreuen.

Obwohl du einen außergewöhnlich guten Start mit der Meditation hingelegt hast, muss ich dir sagen, dass es wahrscheinlich nicht immer so idyllisch sein wird. Vielleicht geht es bei den meisten nicht mit einer derart reibungslosen Erfahrung los und da ist dann noch kein Gedanke an den Fortschritt, Frieden und die Freude, die wir bei fortgesetzter Meditation erfahren. Wird das Nervensystem aber während der Yoga-Übungen gereinigt, kann die Erfahrung bisweilen sehr klar und freudevoll werden. Zu anderen Zeiten kann es hingegen etwas düster sein, wenn Blockierungen tief in uns gelöst werden und herauskommen. Wie immer sich die Erfahrungen erweisen: Folgen wir der Vorgehensweise der Meditation, so kommt es zu guten Fortschritten. Es ist wichtig, dass wir die Mechanismen verstehen, so dass wir Klarheit über die Wirksamkeit unserer Übungen sowohl während der idyllischen wie während der düsteren Erfahrungen haben. Beide besitzen ihre Faszination und ihre Ablenkungen und beide führen zu mehr Klarheit bei unseren täglichen Angelegenheiten im Leben, wenn wir eine schrittweise Reinigung durchlaufen und immer glückseligere Stille finden, die aus unserem Inneren hervorkommt. Das Wichtigste ist, dass wir mit unseren täglichen Übungen solange wie nötig fortfahren. Haben wir diese Haltung, kann uns die Selbstverwirklichung nicht entkommen.

Deshalb wurde in den Lektionen nach einer kurzen Einführung in Yoga als erstes Thema „Der Wunsch" (Lektion 12) behandelt. Die Kultivierung und die Lenkung des Verlangens wurde wiederholt berührt und dann mit all seinen Implikationen als das Aufsteigen von „Bhakti" (was so viel wie „Liebe zur Wahrheit oder Gott" bedeutet) umfassend beschrieben.

All dies soll zum Ausdruck bringen, dass wir unsere täglichen Übungen langfristig und unter allen Umständen aufrecht erhalten können, sobald wir gelernt haben, uns auf unser anhaltendes spirituelles Verlangen (Bhakti) und unsere Selbstverpflichtung zur Kultivierung der göttlichen Vereinigung in uns selbst zu verlassen. Dann hängt unsere Motivation nicht von dem Auf und Ab täglicher Erfahrungen ab, auch wenn sie insgesamt stetig wachsen und im Laufe unserer Reise im Yoga zu endloser (und manchmal überwältigender) ekstatischer Glückseligkeit werden.

Natürlich ist diese Erfahrung der Erleuchtung das, hinter dem wir alle her sind. Das Paradox ist, dass der beste Weg zu ihrer Kultivierung nicht die Forcierung der Erfahrung ist, sondern effektive Übungen, die sie stetig über einen langen Zeitraum kultivieren.

Du wirst viele neue Dinge entdecken, die dir begegnen, wenn du mit Yoga Fortschritte machst. Eine der interessantesten und nützlichsten ist das natürliche „Miteinander-in-Verbindung-Stehen“ der verschiedenen Aspekte des Yoga durch unser Nervensystem. Während also spirituelles Verlangen zu Meditation führt, führt Meditation auch zu mehr spirituellem Verlangen, yogischen Atemmethoden und einer Reihe anderer Praktiken. Dann führen all diese neuen Übungen zu anderen Yoga-Verknüpfungen. Es ist, als ob wir in einem Glashaus mit schmutzigen Fenstern lebten. Sobald wir ein Fenster gereinigt haben, sehen wir all die anderen Fenster besser, die ebenfalls gereinigt werden müssen und wir können gleichzeitig mehr Hilfsmittel für die Reinigung erkennen und fühlen uns hingezogen, sie in Gebrauch zu nehmen. Bei den Yoga-Methoden geht es um die Reinigung aller Fenster. Je mehr Reinigungsarbeiten wir leisten, desto mehr Wege erkennen wir, die Arbeit schneller und besser zu verrichten.

Sobald das Nervensystem beginnt, von innen heraus gereinigt zu werden, weiß es, was es zur Beschleunigung des Prozesses braucht und wir müssen nur mitgehen. Die Lektionen sind so entworfen, dass sie dieses aufkommende Miteinander-in-Verbindung-Stehen von Yoga, mit der wir Erfahrungen machen, unterstützen. Machst du mit Meditation weiter, wirst du erkennen, wie dieses Phänomen in vielen Gebieten des Lebens aufscheint. Es ist, als ob man in einer ganz neuen leuchtenden Welt, die sich schon immer gleich hier vor uns befand, aufwacht. Habe Freude damit!

Der Guru ist in dir.

Lektion 181 – Erwartungen und unsere Zeitleiste

Frage: Ich bin vor Kurzen auf die Lektionen gestoßen. Im September 2003 öffnete sich der Kundalini-Wurzelknoten bei mir. Seit einem Jahr davor habe ich Kriya-Yoga praktiziert. Seither öffnet jede spirituelle Zusammenkunft oder intensive Anbetung mein Herz-Chakra und ich fühle den Fluss durch die Wirbelsäule nach oben, der weitergeht bis durch den Scheitel des Kopfes, die Fontanelle. Ich glaube, das ist Satya Sai Baba, da ich sein Devotee bin. Bisher habe ich jedoch noch keine Erleuchtung erlangt. Kannst du mir helfen?

Antwort: Danke, dass du schreibst und teilst.

Deine Öffnungserfahrungen sind sehr schön, doch bedeuten sie wahrscheinlich nicht das Ende deiner Reise zur Selbstverwirklichung – sie sind mehr wie der Beginn eines neuen und wundervollen Stadiums. Dort draußen gibt es die Vorstellung, dass es das Ende des Erleuchtungsprozesses bedeutet, wenn die Kundalini-Energie sich zur Krone bewegt. Das ist selten der Fall. In Wirklichkeit kann es sogar sein, wenn es verfrüht stattfindet, d.h. bevor man sich hinreichend vorbereitet hat, dass es eine lange und schwierige Quälerei (vgl. dazu die Erfahrungen von Gopi Krishna) anzeigt. Wenn du konsequent die Wirbelsäulenatmung zwischen dem dritten Auge und der Wurzel anwendest, wirst du wahrscheinlich von den größten Schwierigkeiten von Kundalini-Ungleichgewichten, die aufgrund einer vorzeitigen Konzentration auf die Krone (Sahasrara) auftreten können, verschont bleiben. Wir beschäftigen uns in zukünftigen Lektionen noch mehr mit der Öffnung der Krone.

Wichtiger ist: Es ist unabdingbar, die innere Stille (reines Glückseligkeitsbewusstsein) durch tiefe Meditation zu kultivieren, um die neurobiologische Transformation, die im Inneren abläuft, zu vervollständigen. Wenn du alle Lektionen durchliest, wirst du sehen, dass die Notwendigkeit dazu aus vielen Blickwinkeln diskutiert wird. Erleuchtung ist eine Vereinigung von göttlichen Polaritäten in uns und Kundalini/Shakti ist nur eine Hälfte dieser Gleichung. Innere Stille/Shiva ist die andere Hälfte.

Hat man den Segen (Shaktipat) eines Großen wie Sai Baba, kann das sicherlich nicht schaden. Trotzdem müssen die Blockierungen im Nervensystem erst beseitigt werden, damit deine Erleuchtung offenbar werden kann und niemand kann diesen Prozess über die physischen Grenzen, bis zu denen du es aushalten kannst, hinaus beschleunigen. Mit anderen Worten: Für die meisten ist es eine langsame und schrittweise Reise der Entfaltung. Das kann in einem Leben getan werden, doch ist es unwahrscheinlich, dass es in wenigen Jahren gelingt, wenn du nicht die Statur eines Avatars (ein Heiland, der schon fast erleuchtet geboren wird) hast, was wir natürlich alle begrüßen würden.

Es ist wahrscheinlicher, dass für dich noch mehr zu tun übrig bleibt. Die gute Nachricht ist, dass viele gut integrierte Yoga-Werkzeuge verfügbar sind und du hast außerdem noch den Segen eines Großen. Du musst nur noch deine Erwartungen mit dem für dich gültigen Zeitplan in Einklang bringen und von dort mit Feuer weitergehen.

Wir raten dazu, dass du dich auf den langen Weg einstellst und dich darauf konzentrierst, jeden Tag eine Routine gut integrierter spiritueller Übungen zu machen. Damit schaffst du die besten Voraussetzungen für einen schnellen Fortschritt. Vielleicht willst du die Lektionen auch von vorne der Reihe nach durcharbeiten und nach Übungselementen suchen, die du bisher noch nicht anwendest, die aber deinen Fortschritt beschleunigen können. Es ist wundervoll, den Segen von Heiligen und Weisen zu erhalten. Doch am Ende sind es wir, die unsere spirituelle Transformation mit täglichem Gebrauch von fortgeschrittenen Yoga-Übungen zu Ende bringen müssen.

Ich wünsche dir alle Freude und Erfolg auf dem von dir gewählten Weg.

Der Guru ist in dir.

Lektion 182* – Gesunde Skepsis

Frage: Ich mag das, was du schreibst – sowohl den Inhalt, als auch den Stil. Dein Ansatz ist vernünftig und praktisch. Doch mit einigen Aspekten bin ich nicht zufrieden. Ist die ‚Wirbelsäulenatmung' keine Hyperventilation, wobei die Aufmerksamkeit auf einen imaginären Wirbelsäulennerv-Kanal gelenkt wird? Wie reinigt die Mischung aus Atmungsphysiologie und mentalen Phänomenen das ‚Nervensystem' konkret? Sind die so genannten Unreinheiten physisch (physiologisch) oder mental? Du betonst richtigerweise, dass Visionen usw. keine ‚Verwirklichung' bedeuten. Niemand weiß, wie das Zusammenspiel von Körper und Geist wirklich funktioniert. Doch der Lebensstil des Yogi mit Meditation, Zufriedenheit, ‚Yama-Niyama' verändert die Weltsicht des Betreffenden. Wie charakterisierst du ‚göttliche Liebe'? Ist es ‚Karuna', Mitleid? Vielleicht kannst du etwas Licht auf diese Fragen werfen.

Antwort: Danke für deine Anmerkungen. Das schätze ich sehr.

Gesunde Skepsis ist gut, weil sie die Tendenz zu blindem Glauben und Aberglauben vermindert, die nicht gut für Yoga oder spirituellen Fortschritt sind – solange die Skepsis nicht ins Extreme geht und unseren Wunsch, die Wahrheit zu suchen, ganz tötet. Dann wird aus der Skepsis selbst eine Art Aberglauben. Ein guter Intellekt ist einer, der nachforscht, ausgeglichen ist und bereit, die nachweisliche Wahrheit von Dingen zu akzeptieren, auch wenn das heißt, dass in diesem Prozess der Intellekt (und das Ego) aufgelöst werden!

Wie du ja schon gesehen hast, bin ich wissenschaftlich orientiert und betrachte Yoga sowohl als andauerndes Experiment als auch als Anwendung bekannter Ursache-Wirkungs-Beziehungen. Deshalb findest du nur äußerst wenig Theorie und Philosophie in diesen Lektionen. Die Lektionen sollen nicht den neugierigen Verstand unterhalten. Sie sollen uns solide Mittel zur Verfügung stellen, die wir dazu nutzen können, das zum Besseren zu verändern, zu was wir auf dieser Erde sind – falls wir uns dazu entschließen. Es gibt eine Menge, was wir nicht wissen. Doch wir sind hier und können in unseren Lebenserfahrungen auf bemerkenswerten Wegen wachsen, wenn wir gewillt sind, das Nötige zu tun, damit unser Nervensystem so angeregt wird, dass es sich in ihrer natürlichen evolutionären Richtung weiterentwickelt.

Wenn du die Erklärungen von Dingen nur schwer glauben kannst, ist das in Ordnung. Das sind eben nur Erklärungen, nur Konzepte. Die Übungen sind etwas anderes. Führen wir sie in der vorgeschlagenen Weise aus, werden sich in uns Veränderungen vollziehen. Niemand muss sich auf die Worte von jemand anderem verlassen. Es ist eine persönliche Erfahrung, die jeder einzelne in der Intimität seines eigenen Zimmers und in seinen täglichen Aktivitäten haben kann. Das Yoga-Experiment ist eines, das jeder selbst durchführen muss, und dies ist die wichtigste Aussage für uns alle zu Yoga. Befasse dich also mit dem Experiment und sieh, was du in dir selbst finden kannst. Das kann eine wundervolle Überraschung werden – eine, die unsere Aufmerksamkeit so sehr fesselt, dass sie uns einen Glauben an unsere göttlichen Möglichkeiten vermitteln kann. Die besten Yogis und Yoginis sind sowohl gläubig als auch skeptisch. Sie glauben, dass es eine Bestimmung gibt und sie werden nichts akzeptieren als die effektivsten Mittel, um dorthin zu gelangen. Sie lassen Kulte und Dogmen hinter sich, nachdem sie den Samen der Wahrheit aus ihnen geerntet haben. Und sie sind ständig Feuer und Flamme für die Fortführung der Reise.

Nachdem dies nun gesagt ist, versuche ich einmal, auf deine Fragen zu antworten. Denke aber daran: Sobald du die Übungen wirklich einmal ausprobierst, werden deine eigenen Erfahrungen in diesen Dingen schwerer wiegen als alles, was irgendjemand anderes darüber sagt. Du selbst bist das Spielfeld. Alles andere sind nur Informationen und Ratschläge.

Zur Frage, ob die Wirbelsäulenatmung als Hyperventilation nicht zu viel Sauerstoff in den Blutkreislauf bringt: Aus diesem Grund werden Menschen mit Hyperventilation angewiesen, für ein paar Minuten in eine Papiertüte zu atmen, bis sich der Sauerstoffüberschuss reduziert. Wirbelsäulenatmung und die meisten anderen Formen von Pranayama sind das Gegenteil davon. Pranayama bedeutet „Zurückhalten der Lebenskraft (Atem)". Mit Pranayama beschränken wir also systematisch und behutsam den Sauerstoffverbrauch. Warum? Es stimuliert die im Körper (hauptsächlich im Beckenbereich) gespeicherte Lebenskraft, das auszugleichen und sich ins Nervensystem nach oben zu bewegen, um uns zu versorgen. Dies ist ein neurobiologisches Phänomen, das sowohl beruhigende als auch energetisierende Effekte im Körper und Geist hervorruft.

Kann man diese Lebenskraftsubstanz bzw. Energie mit der Aufmerksamkeit lenken? Die Erfahrung zeigt, dass dies möglich ist. Lenkt man sie durch den Wirbelsäulennerv zwischen dem Punkt zwischen den Augenbrauen und dem Perineum nach oben und unten, geschieht etwas. Nach einiger Zeit ist es dann nicht mehr nur eine Übung in der

Vorstellung. Es kommt zu einer Erweckung und daraus wird ein neurobiologisches Ereignis. Ich nenne es den Aufstieg von „ekstatischer Leitfähigkeit". Auf jeden Fall kann man den Wirbelsäulennerv durch eine kombinierte Anwendung von Aufmerksamkeit und Atem dazu veranlassen, ein andauerndes Erwachen hervorzubringen, woraus ein großes Spektrum neurobiologischer und psychologischer Wirkungen hervorgeht. Ich kann dir nicht genau sagen, warum dies so ist. Doch kann ich dir aus Erfahrung versichern, dass es so ist. Viele andere können dies bestätigen und du kannst dazu ziemliche viele Beispiele in den Fragen & Antworten finden. Es ist auch in Tausende Jahre alten heiligen Schriften beschrieben. Nicht dass wir die Worte von jemand anders in Treu und Glauben annehmen müssten. Es ist, was es ist – ein Pfad dorthin, wohin uns das menschliche Nervensystem bringen kann.

Wann immer es einen neuen Ort gibt, wohin man gehen kann, dann findet sich auch jemand, der sich dorthin begibt. Die unternehmungslustige Menschheit ist so. Ist der Ort gut, werden schließlich viele dorthin gehen. Vielleicht stehen wir kurz davor, dass sich viele Menschen zu dem wundervollen Ort „Erleuchtung" aufmachen. Es ist nur die Frage, wie man diesen Ort richtig beschreibt und den Weg gut ausschildert. Viele haben das bereits unternommen. Die Lektionen sind ein erneuter Versuch, dies zu tun, ein Versuch, der mehr in eine offenere, wissenschaftliche Richtung zeigt.

Zugegebenermaßen ist der Aspekt der Reinigung, nach dem du fragst, mysteriös, doch er ist für alle, die Yoga praktizieren, eine Tatsache. Er vollzieht sich im Geist, in den Emotionen und im Körper, und diese sind miteinander verbunden. Wir wissen, dass der menschliche Körper sich selbst reinigt (wie er sich auch selbst heilt) wenn ihm dazu die Gelegenheit gegeben wird. Das geschieht im Schlaf und geschieht auch, wann immer man den Körper und Geist der normalen Belastungen entledigt. Es ist erwiesen, dass Fasten reinigende Wirkungen auf den Körper hat. Pranayama ist auf der Ebene der Luft eine Form des Fastens – und es zeigen sich im Körper Wirkungen. Auch die Meditation ist eine Form des Fastens – auf der Ebene des Denkens; man reduziert das Denken und lässt den Geist dadurch systematisch zur Ruhe kommen. Wir zwingen den Verstand nicht zur Stille. Es geschieht ganz einfach automatisch, wenn man die richtigen Bedingungen im Verstand herstellt. Im Allgemeinen kommt es im Körper zu Reinigung, wenn wir zulassen, dass sich irgendetwas verringert oder aufhört – Nahrung, Luft, Gedanken, Stoffwechsel usw. Wenn alles oder irgendetwas davon weniger wird oder völlig zur Ruhe kommt, dann kann sich Reinigung vollziehen.

Die Reinigung durch Yoga kann in vielen Formen auftreten – von scheinbar zufälligen Gedankenströmen zu ungewöhnlichen Emotionen, inneren sinnlichen Ereignissen und physischen Anzeichen wie unwillkürliche Körperbewegungen, Schwitzen, physische Empfindungen usw. In seltenen Fällen kann es zu Hautausschlägen, Fieber, Schmerz und anderen extremen physischen Symptomen kommen. Einen Großteil des Yoga macht bereits die Kunst aus, die Übungen derart zu steuern, dass die Reinigung auf einem so stabilen und angenehmen Niveau wie möglich weitergeht. Ich erhalte täglich E-Mails von Menschen, die versuchen, Übungen mit verschiedenen Symptomen der Reinigung auszubalancieren. Die Vielfalt von physischen, emotionalen und mentalen Symptomen der Reinigung, die sich beim Yoga ergeben können, scheint endlos zu sein. Der neurobiologische Prozess der Reinigung und Öffnung ist etwas sehr Reales und bildet den Kern der Yoga-Reise. Deshalb legen wir in diesen Lektionen so viel Nachdruck auf die Selbstabstimmung der Übungen.

„Göttliche Liebe" ist das, was geschieht, wenn sich das Nervensystem reinigt und bis zu einem Punkt öffnet, dass sich unser Bewusstsein viel weniger mit dem Körper als dem Selbst identifiziert. Dann wird jedes Lebewesen ein Teil unserer eigenen zunehmenden Wahrnehmung der Einheit. Göttliche Liebe (Einheit) wird in unserem Nervensystem als eine neurobiologische Vereinigung der ineinander verschmelzenden tiefen inneren Stille mit ekstatischen Energien geboren. Dann dehnt sich dies auf eine bestimmte Weise über unseren physischen Körper hinaus aus und wir werden zum anderen. Wenn wir zum anderen werden und der andere uns genauso lieb ist wie unser eigenes Selbst, so ist dies Liebe, nicht wahr? Jeder fühlt dies intuitiv. Frieden, Weisheit, Mitgefühl, Sittlichkeit, selbstloser Dienst und Opfer sind natürliche Eigenschaften, die wir in uns tragen. Wir können in Fühlung mit ihnen leben oder nicht. Doch sind sie latent in jedem von uns vorhanden.

Das sich abspielende menschliche Drama hat den Zweck, das Licht in unserm Inneren auf unserem Weg der Überwindung der Dunkelheit zu offenbaren. Bei so ziemlich jeder Geschichte, die jemals erzählt wurde, ging es darum – entweder buchstäblich oder metaphorisch. Warum birgt dieses Thema solch einen universellen Reiz? Ist es, weil wir instinktiv wissen, dass wir das Licht sind?

Machen wir mit Yoga weiter, werden die positiven Eigenschaften in uns stärker. Dies bedingt, dass mit anhaltender Ausräumung innerer Blockierungen etwas „Göttliches" aus dem Inneren durchscheint. Ist dies wirklich wahr? Sind wir im Innersten göttlich? Das ist wieder eine Frage von Ursache und Wirkung. Fahren wir mit unseren Yoga-Übungen fort, ist es genau das, was sich letztendlich ergeben wird. Diese Erfahrung haben im Laufe der Jahrhunderte viele gemacht. Seit Tausenden von Jahren wurde dies immer wieder schriftlich festgehalten. Es ist ein Teil der menschlichen Erfahrung, die jedem zugänglich ist, der gewillt ist, die Mittel einzusetzen, die sie erblühen lassen.

Verlasse dich nicht auf meine Worte. Mach mit Yoga die Probe aufs Exempel, untersuche alles selbst und komme selbst zu einem Schluss. Ich wünsche dir bei deinen Bemühungen, die Wahrheit zu ergründen, allen Erfolg.

Der Guru ist in dir.

Zusatz: Hier ist eine Frage & Antwort von einem anderen Skeptiker, der fühlt, wie das göttliche Verlangen aus dem Inneren kommt. Wir alle hatten mit diesem Konflikt in der einen oder anderen Phase unseres Lebens zu tun.

Frage: In meiner letzten E-Mail bat ich dich, die Wirbelsäulenatmung zu erklären und du hast mich auf die Lektionen verwiesen. Ich habe mir all die Lektionen angesehen, die du erwähnt hast, doch ich scheine immer noch Schwierigkeiten zu haben, das alles zu verstehen.

Ich bin von Natur aus ein extremer Skeptiker. Von Yoga wird oft behauptet, dass es eine experimentelle Methode sei, man müsse also nichts glauben. Doch auch damit habe ich meine Schwierigkeiten. Ich muss leider sagen, dass ich psychische Phänomene, wozu auch die Kundalini gehört, dubios finde. Gewöhnlicherweise sagt man mir, dass ein wenig Skepsis gut sei, doch dies scheint mich nicht zufrieden zu stellen.

Die Wirbelsäulenatmung, die du lehrst, ist doch im Grunde genommen Kriya-Yoga, stimmt doch? Jetzt würde ich gerne wissen, wie das physisch genau auf meinen Körper wirkt. Ich habe von Menschen gehört, die jahrelang Kriya praktiziert haben und bei denen hat sich überhaupt nichts getan, obwohl man es ja immer „die Reise zu Gott mit dem Flugzeug“ nennt. Wie kann das sein? Man bezeichnet es auch als „wissenschaftlich“, was doch nach meinem Dafürhalten bedeutet, dass jeder die gleichen Ergebnisse erzielen sollte, der sich an die Anweisungen hält. Dies scheint aber ganz einfach nicht der Fall zu sein.

Kannst du bei mir bitte diese Zweifel ausräumen? Ich würde gerne an Gott glauben, doch scheint das alles ganz einfach zu verwirrend zu sein?

Antwort: Ich weiß, dass es manchmal schwer sein kann, „den Glauben zu behalten“, wenn sich die Erfahrungen nicht in dem Maße einstellen, wie wir dies gerne sehen würden. Dann bleibt nur noch Bhakti (das Verlangen nach der Wahrheit), das uns beim Spiel hält. Bhakti wird mehr als genug da sein, wenn man es kultiviert. Damit kommt dann auch der ganze Rest.

Die Erklärungen, nach denen du suchst, findest du in den Lektionen. Doch vielleicht springen sie nicht so schnell ins Auge, wenn die entsprechenden Erfahrungen fehlen, die wir brauchen, um einen Bezug herstellen zu können. Das ist aber mit der Bibel, der Bhagavad Gita und anderen heiligen Schriften das Gleiche. Die machen auch für diejenigen, bei denen innere Stille schon im Ansteigen ist, mehr Sinn als für jene, bei denen das nicht der Fall ist. So ist das einfach. Doch macht die spirituelle Praxis eindeutig den Unterschied aus, auch wenn das nur bedeutet, dass man sich entscheidet, einen reineren Lebensstil zu pflegen und täglich die tiefe Meditation anzuwenden.

Beim Wirbelsäulen-Pranayama sind zwei Aspekte wichtig: Einmal der der Drosselung des Atems und zum anderen derjenige der Bewegung neuronaler Energie durch das Nervensystem mit der Aufmerksamkeit.

Die Drosselung der Atmung kann man mit der Begrifflichkeit der Biologie ziemlich anschaulich erklären. Wir drosseln sanft die Verfügbarkeit von Sauerstoff im Körper – entweder durch ein langsames Atmen oder mit Atemanhalten (Kumbhaka), und der Körper kompensiert das, indem er Energie von den in der Beckenregion gespeicherten sexuellen Essenzen nach oben zieht. Dies entspricht dem Ansteigen der Kundalini und es ist zuerst und vor allem eine körperliche Erfahrung, die eine ganze Bandbreite von körperlichen und sinnlichen Symptomen mit sich bringt, sowohl innerlich als auch äußerlich. Bevor die Kundalini zu einer spirituellen Erfahrung wird, ist sie also eine neurobiologische Erfahrung. In Wirklichkeit spielen sich beide gleichzeitig ab – das Neurobiologische und das Spirituelle sind zwei Seiten ein und derselben Medaille. Das ist das, was wir unter spiritueller Transformation des menschlichen Nervensystems verstehen.

Die Bewegung von neuronaler Energie den Wirbelsäulennerv entlang nach oben und unten mit der Aufmerksamkeit ist weniger leicht zu erklären. Doch kann man das innerlich direkt als sinnliche Empfindung wahrnehmen, wenn man es anwendet. Voraussetzung dafür ist allerdings, dass durch die Pranayama-Praxis bereits ein wenig innere neurobiologische Erweckung stattgefunden hat. Doch das ist noch nicht alles, was notwendig ist. Auch etwas innere

Stille ist vonnöten, die den Hintergrund der stillen Bewusstheit bildet, auf der sich all dies abspielt. Deshalb ist die Meditation so wichtig.

Ja, die Wirbelsäulenatmung stammt aus dem Kriya-Yoga, aber Kriya-Yoga stammt von einer viel älteren Tradition ab, die die Wirbelsäulenatmung beinhaltet. Die tiefe Meditation, die wir bei den Fortgeschrittenen Yoga Übungen einsetzen, kommt nicht aus einer Wirbelsäulenatmungs-/oder Kriya-Tradition. Diese haben wir vom Mantra-Yoga. Die Fortgeschrittenen Yoga Übungen sind eine Integration dieser beiden einfachen, aber kraftvollen Methodiken und vielen anderen kraftvollen Übungen. Diese breite Integration von Übungen erhöht die Effektivität aller Übungen. Das Ganze ist größer als die Summe der Teile, wie du weißt. Das Fehlen einer breiten Integration effektiver Methoden in einigen Systemen von Übungen kann vielleicht das Ausbleiben von Ergebnissen erklären.

All das, was ich gerade erwähnt habe, ist in den Lektionen zugegebenermaßen etwas verstreut zu finden. Anstatt dich danach zu sehnen, an Dinge zu glauben, die du noch nicht erlebst, wäre es vielleicht besser, deinem eigenen Verlangen in dieser Beziehung zu folgen. Deine Gefühle sind etwas Reales und du kannst sie nicht leugnen. Du erlebst offensichtlich etwas, andernfalls würdest du ja keine Fragen stellen. Klammere dich also fest daran, d.h. an deine eigene Sehnsucht (Bhakti), und tu das, zu was sie dich auffordert. Halte aber dabei deinen gesunden Menschenverstand wach. Kultiviere diese Sehnsucht und nutze sie auf eine Weise, dass sie dein Verhalten positiv beeinflusst. Dann bekommst du die Inspiration, die du brauchst, um vorwärts gehen zu können. Es liegt alles in deiner Hand und nur in deiner.

Die Lektionen sind Werkzeuge, die du nutzen kannst, wenn dir danach steht. Sie sind auch da, dich zu inspirieren. Da so viele erwartungsvoll mit ihren Erfahrungen, Herausforderungen und Erfolgen hierherkommen, kann wenig Zweifel darüber bestehen, dass viel dabei gewonnen werden kann, wenn man die spirituelle Reise in der einen oder anderen Form unternimmt. Wie sie sich für dich darstellen wird, ist etwas Einzigartiges. Du bist gerade schon mitten drin. Ich ermutige dich, mit deinen Untersuchungen fortzufahren. Glaube an deine eigenen tiefsten Gefühle in Bezug auf diese Dinge. Sie sind Wahrheit.

Lektion 183 – Unwillkürliche Regungen und automatisches Yoga

Frage: Ich habe begonnen, zusammen mit Wirbelsäulenatmung und Meditation auch noch Yoni Mudra Kumbhaka und das dynamische Jalandhara einzusetzen. Während der Meditation kommt es zu plötzlichen ruckartigen Bewegungen in einigen Teilen meines Körpers. So bewegt sich meine Hand unwillkürlich und meist bewegt sich der obere Teil meines Körpers Richtung Boden. Diese Bewegungen lenken manchmal ab. Ich wollte nur wissen, ob dies normal ist oder ob ich irgendetwas falsch mache.

Antwort: Ja, diese Art von Regungen sind normal. Sie hängen mit Energien zusammen, die innere Bahnen öffnen. Die Bewegungen verringern sich, wenn sich die Bahnen öffnen und sie infolgedessen weniger Widerstand entgegensetzen.

Bisweilen deuten Bewegungen auf Körperstellungen des „automatischen Yoga" hin. Wenn du dich z.B. gezwungen fühlst, beim Sitzen mit dem Kopf und Oberkörper zur Matte hinunterzugehen, ist dies die Sushumna (Wirbelsäulennerv), die sich mit dem Ziel weiterer Reinigung strecken will. Baust du in deine Asanas vor dem Pranayama und der Meditation Maha Mudra ein, nimmst du dadurch diese Neigung während der sitzenden Übungen vielleicht vorweg. Bei der Grundversion von Maha Mudra greifst du im Sitzen mit gestreckten Beinen zu den Zehen nach vorne. Dabei geht der Kopf Richtung Knie und das Kinn Richtung Brust. Oder, falls dein Kopf und Oberkörper während der sitzenden Übungen unwiderstehlich nach unten gehen wollen, dann lass dies für einige Minuten zu. Alternativ kannst du dich da am Ende deiner sitzenden Übungen so lang wie nötig hineingehen lassen. Es ist ein normaler Ausdruck des Miteinander-in-Verbindung-Stehens von Yoga durch dein Nervensystem.

Offenkundig wollen wir vermeiden, dass unsere sitzende Yoga-Praxis zu sehr von spontanen Yoga-Stellungen unterbrochen wird. Doch manchmal geschehen diese Dinge, deshalb lassen wir sie zu, wenn der Drang stark genug wird. Die beste Methode, Bewegungen beim Pranayama und der Meditation zu minimieren, ist eine gute Asana-Reihe vor dem Beginn. Kommt es zu zu vielen Bewegungen, machen wir, was wir immer tun, wenn Symptome für Reinigung übermäßig werden: Wir nutzen bei unseren Übungen Selbstabstimmung und legen für eine Weile einen gemäßigteren Gang ein, bis wir in unserer Routine Stabilität finden und machen dann von diesem Niveau aus weiter. Treffen wir mit dem Auto auf ein paar Schlaglöcher, reduzieren wir die Geschwindigkeit, bis die Straße wieder besser wird.

Gelegentliche Zuckungen sind für bestimmte Stufen der Entwicklung etwas ganz Normales und nur ein Hinweis auf ablaufende Reinigungsprozesse. Das sind Meilensteine auf der Straße zur Erleuchtung.

Der Guru ist in dir.

Lektion 184 – Teleportation, Samyama & Siddhis

Frage: Ich frage mich, welche Informationen du mir hierzu geben kannst: Teleportation. Gegenwärtig haben sich verschiedene Siddhi-Kräfte entwickelt, doch keine davon interessiert mich. Ich verstehe, dass sie nur ein Nebenprodukt eines viel größeren Bildes sind. Doch dieses eine ist mir doch wichtig: Ich mache mir Hoffnungen darauf, einen meiner Freude zu treffen, dem ich seit vielen Leben nicht begegnet bin.

Vor kurzem habe ich „die Kraft dazu" (wie für viele Dinge) entwickelt, jedoch nicht die Verfahrensweise bzw. Einsicht. Jedes mal, wenn ich es versuche, fühle ich starke Energiewahrnehmungen im gesamten Körper. Ist dies nur ein Ablaufstadium?

Danke im Voraus für jeden Hinweis, den du geben kannst.

Antwort: Die starke Energie, die du auf dem Weg zu Siddhis fühlst, ist die wahre Frucht der Ausführung. Das Siddhi selbst ist nicht die Frucht. Die Frucht ist die Reinigung in unserem Nervensystem, welche die Erleuchtung erleichtert, und dies ist von viel größerem Wert als irgendeine Kraft, die wir als Folge davon entwickeln könnten. Bewegst du die Energie in Richtung Siddhi ohne die notwendigen Vorübungen und eine ausgeglichene Routine, kann das unangenehm werden – zu viel für das Nervensystem in seinem gegenwärtigen Zustand. Es könnte in deinem Nervensystem ebenso karmische Fehlentwicklungen erzeugen, wenn du einem bestimmten Siddhi zu viel Aufmerksamkeit widmest. Mit anderen Worten: Die Entwicklung einer besonderen Kraft geht auf Kosten deiner allgemeinen Entwicklung.

Samyama ist das Mittel für die Reinigung des Nervensystems von innen (innere Stille) nach außen. Die Siddhis sind nur ein Nebenprodukt davon. Wenn du in den Lektionen hier diejenigen zu Samyama suchst, wirst du bis ins Einzelne gehende Erörterungen zu den Kräften und deren Beziehung zum Yoga finden. Dort wird auch Bezug zu den Yoga Sutren Patanjalis genommen, wo du auf noch mehr Informationen zu Kräften stößt. In den Lektionen wird die Methode für das Üben von Samyama erklärt, um damit systematisch die ausgeglichene Reinigung und Öffnung des Nervensystems für die Erleuchtung zu unterstützen. Bevor du die Samyama-Technik benutzt, schlage ich vor, alles durchzugehen, was in den Lektionen davor kommt – Tiefe Meditation, Pranayama, Mudras, Bandha usw. Damit hast du die Mittel der Vorbereitung und kannst Samyama und deine Entfaltung in ihrem gesamten Zusammenhang sehen. Vielleicht nimmst du auch einige Übungen aus den Lektionen hinzu, die deinen Fortschritt in Richtung Erleuchtung beschleunigen. Es hängt von dir ab.

Bezüglich der Suche nach deinem lange abwesenden Freund: Wenn du diesen Wunsch hast, wird es zur richtigen Zeit geschehen. Machst du das jedoch zu einem vornehmlichen Ziel deines Yoga, könnte das von deinem spirituellen Fortschritt ablenken und mehr Karma (Konsequenzen für die Zukunft) erzeugen als dadurch aufgelöst wird. Mein Vorschlag wäre, dass du dich mit dem Ziel der Erleuchtung auf deine spirituellen Übungen konzentrierst. Lass alles Übrige sich natürlich entwickeln. Dann werden all deine Handlungen zu einem Ausdruck des Göttlichen im Inneren, was du ja auch bist.

Jesus sagt: „Suche zuerst das Reich Gottes und alles andere wird dir hinzugegeben."

Ich wünsche dir auf dem von dir gewählten spirituellen Weg allen Erfolg.

Der Guru ist in dir.

Lektion 185 – Die Rolle des Intellekts

Frage: Ich lese die Artikel dieser Lektionen seit ungefähr einem Monat … Es ist wirklich wundervoll zu sehen, wie die Leute experimentieren, wie sie die Yoga-Übungen erfahren und die Früchte aus ihren Übungen erhalten. Ich würde aber gerne etwas zu bedenken geben.

In all den Lektionen zu Yoga-Übungen, die ich durchgegangen bin, habe ich gesehen, dass Menschen Visionen von Licht und anderen Dingen erwähnen, die mit ihrem Sehen verbunden sind. Ich schätze ihre Visionen so ein, dass sie schon, bevor sie mit Yoga-Übungen beginnen, eine bestimmte Vorstellung davon haben, wie eine Lichtvision aussieht oder was sie glauben, was eine Erfahrung von Kundalini-Ausdehnung in ihrem Nervensystem ist. Ich wollte gerne eine klare Aussage dazu haben, ob ein oder zwei Jahre Yoga-Übungen genug sind, um die Kundalini im Inneren zu erwecken. Ich meine, dass nur ungefähr 10% der Leute richtig liegen, obwohl ich ihre Erfahrungen persönlich nie gemacht habe… Ich mache diese Aussage aufgrund der Tatsache, dass es für eine gute Yoga-Praxis unabdingbar ist, ein diszipliniertes Leben ohne Alkohol, Nikotin und mit einer speziellen Ernährung, die unseren Körper und besonders unser Nervensystem frei von allen Wirkungen von Abhängigkeiten hält, zu führen.

Ich möchte hier darauf aufmerksam machen, dass Yoga-Übungen ohne Jnana (Verstehen) ein vergebliches Bemühen sein könnte (… ich sage nicht, dass sie nicht gut fundiert sind).

Schon der Ausdruck Yoga selbst heißt Vereinigung und Vereinigung kann nicht erreicht werden, wenn man nur Asanas übt (das meine ich hier nicht sarkastisch oder kleingläubig). Karma-Yoga kann uns nur in Vereinigung mit Jnana (dem Intellekt) zur Erreichung des letzten Ziels, Nirvana oder Mukti, verhelfen.

Ich erwähne Jnana deshalb, weil Jnana meiner Meinung nach die Nachforschung nach dem Selbst ist, die unser Ahamkara und andere egoistische Sichtweisen auf die Welt, mit der wir es zu tun haben, vernichten wird. Sie befähigt einen Yogi oder eine Yogini nicht nur, die richtige Bedeutung von Yoga zu erkennen, sondern auch Mukti (Befreiung) von der materialistischen Welt zu erlangen.

Ich würde dich bitten, mehr Lektionen zu *Jnana Yoga* (Pfad des Intellekts) zu schreiben, weil dies das Maya, in dem wir leben, klärt und wir dann das wahre Licht der Welt sehen.

Antwort: Danke, dass du schreibst und teilst.

In den Lektionen beginnen wir mit Meditation, die uns sofort zur inneren Stille führt. Durch das Miteinander-in-Verbindung-Stehen von Yoga belebt dies die Yamas und Niyamas (Selbstbeherrschung und Befolgung von Regeln), und dies sind genau die Verhaltenselemente, die du als Voraussetzung von Kundalini nennst. Wir befassen uns also mit den Angelegenheiten, die das Verhalten betreffen, indem wir gleich in die Tiefe gehen, wodurch sich das Verhalten auf einem natürlichen Weg verändert. Vorgaben für die Ernährung und persönliche Gewohnheiten sind kaum nötig, weil das Nervensystem automatisch dahin drängt, sobald die innere Stille aufkommt.

Dann ist man auch bereit, die Kundalini schon frühzeitig zu stimulieren. Ist dies innerhalb von ein paar Jahren möglich? Sehr wahrscheinlich nicht die volle Erweckung, wenn man nicht schon in diesem oder in einem anderen Leben Erfahrungen dazu gesammelt hat. Doch viele sind bereits dafür verdrahtet (im Nervensystem), wenn sie hierher kommen. Deshalb sind ihre frühen Erfahrungen real – und überhaupt nicht im Voraus ausgedacht oder nur eingebildet. Die Wirbelsäulenatmung und die dazugehörigen Mudras und Bandhas sind für jeden gut und werden zu gegebener Zeit zur Erweckung ekstatischer Energien führen. Jeder hat mit seiner eigenen Geschwindigkeit dort mit der Arbeit anzufangen, wo er gerade steht. Genau zu diesem Zweck sind die Lektionen entworfen. Du findest hier also Menschen mit ganz verschiedenen Erfahrungsniveaus. Alle öffnen sich zu ihrer inneren Wahrheit. Das ist wundervoll!

Jnana (der Pfad des Wissens) ist in die Lektionen überall in der Form der allerersten Fragestellung „Wer bin ich? Gibt es da noch mehr?“ und der daraus resultierenden Entscheidung, die Übungen zu machen, eingewoben. Beides, die Nachforschung (die dem Bhakti zu Gute kommt) und die Entscheidung (die zum Handeln in Form der Übungen veranlasst) beginnen als Tätigkeiten des Intellekts. Über diese beiden grundlegenden yogischen Funktionen hinaus hat der Intellekt die Tendenz, riesige Luftschlösser zu bauen, und diese sind für den Yoga nicht förderlich. Deshalb liegt hier der Fokus darauf, das Verlangen nach dem Praktizieren zu stärken und nicht zu viel zu analysieren, wenn diese Analyse nicht dazu dient, zum Üben zu inspirieren. Das klingt einfach, oder? Und es funktioniert.

Versuchst du es einmal für ein paar Monate mit täglicher tiefer Meditation, wie sie in den Lektionen erklärt wird, wirst du sehen, wie der Intellekt sich ganz natürlich in diesen effizienten Ansatz des Yoga einpasst. Ich habe absichtlich vermieden, in diesen Lektionen ein Gebäude für Jnana Yoga zu bauen. Für die meisten von uns könnte dies darin enden, dass wir abgelenkt werden – wir gehen dann nur hinaus in einen Irrgarten von Ideen, anstatt nach innen zur Einfachheit und Kraft reinen Glückseligkeitsbewusstseins und nach oben in die endlosen Reiche der Ekstase.

Bezüglich der vielen spirituellen Erfahrungen: Falls sie zu anhaltenden täglichen Übungen motivieren, sind sie gut. Fehlen Erfahrungen, kann auch das so gemünzt werden, dass es zu täglichen Übungen motiviert. Dies und die Wichtigkeit der Abstimmung der Übungen, so dass es nicht zu zu viel Reinigung kommt (was zu Unannehmlichkeiten führt), sind die beiden Hauptgründe, warum hier Erfahrungen erörtert werden. Darüber hinaus können Erlebnisse eine Ablenkung bedeuten und darauf weisen wir auch oft hin, wie du vielleicht gesehen hast. Wir erfreuen uns also an Erlebnissen, wenn wir sie haben, als vorüberziehende Landschaft und gehen dann locker und leicht zu der Übung zurück, die wir gerade machen.

Das Entscheidende bei den Lektionen ist das tägliche Praktizieren, damit das Nervensystem zu Reinigung und Öffnung stimuliert wird. Das Herz und der Verstand werden gebraucht für das Anspornen und die Aufrechterhaltung, aber nicht für viel mehr. Wir sorgen uns nicht so sehr um unsere persönlichen Gewohnheiten und unseren Lebensstil. Haben wir den Wunsch zu meditieren, passiert Yoga bereits, egal, was wir essen oder ob wir rauchen! Sobald Meditation beginnt, beginnen die Unreinheiten (einschließlich nicht-yogisches Verhalten) wegzufallen. Die Übungen arbeiten in uns und all die guten Effekte stellen sich ganz natürlich ein – ein stetig ansteigendes intellektuelles Verständnis der Komplexität des Prozesses eingeschlossen. Das ergibt sich aus direkter Beobachtung.

Unser sich reinigendes und öffnendes Nervensystem ist ein sehr interessantes Lesebuch. Jeder Tag liefert eine neue Seite, die mit heiligem Wissen angefüllt ist. Wir sind das.

Der Guru ist in dir.

Lektion 186 – Meditation – Zweite Mantra-Erweiterung

Meditieren wir viele Wochen und Monate, lösen wir viele Blockierungen, die sich seit langem tief in unser Nervensystem eingenistet haben. Dadurch wird unser Unterbewusstsein schrittweise ausgeräumt und wir bemerken, dass eine innere Grundstille in unserem Leben immer offensichtlicher wird. Es ist in der Tat unser wahres Selbst, das auftaucht, wenn wir den Schmutz beseitigen, der uns immer daran gehindert hat, unsere wahre Natur zu erfahren. Geht der Prozess der Meditation und tiefen Reinigung in unserem Nervensystem weiter, werden wir durch die ansteigende innere Stille dazu befähigt und sind in der Lage, viel mehr für unsere Erleuchtung (und für die aller um uns herum) zu erreichen, während die ekstatische Glückseligkeit und göttliche Liebe auf natürliche Weise durch uns nach außen fließt.

Meditation ist die Kernübung zur Stimulierung unseres Nervensystems, damit es all die wundervollen spirituellen Ergebnisse hervorbringt. Das Mantra ist das Vehikel, das wir in der Meditation zum systematischen Zur-Ruhe-Bringen unseres Verstandes nutzen. Tun wir dies, entfesseln wir unser eingeborenes reines Glückseligkeitsbewusstsein, das die Hindernisse in uns auflöst und freisetzt.

Die Meditation haben wir mit einem kraftvollen universellen Mantra, I AM, begonnen. Dieses nimmt uns mühelos tief in die stillen Bereiche unseres Geistes, wenn wir die einfache Vorgehensweise der tiefen Meditation praktizieren. Nachdem wir mit dem Prozess dieses Mantra-Gebrauchs intim vertraut geworden waren und dieser geschmeidig wurde, hatten wir die erste Mantra-Erweiterung vorgestellt. Dies gab uns die Option, während der Meditation unser aktives Sein im reinen Glückseligkeitsbewusstsein zu erweitern. Der Gebrauch der Mantra-Erweiterung hat zum Ergebnis, dass mehr innere Stille während unserer gesamten täglichen Aktivitäten stabilisiert wird.

Jetzt sind wir bereit für die Vorstellung einer zweiten Mantra-Erweiterung. Bevor wir dies aber tun, geh bitte zur Lektion 116 „Meditation – erste Mantra-Erweiterung“ zurück und sieh noch einmal die Erörterung durch, die dieser ersten Mantra-Erweiterung beigegeben ist.

Dies erspart uns die Aufgabe, hier noch einmal die bei einer Mantra-Erweiterung eine Rolle spielenden grundlegenden Konzepte und die Analogie des Mantra-Ausbaus als eine Art Gangwechsel in einem beschleunigenden Auto darzulegen.

Sind wir so weit, besteht hier die Möglichkeit, mit einer zweiten Mantra-Erweiterung nochmals einen Gang höher zu schalten. Wir behalten dieselben Wurzelsilben von I AM und auch die Silben, die wir bei der ersten Mantra-Erweiterung hinzugefügt haben. Zusätzlich nehmen wir jedoch auch noch etwas anderes hinzu.

Die zweite Erweiterung entsteht also durch Hinzunahme neuer Elemente zum bereits Bekannten.

SHREE OM SHREE OM I AM I AM NAMAH
[SCHRIE OHM SCHRIE OHM AYÄM AYÄM NAMAH]

Dieses Mantra wird mit derselben Vorgehensweise der Meditation, wie wir dies zu Beginn gelernt haben, angewandt.

Anmerkung 1: Wie wir dies bei verschiedenen Gelegenheiten in vergangenen Lektionen erörtert haben, kann die *I AM*-Komponente des Mantras auch AYÄM mit der genau gleichen Aussprache buchstabiert werden.

Du siehst, dass dies ein ziemlich langes Mantra mit viel mehr Silben als das einfache I AM ist, mit dem wir begonnen haben. Es ist wichtig zu betonen, dass dies kein Mantra ist, mit dem man beginnen sollte und dass niemandem damit gedient ist, wenn jemand es als solches einsetzt. Ist für dich Meditation neu oder hast du die erste Mantra-Erweiterung erst für kurze Zeit angewandt, wird es nicht in deinem besten Interesse liegen, wenn du dieses neue Mantra nun gleich übernimmst. Es könnte dich ausbremsen und deinen Fortschritt verzögern, genauso wie wir mit dem Auto stehen bleiben können, wenn wir zu früh hochschalten.

Wie wissen wir, wann es Zeit für uns ist, zu einem erweiterten Mantra überzugehen?

Erstens sollte unsere Meditation nach unserer mehrmonatigen Nutzung unseres vorhergehenden Mantras geschmeidig und gefestigt sein und wir sollten die Erfahrung von etwas stetiger Stille sowohl in der Meditation als auch in unseren täglichen Aktivitäten haben. Zweitens wird uns unser Bhakti (spirituelles Verlangen) dazu zwingen, uns vorwärts zu bewegen. Sowohl die Geschmeidigkeit bei unserer gegenwärtigen Übung wie auch Bhakti sind für das Vollziehen des Wechsels nötig.

Kommen mit unserem jetzigen Mantra zu vielen Gedanken und Empfindungen während der Meditation, ohne dass wir gleichzeitig sehr viel Stille (und die dazugehörige Glückseligkeit) haben, ist dies auch sehr gut. Dies bedeutet, dass wir sehr viel reinigen und dass viele Blockierungen herauskommen. Doch ist dies noch nicht die Zeit für einen Gangwechsel zu einem erweiterten Mantra. Stell dir vor, du fährst mit deinem Wagen einen steilen Berg hoch und dein Motor schafft das mit dem eingelegten Gang ganz gut, hat aber auch keine Kraft mehr in Reserve. Würdest du in solch einem Fall einen höheren Gang einlegen? Natürlich nicht. Genauso ist es bei der Meditation. Wenn wir uns mit unserem gegenwärtigen Mantra von vielen Blockierungen befreien, ist das nicht die Zeit, zu einem höheren Mantra (Gang) zu wechseln. Wir machen ganz einfach mit unserem gegenwärtigen Mantra weiter und irgendwann wird es in unserem Meditationsprozess zu einem Aufklaren kommen, bei dem wir mehr Stille haben und weniger Blockierungen loswerden. Befinden wir uns einige Zeit – zumindest einige Monate – in solch einer Situation, können wir uns, so wir dies wollen, für den Wechsel entscheiden. Wollen wir dies nicht, ist das auch in Ordnung. Die ganze Reise kann mit I AM oder der ersten Erweiterung gemacht werden, wenn wir das vorziehen.

Sind wir zu früh zu einem erweiterten Mantra gewechselt, werden wir das bald genug merken. Es wird sich anfühlen, als stapften wir durch Matsch. Wir werden gebremst sein und unsere täglichen Aktivitäten werden zu keinen guten Ergebnissen führen. Das ist jedoch nicht das Ende der Welt. Finden wir uns in dieser Situation wieder und hält sie an, ist die Lösung ganz einfach. Wir wechseln einfach wieder zurück zu unserem früheren Mantra und bleiben einige Monate länger bei ihm – oder wie lange es auch immer braucht, bis wir den Punkt erreichen, an dem wir hochschalten können. Das ist Selbstabstimmung. – Du erinnerst dich?

Zu einem unbegründeten Beginn mit einer Mantra-Erweiterung kann es kommen. Doch sollten wir dies vermeiden, wenn wir können. Das deshalb, weil es eine gewisse Zeit braucht, bis sich das neue Mantra setzt. Wechseln wir zu früh und versuchen, uns mit dem neuen Mantra einzurichten und entscheiden uns dann, wieder zum früheren Mantra zurückzukehren, wird es wieder einige Zeit in Anspruch nehmen, bis wir das Muster des Mantras tief in unserem Geist verändert haben. Deshalb verändern wir das Mantra nicht oft nach unten oder oben. Wir wollen mit unserem Mantra nur an einer Stelle tief gehen. Die Erweiterungen sollen diesen Prozess erleichtern. Über diese grundlegenden Wechsel hinaus verändern wir unser Mantra nicht. Wir versuchen auch nicht, verschiedene Mantren zu nutzen – nicht bei diesem Ansatz hier. Wir wollen die Fähigkeit kultivieren, jedes Mal, wenn wir uns hinsetzen, in die Tiefe zu gehen. Dazu dient uns am besten ein einziges Vehikel, unser Mantra.

Lassen wir uns also Zeit und tun wir alles uns Mögliche, damit wir unter Beibehaltung von Stabilität und Annehmlichkeit mit unserer Routine gute Fortschritte erzielen.

Bezüglich dieser zweiten Erweiterung des Mantras fragen sich einige sicherlich, welchen Sinn die einzelnen Komponenten machen. Warum gerade dieses Mantra?

Für Neulinge soll wiederholt werden, dass es beim Mantra nicht um die Sprache oder eine Bedeutung geht. Beim Mantra geht es auf jeder Stufe um eine stabile und progressive Schwingungseigenschaft tief in unserem Nervensystem. Die Schwingungseigenschaft soll so beschaffen sein, dass ein Maximum an Reinigung bei angenehmem Befinden erreicht wird und dies kann bei verschiedenen Mantra-Silben von jedem klar wahrgenommen werden, bei dem ekstatische Leitfähigkeit aus dem Nervensystem aufsteigt.

Deshalb haben wir mit I AM als Anfangs-Mantra begonnen und nicht mit etwas anderem. I AM ist im Nervensystem sehr ausgeglichen, stabil und progressiv tief. Hätten wir für die tiefe Meditation mit OM begonnen, hätten wir auch ein progressives Anfangs-Mantra gehabt, doch kein so ausgeglichenes und stabiles tief in unserem Nervensystem. OM kann in der Tat tief im Nervensystem verheerend wirken, wenn keine vorbereitende Hausreinigung stattgefunden hat. Deshalb ist OM kein geeignetes Anfangs-Mantra. Wie bei so vielen Dingen im spirituellen Leben, ist dies ein Paradox, weil OM überall gesehen und gehört werden kann. Man kann es sogar an den Wänden der U-Bahn geschrieben finden! Trotzdem ist OM keine gute Wahl als Einstiegs-Mantra für die tiefe Meditation. Auch für die erste Erweiterung eignet sich OM nicht so gut, weil wir da ausgehend von I AM erweitern wollen und anfangen eine andere Dimension innerer Polarität in unserem Nervensystem zu entwickeln. Wir machen das mit SHREE [SCHRIE], das ebenfalls progressiv und stabil ist und in die gewünschte neue Richtung geht. Haben wir das hinbekommen, sind wir schließlich bereit für das OM.

Anmerkung 2: *OM* eignet sich gut für das traditionelle Chanten und für Kirtans (hingebungsvolle Gesänge), die nicht so tief in das Nervensystem gehen, wie dies bei unserer sitzenden Meditation geschieht. Leite aus dieser Lektion also nicht ab, dass *OM* nicht auf traditionelle Weise genutzt werden sollte.

Viele mögen vielleicht denken: „Was ist der große Coup? Ist der Bau eines Mantras wirklich so heikel?“

Ja, das ist er. Erleichtern wir den Prozess, mit dem der Geist zur Ruhe kommt, treten wir ein in die stille Ebene der größten Kraft in unserem Inneren. Erinnere dich daran, dass dies auch die Stelle ist, aus der Samyama und die Siddhis (Kräfte) hervorgehen. Kommen wir in unserer sich entwickelnden Übung mit dem Mantra vorzeitig in einen bestimmten Aspekt von Schwingungen, kann dies eine Menge an Turbulenzen bedeuten, wenn Blockierungen entweder zu schnell oder zu langsam oder in der falschen Reihenfolge losgelassen werden. Beim Umgang mit den inneren Abläufen tief im Nervensystem gibt es einfache Wege, mit denen man die Hausreinigung erreicht, und schwere. Wir entscheiden uns immer für die einfachen Wege, wann immer wir sie finden können. In einer anderen Lektion werden wir noch mehr auf die Einzelheiten des Mantra-Designs eingehen.

Nun steht dir die zweite Mantra-Erweiterung zur Verfügung, damit du sie nutzt, wann immer du dazu bereit bist. Hetze da nicht hinein, ohne dass du dafür reif bist. Sie steht hier bereit für den Fall, dass du sie brauchst und ich weiß, dass du bei der Nutzung große innere Freude finden wirst.

Der Guru ist in dir.

Lektion 187 – Das Einrichten und die Aufrechterhaltung täglicher Übung

Frage: Ich bin letzte Woche auf diese Seite gestoßen und habe begonnen, mit dem Mantra zweimal am Tag zu üben. Doch habe ich es letzte Nacht verpasst. Ich bin heute Morgen wieder zu ihm zurückgekommen. Ich bin sehr undiszipliniert, ich schlafe nicht sehr gut und meine Tage laufen manchmal aus dem Ruder. Hast du für Leute wie mich irgendeinen Vorschlag? Danke.

Antwort: Hältst du die tägliche Meditation für mindestens einige Monate aufrecht, wird dir dies mehr Stetigkeit und angenehme Gefühle bringen und auch besseren Schlaf. Gleichmäßigkeit in der täglichen Übung ergibt sich aus der Anerkennung dieses „Ursache-Wirkungs-Zusammenhangs" in der Meditation.

Anfangs ist dies eine Frage der Ausbildung einer Gewohnheit. Betrachtest du Meditation als einen integralen Bestandteil deiner Hygiene- und Ernährungsroutine, wird sie sich in die normale Folge von Morgen- und Abendaktivitäten einpassen. Dann wirst du sie ernsthaft vermissen, wenn du sie einmal nicht ausführst. Wie das Duschen, Zähneputzen, Essen usw. ist Meditation dann etwas, was wir automatisch tun. Nehmen wir diese Haltung der Meditation gegenüber ein, dann haben wir uns die Gewohnheit angeeignet, und sie wird uns bleiben. Dies ist unsere überaus wichtige spirituelle Hygiene und Nahrung.

Dabei steht und fällt alles mit dem Wunsch nach einem "Mehr" im Leben. Das ist eine Küken-Ei-Beziehung. Wir wollen meditieren, um uns gut zu fühlen, und wenn wir uns gut fühlen, sind wir inspiriert zu meditieren. Sobald wir den Ball der Meditation in unserm Leben ins Rollen gebracht haben und wir etwas innere Stille und Klarheit erfahren, haben wir mehr anhaltenden Wunsch für tägliche Übungen – dies ist „Hingabe". Reicht die Hingabe höher, nennen wir sie „Bhakti", die Liebe zur Wahrheit oder Gott. Ist uns das einmal eigen, brennen wir im Inneren immer nach spirituellem Fortschritt und der beste Weg ihn zu erreichen, geht über unsere täglichen Übungen.

Auch für das Weitergehen zu noch fortgeschritteneren Yoga-Übungen (Wirbelsäulenatmung, Mudras, Bandhas, etc.) ist das Bhakti ausschlaggebend. Dann gibt es noch glückseligere innere Stille und den Anstieg von Ekstase im Nervensystem. Dadurch werden wir sogar noch heißer auf unsere täglichen Übungen und wir eilen zu unserem Meditationssitz, sobald wir von unserer Arbeit nach Hause kommen. In diesem Stadium wird unser Wunsch nach täglichen Übungen genährt durch das lebendige Licht in unserem Herzen und der immer weiter ansteigenden Freude, die aus dem Inneren hervorquillt. Unsere Selbstverpflichtung für tägliche Übungen steigt mit der ansteigenden Spiritualität in uns an.

Formst du die Gewohnheit der täglichen Meditation und hältst sie aufrecht, wirst du Lunte riechen. In Wirklichkeit bezaubert dich die Lunte. Im Laufe der Zeit wirst du sehen, wie sich deine gewöhnlichen Neigungen und Wünsche ganz natürlich hin zur Sorge um die Aufrechterhaltung deiner täglichen Übungen verwandeln. Sobald sich das Nervensystem beginnt zu öffnen, weiß es, was es will – mehr Öffnung. Dann ist unsere Motivation ganz natürlich darauf hin ausgerichtet.

Zuerst ist es nötig, die effektivsten Yoga-Methoden kennen zu lernen. Danach hat die Einrichtung und Aufrechterhaltung der täglichen Praxis die größte Priorität. So wächst die Erleuchtung in uns.

Der Guru ist in dir.

Lektion 188* – Mantra Design 101

Frage: Du hast gesagt, dass „I AM" wie AYÄM ausgesprochen werden kann. Dies ist sehr ähnlich (wenn nicht dasselbe) wie das tantrische Beeja [ausgesprochen bie'tscha] AYEIM. Sind die beiden dasselbe?

Was sind die Grundlagen für die erste und zweite Erweiterung für das I AM-Mantra? Ich glaube, dass du dies wahrscheinlich auf Grund von mehreren Jahren Erfahrung mit diesen Mantren geschrieben hast. In vielen Fällen ist ein aus Erfahrung gewonnenes Wissen sehr schwer intellektuell zu vermitteln. Trotzdem würde ich gerne wissen, wie du auf dieses Mantra gekommen bist – ich habe dieses Mantra oder etwas Ähnliches niemals in irgendeinem der klassischen Tantra-Texte über Mantra-Shastra gelesen. Wie kommt es, dass das Mantra SHREE OM SHREE OM I AM I AM NAMAH und nicht etwas wie SHREE OM I AM I AM NAMAH ist? Warum sind da zwei SHREE gefolgt von OM?

Und warum hört das SHREE [ausgesprochen SCHRIE] nicht mit M (d.h. SHREEM [SCHRIEM]) auf, wie es gewöhnlicher Weise in Mantren genutzt wird?

Antwort: Danke, dass du schreibst und besonders zu diesem Thema. Ich habe schon nach einer Inspiration für eine Lektion zum Mantra-Design gesucht. Wir können es „Mantra-Design 101" nennen. Wie mit anderen Dingen in diesen Lektionen respektieren wir traditionelle Ansätze, doch halten wir uns nicht streng an ihnen, wenn uns unsere direkte Erfahrung zu einer optimierten Lösung im Yoga führt.

Wenn die Aussprache von I AM [AYÄM] dieselbe ist wie die von AYEIM, dann sind sie vom Mantra-Gesichtspunkt her dasselbe. Auch wenn es für die verschiedenen Wörter im Sanskrit verschiedene Bedeutungen gibt, ist dies unerheblich. Wir nutzen die Schwingung. Suchst du im Web nach „Sanskrit ayam" und auch nach „Sanskrit ayeim", wirst du merken, dass beide in verschiedenen Mantren genutzt werden. Es gibt auch eine muslimische Version, die man AYYAM buchstabiert.

Wird AYEIM wie AYEEM [AYIEM] ausgesprochen, dann sind sie nicht dasselbe. AM [ÄM] und EEM [IHM] gehen im Nervensystem in verschiedene Richtungen. Das kann jeder leicht fühlen, bei dem bereits etwas ekstatische Leitfähigkeit aufgekommen ist. Dieses „Gefühl" ist die Basis für den Mantra-Entwurf in diesen Lektionen. Sie basieren nicht nur auf den heiligen Schriften. In Wirklichkeit berufen wir uns auf keinerlei Autorität aus den heiligen Schriften. Natürlich wird auch nichts aus dem Nirgendwo herbeigezaubert. Die Silben sind gebräuchlich und erscheinen in verehrungswürdigen Schriften, auch wenn die Reihenfolge des Gebrauchs sich etwas unterscheiden kann.

Mantra-Silben sind so etwas wie Stimmgabeln im Nervensystem. Jede Schwingung hallt in einem anderen Teil unseres inneren Schaltkreises nach. Dies gilt, ob vorher die ekstatische Leitfähigkeit erweckt worden ist oder nicht. Ein Unterschied besteht darin, dass beim ekstatisch erweckten Nervensystem die Wirkungen erfahrbar sind und im Körper beobachtet werden können. Diese Wirkungen werden mit den inneren Sinnen wahrgenommen und haben einen ekstatischen Unterton. Der nachhallende Effekt einer Silbe tief in der Stille des Geistes löst auf eine besondere Weise Widerstände und die Art des Lösens ist bei jeder Silbe anders. Mit diesem auf Erfahrungen basierenden Feedback und der Kenntnis um die effektivste und sicherste Reihenfolge der Erweckung des Nervensystems, besonders des Wirbelsäulennervs, kann das Mantra auf geeignete Weise zusammengestellt werden.

Werden wir aber noch etwas konkreter.

I AM (wie die genaue Aussprache auch immer in Zeichen dargestellt ist) hallt in der vollen Länge des Wirbelsäulennervs vom dritten Auge bis zur Wurzel wider.

Dies wurde in den Lektionen bisher noch nicht erwähnt, es wurde nur angedeutet. Es wurde nicht erwähnt, weil ich niemanden dazu ermutigen möchte, sich das Mantra in einem bestimmten Teil des Körpers lokalisiert vorzustellen. Das Mantra hallt natürlicherweise mit einem bestimmten Teil des Nervensystems, auf den es eingestimmt ist. Wir müssen ihm nicht durch eine Lenkung hierhin oder dorthin auf die Sprünge helfen. In der Tat können wir dadurch das natürliche Nachhallen sogar stören. Stelle dir das Mantra also bitte nicht an einem bestimmten Ort vor, in Ordnung? Nimm es einfach locker und leicht ohne Anstrengung auf, wo immer es sein mag – wie immer – und lass es sich verfeinern. Kommt I AM in den Füßen oder irgendwo anders hoch, wird es vom dritten Auge zur Wurzel widerhallen – genau wie eine Stimmgabel die entsprechende Saite eines Instrumentes zum Schwingen bringt, wenn sie irgendwo in die Nähe angeschlagen wird.

Nachdem dies nun gesagt ist, kannst du – wenn du willst – jetzt einmal ein Experiment machen und selbst Beobachtungen anstellen. Wenn du den Klang „I" [AY] denkst, spürst du vielleicht die feine Neurologie im Kopf, die über das Zentrum in der Stirn hinausreicht. Wenn nicht, ist das auch kein Problem. Dies ist jedoch die Stelle, wo es naturgemäß schwingt. Es ist nicht notwendig, das zu unterstützen oder zu fühlen. Es ist da. Denkst du jetzt den Klang „AM“ [ÄM], kannst du vielleicht fühlen, wie das auf natürliche Weise durch das Zentrum des Körpers hinuntergeht. Wenn nicht, macht das nichts. Sobald ekstatische Leitfähigkeit aufkommt, wirst du es fühlen. Es zu fühlen, hat keine Auswirkungen auf die Effektivität des Mantras. Das Fühlen ist nur ein Symptom für den Grad der Reinigung, die wir im Nervensystem haben, und für das Maß an ekstatischer Leitfähigkeit (Kundalini), die in uns aufsteigt. Jeder wird das erfahren, der mit seinen täglichen Übungen weitermacht. Fühlen wir so das Mantra ekstatisch und merken, dass unsere Aufmerksamkeit in Gedanken zu dieser Empfindung, zu dieser Stelle im Körper usw. abgedriftet ist, behandeln wir es wie jede andere Erfahrung, die sich in der Meditation einstellt, d.h. wir gehen locker und leicht zum Mantra zurück. Nichts ändert sich in der Vorgehensweise der Meditation. Nur die Erfahrungen verändern sich insofern, als sie ekstatischer und göttlicher werden. So müssen wir also darauf achten, dass wir während der Meditation und unseren anderen Übungen nicht gedankenverloren werden.

Wie schon in einer früheren Lektion gesagt wurde, ist I AM ein Mantra mit „zwei Polen“ und das ergibt sich aus seinem Nachhall im Wirbelsäulennerv. „I“ [AY] ist der Shiva-Teil und „AM“ [ÄM] der Shakti-Teil. Mit diesem Mantra führen wir den Geist auf eine Weise zur Stille, dass der Wirbelsäulennerv auf seiner gesamten Länge gereinigt wird. Durch die Nutzung eines Mantras, das zwischen dem dritten Auge und der Wurzel nachhallt, folgen wir dem sichersten und ausgeglichensten Pfad der Erweckung, genauso wie wir das beim Pranayama der Wirbelsäulenatmung tun. Die beiden Übungen sind parallele Methoden, die beide daran arbeiten, den Wirbelsäulennerv auf ihren entsprechenden Ebenen im Nervensystem zu reinigen. Werden beide Übungen nacheinander ausgeführt (Wirbelsäulenatmung und danach die Meditation), erwecken und stabilisieren sie unsere ekstatischen Energien und innere Stille. Zusammen strahlen diese auf natürliche Weise vom Wirbelsäulennerv aus.

Mit der ersten Mantra-Erweiterung (SHREE SHREE I AM I AM), führen wir zwei neue Dinge ein: Erstens erhöhen wir die Anzahl an Silben des Mantras. Dies verbreitert unseren spirituellen Besen beim Durchfegen des Unterbewusstseins und reinigt damit das Nervensystem mit einem breiteren Wisch. Es verlangsamt auch unser Absinken in reines Glückseligkeitsbewusstsein und bringt mehr davon mit uns heraus, wenn wir wieder herauskommen. Mehr Silben reinigen also mehr und stabilisieren mehr innere Stille im Nervensystem. Warum nicht ein SHREE [SCHRIE] oder drei SHREE ? Wir hätten es langsamer mit nur einem SHREE aufbauen können, um später ein weiteres hinzuzufügen. Dadurch wären es zwei Erweiterungen anstatt nur einer gewesen. Ich dachte, dass es nicht nötig ist, die Schritte so klein zu machen. Werden wir auch noch zu drei SCHREE übergehen? Im Augenblick ist dies nicht geplant. Dadurch, dass die zweite Erweiterung zu den zwei SHREE hinzugefügt wurde, ist es bereits ein gutes und langes Mantra – mehr als genug, um mit der Aufgabe fertig zu werden.

Der Grund für das SHREE selbst ist die neue Richtung, die wir einschlagen in der Reinigung unseres Nervensystems. Wir weiten unser Mantra zum ersten Mal über die vertraute Resonanz vom dritten Auge zur Wurzel hinaus aus. Wohin weiten wir es aus? – Zur Krone. SHREE nimmt uns direkt den Wirbelsäulennerv entlang zur Krone. Im Zentrum des Kopfes hat der Wirbelsäulennerv (Sushumna) eine Abzweigung zur Krone. Von dort geht es in zwei Richtungen. Die erste Route geht von der Wurzel zum dritten Auge am Punkt zwischen den Augenbrauen. Die zweite geht zur Krone geradewegs nach oben in die Mitte der Corona Radiata über der Zirbeldrüse und den Ventrikeln des Gehirns – direkt da durch nach oben. Mit der Resonanz von SHREE in der Krone beginnen wir diesen Körperbereich zu reinigen und ihn in Beziehung zum gesamten Wirbelsäulennerv zu setzen. SHREE ist eine phonetische Buchstabierung von SRI [wie in Sri Yukteswar]. Deshalb ist es nicht dasselbe wie SHREEM, wonach du gefragt hast.

Dies zur ersten Mantra-Erweiterung.

Eine Anmerkung zur Krone: Damals, als wir zuerst begonnen haben die Kundalini zu erörtern, wurde erwähnt, dass das verfrühte Gehen zur Krone im Nervensystem alle Arten von Problemen erzeugen kann – das Beispiel von Gopi Krishnas gut dokumentierter alptraumartigen Reise zur Erleuchtung wurde genannt. Die Öffnung des Wirbelsäulennervs vom dritten Auge zur Wurzel ist der sicherste und vergnüglichste Weg, an die Reinigung und Öffnung des Nervensystems heranzugehen. Außerdem ist es ein schneller Weg. Dies wird in einigen der Traditionen anerkannt, in anderen wieder nicht so sehr. Da wir kluge Reisende sind, haben wir den Weg vom dritten Auge zur Wurzel gewählt, sowohl bei der Wirbelsäulenatmung wie auch in der Meditation. Für die meisten von uns ist dies sehr progressiv und verursacht keine Unannehmlichkeiten. Beim Öffnen des Wirbelsäulennervs vom dritten Auge zur Wurzel berühren wir gleichzeitig die Krone. Das ist unausweichlich, weil die beiden in der Mitte des Gehirns miteinander verbunden sind. Bei jedem, der Erfahrungen mit der ekstatischen Leitfähigkeit vom dritten Auge bis zur Wurzel macht, wird es auch zu einer ekstatischen Kronenöffnung kommen. Der Unterschied ist, dass bei der Führung durch das dritte Auge der Prozess nicht in übermäßige Kundalini-Symptome außer Kontrolle geraten wird, wie dies geschehen kann, wenn die Krone den Prozess anführt. Wir gehen also diesen Weg, der das dritte Auge mit Gusto öffnet und die Krone gefahrlos folgen lässt. Dann, an einem gewissen Punkt, ist die Krone „durch Osmose" von der Öffnung des dritten Auges her genügend gereinigt und wir können einen direkteren Zugang zur Krone wählen. Deshalb fügen wir die SHREE [SCHRIE] und auch die *OM* (OHM) in unserem Mantra hinzu und wir schlagen einen noch direkteren Weg zur Krone auch mit Pranayama ein (Lektion 198). Du siehst also, dass wir zur Krone in unserer eigenen Geschwindigkeit und auf unserem eigenen Weg hinkommen und damit umsichtigerweise das lange sich hinziehende Chaos vermeiden, das durch eine vorzeitige Öffnung der Krone entstehen kann.

Das dritte Auge ist tatsächlich wie ein Fenster zum Göttlichen und wir können wirklich viel erreichen, wenn wir dort hinein und durch es hinausgehen. Es ist kontrolliert (Ajna bedeutet „Kontrolle"), gefahrlos, sehr ekstatisch und es muss geöffnet werden. Die Krone, das Sahasrara (der tausendblättrige Lotus), ist wie unser Dach, und sobald wir es öffnen, gehen wir ohne Schwierigkeit im Göttlichen auf. Darin liegt etwas Kontrolle, doch die ist nicht vergleichbar mit derjenigen, die durch das dritte Auge wirkt. Sobald wir die Krone gereinigt haben, sowohl indirekt durch das dritte Auge wie auch später direkt, indem wir geradewegs nach oben gehen, sind wir bereit, uns auf dem Altar unserer Krone zu unterwerfen. Dann finden wir uns wieder und sind aufgegangen in ekstatischer Glückseligkeit. Kommen wir zurück, arbeiten wir nicht mehr für uns selbst. Dann arbeiten wir für das Selbst in allen – wir sind zu Dem geworden. Dies ist kein augenblicklicher Übergang. Es ereignet sich im Laufe von Jahren – sogar Jahrzehnten. Es ist die menschliche spirituelle Transformation. Ich wollte also klarstellen, dass wir niemals beabsichtigten, die Krone für immer zu umgehen – nur solange, bis die Zeit reif für sie ist. Du wirst in deinem Herzen wissen, wann es für dich so weit ist, und diese Übungen sind so entworfen, dass du diesbezüglich einige Richtlinien hast und auch die Hilfsmittel.

Die zweite Erweiterung zum Mantra (SHREE OM SHREE OM I AM I AM NAMAH) fügt aus demselben Grund wie zuvor (ein viel kräftigeres Fegen durch unser Unterbewusstsein) noch mehr Silben hinzu und führt die mächtige OM-Komponente ein. OM hallt naturgemäß in der Medulla Oblongata, dem Hirnstamm, wider und breitet sich überall im Nervensystem und darüber hinaus aus. Sei bitte daran erinnert, dass wir nicht versuchen, das Mantra in irgendeinem bestimmten physischen Teil unseres Körpers zu lokalisieren. Der Stimmgabeleffekt funktioniert am besten, wenn wir locker mit dem Mantra umgehen und der Vorgehensweise der Meditation, wie sie ursprünglich in den frühen Lektionen angegeben wurde, folgen. Das Nervensystem weiß bereits, wie es auf das Mantra in richtiger Weise reagieren muss. Wir brauchen nur das Mantra korrekt anzuwenden und alles wird sich gut entwickeln.

Om wird ihrem Renommee als „Mutter aller Mantren" gerecht. Es ist der tief ekstatische Urklang unseres Seins, eine Schöpfung aus reinem Glückseligkeitsbewusstsein. Wie in der Lektion zur zweiten Erweiterung erklärt, müssen wir uns darauf vorbereiten, bevor wir es in tiefer Meditation anwenden. Andernfalls könnte es ein Chaos hervorrufen. Unter den besten Umständen ist OM in tiefer Meditation „verheerende Ekstase" – besonders sobald ekstatische Leitfähigkeit aufkommt. Für jeden, der verfrüht zur zweiten Mantra-Erweiterung geht, wird dies zu viel sein. Eile also nicht dort hinein. Du wirst wissen, wann du dafür bereit bist. Nutze die Richtlinien, die in den Lektionen gegeben worden sind, um zu bestimmen, wann ein „Gangwechsel" angebracht ist.

Dafür, dass OM mit SHREE gepaart wird, gibt es einen Grund, und auch dafür, dass es an zweiter Stelle kommt, gibt es einen. Es wird gepaart, um die Polarität zwischen der Krone (SHREE) und dem Rest des Nervensystems, das sich in Resonanz mit OM befindet, aufrecht zu erhalten. Dies ist eine weitere Dimension der in Bezug auf Shiva-Shakti ausgeglichenen Beziehung – in diesem Fall zwischen der Krone und der Medulla Oblongata. Es ist eine dynamischere und weitreichendere Manifestation der Paarung von Shiva-Shakti als I AM (die auch weiterwirkt). OM ist hinter SHREE gesetzt, um die Schwingung von OM länger anhalten zu lassen. SHREE OM kommt in den Körper und OM SHREE verlässt den Körper. Betrachtet man das durch den inneren Sinn ekstatischer Leitfähigkeit, ist es eine Unterscheidung mit auffallend positivem Unterschied in der Wirkung.

Schließlich wird NAMAH wegen seiner Silben und als ein traditioneller Übergang bei Mantra-Wiederholungen angehängt. Es hallt ekstatisch im Herzen nach, kultiviert Bhakti und hat im ganzen Nervensystem eine reinigende Wirkung.

Ich weiß, dass wir alle unsere Mantren in Treu und Glauben von anderen annehmen mussten, von denen man annimmt, dass sie Bescheid wissen sollten, da sie sie von den heiligen Schriften hatten. Weißt du, ich glaube, dies beginnt sich zu ändern, weil in diesem aufsteigenden neuen Zeitalter ekstatische Leitfähigkeit in mehr und mehr Menschen hochkommt. Wir haben bereits einige Menschen mit erwachter Kundalini in dieser Yahoo-Gruppe, die ohne Zweifel selbst beurteilen können, wie die Mantra-Silben in ihrem Nervensystem widerhallen. Mit anderen Worten: Verlässt du dich jetzt auf mein (oder irgendjemand anderes) Wort, wirst du dies in Zukunft nicht mehr tun müssen. Du musst nur durch die Übungen ekstatische Leitfähigkeit erwecken. Jeder, der das macht, wird die Wirkung der

Mantren im Inneren „erleben“ und selbst Bescheid wissen. Dann findet man den Beweis gleich beim Probieren selbst und du brauchst dich auf niemandes Worte mehr verlassen.

Nun, das ist ziemlich viel Information. Ich hoffe inständig, dass es niemanden von der einfachen Vorgehensweise der Mantra-Favorisierung abhält und dass man es weiterhin ganz natürlich in der Meditation geschehen lässt. Nichts von dem, was in dieser Lektion geschrieben wurde, ist für eine korrekte Meditation nötig und es könnte in Wirklichkeit sogar ablenken. Ordne all das also bitte unter „Bhakti-Nahrung“ ein, erfreue dich weiterhin an deiner Heimreise zur Erleuchtung und nutze die einfache Übung der tiefen Meditation.

Der Guru ist in dir.

Zusatz: 12. Nov. 2009

Meditation – Dritte Mantra-Erweiterung

In diesem Zusatz zur Lektion bieten wir eine dritte Mantra-Erweiterung an. Sie sollte nicht angewandt werden, solange nicht die zweite Mantra-Erweiterung völlig assimiliert ist und die Meditation reibungslos verläuft. Die Erweiterung ist sehr einfach und fügt nur zwei weitere Silben in der Form eines zweiten NAMAH hinzu. So lautet also die dritte Mantra-Erweiterung:

… SHREE OM SHREE OM I AM I AM NAMAH NAMAH …
[SHRIE OHM SHRIE OHM AYÄM AYÄM NAMAH NAMAH]

Dies verbreitert das Profil des Mantras in unserer Bewusstheit um eine weitere Stufe und macht den reinigenden Wischer durch den Geist und das Nervensystem noch flächiger, wenn wir das Mantra verwenden, den natürlichen Gang des Geistes in die Stille zu erleichtern. Sind wir einmal in die Stille gekommen, werden wir mit diesem Mantra finden, dass uns bei unseren täglichen Beschäftigungen mehr innere Stille bleibt. Dies ist der Zweck der Meditation – das Durchtränken unseres Nervensystems und all unserer Aktivitäten mit der Eigenschaft der inneren Stille, die mit dem reinen Glückseligkeitsbewusstsein gleichzusetzen ist. Dann erkennen wir, wer wir in Beziehung zu allem, was auf dem Gebiet der Zeit und des Raums geschieht, sind. Wir sind Das …

Lektion 189 – Wo ist das dritte Auge?

Frage: Du hast gesagt, dass sich das dritte Auge zwischen den Augenbrauen befindet, doch viele sagen, es sei der Bereich der Zirbeldrüse und einige behaupten, das dritte Auge sei in Wirklichkeit die Medulla. Könntest du das klarstellen?

Antwort: All das trifft zu – und noch mehr. Das dritte Auge ist der Wirbelsäulennerv (Sushumna), der von der Medulla Oblongata aus durch die allgemeinen Bereiche von Zirbeldrüse und Hypophyse und vorne zwischen den Augenbrauen hinausgeht. Es ist mehr eine Funktionszone in und um den Wirbelsäulennerv als ein bestimmtes Organ. Man kann es sogar so betrachten, dass es sich noch unter die Medulla weiter den Wirbelsäulennerv hinunter erstreckt, weil es auch dort inneres Sehen gibt, doch damit dehnt man es natürlich ziemlich aus. Traditionellerweise ist es ein Nach-außen-Sehen, wie das bei einem Auge der Fall ist, deshalb wird meist der mehr äußere Punkt zwischen den Augenbrauen als das dritte Auge bezeichnet. Im Allgemeinen meint man in der Esoterik die ekstatische Beziehung zwischen der Zirbeldrüse, der Hypophyse und der Stirn damit. Aber auch die Medulla steht oft für einen Teil (oder ganz) für das dritte Auge. Das ist ein ziemlich verschwommenes Yoga, weil die Gleichsetzung von physischen Gegenstücken mit der spirituellen Neurobiologie nicht exakt ist.

Dagegen gibt es bei der Erfahrung des ekstatisch erweckten dritten Auges nichts Verschwommenes. Kommt es einmal dazu, besteht kein Zweifel darüber, was es ist oder wo es sich im Inneren befindet. Es ist nur etwas schwierig, es mit körperlichen Ausdrücken zu beschreiben.

Die Erweckung des dritten Auges ist eine Erweckung des gesamten Wirbelsäulennervs – den ganzen Weg hinunter bis zur Wurzel. Wie in der vorhergehenden Lektion zum Mantra-Design erwähnt, weckt das erwachende dritte Auge zugleich die Krone. Das erwachende dritte Auge erweckt also das gesamte Nervensystem ekstatisch. Deshalb bedeutet das Sanskrit-Wort für das dritte Auge „Ajna“, „Befehl“ oder „Kontrolle“.

Frage: Heißt das also, dass es genauso richtig ist, seine Aufmerksamkeit auf die Medulla zu richten, wenn du von der „Aufmerksamkeit zwischen den Augen“ sprichst?

Antwort: Nein. Die Augen gehen (ihn sanft favorisierend und mit einem leichten Runzeln der Stirn in der Mitte) zum Punkt zwischen den Augenbrauen. Dies ist eine physische Stellung der Augen zur Erzeugung eines besonderen stimulierenden Effekts im Gehirn, der sofort den ganzen Weg den Wirbelsäulennerv hinunter bis zur Wurzel reicht. Gleichzeitig geht unsere Aufmerksamkeit bei unserer Übung mit der Wirbelsäulenatmung die Sushumna nach oben und unten. Sieh dir die Lektion 131 – „Koordinierung von Sambhavi und Wirbelsäulenatmung“ für eine detaillierte Diskussion dieser Trennung der physischen Augen von der Aufmerksamkeit an.

Es gibt keine Anweisungen irgendwo in den Lektionen, dass wir den Fokus unserer Aufmerksamkeit auf die Medulla Oblongata richten sollten. Die Medulla ist eine „Durchgangsstation“ während der Wirbelsäulenatmung und wird auch durch den Widerhall-Effekt des Mantras in tiefer Meditation stimuliert, ohne dass man das Mantra absichtlich darauf fokussiert. Die Medulla wird also ständig stimuliert, jedoch nicht durch einen ständigen Fokus der Aufmerksamkeit darauf während der Übungen. Die Medulla ist Teil eines größeren Ganzen, des erwachenden Nervensystems und das ist der Grund dafür, dass es in der Art behandelt wird, wie dies in den Übungen der Fall ist.

Wir haben nun die verschiedenen Arten erörtert, wie das dritte Auge in Beziehung zum physischen Körper bezeichnet wird. Keine bestimmten Techniken sind mit dieser Etikettierung verbunden. Die Lektionen selbst gehen sehr genau auf die Techniken ein. Verzeih mir alle Verwirrung, die diesbezüglich entsteht.

Der Guru ist in dir.

Lektion 190 – Sambhavi während der Meditation?

Frage: Ich weiß, dass du nicht dazu rätst, Sambhavi während der Meditation zu entwickeln. In der Wirbelsäulenatmung habe ich es bereits ziemlich gut entwickelt und nun geschieht es in der Meditation ohne jede Anstrengung. Ist das in Ordnung?

Antwort: Ja, so soll es sein. Meditation ist ein viel anfälligerer Prozess als Wirbelsäulenatmung, deshalb nutzen wir unsere Wirbelsäulenatmungssitzung für die Entwicklungsarbeit bei Mudras und Bandhas. Wir gewöhnen uns Sambhavi während der Wirbelsäulenatmung an, so dass wir niemals daran denken müssen. Sobald die Gewohnheit eingerichtet ist, gehen die Augen zum Punkt zwischen den Augenbrauen, wann immer wir uns hinsetzen und die Augen schließen. Dann beginnen wir unsere Wirbelsäulenatmung und unsere Aufmerksamkeit geht im Wirbelsäulennerv nach oben und unten und die Augen fahren automatisch fort, der Richtung zur leicht gerunzelten Stirn hin den Vorzug zu geben. Kommt die ekstatische Leitfähigkeit auf, empfinden wir als direktes Ergebnis von Sambhavi großes, durch unser gesamtes Nervensystem strömendes Vergnügen, und dies wird zu einer Gewohnheit der Ekstase, der wir auf ganz natürliche Weise nachgehen.

In der Meditation ist der Prozess der Mantra-Favorisierung zwar einfach, aber anfällig. Deshalb gehen wir mit unserer Aufmerksamkeit etwas knauserig um; wir geben sie nicht freiwillig für die Entwicklung von etwas oder für andere Übungen her, wenn wir meditieren. Wenn wir meditieren, meditieren wir nur. Haben wir aber während der Wirbelsäulenatmung gute Yoga-Gewohnheiten entwickelt, treten diese Dinge auch während der Meditation ganz einfach auf, ohne dass unsere Aufmerksamkeit für ihre Aufrechterhaltung gebraucht wird und wir können sie dann dort lassen.

Siddhasana ist dafür ein gutes Beispiel. Ist die Gewohnheit von Siddhasana einmal da, ist keine Aufmerksamkeit und auch keine Anstrengung nötig, darin zu sitzen. Trotzdem energetisiert es jede Übung, die wir machen (Meditation eingeschlossen), während wir darin sitzen.

Bei Sambhavi wird das auch so sein. Sobald Sambhavi zu einer Gewohnheit geworden ist, die in das Vergnügen der ekstatischen Leitfähigkeit zwischen dem dritten Auge und der Wurzel eingebunden ist, wird dies tatsächlich zu einem natürlichen Teil unserer Übungen – auch der Meditation. Machen wir uns aber dabei nichts vor: Bemerken wir während der Meditation, dass wir mit unserer Aufmerksamkeit der Entwicklung der „Sambhavi-Gewohnheit" den Vorzug geben, sollten wir locker und leicht zum Mantra zurückkehren. Dies ist die Standard-Vorgehensweise. Sobald wir bemerken, dass unsere Aufmerksamkeit während der Meditation zu etwas anderem abgewandert ist, kommen wir locker und leicht zum Mantra zurück. Dies schließt nicht aus, dass sich automatische Gewohnheiten, die wir in unseren Sitzungen mit der Wirbelsäulenatmung entwickelt haben, ganz natürlich in der Meditation einstellen. Auf diese Weise finden wir, wie mit der Zeit Techniken wie Siddhasana, Mulabandha, Sambhavi, Kechari und andere Mudras und Bandha natürlicherweise während der Meditation auftauchen, ohne dass sie uns noch ablenken. So läuft es auch wirklich ab. Folge also immer der Vorgehensweise der Meditation und gib dem Mantra vor allem anderen, das deine Aufmerksamkeit auf sich ziehen will, den Vorzug. Der Rest ergibt sich ganz natürlich.

So verschmilzt unsere innere Stille im Tanz der göttlichen Liebesvereinigung mit aufsteigenden ekstatischen Energien. Das anhaltende, liebevolle Schubsen unseres Nervensystems auf diese Wege durch Yoga führt zu einer Verwandlung der Art, wie wir das Leben erfahren: zu nicht endender ekstatischer Glückseligkeit.

Erfreue dich daran!

Der Guru ist in dir.

Lektion 191 – Wie kultiviert man ekstatische Leitfähigkeit?

Frage: Was muss ich tun, damit ich ekstatische Leitfähigkeit erfahre?

Antwort: Die Erfahrung von ekstatischer Leitfähigkeit kann mit jeder Art Übung beginnen und hängt nur von der Menge und dem Ort der in unserem Nervensystem festsitzenden Blockierungen ab. Je mehr Übungen wir in eine stabile tägliche Routine eingearbeitet haben, desto mehr ekstatische Leitfähigkeit wird kultiviert.

Wann immer wir Übungen machen, läuft die Erweckung stufenweise ab. Setzen wir uns das allererste Mal zur Meditation hin und fühlen etwas Frieden und Glückseligkeit, ist dies ein Schritt in Richtung ekstatischer Leitfähigkeit. Nehmen wir die Wirbelsäulenatmung auf und fühlen überall ein wenig angenehmes Kribbeln, ist das eine Bewegung in Richtung ekstatischer Leitfähigkeit: Es ist die sanfte Stimulierung der Kundalini in unserer Beckenregion, zu der es bei allen Übungen kommt – begonnen mit den globalen Techniken der Meditation und der Wirbelsäulenatmung. Ist unser Nervensystem aufgrund unseres Yoga in naher oder ferner Vergangenheit bereits für die ekstatische Leitfähigkeit verdrahtet, wird die Energie sich gleich spürbar bewegen. Scheint sie sich bei unserer Meditation und Wirbelsäulenatmung nicht viel zu regen, dann mach dir keine Sorgen. Sie bewegt sich trotzdem still im Untergrund. Der Boden wird durch die Auflösung von Blockierungen bereitet.

Ist der Boden einmal mit Meditation und der Wirbelsäulenatmung bestellt, kommen auf dem weiteren Weg noch Übungen hinzu, die gezielter wirken. Mit jeder neuen Übung erhöht sich der Druck zur Erweckung von ekstatischer Leitfähigkeit. Diese kann jederzeit als Wellen von Vergnügen durch uns fließen und wir fühlen es als ein In-Verbindung-Stehen zwischen dem Kopf und der Wurzel. Siddhasana in Kombination mit den Mudras und Bandhas unterstützen dies noch. Das Gleiche gilt für die kraftvolle Übung von Samyama.

Es gibt eine Übung, die in ihrem Vermögen, die ekstatische Leitfähigkeit zu stimulieren und uns ihr zu öffnen, herausragt. Dies ist Kumbhaka (Atemanhalten), das wir in unserer Übung von Yoni Mudra einsetzen. Es kommt ebenso beim dynamischen Jalandhara (Kinnpumpe) zur Anwendung. Schließlich – obwohl es dort nicht Kumbhaka genannt wird – erzeugt die Drosselung des Atems beim Wirbelsäulen-Bastrika einen anhaltenden Kumbhaka-ähnlichen Effekt. Dort wird dies noch mit dem schnellen Puls des Drucks nach oben und unten im Nervensystem kombiniert. Auch die hartnäckigsten Blockierungen können mit Hilfe von Bastrika gelockert und aufgelöst werden, und leuchtende ekstatische Energien kommen heraufgeströmt und erfüllen unsere befreiten Nerven.

Sobald wir einmal eine stabile, zweimal tägliche Routine entwickelt haben, die all diese Übungen einschließt, und wir bemerken immer noch nichts vom Aufkommen der ekstatischen Leitfähigkeit, dann ist es nur noch eine Frage der Zeit. Mit einer Routine derart kraftvoller fortgeschrittener Yoga-Übungen lösen sich die Blockierungen in großen Mengen auf und müssen dem inneren Licht weichen.

Mache mit täglichen Übungen weiter. Die ekstatische Leitfähigkeit steigt dann im Nervensystem stetig an und nimmt die aus dem Inneren heraufwogende göttliche Liebe auf.

Jede Blütenknospe ist dazu bestimmt, sich einmal zu öffnen und himmlisch zu blühen.

Der Guru ist in dir.

Lektion 192 – Tipps zu Kechari

Frage: Kannst du bitte Folgendes bezüglich Kechari klarstellen: Wenn ich Kechari versuche, halte ich meinen Mund geschlossen und versuche meine Zunge so einzusaugen, dass die Zungenbasis die Munddecke berührt. Ist das der richtige Weg, dies zu tun? Wenn ja, bin ich nicht in der Lage, deinen Anweisungen zu folgen, dass man die Zunge auf einer Seite in den Nasengang drücken solle, weil das Ansaugen verloren geht, sobald ich den Mund öffne, um einen Finger hineinzustecken. Dann geht die Zunge nicht mehr so weit zurück, wie das mit dem Ansaugen noch möglich war.

Antwort: Nein, das Ansaugen ist nicht Teil von Kechari, wenn man zu Stufe 2 von Kechari gelangen will. Dies wird mit den Zungenmuskeln gemacht – und mit dem Finger im Anfangsstadium unterstützt.

Das Öffnen des Mundes hilft beim Eindringen nach oben in den Nasenrachenraum. Später sind das Öffnen des Mundes und die Hilfe des Fingers für das Nach-oben-Kommen nicht mehr nötig.

Versuche einmal ein Experiment: Lege die Zunge bei geschlossenem Mund zurück an die Munddecke (Stufe 1). Dann öffne den Mund. Die Zunge geht mit dem Öffnen des Mundes ein Stückchen weiter zurück, oder? Also, bei geöffnetem Mund geht man an der rechten oder linken Seite des weichen Gaumens vorbei, um in den Nasenrachenraum zu kommen. Das Frenum unter der Zunge ist dann der einzige limitierende Faktor.

Es gibt zwei Ansätze zum Umgang mit dem Frenum – winzige Schnitte und/oder das Melken (Langziehen) der Zunge. Von den beiden Methoden sind die winzigen Schnitte der schnellere Weg mit den geringsten Unannehmlichkeiten, doch ist die Methode auch umstrittener. Beide Methoden können über einen längeren Zeitraum angewandt werden.

Bitte wiederhole die detaillierte Lektion 108 zu Kechari, um dir über alle Punkte Klarheit zu verschaffen.

Kommst du zu Stufe 2 von Kechari und festigst dich darin, bedeutet dies für deine Übungen und Erfahrungen einen starken Auftrieb. Die Verbindung der Zunge mit dem sensitiven und spirituell erogenen Rand der Nasenscheidewand ist im Yoga ein riesiger Sprung nach vorne. Sie leistet einen wichtigen Beitrag für die nachhaltige Kultivierung ekstatischer Leitfähigkeit im Nervensystem.

Ich wünsche dir allen Erfolg.

Der Guru ist in dir.

Lektion 193 – Wie dehnt man die Übungszeit gefahrlos aus

Frage: Am letzten Sonntag hatte ich viel freie Zeit. Während der Meditation entschloss ich mich, die Meditationsdauer zu verdoppeln. Schließlich konnte ich hören und fühlen, wie mein Herz in meinem Kopf schlug. Sollte ich immer länger als 20 Minuten meditieren, damit ich bessere Ergebnisse erziele?

Antwort: Danke, dass du schreibst und teilst.

Deine spirituelle Begeisterung (Bhakti) ist wundervoll und du kannst das sicherlich nutzen, deine Übungen zu verbessern. Es kann aber riskant sein, plötzlich seine Meditationszeit weit über 20 Minuten hinaus zu verlängern. Jede Veränderung sollte nur in kleinen Schritten ablaufen, nur fünf Minuten auf einmal, wobei du jeden Schritt als Teil deiner regelmäßigen Routine über Wochen und Monate hinweg festigen und beibehalten solltest. Es ist nicht gut, mit der Meditationszeit jeden Tag und jede Woche zu springen. Treibst du es damit zu weit, könntest du es mit zu vielen Blockierungen, die herauskommen und zu Unannehmlichkeiten, Gereiztheit in den täglichen Handlungen usw. führen zu tun bekommen. In Lektion 159 findest du ein Beispiel für diese Art von Schwierigkeiten infolge des Zeitmanagements der Meditation.

Es gibt einen Weg, wie man systematisch die Meditation und alle Übungen ausdehnen kann, wenn man keine Verantwortungen am Wochenende oder in den Ferien hat oder wenn man schon in Rente ist. Man wiederholt seine gesamte Routine am Morgen einfach ein zweites Mal – fügt also eine Praxisroutine an einem oder zwei Tagen am Wochenende oder in den Ferien hinzu, oder, wenn man schon in Rente oder gerade in einer ausgedehnten Retreat-Phase ist, kann man so auch immer üben. Dies bringt gewaltige zusätzliche Reinigung und verleiht dem spirituellen Fortschritt ein riesiges Momentum. Es ist sehr wichtig, dass man von Verantwortungen befreit ist, damit man so verfahren kann. Allerdings ist es auch möglich, dass das zu Unbehagen und unangenehmen Erfahrungen führt, weil zu viel aus dem Inneren freigesetzt wird. Machst du drei Routinen am Tag, ist es wichtig, dass du dich auch etwas betätigst – Spazierengehen oder sanfter (geselliger) Satsang am Nachmittag oder Abend. Diese leichten Aktivitäten helfen, den Prozess der Lösung von Blockierungen aus dem Nervensystem auszugleichen.

Bei der zweimaligen Morgenroutine ist die Abfolge der Übungen: Asanas, Pranayama (Zeiten wie angegeben), Meditation, Samyama (wenn man das macht), Yoni Mudra, Ruhephase (mindestens 10 Minuten hinlegen) … und dann beginnt man von neuem.

Am Abend sollte man nur eine Routine machen, so dass es also drei volle Routinen am Tag sind.

Wenn du also ehrgeizig bist, kannst du das einmal ausprobieren. Sei nicht überrascht, wenn sich im Inneren viel löst. Die fortgeschrittenen Yoga-Übungen sehen so einfach aus, dass man sich leicht täuscht. In Wirklichkeit bewegen sie gewaltige Kräfte – besonders die tiefe Meditation. Werden die Loslösungen jemals zu viel, dann geh gleich zu einer Routine zurück, in der du stabil bist.

Denke also immer an die Selbstabstimmung, vor allem, wenn du mit neuen Übungen beginnst oder wenn du deine Übungszeiten verlängerst.

Ich wünsche dir auf dem von dir gewählten Pfad allen Erfolg.

Der Guru ist in dir.

Lektion 194 – Mehr Lichtblitze

Frage: OK … ich bin seit Beginn bei den Fortgeschrittenen Yoga Übungen dabei und mache die Übungen. Heute Abend habe ich gerade diese Fragen und Antworten-Lektion 179 „Noch einmal zum Stern“ gelesen.

In dieser Fragen und Antwort-Lektion schreibt der Fragesteller, dass er während des Tages Lichtblitze sieht. Ich fragte mich, ob das wirklich mit der Ausführung der fortgeschrittenen Yoga-Übungen zusammenhängt. Ich begann die Blitze vor ungefähr 5 Wochen zu bemerken. Ich machte mir dazu nicht so viele Gedanken, dachte aber, dass es vielleicht der Beginn eines Augenproblems sei. Ich hatte vor ungefähr 2 Jahren eine LASIC-Operation. Ich habe das ziemlich ignoriert und mich entschlossen zum Arzt zu gehen, sollte es schlimmer werden.

Gut, es hat so ziemlich aufgehört, und als ich heute Abend diese Lektion durchging, las ich, dass diese Person dieselbe Erfahrung gemacht hatte. Nun fragte ich mich also, ob das vielleicht mit den fortgeschrittenen Yoga-Übungen zusammenhängt. Ist das eine Art Ausspülen von Blockaden, das sich einfach während des Tages ereignet? Mein natürlicher Instinkt sagte mir, dass ich mir darüber keine Sorgen zu machen brauche. Ich bin jetzt nur neugierig, glaube ich. Es ist das Menschliche in mir…

Antwort: Ja, diese Art von Symptomen für Reinigung im (inneren) Sehen können sich mit den Yoga-Übungen einstellen. Andererseits ist es auch sinnvoll, dies einmal von einem Arzt überprüfen zu lassen, sollte etwas Derartiges zu einer chronischen Schwierigkeit werden – insbesondere, wenn du damit in der Vergangenheit bereits irgendwelche Probleme hattest.

Denke daran, dass deine Sicht auf die Welt sich mit der Zeit ganz natürlich verändert und leuchtender wird. Diese Art von reinigenden Energiezuckungen gibt es auf dem Weg von Zeit zu Zeit. Am Ende werden die Lichtblitze einer stetigen Vision weichen und eine leuchtende Welt wird dir dann als etwas völlig Normales vorkommen.

Es hört sich an, als würdest du mit deinen Übungen gute Fortschritte machen. Bravo!

Der Guru ist in dir.

Lektion 195 – Mantra, Gedanken und Aufmerksamkeit

Frage: Im Laufe von 13 Jahren habe ich mit einigen wenigen Mantren Japa praktiziert und diese mehrere Hunderttausend Mal wiederholt. Eines dieser besonderen Mantren ist ‚Om Namo Naaraayanaaya' – du kennst das vielleicht als das Mantra, das an Gott Vishnu gerichtet ist. Aufgrund der ständigen Praxis des Mantra-Chantens finde ich ein besonderes Problem in der *I AM*-[AYÄM-]Meditation. In dem Augenblick, da ich mit dem *I AM* beginne, greift mein Verstand, der daran gewöhnt ist, ständig etwas zu chanten, das *I AM* auf und fährt mit ihm fort. Doch wandert mein Verstand auch in andere Gedanken, wenn er gleichzeitig noch das ‚*I AM*' weiterchantet. Sollte ich das jetzt so bewerten, dass mein Verstand beim *I AM* ist, weil er es chantet (oder) sollte ich es so ansehen, dass mein Verstand vom *I AM* abgekommen ist, weil er mit anderen Gedanken beschäftigt ist? Falls ich es als eine Abweichung meines Verstandes vom *I AM* betrachten soll und ihn deshalb zurückbringen sollte, was sollte mein Verstand denken? Du hast gesagt, ich solle nicht an die Bedeutung des *I AM* denken. An was sonst sollte ich denken, da mein Verstand bereits *I AM* chantet? Was meinst du genau damit, wenn du sagst: ‚Meditiere über den Klang von *I AM*'?

Antwort: Das Mantra und Gedanken können im Geist gleichzeitig vorhanden sein. Das Mantra kann weitergehen, auch wenn wir über etwas anderes nachdenken. Wird das Mantra im Hintergrund wiederholt, während wir unsere Einkaufsliste zusammenstellen, ist das dann Meditation? – Nicht, wenn wir bewusst die Lebensmittel ständig dem Mantra vorziehen. Läuft das Mantra im Verstand wie ein Motor, ohne dass wir es mit unserer Aufmerksamkeit begünstigen, ist das keine tiefe Meditation. Bei der Meditation geht es um die Favorisierung des Mantras mit unserer Aufmerksamkeit, nicht um die automatische Wiederholung des Mantras, während wir auf andere Dinge fokussieren. Wir wollen das lockere und leichte Zurückbringen unserer Aufmerksamkeit zum Mantra, sobald wir erkennen, dass unsere Aufmerksamkeit vom Mantra abgekommen ist, automatisieren. Haben wir also Gedanken und das Mantra zur selben Zeit am Laufen, wird die Meditation nicht durch das Da-Sein des Mantras, sondern durch unser Favorisieren mit unserer Aufmerksamkeit bestimmt. Andere Gedanken können immer noch da sein, wenn wir das Mantra favorisieren. Das macht nichts aus. Die Aufmerksamkeit ist es, die für den Charakter des Prozesses ausschlaggebend ist. Sind wir gewohnt, das Mantra mit unserer Aufmerksamkeit zu favorisieren, sobald wir erkennen, dass wir das nicht getan haben, ist das richtige Meditation.

Das sollte deine Frage, was man denken solle, während man das Mantra im Inneren „chantet", beantwortet haben. Es ist nicht wichtig, wie oft wir das Mantra im Inneren wiederholen. Tiefe Meditation ist kein mentales Chanten. Es ist ein Prozess, der die Aufmerksamkeit und das Mantra zusammen nutzt, um damit einen Zustand im Verstand herzustellen, der es diesem erlaubt, in die Stille zu gehen. Wenn man nur gewohnheitsgemäß das Mantra innerlich im Hintergrund chantet und gleichzeitig mit der Aufmerksamkeit alle möglichen Arten mentaler Geschäfte verfolgt, ist dies keine tiefe Meditation. In tiefer Meditation dient die Aufmerksamkeit der Favorisierung des Mantras. Etablieren wir dies als einen Prozess während der festgesetzten Meditationszeit, verblasst und verfeinert sich das Mantra immer mehr und immer wieder. Auf jeder Gedankenebene, auf der wir uns wiederfinden, kommen wir mit unserer Aufmerksamkeit zurück und favorisieren das Mantra auf dieser verschwommenen Reise der Verfeinerung. Bevor wir es wissen, hat unsere Aufmerksamkeit kein Objekt mehr – nicht einmal mehr das Mantra ist dann da. Dies ist ein sehr angenehmes Gefühl. Das ist Samadhi, das achte Glied des Yoga. Kommt es dazu, wird das Atmen feiner, der Stoffwechsel verlangsamt sich und Blockierungen in unserem gesamten Nervensystem werden von innen heraus aufgelöst. Es ist innere Stille (reines Glückseligkeitsbewusstsein), in die wir in tiefer Meditation gehen. Alle guten Wirkungen gehen davon aus und es geschieht durch einen Prozess der lockeren und richtigen Steuerung unserer Aufmerksamkeit in der Meditation.

Frage: Ich zweifle ein wenig: Du hast in deinen Lektionen erwähnt, dass der bloße Klang von *I AM* die Hindernisse im Nervensystem beseitigt. In späteren Lektionen hast du auch ausgeführt, dass der Klang *I AM* am dritten Auge seinen Anfang nimmt und den ganzen Weg hinunter durch die Wirbelsäule bis zum Perineum geht. Wenn das der Fall ist, sollte die Reinigung mit oder ohne Aufmerksamkeit stattfinden, solange der *I AM*-Klang im Verstand da ist, oder? Über die Reinigung hinaus, die auf den Klang zurückzuführen ist, gibt es da noch mehr Reinigung, die auf den Part der Aufmerksamkeit zurückgeht?

Antwort: Betrachte das Mantra als Werkzeug. Haben wir einen Hammer und tragen wir ihn alle Zeit mit uns, wird er für uns ein Haus bauen? Natürlich nicht. Es ist etwas mehr vonnöten. Wir müssen den Hammer mit etwas Fertigkeit in Einsatz bringen. Ein Hammer hat überhaupt keinen Zweck, wenn er nicht mit etwas Können eingesetzt wird.

Ich weiß, dass dies vielleicht dem Verständnis vieler widerspricht, die den Mantren magische Kräfte und all das zusprechen. Gut, verschiedene Klänge hallen im Nervensystem auf verschiedene Weise wider. Deshalb haben auch verschiedene Mantren verschiedene Wirkungen. Doch bleiben sie immer noch nur Werkzeuge und werden nicht viel bewirken, wenn sie nicht mit etwas Geschick eingesetzt werden. Das Mantra kann als Werkzeug benutzt werden, den Verstand und Körper zur Stille zu führen. Dazu benötigt man eine Methode der besonderen Nutzung von Aufmerksamkeit zusammen mit dem Mantra. Wenden wir diese an, steht die Aufmerksamkeit wiederholt alleine ohne irgendein Objekt, auch ohne das Mantra, da. Dann ist man so still, wie man werden kann und dann lösen sich die inneren Blockierungen in diesem Zustand der tiefen Stille in unserem Nervensystem auf. Sobald die Blockierungen verschwinden, bleibt die innere Stille mehr und mehr auch während unserer täglichen Aktivitäten bei uns.

Das ist der Grund, warum wir eine besondere Vorgehensweise benutzen. Das Mantra alleine, ohne korrekte Anwendung der Aufmerksamkeit, ist wie ein Hammer, dem der Zimmermann fehlt. Du bist der Zimmermann!

Der Guru ist dir.

Lektion 196 – Einen Klang im Geist verfeinern

Frage: Welche Wirkung hat das Meditieren über Objekte (so etwas wie eine Abbildung von Om) und auch Ideen und Bedeutungen (so wie die von Gott), wenn man das mit der Meditation über einen Klang vergleicht (so wie *I AM*)? Es scheint, als ob mein Verstand an einem Bild eher anhaftet als an einem Klang. Was empfiehlst du für eine schnellere Reinigung des Nervensystems?

Antwort: Für die tiefe Meditation sollten wir nur ein Objekt nutzen – unser Mantra. Wir klammern uns aber nicht an ihm fest. Wir favorisieren es nur und wir erlauben ihm, sich beim Gehen nach innen zu verändern und zu verfeinern. Der Klang ist besonders wirkungsvoll, weil er sich im Geist leicht zu immer feineren Schwingungen verfeinert und mühelos und sanft mit der Aufmerksamkeit sehr tief im Innern aufgegriffen werden kann. Die Meditation über physische Objekte, Symbole, Bilder oder Bedeutungen von Dingen ist für das In-die-Tiefe-Gehen nicht so effektiv wie der Klang. Das soll nicht heißen, dass es mit diesen anderen Objekten nicht möglich ist. Es geht nur darum, dass wir uns für einen einzigen Weg entscheiden und diesen effektiv nutzen sollten. Den Klang des Mantras kann man sehr leicht verfeinern, so dass er die Tiefe unserer inneren Stille durchdringt, wenn man die am Anfang der Lektionen beschriebene Vorgehensweise nutzt (Lektion 13 ff.). Damit kultivieren wir die innere Stille sehr schnell in unserem Nervensystem und dies ist der Grundpfeiler für alle Erleuchtung.

Der Guru ist in dir.

Lektion 197 – Kechari Empfindungen

Frage: Danke noch mal für deine Lektionen. Eine interessante Feststellung ist die, dass ich mehrmals dabei war, eine Frage zu stellen, die dann aber immer durch eine deiner F&A's beantwortet wurde, bevor ich noch Gelegenheit fand, sie zu formulieren.

Ich habe eine Frage zu Kechari-Mudra: Wann immer ich es in der Vergangenheit versuchte, bekam ich nach einer Weile solch ein Brenngefühl in meiner Zunge und meinem Gaumen, als würde ich meine Zunge in eine Steckdose stecken. Wenn das soweit kommt, muss ich mit dem Mudra aufhören, weil es einfach zu viel ist.

Kannst du dazu etwas sagen?

Antwort: Es ist schon interessant, wie Antworten zu uns kommen, sobald wir dafür reif sind. Wir können sie in diesen Lektionen oder von irgendwo anders her erhalten. Es ist unser Verlangen, das spirituelles Wissen anzieht. Unser spirituelles Verlangen wird durch Yoga-Übungen verstärkt und es entsteht der Ansporn, mit den Übungen höher zu steigen.

Ein brennendes Gefühl wie das von dir genannte bei Kechari hängt mit der vorübergehenden Reinigung der Nerven und der beteiligten Biochemie zusammen und das wird nicht andauern. Ich nehme an, dass du von der ersten Stufe von Kechari sprichst, bei der man die Zunge anhebt und bequem zur Munddecke zurückzieht.

In Stufe zwei von Kechari mit der Zunge hinter und oberhalb des weichen Gaumens kann es ebenfalls in den frühen Stadien zu einem stechenden oder brennenden Gefühl kommen. Sogar noch viel später kann es manchmal stechend sein. Dies ist ein zyklischer Sachverhalt, der mit dem anhaltenden Prozess der Reinigung zu tun hat. Meist ist der nasale Rachenraum leitfähig, sobald man in Stufe 2 von Kechari kommt. Manchmal ist er es nicht. Wir arbeiten also mit dem, was zur gegebenen Zeit funktioniert. Dies trifft auf Stufe eins wie auf Stufe zwei von Kechari und auch auf jede andere Yoga-Übung in solchen Fällen zu. Wir erzwingen nichts.

Wenn du dich also von der Intensität dieser Erfahrung zurückziehst, machst du das Richtige. Bald genug wirst du wieder dahin eingeladen werden.

All diese Symptome und Störungen vergehen mit dem Voranschreiten der Reinigung im Nervensystem. Wir wenden in unseren Yoga-Übungen ständig diese sanfte Überredung an, rücken vor, wenn wir können, und halten uns zurück, wenn einige limitierende Symptome auftreten. So drängen wir auf angenehme Weise auf der Straße zu ekstatischer Leitfähigkeit und Erleuchtung nach vorn.

In Kechari zu gehen ist ein wichtiger Teil der Entwicklung in diesem Prozess. Es ist ein Schritt in Richtung ekstatischer Leitfähigkeit des ganzen Körpers, und dazu kommt es automatisch, sobald das Nervensystem dafür bereit ist. Unser Bhakti bringt uns nach oben.

Der Guru ist in dir.

Lektion 198 – Zielgerichtetes Bastrika – Ein Laser für die karmische Reinigung

In Lektion 171 haben wir die kraftvolle Übung des Wirbelsäulen-Bastrika eingeführt. Bevor du mit dieser Lektion hier weitermachst, empfehlen wir, dass du Lektion 171 wiederholst.

Hier betrachten wir zusätzliche Anwendungen von Bastrika als ein zielgerichtetes Hilfsmittel und stellen es dem eigenen Ermessen anheim. Warum?

Manchmal stoßen wir vielleicht irgendwo in unserem Körper auf eine wirklich hartnäckige Blockierung. Mit dem fokussierten Bastrika können wir sehr viel Druck auf einen bestimmten Bereich aufbauen, um das Karma buchstäblich wegzubrennen. Es ist wie die Anwendung von Laserchirurgie auf einen kleinen Bereich unseres Körpers. Dies kontrastiert sehr stark mit den „globalen“ Methoden der Meditation und Wirbelsäulenatmung, die wir als unsere Kernübungen beibehalten.

Es ist wichtig, dass wir die gesundheitlichen Voraussetzungen erfüllen und auch unsere Yoga-Übungen in dem Maße und für den Zeitraum geübt haben, wie es notwendig ist, bevor wir das zielgerichtete Bastrika in unser Übungsarsenal einreihen. Dies kann man nicht stark genug betonen. Das zielgerichtete Bastrika ist keine Abkürzung zur Erleuchtung. In Wirklichkeit kann es uns ein beträchtliches Unbehagen bereiten, wenn wir es voreilig anwenden. Sind wir Neulinge im Yoga und versuchen es mit gezieltem Bastrika ohne die notwendige Vorbereitung durch die globale Reinigung mit Meditation und Wirbelsäulenatmung, können wir unangenehme Energieungleichgewichte in unserem Nervensystem erzeugen.

Denke also daran, dass das zielgerichtete Bastrika das übrig bleibende, hartnäckige Karma auswaschen soll. Es ist nicht dazu da, damit einen Bereich das erste Mal zu bearbeiten, weil wir denken, dies sei alles, was wir für eine gute Reinigung brauchen. So funktioniert das nicht.

Das zielgerichtete Bastrika ist ein naher Verwandter der Wirbelsäulenatmung. Wir arbeiten mit dem zielgerichteten Bastrika immer noch im Wirbelsäulennerv. Der Unterschied ist, dass wir bei unserem schnellen Bastrika-Hecheln den Aufmerksamkeitsbereich bei der Auf- und Abbewegung unserer Aufmerksamkeit im Wirbelsäulennerv einschränken

Sagen wir zum Beispiel einmal, dass wir unsere Meditationsübung, die Wirbelsäulenatmung und die dazugehörigen Mudras und Bandhas und auch das Wirbelsäulen-Bastrika einige Monate lang täglich geübt haben. Alles läuft schön glatt. Wir erleben etwas ekstatische Leitfähigkeit, die wir an einer aus der Wurzel aufsteigenden angenehmen Reaktion erkennen, sobald wir Sambhavi ausführen.

Trotzdem fühlen wir immer noch einigen Widerstand im Bereich des dritten Auges zwischen dem Zentrum unseres Kopfes und dem Punkt zwischen den Augenbrauen. Dies ist dann möglicherweise ein guter Kandidat für das zielgerichtete Bastrika. Ich sage möglicherweise, weil wir das nur wissen können, wenn wir es versuchen. Versuchen wir es und spüren dort zu viel Widerstand, den wir mit dem zielgerichteten Bastrika nicht auf angenehme Weise beseitigen können, müssen wir zurückstecken und uns für einige Zeit wieder auf die weniger konzentriert wirkenden Hilfsmittel, d.h. Meditation, Wirbelsäulenatmung, Sambhavi, Yoni Mudra Kumbhaka usw. beschränken.

Wenn wir das zielgerichtete Bastrika einsetzen, dann legen wir es an das Ende unserer sitzenden Übungen: nach der Meditation, Samyama und Yoni Mudra, doch noch vor die Ruhephase. Wir bereiten uns genauso wie auf das Wirbelsäulen-Bastrika vor (die dazugehörigen Mudras und Bandhas eingeschlossen), doch begrenzen wir den Zyklus der Aufmerksamkeit während der schnellen Atmung auf den Bereich, auf den wir abzielen. Wenn wir uns also auf den Bereich zwischen der Kopfmitte und dem Zentrum zwischen den Augenbrauen konzentrieren, dann lassen wir unsere Aufmerksamkeit während dem Bastrika schnell dort hin- und hergehen. Die Aufmerksamkeit geht in dieselbe Richtung wie bei der Wirbelsäulenatmung und beim Wirbelsäulen-Bastrika – nach oben beim Einatmen und nach unten beim Ausatmen.

Erlernen wir das zielgerichtete Bastrika gerade, führen wir es nur zwei Minuten lang durch und lassen dann unsere normale Ruhephase am Ende unserer sitzenden Übungsroutine folgen (vorzugsweise legen wir uns für 5 – 10 Minuten hin). Dann beobachten wir genau, wie wir uns während unserer täglichen Aktivitäten fühlen. Kommt es da zu keiner ungemäßen Rauheit, dann wissen wir, dass das zielgerichtete Bastrika wahrscheinlich in Ordnung ist. Doch werden wir das erst nach einigen weiteren Sitzungen sicher beurteilen können. Sei deshalb vorsichtig mit der zeitlichen Ausdehnung des zielgerichteten Bastrika, bis du sicher weißt, dass du dadurch nicht ins Ungleichgewicht gerätst. Sobald wir wissen, dass wir damit krisenfest sind und immer noch wünschen, uns auf ein bestimmtes Gebiet zu konzentrieren, können wir die Zeit minimal auf drei Minuten erhöhen und später auch auf fünf Minuten. Dabei beobachten wir bei jedem Schritt die Auswirkungen auf unsere täglichen Aktivitäten.

Genauso wie das Wirbelsäulen-Bastrika kann auch das zielgerichtete Bastrika sehr viel Vergnügen bereiten und wir sollten vorsichtig sein, es nicht zu übertreiben, wenn wir damit ins Träumen kommen. Das kann passieren und wenn es passiert, kann das dazu führen, dass unsere sitzende Praxis ekstatisch ist, unsere tägliche Aktivität jedoch griesgrämig – dies ist nicht das, was wir langfristig wollen, weil das nicht tragfähig ist. Besser haben wir eine vergnügliche sitzende Praxis und fühlen uns auch in unseren täglichen Handlungen sehr wohl. Nach dieser Art Ausgeglichenheit streben wir. Auch unsere Freunde und Verwandten werden dies zu schätzen wissen.

Das zielgerichtete Bastrika ist von allen Übungen, die bisher vorgestellt wurden, diejenige, die am meisten dem eigenen Ermessen anheim gestellt ist. Sie ist für jene bestimmt, die in ihrer täglichen Routinepraxis ausreichend gefestigt sind und die eine klare Wahrnehmung ihrer inneren Stille und ekstatischen Leitfähigkeit in Beziehung zu örtlichen Widerständen im Nervensystem haben. Etwas Fertigkeit im „inneren Sehen“ sollte entwickelt sein, bevor man das zielgerichtete Bastrika einsetzt. Ohne die innere Wahrnehmungsfähigkeit ist die Nutzung des zielgerichteten Bastrika wie der Einsatz von Laserchirurgie ohne das Vergrößerungsglas, das man für ihre korrekte Ausrichtung braucht. Wer weiß, was ohne dieses Hilfsmittel mit dem Laser-Strahl herausgebrannt wird? Das innere Sehen kommt mit der ekstatischen Leitfähigkeit. Dann wissen wir, wo sich die Blockierungen befinden, können richtig darauf abzielen und dazu die Aufmerksamkeit im Wirbelsäulennerv zusammen mit der kombinierten Bastrika-Kraft oszillieren lassen. Selbst dann kann es noch zu zu viel Umbruch kommen und oft müssen auch diejenigen mit der inneren Sehkraft zurückstecken. Im Inneren ist die Welt noch nicht perfekt, solange nicht, bis wir all die Hindernisse gelöst und herausbefördert haben. Dazu dienen all diese fortgeschrittenen Yoga-Übungen und sie wirken auf verschiedenen Ebenen unseres Nervensystems.

Wo liegen einige der Stellen, auf die man das gezielte Bastrika anwenden kann?

Wir haben den Bereich des dritten Auges (Ajna) erwähnt. Dies ist eine sehr wichtige Stelle, weil die Reinigung des gesamten Nervensystems letztendlich vom völligen Funktionsfähig-Werden dieses Bereichs um das dritte Auge herum abhängt, denn dort liegt das „Kontroll- und Befehlszentrum“ unserer ansteigenden Erleuchtung.

Andere Bereiche, auf die das zielgerichtete Bastrika unserem inneren Sehen gemäß angesetzt werden kann, schließen die Kehle, das Herz, den Bauch- und den Beckenbereich ein. Bei fortgeschrittenen Yoga-Übungen mit Pranayama ist es immer am besten, im Wirbelsäulennerv zu sein. So arbeiten wir im Wirbelsäulennerv auf jeder Ebene im Körper, auf der wir eine Notwendigkeit für gezielte Reinigung sehen. Der Wirbelsäulennerv ist das Fundament für alle spirituelle Reinigung und Öffnung des Nervensystems. Solange wir im Wirbelsäulennerv arbeiten, arbeiten wir mit dem in uns ablaufenden natürlichen Prozess der Evolution zusammen und damit halten wir unsere Reise der spirituellen Transformation sowohl progressiv wie reibungslos.

Ein anderer Bereich, auf den das zielgerichtete Bastrika je nach Bedarf angewandt werden kann, ist die Krone oder das Sahasrara-Chakra. Die Bedingungen dort unterscheiden sich völlig von denen jedes anderen Teils unserer spirituellen Neuro-Anatomie und wir behandeln das in der nächsten Lektion. Jede Übung an der Krone verursacht immense Rückwirkungen. Beginne also bitte nicht mit dem zielgerichteten Bastrika an der Krone, bevor du nicht die nächste Lektion studiert hast und die empfindliche Dynamik, die damit verbunden ist, verstehst.

Ziehst du den Einsatz des gezielten Bastrika irgendwo im Körper in Betracht, so gehe immer auf Nummer sicher und setze es immer im Wirbelsäulennerv ein. Es ist eine kraftvolle Übung, die nur dann ihre Wirkungen zeigen wird, wenn die notwendigen Voraussetzungen erfüllt sind. Hat man den richtigen Nährboden geschaffen, kann das zielgerichtete Bastrika mit guter Wirkung angewandt werden und wird unsere stetig wachsende Erfahrung von ekstatischer Glückseligkeit kräftig steigern.

Der Guru ist in dir.

Lektion 199 – Wie man beim Öffnen der Krone vorgeht

Sind wir einmal auf dem Yoga-Weg in Fahrt gekommen, dann ist es nicht mehr schwierig, die Krone zu öffnen. Der Trick dabei ist, sie so zu öffnen, dass dadurch eine reibungslose und progressive Reise auf dem Yoga-Pfad möglich ist. Öffnen wir die Krone zu früh, bevor im Nervensystem noch eine hinreichende Reinigung stattgefunden hat, kann uns dies mit Kundalini-Exzessen eine Menge Schwierigkeiten bescheren, wenn sich alles in uns anstrengen muss, mit dem riesigen Energiesog nach oben durch die Krone mitzuhalten. Es ist also sehr wichtig, sich mit der Dynamik der Krone und deren Beziehung mit der im restlichen Körper ablaufenden Reinigung etwas auszukennen und die Übungen so in Dienst zu nehmen, dass das gesamte Nervensystem gereinigt und gleichzeitig die Krone geöffnet wird. Dies ist nicht so schwierig, wie es klingt, wenn einmal ein gutes Zusammenspiel verschiedener Übungen sinnvoll angewandt wird. Es ist sogar so, dass du das schon eine ganze Weile tust, wenn du die fortgeschrittenen Yoga-Übungen, so wie sie in den Lektionen beschrieben sind, nutzt. Dies ist der beste Weg für die Kronen-Öffnung: indirekt – erst viel später im Spiel konzentriert man sich direkt darauf.

Die Krone ist auch als „Sahasrara" bekannt – der tausendblättrige Lotus am Scheitel des Kopfes. Physisch korrespondiert dies mit der Korona Radiata, einer Menge Nerven nahe dem Scheitel des Kopfes über den beiden Hauptventrikeln des Gehirns. Ist diese inaktiv, ruht die Energie dort in Form einer „Schädelkappe" und wir spüren davon nichts. Wird sie durch die Aufmerksamkeit stimuliert, dreht sich die Schädelkappe um und formt eine Schale oder in Form einer Blume den tausendblättrigen Lotus. Liegt sie so nach oben gekehrt, sagt man, sie sei erweckt oder geöffnet. Wir können das nicht übersehen, denn wenn die Krone in vollem Schwung ist, zieht sie uns wie ein spiritueller Staubsauger nach oben und innen. Dieses Nach-oben-Ziehen können wir tief in unseren Lenden spüren. Die Kundalini kann der Versuchung einer geöffneten Krone nicht widerstehen und taumelt zu ihr nach oben. Das Problem ist nun Folgendes: Wenn unser Nervensystem zwischen der Wurzel und Krone nicht genügend gereinigt ist, wird die Kundalini beginnen, durch alles zu preschen, um zur Krone zu gelangen. Genau das bringt die so genannten exzessiven Kundalini-Symptome hervor, die auch ein Pendant von emotionellen Schwierigkeiten einschließen können.

Verschiedene Traditionen ermutigen dazu, früh auf der Yoga-Reise mit Übungen an der Krone zu beginnen. Einige wenige gehen sogar zuallererst dahin. Die Ergebnisse sind vorhersehbar: Menschen bekommen Kundalini-Probleme und es gibt ziemlich viele Leute, die zu diesen Lektionen hier herkommen und nach Linderung suchen. Andere erleben das, was eine „spontane Erweckung" von Kundalini genannt wird. Obwohl ich es nicht beweisen kann, glaube ich, dass spontane Erweckungen auch das Produkt von Yoga-Übungen sind, die verfrüht zur Krone gegangen sind, jedoch in einem früheren Leben und nicht in diesem. Solche Menschen werden aufgrund dieser lang vergessenen Praktiken und Ungleichgewichte, die tief im Nervensystem eingespeichert sind, in dieses Leben mit einer „Verdrahtung" für die spontane Erweckung hineingeboren. Vorzeitige Kronenerweckung ist die häufigste Ursache für exzessive Kundalini-Symptome – möglicherweise ist sie sogar der einzige Grund.

Glücklicherweise sind gute Übungen zur Kronenerweckung in Verbindung mit der Reinigung des übrigen Nervensystems auch eine Hilfe für das Ausglätten von Energieungleichgewichten, die aus der Vergangenheit noch übrig sind. Hier gibt es also gute Nachrichten für uns alle, sowohl für diejenigen, die mit ihrer Energie eine Stabilität aufgebaut haben und die Reise zu Ende führen wollen, wie auch für jene, die aufgrund von Kundalini-Schwierigkeiten vom Wagen gepurzelt sind, und die Situation wieder heilen und zur Beendigung der Reise weitergehen wollen.

Unterhalten wir uns einmal über die Dynamik der Krone in Beziehung zum Rest des Nervensystems. In Lektion 188 zum Mantra-Design wurde erwähnt, dass die Sushumna in der Mitte des Kopfes eine Gabelung aufweist. Ein Strang geht nach vorne zum Punkt zwischen den Augenbrauen und der andere geht in das Kronenzentrum. In der Wirbelsäulenatmung nehmen wir mit unserer Aufmerksamkeit den Strang nach vorn und durchlaufen den Wirbelsäulennerv wiederholt mit unserem Atem, der zwischen der Wurzel und dem Punkt zwischen den Augenbrauen hin und herläuft. Dabei kultivieren und reinigen wir den Wirbelsäulennerv entlang dieser Route. Das Ergebnis ist eine Ausstrahlung von reinigender Lebenskraft (Prana), die vom Wirbelsäulennerv in alle Richtungen in das Nervensystem hinausgeht.

Diese Energieausstrahlung aus dem Wirbelsäulennerv geht an der Gabelung auch den anderen Strang zur Krone hoch. Daran denken wir aber gar nicht. Wir schenken der Krone keine Aufmerksamkeit. Trotzdem reinigt die Wirbelsäulenatmung zwischen der Stirn und der Wurzel auf diese Weise die Krone – genauso wie sie das übrige Nervensystem reinigt.

Ein ähnlicher Effekt ereignet sich auch bei der tiefen Meditation. Mit dem I AM [AYÄM] Mantra wird die Krone ganz natürlich mit innerer Stille durchdrungen und allmählich zusammen mit dem Rest des Nervensystems gereinigt. Mit den Mantra-Erweiterungen weiten wir das Mantra schrittweise auf Wegen aus, die verschiedenen Funktionen dienen. Eine dieser Funktionen ist, den reinigenden Einfluss auf die Krone zu vermehren, ohne die Aufmerksamkeit direkt auf die Krone lenken zu müssen. Dies wird durch die Resonanz der Mantra-Schwingung tief in unserem Inneren erreicht. Samyama verstärkt die Einwirkung der inneren Stille im Nervensystem noch weiter, indem sie die stille Bewusstheit aus dem Inneren in verschiedene Richtungen durch das Nervensystem bewegt, und die Krone erhält ihren gerechten Anteil dieser sich bewegenden Siddhi-Stille.

Im Laufe der Zeit fügen wir noch viele weitere Übungen hinzu, die ebenfalls zur Reinigung des Wirbelsäulennervs stimulieren: Mudras, Bandhas, Siddhasana, Yoni Mudra, Kechari, Kinnpumpe, Wirbelsäulen-Bastrika und so weiter. All diese Übungen öffnen die Krone durch indirekte Einflüsse. Durch die Erweckung des Wirbelsäulennervs zwischen dem dritten Auge und der Wurzel erwecken wir automatisch auch die Krone.

Ein Meilenstein auf unserer Reise ist die Erweckung von ekstatischer Leitfähigkeit. Dies ist eine sanfte, stufenweise und ekstatische Erweckung der Kundalini. Sie ist leicht erkennbar an der direkten Verbindung, die zwischen Sambhavi und den angenehmen an der Wurzel stimulierten Empfindungen geknüpft wird. Von dort schreitet die ekstatische Leitfähigkeit mit unserer täglichen Praxis stufenweise voran. Sobald ekstatische Leitfähigkeit einmal auftritt, sind wir in der Lage, selbst zu beobachten, welche Beziehung zwischen der allmählich sich öffnenden Krone und dem Rest unseres Nervensystems besteht. Richten wir unsere Aufmerksamkeit hinauf zu den sich aufrichtenden Kelchblättern am Scheitel unseres Kopfes, fühlen wir, wie es uns ekstatisch im Inneren von der Wurzel den ganzen Weg entlang nach oben zieht. Mache daraus keine ausgedehnte Übung, denn auch wenn die ekstatische Leitfähigkeit erweckt ist, ist es möglich zu übertreiben und exzessive Energieflüsse mit nachfolgendem emotionalem Reinfall zu erleben. Mit anderen Worten: Mit der ekstatischen Leitfähigkeit hat man keine Lizenz, geradewegs zur Krone zu gehen. Doch können wir ab und zu ein wenig experimentieren und das Gefühl dafür bekommen, was Hand und Fuß hat und was nicht. Gewöhnlicherweise wird aber auch jede leichte übermäßige Beanspruchung der Krone, die man so zu spüren bekommt, nur für ein paar Stunden oder Tage anhalten, bevor sich die Energie wieder ausgleicht.

Wir können die Krone auf diese Weise kurzzeitig mit unserer Aufmerksamkeit berühren, wenn ekstatische Leitfähigkeit erweckt ist, weil wir ebenso das dritte Auge erweckt haben. Die Erweckung der Sushumna zwischen dem dritten Auge und der Wurzel gibt uns eine Stabilität, die wir vorher nicht besaßen, und einen natürlichen inneren Energieausgleich, der jederzeit einfach durch das Gehenlassen in die Leitfähigkeit zwischen dem dritten Auge und der Wurzel angeregt werden kann. Dies ist die Kraft der Erweckung des dritten Auges. Es gibt nur wenig, das dieses Gleichgewicht stören kann, sobald sich die ekstatische Leitfähigkeit einmal im Wirbelsäulennerv vom dritten Auge zur Wurzel rührt. Das ist der Grund dafür, dass das dritte Auge (Ajna) „Befehl, Kontrolle" bedeutet. Wächst die ekstatische Leitfähigkeit in der Sushumna zwischen dem dritten Auge und der Wurzel an, führen wir das Kommando im Kundalini-Prozess und haben damit auch eine gute ekstatische Zeit.

Wie erwähnt, bedeutet dies nicht, dass wir alle in die Krone hinaufgehen können. Auch ein kleines Durcheinander, das wir an der Krone anrichten, ist kein Vergnügen. Warum sollten wir das also tun? Einige haben gefragt: „Warum kann ich meine Wirbelsäulenatmung vom dritten Auge zur Wurzel nicht einfach von der Krone zur Wurzel führen?" Dafür gibt es zwei Gründe: Erstens beschneidet dies die fortschreitende Aktivierung der Erweckung vom dritten Auge zur Wurzel. Zweitens verschiebt es den Aufmerksamkeitsschwerpunkt zur Krone, wodurch die Instabilität im Energiefluss größer wird. Verschiebe den Verlauf deiner Wirbelsäulenatmung also nicht zur Krone. Auch fortgeschrittene Yoginis und Yogis erreichen damit keine Stabilität. Mach einfach mit der Wirbelsäulenatmung vom dritten Auge zur Wurzel, tiefer Meditation und dem Rest, der zur Verfügung gestellt worden ist, weiter und all die Öffnungen werden auch zukünftig schnell und geschmeidig voranschreiten und dabei auch die Krone mit einbeziehen.

Durch gelegentliches „Testen" mit Setzen der Aufmerksamkeit auf die Krone werden diese Tests mit der Zeit stabiler. Das gelegentliche kurze Legen des Bewusstseins auf die Krone wird nicht die Ursache für diese Stabilität sein. Das prüft nur, um zu sehen, wie weit die Reinigung der Krone im Einklang mit der Reinigung des restlichen Nervensystems vorangekommen ist. Jede Stabilität, die kommt, hat ihre Ursache in unseren integrierten fortgeschrittenen Yoga-Übungen. Sobald sich etwas Stabilität einstellt, sind wir in der Lage, unsere Aufmerksamkeit für ein paar Minuten auf die Krone zu richten, ohne dass wir danach in Energie-Schwierigkeiten stürzen oder emotional abkippen. Dann und nur dann haben wir die sichere Option, am Ende unserer Praxis vor der Ruhephase unsere Aufmerksamkeit eine Zeit lang auf der Krone ruhen zu lassen. Wenn wir wollen, können wir uns zurücklehnen oder uns hinlegen und Sambhavi nutzen, während wir unsere Aufmerksamkeit in die prachtvoll erhabene Kronenblüte, in die der

Stiel der durch das Zentrum heraufkommenden strahlenden Sushumna ragt, eintreten lassen. Sambhavi fügt dem noch eine Schicht ekstatischer Glückseligkeit und auch Stabilität hinzu, weil es das dritte Auge gleichzeitig aktiviert, während die Krone durch die Aufmerksamkeit stimuliert wird. Vielleicht sehen wir die Krone als Blume, vielleicht als Kelch, vielleicht rot, vielleicht silbern oder weiß, vielleicht violett. Sie kommt in vielen Farben. Einige können sie auch als eine Kobra mit einer großen ausgeweiteten Haube hochgehen sehen. Was immer wir sehen, wir haben ein Gefühl, als würden wir hochgezogen und dies ist die Erfahrung, die alle machen. Wenn das Öffnen der Krone und das annähernd gereinigte Nervensystem ein Stadium der Reife erlangt, werden wir ohne das bei verfrühten Erweckungen so verbreitete Chaos und Tohuwabohu hochgezogen. Wir werden in reine ekstatische Glückseligkeit hochgezogen. Dann können wir uns dahinein ergeben…

Wir sind vielleicht fort gewesen und wissen nicht, wo wir waren. Oder vielleicht haben wir irgendeine himmlische Vision. Sobald wir zurückkommen, sind wir auf eine gewisse Weise neu, erleuchtet, strahlend wie niemals zuvor. Dies ist der Beginn der Erfahrung in der erweckten Krone.

Sobald unsere Besuche bei der Krone stabil werden, können wir dort eine aktivere Rolle übernehmen. Trotzdem behalten wir all unsere fortgeschrittenen Yoga-Übungen in gleicher Weise bei. Eines können wir jedoch noch hinzufügen. Das wurde in der letzten Lektion zum gezielten Bastrika erwähnt. Ist unser Nervensystem einmal genügend gereinigt, so dass es den Fluss der Energie, wie er von einer offenen und aktiven Krone angeregt wurde, befördern kann, dann können wir dort zusätzlich gezielt etwas tun. Eine der effizientesten Methoden dafür ist der Einsatz des zielgerichteten Bastrika zwischen der Krone und der Wurzel. Wir können dies mit der angehobenen Krone machen, wenn sie offen oder geschlossen ist. Das erstere ist intensiver. Wir können Sambhavi und andere Mudras und Bandhas anwenden, während wir das zielgerichtete Bastrika zwischen der Krone und der Wurzel ausführen. Eins machen wir jedoch nicht: Wir führen das nicht aus, ohne alle Voraussetzungen für das zielgerichtete Bastrika und auch das Testen und die allmähliche Entwicklung des oben beschriebenen Kronenbewusstseins entwickelt zu haben. Sind wir mit irgendetwas, das Aufmerksamkeit an der Krone mit einschließt, zu früh dran, werden wir dies innerhalb von ein paar Stunden wissen. Dies trifft besonders für das zielgerichtete Bastrika zu, wenn die Krone uneingeschränkt stimuliert wird. Unternimmt man also das zielgerichtete Bastrika an der Krone, sollte dies anfangs sehr sparsam sein – zu Beginn nicht mehr als eine Minute auf einmal. Wenn das Ergebnis stabil und in den Aktivitäten gut ist, kann es jeweils um eine Minute auf einmal ausgeweitet werden. Diese Übung hat den gleichen Platz in der Routine wie alle Arten des zielgerichteten Bastrika – am Ende der sitzenden Übungen, vor der Ruhephase. Mit dieser Übung bringen wir die Atmosphäre der Krone in unser tägliches Leben. Wie fühlt sich das an? „Wie der Himmel auf Erden" ist ein Ausdruck, der einem da in den Sinn kommt.

Mache also mit den Übungen weiter und achte darauf, dass du dich selbst nicht mit irgendetwas zu weit hinter dir lässt. Tust du das, wirst du das früh genug erkennen, weil es unangenehm sein wird. In solch einem Fall steckt man sofort zurück, bis man eine stabile Übungsplattform erreicht. Manchmal kommen wir schneller voran, wenn wir etwas zurückgehen.

Es ist gut, bei der Aufrechterhaltung unserer Routine des zweimal täglichen Übens hartnäckig zu bleiben. Beim Übertreiben von Übungen ist es jedoch nicht so gut, hartnäckig zu sein. Dies gilt besonders für alles, was wir an der Krone tun.

Halte eine gleichmäßige Geschwindigkeit bei, die das Fahren angenehm macht, und du wirst rechtzeitig an deinem Bestimmungsort ankommen – nicht endende ekstatische Glückseligkeit und überwältigende göttliche Liebe!

Der Guru ist in dir.

Lektion 200* – Eine sensibel Meditierende – Fortsetzung

Anmerkung: Dies ist eine Fortsetzung des Dialogs mit derselben Person, die in Lektion 160 – „Extreme Sensibilität bezüglich der Meditation – was kann man tun?“ Schwierigkeiten anmeldete. Diese Reihe von Fragen und Antworten ist ein gutes Beispiel für vorsichtige Selbstabstimmung in der Meditation und nachfolgendes Weitergehen zur Wirbelsäulenatmung, um damit einige Kundalini-Symptome zu stabilisieren.

Frage: Meine Frau hat mit Meditation begonnen, doch scheint sie sehr sensibel darauf zu reagieren, deshalb macht sie die tiefe Meditation nur ungefähr 15 Minuten zweimal am Tag. Die Träume und alles, was sie immer nach der Meditation hatte, sind jetzt weg. Vor einigen Tagen begann sie, kleine erdnussgroße Hautausschläge auf dem Bauch, den Oberarmen, dem Rücken und der Brust zu haben. Sie sind rot, schmerzen und jucken nicht und vergehen nach ein paar Tagen. Außerdem wird sie seit dem Tag vor diesen Hautausschlägen während der Meditation sexuell sehr erregt.

Sie hat seit den letzten eineinhalb Monaten nur die I AM-Meditation gemacht und ich habe ihr geraten, auch die Wirbelsäulenatmung hinzuzunehmen. Ich bin mir nicht sicher, ob die Hautausschläge nicht einige Blockierungen sind, die herauskommen. Wir wollen einen Arzt aufsuchen. Doch ich dachte, ich sollte dich sicherheitshalber auch fragen, weil du vielleicht etwas Aufklärung geben kannst, falls sie auf irgendeine Weise mit dem Reinigungsprozess zusammenhängen.

Antwort: Ich bin froh, dass die gruseligen Träume deiner Frau aufgehört haben. Das weist darauf hin, dass einiges an Reinigung abgelaufen und ein gewisses Gleichgewicht in diesem Prozess erreicht worden ist. In der Selbstabstimmung habt ihr gute Arbeit geleistet!

Mehr Reinigung ist möglicherweise das, was nun mit den Hautausschlägen – die mit den ersten Stufen der Kundalini-Erweckung zusammenhängen können – passiert. Es ist erstaunlich, dass sie all das mit nur 15 Minuten Meditation bekommt. Sie muss eine frühere Yogini sein, die nun einige alte Ungleichgewichte tief in ihrem Nervensystem klärt. Diese können latent im Inneren vorhanden sein und von extremem Yoga in der fernen Vergangenheit herrühren. Gehen die Hautausschläge in ein paar Tagen oder Wochen weg, kannst du daraus schließen, dass es mit dem Yoga zusammenhängt. Das Suchen von medizinischem Rat wäre weise, falls sich die Hautausschläge verschlimmern. Werden Medikamente verabreicht, kann das aber den Yoga-Prozess stören. Mach das also nur, wenn es wirklich nötig ist.

Auch die sexuellen Symptome können als Teil der Reinigung und Erweckung des Nervensystems auftreten. Das wird sich ebenfalls mit der Zeit ausgleichen. Es kommt selten vor, dass Episoden von extremer Erregung während der Übungen lange anhalten. Andererseits spielt die sexuelle Energie eine wichtige Rolle im Prozess der menschlichen spirituellen Transformation. Deshalb wird immer irgendetwas mit der sich von der Wurzel nach oben ins Nervensystem bewegenden Sexualität los sein, sobald die ekstatische Leitfähigkeit (Kundalini) dauerhaft erweckt ist. Solltest du und deine Frau das noch nicht getan haben, könnte es von Vorteil sein, die Tantra-Lektionen durchzusehen, so dass die Sexualität und sexuelle Beziehung im yogischen Kontext gesehen werden können.

Die Wirbelsäulenatmung bietet die Möglichkeit, all diese Dinge schneller und progressiver auszugleichen. Kundalini-Symptome (was diese Dinge möglicherweise sind) werden gewöhnlicherweise von nach oben ins Nervensystem kommender Shakti-Energie verursacht, wenn nicht genügend Ausgleich durch herunterkommende Shiva-Energie da ist. Die Wirbelsäulenatmung kann dies korrigieren und der Fortschritt kann mit sehr viel geringerer Wahrscheinlichkeit von unkontrollierbaren Kundalini- Symptomen sehr schnell sein. Versucht es vielleicht für einige Tage mit 5 Minuten Wirbelsäulenatmung vor der Meditation und seht, wie sich das entwickelt. Hilft es nicht oder verschlimmert es sogar die Symptome, dann sollte sie es wieder zurücknehmen. Wenn es hilft, dann wäre es gut, das für einige Wochen bei den Übungen stabil zu halten und danach in Betracht zu ziehen, zu 10 Minuten Wirbelsäulenatmung überzugehen.

Hautausschläge können auch von Pitta (inneres Feuer)-Ungleichgewichten, die durch die Kundalini-Erweckung verstärkt werden, herrühren. Man kann dies auch als übermäßige Hitze oder Säureempfindung in der Verdauung oder irgendwo anders im Körper erleben. Dabei kann Ayurveda (das indische Medizinsystem) helfen. Eine „Pitta-besänftigende Diät“ kombiniert mit einer Pitta besänftigenden Routine ist eine der ersten Dinge, auf die man sehen sollte. Wenn du im Internet danach suchst, findest du dazu viele Informationen. Aber auch im Link-Bereich der FYÜ-Website findest du dazu etwas.

Über Diät und Routine hinaus kann ein ayurvedischer Arzt Hinweise zu zusätzlichen Heilmitteln geben. Auf jeden Fall stehen die Chancen gut, dass die Symptome deiner Frau ganz natürlich vergehen, sobald ihre Energien ins Gleichgewicht kommen und sie im Yoga-Prozess weiterkommt. Auch dann ist es aber immer noch gut, der körperlichen Konstitution Rechnung zu tragen und sie nicht durch ungeeignete Ernährung oder Routinen zu belasten. Vielleicht hält man sich einmal für eine Weile mit den gewürzten Speisen zurück.

Ich bin mir sicher, dass mit vorsichtiger Anwendung von Übungen und guter Selbstabstimmung Geschmeidigkeit und stetiger glückseliger Fortschritt erreicht werden können. Gut Dinge sind im Gange.

Frage: Meine Frau hat mit der Wirbelsäulenatmung begonnen und die Hautausschläge haben vom ersten Tag an abgenommen. Inzwischen sind sie fast völlig verschwunden. Es ist verblüffend, wie die Übungen ineinander greifen. Danke für deinen Ratschlag.

Eine weitere erstaunliche Sache ist, dass sich die Sehschärfe meiner Frau seit dem Beginn mit der Meditation verbessert hat. Sie braucht jetzt Linsen mit 2,5 statt 2,75 und sie musste sie ändern lassen. Ich kann mir das nicht anders erklären, als dass dieser Vorfall und die Übungen etwas miteinander zu tun haben. Hilft die Meditation bei der Behebung von physischen Problemen über die Reinigung des Nervensystems hinaus? Auf diese Antwort bin ich neugierig!

Antwort: Die zurückgehenden Hautausschläge sind großartige Neuigkeiten zur Wirbelsäulenatmung deiner Frau. Dies ist eine wundervolle Übung mit vielen langfristigen Vorteilen und auch eine der effektivsten verfügbaren Mittel zum Ausgleich der inneren Energien. Es ist der perfekte Gefährte für die tiefe Meditation. Und diese beiden Übungen zusammen bilden eine ausgezeichnete Grundlage für die weitere Verbesserung der Yoga-Übungen, damit wir auf der Straße zur Erleuchtung schnell und behaglich befördert werden.

Es ist nicht üblich, dass Yoga-Übungen plötzlich äußere körperliche Beeinträchtigungen rückgängig machen wie das mit der Korrektur der Sehstärke. Aus diesem Grund wird Yoga nicht als ein Sofortallheilmittel für alles, was schmerzt, präsentiert. Wir üben Yoga mit dem Ziel der Erleuchtung und die perfekte körperliche Gesundheit ist nicht immer eine Voraussetzung dafür, obwohl sich unser allgemeiner Gesundheitszustand sicherlich tendenziös verbessern wird, wenn unser Nervensystem gereinigt wird. Es besteht kein Zweifel, dass es manchmal zu plötzlichen Heilungen kommt. Ist Yoga die Ursache dafür? Es könnte sein, wenn die Beschwerden mit Blockierungen zusammenhängen, die tief in unserem Nervensystem aufgelöst werden, sobald Yoga greift.

Ob wir physisch geheilt werden oder nicht, auf jeden Fall können wir sicher sein, dass wir durch Yoga spirituell geheilt werden, und dies kultiviert in uns eine tiefe, vom Zustand unseres Körpers unabhängige Empfindung des Wohlbefindens. Innere Harmonie wird immer zu äußerer Harmonie, doch nicht immer auf dem Weg, wie wir das vielleicht erwarten. Mit der Zeit entwickeln wir eine innere Perspektive auf die Dinge, die uns dazu befähigt, mit allem fertig zu werden, was in unserem Körper oder um ihn herum vor sich gehen mag – oft sogar mit einem Lachen. Das ist Befreiung.

Der Guru ist in dir.

Zusatz: Und ein paar Monate später ergab sich diese Fortsetzung mit demselben Übenden.

Frage 3: Dies bezieht sich wieder auf die kürzlichen Meditationserfahrungen meiner Frau. Sie hat vor einer Woche mit der ersten Mantra-Erweiterung begonnen. Vor einigen Tagen bekam sie ein Brenngefühl oberhalb ihres Nabels, doch war dies nicht sehr ausgeprägt. Gestern aber, während der Meditation, war das Brenngefühl sehr stark und der Bereich oberhalb ihres Nabels wurde sehr heiß. Auch wurden ihre Fingerkuppen taub, als ob sie alle Empfindung verlieren würden. Ist dies eine Art von Blockierung und muss sie dagegen etwas tun? Gib bitte einen Ratschlag.

Antwort 3: Es ist schön, wieder von dir zu hören. Das ähnelt dem, wie es war, als deine Frau zum ersten Mal mit dem hier anfing. Aufgrund der Mantra-Erweiterung bewegt sich mehr Energie, deshalb wird ihre Sensibilität wieder sichtbar. Als Reaktion darauf sollte sie die Meditationszeit für ein oder zwei Wochen etwas kürzen (aber beim neuen

Mantra bleiben), bis sich die Dinge etwas gesetzt haben, um danach die Zeit, wie es angenehm ist, wieder langsam auszudehnen. Aufgrund ihrer früheren Erfahrungen ist es sehr wahrscheinlich, dass sie in der Lage sein wird, sich gut an einen größeren Energiefluss zu gewöhnen. Wird es nach ein paar Wochen der Anpassungen nicht besser, ist es für die erste Mantra-Erweiterung vielleicht zu früh und sie sollte zum ersten Mantra zurückgehen. Mit der Mantra-Erweiterung kann sie es dann nach sechs bis zwölf Monaten erneut versuchen. Mit dem Mantra wieder zurückzuwechseln, ist allerdings nicht die beste Lösung. Der Geist braucht ganz schön viel Zeit, bis er sich an ein verändertes Mantra angepasst hat. Deshalb springen wir nicht zwischen Mantren vor und zurück, wenn es nicht unabdingbar ist. Es ist wie bei der Brunnen-Analogie: „Willst du auf Wasser stoßen, gräbst du besser immer nur an einer Stelle.“

Frage 4: Danke für deinen Rat. Ich habe meine Frau gebeten, so zu verfahren, wie du empfohlen hast, d.h. die Zeit für die tiefe Meditation zu reduzieren. Sie macht nun die tiefe Meditation für 10 Minuten und das brennende Gefühl und die Taubheit der Finger haben sich gelegt. Danke nochmals für deinen Rat. Wenn ich auf all diese Erfahrungen und deine Ratschläge blicke, verstehe ich jetzt, warum die Yoga-Schriften die Notwendigkeit eines Guru betonen.

Was mich betrifft, ich mache die Meditation mit dem erweiterten Mantra, und seit Kurzem kommt es bei mir während der Meditation zu einem Flattern im Körper. Ich mache 10 Minuten Wirbelsäulenatmung, das dynamische Jalandhara (Kinnpumpe), 20 Minuten tiefe Meditation und Sambhavi. Zu dem Flattern kommt es zumindest ein- oder zweimal während der Meditation und das fühlt sich an, als ob eine starke Welle vom Kopf bis zu den Zehen durch meinen Körper läuft. Ich wende das erweiterte Mantra seit drei Monaten an. Das Flattern ist in der letzten Woche stärker geworden. Gib mir bitte einen Rat.

Antwort 4: Ich bin froh, dass deine Frau die Lage stabilisiert hat. In ein oder zwei Wochen kann sie daran denken, ihre Übungszeit wieder langsam zu erhöhen, wenn sie das will.

Falls es in deinem Fall ab und zu zu sonderbaren Erfahrungen kommt, handelt es sich nur um die normale Reinigung und Öffnung. Schenke dem nicht zu viel Aufmerksamkeit. Baut sich andererseits eine Erfahrung über Wochen und Monate immer weiter auf wie dein Flattern, kann dies ein Zeichen für innere Energiebewegungen sein, die die Kapazität deines Nervensystems übersteigt, sich daran anzupassen. In diesem Fall würde für dich derselbe Ratschlag gelten wie für deine Frau. Wenn sich Energie aufbaut und es sich unbequemer anfühlt, aber nicht zu erkennen ist, dass das schön langsam wieder verschwindet, dann ist es Zeit, wieder etwas langsamer zu tun. Du weißt, wie dabei zu verfahren ist.

Oft geht eine zunehmende Instabilität auf die zuletzt hinzugefügte Übung oder Zeitausweitung zurück und die erste Gegenmaßnahme ist dann, diese wieder etwas zu beschneiden. Liegt es nicht daran, dann wäre das Nächste, andere Teile zusammenzustreichen, bis eine stabile Plattform von Übungen gefunden ist. Sind die Dinge dann für eine Weile stabil, kann man daran denken, wieder schrittweise zur ausgeweiteten Routine zurückzukehren.

Wegen all der Gründe, die wir in Erwägung gezogen haben, ist Selbstabstimmung eine wichtige eigenständige Übung. Zugegebenermaßen ist das zwar etwas knifflig. Doch wenn man das nötige Wissen dazu hat, bekommt man das schon in den Griff. Ich hoffe, dass das alles schriftlich soweit systematisiert werden kann, dass dies so ziemlich jeder mit viel weniger äußerer Hilfe hinbekommt. Viel mehr Eigenständigkeit im Yoga – das ist das Ziel dieser Lektionen.

Frage 5: Danke für den Hinweis. Anstatt die Meditationszeit zu reduzieren, habe ich die Wirbelsäulenatmung auf 15 Minuten erhöht. So kam es nicht mehr zu diesem Flattern. Ich werde mit dieser Übung weitermachen und sehen, ob das so funktioniert.

Antwort 5: Sehr gut gemacht. Indem du die Wirbelsäulenatmung zur Stabilisierung von Energieungleichgewichten hernimmst (dazu eignet sie sich sehr gut), hast du nicht nur die Ungleichgewichte aufgelöst, du spannst gleichzeitig noch zusätzliche Pferde vor. Halte aber ein wachsames Auge auf deine Erfahrungen und ergreife die notwendigen Anpassungsmaßnahmen.

Lektion 201 – Das Drama einer vorzeitigen Kronen-Öffnung

Frage: Zu den Informationen, die du weitergibst, hast du sehr wahrscheinlich keine Bestätigung nötig. Doch ich dachte, dass ich dich zu diesem Zweck dennoch meine persönlichen Erfahrungen wissen lassen sollte. :-)

Schon seit meiner frühen Jugend war ich ein wenig von diesem ‚New-Age-Zeug' fasziniert, doch bin ich bis zu einer Lebenskrise Anfang der 90er Jahre darin nicht tief eingetaucht. Damals entschloss ich mich aus gesundheitlichen Gründen zu meditieren, um meinen Stress abzubauen und strandete dann, ohne dass ich das beabsichtigt hätte, in einer kleinen Meditationsgruppe, die sich auch mit Tarot-Kartenlegen, persönlichem Wachstum und Chakren beschäftigte, wovon ich nie zuvor etwas gehört hatte.

Mein erster Kontakt und meine erste Meditation mit dieser Nachbarschaftsgruppe jagte mir einen gehörigen Schrecken ein … Farbtönungen an den Wänden, farbige Lichter, hüpfende Lichtbälle von der Decke, das Sehen von Auren, Hellhören, spezielle Botschaften für mich usw. usw.

Blicke ich heute zurück, war alles positiv – rosarote Liebesstrahlen, religiöse Figuren, allumfassendes liebevolles Mitleid … doch wusste ich das damals noch nicht.

Ich konnte nicht anders, als das zu beenden … hauptsächlich aus Furcht und weil ich wollte, dass dies alles aufhört … Glücklicherweise (Schicksal?) hatte ich intelligente und weise Menschen um mich, die mir weiterhalfen. "Ist der Schüler bereit, ist der Lehrer nicht weit." :-)

In Riesenschritten ging ich vorwärts: Psychometrie, Channeling, Klarträume, Astralreisen, Geistwesen, (Schutz-)Engel, Gott, alle Pfade, alle Religionen/Glaubensrichtungen, Hellhören, Hellsehen, Dunkelheit und Spuk, vergangene Leben usw., usw. Jede Erfahrung hat sich jeweils nur einmal eingestellt und mir wurde wiederholt gesagt, dass ich das in diesem Leben nicht alles zu lernen brauche, ich hätte es bereits vorher erreicht. Das sei für mich nur eine ‚Erinnerung' daran gewesen, damit ich mir bewusst werde, wo ich im Augenblick stehe.

Ich folgte den allgemeinen Lehren von damals … in der ‚Spiritualität' der westlichen Welt … ständig meditierte ich auf die Chakren, wodurch die Energie und auch meine Schwingungsraten von der Wurzel zur Krone anstiegen. Das war alles, was ich wusste … ich wusste nichts von Kundalini und östlichen Methoden …

Mein Wachstum und meine Erfahrungen gingen so schnell, dass es einige Probleme verursachte, weil ich bald über jeden hinauswuchs, der mich unterrichtete … und traurigerweise gab es da manchmal auch Eifersucht und Unglauben, was mich dann immer veranlasste, wieder wegzugehen, und wodurch ich mich auch isoliert und alleine fühlte … nicht akzeptiert. Ich habe innerhalb weniger Monate Ebenen erreicht, wozu sie Jahre gebraucht hatten, und sie konnten einfach nicht für wahr halten, dass das für mich so ‚einfach' war. Es war für mich eine sehr schwere Zeit und auch sehr verwirrend, weil ich Hilfe brauchte an Punkten, die ich nicht verstand. Ich habe mir nicht gewünscht, das zu erleben und fühlte mich manchmal ungerecht beurteilt … und auch hilflos und verloren in dem, was geschah.

Dann kam die spontane Kundalini-Erweckung ungefähr 1995/96, die mich in ein noch größeres Durcheinander versetzte. Da begann ich mich mit östlichen Lehren zu beschäftigen und verstand mehr von Chakren.

Unglücklicherweise verursachte das langjährige Meditieren auf das Anheben der Energie zur Krone hin anstatt zum dritten Auge meine Probleme.

Ohne egoistisch sein zu wollen … und ich bin mir sicher, dass du einer der wenigen Menschen bist, die dies verstehen … ich wurde offensichtlich nah an diesem Stadium geboren, besonders in diesem Leben – aufgrund dessen, was ich in früheren Leben erreicht hatte. Das ist mir jetzt schon seit vielen Jahren klar geworden. Es ist nur schwer, jemanden zu finden, der das glaubt und nicht verstört auf mich blickt oder glaubt, dass ich eine extrem narzisstische Persönlichkeit bin.

Für mich bist du in der Tat ein Hauch von frischem Wind …

Wie ich in meiner früheren E-Mail bereits erwähnte, fand ich schließlich durch die Konzentration auf das Atmen nach oben und unten durch die Wirbelsäule von der Wurzel zum dritten Auge etwas Abhilfe. Es ist schwierig, die Energie auf diese Weise wieder in die andere Richtung ‚umzutrainieren', doch es tut sich auf jeden Fall etwas.

Ich gehe überhaupt nicht mehr in die Nähe des Kronen-Chakras. Doch fühle ich an bestimmten Bereichen dort ein Kribbeln oder manchmal auch einen Druck … Es ist mir auch unangenehm, mir meine Haare schneiden zu lassen, weil ich am Hinterkopf so etwas wie eine Pferdeschwanz-Empfindung habe, obwohl da physisch keiner ist.

Ich lass das alles einfach gehen, ohne mir darüber zu viele Sorgen zu machen …wenn überhaupt, mache ich mir mehr Sorgen darüber, dass ich das zu aktiv angehe und dann sehr viel Zeit dafür aufbringen muss, die innere Energie auszugleichen und zu beruhigen.

Nachdem ich so viele Jahre eine derart starke Energie und emotionale Reaktionen habe, gebe ich auch zu, eine Furcht entwickelt zu haben, auch nur in die Nähe der Krone zu schauen … ich hoffe, dass dies nicht irgendwie dem natürlichen Fluss der Erweckung unzuträglich ist.

Die letzten paar Wochen haben eine Menge Aktivierung im Herz-Chakra gebracht. Ich weiß nicht warum. Irgendwo habe ich gelesen, dass das Herz eines der letzten ist, das geöffnet wird, weil es sehr emotional sein kann und körperlich auslaugt. Weißt du da etwas dazu?

Sehr viel meiner Atmung hat an der Kehle und der Nase stattgefunden, was, wie ich glaube, zum Ausgleich beiträgt, weil ich gewöhnlich durch den Mund ein- und ausatme … etwas, das ich seit dem Beginn gemacht habe, weil mir gesagt wurde, dass man dies für die Chakren-Arbeit tun sollte. Ich erlaube dem allem jetzt, ganz natürlich abzulaufen, beeinflusse die Richtung nur etwas mental und habe bald bemerkt, dass sich die Nasen- und Zungenrückenenergien nach einer Weile umgelenkt haben.

Das ist für mich alles ein neues Experiment.

Ich verstehe jetzt auch, warum viele der Yoga-/Kundalini-Lehren vor der allgemeinen Bevölkerung geheim gehalten wurden. Wenn da kein erfahrener Lehrer zur Stelle ist, der helfen kann, können viele Probleme auftauchen. Die westliche Welt betrachtet Yoga und die Chakren als eine Form von körperlichen Übungen oder allgemeiner Meditation, ohne die darin liegende Kraft und das Potential zu erkennen, großen Einfluss auf das menschliche Energiefeld auszuüben ...

Danke nochmal vielmals für all das, was du machst, und für die Hilfe, die du mir zuteil werden lässt.

Antwort: Danke, dass du dich so großzügig mitteilst.

Alles, was mich bestätigt (und auch jeder Widerspruch) sind willkommen. Deine Erfahrungen passen genau in das, worüber wir in diesen Lektionen reden, besonders jetzt, wo wir über die Krone sprechen. Lass mich einige weitere Gesichtspunkte hinzufügen, die die klugen Anpassungen unterstützen, die du gerade bei deinen täglichen Übungen vornimmst.

Die vorzeitige Kronenöffnung erzeugt im gesamten Nervensystem so viele Freisetzungen, dass wir uns in diesen Turbulenzen leicht verheddern und du machst es sehr gut, wenn du über das Schlachtgewühl hinausblickst. Es ist schwierig, all den aufkommenden Visionen und Gefühlen standzuhalten. Das Gleiche gilt für alle Siddhis (Kräfte), mit denen wir vielleicht Erfahrungen machen. Weil das Nervensystem immer noch viel Reinigung benötigt, bleiben viele unserer Erfahrungen von dem „Rauch" eingefärbt, der beim Verbrennen unseres unzähligen Karma – manchmal in zufälliger Reihenfolge – entsteht. Die Erfahrungen können also eine Mischung aus dem Realen mit dem Irrealen sein. Deshalb ist es kein Wunder, dass einen eine heftige vorzeitige Kronenöffnung in die Psychiatrie bringen kann – oder schlimmer.

Hier ist der Clou: Auch wenn Visionen und Offenbarungen oft Teil unserer Reise sind, stellen sie keine maßgeblichen Indikatoren für den Fortschritt in Richtung Erleuchtung dar. In der Tat kann es zur Erleuchtung auch mit sehr wenigen und wahrscheinlich sogar ohne irgendwelche Visionen kommen. Je mehr Visionen und Offenbarungen wir haben, desto mehr können wir von den Übungen, die unseren andauernden stetigen und stabilen Fortschritt sichern, abgelenkt werden. In den Lektionen haben wir genug über verwirrende Visionen gesprochen, doch bisher nicht viel aus der Perspektive des Extrems einer ausgewachsenen vorzeitigen Kronenöffnung. Dies ist ganz und gar keine einfache Situation, weil sich das zu einer eigenen Welt mausern kann, und dies ist dann die höchste Ablenkung.

Das soll natürlich nicht heißen, dass Visionen und Offenbarungen etwas Schlechtes sind. Wir sollten uns auf jeden Fall an der Landschaft erfreuen, durch die unser Weg zur Erleuchtung führt. Wird jedoch die Landschaft zum Pfad, so dass unser Bewusstsein von unserem Selbst darin mehr und mehr eingeschnürt ist, dann kommen wir vom Kurs ab. Bei einer extremen frühzeitigen Kronenöffnung ist das Risiko dafür größer, als dies in der Regel der Fall ist. Extreme Erweckungen sind manchmal ekstatisch, oft höllisch und immer verführerisch. Richtige Übungen können den Flügen der Phantasie, in die wir gezogen werden können, schrittweise ein Ende setzen und uns zum Frieden und der Freude der göttlichen Wirklichkeit im Inneren verhelfen. Dann sehen wir unsere Visionen aus einer anderen Perspektive. Vielleicht gehen sie sogar vorüber – und wir haben stattdessen eine anhaltende Empfindung von Frieden und Glück, so dass wir nicht ständig hin- und hergeworfen sind.

Was passiert also bei einer vorzeitigen Kronenöffnung? Erreichen wir damit irgendetwas? Werden wir dadurch erleuchtet? Gut – ja und nein. Ja, Blockierungen werden dadurch planlos aufgelöst. Und nein, das Chaos, das damit einhergeht, und unsere Identifikation mit dem Chaos kann auch Karma schaffen – eine eigenartige Art von Karma, die uns in einen Kreislauf vorzeitiger spontaner Kronenöffnungen führt – eine Inkarnation nach der anderen. Arbeiten wir unter diesen Bedingungen weiter an der Krone, erhalten wir das alles nur lebendig, und spiritueller Fortschritt kann schwer erreichbar sein, selbst wenn unsere Visionen weitergehen. Nur durch unser bewusstes Einschreiten in Form von stabilisierenden Übungen können wir diesem Teufelskreis entrinnen.

Es gibt nur zwei sichere Zeichen für ein Ansteigen der Erleuchtung. In Wirklichkeit gibt es sogar nur eines, weil das zweite ohne das erste nicht sehr weit reicht. Das erste und wichtigere Anzeichen für ein Ansteigen der Erleuchtung ist das Aufkommen von innerer Stille – eine unerschütterliche glückselige innere Bewusstheit – ewiger Frieden, der sich in unserem Nervensystem einnistet. Das zweite Zeichen ist der Anstieg ekstatischer Leitfähigkeit im Nervensystem – nicht notwendigerweise ekstatische Visionen und Offenbarungen, ganz einfach neurobiologisches ekstatisches Vergnügen, das durch unseren Körper strömt. Die innere Stille und die ekstatische Leitfähigkeit im Nervensystem bilden zusammen das Fundament für die Erleuchtung. Vereinigen sie sich und werden sie eins, kommt die Reise ans Ziel endloser ekstatischer Glückseligkeit und ausströmender göttlicher Liebe. Das ist sehr einfach, wirklich. Bestimmen wir unseren Fortschritt mit Hilfe dieser beiden Parameter, die man ohne weiteres mittels bestimmter Yoga-Übungen kultivieren und leicht beobachten kann, dann sind wir auf der richtigen Spur. Gleichzeitig besänftigen wir die Stürme jeder vorzeitigen Kronenerweckung, in die wir in näherer oder fernerer Vergangenheit vielleicht verwickelt waren.

Lahiri Mahasaya, der große Kriya-Yogi des 19. Jahrhunderts, sagt, dass Erleuchtung die „Vereinigung von Leere mit Euphorie" ist – gemeint ist damit die Vereinigung der inneren Stille mit der ekstatischen Leitfähigkeit. Das ist es auch. Es ist sehr einfach. Nichts weiter ist notwendig. Wenn wir also mit Visionen und Offenbarungen überflutet werden, handeln wir nur vernünftig, wenn wir locker und leicht zu unseren Übungen zurückkehren, solchen, die diese zwei Arten des Funktionierens in unserem Nervensystem kultivieren und die zu unserer Erleuchtung führen.

In den Lektionen konzentrieren wir uns mit einer Vielfalt von Übungen auf die Kultivierung dieser beiden Komponenten der Erleuchtung. Die beiden Hauptübungen sind die tiefe Meditation (für die innere Stille) und Wirbelsäulenatmung (für eine ausgeglichene ekstatische Leitfähigkeit). Mehrere andere Übungen kommen noch dazu, um auf dem anhaltenden Prozess, den wir mit den beiden Kernübungen kultivieren, aufzubauen. Zusammengenommen ist dies ein integriertes System von Übungen.

Im Mittelpunkt einer geschmeidigen und progressiven Reinigung und Öffnung des Nervensystems steht der Wirbelsäulennerv (Sushumna) zwischen dem dritten Auge (Ajna) und der Wurzel (Muladhara). Da alle Übungen auf natürliche Weise die Reinigung und Öffnung des Wirbelsäulennervs vom dritten Auge zur Wurzel betreiben, ist es uns möglich, das Drama einer vorzeitigen Kronenöffnung zu vermeiden, auch wenn wir die ganze Zeit indirekt die Krone sanft aufstoßen. Nach geraumer Zeit können wir dann auch direkt zur Krone gehen. Ist diese Zeit gekommen, führt eine weitere Kronenöffnung nicht zum Chaos. Sie führt auch nicht zu vielen Visionen und Offenbarungen. Warum nicht? Weil viel weniger karmischer Rauch in unserem gereinigten Nervensystem herumschwebt. Die sich einstellenden Visionen sind nicht extrem, nicht überwältigend, aber tief gehend und brauchen hier nicht erwähnt zu werden. Kurz, eine Kronenöffnung erzeugt, wenn die Zeit einmal reif ist, keinerlei Aufruhr – nur einen Kanal für die in die Welt ausfließende ekstatische Glückseligkeit und göttliche Liebe.

Dieser Zustand einer voll entwickelten, geöffneten Krone mit darauf abgestimmtem Nervensystem ist sich selbst Quell und Rechtfertigung. Und es ist gleichzeitig etwas sehr Einfaches.

Das war nun ein ausführliches „Ja"; ich denke also, dass du recht daran tust, die Wirbelsäulenatmung ins Programm zu nehmen. Außer dass diese ein weltklasse Weg ist, die Kundalini-Energien zu stabilisieren, ist sie gleichzeitig eine Kernübung für die Kultivierung ekstatischer Leitfähigkeit von der Wurzel bis zum dritten Auge. Die Erweckung des dritten Auges (Ajna) auf diese Weise bringt dich weiter. Ich möchte dich auch ermutigen, die tiefe Meditation mit aufzunehmen. Trotz all seiner Vorteile kultiviert das Pranayama nicht die tiefsten Ebenen der inneren Stille im Nervensystem. Dafür muss der Geist jeden Tag systematisch in die Stille geführt werden – das macht die tiefe Meditation.

Bezüglich des Atmens durch Mund oder Nase kann ich sagen, dass gewöhnlich, wenn damit keine Anstrengung verbunden ist, der Weg durch die Nase der bessere ist, weil sich wichtige Aspekte unserer Wirbelsäulenneurologie in den Nasengängen und Nasennebenhöhlen befinden. Durch das Atmen durch die Nase während der Wirbelsäulenatmung werden diese genauso wie durch andere „zielgerichtete" Übungen, die wir in den Lektionen behandeln, d.h. Sambhavi, Yoni Mudra Kumbhaka, Kechari und die Bastrika Pranayamas, stimuliert.

Ich vermute, dass deine Furcht vor der Krone abnehmen wird, sobald du etwas Behaglichkeit und Stabilität mit den auf die Verbindungslinie zwischen drittem Auge und Wurzel gerichteten Übungen entwickelt hast. Es ist dann nur noch ein Ort, den du, um zu sehen, was dort geschieht, gelegentlich berühren kannst. Das wird solange kein „Üben an der Krone" sein, bis du in allem eine Stabilität erreicht hast, was du dort tust (das haben wir in Lektion 199 erörtert). Es besteht keinerlei Notwendigkeit, das zu übereilen. Denn die Krone wird jedes Mal, wenn wir meditieren, die Wirbelsäulenatmung und den Rest unserer integrierten fortgeschrittenen Übungspraxis ausführen, auf eine gefahrlose Weise geöffnet.

Ja, das habe ich auch schon gehört, „dass das Herz sich als letztes öffnet“. Doch ich denke, dass man daraus nicht folgern darf, das Herz spiele keine so große Rolle. In den Lektionen beginnen wir mit dem Herzen, weil das Verlangen der Motor für allen Yoga ist. Ein intensiviertes Verlangen, das man auf die spirituelle Entfaltung richtet, ist Bhakti, und das ist alles Herzensarbeit. Alle Übungen haben eine Rückwirkung auf das Herz und intensivieren Bhakti auf jedem Schritt des Weges. So öffnet sich das Herz also ständig zusammen mit dem Rest des Nervensystems. Dann beginnt sich die ekstatische Leitfähigkeit auszubreiten und wir schmelzen angesichts so vieler Ekstase und ansteigender Sinnlichkeit im Innern – mehr Herzöffnung – in innerlicher Liebe hin. Wenn sich am Ende Shiva (Stille) und Shakti (Ekstase) miteinander vereinigen und wir schließlich direkt zur Krone gehen, dann strömt alles herunter und das Herz wird zur Gänze überfließende, reine, göttliche Liebe. Vielleicht ist dieser letzte Schritt mit dem Ausdruck „das Herz öffnet sich als letztes“ gemeint. Doch in Wirklichkeit beginnt Yoga mit dem Herzen und das Herz öffnet sich auf jedem Schritt des Weges; und es endet auch mit dem Herzen, wenn wir schließlich auf dieser Erde zum Ausdruck göttlicher Liebe werden. All diese Schritte des Herzens sind nicht traumatisch – solange wir die Yoga-Übungen machen, die eine reibungslose Reinigung und Öffnung des Nervensystems kultivieren. Dazu ruft uns unser Herz auf, und das ist es, was das Herz öffnet.

Fühlen wir im Herzen Unannehmlichkeit (nichts Gesundheitliches), ist das ein Symptom für Energieungleichgewichte und wir sollten unsere Übungspraxis und Selbstabstimmung analysieren und auf Vordermann bringen, um dies zu beheben. Dies hier ist ein Pfad der Freude und nicht einer des Unwohlseins und der Angst. Wir setzen die Übungen also immer so ein, dass sie einen reibungslosen Fortschritt gewährleisten und angenehme Erfahrungen vermitteln. Dadurch werden wir ständig dazu motiviert, weiterzumachen und somit ist auch unsere letztendliche Ankunft am Ziel garantiert.

Die Geheimhaltung von yogischem Wissen mag in der Vergangenheit angebracht gewesen sein, doch dies ist meiner Ansicht nach in unserer Zeit nicht mehr sinnvoll. Heutzutage begegnet man so vielen Menschen mit einem intensiven Verlangen nach Gott, Übungen, spontanen spirituellen Erfahrungen, usw. Dieser aufkeimende weltweite Bedarf erträgt es nicht, dass derart wichtiges Wissen (fragmentiert, könnte man noch hinzufügen) in einigen wenigen übervorsichtigen esoterischen Traditionen abgeschlossen bleibt. Wir befinden uns inmitten eines massiven Umbruchs im weltweiten Bewusstsein. Jetzt ist die Zeit gekommen, dass jedermann Zugang zu den vollständigen Mitteln für das gefahrlose und effektive Reinigen und Öffnen des Nervensystems erhalten muss. Darum geht es in diesen Lektionen.

Ich wünsche dir auf dem von dir gewählten Pfad weiterhin allen Erfolg. Es ist schön, dich hier zu haben und ich hoffe, dass dir die Lektionen eine ständige Hilfe sind.

Der Guru ist in dir.

Lektion 202 – Freie Form vs. strukturierte Übungen

Frage: Ich liebe es sehr, deine Lektionen zu lesen, auch wenn ich es noch nicht geschafft habe, sie mir alle vorzunehmen. Doch ich drucke sie aus und werde noch dazu kommen.

Die meisten Übungen, von denen du geschrieben hast, scheinen bei meinen Meditationen im Laufe der Zeit spontan aufzutreten. Ich mache keine davon bewusst, habe jedoch diese Energie, die mich fast augenblicklich überkommt, sobald ich mich auf mein Meditationskissen setze. Ich überlasse mich ihr einfach und erlaube ihr, mich auf ihrem Weg mitzunehmen. Ich habe gelernt, mich mit Vertrauen und Dankbarkeit einfach hinzugeben.

Vor vier Jahren habe ich am 10. Tag des Vipassana-Stille-Meditations-Retreats eine tiefgehende Kundalini-Öffnung erfahren. Seither meditiere ich jeden Tag, üblicherweise für eine Stunde, allerdings in der Regel nur einmal am Tag.

Ich musste lernen, mit dieser neuen Energie, die außer Kontrolle geraten war und zunächst vollständig Kontrolle über meinen Körper ergriffen und mir verschiedene Probleme bereitet hatte, umzugehen. Ich musste lernen mich zu erden, mich zu schützen und auch lernen, auf eine neue Art zu funktionieren. Es kam zu vielen tiefgreifenden Erfahrungen während dieses anhaltenden Prozesses. Ich habe gelernt, einfach darauf zu vertrauen, dass ich gereinigt werde.

In meine tägliche Routine habe ich mehrere Techniken aufgenommen. Ich nutze Weihrauch, weil ich ihn gern habe und ich höre oft Sanskrit-Chants, während ich meditiere, doch fühlt es sich in Wirklichkeit mehr so an, als würde ich „gemeditiert". Manchmal wiederhole ich Gesänge in meinem Kopf; ich habe festgestellt, dass das längere „SHREE OM I AM" für mich besser funktioniert als das einfache „I AM". Doch erlösche ich oft einfach ins Nichts.

Meine Frage bezieht sich auf meine Übungsroutine. Sie scheint für mich zu funktionieren. Beim Lesen deiner Lektionen erkenne ich manchmal die Techniken, von denen du sprichst, als etwas, das mir irgendwann während meiner Meditationen widerfahren ist. Da das, was ich mache, ganz gut läuft, frage ich mich, ob es mir helfen würde, mich auf eine bewusstere Art und Weise mit den Techniken zu befassen?

Ich fühle mich oft so, als sei ich nur der Zeuge von dem, was in meinem Körper abläuft. Ich gebe mich einfach hin und beobachte. Ich werde zum Zeugen und urteile nicht, ich lasse ganz einfach los. Manchmal nehme ich eine tiefe Leere wahr, manchmal sind da viele Gedanken, Farben, Lichter, Visionen usw. Ich habe ein Gefühl, als hätte sich die Energie durch meinen Körper bewegt und mich dabei geheilt und Blockaden ausgeräumt. Manchmal kam es auch zu vielen Regungen des Körpers, was beizeiten auch mit Schmerzen verbunden war. Doch das lasse ich ohne weiteres geschehen. Oft mache ich spontan verschiedene Yoga-Stellungen oder Mudras. Es gab Zeiten, da ich eine ganze Stunde nur weinte und mir nicht einmal im Klaren darüber war, warum. Das fühlt sich immer wie eine fürchterliche Erleichterung an und ich fühle mich danach wundervoll. Ich fühle mich, als würde ich leichter und leichter werden. Ich reagiere auf Energie sehr sensibel und empathisch und bin noch dabei zu lernen, wie man am besten mit solchen Dingen umgeht. Es war immer und bleibt auch weiterhin eine Reise.

Hast du irgendwelche Anmerkungen oder Vorschläge? Mir helfen deine Lektionen sehr.

Antwort: Danke für deine freundliche Notiz. Das schätzen wir sehr.

Es hört sich an, als machtest du gute Fortschritte und dass alles reibungslos abläuft (wundervoll!). Wer bin ich also, dir dazu Vorschläge für Änderungen zu unterbreiten? Es scheint, als würde dir die Reise Spaß machen und so sollte es auch sein.

Andererseits erzielt man mit Meditation und anderen Übungen die effektivsten Ergebnisse, wenn man die angewandte Technik für eine festgesetzte Zeit favorisiert. „Effizienz" bedeutet hierbei: maximaler Fortschritt mit den geringsten Unbequemlichkeiten. Dafür muss man schon etwas tun und ich bin mir nicht sicher, ob dies ohne eine irgendwie geartete Bemessung von Übungen erreicht werden kann.

Ein strukturiertes Programm von Übungen mag als restriktiv erscheinen, wenn man schon lange die Gewohnheit einer freien Herangehensweise pflegt. Struktur hat aber dennoch seine Vorteile. Sie hält uns auch dann auf Kurs, wenn Einflussfaktoren zum Tragen kommen, die das Zeug haben, uns abzulenken. Sie hält uns davon ab, uns selbst damit zum Narren zu halten, anzunehmen, dass wir spirituell üben, wenn wir uns vielleicht nur im Lehrlauf drehen. Struktur ist ebenfalls sinnvoll, wenn wir eine Integration kraftvoller fortgeschrittener Übungen nutzen, die eine Menge ekstatischer Energien durch unser Nervensystem bewegen. Man übertreibt leicht. Wird so viel Ekstase generiert, schießt man schnell über das Ziel hinaus und dann brauchen wir eine Methode, unsere Übungen so abzumessen, dass sie optimal angewandt werden und zu behaglichen Ergebnissen führen. Dann wird es wichtig, bei jeder Anwendung die Uhr einzusetzen. In den Lektionen findet sich eine Vielzahl von Beispielen, die die Bedeutung von Selbstabstimmung unterstreichen. Selbstabstimmung ist für die meisten Menschen in dieser Gruppe ein wichtiger Bestandteil der Übungspraxis. Ohne eine vorsichtige Selbstabstimmung hätten wir hier Leute, die an dieser und an jener Stelle ausbrennen. Sogar mit Selbstabstimmung wird es manchmal ein bisschen haarig.

Die Frage ist also, wie schnell du vorwärts gehen und dabei noch sicher (und gesund) unterwegs sein möchtest.

Vielleicht ist für dich ein Kompromiss am besten. Bestimmte Übungen könntest du vielleicht nach der Uhrzeit ausführen, ein anderer Teil deiner Routine könnte in der freien Form bleiben. Wenn du ab und zu die Erfahrung von heiklen Emotionen machst, die auf ein inneres Energieungleichgewicht hindeuten, könnte eine konstante Dosis von Wirbelsäulenatmung für dich besonders segensreich sein.

Jeder entscheidet selbst darüber, wie schnell und reibungslos er vorankommen will.

Der Guru ist in dir.

Lektion 203 – Überlegungen zu einigen außergewöhnlichen Erlebnissen

Frage: Ich gehe für fast einen Monat in einen Ashram nach Indien. Dort wird mein Guru anwesend sein, der, mit dem ich mich wirklich im Einklang befinde.

Ich möchte mich mit dir gern über einige Dinge unterhalten, die vorgefallen sind. Ich bin dankbar, dass ich jemanden habe, der anders als nur mit einem herzhaften Lachen auf das reagiert, was bei mir „so im Gange" ist. (Mein Guru lächelt einfach immer nur oder lacht). Er hat mir vor mehr als einem Jahr gesagt, dass ich mich widersetze. Ich will mich nicht der Wahrheit widersetzen. Warum sollte man in Unwissenheit leben? Aber noch immer muss ich etwas Widerstand leisten.

Mir sind alle möglichen sonderbaren Dinge geschehen. Ich bin diejenige, die dir vor einiger Zeit darüber berichtet hat, dass ich ständig die Kundalini habe – schon als kleines Kind – dass ich Lichter gesehen, ein Brummen verspürt, ein Summen gehört habe usw., usw. Doch was jetzt los ist, ist sogar noch mehr. Ich muss das jemandem sagen, der weder mich noch irgendjemanden um mich herum kennt. Viel davon habe ich bereits einmal erlebt, doch einiges ist auch neu. Ich zähle es mal auf:

Das gelegentliche Sehen von Lichtblitzen in allen Farben – besonders um Tiere, um Menschen und einige Bäume herum.

Das Gefühl von Energie, die durch meinen Körper strömt – hoch erotisch, doch nicht sexuell (nicht genau...)

Steifheit und Schmerz um den Po, Hinterkopf und hinein in den Nacken und Kiefer. Lebhafte Empfindungen entlang der Wirbelsäule – besonders während der Wirbelsäulenatmung, die du mir gegeben hast (und die ich in mein Yoga-Pranayama eingebaut habe).

Bei meiner rechten Hand kam es sehr oft zu sporadischem Schütteln, und wenn irgendwelche zusätzlichen Energiestöße kommen, beginne ich das zusammenzudrücken und durch ein rasches Rückwärtsbeugen wieder loszulassen – als ob die Energie nur einfach herausströmen würde. Sehr viel Vibration in den Händen und Füßen.

Ein allgemeines Gefühl der Erregung.

Schluchzen muss ich, wenn ich an das Mitgefühl meines Gurus denke. Die Leute sagen mir immer, was auch du mir gesagt hast, dass der Guru im Innern ist ... das bringt mich zum nächsten Punkt – in meinem Kopf höre ich meine Gurus. Ja, ich weiß, das klingt verrückt, doch so erhalte ich eine Antwort, wenn ich eine brauche. Ich könnte mich wirklich mit all dem dahin wenden – doch will ich eine äußere Bestätigung.

Brauche ich eine Antwort, öffne ich mich auf einer Ebene „jenseits von Worten" und es spricht zu mir genau das, was ich im Moment brauche – in der exakten Formulierung.

Das Bild meines Gurus scheint Bewegungen zu machen und die Gesichtsausdrücke verändern sich wirklich, während ich darauf schaue und mit ihm kommuniziere.

Ich weiß, was die Menschen fühlen – und scheine vor ihnen zu wissen, warum sie so fühlen.

Stellt mir jemand eine Frage zur Spiritualität, kann ich auf die Seite treten und jemand anders scheint durch mich zu antworten.

Zu bestimmten Zeiten scheint es, dass ich wie ein Luftballon entrückt bin, in der Luft herumschwebe und mich hier unten beobachte. Blicke ich währenddessen auf die Erde, scheint es bis dort unten sehr weit zu sein ... doch bekümmern mich während dieser Zeit die meisten Dinge nicht.

Die Dinge scheinen sich zu manifestieren – ohne dass ich das bewusst beabsichtige. Ich muss es auf eine Art nur unbewusst denken – und es geschieht.

Ich treffe nun häufig Menschen „auf dem Pfad".

Ich habe immer noch Gefühlsregungen, bei denen ich mich schüttle – besonders wenn ich nach innen zu bestimmten Punkten gehe, wo ich große Intensität fühle.

Ich habe wieder begonnen solche Dinge zu haben, wo Energie durch mein System explodiert (das hab ich mein ganzes Leben hindurch immer wieder einmal gehabt), wo es nach überall hinausschießt. Doch ist mein Solarplexus gestört und ich fühle mich, als müsste ich viel schlucken, genauso wie ich mich fühle, als müsste ich auf die Toilette (und muss dann auch oft bald darauf ein WC aufsuchen). Dann bin ich müde und mir fällt es schwer, irgendetwas zu kommunizieren – wie wenn ich benommen wäre.

Wenn ich mit Menschen darüber spreche, bei denen ich fühle, dass sie aufgeschlossen sind (in meiner Kirche oder in meiner Yoga-Gruppe), habe ich festgestellt, dass mein Körper beginnt, Dinge zu tun, die seine Glückseligkeit ausdrücken: Er beginnt mit den Armen in einem Tanz zu winken oder macht die Baum-Stellung oder beginnt richtig zu tanzen!

Wenn ich mit einem Mann von unserer Kirche meditiert habe – wir machen eine tantrische Meditation –, begann ich mich sehr stark zu schütteln – Energie ging die Wirbelsäule hoch und ganz oben heraus oder um den Mund oder das dritte Auge herum.

Wenn ich auch nur so daliege, ganz ruhig, steigt mein Bewusstsein der Energie sehr stark an. Während der Meditation fühle ich, wie Wogen kommen, Gnade von oben, die herabsteigt, herunter und herunter durch mich. (Danke Gott und Guru!)

Beim dritten Auge tut sich ganz schön was.

In letzter Zeit im Auto beginne ich oft meine(n) Guru(s) zu fühlen oder eine Unterhaltung mit ihnen zu führen, und diese innerlich sich manifestierende Sache beginnt sich zu ereignen und ich fühle, dass ich schreien muss! Deshalb schreie ich schrill und durchdringend, aber auf eine Art auch glückselig. Meine rechte Hand beginnt sich selbständig zu machen und/oder die Wirbelsäule fängt an zu wanken – doch mir geht es ausgezeichnet und ich habe immer noch die Kontrolle über meinen Wagen.

Manchmal bewege ich die Hand auf eine bestimmte Art oder lasse das Haar in die Stirn fallen und ich fühle mich wie: ICH BIN mein Guru. Ja, sonderbar – ich weiß. Hat das etwas mit dem Vereinigen zu tun? Es ist buchstäblich so, dass ich für diesen kurzen Augenblick keinen Unterschied zwischen ihm und mir erkennen kann. In Wirklichkeit ist es nicht etwas, worüber ich mir Gedanken mache, es ist mehr so etwas wie ein Geistesblitz. Es kommt mir vor, als gäbe es zwischen uns keinen Unterschied.

Seit einiger Zeit habe ich das Gefühl, dass es mir gut tut, viel mit anderen zu meditieren.

Während meiner Meditationen war ich gewöhnlicherweise in der Lage, in sie hineinzugehen, ohne mich an irgendetwas zu erinnern. Nun habe ich jedoch oft körperliche Zuckungen. Ich hatte zwei Träume/Visionen, bei denen ich überhaupt keine Angst vor dem Tod hatte. Einen, bei dem ich auf einer Plastikplane inmitten des Ozeans stand und große Wellen um mich her wogten. Im anderen begrub ein Mann mein oranges Kleid. Das Kleid stand für Spiritualität und schien mir ein Symbol für meine Haut. Ich fühlte überhaupt nichts, als ich ihn beobachtete, wie er es beschmutzte. Ich bin bereit, jede Vorstellung von Spiritualität, der ich bisher anhing, fallen zu lassen und von Neuem zu beginnen.

Es scheint mir, als hätte ich mir auf der Astralebene eine große Menge geistiger Führer oder Lehrer aufgesammelt. Ich weiß aber nicht einmal, wie ich mir dessen bewusst bin.

Kürzlich habe ich mit einem „Indigo“ gesprochen. Über Telefon hab ich ihn sehr stark gefühlt, obwohl ich ihn niemals getroffen habe. Köstlich.

Ich habe Schwingungen von niederen Wesenheiten aufgegriffen und auch eine davon in der Tür meines Klassenzimmers gesehen. Als dunkler Umriss lauert er dort manchmal – er öffnet die Schranktür usw., um meine (und der Schüler) Aufmerksamkeit auf sich zu lenken.

Meine Sehnsucht ist sehr stark. Ich fühle diesen „Ort“, den ich früher gekannt habe, den ich aber scheinbar nicht finden oder halten kann. Er kommt wie ein Blitz und ist dann wieder weg. Mein Guru sagte mir: „Du hast das noch niemals gemacht.“

Egal, ich werde meinen Guru besuchen, doch bin ich mir nicht ganz sicher, ob ich ihm von diesen Dingen erzählen und mit ihm darüber sprechen sollte. Ich weiß nicht, was als Nächstes geschehen wird. Das weiß ich nie. Ich kümmere mich gar nicht darum. Ich bin hier, es geschehen zu lassen. Falls es unnötige Gefühle und Aufregung sind, die zu nichts nutzt, als mich zu überzeugen, dann will ich schnell bis dahin vorspulen, wo ich diese Dinge nicht länger brauche, um überzeugt zu sein. Llewellyn Vaughan-Lee sagt ja auch vom Gebet des zweijährigen Mädchens: „Gott, ich weiß“ und Gott antwortet: „Ja, ich weiß auch.“ Mein Guru weiß. Doch ich könnte trotzdem ein bisschen Erklärung gebrauchen. Hast du eine für mich? Oder ist dies alles Teil des Mysteriums, das dadurch verdorben wird, dass es mir jemand anders erklärt? Oder werde ich sowieso nichts davon verstehen?

Sollte ich meditieren? Ich habe einen neuen Mann getroffen, mit dem ich gerne Meditationen machen würde. Er geht in meine Kirche. Dann noch: Sollte ich Reiki-Austausch machen? Oder ist das zurzeit nicht gut für mich?

Ich habe mit jemandem gesprochen, von dem ich weiß, dass er sehr lange an sich selbst gearbeitet hat. Er ist einer der sehr wenigen, denen ich wirklich vertraue, und ich würde das wirklich nicht jedem offen erzählen, doch ich erzählte ihm, dass ich mit den Lehrern mental kommunizieren könne und dass mich einer von diesen beruhigt und mich ein anderer mehr motiviert, doch dass sich die Kernaussage von ihnen allen gleich anfühlt. (Ein bisschen verwirrend! Sind diese ich?) Und er sagte, dass er das nicht habe. Als er das sagte, habe ich für eine Sekunde an meiner Erfahrung gezweifelt, wegen ihm und auch wegen dir, weil du mir immer sagst, der Guru sei in mir. Ich weiß überhaupt nicht mehr, wer ich bin – mir scheint es, als würde ich mich in etwas anderes hinein ausdehnen. Möglicherweise befinden sich mein Guru und andere als Aspekte meines inneren Guru im Innern ...

Vielleicht sind das die Pranayamas, die Meditation und die Asanas, die das alles beschleunigen. Ich habe immer noch nicht das Gefühl, dass ich da bin, wo ich schon einmal „war".

Trotz all dem ist mein Leben ziemlich ausgeglichen/gewöhnlich. Ich unterrichte immer noch und plane, noch öfter nach Indien zu reisen. (Ich werde auf der Reise die Lage ausloten. Fühlt es sich gut an, komme ich für einige Zeit wieder zurück und werde dann für zwei Jahre nach Indien ziehen – wie mein Guru vorgeschlagen hat). Andererseits muss ich für das innere Gleichgewicht noch zusätzliche Wechselatmung üben. Meine Familie findet mein Yoga-Zeug immer noch nicht gut, doch die Kirche und die Yoga-Familie schon. Ich habe auch immer noch etwas Zeit für meinen Hund und meine drei Katzen.

Ich schaffe mir auch immer Zeit, in deinen Fortgeschrittenen Yoga Übungen zu lesen, bin aber immer noch nicht halbwegs mit ihnen durch …

Sorry, so ein langer Brief! Bei mir war sehr viel los und ich musste etwas Druck ablassen! Wir sind alle so sehr dadurch gesegnet, dass wir jemanden haben, der uns antwortet und der uns so viel Aufmerksamkeit schenkt, wie du das getan hast. Ich hoffe, dass du auf deinen physischen Körper gut Acht gibst und dich nicht zu sehr verausgabst.

Antwort: Es ist schön, wieder von dir zu hören.

Vieles von dem, was du erfährst, fällt unter die Kategorie „Reinigung im Nervensystem". Als solches ist es eine Mischung aus Wahrheit und karmischer „Verkappung" von Blockierungen, die aufgelöst und verbrannt werden. Wahrscheinlich geht dein Guru auch deshalb nicht auf die Details ein. Es ist auch unmöglich, das zu tun und die Bedeutung von allem herauszufinden, was geschieht. Es ist auch für den Teil der karmischen Verpuffung davon unwichtig. Was wahr ist, steht für sich alleine. Die Wahrheit ist das, was übrig bleibt, wenn der ganze Rest verbrannt ist.

Es gibt aber einig Punkte, die ich gern ansprechen würde.

Je mehr Übungen du machst, desto schneller läuft der Prozess ab. Das ist gut, doch kann übermäßiges Üben zu übermäßigen Symptomen führen und dann ist eine vorsichtige „Selbstabstimmung" angebracht. Es hat keinerlei Zweck, so viele Übungen zu machen, dass das Leben zum Chaos wird und man nicht mehr funktionieren kann. Ich weiß, dass das auf dich nicht zutrifft, doch wenn du mit zusätzlichen Übungen zu sehr forcierst und mit all den anderen Dingen, die du in Betracht ziehst, dann könnte es soweit kommen. Ein wenig Mäßigung und Abmessung der täglichen Übungen könnte nicht schaden. Wir wollen schnell vorangehen, doch nicht so schnell, dass wir in Teile zerfallen und ausbrennen.

Denke daran, dass die Übung aus den Lektionen, die am meisten dem Ausgleich dient, die Wirbelsäulenatmung ist. Zu viel oder zu wenig davon führt entweder zu zu wenig Ausgeglichenheit oder zu zu wenig Fortschritt. Es ist auch wichtig, dass man jedes Mal beim zweimal täglichen Sitzen gleich viel Wirbelsäulenatmung macht, ob das nun 5, 10, 15 oder mehr Minuten sind, das hängt davon ab, wie es für dich am angenehmsten ist. Dasselbe gilt für die Meditation. Der Rest der Übungen in den Lektionen umhüllt diese beiden. Verdoppelst du sozusagen deine Übungen bei jeder Sitzung, indem du z.B. zwei oder mehr Arten von Meditationen machst oder mehrere Arten von Pranayama – über das hinausgehend, was in einem einzelnen Ansatz empfohlen wird – oder wenn du regelmäßig zusätzliche Übungen bei der Teilnahme an Gruppen hinzunimmst, trägt das alles dazu bei, das Potential für übermäßige Freisetzungen zu erhöhen. Es ist also am besten, sich an eine stetige Routine mit sich ergänzenden Übungen zu halten, die so für einen optimalen und gleichzeitig angenehmen Fortschritt abgestimmt sind. Das alles erwähne ich lediglich als Gedankennahrung. Es scheint, dass du alles richtig machst, obwohl du da etwas an die Grenzen gehst. Ohne Zweifel wirst du in Indien sogar noch mehr an die Grenzen gehen, obwohl du dort unter guter Aufsicht stehen wirst, oder?

Die zwei wichtigsten Erfahrungen, die du erwähnt hast, sind aus meiner Sicht der Zeuge, was mit dem Aufsteigen innerer Stille gleichzusetzen ist, und die durch deinen Körper hochsteigenden erotischen/ekstatischen Empfindungen. Diese beiden bilden den Kern des Erleuchtungsprozesses, sein Fundament in Wirklichkeit, und dies ist es, was die fortgeschrittenen Yoga-Übungen kultivieren. Ehrlich gesagt ist all der Rest nur eine vorübergehende Show, der man nur gelegentlich Aufmerksamkeit schenken und die keinesfalls in den Übungen den Vorzug erhalten sollte. Eine kürzlich ins Netz gestellte Frage & Antwort-Lektion mit dem Titel „Das Drama einer vorzeitigen Kronenöffnung" (Lektion 201) behandelt das bis ins Detail. Hat man innere Stille/Zeugenschaft nur begrenzt erreicht, ist man vielleicht geneigt, sich mit Erlebnissen zu sehr zu identifizieren. Bei der Erleuchtung geht es nicht um Erlebnisse. Eine andere Lektion hat den Titel „Wie man beim Öffnen der Krone vorgeht" (Lektion 199). Diese zwei Erörterungen könnten zu deiner Situation passen. Nicht, dass alles davon auf dich zutreffen müsste, doch wirst du dort einige der Elemente, Vorteile und Risiken entdecken, mit denen du bereits Bekanntschaft gemacht hast oder mit denen du gerade zu tun hast.

Zum Sehen des(r) Gurus im Inneren findest du etwas in Lektion 57 – „Der Guru in mir?". Der Guru beginnt sich in uns als Verlangen zu manifestieren. Er geht dann nach außen, um Verbindung mit äußerem Wissen und/oder physischen Gurus herzustellen und kehrt später wieder zurück nach innen, wo man ihn auch sieht. Das Sehen deines(r) Gurus im Innern ist ein natürlicher Teil des Bhakti-Prozesses. Schließlich lösen er/sie sich in deiner ansteigenden Erleuchtung auf und es ist dein eigenes Selbst, das ausstrahlt. All dies ist auch ein Teil des Reinigungsprozesses. Vielleicht geht dein Guru also nicht darauf ein, weil die Einzelheiten der karmischen Lösung unergründbar sind. Das findet alles in dir selbst statt und führt unweigerlich zu deiner Erleuchtung. Das ist das Wichtigste.

Es hört sich so an, als würdest du alles sehr gut machen. Bemüh dich aber um Stabilität in deiner Praxisroutine und versuche zu vermeiden, wie ein Känguru in neue Übungen hineinzuspringen, bis du dafür ein Verständnis entwickelt hast, wie sie deine Übungen sinnvoll ergänzen können. Andernfalls könntest du dich mit den Dingen verkrümmen und es übertreiben. Zur Stabilisierung der Energien, die wir in den Übungen stimuliert haben, ist auch ein bestimmtes Maß an gewöhnlicher täglicher Aktivität nötig. Deshalb können manchmal weniger Übungen und mehr Aktivität zu mehr Fortschritt führen. Du hast das natürlich alles bereits in deiner ausgelasteten Routine. Das dient nur zur Erinnerung.

Danke, dass du dich um mich sorgst. Du weißt aber sicher, dass die Kernlektionen fast alle veröffentlicht sind. Es müssen nur noch all die Prinzipien und Übungen zusammengefasst werden und es fehlt noch eine Lektion mit Tipps für die Aufrechterhaltung einer regelmäßigen Übungspraxis bei vollem Terminkalender – eine große Herausforderung für die meisten von uns in der Alltagswelt. Nachdem das erledigt ist, wird hier wohl für einige Zeit weniger zu tun sein (E-Mails werde ich, so gut wie ich kann, weiter beantworten und auch Frage & Antwort-Lektionen je nach Bedarf einstellen). Dann will ich mich darauf konzentrieren, zwei Bücher zu veröffentlichen, wovon beide bereits als Manuskripte ganz gut ausgearbeitet sind – das eine ist eine erweiterte Version dieser Lektionen und das andere ein spiritueller/Abenteuer-/Liebesroman, in den die derzeitigen fortgeschrittenen Yoga Übungen eingewoben sind.

Ich wünsche dir eine schöne Zeit in Indien! Ich würde mich freuen, von dir zu hören, sobald du zurück bist.

Der Guru ist in dir.

Lektion 204* – Zusammenfassung von Prinzipien, Fähigkeiten und Übungen

Die letzten sechs Monate haben wir sehr viele Informationen weitergegeben und nun sind wir an einem Punkt angelangt, wo alle wichtigen fortgeschrittenen Yoga-Übungen mitgeteilt sind. Heißt dies, dass zu diesen Übungen nichts mehr hinzugefügt werden kann? – Ich glaube nicht, dass wir diesen Punkt jemals erreichen werden, weil Yoga ein riesiges Gebiet mit unzähligen Details ist, die wir endlos erörtern könnten. Es gibt noch viele unterstützende und Nebenübungen, die wir uns vornehmen können. Vielleicht werden wir das auch im weiteren Verlauf der Diskussion tun. Doch die Hauptübungen sind hier bereits in den Haupt-Lektionen und in den Tantra-Lektionen vorgestellt. Wendet man die bisher vorgestellten Yoga-Übungen an, kann so viel Reinigung und Öffnung tief im Nervensystem erreicht werden, dass alles andere, was zur Erleuchtung nötig ist, durch das Phänomen des Miteinander-in-Verbindung-Stehens im Yoga automatisch hervorgerufen wird.

Das Ziel dieser Lektionen ist: die wichtigsten Mittel bereit zu stellen, mit denen man das Nervensystem so stimulieren kann, dass es sich selbst reinigt und öffnet. Man kann sagen, dass das Nervensystem geradezu begierig darauf ist, wenn man ihm nur die Gelegenheit dazu bietet. Ist der Ball einmal ins Rollen gebracht, kommen viele Aspekte unserer natürlichen Neigung zur menschlichen spirituellen Transformation ins Spiel. Das Ziel hier ist, dich so auszustatten, dass du im Yoga diesbezüglich selbstgenügsam bist.

Schon zu Beginn der Lektionen sprachen wir über die natürlichen Fähigkeiten in uns allen; dass diesen nur eine geringe Stimulation fehlt, dann würden sie uns in Richtung bewusster innerer Öffnung zum Unendlichen antreiben. Diese Fähigkeiten wurzeln in mehreren fundamentalen Prinzipien, die unserem Nervensystem innewohnen. Wir sind alle so entworfen und gebaut, dass wir die unendliche göttliche ekstatische Glückseligkeit erfahren können!

In dieser Lektion wollen wir uns einen Überblick verschaffen:
über diese grundlegenden Prinzipien,
die natürlichen Fähigkeiten, die man daraus ableiten kann,
wie auch über die mitgeteilten Übungen, die der Stimulierung dieser natürlichen Fähigkeiten dienen.

Der Kern der Yoga-Wissenschaft liegt in der Entdeckung und Anwendung der einfachsten und kraftvollsten Mittel zum Hervorbringen der natürlichen Fähigkeiten, die uns zur Beschleunigung unserer spirituellen Transformation zur Verfügung stehen. Das war das eigentliche Ziel dieser Lektionen.

Die grundlegenden Prinzipien für die menschliche spirituelle Entwicklung sind einfach genug. Wir haben sie in den Lektionen oft angesprochen und aus vielen verschiedenen Blickwinkeln beleuchtet. Es gibt deren fünf:

Grundlegende Prinzipien

1. Anziehungskraft – von der Wahrheit und/oder Gott: Das drückt sich in einem Verlangen aus – und es ist Liebe.

2. Reinigung und Öffnung – ein Prozess, den zu durchlaufen jedes menschliche Nervensystem auf natürliche Weise hinneigt.

3. Innere Stille – reines Glückseligkeitsbewusstsein, unser ursprünglicher Zustand, der durch unser Nervensystem hindurchscheint, sobald es zu Reinigung und Öffnung kommt.

4. Ekstase – wir erfahren sie, sobald unser Nervensystem durch die Erweckung der inneren Lebenskraft stimuliert wird.

5. Vereinigung – unsere Transformation in einen andauernden Zustand mitfühlender Einheit, Erreichen des letzten Ziels der Vereinigung unserer inneren Stille mit Ekstase. – Das ist Liebe.

Diese fundamentalen Prinzipien der Erleuchtung beginnen mit Liebe und enden mit Liebe. Es ist Liebe, die uns mit Hilfe der Reinigung und Öffnung unseres Nervensystems durch die menschliche spirituelle Transformation führt. Dadurch werden die Prinzipien der inneren Stille und ekstatischen Leitfähigkeit sowie deren Verschmelzung in uns offenbart. Dies zu erreichen, bedient sich die Liebe der Methoden des Yoga. Diese wiederum machen sich die uns allen innewohnenden natürlichen Fähigkeiten zunutze, die mit den fünf Prinzipien zusammenhängen. Wir wollen diese Fähigkeiten hier auflisten:

Natürliche Fähigkeiten

1. Die Fähigkeit, mit dem beständig auf ein Objekt ausgerichteten Verlangen die inneren und äußeren Ausdrucksformen von Energie (Lebenskraft) so zu verändern, dass sich das Erleben unseres Daseins grundlegend wandelt.

2. Die unserem Geist innewohnende Fähigkeit, sich auf natürliche Weise der Stille anzunähern. Dies ist eine objektlose Bewusstheit, die wir auch als innere Stille oder reines Glückseligkeitsbewusstsein bezeichnen.

3. Die Fähigkeit des Geistes, mühelos den Gedanken an einen Klang zu verfeinern, um den Geist damit auf natürliche Weise immer wieder zur Stille zu bringen. Bestimmte Klänge befinden sich in Resonanz mit einzelnen Aspekten unseres Nervensystems. Diese Klänge kann man selektiv nutzen, um damit das Nervensystem in Richtung systematischer Transformation zu stimulieren.

4. Die Geist-Körper-Verbindung, die es ermöglicht, über die auf natürliche Weise kultivierte Stille im Geist Stille im Körper, den Stoffwechselvorgängen und der Atmung hervorzurufen. Dies ist Ausdruck des Miteinander-in-Verbindung-Stehens im Yoga, das man infolge der Öffnung des Nervensystems auf viele Arten erfährt.

5. Die Fähigkeit unseres Nervensystems die Eigenschaft der Stille, unser stilles glückseliges inneres Bewusstsein, auf natürliche Weise aufrechtzuerhalten, auch wenn es gerade nicht kultiviert wird. Dies nennt man unter anderem den Zustand des „stillen Zeugen".

6. Die Fähigkeit, durch Zügelung und Steuerung der Atmung den Fluss der Lebenskraft im Nervensystem zu beeinflussen und eine Empfindung der Entspannung und letztendlich auch ein Gefühl der Ekstase hervorzurufen.

7. Die Fähigkeit der inneren Stille und des Flusses der Lebenskraft im Körper Hindernisse zu beseitigen, die sich tief in unserem Nervensystem eingenistet haben, und dadurch unsere Bewusstheit allmählich hin zu einer sich ausweitenden Erfahrung inneren Friedens, kreativer Energie, von Glück und Liebe zu reinigen und zu öffnen.

8. Die Fähigkeit, mit der sanften Zügelung und Regulierung des Atems den riesigen Speicher für die Lebenskraft in der Beckenregion – sexuelle Energie – so zu „erwecken", dass diese nach oben in unser Nervensystem gezogen wird, um einen Ausgleich für die reduzierte Sauerstoffaufnahme herzustellen.

9. Die Fähigkeit der Aufmerksamkeit, den Fluss der Lebenskraft im Körper zu beeinflussen, insbesondere, wenn sie mit der Zurückhaltung und Regulierung des Atems koordiniert wird.

10. Die Fähigkeit bestimmter Nerven und Nervengeflechte, physisch stimuliert zu werden, um den Fluss von Lebenskraft im Körper zu verbessern und zu lenken.

11. Die Fähigkeit der Neurobiologie im Zentrums- und Stirnbereich des Kopfes (dem dritten Auge), mit der Neurobiologie im Bereich der Wirbelsäulenbasis wie auch dem riesigen Speicher für die Lebenskraft (Sexualenergie) in dieser Region Verbindung aufzunehmen und diese zu lenken (zu kontrollieren).

12. Die Fähigkeit des Nervs im Zentrum der Wirbelsäule, die Lebenskraft und ekstatische Energie zwischen der Beckenregion und dem dritten Auge zu leiten. Diesen nennt man Wirbelsäulennerv.

13. Die Fähigkeit des Wirbelsäulennervs, Lebenskraft und ekstatische Energie in den gesamten Körper auszustrahlen und jeden Aspekt der höheren Neurobiologie in uns auf sanfte und geordnete Weise zu beleben. Dies ist das Aufkommen von anhaltender ekstatischer Leitfähigkeit.

14. Die Fähigkeit des Nervensystems, die Kraft eines Gedankens zu verstärken, wenn dieser Gedanke in tiefer innerer Stille gezündet wird. Dies bringt eine große Reinigungswirkung im Körper und der Umgebung hervor.

15. Die Fähigkeit der inneren Stille, sich mit der ekstatischen Energie so zu vereinigen, dass sie als eine einzige selbstbewusste Gegenwart aufrechterhalten bleibt. Dies wird als ekstatische Glückseligkeit erfahren. Wir lernen diese als die Ausdrucksweise unseres Selbst kennen.

16. Die Fähigkeit ekstatischer Glückseligkeit, als göttliche Liebe von uns ausgehend in unsere Umgebung auszufließen. Dann erkennen wir unser Selbst in der Gestalt von allem, dem wir begegnen. Dies ist das natürliche Erblühen göttlicher Liebe im Dienste aller Lebewesen.

All diese Fähigkeiten existieren in uns und brauchen nur etwas angestoßen zu werden, damit sie beginnen, Veränderungen in der Funktionsweise unseres Nervensystems zu bewirken. Mit der vollen Bandbreite der fortgeschrittenen Yoga-Übungen können wir sehr viel von diesem Anstoßen leisten und jede der uns eigenen natürlichen Fähigkeiten stimulieren, die uns auf dem Pfad der menschlichen spirituellen Transformation weiter vorwärts bringen.

Jeder reagiert aufgrund der jeweils unterschiedlichen Struktur innerer Blockierungen, die stetig und sicher aufgelöst werden müssen, ein wenig anders auf den Prozess der Stimulation durch Yoga-Übungen.

Wir haben ein integriertes System von Übungen zusammengestellt, das die Aktivierung der oben aufgelisteten Fähigkeiten stimuliert und die Erfüllung der fünf fundamentalen Prinzipien in unsere bewusste Erfahrung bringt.

Zur Wiederholung wollen wir nun noch diese Übungen auflisten:

Übungen

1. Kultivierung des Verlangens nach den Übungen – Bhakti (Wahrheits- und/oder Gottesliebe im Herzen). Bhakti/Verlangen ist der Motor, der alle Yoga-Übungen antreibt. Bhakti rufen wir hervor, indem wir ein gewähltes hohes Ideal (Ishta) mit all unseren Wünschen und Emotionen, ob sie positiv oder negativ sind, favorisieren. Auf diese Weise erzeugen wir ein riesiges Momentum in und um uns herum, das uns in Richtung Erleuchtung vorantreibt. Dann wird alles, was wir zum Voranschreiten auf unserer Reise benötigen, auf magische Weise zu uns herangezogen, und dies schließt den Willensentschluss mit ein, so lange täglich fortgeschrittene Yoga-Übungen zu praktizieren, wie für die Vollendung unserer Reise nötig ist.

2. Tiefe Meditation mit dem Mantra AYÄM (auf dem Weg kommen noch mehrere Mantra-Erweiterungen hinzu). Die Meditation beinhaltet die lockere und einfache Favorisierung des Mantras, um den Geist (und den Körper) zweimal täglich immer wieder zur Stille zu bringen. Dadurch regen wir eine tiefgreifende Reinigung im Nervensystem an, die eine andauernde, innerliche, glückselige Stille hervorbringt.

3. Das Pranayama der Wirbelsäulenatmung – die Hauptübung für die Erweckung und den Ausgleich der Lebenskraft im Wirbelsäulennerv zwischen dem dritten Auge und der Wurzel. Die Lebenskraft wird auch Kundalini genannt.

4. Erweiterungen der Wirbelsäulenatmung durch: Kehlöffnung beim Einatmen und Atembeschränkung mit dem Kehlkopfdeckel während der Ausatmung; Nachverfolgen des aufsteigenden kühlen Stroms und des absinkenden warmen Stroms im Wirbelsäulennerv während der Einatmung und Ausatmung. Diese Erweiterungen steigern die Stimulation der Lebenskraft im Wirbelsäulennerv.

5. Mulabandha/Asvini: Betätigung des Anusschließmuskels zur Erweckung der Lebenskraft (Kundalini) an der Wurzel.

6. Sambhavi – eine Methode für die direkte physische Stimulation des neurologischen Mechanismus im dritten Auge. Sie umfasst das Heben und Zentrieren der Augen in Richtung Punkt zwischen den Augenbrauen und ein leichtes Runzeln der Stirn. Dadurch erreicht man eine kontrollierte und stabile Stimulation der Kundalini an der Wurzel und im gesamten Nervensystem.

7. Asanas (Stellungen) – ein systematisches Beugen und Strecken des Körpers als natürliche Ergänzung zum Pranayama der Wirbelsäulenatmung und tiefer Meditation. Asanas unterstützen die Kultivierung und Reinigung des Nervensystems.

8. Siddhasana – eine kraftvolle Sitzhaltung für die Übungen zur Erweckung der Kundalini an der Wurzel. Die Ferse setzt man fest am Perineum an. Man erreicht dadurch eine konstante Stimulation der sexuellen Energie. Mit der Zeit wird das gesamte Nervensystem durch diese Asana, die man mühelos bei allen sitzenden fortgeschrittenen Yoga-Übungen einnehmen kann, erleuchtet.

9. Yoni Mudra Kumbhaka – eine Übung, die hilft, durch einen Luftdruck in den Nasengängen und Nebenhöhlen das dritte Auge zu öffnen und durch Kumbhaka (Atemrückhaltung) mit kombinierten Mudras und Bandhas die Lebenskraft/Kundalini im gesamten Nervensystem zu erwecken.

10. Tantrische Sexualmethode (Rückhaltemethode) – hat in der Dynamik Ähnlichkeit mit Siddhasana. Man setzt sie bei sexueller Betätigung mit oder ohne Partner ein. Tantrischer Sex ist ein kraftvoller Weg zur Belebung und Verteilung der Lebenskraft (Kundalini) im gesamten Körper.

11. Kechari Mudra (vier Stufen): Das Heben der Zunge nach oben in den Stufen (1) zur Mundhöhlendecke, (2) bis oberhalb des weichen Gaumens zum spirituell erogenen Rand des nasalen Septums, (3) bis zur Spitze des Nasenrachenraumes und (4) durch die spirituell sensitiven Nasengänge bis zum Punkt zwischen den Augenbrauen. Der Eintritt in Kechari Stufe 2 ist einer der umwälzendsten Übergänge in den gesamten fortgeschrittenen Yoga-Übungen. Er ist ein Hauptstimulator der Kundalini und einer der wichtigsten Wegbereiter für das Aufkommen ununterbrochener ekstatischer Leitfähigkeit im Nervensystem.

12. Uddiyana Bandha und Nauli – die Stimulation der Aufwärtsbewegung der Kundalini mit Hilfe des Zwerchfells und der Bauchmuskeln. Nauli beinhaltet das Wirbeln der Bauchmuskeln und wirkt sehr stimulierend auf die Kundalini.

13. Dynamisches Jalandhara (Kinnpumpe), mit oder ohne Kumbhaka (Atemanhalten): Dabei rotiert man den Kopf, während man ihn systematisch bei jeder Rotation auf die Brust fallen lässt. Dadurch wird ekstatische Energie zwischen dem Herzen und dem Kopf sowie im ganzen Körper stimuliert.

14. Samyama: Der Prozess der Initiierung und des Loslassens bestimmter Gedanken (Sutren) tief im Innern unserer inneren Stille, wodurch kraftvolle Reinigungseffekte im gesamten Nervensystem hervorgerufen werden. Die Wirkungen können sich als so genannte außergewöhnliche Fähigkeiten (die man Siddhis nennt) manifestieren. Samyama dient der spirituellen Reinigung.

15. Wirbelsäulen-Bastrika: Das schnelle Atmen im Wirbelsäulennerv zwischen dem dritten Auge und der Wurzel, wodurch die Reinigung des Wirbelsäulennervs und des gesamten Nervensystems enorm beschleunigt wird.

16. Zielgerichtetes Bastrika – für das dritte Auge, die Kehle, das Herz, den Bauch oder den Bereich des Beckens/der Wurzel. Mit dieser Methode des schnellen Atmens kann man bei Bedarf hartnäckige karmische Blockierungen, die sich in bestimmten Bereichen unserer spirituellen Anatomie festsetzen, fokussieren und sie reinigen.

17. Bastrika von der Krone zur Wurzel: Auch dies ist ein schnelles Atmen im Wirbelsäulennerv zwischen dem Blumenkelch der Krone und der Wurzel. Man macht diese Übung am besten nur, wenn das Nervensystem bereits ausgiebig durch die Wirbelsäulenatmung zwischen dem dritten Auge und der Wurzel, die tiefe Meditation und andere

Methoden, die das Nervensystem auf sanfte und gleichzeitig progressive Weise von karmischen Blockierungen befreien, gereinigt worden ist. Eine vorzeitige Öffnung der Krone kann zu großen Schwierigkeiten, Unbehagen und Ablenkung vom Pfad führen. Deshalb sollte man sich klugerweise an diese fortgeschrittene Übung nur heranwagen, wenn man an der Krone erfolgreich Stabilitätstests durchgeführt hat.

18. Liebevoller Dienst an anderen: Eine bewusste Übung und ein natürliches Ergebnis des zunehmenden Nachaußen-Fließens göttlicher Liebe infolge der Reinigung und Öffnung des Nervensystems durch fortgeschrittene Yoga Übungen. Dies ist der natürliche Zustand unseres Seins: ein endloses Überfließen ekstatischer Glückseligkeit und göttlicher Liebe. Nichts auf Erden oder sonst irgendwo besitzt mehr Realität oder Kraft als diese große Wahrheit, die in jedem von uns verankert ist. Die Realität der göttlichen Liebe ist die letztendliche Wahrheit in uns. Je weiter wir im Yoga voranschreiten, desto klarer wird uns diese Tatsache. Einige erkennen dies jedoch bereits nach dem ersten Mal Hinsetzen zur tiefen Meditation.

Diese Lektion soll all das zusammenfassen, was wir bisher behandelt haben, besonders die fundamentalen Prinzipien der menschlichen spirituellen Transformation; unsere natürlichen Fähigkeiten, diese Transformation in uns zu bewirken; und die wichtigsten fortgeschrittenen Yoga-Übungen, die unsere natürlichen Fähigkeiten soweit stimulieren, dass sie wirksam werden.

Mit einer zweimal täglichen Übungsroutine begeben wir uns auf eine „Schnellstraße" zur Erleuchtung. Das darin liegende Potential für Geschwindigkeit macht es unabdingbar, dass wir einige Fertigkeit in der Regulierung unserer täglichen Übungen entwickeln und jede Übung mit der Uhr abmessen. Wir passen die Übungszeiten in dem Maße an, wie es für einen geschmeidigen und stetigen Fortschritt ohne übermäßiges Unbehagen (aufgrund von übermäßiger Auflösung von Blockierungen in unserem Nervensystem) nötig ist.

Diese Einregulierung der Übungen nennt man „Selbstabstimmung", und dies ist ebenfalls eine eigenständige Übung – und sogar eine der wichtigsten. Denn ohne eine gute Selbstabstimmung werden wir auf der Straße der Erleuchtung nicht sehr weit kommen.

Ein weiterer Aspekt der fortgeschrittenen Yoga-Übungen ist der vorsichtige Umgang mit Erfahrungen, sowohl den alltäglichen als auch den extremen. Dies hier ist ein Pfad des Vergnügens, und wir haben ein Recht darauf, die „Landschaft" zu genießen, der wir auf unserem Weg zur Erleuchtung begegnen. Jedoch ist die Landschaft nicht das, was uns auf unserem Pfad voranbringt. Unsere Übungen bringen uns weiter. Nachdem wir also einen bewundernden Blick auf die Landschaft geworfen haben, gehen wir locker und leicht zurück zu der Übung, die wir gerade machen, ohne Rücksicht darauf, wie schön und attraktiv es für unsere Aufmerksamkeit gerade sein mag. Treten spirituelle Erfahrungen auf, während wir mit unseren täglichen Aktivitäten beschäftigt sind, und dazu wird es sicherlich kommen, dann können wir uns dieser Erfahrungen erfreuen oder zurückgehen zu dem, was auch immer wir gerade tun.

Wir haben immer Entscheidungsfreiheit. Das spirituelle Leben ist nicht etwas, das uns aus dem gewöhnlichen Leben entführen muss. Wenn doch, dann haben wir uns in der Vergangenheit vielleicht einmal auf irgendeine Art zu intensiv damit beschäftigt, und eine stabile Übungsroutine kann dies wieder in Ordnung bringen. Das spirituelle Leben ist etwas, das so kultiviert werden kann, dass wir unsere täglichen Pflichten im Alltagsleben erfüllen, wie immer diese aussehen mögen. Es steht uns frei, unsere wachsenden spirituellen Erfahrungen auf eine Art auszuleben, die vereinbar mit unseren Bedürfnissen ist. Es ist unser Leben, unsere Reise und unsere Erleuchtung. Werde, wer du bist!

Viel Spaß!

Der Guru ist in dir.

Zusatz: Nachdem du diese Lektion durchgelesen hast, fragst du dich vielleicht: "Wie sieht eine typische Übungsroutine aus, die sich aus diesen Prinzipien, Fähigkeiten und Übungen ergibt?"

Das kann sich abhängig vom Zustand des Nervensystems, Bhakti (Wunsch, Verlangen), von der für die Übung zur Verfügung stehenden Zeit, Erfahrungen und einer Reihe anderer Faktoren von Person zu Person unterscheiden. Für einige Personen wird Meditation alleine völlig ausreichend sein. Andere mögen sich für Wirbelsäulenatmung und Meditation entscheiden. Wieder andere werden das volle Programm anstreben. Für jemanden, der eine Routine aufgebaut hat, die alle Methoden aus den Lektionen beinhaltet, könnte die Routine in etwa folgendermaßen aussehen:

- Asanas: 10 Minuten
- Wirbelsäulenatmung: 10 Minuten
- Kinnpumpe: 5 Minuten
- Wirbelsäulen-Bastrika: 5 Minuten
- Meditation: 20 Minuten
- Samyama: 10 Minuten
- Yoni Mudra: 5 Minuten
- Zielgerichtetes oder Kronen-Bastrika (optional): 5 Minuten
- Ruhephase: 5 Minuten (oder mehr)

Zusammen sind dies ungefähr 75 Minuten – eine Stunde und 15 Minuten. Dies ist aber nur eine von vielen möglichen Praxisroutinen, die sich abhängig von Vorlieben und Erfahrungen des Yogi oder der Yogini ergeben kann. In Lektion 209 sehen wir uns einige Strategien für das notwendige Zeit-Management an, um eine derartige Routine unter alltäglich wechselnden Lebensumständen aufrecht zu erhalten.

Lektion 205 – Mehr zu Kechari

Frage: Namaste.

Ich wollte um eine Abbildung bitten, die die verschiedenen Stufen von Kechari klar zeigt. Deine Beschreibung von Kechari mit Worten ist sehr ausführlich, dennoch würde alles durch ein Bild leichter verständlich werden. (Schließlich sagt ein Bild mehr als tausend Worte!).

Jemand, der das mit dem Beschneiden des Frenums gemacht hat, erzählte mir, er habe, nachdem die Zunge sehr lang geworden war, Schwierigkeiten bekommen, deutlich zu sprechen – trifft dies nach deiner Erfahrung zu? Er sagte auch, dass die Elemente (die fünf Elemente des Körpers) aus dem Gleichgewicht geraten seien (ich weiß nicht genau, was damit gemeint ist, außer dass es sich anhört, als wäre es nicht besonders toll).

Deine Beschreibung von Kechari Mudra ist ausgezeichnet und nicht zu vergleichen mit dem, auf was ich bisher gestoßen bin. Dafür bin ich sehr dankbar.

Antwort: Ja, ein Bild sagt mehr als tausend Worte und zu Kechari war es immer schwierig, welche zu finden. Abbildungen zu den Kechari-Stufen 1-4 sind der Lektion 108 in diesem Band beigefügt. Zusätzlich steht auch in der Linkliste der Website ein Verweis zu einer Abbildung.

Sehr langsam und allmählich durchgeführtes winziges Schnippeln (ich ziehe diese Beschreibung der des „Schneidens" vor) verlängert die Zunge nicht. Sie befreit sie nur schrittweise von der Anbindung an den Boden der Mundhöhle, wodurch es ihr möglich wird, zurück und nach oben zu gehen. In der Lektion zu Kechari, habe ich darauf hingewiesen, dass die Zunge bereits lange genug ist, alle Stufen von Kechari zu erreichen und wie dies jeder bei sich ausmessen kann.

Das Melken oder Strecken der Zunge verlängert sie. Doch betrachte ich dies nicht als das beste Mittel für das Erreichen von Kechari und selbst habe ich das auch nur sehr mäßig angewandt. Es gibt Geschichten von Yogis, die ihre Zunge soweit verlängert haben, dass sie den Punkt zwischen ihren Augenbrauen von außen berühren können. Dies ist nicht nötig. Das ist nur eine andere Art von Extremismus im Yoga, wofür ich nicht stehe.

Ich bin in Kechari Stufe 2 das erste Mal vor 20 Jahren eingetreten und hatte seither niemals irgendwelche Schwierigkeiten mit dem Sprechen, dem Schlucken oder irgendetwas anderem Körperlichem. Ich will aber auch nicht behaupten, dass es immer völlig einfach war. Dadurch werden die inneren Energien grundlegend neu geordnet und vielleicht bezieht sich dein Freund bezüglich der Elemente darauf. Doch ist diese Neugestaltung etwas Natürliches und sie führt zu sehr viel mehr Erleuchtung im Leben – genau deswegen machen wir Yoga, oder etwa nicht?

Wie bei allen Yoga-Übungen kann vielleicht von Zeit zu Zeit etwas Selbstabstimmung nötig sein, um zu verhindern, dass zeitweise auftretende, mit der Reinigung des Nervensystems in Verbindung stehende Energieungleichgewichte zu extrem werden. Bei Kechari ist es diesbezüglich nicht anders. Mit der Zeit renken sich die Energien auf immer höheren Ebenen des Funktionierens (was höheren Ebenen spiritueller Erfahrungen entspricht) ein. Dann können wir während unserer gesamten sitzenden Übungen in Kechari bleiben und auch noch länger und werden nichts anderes als ganzkörperekstatische Glückseligkeit davon ausgehen sehen. Wer würde bei diesen Aussichten einen Bogen um Kechari herummachen wollen? Ich nicht!

Kechari ist eine lange Reise mit vielen Herausforderungen und Belohnungen auf dem Weg und eine Menge Bhakti ist notwendig, das in Angriff zu nehmen und zu Ende zu führen. Doch ist es alle Anstrengung wert. Es ist ein wichtiger Aspekt unserer Reise zur Erleuchtung. Geht es auch ohne Kechari? Vielleicht. Ich kann das aber nicht mit Sicherheit behaupten, da ich einer jener bin, der sich für den Weg mit Kechari entschieden hat und ich nicht weiß, wie ich heute ohne Kechari dastünde – sicherlich mit viel weniger spiritueller Transformation, als ich erfahren habe.

Kechari ist eine dieser natürlichen spirituellen Fähigkeiten, die wir besitzen. Ist die Zeit reif, kommt es dazu.

Der Guru ist in dir.

Lektion 206 – Variationen der Wirbelsäulenatmung

Frage: Welche Variationen der Wirbelsäulenatmung gibt es? Bei Norman Paulsen findet man zwei verschiedene Kriyas. Auch einer der originalen Kriyas von Sri Lahiri Mahasaya ist über das Web erhältlich (dabei chantet man beim Nach-oben-und-unten-Atmen in der Wirbelsäule *OM* in jedem Wirbelsäulenplexus). Ich fände es sehr gut, zu erfahren, welche verschiedenen Variationen von Kriya es gibt, weil ich vermute, dass für jeden der optimale Kriya unterschiedlich ist.

Antwort: Die Anzahl der Versionen von Wirbelsäulenatmung ist allein von der Vorstellung begrenzt. Der wesentliche Bestandteil in ihnen allen ist die von der Stirn zur Wurzel reichende Aufmerksamkeitsstrecke bei langsamer Atmung. Über 90% der Ergebnisse sind darauf zurückzuführen. So einfach ist das! Es ist auch einfach, alles zu verkomplizieren und dabei zu riskieren, durch die Hinzunahme der Vorstellung von Chakren, Tönen, Farben, Mantren usw. die Ergebnisse zu verwässern. Einige oder alle dieser Zusätze tragen zum Ergebnis nicht viel bei – in Wirklichkeit alles, was von der Hauptfunktion der Reinigung und Öffnung des Wirbelsäulennervs zwischen dem dritten Auge und der Wurzel ablenken kann.

Wie du weißt, erhält die tiefe Meditation in diesen Lektionen eine besondere Aufmerksamkeit und wir teilen unseren Geist nicht dadurch, dass wir versuchen, Wirbelsäulenatmung und tiefe Meditation gleichzeitig auszuführen. Natürlich steht es jedem frei, bei der Wirbelsäulenatmung so zu verfahren, wie er will. Vielleicht wurde einem ja woanders eine etwas anders geartete Wirbelsäulenatmung beigebracht. In diesen Lektionen versuchen wir in allen Übungen beim kleinsten gemeinsamen Nenner zu bleiben, so dass so viele wie möglich von einem unkomplizierten Ansatz profitieren können. Deshalb wird die Wirbelsäulenatmung auf die einfache Weise unterrichtet, wie es hier geschieht.

Unter der Voraussetzung, dass man gleich danach die tiefe Meditation durchführt, gibt es wenig, was man noch hinzufügen kann, um die Effektivität dieser einfachen Form der Wirbelsäulenatmung substanziell zu verbessern. Es wäre einfach, noch einige Schwierigkeiten mit einzubauen und zu sagen: „Hier haben wir die beste Form der Wirbelsäulenatmung." Gut, vielleicht haben wir das auch so erreicht. Was wir hier in den Lektionen vermitteln, ist eine Wirbelsäulenatmung ohne all das Glockengeläute und Gepfeife, und es funktioniert ausgesprochen gut. Dies ist die Kernübung für die Vermählung der Wurzel mit dem dritten Auge. Darum geht es bei der Wirbelsäulenatmung. Alles andere fließt im Nervensystem energetisch automatisch von dort aus. Es besteht keine Notwendigkeit, dort in der Mitte viel herumzumanipulieren, wenn wir beide Enden effektiv miteinander verschmelzen lassen.

In diesem Ansatz wollen wir uns nicht in einer Menge Details bei der Wirbelsäulenatmung verstricken, wir halten uns an das Grundlegende und nutzen dann die Gelegenheit, zügig eine Menge anderer Übungen (Mulabandha, Sambhavi, Siddhasana, Kinnpumpe, Wirbelsäulen-Bastrika usw.), die für unseren spirituellen Fortschritt sehr viel bewirken, hinzuzunehmen. Anstatt also „die Lilie der Wirbelsäulenatmung zu vergolden", geben wir noch viele andere Lilien hinzu. Dadurch gelingt es uns, eine kraftvolle und runde Integration von Übungen in einer vernünftig kurzen Zeit zu entwickeln, ohne viel Mühe auf unnötige Details zu verschwenden.

Ich stimme darin also nicht überein, dass jeder Mensch eine andere Art der Wirbelsäulenatmung benötigt. Sicher kann jeder Mensch Neigungen haben, die auf Traditionen und persönliche Vorlieben usw. zurückzuführen sind, und das ist auch in Ordnung. Behalte aber immer im Hinterkopf, dass es zwischen dem dritten Auge und der Wurzel hin- und hergeht und dass das für die Ergebnisse ursächlich verantwortlich ist. Am Ende vereinigen sich diese beiden göttlichen Pole und wir tauchen ein in die ekstatische Glückseligkeit.

Der Guru ist in dir.

Lektion 207 – Links- oder rechtsseitiges Ungleichgewicht

Frage: Vor drei Wochen hatte ich bei der Meditation einen intuitiven Gedankenblitz. Ich war auf dem Dachboden eines sehr großen und luxuriösen Gebäudes. Ich hatte dieses Haus von oben bis unten gereinigt, bis es tadellos sauber war. Es glänzte! Es war perfekt. Dann, als ich den Dachboden erreichte, fand ich eine Tür. Als ich die Tür öffnete, entdeckte ich, dass es da einen ganzen Flügel des Hauses gab, den ich vorher noch nicht kannte. Dort herrschte eine fürchterliche Unordnung. Alles war mit drei Zentimeter Staub bedeckt. Morsches Holz, Wasserschäden, Schimmel, zerborstene Fensterscheiben… Es war so schrecklich! Ich wollte nur die Türe schließen und vergessen, was ich gerade gesehen hatte.

Das Haus bin ich selbst und der Dachboden ist mein drittes Auge. In diesem Moment erkannte ich, dass die rechte Seite meines Körpers energetisch sehr stark ist, die linke dünn, schwach und blockiert. Ich war völlig platt!!! Das bedeutete für mich so viel, als würde ich zum ersten Mal in einen Spiegel sehen und erkennen, dass ich die letzten 30 Jahre mit einem Elefanten auf dem Rücken geschnürt herumgelaufen bin! Wie konnte ich das übersehen? Die nächsten paar Tage fühlte ich mich, als bestünde ich aus zwei verschiedenen Personen, die in der Mitte meines Körpers miteinander verbunden waren.

Es hat mich ziemliche Anstrengung gekostet, Energie in die linke Seite des Körpers zu lenken. Dabei empfand ich zunächst einen großen physischen Schmerz auf der linken Seite des dritten Auges. Ich kann wohl sagen, dass dieser Ausgleich von rechts nach links einige Zeit in Anspruch nehmen wird. Was bedeutet das alles?

Antwort: Die Blockierungen im Nervensystem können fast jede Form annehmen und auch manchmal in die rechte oder linke Seite des Körpers schief gestellt sein. Es ist schwer zu sagen, wie es so weit kam, doch können Yoga-Übungen das allmählich an ihrem Ursprung auflösen und uns zurück ins Gleichgewicht bringen. Die Tatsache, dass du diese Dinge nun klarer siehst, weist darauf hin, dass in dir aufgrund deiner Übungen Reinigung im Gange ist und besonders im dritten Auge. Wichtig ist nun, dass du mit deinen Übungen, so wie du sie gemacht hast, fortfährst, damit der Prozess weitergeht.

Im Allgemeinen kann man sagen, dass es keine gute Idee ist zu versuchen, den Reinigungsprozess außerhalb des Wirbelsäulennervs vom dritten Auge zur Wurzel in eine bestimmte Richtung zu lenken oder auch außerhalb der gut abgerundeten (globalen) Effekte von tiefer Meditation und Samyama. Wir können intellektuell einfach nicht wissen, welche natürliche Reihenfolge die Reinigung hat. Die innere Stille und unsere ekstatischen Energien finden jedoch den Reinigungskanal des geringsten Widerstands. Der genaue Ablauf der Reinigung hängt von so vielen, für jeden Menschen einzigartigen karmischen Faktoren ab. Das kann allerdings alles in ausgeglichener Weise aufgelöst werden, wenn wir mit unseren fortgeschrittenen Yoga-Übungen den natürlichen Reinigungsprozess aus dem Inneren hervorlocken.

Denken wir, dass bei uns linksseitig ein Ungleichgewicht besteht und konzentrieren wir uns deshalb darauf, das dort in Ordnung zu bringen, kann dies die Ursache für noch mehr Ungleichgewichte sein. Es ist besser, die Meditation, Wirbelsäulenatmung, Mudras und Bandhas, Yoni Mudra, Wirbelsäulen-Bastrika, Kinnpumpe usw. zu nutzen. Diese alle wirken den Wirbelsäulennerv hinauf und hinunter und führen zu keinem links- oder rechtsseitigen Ungleichgewicht, wodurch man seine Stabilität verlieren könnte. Bei einem links- oder rechtsseitigen Ungleichgewicht ist es am besten, in der Mitte zu üben. Das löst alle Ungleichgewichte auf. Darauf konzentrieren wir uns in den Lektionen. Gehst du mit Wirbelsäulenatmung, Meditation und den anderen Übungen den Weg der Mitte, wird sich für dich mehr und mehr Ausgeglichenheit ergeben – von oben nach unten und von links nach rechts. Der Wirbelsäulennerv (Sushumna) zwischen dem dritten Auge und der Wurzel ist der Generalschlüssel. Alles kommt ins Gleichgewicht, wenn man ihn reinigt.

Die Übungen, die dich auf diese Ebene der Einsicht gebracht haben, sind die gleichen, die die sichtbarer gewordenen Blockierungen gefahrlos ausräumen können.

Denke an die Richtlinien zu Visionen: Wenn wir etwas sehen, versuchen wir es nicht wegzustoßen und nähren auch nicht durch ausführliche Beschäftigung damit eine übermäßige Anhänglichkeit an sie. Wir gehen nur locker und leicht zu der Übung zurück, die wir gerade durchführen, und fahren mit dem Reinigungsprozess fort.

Wenn wir an einer zweimal täglichen Routine mit fortgeschrittenen Yoga-Übungen festhalten und mit einem aktiven Leben unseren Interessen gemäß einen Ausgleich schaffen, bewegen wir uns stetig auf die Erleuchtung zu.

Der Guru ist in dir.

Lektion 208 – Innere Energiekollisionen und starke Emotionen

Frage: Seit ungefähr einem Jahr praktiziere ich jetzt Kundalini-Yoga und habe kürzlich mit einer Yoga-Lehrer-Ausbildung begonnen, (bei der ich zum ersten Mal ein Sadhana ausführte). Ich habe allein praktiziert und in der Gruppe und habe gestern mein erstes Sadhana zu Hause gemacht. Bis spät am Abend fühlte ich mich sehr wohl. Dann war ich plötzlich rasend vor Zorn und wollte auf etwas einschlagen. So etwas kenne ich normalerweise nicht, fühlte es aber auch heute Morgen. Ich habe mir überlegt, ob es etwas damit zu tun hatte, dass ich zu viel Kundalini geübt habe oder vielleicht wurde in meinem System zu viel zu schnell gereinigt. Ich bin mir da wirklich nicht sicher und wollte dies kurz mit dir besprechen, um zu sehen, was du darüber denkst. Es war, als hätte etwas von mir Besitz ergriffen und meine Gefühle waren so überwältigend. Aber dies ist ungewöhnlich, da ich die Dinge normalerweise lockerer nehme und nicht mehr so in Rage geraten bin, seit ich ein kleines Kind war.

Antwort: Starke Gefühle können auftreten, wenn innere Energie kollidiert oder wenn Blockierungen im Nervensystem übermäßige Reibungen verursachen. Interessanterweise kommt es zu ekstatischen Erfahrungen auf die gleiche Weise. Es ist nur eine Frage des Ausmaßes an Energiefluss und wie gut man die Dynamik der Reinigung auf die Reihe bekommt.

Dies ist offensichtlich kein statischer Zustand. Erhöhen wir den Energiefluss, ohne zuvor die Blockierungen ausreichend zu beseitigen, kann es zu unangenehmen Kollisionen und Reibung kommen. Auch wenn wir Blockierungen zu schnell auflösen, kann unser gewöhnlicher innerer Energiefluss auf die gelösten und noch verweilenden Blockierungen stoßen und Gereiztheit verursachen.

In den Lektionen haben wir unterschiedliche Strategien in und um die Übungen herum bereitgestellt, mit deren Hilfe man die unangenehmen Aspekte dieser Situation vermeiden kann. Die meiste Zeit funktioniert dies auch so und wir können reibungslos und schnell mit der Reinigung und Öffnung unseres Nervensystems vorangehen.

Im Fall von Kundalini-Yoga treffe ich immer wieder auf Menschen mit Symptomen, wie du sie beschreibst, die auf vorzeitige Kronenöffnung zurückzuführen sind. Ich weiß nicht, welche Art Übungen du machst, doch diese Symptome hängen oft mit Übungen an der Krone zusammen. Vielleicht liest du die früheren Lektionen hier, die sich auf die vorzeitige Kronenöffnung beziehen, einmal durch.

Bei einer vorzeitigen Kronenöffnung ist der Energiefluss oft zu viel für das Muster von Blockierungen, die immer noch im Nervensystem eingebettet sind. Eine vorzeitig geöffnete Krone und ein mehr oder weniger durchschnittliches Nervensystem passen nicht gut zusammen, und wenn man da zu sehr forciert, kann das zu jahrelangem Leid führen. Gopi Krishna ist die klassische Autorität für diese Art des „beschwerlichen" Wegs zur Erleuchtung.

Traditionellerweise ist der reibungsloseste Weg zur Erleuchtung der über die Reinigung und Öffnung des Wirbelsäulennervs, der vom dritten Auge zur Wurzel reicht. Genau das ist der Ansatz in den Lektionen, und wir gehen die Sache mit einem integrierten System von Übungen aus allen Winkeln an. Mit diesen Mitteln erreicht man die Öffnung der Krone über eine indirekte Beeinflussung, und extreme Erscheinungen einer unstimmigen Energiefluss- bzw. Blockierungsstruktur werden gewöhnlich vermieden. Stattdessen ist der Pfad angefüllt mit stetig anwachsender innerer Stille und Ekstase, genau das, was wir uns von unserem Yoga ersehnen.

Von dem Wenigen her, was du mitgeteilt hast, würde ich also darauf tippen, dass du zu viel Energie hinauf zur Krone schickst, anstatt sie zunächst durch den Wirbelsäulennerv von der Wurzel bis zum dritten Auge zu bearbeiten. In den Lektionen finden sich noch sehr viel mehr Einzelheiten dazu, vor allem in denen der letzten Monate.

Sollte die vorzeitige Kronenöffnung nicht schuld daran sein, besteht auch die Möglichkeit, dass du nur mehr Übungen machst, als dein Nervensystem im Moment bequem verarbeiten kann. In diesem Fall schafft eine Rücknahme der Übungen bis auf ein stabiles Niveau Abhilfe. Haben sich die Wogen geglättet, kannst du den Gang wieder höher schalten. Das ist Selbstabstimmung.

Ich wünsche dir allen Erfolg auf dem von dir gewählten Weg.

Der Guru ist in dir.

Lektion 209 – Wie bringt man die tägliche Praxis mit einem vollen Terminplan in Einklang?

Welchem System spiritueller Übungen wir auch immer folgen, die Wahrscheinlichkeit ist groß, dass wir gehört haben oder dass wir von selbst zu der Überzeugung gelangen, dass tägliche Praxis der Schlüssel zum Erfolg ist. Die Reise der menschlichen spirituellen Transformation braucht seine Zeit und die inneren Veränderungen, die zu unserer Erleuchtung führen, erfordern eine tägliche Kultivierung. Auch wenn wir schon ein spirituelles Momentum, das heißt einen gewissen Grad an dynamischer innerer Öffnung aufgrund von vorheriger Praxis oder infolge von „spontaner Erweckung", aufgebaut haben, brauchen wir immer noch tägliche spirituelle Übungen. Verlassen wir uns nur auf die Energien, die sich spontan in uns bewegen, kann dies zu Anfälligkeit für Ungleichgewichte führen, die unsere Reise nach Hause zu unendlicher ekstatischer Glückseligkeit und göttlicher Liebe um einiges unangenehmer und möglicherweise auch länger als nötig macht.

Unabhängig also von unserem gewählten Ansatz und auch vom Niveau unserer Verwirklichung: Das Erreichen unseres Ziels auf eine verlässliche Weise beruht darauf, dass wir tägliche spirituelle Übungen fest eingerichtet haben. Dies wurde in diesen Lektionen schon bei den ersten Anweisungen zur tiefen Meditation betont und später haben wir immer wieder darauf hingewiesen.

Schon damals, bei den Lektionen über die Meditation und die Wirbelsäulenatmung, wurden einige Vorschläge gemacht, wie man diese Übungen mit einem gefüllten Terminplan in Einklang bringen kann. Wo immer wir auch sein mögen, wir können unsere Augen schließen und meditieren – in Zügen, Flugzeugen, Wartezimmern, fast überall. Das Gleiche gilt für die Wirbelsäulenatmung. Eine leichte Wirbelsäulenatmung kann man sogar mit geöffneten Augen auf dem Rückweg nach Hause im Auto machen – ohne dass man seine Aufmerksamkeit vom Verkehr abwendet. Wenn wir dann nach Hause kommen, können wir gleich in die Meditation gehen. Dies ist keine ideale Form des Übens. Doch kann man so verfahren, wenn die Zeit zu Hause drängt. Sind wir gewillt, flexibel zu sein, und ab und zu bei unseren Übungen Kompromisse einzugehen, können wir die Gewohnheit auch unter den widrigsten Umständen aufrechterhalten. Darin liegt ein sehr großer Wert, denn damit gewährleisten wir ein ununterbrochenes Üben über einen langen Zeitraum hinweg und das ist der Schlüssel zur Erleuchtung.

Wir leben in keiner idealen Welt. Auch wenn wir für ein regelmäßiges Üben in unserem Meditationsraum die besten Pläne entwickelt haben, kann das alles bei einem Familiennotstand oder einem anderen unvorhergesehenen Ereignis zum Fenster hinauswehen. Heißt das, dass auch unser tägliches Üben zum Fenster hinauswehen muss? Nicht, wenn wir uns eine Strategie zurechtgelegt haben. Darum kümmern wir uns in dieser Lektion: um Wege, unsere Übungen am Laufen zu halten, was auch immer geschehen mag.

Wird unsere Yoga-Routine ausgeklügelter, mit mehr Übungen, birgt die Aufgabe, das alles bei einem vollen Terminkalender aufrecht zu erhalten, sowohl Herausforderungen wie Chancen. Haben wir uns einmal eine fortgeschrittene Routine mit vielen Teilstücken zusammengestellt, können wir es uns erlauben, bei Zeitmangel ziemlich kreativ zu sein und zu verdichten. Wo ein Wille ist, da ist auch ein Weg!

Reden wir also über die Grundlagen bei der Einrichtung und Aufrechterhaltung einer täglichen spirituellen Übungspraxis. Eines der einfachsten Dinge ist es, sich die Regel zu setzen, nicht zu frühstücken oder zu Abend zu essen, bevor nicht die Routine durchlaufen ist – das eben zweimal am Tag. Variieren die Zeiten für eine oder beide dieser Mahlzeiten, dann können wir die Übungszeiten so fixieren, dass wir gleich nach dem Aufwachen am Morgen und sobald wir abends nach Hause kommen meditieren. Sind wir auf Reisen, wird es etwas komplizierter, doch können die Übungen, solange wir unsere Gewohnheit in Ehren halten, bis zu einem gewissen Grad unter allen Umständen ausgeführt werden.

Die Gewohnheit aufrecht erhalten heißt nicht, immer die volle Routine durchzuziehen. Es muss kein „Alles-oder-Nichts" sein. Die Gewohnheit ist ein Drang, den wir in uns aufbauen, zu den festgesetzten Zeiten zweimal am Tag etwas in Richtung spiritueller Übung zu tun. Die Gewohnheit aufgebaut zu haben, bedeutet, den „Drang zu Üben zu spüren". Dieser kultivierte Drang ist der Samen für alle tägliche Übung. Das ist dann vergleichbar mit dem Hungrig-Werden zu den Essenszeiten. Der Hunger ist einfach da und wir wollen essen. Haben wir den Drang zu spirituellen Übungen so kultiviert, dann werden wir sie nie auslassen. An den meisten Tagen führen wir unsere ganze Routine durch. An anderen Tagen tun wir weniger. Doch immer, bei jeder Sitzung, tun wir zumindest etwas. Dieses „immer, bei jeder Sitzung etwas tun" ist sehr wichtig.

Um zu illustrieren, was wir damit meinen, die „Gewohnheit" zu haben, wollen wir einmal annehmen, dass wir eine geschäftige Straße hinuntereilen. Wir sind auf unserem Weg zu einem Geschäftsessen, bei dem wir bis zur Schlafenszeit gebunden sind. Wir laufen schnell und schlängeln uns auf dem Weg durch die uns auf dem Bürgersteig Entgegenkommenden. Das Restaurant befindet sich um die Ecke und wir sind gleich da. Doch warte! Wir sehen eine Bank, eine leere Bushaltestellenbank auf dem Gehsteig inmitten all der Menschen, die hierhin und dorthin eilen. Wir haben diesen Drang in uns aufgebaut zu praktizieren. Es ist schon an der Zeit. Was tun wir also? Wir halten an und setzen uns für ein paar Minuten auf diese Bank und meditieren. Das kann vielleicht nur für zwei Minuten sein. Doch warum nicht? Wer sollte uns diese zwei Minuten lang vermissen? Wir aber haben unsere Gewohnheit gepflegt, uns hinzusetzen. Es ist erstaunlich, wie eine Gewohnheit, auch nur so wenig wie dies zu tun, uns für einen ganzen Abend erneuern kann – nur für wenige Minuten in die Mitte kommen und das Mantra gerade ein paar Mal aufgreifen. Das Nervensystem sagt: „Danke schön!" Und wir sind den Rest des Abends ruhiger.

Doch es geht nicht nur um die Zentrierung für ein paar Minuten. Es geht auch darum, dass wir unsere Gewohnheit des zweimal täglichen Übens nicht brechen. Haben wir über Tage und Wochen einen derart verrückten Terminplan und schaffen wir es trotzdem, uns immer wenigstens für ein paar Minuten vor dem Frühstück und dem Abendessen hinzusetzen, dann wird es für uns keinen Kampf bedeuten, zu unserer Übungsroutine zurückzufinden, sobald wir wieder mehr Luft haben. Die Gewohnheit ist da und wir können wieder unsere volle Routine, von der wir wissen, dass sie uns bis zum Überfließen mit innerer Stille und göttlicher Ekstase füllt, genießen.

Das ist also das Erste, was nötig ist, wie du sicher selbst schon weißt: dass wir unsere Gewohnheit halten, auch wenn es nur für zwei Minuten an der Bushaltestelle ist. Es ist unwichtig, wo es ist oder was um uns herum geschieht. Wir können die Gewohnheit pflegen, wenn wir uns selbst verpflichtet sind. Dann wird sie uns auch verpflichtet halten, weil sie zu einem Hunger wird, der sich zu einer bestimmten Zeit von selbst einstellt. Sobald wir wieder genügend Zeit für eine volle Routine zweimal am Tag haben, haben wir nicht zu kämpfen, unsere Verbindlichkeit für den Yoga wieder aufzurichten.

Wahrscheinlicher ist es jedoch, dass wir es öfter mit Kompromissen bezüglich unserer Übungszeit zu tun haben, die nicht so extrem sind, dass wir uns mit wenigen Minuten auf einer Bushaltebank zufrieden geben müssen.

Darüber wollen wir jetzt sprechen:

Machen wir die Wirbelsäulenatmung und Meditation, gefolgt von ein paar Minuten Ruhe zum Herauskommen, ist es nicht schwierig, unsere Übungspraxis auf eine begrenzte Zeitdauer zuzuschneiden. Sagen wir, dass wir gewöhnlich 10 Minuten für die Wirbelsäulenatmung, 20 Minuten für die Meditation und fünf Minuten für die Ruhephase brauchen. Das ist eine 35-minütige Routine. Dann kann es sein, dass uns an einem bestimmten Tag nur 15 Minuten zur Verfügung stehen. Wir können nur 10 Minuten meditieren, einige Minuten ruhen und dann aufstehen. Wir könnten auch einige Minuten Wirbelsäulenatmung an den Anfang setzen. Wissen wir, dass die Zeit knapp wird, können wir auch auf dem Weg im Gehen mit etwas Wirbelsäulenatmung beginnen, bevor wir noch zu unserem Sitz kommen. Müssen wir uns für die Wirbelsäulenatmung oder die Meditation entscheiden, wählen wir stets die Meditation. Nur eines machen wir niemals: Wir kombinieren die Wirbelsäulenatmung und die tiefe Meditation nicht miteinander, so dass wir sie gleichzeitig ausführen würden. Die Gründe dafür wurden bereits oben erörtert (Lektion 49).

Nehmen wir an, wir praktizieren das volle Programm an Übungen, d.h. in Maßen alles, was in diesen Lektionen vorgestellt wurde. Das wollen wir hier einmal auflisten, so dass eine typische Routine herauskommt. Du kannst unter Berücksichtigung der Vorschläge, was zu tun ist, wenn dich die Terminkrise trifft, die Teilübungen auch länger oder kürzer gestalten. Das Ziel ist es, einige Strategien zu entwickeln, die es uns erlauben, unsere tägliche Routine am Leben zu halten, wenn die Zeit knapp wird. Überlege vorher: „Was tue ich, wenn für die Übungen nur halb so viel Zeit bleibt?" Darauf gibt es keine absolut richtige oder falsche Antwort. Abgesehen von einigen Grundstrategien, die man sich aneignen kann, ist die Aufrechterhaltung von Übungen bei Zeitknappheit eine Kunst. Hier also unsere gemäßigte „ganze Portion!- Routine":

Asanas – 10 Min
Wirbelsäulenatmung – 10 Minuten
Kinnpumpe – 5 Min
Wirbelsäulen-Bastrika – 5 Min
Meditation – 20 Min
Samyama – 10 Min
Yoni Mudra – 5 Min
Zielgerichtetes oder Kronen-Bastrika (optional) – 5 min
Ruhephase – 5 min (oder länger)

Das sind ungefähr 75 Minuten – eine Stunde und 15 Minuten. Die angegebenen Zeiten dieser Routine sind wie gesagt nicht sakrosankt. Vielleicht machst du 20 Minuten Wirbelsäulenatmung und kein Samyama oder vielleicht keine Asanas – vielleicht kein Wirbelsäulen- oder zielgerichtetes Bastrika. Es ist deine Entscheidung, welche Kombination du wählst. Das einzige, was du nicht auslassen solltest, ist die Meditation und die Ruhephase. Diese beiden (Kultivierung der inneren Stille und ein gesicherter Übergang in unsere täglichen Aktivitäten) bilden die Grundlage für allen spirituellen Fortschritt. Die Wirbelsäulenatmung kommt auf der Wichtigkeitsskala gleich hinter der Meditation und der Ruhephase. Die Wirbelsäulenatmung, Meditation und die Ruhephase am Ende sind also eine kraftvolle und vollständige Übungsroutine. Die ganzen restlichen Übungen dienen der Erweiterung und bauen auf den Wirkungen der genannten drei auf.

Diese „Hackordnung" dient uns als Richtlinie beim Zusammenstutzen unserer Übungen in einen enger gefassten Ablaufplan.

Sagen wir also, wir orientieren uns an dieser wundervollen Praxisroutine von einer guten Stunde plus und plötzlich sehen wir, dass uns aufgrund von Umständen außerhalb unseres Einflusses für unsere Nachmittagsroutine nur noch dreißig Minuten bleiben. Ohne einen Plan B könnten wir dazu neigen, sie einfach zu streichen und es morgen wieder zu versuchen – alles oder nichts, du kennst das. Das ist keine gute Strategie. Wir werden dann nicht nur der Vorzüge einer behände komprimierten Routine verlustig gehen, wir schwächen auch unsere Gewohnheit, zweimal am Tag zu praktizieren. Der Drang zu praktizieren braucht die zweimal tägliche Bestärkung. Denke nur an die Bank an der Bushaltestelle. Wenn das für die Aufrechterhaltung der Gewohnheit ausreicht, sind dann 30 Minuten in einem relativ ruhigen Raum nicht ein Luxus? Das ist es wirklich. Hier sind also einige Vorschläge zu dem, was wir tun können.

Zuallererst halten wir an der Meditation fest. Das hat immer den höchsten Stellenwert. Doch würden wir auch gern noch etwas von den anderen Übungen machen. Deshalb verkürzen wir die Meditation für dieses 30-Minuten-Szenario auf 15 Minuten. Wir wissen auch, dass wir bis zu 5 Minuten am Ende für die Ruhephase zum Zweck des reibungslosen Übergangs zurück in unsere Aktivitäten benötigen. Damit sind bereits 20 Minuten verplant und es bleiben noch 10 Minuten, mit denen wir arbeiten können. Als Nächstes kommt die Wirbelsäulenatmung. Wir können vor der Meditation 5 Minuten Wirbelsäulenatmung durchführen und schließlich die letzten 5 Minuten noch für andere Dinge nutzen. Auf welche Übung verwenden wir die letzten fünf Minuten?

Hier hängt alles von unseren Vorlieben ab. Lieben wir unser Samyama, dann können wir uns dem für 5 Minuten widmen und uns Asanas, Kinnpumpe, Wirbelsäulen-Bastrika und Yoni Mudra für morgen aufsparen. Oder, falls wir die Kinnpumpe und das Wirbelsäulen-Bastrika mehr mögen, gibt es einen Trick, den wir anwenden können. Wir können das Wirbelsäulen-Bastrika und die Kinnpumpe für drei bis fünf Minuten in einer Übung zusammenfassen – das heißt, wir führen das Wirbelsäulen-Bastrika gleichzeitig mit der Kinnpumpe aus. Das ist nicht ideal, bringt uns jedoch eine kombinierte Injektion von Bastrika und Kinnpumpe. Zwei zum Preis von einem, du hast davon gehört. Bei diesem Szenario lassen wir das Kumbhaka bei der Kinnpumpe weg und haben wahrscheinlich auch keine Zeit für Yoni Mudra. Es wäre auch möglich die Kinnpumpe in die letzten paar Minuten der Wirbelsäulenatmung zu integrieren. Du erinnerst dich vielleicht daran, dass wir das die „Kinnpumpe lite" nannten (Lektion 144).

Zusätzlich können wir noch in einigen Minuten, bevor wir uns für die Übungen hinsetzen, eine kurze Asana-Routine im Stehen mit links- und rechtseitigem Drehen, Rück- und Vorwärtsbeugen sowie Berühren der Zehen ausführen. Auch ein bisschen Uddiyana und/oder Nauli passt da noch hinein. Alle Elemente einer Asana-Routine kann man auf diese Weise in wenigen Minuten zumindest berühren. Das ist weit davon entfernt, optimal zu sein, doch ist es etwas aus der Asana-Abteilung, was wir immer tun können, bevor wir uns hinsetzen. Genaue Anweisungen zu den grundlegenden Asanas und zur gerade erwähnten verkürzten stehenden Routine findet man im Zusatz zur Lektion 71.

Auf diese Weise können wir also in 30 Minuten eine ziemlich gute Routine ausführen, falls wir mit einer derartigen zeitlichen Begrenzung konfrontiert sind. Man kann es sogar in noch kürzerer Zeit hinbekommen. Dann lassen wir natürlich noch mehr Übungen weg. Doch wir können immer etwas tun, auch wenn wir uns nur für ein paar Minuten auf eine Bushaltestellenbank setzen, das Mantra aufgreifen und ein wenig in das reine Glückseligkeitsbewusstsein eintauchen.

Es sollte noch erwähnt werden, dass wir keine der „parallelen" Übungen, die wir beim Sitzen praktizieren, beschneiden müssen. Dazu gehören Siddhasana, Mulabandha/Asvini, Sambhavi, Uddiyana/Nauli und Kechari. In dem Ausmaß, wie wir diese üblicherweise praktizieren (und sie Gewohnheiten sind), können sie immer zusammen mit unseren sitzenden Hauptübungen da sein, unabhängig davon, wie kurz die Zeit ist. Wenn erst einmal die ekstatische Leitfähigkeit in deinem Nervensystem aufgekommen ist, wirst du sogar feststellen, dass diese sich langsam in deine täglichen Aktivitäten einschleichen. Dann werden Mudras und Bandhas zu einem Teil unseres normalen neurobiologischen Funktionierens, und sie verlassen uns nie mehr.

Natürlich müssen wir rücksichtsvoll verfahren, wenn wir unsere Übungen in der Öffentlichkeit praktizieren. Machst du die vollständige Kinnpumpe in einem überfüllten Warteraum am Flugplatz, könnte es dazu führen, dass jemand den Notarzt alarmiert – entweder das oder einen Exorzisten! Eine lebhafte Bastrika-Sitzung könnte ähnliche Reaktionen auslösen. Doch die meisten unserer Übungen kann man völlig unauffällig durchführen. Dies trifft auf jeden Fall auf die leichte Wirbelsäulenatmung, Meditation, Samyama, Mulabandha, leichtes Uddiyana/Nauli und Kechari zu. Bei ganz geschlossenen Augen, was ohnehin zu empfehlen ist, kann man auch Sambhavi von außen nicht erkennen. Sogar Siddhasana kann man an einem öffentlichen Ort völlig unaufdringlich einnehmen, wenn man einen Schuh auszieht und die Ferse unter das Perineum schlüpfen lässt. Manchmal bestimmt also auch der Ort, an dem wir uns gerade aufhalten, die Art der Übung, die wir machen. Dazu gibt es ein altes Sprichwort: „Vorsicht ist der bessere Teil der Tapferkeit."

Es gibt viele Wege, Übungen zusammenzustückeln, wenn wir es mit einem engen Terminplan zu tun haben oder uns an einem weniger idealen Ort aufhalten. Hat man der Wirbelsäulenatmung, Meditation und Ruhephase am Ende Rechnung getragen, hängt der Rest von unseren persönlichen Vorlieben ab. Darüber sollte man sich einmal grundlegende Gedanken machen. Ist dann die Ausnahmesituation da, fällt es uns leicht, interessante und kreative Wege für die Aufrechterhaltung unserer Übungspraxis zu planen. Mit Bhakti finden wir einen Weg.

In dieser geschäftigen Welt sind wir alle mit der Herausforderung konfrontiert, für unsere Übungen nur begrenzt Zeit zur Verfügung zu haben. Machen wir jedoch mit Yoga weiter, wird unser spiritueller Wunsch (Bhakti) stärker und wir entdecken Wege, wie wir die notwendige Zeit immer verfügbar halten. Auch dann kommt es aber immer wieder zu Situationen, die unsere Zeit begrenzen. Deshalb ist es wichtig, eine Haltung der Flexibilität und der Bereitschaft zu entwickeln und nötigenfalls Kompromisse einzugehen. Damit können wir gewährleisten, unsere Gewohnheit des zweimal täglichen Übens immer in Ehren zu halten. Tun wir dies, dann gibt es in dieser Welt nicht viel, das uns vom Erreichen unserer göttlichen Bestimmung abhalten kann.

Der Guru ist in dir.

Lektion 210 – Wie man mit automatischem Yoga und Siddhis umgeht

Frage: Ich brauche eine kleine Klarstellung. Während ich die tiefe Meditation praktiziere, gehe ich automatisch in Jalandhara (Kinnverschluss). Wenn ich versuche die Sitzhaltung zu korrigieren, verflüchtigt sich das Gefühl ‚drin zu sein', das sich vom Beginn meiner Meditation an aufbaut. Wenn ich nicht aus Jalandhara herauskomme, werde ich nicht abgelenkt, doch bin ich beunruhigt, weil ich mich nicht an den *Nur-Meditation*-Teil der Routine halte, während ich meditiere. Gib bitte einen Ratschlag.

Antwort: Automatisches Yoga der körperlichen Variante ist während der Meditation und auch während Samyama etwas Übliches. Der Grund dafür liegt darin, dass wir tief in unserem reinen Glückseligkeitsbewusstsein stecken und dann das Nervensystem einen Drang verspürt, den Reinigungsprozess zu vereinfachen. Du machst es schon richtig, wenn du nur deine Meditationsübung mit deiner Aufmerksamkeit favorisierst. Geht der Körper in eine bestimmte Richtung, dann kämpfen wir nicht dagegen an, klammern uns aber auch nicht daran fest. Wir verfahren auf dieselbe Art und Weise, wie wir mit Gedanken oder irgendetwas anderem, das in unserer Meditation aufkommt, umgehen. Ob nun Jalandhara (Kinnverschluss) da ist oder nicht, braucht uns nicht zu berühren. Das wird für sich selbst sorgen, genauso wie wir für die Meditation.

Ich kann dir versichern, dass sich das automatische Yoga verändert, wenn wir Tag für Tag mit unserer Praxis weiter machen. Wir nehmen einfach alles, was geschieht, locker und leicht. Alles ist Reinigung. Jalandhara wird irgendeinem anderen Energieereignis weichen. Andere haben mir geschrieben, dass der Kopf zurückgeht, der Oberkörper nach vorn, sich schüttelt, es zu schnellem Atmen (automatisches Bastrika), Schluchzen oder was auch immer kommt.

Bei Samyama kann das sogar noch viel ausgefallener werden – wie Herumhüpfen auf dem Bett oder Brüllen wie ein Löwe. Wir gehen damit immer auf dieselbe Weise um, indem wir einfach locker und leicht derjenigen Übung, mit der wir gerade beschäftigt sind, den Vorzug geben. Siddhis (Kräfte) der ersten Stufe, die mit der Samyama-Übung unweigerlich kommen, sollten auf dieselbe Weise behandelt werden. – Stellen sie sich ein, gehen wir nur locker und leicht zu der Übung zurück, die wir gerade tun. Das ist Reinigung, die sich in unserem Nervensystem vollzieht.

Automatisches Yoga ist ein Symptom der Übung, nicht die Übung selbst. Wir tun am besten daran, uns an die Hauptverursacher zu halten, d.h. unsere Meditation, Pranayama, Samyama und andere Übungen. Automatisches Yoga ist ein Indikator für den Fortschritt auf der Straße zur Erleuchtung und wird umso weniger, je mehr unser Nervensystem gereinigt wird. Je weniger Reibung (Blockierungen) es im Nervensystem gibt, zu desto weniger körperlichen Regungen kommt es und desto lustvoller wird es im Inneren.

Schließlich werden wir dasitzen, nicht anders aussehen als andere, jedoch mit ozeanischen Wellen ekstatischer Glückseligkeit angefüllt sein. Nur das Glühen göttlicher Liebe wird uns verraten.

Der Guru ist in dir.

Lektion 214 – Wie finden wir unseren spirituellen „Haken"

Frage: Ich habe eine Frage … Sie bezieht sich auf ein allgemeines Gefühl, das ich habe, dass ich führerlos bin und einen Guru oder Lehrer für meine Meditation brauche. Doch bin ich nicht in der Lage, etwas zu finden, das mir das Gefühl vermittelt, dass ich das gefunden habe … Es gibt viele Lehrer, doch keinen „Haken", nichts, was mich festhält. Es gibt da draußen viele, die mir gern sagen, dass sie mein Guru oder Meister sind … und man hat mir sogar gesagt, dass ich gar nicht wissen kann, ob jemand mein Guru ist, dass ich nur gehorchen müsse. Doch irgendwie fühlt sich das verkehrt an. Dies ist vielleicht auch ein Grund dafür, warum meine Übungspraxis sprunghaft ist … weil ich mir immer misstraue, ob das, was ich tue, meine beste Routine ist. Ich praktiziere seit mehr als 20 Jahren Yoga…

Antwort: Meiner Meinung nach ist es irrig, sich auf einen äußeren „Haken" zu verlassen. Sogar die besten körperlich anwesenden Gurus haben einige Fehler, und das ist auch in Ordnung. Niemand ist vollkommen. Doch man erwartet von ihnen, dass sie vollkommen sind, und das zieht unweigerlich ein Scheitern nach sich. Aus der spirituellen Perspektive betrachtet liegen die wahren Unzulänglichkeiten immer beim Übenden, der den Blick nach außen gerichtet hat, um von dort seine Hauptinspiration zu erhalten, wohingegen das eigene Innere der einzige Ort ist, wo diese wirklich zu finden ist.

Der Ansatz in diesen Lektionen ist es deswegen, dass jeder durch solide tägliche Übungen seine eigene innere Inspiration finden soll. Die sich daraus ergebenden Erfahrungen werden ihn nie enttäuschen. Innere Stille ist innere Stille. Die ekstatische Leitfähigkeit ist damit identisch. Zumindest aus unserer inneren Perspektive betrachtet, ist die Reinigung und Öffnung des Nervensystems ein objektives Phänomen. Die Ursachen und Wirkungen von Übungen und Erfahrungen sind Angelegenheit des Übenden. Das steht außer Frage. Die persönliche spirituelle Erfahrung ist der beste Haken. Spirituelle Übungen, täglich ausgeführt, können diesen im Yogi und der Yogini mit hohem Maß an Verlässlichkeit kultivieren.

Die Übungen in den Lektionen sind nicht einzigartig. Doch durch ihre Integration, ihre kombinierte Kraft und zusammen mit der Tatsache, dass sie relativ ungefährlich anzuwenden sind, werden sie zu etwas Außergewöhnlichem. Nur wenige haben es bisher gewagt, die strengen, althergekommenen Schranken zu durchbrechen und diese esoterischen Methoden in ein brauchbares System zu integrieren. Hier wurde dies unternommen, und die Ergebnisse haben sich als sehr gut erwiesen. Deshalb werden diese Übungen offen und frei zur Verfügung gestellt, damit weise Suchende damit selbst experimentieren können. Von uns wurde eine verschiedene Traditionen berücksichtigende wissenschaftliche Untersuchung durchgeführt, und nun kann jeder die Arbeit in seiner eigenen, selbstabgestimmten Anwendung der Methoden vorwärts bringen. Auf einen derartigen Ansatz hat die Welt bisher vergeblich gewartet. Allerdings ist dieser nicht für jedermann geeignet. Wenn es für jemanden nötig ist, oft an der Hand geführt zu werden, rituelle Handlungen zu vollziehen etc., dann kann es sein, dass ein physisch zugänglicher Guru nötig ist. Das bin aber nicht ich. Ich bin froh, wenn ich Fragen zu den Übungen beantworten kann, doch bin ich nicht hier, der anfassbare Guru von irgendjemandem zu werden. Ich stelle nur einige gute Werkzeuge zur Verfügung. Jeder muss sich auf seine eigene Reise begeben und die besten Hilfsmittel anwenden, die er finden kann. Selbst bei einem körperlich anwesenden Guru ist dies der Fall, obwohl das nur wenige emotional abhängige Schüler hören wollen.

Ich betrachte Yoga als neurobiologische Wissenschaft, kein Brimborium, einfach Ursache und Wirkung. Das wünschen wir uns auch in unserem Yoga – gute Methoden, die funktionieren und die Jahr ein Jahr aus zuverlässig sind im Gebrauch. Dann wissen wir, dass wir mit der Zeit zu immer mehr ekstatischer Glückseligkeit und in uns aufwallender göttlicher Liebe finden und – dass sich die Welt durch unsere eigene Entfaltung zum Besseren verändert. Was gibt es Wichtigeres?

Guter Yoga funktioniert wie ein Uhrwerk. Mit der Zeit registrieren wir, wie sich die Ergebnisse stetig ausweiten.

Probiere also die Lektionen aus und sieh selbst. Fange am besten am Anfang an. 20 Jahre ist eine lange Zeit auf dem Pfad. Dennoch sollte jeder mit Lektion 10 beginnen, weil die richtige tiefe Meditation der Schlüssel zu allem im Yoga ist – zumindest bei dieser Yoga-Art ist dies der Fall. Innere Stille ist die Grundlage für allen spirituellen Fortschritt, und darum geht es bei der tiefen Meditation. Danach fügen wir dem noch ein sehr effektives Wirbelsäulen-Pranayama hinzu. Diese beiden sind die Kernübungen und alles andere baut auf diesen beiden auf. Es ist also sehr wichtig, dass wir von vorne beginnen. Man kann sich ganz alleine auf diese Lektionen verlassen oder sie auch im Sinne einer „Gedankennahrung" zur Unterstützung eines anderen Pfades nutzen.

Du brauchst hier keinen Treueschwur zu leisten. Das ist deine Reise. Im Laufe der Zeit schwingst du dich auf deinen inneren Ur-Guru, dein inneres reines Glückseligkeitsbewusstsein ein und dann hast du den wirklichen Haken. Dein Bhakti wird im siebten Himmel schweben und Wissen kommt aus allen Richtungen zu dir. Dann weißt du, um was es bei diesem Spiel geht. Es geht nicht um irgendetwas, sondern um deine eigene innere Reinigung, Öffnung und göttliche Vereinigung. Dies ist der Ansatz in den gesamten Lektionen. Hier gibt es keine Versprechungen auf Errettung durch jemanden außerhalb von dir. Du findest hier nur praktische Informationen zu Übungen und wie man sie zum Erhalt bester Ergebnisse anwendet.

Ich wünsche dir allen Erfolg auf dem von dir gewählten Pfad. Erfreue dich daran!

Der Guru ist in dir.

Lektion 216 – Kundalini-Stöße und Selbstabstimmung in den Übungen

Frage: Danke, dass du dein Wissen und deine Einsichten weitergibst. Ich hatte letzte Nacht ein Erlebnis, das mich etwas beunruhigt. Als ich noch schlief, fühlte ich etwas wie Elektrizität durch meinen Körper strömen, vom Kopf zur Wurzel. Es waren da Schmerz und Wundsein, auch ein Pochen. Es verstärkte sich, als ich entspannte und mich dem unterwarf. Nach ungefähr zwei Minuten (was sich anfühlte, als würden große Mengen Energiestöße durch mich gehen) erwachte ich. Ich bemerkte, dass nur ungefähr zwei Stunden vergangen waren, seit ich zu Bett gegangen war, doch fühlte ich mich wach und völlig ausgeruht.

Ich fühlte mich auch schwindelig und begann für einige Minuten zu kichern. Dann legte ich mich noch mal schlafen und fühlte mich heute die meiste Zeit müde und benommen. Ich mache 10 Minuten Pranayama mit Sambhavi und Mulabandha, dann 20 Minuten AYÄM-Meditation. Sambhavi und Mulabandha habe ich vor ungefähr einer Woche hinzugenommen. Ich habe meine Übungen an dem Abend, als das geschah, nicht vor dem Einschlafen gemacht.

Gehe ich zu schnell vor? Ich bin nur wegen der Schmerzen beunruhigt. Diese „schmerzhafte Elektrizität" habe ich im letzten Monat oder so zweimal erlebt und das erschöpft mich für den Rest des Tages. Sonst fühle ich mich großartig und die Übungen bringen mir sehr viel. Der Schmerz ist erträglich, doch frage ich mich, ob das ein Hinweis darauf ist, dass ich an meinen Übungen etwas verändern soll. Und was genau sind diese elektrischen Empfindungen? Das führt dazu, dass ich danach unkontrolliert lache. Gib mir bitte einen Rat.

Danke dir fürs Zuhören. Du erweist den Menschen auf der Suche nach einer wahren Spiritualität einen großen Dienst.

Antwort: Danke, dass zu schreibst und dich mitteilst.

Es ist ganz sicher, dass da irgendetwas im Gange ist. Das Gefühl von Elektrizität ist Energie, die Reibung in noch nicht ganz gereinigten Nerven erzeugt. Auch der Schwindel stammt daher, genauso wie die Erschöpfung später. Es ist ein bisschen zu viel, was während dieser kurzen Episoden zusammenkommt – eine klassische Kundalini-Überlastung, obwohl sie klein und kurzlebig ist.

Das ist sicherlich keine Erfahrung, die wir gern ständig mit uns haben wollen, auch wenn sie die angenehmen kurzzeitigen Nachspiele mit sich bringt. Was wir wollen, ist eine sanfte und angenehme langfristige Nachwirkung, und das immer. Vielleicht solltest du alles etwas leichter gestalten, bis die Dinge für ungefähr einen Monat eine Stetigkeit erreicht haben. Die Wirbelsäulenatmung hat im Allgemeinen eine stabilisierende Wirkung auf die inneren Energien, wenn man sie nicht übermäßig anwendet. Dasselbe gilt für die tiefe Meditation. Wenn du diese in deinem Fall von 10 bzw. 20 Minuten auf 5 bzw. 15 Minuten zurücknimmst, sollte das eine angemessene Erleichterung bringen. Es sollte in Ordnung sein, Mulabandha und Sambhavi bei der so verkürzten Wirbelsäulenatmung beizubehalten. Versuche es damit für einen Monat und sieh, ob die Stöße in der Häufigkeit abnehmen. Ist dies nicht der Fall, dann ziehe in Betracht, noch ein wenig mehr zu reduzieren oder zumindest nichts bedeutend auszuweiten, bis du ein Niveau der stabilen Eingewöhnung erreicht hast, mit dem du zufrieden bist.

Stelle sicher, dass du dir genügend Zeit für die Ruhephase nimmst, wenn du aus deinen sitzenden Übungen herauskommst. Sorge auch dafür, dass du nach den Übungen während des Tages und am Abend richtig aktiv bist, d. h. körperlich, mental, sozial – über die Wochen und Monate eine gute Mischung aus diesen allen. Geben wir dem, was wir in den Übungen gewinnen, mit richtigen Aktivitäten kein Gerüst, kann sich das manchmal einfach so in den Schlaf einschleichen. Beim Prozess der Reinigung und Stabilisierung innerer Stille und ekstatischer Energien spielt das Aktivsein eine wichtige Rolle.

Auch eine leichte Asana-Reihe vor den sitzenden Übungen kann bei der Stabilisierung helfen, desgleichen eine Diät, die weder zu leicht noch zu schwer ist. Mäßigung ist in allen Lebensaspekten wertvoll – Yoga macht dabei keine Ausnahme.

Nur vor einer Sache möchte ich warnen: mit mehr neuen sitzenden Übungen weiter vorwärts zu drängen, bevor du den nötigen Ausgleich und die Geschmeidigkeit gefunden hast, die für dein Nervensystem genau richtig sind. Das ist allein deine Aufgabe. Eine gute Selbstabstimmung ist eine Kunst – der Ausgleich der Reinigungs-Geschwindigkeit mit einer Stabilität im täglichen Leben, und dazu gehört auch der Schlaf. Ich würde vorschlagen, dass du versuchst, zumindest für ein oder zwei Monate eine befriedigende Ausgeglichenheit zu erreichen, bevor du zur nächsten Stufe weitergehst.

Abgesehen von dieser elektrischen Unausgeglichenheit sieht es aus, als ob das mit dem Yoga bei dir sehr gut anschlägt.

Ich denke, dass du in der Lage sein solltest, die Dinge wieder einzurenken, wenn du die obigen Hinweise berücksichtigst. Das hängt von dir ab. Setze dein bestes Urteilsvermögen ein und mit ein wenig Versuch und Irrtum bekommst du ein Gefühl für den Prozess deiner eigenen Entfaltung. Dann kann dich nichts davon abhalten, deine Bahn gefahrlos und behütet in Richtung auf dein Ziel nach vorne zu brechen. Das hat Ähnlichkeit mit dem Beherrschenlernen eines schnellen Autos. Nur kann es hier zu einer verzögerten Reaktion kommen, wenn wir unseren Fuß auf das Gaspedal setzen oder ihn wieder wegnehmen. Behalte das beim Vorwärtsgehen im Auge und nimm entsprechende Anpassungen vor.

Es ist mir eine Ehre, dir ein wenig zu helfen und ich wünsche dir allen Erfolg auf dem von dir gewählten spirituellen Pfad.

Der Guru ist in dir.

Lektion 217 – Verantwortung

Anmerkung: Diese Frage schließt unmittelbar an die der vorherigen aus Lektion 216 „Kundalini-Stöße und Selbstabstimmung in den Übungen“ an.

Frage: Danke für deine Ratschläge, ich werde es etwas langsamer angehen lassen, wie du das vorgeschlagen hast und dann sehen, wie es in den nächsten ein bis zwei Monaten wird.

Durch dieses Erlebnis habe ich wirklich verstehen gelernt, was du damit meinst, dass man nicht zu schnell vorangehen sollte. Das Verlangen kocht nicht mehr so stürmisch in mir, dass ich durch alle Übungen hindurchbrennen will. Mein Wunsch die Übungen aufrecht zu erhalten und das Göttliche zu erfahren, ist stark. Doch habe ich jetzt das Gefühl, dass die späteren Übungen warten können. Ich erkenne nun, dass dieser Prozess in Wirklichkeit schon ziemlich schnell ist, auch wenn ich nicht so vorwärts stürme.

Dieses Erlebnis und deine Ratschläge haben mir wirklich geholfen, das zu sehen.

Antwort: Ja, jetzt hast du es verstanden. Es ist eine Reise, die eine vorsichtige Einregelung der Übungen verlangt. Das kann nur der Übende selbst leisten.

Ich war sehr beeindruckt davon, mit welchem Maß an Verantwortung fast jeder diese kraftvollen fortgeschrittenen Yoga-Übungen anwendet. Immer gab es diese Prophezeiungen, dass ein frei zugängliches Wissen über spirituelle Übungen zu verheerenden Ergebnissen führen würde. Dies hat sich nicht bewahrheitet, zumindest nicht hier und jetzt. Selbstabstimmung ist ein Konzept und eine Übung, die leicht zu verstehen sind. Die Analogie mit dem „Lernen, ein schnelles Auto zu steuern“ ist eingängig.

Es scheint, dass die Tendenz zu verzweifelter und übertriebener Praxis mehr von einem Mangel an Übungen herrührt als von der freien Zugänglichkeit zu ihnen. Wir geraten leicht in Verzweiflung nach dem, was man vor uns zurückhält und wir überkompensieren das oft mit den Übungen, die uns zur Verfügung stehen. Wir müssen die Fertigkeit entwickeln, mit dem verantwortungsvoll umzugehen, was uns frei zur Verfügung steht und das tun wir auch. So einfach ist das.

Ich ziehe also meinen Hut vor dir und vor jedem, der die Herausforderung der Fortgeschrittenen Yoga Übungen annimmt und gute Fähigkeiten der Selbstabstimmung, die den Kern dieses Ansatzes bilden, entwickelt.

Dies zeigt, dass du dich auf gutem Weg befindest, Selbstgenügsamkeit in deinen spirituellen Bestrebungen zu erreichen. Das ist ein sehr wichtiger Teil des Erleuchtungsprozesses und bedeutet, dass du sie aus eigenen Kräften erreichen kannst. Sobald du das einmal erkannt hast, kann dich nichts mehr aufhalten. Bravo!

Der Guru ist in dir.

Lektion 218 – Meditation, Sensibilität und Bewegungen mit dem Kopf

Frage: Ich bin neu hier und habe einige Probleme, die ich gerne mit dir besprechen würde. Ich schreibe dies nicht ins Forum, weil ich mir völlig darüber im Klaren bin, welche Kraft Suggestionen haben und ich wünsche nicht, dass bei irgendjemand anderem plötzlich dasselbe Problem auftaucht.

Wenn ich anfange zu meditieren, ist das Erste, was passiert, dass mein Kopf anfängt, sich hin und her zu bewegen, und sobald das Mantra beginnt subtiler zu werden, verstärkt sich diese Bewegung, bis sie unangenehm wird. Ich schiebe dem dann bewusst einen Riegel vor und dann beginnen in meinem Gesicht Reizungen, gefolgt von Zuckungen in meinem Arm, die immer lebhafter werden, bis ich die Meditation beenden muss. Hast du jemals von etwas Ähnlichem gehört? Und weißt du, was da zu tun ist?

Antwort: Danke dass du schreibst und erst mal ein „Herzliches Willkommen".

Bewegungen und Regungen beim Yoga sind nichts Ungewöhnliches, obwohl sie normalerweise nicht so stark sind, wie du sie beschreibst. Das weist darauf hin, dass dein Nervensystem spirituell sensitiv ist und dass sehr viel tiefe Reinigung im Gang ist. Es ist Energie, die sich im Inneren bewegt und was da passiert, ist die natürliche Reaktion deines Körpers, sich darauf einzustellen. Das ist etwas Gutes und wird sich mit der Zeit ausglätten. Bis dahin solltest du mit den Übungen so umgehen, dass die Reise auf deinem Pfad bequem verläuft. Andernfalls kann es passieren, dass du die Lust verlierst weiterzumachen.

Im Thematischen Verzeichnis findest du einen Themenindex, der Links zu Lektionen mit den jeweiligen Themen enthält.

Es bietet sich an, dass du die Einträge „Automatisches Yoga", „In-Verbindung-Stehen des Yoga" und „Selbstabstimmung" nachschlägst. Bei diesen Themen findest du die meisten Erörterungen zu Bewegungen und Regungen im Yoga (und anderer Energie/Kundalini-Symptome) und verschiedene Wege damit umzugehen.

Nebenbei bemerkt: Wenn du die Lektionen vom Anfang bis zum Ende durchliest, stößt du auch auf andere Aspekte der Übung, die Bezug zu deinen Erfahrungen haben. Zum Beispiel gibt es eine fortgeschrittene Yoga-Übung namens „Kinnpumpe", zu der eine lebhafte, aber systematische und ungefährliche kreisende Bewegung des Kopfes gehört. Es scheint fast, als versuche sich dein Körper bei den Vorkommnissen, die du beschreibst, in diese Richtung zu bewegen. Bringt man in diese Tendenzen eine Struktur, werden sie „automatisches Yoga" genannt und es gibt eine ganze Menge Manifestationen davon, die in den Lektionen erörtert werden. Bevor du jedoch die Kinnpumpe ausprobierst, ist es ratsam, dass du mit der ersten Lektion beginnst und dich bis dahin durcharbeitest. Da müssen erst reichlich Grundlagen erarbeitet werden, bevor man sich an die Kinnpumpe heranwagen sollte. Wenn du alle Lektionen durchliest, siehst du, dass die Übungsschritte logisch aufeinander aufbauen und auch die vielen Arten von Erfahrungen berücksichtigen, denen man begegnen kann.

Wenn es für dich okay ist, würde ich deine Frage und diese Antwort gerne zum Nutzen aller anonym veröffentlichen. Das ist ein gutes Beispiel für Regungen, die sich auf der Straße des Yoga ergeben können und du wirst ähnliche auch in den Fragen & Antworten finden. Gib mir dazu bitte eine Rückmeldung!

In dieser Gruppe veröffentlicht nur der Moderator. Du brauchst also nicht zu befürchten, dass hier etwas aus Versehen veröffentlicht wird. Alle Zuschriften zu den Lektionen landen bei mir. Die Regel (sowohl in der Yahoo-Gruppe wie auf der Website) ist die, dass jede E-Mail zum Nutzen aller Freiwild für eine anonyme Hinzufügung in einer Frage & Antwort ist, außer man wünscht etwas anderes. Da du zum Ausdruck gebracht hast, dass dein Schreiben nicht veröffentlicht werden sollte, wird das auch nicht geschehen, außer du sagst, das sei okay. Deine Erfahrungen passen genau in das, was wir hier alle besprochen haben. Du bist hier also am richtigen Ort.

Ich wünsche dir allen Erfolg auf dem von dir gewählten spirituellen Pfad … Erfreue dich daran!

Frage: Danke für deine prompte Antwort und Hilfe. Du kannst diese Nachricht oder jede andere von mir gerne veröffentlichen.

Antwort: Danke.

In den Lektionen 160 und 200 gibt es übrigens einige unmittelbare Hilfen, die man bei extremer Sensibilität in der Meditation nutzen kann. Es handelt sich dort nicht um die gleichen Symptome, doch um ähnliche Grade der Sensibilität. Die Maßnahmen, die dort vorgeschlagen werden, könnten auch auf deinen Fall anwendbar sein. Denke daran, dass diese manchmal verrückten Reinigungsstufen bei guter Selbstabstimmung von selbst vergehen und oft wundervollen Öffnungen weichen.

Der Guru ist in dir.

Lektion 219 – Gereiztheit während der Aktivitäten

Frage: Ich meditiere bereits seit vielen Jahren und habe viele Methoden ausprobiert. Das Problem, das ich habe, ist folgendes:

Ich mache die Wirbelsäulenatmung, Bastrika und die wechselseitige Nasenatmung, und das alles mit den dazugehörigen Mudras und Bandhas. Dann mache ich die Mantra-Übung, wie in den Lektionen beschrieben. Das ist meine Lieblingsübung. Wenn ich damit fertig bin, ist mein Geist sehr klar und ruhig. Das ist sehr angenehm. Allerdings merke ich, dass ich sehr intolerant und ziemlich lieblos bin, auch wenn mein Herz der Stille immer noch mehr oder weniger intakt ist. Ich denke, dass mein Geist die innere Stille den normalen Irritationen, denen man bei der Arbeit oder zu Hause begegnet, vorzieht. Das hat in der Tat bereits zu Konflikten in der Arbeit geführt. Ich habe jedoch bemerkt, dass eine Meditation, bei der man das Heben und Senken des Bauchs mit der Atmung beobachtet, bei mir Ruhe und Toleranz erzeugt. Ich würde es eigentlich vorziehen, statt dieser buddhistischen Praxis die Übungen zu machen, die du anbietest. Ich denke aber, dass das Problem entsteht, wenn ich zu viel Energie in meinen Kopf bekomme und dass ich dadurch intolerant werde. Mein Bauch als Konzentrationspunkt einer Achtsamkeitsübung ist ein breiterer und niedrigerer Fokus und die akkumulierte Energie scheint mehr den ganzen Körper zu betreffen und ausgeglichener zu sein.

Natürlich wird dies niemals zu Kundalini usw. führen.

Hast du irgendwelche Vorschläge?!

Antwort: Danke, dass du schreibst und dich mitteilst.

Zu viel um die oberen Zentren fließende Energie (vom Herz nach oben) ist wahrscheinlich eine gute Einschätzung der Ursache, warum es bei dir zu Gereiztheit in den täglichen Aktivitäten kommt. Doch warum ist dies der Fall?

Sehr wahrscheinlich ist da zu viel Praxis und du gehst zu schnell vorwärts, wodurch mehr Reinigung in Gang kommt, als angenehm in deine täglichen Aktivitäten integriert werden kann. Jeder, auch derjenige mit langer Meditations- und Yoga-Erfahrung, kann übertreiben, wenn er zu oft zusätzliche Übungen hinzufügt oder sie umstellt und/oder plötzlich die Gesamtübungszeit ausweitet. Bringt man eine angeborene Sensibilität des Nervensystems mit (wie das in der letzten Lektion 218 erörtert wurde), kann dies die Ursache für das darauf folgende Unwohlsein sein. Es kann auch innere Stille da sein, während man Unbehaglichkeit fühlt. Die Friedlichkeit der inneren Stille (des Zeugen) ist natürlich etwas Gutes. In den formenden Phasen der aufkommenden inneren Stille gibt es einen Gegensatz zum äußeren Aktivsein und man kann den Eindruck eines Konflikts bekommen zwischen dem inneren Frieden und der Rauheit, die wir vielleicht in der äußeren Welt erfahren, wie du das herausstellst. Doch das kommt uns nur so vor. Es gibt da in Wirklichkeit keinen Konflikt, nur die unangenehme Reibung in unserem Nervensystem, das noch nicht genügend gereinigt ist, um die Menge an durchströmendem Fluss an die Oberfläche hoch blubbernder Energie unterzubringen. Die Ursache dafür ist nicht die innere Stille oder irgendein Konflikt mit ihr. Ursache dafür ist zu viel Energiebewegung auf der Shakti-Seite. Wie du weißt, macht die innere Stille die Shiva-Seite aus. Die Lösung dafür besteht darin, unsere Übungen auf eine Weise zu regulieren, dass unsere innere Energie bei all unseren täglichen Handlungen bequem integriert und ausbalanciert werden kann. Nehmen wir die Haltung ein, dass unsere Rettung alleine in unserer inneren Stille und nicht auch außen in den Höhen und Tiefen der Welt zu finden ist, dann werden uns die höheren Stufen der Erleuchtung vorenthalten bleiben. Denn dazu gehört eine vollkommene Integration der inneren Stille in den Fluss von Energie auf allen Straßen des Lebens. Wird dies durch eine ausbalancierte Mischung von Übungen und Aktivitäten erreicht, lernen wir die vollkommene Vermählung des stillen Glückseligkeitsbewusstseins mit der ekstatischen, überall fließenden Energie kennen und, das ist die Befreiung in dieser Welt. Alles wird zu dem EINEN, und das ist es auch, was wir sind.

Was kann uns dann noch aus der Ruhe bringen? Damit ist die Voraussetzung geschaffen, dass wir in der Welt unerschütterlich bei dem bleiben, was uns wichtig ist – und dabei ununterbrochen lächeln.

Die Atemachtsamkeitsübung im Bauch, die du erwähnt hast, kann einige Erleichterung bringen. Doch weiß ich nicht, zu wie viel Fortschritt diese Übung bei Anwendung über einen langen Zeitraum hinweg führen würde. Sie ist, worauf du bereits hinweist, in dieser Beziehung naturbedingt beschränkt. Außerdem könnte es zu einer „Doppelung" der Übungszeit für Pranayama und Meditation führen, wenn du die tiefe Meditation und die Wirbelsäulenatmung an denselben Tagen machst, an denen du die Atemachtsamkeitsübung ausführst. Dopplung bedeutet auch mehr Reinigung aufgrund ähnlicher Übungen am selben Tag, wodurch übermäßige Energieflüsse im Inneren initiiert werden. Das merken wir wahrscheinlich überhaupt nicht, während wir dabei sind, die Übungen selbst zu machen.

Was ist also die Lösung? Zuerst solltest du ein Gespür dafür entwickeln, was wie wirkt und dazu mit der Kernübung „Tiefe Meditation" beginnen. Hast du das noch nicht getan, versuche bitte, zu einer einfachen Meditationsübung (15-20 Minuten) zweimal am Tag zurückzukehren und nichts weiter hinzuzunehmen. Dann sieh, ob das mehr Stabilität in deine täglichen Aktivitäten bringt. Stelle sicher, dass du dir mindestens 5 Minuten für die Ruhephase zum Herauskommen aus der Meditation nimmst. Schon alleine zu schnell aus der Meditation herauszukommen, kann zu sehr viel Gereiztheit während des Tages führen. Ergibt sich aus dieser einfachen Routine Geschmeidigkeit während des Tages, kannst du davon ausgehen, dass du irgendwo in deiner früheren Routine zu viel gemacht hast. Dann ist es deine Aufgabe, diese Stabilität aufrechtzuerhalten und, falls gewünscht, stufenweise, d.h. eins nach dem anderen, etwas mehr hinzuzunehmen und immer jedes neue Übungsniveau in deinen Aktivitäten zu stabilisieren, bevor du Weiteres hinzufügst. Denke auch daran, dass es bei den meisten Übungen zu zeitverzögerten Energieeffekten kommt, so dass es also mindestens einen guten Monat oder zwei dauert, bis man eine bestimmte Übung stabilisiert hat. Dann erst ist es angebracht, eine weitere hinzuzunehmen.

Führen 15-20 Minuten Meditation alleine mit einer guten Ruhephase für das Herauskommen immer noch zu Gereiztheit während des Tages, dann weißt du, dass du es entweder mit einer zeitweisen oder anhaltenden Sensibilität in deinem Nervensystem zu tun hast. Dann kannst du es damit versuchen, die Zeit für die Meditation zu verringern (und die Ruhephase danach ausweiten), bis die täglichen Aktivitäten geschmeidiger werden. Das Hinzunehmen von 5-10 Minuten Wirbelsäulenatmung vor der Meditation kann helfen, die inneren Energieflüsse zu stabilisieren. Auch eine leichte Asana-Reihe (5-10 Minuten) vor den sitzenden Übungen kann helfen, die Dinge danach zu stabilisieren. Vielleicht musst du verschiedene Kombinationen ausprobieren, bevor du herausfindest, was bei dir wirkt (die Lektionen 160 und 200 befassen sich mit diesem Prozess). Versuche nicht, Dinge wie Mudras, Bandhas, Siddhasana, Kumbhaka usw. hinzuzunehmen, bevor du eine stabile Plattform von Übungen gefunden hast, die bei dir zu Geschmeidigkeit bei den täglichen Aktivitäten führt. All diese zusätzlichen Übungen drehen die Heizung auf. Sobald du dir sicher bist, dass du eine stabile Übungsplattform erreicht hast, kannst du eine Übung nach der anderen hinzunehmen und immer wieder stabilisieren, bevor du die nächste hinzunimmst.

Ich weiß, dass das alles ziemlich mühsam und zeitaufwändig klingt, besonders, wenn du bereits fortgeschritten bist und endlich einmal zu Potte kommen willst. Doch es gibt da wirklich keinen anderen Weg zum Aufbau einer stabilen Praxisroutine, die letztendlich zur ekstatischen Glückseligkeit in unseren Aktivitäten führt, wie wir das ohne Zweifel verdienen. Erleben wir Formen von Instabilität, müssen wir zu einem stabilen Übungsniveau zurückkehren. Das kann fortgeschrittenen Übenden genauso oft passieren wie Anfängern. Es ist in der Tat überhaupt nichts Außergewöhnliches, dass Anpassungen nötig werden, wenn wir uns nach oben in feinsinnigere Regionen der fortgeschrittenen Übungen und Erfahrungen bewegen. Wir können weitergehen und es kann uns ganz gut gehen und plötzlich trifft uns eine große Energiefreisetzung (oder eine Reihe davon) tief in unserem Inneren, die uns für ein paar Tage, Wochen oder Monate zurücksendet auf eine reduzierte Ebene von Übungen. Das kann jedem passieren. Es gehört zur Reise dazu und es ist wichtig zu erkennen, dass wir von Zeit zu Zeit immer wieder einmal in scharfe Kurven unserer Straße einfahren und wir dann vorübergehend unseren Fuß vom Gaspedal nehmen müssen, wenn wir keine wilde Fahrt oder sogar ein Unglück riskieren wollen. So ist das einfach. Kennen wir erst einmal die fortgeschrittenen Übungen, liegt es nur an der Selbstabstimmung, wie geschmeidig wir heim zur Erleuchtung reisen.

Ich wünsche dir allen Erfolg auf dem von dir gewählten Weg.

Der Guru ist in dir.

Lektion 220 – Öffnung des Herz-Chakra

Frage: Ich habe über die letzten Jahre Herz- und Nierenprobleme bekommen. Im Alter von 39 Jahren hatte ich einen Herzanfall, durch den ich gezwungen wurde, alles sehr viel langsamer angehen zu lassen.

Weil ich unter dieser Situation ziemlich leide, habe ich vor kurzem einen sehr großen Shanti- und Reiki-Heiler aufgesucht. Seit mehr als 25 Jahren befinde ich mich in Meditation über die Heiligen Namen sowohl des Maha Mantra als auch des Mantra Raja. (Unglücklicherweise wird man da nicht über die Wissenschaft der Meditation unterrichtet).

Dieser und ein paar anderen Übende sagten mir, dass mein Herz-Chakra „verstopft" sei und dass es geöffnet und gereinigt werden müsse; dass dies der Grund für meine physischen Beschwerden sei. Verzeih mir, doch weiß ich sehr wenig von einer diesbezüglichen Technik. Ich weiß, was die Chaka-Zentren im Sinne der Veden sind, doch kenne ich keine Techniken dazu, wie man sie öffnen kann.

Ich lebe ein sehr einfaches Leben, doch da ich ein Lehrer und Guru in unserer Tradition bin, habe ich sehr wenig Zeit. Meine Ernährung ist streng shastrisch, ich halte die Dosha-Empfehlungen für mich ein und chante über 100 000 heilige Namen täglich. Das heißt, dass ich mich für über 10 Stunden in aktiver Meditation befinde. Dies ist nicht das Problem, da es für mich seit vielen Jahren die tägliche Routine ist.

Könntest du mir vielleicht etwas zum Lesen empfehlen oder diese Technik erklären, da wäre ich sehr dankbar. Mein Heiler sagt, dass dies meine Gesundheit, mein Predigen und meinen spirituellen Dienst sehr verbessern würde und auch mehr Licht des Nityananda Gauranga durch mich zu allen um mich fließen lassen würde

Danke für deine Zeit, die du dafür aufwendest.

Antwort: Danke dass du schreibst und teilst.

Die Übungen in den Lektionen sind auf die allgemeine spirituelle Erweckung zugeschnitten und konzentrieren sich weniger auf einzelne Chakren, sondern vielmehr auf die Verbindung, die zwischen dem Ajna- und Wurzel-Chakra besteht. Diese hat für die Erleuchtung eine besondere Bedeutung. Natürlich wird auch das Herz-Chakra durch diese allgemeine Reinigung in der spirituellen Anatomie geöffnet. Während die Meditation und die Wirbelsäulenatmung global wirken und das Herz „durch Stellvertreter" öffnen, können andere Techniken wie Uddiyana/Nauli, Kinnpumpe und das gezielte Bastrika als Teil des Gesamtprozesses der Reinigung und Öffnung direkter an der Herzgegend arbeiten.

Im Allgemeinen bin ich nicht für eine Konzentration auf die Öffnung einzelner Chakren, denn wie sollten wir wissen, was die richtige Reihenfolge ist? Unergründliches Karma setzt jeden von uns auf einen etwas anderen Pfad und deshalb wird in den Lektionen der breite Ansatz angeboten, anstatt ein Ansatz, der von Chakra zu Chakra weitergeht. Dadurch erlauben wir dem reinen Glückseligkeitsbewusstsein die Regie über die natürliche Öffnung des Nervensystems aus dem Inneren zu übernehmen und verlassen uns nur sehr wenig auf intellektuelle Entscheidungen. Mit den Übungen aus den Lektionen unterwerfen wir uns systematisch dem Prozess der spirituellen Transformation, der in uns von Geburt an bereits vorgegeben ist. Natürlich ist reines Bhakti die größte aller Übungen und du weißt dies bereits. Erhebt man menschliche Wünsche auf die Ebene von Bhakti (intensiver Wunsch nach Gott/Wahrheit), dann werden alle Yoga-Methoden automatisch stimuliert. Wir brauchen dann nur einmal von ihnen zu hören (falls überhaupt) und nichts ist uns wichtiger, als diese zu üben!

Nach dem das nun alles gesagt ist, sind hier noch ein paar zusätzliche Vorschläge für die Öffnung des Herz-Chakra, die in ihren Auswirkungen jedoch ganzheitlich sind.

Es gibt eine in den Lektionen bisher noch nicht erwähnte Pranayama-Technik, die direkt auf das Herz wirkt. Sie geht wie die Wirbelsäulenatmung, jedoch in umgekehrter Richtung. Wir können sie als „Herzatmung" bezeichnen. Mit ihr ist es unter Nutzung des Atems möglich, unser Ishta (gewähltes Ideal) mit tiefgreifender Wirkung direkt in unser Herz zu bringen. Wir atmen dazu vom dritten Auge (Punkt zwischen den Augenbrauen) aus ein, ziehen den Atem zurück zum Zentrum des Kopfes und schließlich den Wirbelsäulennerv entlang nach unten in das Herz. Dann atmen wir über die genau gleiche Route durch das dritte Auge wieder aus. Bei der Einatmung bringen wir unser Ishta herein und bei der Ausatmung senden wir unsere Unreinheiten hinaus. Verlangsamen wir unsere Atmung (so dass es noch bequem bleibt), verstärkt sich die Wirkung. Nasenatmung ist vorzuziehen, jedoch nicht unbedingt notwendig. Diese Methode hat große Vorteile für das Herz. Sie reinigt und öffnet es. Während dieser Übung wird unser Herz mit unserem Geliebten erfüllt, Unreinheiten werden ausgestoßen. Dies kann man für fünf bis zehn Minuten vor oder nach den sitzenden Übungen tun oder auch jederzeit. Sei vorsichtig und mache am Anfang nicht zu viel, weil es zu übermäßigen karmischen Freisetzungen führen kann, wenn man es übertreibt. Wir schlagen vor, dass du langsam beginnst und dich stufenweise der Annehmlichkeit und Wirkung entsprechend vorwärts arbeitest. Diese Übung wurde bisher wegen der umgekehrten Atemrichtung und der möglicherweise für Anfänger daraus resultierenden Verwirrung mit der traditionellen Wirbelsäulenatmung (die ab Lektion 41 vorgestellt wird und die das Herz auf eine mehr allgemeine Weise reinigt) in den Übungen nicht angeboten. Auch haben viele Menschen keine klare Vorstellung von einem Ishta, das sie dafür einsetzen könnten. Das kann dann diejenigen verwirren, die zum Yoga ohne eine Neigung zur Anbetung eines Höheren kommen. Dies ist bei dir ganz klar nicht der Fall, deshalb kannst du diese Übungen vielleicht mit guten Ergebnissen einsetzen. Zu deinen anderen Übungen kann dies vielleicht sogar sehr gut dazu passen. Das musst du aber alles selbst entscheiden.

Für alle, die diese Übung ohne ein spezielles Ishta (Gottheit, Avatar oder Guru) ausprobieren wollen, kann bei der Einatmung durch das dritte Auge die reinigende und heilende Kraft der universellen Wahrheit herein und hinunter zum Herzen gebracht werden und bei der Ausatmung kann man Unreinheiten hinaussenden.

Ein zweiter Vorschlag bezieht sich auf die physische Ebene bzw. die des Lebensstils. Viele der Verengungen in Bereichen unseres Nervensystems können durch unsere Lebensgewohnheiten verstärkt werden – wie wir mit anderen umgehen und unsere tägliche Routine von Aktivitäten ausführen. Manchmal kann es ausreichen, eine neue Verhaltensweise einzuführen und die Routine zu verändern, damit sich Verengungen etwas lösen. Im Falle eines Herzproblems ist das Lösungskonzept relativ einfach. Es entstammt der modernen Medizin. Tägliche Aerobic-Übungen ist eines der besten Rezepte zum Aufbau eines gesünderen Herzens. Das weißt du sicher bereits. Tägliche körperliche Verausgabung (20+ Minuten lebhaftes Laufen oder etwas Entsprechendes) und eine fettarme, salzarme, vegetarische Ernährung sind sowohl gut für das Herz wie für den Blutdruck. Es ist nicht ungewöhnlich, dass eine sattvige (reine) Ernährung eine Menge Fett und Salz enthält. Es kann also sein, dass es nicht ausreicht, wenn man nur einer sattvigen Ernährungsweise folgt. Ich habe dies vor vielen Jahren herausgefunden, als bei mir eine Tendenz zu einem zu hohem Blutdruck auftrat, obwohl ich mich streng vegetarisch ernährte, was leicht durch diejenigen Mittel behoben wurde, die ich gerade erwähnte. Unternimmt man so etwas, verändert dies auch die Art und Weise, wie wir unseren Tagesablauf gestalten, wozu auch unsere Beziehung zu anderen Menschen gehört. Wenn wir also diesen Mitteln zur Verbesserung unserer Gesundheit einige Bedeutung beimessen, wirkt dies auf unser Leben auf eine nicht-physische Weise, was ebenfalls für das Herz gut ist. Wir müssen lernen etwas loszulassen, damit wir diese Änderungen vornehmen können und sich die Wehen in unserem Herzen verringern. Ein sich öffnendes Herz ist ein Herz, das weiß, wie man loslässt. Ein sich öffnendes Herz lacht auch eine Menge!

Die Kultivierung einer Gewohnheit, tief im Nervensystem loszulassen, bildet den Kern der tiefen Meditation, von Samyama und vielen anderen Übungen in den Lektionen. Wird die innere Stille zu einem Bestandteil unseres Lebens, sind wir in der Lage, die täglichen Stresssituationen leichter loszulassen, auch wenn wir ständig einen vollen Terminplan haben. Loslassen, obwohl man aktiv am täglichen Leben teilnimmt, ist natürlich die Essenz von Karma-Yoga. Das spielt alles zusammen.

Suchst du nach einem fokussierteren Ansatz der „spirituellen Energie-Arbeit“ zur Öffnung des Herz-Chakra, bin ich möglicherweise nicht die beste Anlaufstelle. Vielleicht kann da ein Energie-Heiler wie der, den du bereits konsultierst (Reiki oder etwas anderes), weiterhelfen. Ich bin aus den genannten Gründen nicht dafür, dass man sich zu stark auf einzelne Chakren konzentriert. Ich versuche die Chakren so gut wie möglich „unter der Haube“ zu halten, damit man nicht von der eigentlichen Aufgabe, den „Wagen“ nach Hause zur Erleuchtung zu steuern, abgelenkt wird. Meine Aufgabe ist es, darauf fokussiert zu bleiben.

Ich wünsche dir eine ausgeglichene Gesundheit und einen anhaltenden Erfolg in deiner wichtigen spirituellen Arbeit.

Der Guru ist in dir.

Lektion 221 – Erweiterung des Herzraums

Frage: Was du zur Herzatmung gesagt hast (Lektion 220), gefällt mir wirklich sehr gut. Ich habe gute Erfahrungen mit der Wirbelsäulenatmung gemacht, seit ich vor 6 Monaten mit ihr angefangen habe, und dies fügt dem noch eine neue Dimension hinzu. Mit regelmäßiger Wirbelsäulenatmung fühle ich mich oft, als würde ich mich im Innern in einen endlosen Weltraum öffnen. Manchmal ist dies nur eine freudevolle Leere. Andere Male gibt es da sehr vergnügliche Klänge wie ein plätschernder Bergstrom, Kirchenglocken oder Musik, wie ich sie noch nie durch meine physischen Ohren gehört habe. Manchmal gehören dazu goldene oder vielfarbige Lichter – manchmal auch überhaupt kein Licht. Ich weiß nicht, wo das alles herkommt. Doch normalerweise dehnt es sich aus und ist sehr, sehr angenehm. Dieser Raum scheint sich in meinem Herzen zu befinden, doch unendlich viel größer zu sein als mein physischer Körper. Ich habe die Herzatmung die letzten paar Tage am Ende meiner Übungen ausprobiert. Obwohl ich mich nicht für sehr religiös halte, wurde ich christlich erzogen und stellte mir vor, ich würde Christus durch mein drittes Auge in mein Herz einatmen und beim Ausatmen alle Unreinheiten, die sich dort drin befinden, nach oben und durch das Auge mit hinausgehen lassen. Gut, der innere Weltraum wird mit riesigen Wellen von Liebe und Mitgefühl sowie einem Sinn unbeschreiblicher Stärke und Sinnhaftigkeit immer lebendiger. Das ist schon erstaunlich. So laufe ich auch immer herum, wenn ich die Übungsroutine gemacht habe. Ist das Jesus Christus in meinem Inneren? Oder ist es etwas anderes? Was immer es ist, ich will mehr davon.

Antwort: Was für eine schöne Erfahrung. Es ist ein wunderbares Beispiel dafür, wie die Wirbelsäulenatmung in Verbindung mit tiefer Meditation und anderen Übungen das Herz als Teil der allgemeinen Reinigung des Nervensystems öffnet.

Dies ist der „Weltraum im Herzen", in den wir eintreten, wenn unser Nervensystem sich öffnet und unsere nach innen gerichtete Sinnlichkeit beginnt sich auszuprägen. Das Sanskritwort für das Herz-Chakra ist „Anahata", was so viel wie „Klang, der nicht angeschlagen wurde" bedeutet. Sinnliche Erfahrungen stellen sich im Herzraum aus dem Nichts heraus ein und können überall im Inneren gleichzeitig wahrgenommen werden. Diese Klänge sind „nicht angeschlagen" und die inneren Lichter sind „nicht angezündet". Was sich im Herzweltraum befindet, ist einfach, als ob es kein Gesetz von Ursache und Wirkung gäbe – nur eine Ausstrahlung der Eigenschaften reinen Glückseligkeitsbewusstseins, das unerschöpflich aus dem Inneren hervorquillt und sich in unserer verfeinerteren Wahrnehmung bemerkbar macht – eine ewige Quelle von Glückseligkeit in uns.

Dadurch, dass wir mit der Herzatmung ein Einflussobjekt wie unser Ishta (gewähltes Ideal) in unseren Herzraum einladen, wird dieser entsprechend unserer Offenheit und unserem Hang zur Wahrheit und Harmonie angefüllt. Wir alle wissen, dass im täglichen Leben positive Absichten (und Gewohnheiten) unseren Herzraum ausdehnen und uns aufleben lassen. Negative Absichten (und Gewohnheiten) dagegen verengen unseren Herzraum und töten uns ab. Mit fortgeschrittenen Yoga-Übungen arbeiten wir daran, unser Nervensystem auf viel tieferen Ebenen als normal zu öffnen – so tief, dass unsere Erfahrungen in die himmlischen Regionen, die alle in uns verborgen liegen, hineinreichen. Dort werden die negativen Absichten (und Gewohnheiten) von der reinen Liebe unserer aus dem inneren hochsteigenden göttlichen Eigenschaften aufgeschmolzen, wodurch die Erfahrungen von Herzverengung immer weniger werden, auch wenn wir uns unseren Weg durch diese physische Welt bahnen, in der nichts von Dauer ist. Je mehr wir uns mit demjenigen in uns identifizieren, das die ganze Glückseligkeit beinhaltet und nicht hinwelkt, desto weiter dehnen wir unser Bewusstsein aus.

Besitzen wir einen religiösen Hintergrund und sind wir geneigt, ein Ishta aus unserer Tradition zu nutzen, kann das mit der Herzatmung sehr viel für uns bewirken. Genauso gut wirkt es aber für jeden, der sich ernsthaft nach der Wahrheit sehnt und dafür irgendeine Tradition oder ein Glaubenssystem zu Hilfe nimmt. Denn es sind die hingebungsvollen Gefühle für unser Ideal, die die Reinigung und Öffnung in unserem Herzen anregen. Unsere Hingabe/unser Bhakti ist es ja auch, das all unsere Übungen durch das In-Verbindung-Stehen des Yoga hervorbringt, wie dies in früheren Lektionen erörtert wurde.

Es gibt hierzu eine interessante Anbindung an die Samyama-Übung, in die in Lektion 150 eingeführt wurde. Die Ausdehnung des Weltraums in unserem Herzen entspricht der Ausdehnung unserer inneren Stille. Wir wissen, dass innere Stille (die wir in der Meditation kultivieren) der riesige Speicher göttlicher Kraft ist, in den wir uns mit unseren Sutren in der Samyama-Übung tragen lassen. Indem wir dies tun, kultivieren wir die Ausdehnung unserer inneren Stille entsprechend der ausgewählten Sutren in viele Richtungen. Dies ist genauso eine Ausdehnung unseres Herzraumes. Mit unserer Routinepraxis regen wir die Ausdehnung unseres Weltraums im Herzen auf viele Weisen an. Obwohl wir das Herz in den Lektionen nicht oft erwähnen, bildet es das Zentrum all dessen, was wir in den Fortgeschrittenen Yoga Übungen tun. Dieses örtlich begrenzte Energiezentrum, das wir als „Herz“ bezeichnen, wird schließlich zu ALLEM.

Die Herzöffnung ist der Weg, durch den sich unsere innere Stille, unsere innere Sinnlichkeit und ekstatische Glückseligkeit allmählich ausdehnen, um unsere gesamte Umgebung in der physischen Welt zu umfassen. Dann erfahren wir die gesamte Welt auf dieselbe Weise durch unsere Sinne, wie wir den Herzraum in diesen ersten Stadien der inneren Ausdehnung erfahren, so wie du dies beschrieben hast. Schließlich ist die gesamte Welt in unserem eigenen sich ausdehnenden Herzen enthalten. Das, was außerhalb von uns ist, wird zu unserem Inneren und unser Inneres wird zu unserem Äußeren – ein göttliches Paradox. Das ist Vereinigung – Einheit. Wenn wir dann von unserem Herzraum aus ausatmen, reinigt das die gesamte Welt.

Diese Erfahrung kann als ziemlich mystisch erscheinen. Doch hat sie ihre Wurzeln in der neurobiologischen Transformation unseres Nervensystems, das wir durch unsere täglichen Übungen kultivieren. Dafür sind wir verdrahtet. Wir sind alle Mystiker im Entstehungsprozess.

Der Guru ist in dir.

Lektion 222 – Glocken im inneren Weltraum?

Frage: Ich übe jetzt seit einigen Monaten die Wirbelsäulenatmung und Yoni-Mudra regelmäßig und es geschehen gerade einige sonderbare Dinge. Es kommt dazu gewöhnlicherweise spät in der Nacht oder am Morgen beim Aufstehen. Beim Aufwachen habe ich einmal eine rasche Schwingung in meinem Brustbereich und im Inneren meiner Kiefergelenkpfanne gefühlt. Das war etwas ungewöhnlich, aber nicht unangenehm. Nach meiner Meditation am Abend höre ich auch sonderbare, mystische, „glockenähnliche" Töne. Manchmal wache ich davon auf, wenn ich in der Totenstellung nach der Meditation eindöse. Es ist schwer, diese Töne zu beschreiben und es ist auch schwer zu sagen, woher diese Töne kommen. Ich denke dann, dass sie von außerhalb meines Hauses herrühren, doch meist ist da kein Wind und ich höre sie nie zu anderen Zeiten. Ich übe schon seit mehreren Jahren Yoga und Meditation und bin schon auf viele sonderbare Dinge gestoßen. Doch diese Töne sind wirklich etwas anderes. Ich frage mich, ob sie irgendwie mit den Übungen zusammenhängen und falls das zutrifft: Was ist das genau? Ich weiß, dass das auch ganz einfach ein Zufall sein könnte, dass ich sie, wenn ich sie höre, höre. Doch denke ich, dass da auch etwas anderes dahinterstecken könnte. Herzlichsten Dank für die Lektionen und deine Zeit!!!

Antwort: Danke, dass du schreibst und dich mitteilst.

Wenn es kein Windspiel draußen ist, dann ist es wahrscheinlich die Ausdehnung deines Herzraums und deiner inneren Sinnlichkeit, wie das in der letzten Lektion (221) erörtert wurde. Kommt es dazu (was nicht unüblich ist, wenn man die Wirbelsäulenatmung praktiziert – besonders bei Hinzunahme von Yoni Mudra und Kumbhaka), dann können einem Klänge, die von Natur aus himmlisch sind, so vorkommen, als wären sie irgendwo im Äußeren zu finden. Die Ursache dafür ist, dass unsere innere Dimension sich nach außen in unsere Umgebung ausgedehnt hat. Es kann also sein, dass es uns so scheint, als erlebten wir etwas außerhalb des Körpers, während es sich in uns befindet und gleichzeitig auch „da draußen". Die Unsicherheit, die du bezüglich des genauen Standorts des Klanges fühlst, ist in solchen Situationen normal. Das braucht dich nicht zu beunruhigen; da tut sich etwas Gutes. Sind es also keine Glocken draußen, dann sind es sehr wahrscheinlich die im Innern, die „Anahata" – nicht angeschlagene Töne – sind.

Werden irgendwelche dieser Erfahrungen unangenehm oder lenken sie übermäßig ab (die Schwingung oder die Klänge), dann achte darauf, dass du in deinen Übungen vorsichtige Selbstabstimmung anwendest. Genieße es ansonsten!

Ich wünsche dir allen Erfolg auf dem von dir gewählten Pfad.

Der Guru ist in dir.

Lektion 223 – Kechari Stufe eineinhalb? (ein Dialog)

Frage 1: Danke für deine Anweisungen (Lektion 108). Ich habe einige Fortschritte von Kechari Stufe 1 aus gemacht, doch habe ich noch nicht ganz das erreicht, was ich erwartet habe.

Nach ein wenig Experimentieren und langsamem Vorantasten denke ich, dass ich mich in einer Art Stufe eineinhalb befinde. Meine Zunge ist länger, als ich sie für Stufe 1 brauchen würde, doch noch nicht lang genug für Stufe 2. Ich weiß nicht, ob dieses Zwischenstadium vielleicht auf meine eigene ganz spezifische Anatomie zurückzuführen ist, so dass andere Menschen diese Erfahrungen nicht machen, weil sie ein bisschen anders gebaut sind.

Hier also das, was ich erlebt habe:

Durch ein Strecken der Zunge nach oben und nach rechts war ich in der Lage, so etwas wie ein Loch zu finden, durch das ich die Zunge gerade noch drücken konnte. Ich habe versucht, den Finger mit einzusetzen, doch schien es, als ob ich ihn nicht richtig gebrauchen konnte, weil die Zunge bereits das Maximum ihrer Ausdehnung erreicht hatte.

Allerdings fühlte ich durch dieses Loch Gewebearten, die ich vorher nicht gekannt hatte. Ich konnte das fühlen, weil es salzig war! Vielleicht war es salzig wegen einer dünnen salzigen Schleimschicht darauf.

Ich hielt meine Zunge auf dieses besondere Gewebe gerichtet und bewegte es zum Zentrum. (Die Erfahrung war ergreifend und ekstatisch). In den ersten Tagen (es ist jetzt mehr als eine Woche her) rutschte sie immer ab, bevor ich in die Nähe des Zentrums kam, doch mit etwas Übung gelang es mir, sie bis zum Zentrum zu bringen.

Allerdings sind an dieser Stelle keine Öffnungen der Nasenlöcher und auch nicht das Septum zwischen ihnen zu finden. Das Organ, worauf ich meine Zunge ruhen lasse, ist relativ flach und hat einen leichten Grat in der Mitte. Es ist normalerweise vom Gaumenzäpfchen bedeckt, doch bin ich mit meiner Zunge unter diese Bedeckung gekommen. Wenn ich meinen Kopf nach rechts drehe, wölbt sich die rechte Seite dieses Organs in Richtung meiner Zunge, und das Entsprechende geschieht, wenn ich den Kopf nach links drehe.

Ich glaube, dass sich die Öffnung der Nasenlöcher und das Septum genau über der Stelle befinden, wohin meine Zunge im Moment an dieses Organ heranreicht. Deshalb meine ich, dass ich mich in einer Art Übergangszustand zwischen den Stufen 1 und 2 befinde.

Denkst du, dass ich da richtig liege?

Antwort 1: Ja, ich glaube, dass deine Beschreibung dessen, was da geschieht, ziemlich zutreffend ist. Herzlichen Glückwunsch, dass du hinter den weichen Gaumen gekommen bist! Es ist der Beginn einer neuen Welt des Fortschritts und fortgeschrittener Erfahrungen.

Ich darf vielleicht noch einige Erklärungen hinzufügen, die dir möglicherweise helfen. Es hört sich so an, als würdest du die rückseitige Kante des harten Gaumens von hinter dem weichen Gaumen aus (hinter dem Gaumenzäpfchen) fühlen. Das Septum kommt bis zum Zentrum des Rands des harten Gaumens nach unten. Das ist wahrscheinlich „die Spur eines Grates", die du da in der Mitte fühlst. Du bist dann also wirklich noch nicht ganz beim Septum, der eustachischen Röhre, den inneren Nasenlöchern usw. Doch du wirst dahin kommen.

Um höher zu gelangen, ist es vielleicht hilfreich, nicht nur an Länge zu denken, sondern auch daran, die Zunge Stück für Stück vom Boden des Mundes zu lösen. Die meisten Menschen haben bereits eine gute Länge, sind jedoch durch den Haltestrick (das Frenum) an den Boden der Mundhöhle festgebunden. Konzentrieren wir uns nur auf die Länge, machen wir in Wirklichkeit einen Umweg zurück und um den weichen Gaumen herum und die zusätzliche Länge kompensiert nur die Tatsache, dass die Zunge vorne unten festgebunden ist. Befreien wir die Zunge davon, geht sie viel schneller viel weiter nach oben. Eine Kombination des Verlängerns (durch Melken) damit bringt den besten Fortschritt in Kechari. Ausreichend Details zu dem Ganzen findest du in Lektion 108.

Ich sage dir diesbezüglich nicht, was du zu tun hast, da es eine sehr persönliche Reise ist, die nur vom Bhakti und den Vorlieben eines jeden einzelnen abhängt. Ich zeige nur die Mechanismen auf. Der Rest hängt von dir ab.

Frage 2: Noch einmal vielen Dank für deine Antwort.

Ich habe immer an der Zunge gezogen, doch habe ich festgestellt, dass anscheinend sehr viel Ziehen nötig ist, um auch nur ganz wenig zu erreichen. Aufgrund deiner Lektion wurde ich schnell von der Idee überzeugt, das Frenum mit einer Nagelhautschere anzuritzen. Wenn ich also ‚Länge' sage, dann meine ich in Wirklichkeit ‚Länge, die dem Frenum abgewonnen wird'.

Das Einzige, was ich noch erwähnen wollte, ist, dass ich eine Reihe winziger Schnitte mache, anstatt nur einen (ich mache ungefähr 10), und ich mache sie an verschiedenen Stellen entlang der Frenumoberfläche). Ich hoffe, dass diese größere Anzahl den Prozess beschleunigt. In der Tat scheint das der Fall zu sein: Nach jeder Schneidesitzung fühle ich schon eine größere Ausdehnung.

Diese größere Anzahl von kleinen Schnitten heilt genauso schnell wie ein einzelner Schnitt, d.h. in ungefähr drei Tagen.

Mehr als einen Schnitt anzubringen, kann vielleicht im Normalfall wegen der erzielten zusätzlichen Geschwindigkeit unangebracht erscheinen. Doch fühle ich mich bereit dafür. Ich habe bereits 20 Jahre Yoga und Meditation hinter mir und dazu gehören auch ungefähr 14 Jahre mit Kechari. Falls du hierzu irgendwelche Anmerkungen hast, würde mich das sehr interessieren.

Ich gebe dir Recht, dass das Einritzen letztendlich für die Zunge weniger traumatisch ist. Das Frenum ist nur ein Flachse, ein relativ gefühlloses Gewebe mit einer einzigen Aufgabe, während die Zunge selbst großteils aus Muskeln und Nerven besteht.

Antwort 2: Du bist auf deinem Weg und weißt, was du zu tun hast. Das ist ausgezeichnet.

Doch ich glaube nicht, dass eine Vielzahl gleichzeitig angebrachter Schnitte am Frenumrand den Prozess sehr beschleunigen wird. Das deshalb, weil die Stränge der Frenumflachse tausendfach übereinander gelegt sind und ein Anschneiden an vielen Stellen meist immer dieselben Stränge betrifft, was zu keiner zusätzlichen Freiheit für die Zunge führt, wenn ein Strang schon einmal an einer Stelle eingeschnitten ist. Allerdings wird es wohl auch nicht schaden, das so zu versuchen, außer dass das Infektionsrisiko vielleicht ein klein wenig ansteigt.

Es braucht etwas Zeit, bis neue Stränge der Sehnen wieder nach oben kommen und zugänglich werden, wenn einmal ein Strang angeschnitten wurde. Das ist ein interessantes Phänomen, das beim Anschnippeln, wie es in Lektion 108 erwähnt wurde, auftritt. Sobald einmal ein Schnitt angebracht wurde, setzt ein Heilungsprozess von ein paar Tagen ein. Zur selben Zeit wird es durch das Praktizieren von Kechari-Mudra ausgedehnt. So werden die nicht angeschnittenen Sehnenstränge darunter so weit gestreckt, dass sie an die Oberfläche kommen und ein deutliches Ziel für das nächste Anschnippeln bieten. Je mehr Tage vergehen, desto mehr ragen die Kanten des neuen Sehnenstrangs hervor. Wählt man diesen Ansatz des Anschnippelns, Heilens und Streckens neuer Stränge an die Oberfläche, ergibt das mit der Zeit einen stetigen Fortschritt, ohne dass es dabei (höchstens in geringem Umfang) zu Schmerz oder Blutfluss kommt, weil die gestreckten Sehnenstränge wie eine Hornhaut an die Kante kommen und diese kann man dann leicht anschnippeln. Es sieht fast so aus, als sei das Frenum so entworfen, dass es auf diese Weise beschnitten werden kann.

Und die ganze Zeit gehen wir höher und bemächtigen uns bald des geheimen Ortes!

Frage 3: Ach, so ist das?

Ich hatte gedacht, dass die Stücke des zerschnittenen Strangs sich von einander lösen, aber sich mit Narbengewebe wieder vereinigen und dass das Narbengewebe eine zusätzliche Länge erzeugt. Aus diesem Grund dachte ich, dass mehrmaliges Anschneiden entlang der Kantenlänge von Vorteil sei. Weißt du bestimmt, dass diese Vorstellung falsch ist? (So viel ich mich erinnere, habe ich einmal irgendwo gehört, dass eine Sehne niemals heilt.)

Deine Beschreibung der Abläufe ist sehr hilfreich. Das zeigt mir, dass zwar viele kleine Schnitte entlang einer Sehne wenig bewirken, dass es aber die Sache wahrscheinlich beschleunigt, wenn man eine Reihe kleiner Schnitte an derselben Stelle einer Sehne anbringt und so verschiedene Stränge anschneidet …

Zur Vermeidung von Infektionen wende ich antiseptisches Mundwasser vor und nach dem Schnippeln an und ich mache dieses Schneiden zwischen Mahlzeiten, so dass ich einige Stunden nach dem Schnippeln nicht zu essen brauche. Auf diese Weise habe ich mir nicht einmal die geringste Infektion zugezogen, nicht einmal bei einem der ersten Male, als ich aus Versehen ein größeres Stück als vorgesehen angeschnitten hatte. Bei ausreichend kleinen Schnitten stelle ich fest, dass die Oberfläche nicht einmal wund wird, sie ist nur geringfügig empfindlicher.

„Die ganze Zeit gehen wir höher und bemächtigen uns bald des geheimen Ortes!“

Oh ja! Ich freue mich schon darauf! :)

Antwort 3: Wenn man mit Kechari Mudra für Wochen oder Monate aussetzt, kann das fleischige Gewebe unter der Zunge sich zusammenziehen. Das wird aber leicht wieder gestreckt, wenn man Kechari (wieder-)aufnimmt. Schnippelt man einmal einen Sehnenstrang an, wird er sich nicht mehr mit sich selbst oder etwas anderem, das eine große Behinderung darstellen könnte, verbinden. Ist ein Sehnenstrang einmal angeschnippelt, dann bleibt da nicht mehr viel zum Untenhalten der Zunge, was später nicht jederzeit leicht wieder gestreckt werden kann.

Achte darauf, dass du beim Schnippeln in der Mitte bleibst. Es ist auf jeden Fall empfehlenswert, sich nicht zu weit von der Mitte der Kante wegzuwagen. Dort bietet dir die gespannte Sehne den geringsten Widerstand. Gehst du zu weit davon weg, riskierst du, in die Zungenarterien zu geraten. Das ist zwar nicht sehr wahrscheinlich, doch ist es auch sicher nicht die Richtung, in die es uns zieht.

Vor einigen Monaten hat jemand geschrieben, es bestünde das Risiko, dass man eine Arterie anschneidet, wenn man an irgendeiner Stelle des Frenums herumschnippelt. Das ist jedoch nicht der Fall, solange wir mit unseren winzigen Stück-für-Stück-Schnippelchen am gespannten Rand des Sehnenbandes in der Mitte bleiben.

Frage 4: Das macht es nun wirklich klar in meinem ingenieurmäßigen Verstand. Ich werde ein paar Schnippel durch die Sehne anbringen und niemals in die Nähe der Adern kommen. Mach dir da keine Sorgen. Ich schnipple nur das an, was sich als straff zeigt, wenn ich die Zunge herausstrecke. Ich bin jetzt dazu übergegangen, sie herauszuziehen, die Unterseite zu trocknen und den straffen, harten und sehr angespannten Punkt mit einem ungiftigen Wäschemarker zu markieren! Dann kommt nur der markierte Punkt für das Anschnipseln in Betracht. Ich finde, dass das tatsächliche Schnippeln dann leichter geht, wenn die Zunge nicht herausgezogen wird. Ich halte bei starkem Licht einen Kosmetikspiegel in der Hand, drehe die Zungenspitze zur Munddecke, setze die Nagelhautschere an und schnipple an der markierten Stelle.

Antwort 4: Das hört sich gut an (außer dass du den Wäsche-Marker wahrscheinlich nicht unbedingt brauchst). Mach in deiner eigenen Geschwindigkeit weiter, so dass du keine Gefahr läufst.

Der Guru ist in dir.

Lektion 224 – Automatisches Kechari und Visionen

Frage: Ich komme gerade aus einem zehntägigen Stille-Retreat in Indien heraus – ein unglaubliches Erlebnis. Ich habe versucht, Selbstabstimmung anzuwenden und so sanft zu meditieren, wie ich konnte (und habe mich die meiste Zeit von Mantren oder irgendwelchen fortgeschrittenen Übungen ferngehalten), doch war es überwältigend intensiv. Innere Stille und Meditation haben jeden Augenblick durchdrungen.

Eine meiner bemerkenswertesten Erfahrungen war das Erreichen einer neuen Ebene in Kechari. Ich habe meine Zunge tiefer in den weichen Gaumen hineingerollt und traf plötzlich auf einen unbegreiflich ekstatischen Punkt. Das war ein Gefühl, von dem ich keine Vorstellung hatte, dass es existieren könnte. Einige Zeit hab ich dagegen gedrückt, dann aber damit aufgehört, nachdem ich erkannte, dass dadurch meine Zunge – vielleicht durch ein „Melken-nach-Hinten" – in eine äußerst problematische Stellung kam. Sie hat immer noch unangenehme Flecken und es fühlt sich ein bisschen locker an. Ist dir so ein Punkt geläufig? Ist das bereits ein Vorgeschmack auf Stufe 2 von Kechari?

Dann noch zu einigen auffallenden Erfahrungen mit dem dritten Auge: Eines nachts, als ich auf meinem Bett lag (ohne Frage hellwach), zeigte sich ein leuchtender Punkt am Rand meines Gesichtskreises. Er bewegte sich langsam in Richtung Zentrum und richtete sich in der Mitte davon ein. Dann wurde er plötzlich herzförmig und daraus wuchs eine nebelige, dunkle und farbige Aura hervor, die sowohl farblich als auch von der Auflösung her sehr konzentriert war. Ich drehte meinen Kopf weg und da tauchte sie wieder auf. Noch einmal schaute ich in eine andere Richtung – und wieder zeigte sie sich. Ich schloss meine Augen – doch blieb sie immer noch einige Zeit an ihrem Ort. Dann verschwand sie schließlich. Etwas Ähnliches ereignete sich auch gestern Nacht.

Hast du irgendeine Vorstellung von der Bedeutung solcher Erscheinungen. Hat dies irgendetwas mit dem dritten Auge zu tun? Sollte das noch einmal auftreten, was sollte ich damit anfangen. Kann ich mir das irgendwie für weitere Erfahrungen nutzbar machen?

Antwort: Willkommen zurück. Es hört sich an, als hättest du auf deiner Indien-Reise sehr gute Fortschritte gemacht.

Bei Kechari war die Neigung zu automatischem Yoga stark genug, deine Zunge zurückzuziehen und vielleicht stärker, als das bis dahin der Fall war. Wenn die Zungenspitze auf den Punkt getroffen ist, wo der harte an den weichen Gaumen stößt, ist das gleich unterhalb des Septums und dort ist es sehr gefühlvoll. Auch noch weiter hinten im weichen Gaumen selbst und sogar in der Kehle kann es sensible Stellen geben. Doch das Septum (weiter oben) ist der eigentliche Punkt ekstatischer Erfahrungen. Gelangst du einmal hinter den weichen Gaumen (Stufe 2 – siehe dazu die letzte Lektion, 223, und die Tantra-Lektion 34), wird die Zunge die Freiheit haben, nach oben zu gehen und du wirst dort eine unglaubliche Sensibilität vorfinden. Das macht dich zu einem ganz neuen Menschen. Ich freue mich schon darauf, von dir zu hören, wenn das so weit ist!

Bis dahin ist es ratsam, nichts zu erzwingen. Wo hast du das schon mal gehört?

Zu Visionen durch das dritte Auge kann es bei der Reinigung der Sushumna (Wirbelsäulennerv) immer kommen. Einige Menschen beginnen sie zu haben, sobald sie anfangen durch die Wirbelsäule zu atmen. Üblich ist ein Tunnel mit einem Stern am Ende, draußen vor der Stirn. Dies nimmt man anfänglich oft als einen Kreis mit einem leuchtenden Licht im Zentrum wahr. Andere Visionen (Variationen, wie du sie gesehen hast) kann es dort auch geben. Zusätzliche Informationen dazu gibt es in den Lektionen 92 und 179. Dort findest du auch Ratschläge, als was man Visionen betrachten soll – man sollte überhaupt nicht viel mit ihnen anfangen. Im thematischen Verzeichnis (Index) sind unter „Landschaft" eine Reihe von Lektionen aufgelistet, bei denen Visionserfahrungen (und wie man mit ihnen umgeht usw.) thematisiert sind. Je mehr Fortschritte wir machen, zu desto mehr Visionen kann es kommen. Glücklicherweise sind wir dann auch schon viel mehr in innerer Stille verankert und können dem Drang besser widerstehen, uns von Visionen auf Nebenschauplätze leiten zu lassen. Visionen zeigen einen Fortschritt an. Sie sind jedoch nicht die Ursache für unsere Transformation und auch nicht die Erleuchtung selbst. Erfreue dich an ihnen, lass dich inspirieren und betrachte sie als Landschaft auf dem Weg zur Erleuchtung. So gelingt es dir, auf die Übungen, die die anhaltende Transformation in unserem Nervensystem vorantreiben, fokussiert zu bleiben. Mach weiter so!

Der Guru ist in dir.

Lektion 225 – Der Himmel klart auf

Frage: Ich bin beeindruckt davon, wie einfach du komplizierte Dinge wie Yoga und Meditation erklärst. Seit dem 9. August 2004 übe ich jeden Tag die Wirbelsäulenatmung für ungefähr 10 Minuten, lasse 15 bis 20 Minuten Meditation unter Nutzung des Mantras folgen und schließe mit einer etwa zehnminütigen Ruhephase ab. Das mache ich zweimal am Tag. Am Abend des 11. August hatte ich zum ersten Mal in meinem Leben wundervolle Gefühle zusammen mit einem befreiten Denken und sehr viel Kreativität und Energie. Leider muss ich sagen, dass sich dieses Ereignis bis heute nicht wiederholt hat, obwohl sich an meiner Routine nichts geändert hat. Was könnte da verkehrt sein?

Antwort: Es ist wundervoll, dass du so eine eindeutige Erfahrung schon so früh in deiner Zeit mit Meditation hattest. Die Veränderung in der Erfahrung bedeutet nicht, dass da irgendetwas verkehrt ist. Es ist nichts Ungewöhnliches, dass sich die Erfahrungen im Laufe der Zeit verändern, wenn wir uns lange Zeit täglich der Meditation widmen. Werden die Unreinheiten schön langsam weniger in unserem Nervensystem, gewinnen die Erfahrungen Schritt für Schritt an Klarheit.

Stell dir das vor wie einen bewölkten Himmel, der langsam aufklart. Auch an einem wolkenverhangenen Tag kann es manchmal passieren, dass die Sonne gelegentlich durchscheint. Dann, mit der Zeit, wenn die Wolken immer weniger werden, wird die Sonne immer länger sichtbar. Schließlich herrscht strahlender Sonnenschein. Auf ähnliche Weise breitet sich auch das reine Glückseligkeitsbewusstsein in einem sich reinigendem Nervensystem aus.

Sorge vor allem für eine regelmäßige, tägliche Praxis und achte nicht auf das Auf und Ab von Erfahrungen. Die Übungen sorgen dafür, dass du auf deiner Reise stetig vorwärts kommst. Unsere Erlebnisse verändern sich je nach dem Fortschritt der Reinigung in unserem Nervensystem zu einer bestimmten Zeit.

Denke auch daran, dass wir uns sehr schnell an das Aufsteigen des reinen Glückseligkeitsbewusstseins gewöhnen und dass wir nach ein paar Tagen der Klarheit die Unterschiede nicht mehr so stark wahrnehmen. Das kommt erst wieder mit der nächsten Ebene der Klarheit. Die Aufs und Abs wie auch das vermeintliche Stillstehen in den Erfahrungen sind ein normaler Teil unserer Reise – so etwas wie eine Landschaft, wenn du so willst. Dies gilt genauso für die ekstatischen Erfahrungen. Es gibt da immer noch mehr. Haben wir das Göttliche, das aus unserem Inneren kommt, einmal kurz erhascht, wird unsere Sehnsucht nach Gott größer.

Halte die Übungen auf lange Sicht aufrecht und deine Erfahrungen werden in dem Maße klarer, in dem dein Nervensystem reiner wird. Schließlich wirst du dich der ekstatischen Glückseligkeit ohne Unterbrechung erfreuen können.

Ich wünsche dir auf dem von dir gewählten spirituellen Pfad allen Erfolg.

Der Guru ist in dir.

Lektion 226 – Unser Geist erreicht höhere Ebenen

Frage: Ich übe die Meditation und das Pranayama seit nunmehr zweieinhalb Monaten. Die Wirkungen daraus sind folgende:

Erstens habe ich zum ersten Mal die Fähigkeit erlangt, mich auf eine Sache in meinem Leben zu konzentrieren. Ich habe zuvor viele Methoden ausprobiert, doch erst jetzt fühle ich eine innere Befriedigung.

Nach jeder Meditationssitzung ist mein Geist noch eine Stunde lang mit Frieden und Glück erfüllt.

In den letzten beiden Meditationssitzungen habe ich ein oder zwei Mal die Fähigkeit verloren, zu beobachten, ob ich das Mantra denke oder nicht.

Nun meine Fragen:

Kann ich öfter als zweimal am Tag meditieren?

Kann ich eine Stunde nach einer Mahlzeit und vor dem Zubettgehen meditieren?

Kann ich von dieser Stufe aus zum nächsten Schritt „Siddhasana" weitergehen? (Ich habe noch keine Erfahrungen mit irgendwelchen besonderen Farben oder Tönen gemacht, wie du sie erwähnst).

Können Mantren wie das Gayatri Mantra, wenn sie oft wiederholt werden, mir für meine spirituelle Entwicklung helfen?

Leite mich bitte an.

Antwort: Danke, dass du schreibst und teilst.

Ich bin sehr glücklich zu hören, dass deine Meditation und das Pranayama gut laufen.

In unserer normalen Routine öfter als zweimal am Tag zu meditieren, ist nicht empfehlenswert. Im Yoga hat man sehr schnell zu viel des Guten getan und die Folge ist dann möglicherweise zu viel Reinigung, Unwohlsein und weniger Fortschritt. Befindet man sich in einem Retreat, wo man keine Verpflichtungen hat, kann man auch öfter als zweimal meditieren, wenn die Routine so entworfen ist, dass das richtig abgefedert wird. Im thematischen Verzeichnis unter Retreat findest du zu diesem Thema einige Lektionen. Zu Hause im normalen Arbeitsalltag sollten wir bei unserem maßvollen Ansatz des zweimal täglichen Übens bleiben. Aufgrund der Erfahrungen, die du beschreibst, würden wir das natürlich alle gern ausweiten. Der Weg dahin geht jedoch über die allmähliche Hinzunahme weiterer Übungen in unsere zweimal tägliche Routine. Dazu dienen die Lektionen.

Es ist auf jeden Fall vorzuziehen, vor dem Essen zu meditieren, so dass unsere Meditation in keinen Wettstreit mit unserer Verdauung treten muss. Ein oder zwei Stunden nach dem Essen ist aber auch in Ordnung. Doch sollte man der Schlafenszeit nicht zu nahe kommen, weil dies zu ruhelosen Nächten führen kann. Meditation ist eine Vorbereitung auf Aktivität, nicht auf den Schlaf. Tägliche Aktivitäten helfen, die innere Stille und ekstatische Energie zu stabilisieren, die während der Meditation, dem Pranayama und anderen Übungen entstehen. Deshalb meditieren wir auch vor der Morgen- und vor der Abendmahlzeit, um danach sinnvoll aktiv zu sein. Dies ergibt zusammen zwei Zyklen mit Meditation und Aktivität jeden Tag, was genau richtig ist für den wirkungsvollsten Fortschritt.

Siddhasana kommt in den Lektionen nach der Wirbelsäulenatmung, Mulabandha und Sambhavi. Hast du diese also bereits eine Übung nach der anderen stabilisiert, dann bist du vielleicht schon für Siddhasana bereit. Fange aber nur nicht zu viel gleichzeitig an, weil dies zu einer unhandlichen, schwer zu stabilisierenden Routine führen kann – Schritt für Schritt, du weißt schon. Rom wurde auch nicht an einem Tag erbaut. Du sitzt am Steuer.

Wendest du während des Tages andere Mantren an, z.B. das Gayatri, wird dies die Reinigung auf jeden Fall beschleunigen, doch vielleicht auch zu sehr. Heutzutage sind so viele gute Techniken zugänglich. Da besteht die Herausforderung nicht im Erreichen einer Reinigung – vielmehr darin, diese auf eine Weise zu verdauen, dass dadurch ein krisenfester Fortschritt und ein langfristiges Aufkommen ekstatischer Glückseligkeit entstehen. In diese Lektionen wählen wir zur Meisterung dieser Aufgabe einen besonderen Ansatz. Es gibt auch andere Ansätze. Vermischt man diese, kann das dazu führen, dass die Ergebnisse nicht mehr optimal sind.

Bei dem Ansatz hier werden die täglichen Aktivitäten für die Stabilisierung der aus den Übungen resultierenden Wirkungen genutzt. Am besten erreichen wir dies, wenn wir hinausgehen und uns in wertvollen Handlungen unserer Wahl engagieren. Dadurch verschmelzen in uns Aktivitäten, innere Stille und ekstatische Energien auf natürliche Weise und bringen ein höherwertiges Funktionieren in unserem Nervensystem hervor. Das führt am Ende zu einem Leben in ekstatischer Glückseligkeit, in dem göttliche Liebe in alles einfließt, was wir tun. Unser Leben wird auf natürliche Weise und wo immer wir sein mögen zu einem freudevollen Dienst.

Es gibt vieles, was du tun kannst, um die Reinigung in deinem Nervensystem zu beschleunigen. Allerdings kann ein Nervensystem in einer bestimmten Zeitperiode auch nur ein bestimmtes Maß an Reinigung verkraften. Auch die Reihenfolge, in der man Übungen ausführt, ist wichtig. Das ist vergleichbar mit dem Training eines Athleten. Es erfordert Zeit, spezielle Übungen und einen schrittweisen Aufbau. Wir gehen an die Sache genauso heran. Die Übungen in den Lektionen liefern bei vorsichtiger Selbstabstimmung (sehr wichtig) die Mittel, die es uns erlauben, ohne das Risiko übermäßiger Unausgewogenheiten immer schneller vorzugehen. Dann können wir – ohne dass wir uns überlasten oder ausbrennen – ewig mit unseren täglichen Übungen weitermachen.

Eine stabile, langfristige und tägliche Übungspraxis ist der Schlüssel zur Erleuchtung. Die Reise ist mehr vergleichbar mit einem Marathon als einem Sprint. Sind die Übungen jedoch gut und stimmt man sie richtig auf die eigene Individualität ab, kann dies ein ziemlich schneller Marathon werden!

Du machst das großartig. Behalte das aufrecht. Ich wünsche dir auf dem von dir gewählten Weg allen Erfolg.

Der Guru ist in dir.

Lektion 227 – Meditation, Aktivität und Schlaf

Frage: Ich weiß nicht genau, was du mit Aktivitäten nach dem Sadhana (Übungen) meinst. In den Lektionen werden zwischenmenschliche Beziehungen genauso erwähnt wie körperliche Handlungen. Geht es also hauptsächlich um das Wieder-in-Kontakt-Kommen mit der äußeren Welt, sich wieder zu erden? Oder ist lebhafte körperliche Aktivität für eine Integration nach der Meditationsübung (und der Ruhephase) am besten?

Ich stelle auch fest, dass ich oft nach der Meditation schlafen will (oder auch schlafen muss) und manchmal eine Stunde oder länger geschlafen habe. Ist es für mich besser, wenn ich mich dem Drang hingebe und mir den Schlaf nehme, den mein Körper und meine Psyche zu wollen scheinen oder wäre es besser, die Müdigkeit zu ignorieren und absichtlich in irgendeine Art von Aktivität zu gehen? Ist es von Nachteil, nach der Meditationsübung zu schlafen?

Antwort: Ja, Aktivitäten „erden" die innere Stille und ekstatischen Energien, die wir während der Meditation, dem Pranayama und anderen Praktiken kultivieren. Allerdings beschreibt das Wort „integrieren" den Sachverhalt besser. Machen wir unsere Übungen täglich und sind wir im normalen Leben unseren Neigungen entsprechend aktiv (dazu ist keine besondere Verhaltensweise oder spezielle Aktivität nötig), gelingt es uns allmählich, ganz natürlich die Eigenschaften der inneren Stille und Ekstase in allem, was wir tun, beizubehalten. Dies ist die Erntezeit unserer Beschäftigung mit Yoga: Wir sind draußen in der Welt, leben unser Leben, das wir wählen, und sind ein unabhängiges Bündel grenzenloser ekstatischer Glückseligkeit, die wir überall ausstrahlen, wohin auch immer wir gehen.

Meditation gibt uns immer das, was wir brauchen, weil wir damit aus dem Inneren reines Glückseligkeitsbewusstsein fördern, die Quelle und Erhalterin von allem, was wir sind. Haben wir etwas Müdigkeit in unserem Nervensystem angesammelt, kann uns die Meditation während oder gleich nach den Übungen in einen schlafähnlichen Zustand versetzen. Dieser Schlaf, der auf die Meditation zurückgeht, ist von einer viel tieferen Art als der normale Schlaf. Tiefsitzende Unreinheiten werden aufgelöst. Wir wehren uns also nicht gegen den Schlaf, wenn er sich während oder gleich nach der Meditation einstellt. Falls wir allerdings aufstehen und in die Arbeit gehen müssen, dann tun wir dies natürlich. Haben wir die Zeit, auf einen zusätzlichen Ruhebedarf eingehen zu können, dann sollten wir dem nachgeben. Auf unserem Weg mit den Übungen kommt es immer wieder zu zyklusartigen Erscheinungen, die kommen und wieder vergehen. So können wir auch eine Periode durchlaufen, in der wir immer wieder während oder nach der Meditation einschlafen. Dann, eines Tages, sind wir hellwach und strahlen nur noch Glückseligkeit aus. Einige Wolken wurden aufgelöst. Wie in einer kürzlich veröffentlichten Lektion erwähnt, können wir manchmal Glückseligkeit und Wolken gleichzeitig haben. Das ist alles Teil des Reinigungsprozesses auf der Straße zur Erleuchtung.

Der Guru ist in dir.

Lektion 228 – Herzöffnung und Dienst

Frage: Bezüglich dem Herz-Chakra habe ich folgendes Verständnis (ich bin eine Prana-Heilerin, und in unserer Schule richtet sich die erste Meditation, die bei uns gelehrt wird, auf das Herz-Chakra ...): Die Schwierigkeiten mit dem Herz-Chakra rühren von einer der Hauptneigung des Menschen her – dass man empfängt und nicht gibt, ob es sich um Liebe, Geld, Gefühle, Zeit oder was immer handelt.

Wir fühlen uns gut, wenn wir Dinge empfangen, doch nicht so sehr, wenn wir etwas geben. Der beste Weg, das Herz zu öffnen, so sagt uns unser Guru, ist der Dienst an anderen fühlenden Wesen, ob es sich um Menschen, Tiere oder auch feinstoffliche Wesen handelt. Wir tun dies auf dem Weg des Heilens; in westlichen Ländern bin ich mir sicher, dass es viele Gelegenheiten gibt, in der Gemeinschaft zu dienen. Solange wir „von Herzen geben", wie man sagt, ist es unerheblich, ob der Empfänger unsere Geste zu würdigen weiß.

Natürlich ist auch das Umgekehrte – nur zu geben, nichts zu empfangen – nicht gut ... Es braucht einen gesunden Ausgleich. Außerdem sagt mir mein Chakren-Verständnis, dass es nicht nur das Herz-Chakra ist, das ein bisschen Reinigung braucht, sondern auch das danebenliegende Solarplexus-Chakra, wo wir gewöhnlich unsere Emotionen speichern, und Bastrika Pranayama und Nauli sind ausgezeichnet, das Solar-Chakra auf Touren zu bringen. Aus meiner Erfahrung kann ich auch sagen, dass es eine gute Idee ist, das Göttliche um Schutz anzurufen, bevor man sich an die Übungspraxis des Tages heranmacht. Das ist nur eine Kleinigkeit, doch etwas, das scheinbar erstaunlich oft beiseite gelassen wird.

Antwort: Danke für dein Feedback zur Öffnung des Herz-Chakra.

Mit dem Dienst und der Herzöffnung ist es wie mit der Henne und dem Ei. Was kommt zuerst, der Dienst oder die Herzöffnung? Der Dienst ist zugleich Ursache und Wirkung der Herzöffnung. Die Herzöffnung ist zugleich Ursache und Wirkung für den Dienst. Ich tendiere mehr dazu, mit dem Letzteren zu beginnen: Man nutzt fortgeschrittene Yoga-Techniken zur Reinigung und Öffnung des Herzens (und des gesamten Nervensystems), und der Dienst stellt sich auf natürliche Weise mit der daraus resultierenden inneren Stille und ekstatischen Leitfähigkeit ein. Dienst spielt dann eine wichtige Rolle bei der Vermählung von Stille mit Ekstase in eine endlose Quelle göttlicher Liebe, die ausströmt und sich mit allem überall vereinigt. Das genau ist Erleuchtung. In den Lektionen wird das Dienen immer wieder zur Förderung dieses Prozesses empfohlen, d.h. meditiere und dann geh hinaus und hilf jemandem in Not. Unter „Dienen" im thematischen Verzeichnis sind einige wenige Lektionen aufgelistet, in denen dies erörtert wird.

Es widerstrebt mir allerdings, Menschen mit Verhaltensnormen zu peitschen und dazu gehört auch der „Dienst-Imperativ". Ich denke, dass jeder auf natürliche Weise zu seinen Neigungen von Dienst finden wird. Dazu braucht es nur ein wenig guten Yoga und eine gelegentliche Erinnerung. Dienst lebt in uns allen. Man nennt das Karma-Yoga und es kommt normalerweise durch das In-Verbindung-Stehen des Yoga, das wir schon früher in unseren Lektionen erörtert haben.

Zuerst nach innen zu gehen ist die Annäherung an Yama und Niyama (Verhaltensmaßregeln), wie wir es in den Lektionen befürworten: Wir reinigen und öffnen uns zuerst, und dann wollen wir die hochsprudelnde Glückseligkeit von uns aus mit der Welt teilen. Diese Art von Dienst verausgabt sich nie. Erzwungenes dienstfertiges Verhalten führt zu Burn-Out, weil es kein ausreichendes spirituelles Fundament besitzt.

Deshalb kommen in den Lektionen die Übungen zuerst: Wir bauen zuerst ein Fundament der inneren Stille. Darauf errichten wir mit unserer Energie in der Welt das Haus gelebter Großzügigkeit. Die Übungen und der Dienst gehen Hand in Hand. Das eine ohne das andere führt zu Stagnation. Ein Fundament ohne ein Haus ist ziemlich langweilig und ein Haus ohne ein Fundament kann nicht bestehen (und kann zusätzlich zu Herzproblemen führen). Deshalb sind beide gleichzeitig nötig und es macht wirklich keinen großen Unterschied, mit was wir beginnen, solange wir am Ende beide haben. Auf diese Weise kann man das Herz sehr effektiv öffnen. Das ist ein Rezept für rundum gute Gesundheit – spirituell, psychisch und körperlich.

Ich stimme damit überein, dass es sehr gut ist, seine Übungen und täglichen Aktivitäten mit dem Andenken an sein gewähltes Ideal zu beginnen. Es ist wirklich ein Segen, ständig einen Hunger nach seinem gewählten Ideal (Ishta) zu haben. Das ist Bhakti. Kultiviert man sein Verlangen nach dem Göttlichen bis an die Grenze des Fieberhaften, ist das die größte Yoga-Übung von allen. Damit stellt sich schnell der ganze Yoga mit all seinen Früchten ein.

Der Guru ist in dir.

Lektion 229* – Wirbelsäulenatmung im inneren Weltraum

Frage: Ich hätte gern um eine Klarstellung bezüglich der Wirbelsäulenatmung gebeten. Wenn wir davon sprechen, der Wirbelsäule während der Wirbelsäulenatmung und Bastrika nachzuspüren, ist es dazu nötig, dass man sie sich richtig vorstellt? Falls ja, ist es für diese Visualisierung wichtig, dass man sie entweder von außerhalb des Rückenmarks/des Sushumna Nadis hinein oder andersherum, dass man von innerhalb der Sushumna aus visualisiert und dann diesen Gang entlang wandert? Meine gewöhnliche Erfahrung ist die, dass ich die leichte kinästhetische Empfindung eines Drucks bemerke, der sich während der Einatmung die Wirbelsäule hoch bewegt und eine die Wirbelsäule entlang nach unten fließende Wärme während der Ausatmung. (Im Moment spüre ich keine Kälte nach oben steigen.)

Und, da ich heute voller Fragen bin, würde ich dich gerne noch um deine Meinung zu einer anderen Version der Wirbelsäulenatmung bitten, die ich gelernt habe: 12 Zähleinheiten einatmen, 3 Zähleinheiten Kumbhaka, 12 Zähleinheiten Ausatmen und 3 Zähleinheiten Kumbhaka. Diese Kumbhakas fühlen sich sehr natürlich und beruhigend an, doch frage ich mich, ob das Zählen die Aufmerksamkeit zu sehr ablenkt? Mit dieser Form der Übung war ich in der Lage, die aufsteigende Kühle wie auch die nach unten fließende Wärme zu spüren.

Danke für deine Geduld und deine Großzügigkeit, mit der du all unsere Fragen beantwortest.

Antwort: Jeder hat die Neigung, die Wirbelsäulenatmung damit zu beginnen, dass er von außen blickt, um sich den winzigen Nerv zwischen dem Perineum und der Stirn vorzustellen. Mit der Zeit verinnerlicht sich dies aufgrund des Aufkommens innerer sinnlicher Erfahrungen. Die Erfahrung kühler und warmer Ströme ist der Beginn davon und ein ausgezeichneter „Hebel", die Aufmerksamkeit während der Wirbelsäulenatmung nach innen zu bringen. Deshalb wird dies auch in Lektion 63 ausführlich behandelt. Auf unserer Reise vom Äußeren zum Inneren können wir uns vorstellen, wir befänden uns im Inneren. Doch sollte uns das nicht anstrengen, weil uns dies vom natürlichen Fluss der Wirbelsäulenatmung abbringen würde. Es ist in diesem Sinne wie bei der Meditation – wir geben nur locker und leicht der Richtung den Vorzug, in die wir gehen wollen und erzwingen nichts.

Es gibt viele Arten der Wirbelsäulenatmung (Lektion 206). Das ist auch vollkommen in Ordnung, weil die Wirbelsäulenatmung aufgrund der Physikalität der Atmung, die den gesamten Vorgang reguliert, keine annähernd so empfindliche Vorgehensweise wie die Meditation ist. Es ist also Spielraum für Variationen vorhanden, ohne dass die Effektivität darunter leiden müsste. Bei der tiefen Meditation ist dies nicht der Fall, weil es bei dieser nur um das Lenken der Aufmerksamkeit geht. Deshalb sind wir bei der Meditation etwas „knauserig" mit unserer Aufmerksamkeit und favorisieren immer die einfache Vorgehensweise des Mantra-Aufgreifens, weil sie dadurch auf natürliche Weise zu Stille im Geist verfeinert. Solange wir die Atmung verlangsamen (zügeln) und die Aufmerksamkeit zwischen Stirn und Perineum kreisen lassen, wird die Wirbelsäulenatmung effektiv bleiben. Aufgrund dieser relativen Robustheit der Wirbelsäulenatmung können wir es uns erlauben, dabei viele andere Übungen der Lektionen einzuführen und bis zur Gewohnheit zu stabilisieren. Es ist relativ einfach, sich Übungen während der Wirbelsäulenatmung anzueignen, ohne dass wir diese dabei übermäßig stören. Wenn wir aber anstatt in unserem Aufmerksamkeitszyklus mit dem Atem zur Stirn zu gehen, zur Krone wechseln, ist alles möglich. Dadurch wird das Risiko von Instabilität unserer inneren Energien enorm erhöht.

Kumbhaka an einem oder beiden Enden des Atemzyklus der Wirbelsäulenatmung führt die Zügelung des Atems noch um einen Grad weiter. Wenn das bei dir gut klappt, ist dies auch eine gute Übungsform. Bedenke aber, dass eine Hinzunahme von Kumbhaka zur Wirbelsäulenatmung und später im Zusammenhang mit Yoni Mudra und der Kinnpumpe noch mehr, ziemlich viel Kumbhaka bedeutet und dass du bei deiner Selbstabstimmung der Übungen weise sein solltest, falls die resultierenden Reinigungen und Erfahrungen exzessiv werden. Wenn du willst, kannst du bei der Wirbelsäulenatmung mitzählen. Aber ich denke, dass das Kreisenlassen des Atems, die Kumbhakas etc., auch bei dir zu einem natürlichen und organischen Prozess werden. Dann ist auch das Zählen nicht mehr notwendig und man kann die Aufmerksamkeit das tun lassen, was sie am besten kann – in den inneren Weltraum hochfliegen!

Erreichst du bei Kechari einmal die Stufen 2 und höher, werden sich die Entwicklungen sehr beschleunigen, weil Kechari die Erfahrungen mit der Wirbelsäulenatmung sehr viel tiefer nimmt. Deshalb heißt Kechari auch „durch den (inneren) Raum fliegen". Sobald wir diesen Zustand einmal erreicht haben, sind wir definitiv im Inneren und bereisen die unendlichen Ausdehnungen des reinen Glückseligkeitsbewusstseins zwischen dem dritten Auge und unserer Wurzelquelle. Äußerlich betrachtet ist es eine Reise hin und her zwischen Sambhavi und Mulabandha/Asvini mit

Uddiyana/Nauli dazwischen. Doch wir bemerken dies nicht einmal, wenn wir uns im Inneren unseres unendlich großen kleinen Nervs befinden und in ekstatischer Glückseligkeit (Lektion 52) feiern.

In Wirklichkeit ist es eine Metapher für das gesamte physische Leben und wird für den Yogi/die Yogini immer mehr zur Realität. Das Aufsteigen innerer sinnlicher Erfahrung wird tatsächlich allmählich zur Realität auch unseres äußeren Lebens. Was von unseren äußeren Sinnen begrenzt zu sein scheint, bekommt, wenn wir uns reinigen und unsere inneren Sinne entwickeln, einen Aspekt des Unendlichen. Wir sind „dies", und alles in uns und außerhalb von uns tanzt freudevoll DARIN.

In den Upanishaden gibt es dazu den Spruch: „Ich bin DAS. Du bist DAS. All dies ist DAS."

Was ist „DAS"? Es ist natürlich reines Glückseligkeitsbewusstsein – unsere eigene strahlende innere Stille.

Der Guru ist in dir.

Zusatz: Hier ist eine geeignete Stelle, um in ein optionales Element der Pranayama-Übung namens "Brahmari", was so viel wie „Bienensummen" bedeutet, einzuführen. Das kann man sehr effektiv während der Wirbelsäulenatmung anwenden, sobald die ekstatische Leitfähigkeit einmal begonnen hat aufzukommen.

Du wirst dich daran erinnern, dass wir bei der ersten Einführung der Wirbelsäulenatmung ein teilweises Schließen der Epiglottis (Kehldeckel) während der Ausatmung empfohlen haben. Das nennt man „Ujjayi". Es erzeugt einen geringen Druck in den Lungen und etwas Vibration in der Kehle, so dass es zu einem hohen rauschenden Ton kommt. Diese beiden Effekte stimulieren das Kreisen von Prana im Nervensystem und die Erweckung der höheren Neurobiologie im oberen Teil des Torsos und im Kopf.

Obwohl es anatomisch an einer anderen Stelle erzeugt wird, hat Brahmari ähnliche Eigenschaften wie Ujjayi. Bei Brahmari ist der Kehlkopf der Ort des Geschehens. Dieser liegt gleich unterhalb des Kehldeckels am Eintritt zur Luftröhre. Der Austritt von Luft aus den Lungen kann entweder durch den Kehldeckel (Ujjayi) oder mit den Stimmbändern im Kehlkopf (Brahmari) eingeschränkt werden. Zu Brahmari kommt es, wenn man bei der Ausatmung den Luftaustritt im Kehlkopf mit Hilfe der Stimmbänder begrenzt. Sie kommen zusammen und erzeugen einen summenden Ton, vergleichbar dem der Bienen im Flug.

Die Wirkungen von Brahmari ähneln denen von Ujjayi. Der Hauptunterschied ist die widerhallende Schwingung, die von Brahmari weiter unten in der Kehle erzeugt wird, was zu mehr Stimulation im oberen Teil des Torsos und im Kopf führt, besonders in der Medulla Oblongata (Hirnstamm). Die Medulla Oblongata ist der Ort, von dem der OM-Klang natürlicherweise ausgeht, sobald die ekstatische Leitfähigkeit im Nervensystem aufkommt. Brahmari stimuliert diese natürliche neurobiologische Erscheinung von OM, so dass man es auch „OM-Stimulator" nennen kann. Die Auswirkungen dieser Stimulation sind tiefgreifend, sobald einmal die ekstatische Leitfähigkeit im Nervensystem Einzug gehalten hat.

Für die meisten Menschen stellt die Übung von Brahmari anfangs eine größere Herausforderung dar als Ujjaji, vor allem weil man die Tonlage in Abstimmung mit der Schnelligkeit der Ausatmung regulieren muss. Je höher der Ton, desto langsamer die Ausatmung. Je tiefer der Ton, desto schneller die Ausatmung. Deshalb besteht eine Beziehung zwischen der gewählten Tonhöhe in Brahmari und der Geschwindigkeit der Ausatmung in der Wirbelsäulenatmung und deshalb ist die Anwendung von Brahmari auch etwas knifflig. Ujjayi kann man in Hinblick auf einen angenehmen Rhythmus in der Wirbelsäulenatmung leichter regulieren. Sowohl in Ujjayi als auch in Brahmari öffnet man die Kehle während der langsamen Einatmung im Rahmen der Wirbelsäulenatmung weit, ohne diese irgendwie einzuschränken.

Brahmari hat auch noch einen sozialen Aspekt. Durch Brahmari entsteht ein Geräusch, das auch noch in einigen Zimmern Entfernung vernommen werden kann. Unter Umständen kann dies unerwünscht sein. Bei Ujjayi entsteht praktisch keinerlei Geräusch und es kann deshalb völlig unauffällig überall eingesetzt werden, wo man die Wirbelsäulenatmung praktiziert. Auch wenn Brahmari zusätzliche Vorteile bringt, kann also Ujjayi wegen seiner Einfachheit und Stille die bevorzugte Übung sein. Vielleicht wendet man auch einmal Brahmari und das andere Mal Ujjayi an. Sorge aber dafür, dass du zumindest eine der beiden während der Wirbelsäulenatmung anwendest, so dass es bei der Ausatmung zu etwas Druck und Schwingung kommt. Welche der beiden Übungen du hernimmst, entscheidest du. Beide unterstützen die Wirbelsäulenatmung, Sambhavi, Kechari, Siddhasana und auch den Rest der Mudras und Bandhas, die wir einsetzen, stark.

Du wirst selbst merken, wann du bereit für Brahmari bist. Sobald einmal die ekstatische Leitfähigkeit aufkommt, wird es mehr oder weniger automatisch dazu kommen, weil es so viel Vergnügen mit sich bringt. Dann tauchst du unter in Wellen ekstatischer Glückseligkeit im inneren Weltraum und dies wird dich auch noch draußen bei deinen täglichen Beschäftigungen begleiten!

Lektion 230* – Die Krone und das dritte Auge

Frage: Ich wende Mulabandha gerade einige Wochen an, wenn überhaupt, und habe eben erst heute Sambhavi hinzugenommen (ich war mir nicht sicher, ob man die beiden zusammen in Angriff nehmen oder sich erst mit Mulabandha anfreunden sollte, um danach Sambhavi hinzuzufügen – wie ich es nun tat.)

Meine Frage bezieht sich darauf, dass sich bei mir sehr viel an der Krone tut, obwohl ich mich überhaupt nicht darauf konzentriere, sondern deinem Vorschlag folge, sich bei der Wirbelsäulenatmung auf die Verbindung zwischen drittem Auge und der Wurzel zu beschränken.

Ich frage mich, ob ich das auf irgendeine Weise ‚zügeln' oder, weil das ja von selbst auftritt, mich gar nicht darum kümmern und einfach damit weitermachen sollte, mich ganz auf die Ausrichtung von der Wurzel bis zum dritten Auge zu konzentrieren. Ich praktiziere unter meiner eigenen Regie seit über zwanzig Jahren Meditation (mit Unterbrechungen) und das hat mir immer ausgesprochen gut gefallen.

Meine Sorge stammt von daher, dass ich die ersten Male, die ich meditierte, äußerst schnell in die Stille gekommen bin. Nach einigen Meditationen hatte ich aber eine spontane Kundalini-Erweckung, die ziemlich stark durch die Wurzelgegend nach oben schoss. Das war gerade zu der Zeit, als ich emotional ziemliche Probleme hatte, und das führte für eine Reihe von Jahren zu noch mehr Schwierigkeiten in meinem Leben (ich glaubte zumindest, dass das die Ursache für den Verlauf war, den das alles nahm).

Das war alles ziemlich verwirrend für mich, da ich damals überhaupt keinen Lehrer hatte, der mich anleiten oder mir erklären konnte, was da los war. Später hab ich dann einige Yoga-Kurse mitgemacht und bekam etwas mehr Verständnis dafür, obwohl ich über diese Situation niemals mit einem Lehrer gesprochen habe, weil ich mich einfach nicht danach fühlte, das zu tun.

Das ist jedoch Vergangenheit. Nach all den Jahren bin ich jetzt hier und richtig begeistert, dass ich deine Webseite und deine Lektionen gefunden habe. Ich bin voll Eifer, allerdings aufgrund der in der Vergangenheit gemachten Erfahrungen nicht begierig, vorwärts zu drängen. Lieber würde ich mich mit Leichtigkeit und natürlich vorwärts bewegen.

Das hat jetzt alles etwas lange gedauert, um zum Punkt zu kommen, doch wollte ich dir auch den Hintergrund etwas schildern. Was sich da an der Krone tut, ist zwar stark, doch nicht unangenehm. Da ich aber auf so natürliche Weise wie möglich an die Sache herangehen will, wollte ich fragen, ob du denkst, dass ich etwas langsamer tun oder den Dingen einfach ihren freien Lauf lassen sollte. Ich fürchte mich nicht und bin auch nicht übervorsichtig, doch hätte ich gerne deine Einschätzung dazu, während ich mich an allem erfreue.

Danke für den Segen, den du austeilst, indem du diese Lektionen anbietest.

Antwort: Danke fürs Schreiben und Teilen.

Ja, du hast das schon richtig gemacht, dass du Mulabandha und Sambhavi eins nach dem andern aufgenommen hast, dich also zunächst auf das erste eingestellt hast, bevor du das andere hinzunahmst. So sollte man bei allen Übungen verfahren. Stabilität hat die höchste Priorität. Andernfalls kann es schwer werden, das Ganze in den Griff zu bekommen und dann ist es uns vielleicht nicht mehr möglich, die langfristige Übungspraxis aufrecht zu erhalten. Genau das ist aber der Schlüssel zu unserer Erleuchtung.

Zur Stabilität wollte ich noch anmerken, dass deine früheren Erfahrungen mit Übungen in diesem Leben (und möglicherweise vor diesem) auf eine Sensibilität hinweisen, die sich in Form von starkem Energiefluss manifestiert, wozu auch die erwähnten Erfahrungen an der Krone gehören. Das ist etwas Gutes. Gleichzeitig bekräftigen deine Erfahrungen auch die Wichtigkeit, bei der Wirbelsäulenatmung zwischen dem dritten Auge und der Wurzel zu bleiben. In Wirklichkeit sind fast alle Übungen in den Lektionen (auch die Meditation) auf eine Reinigung zwischen drittem Auge und der Wurzel abgestimmt. Es ist ratsam, dass du dich in deinen Übungen an diesen Ansatz hältst. Tust du dies, wirst du gleichzeitig auch die Krone weiter öffnen, ohne dass du die Kontrolle verlierst oder dich irgendwelchen Gefahren aussetzt. Ajna (drittes Auge) bedeutet „Befehl". Es gibt weiter hinten noch mehrere Lektionen, in denen die Ausrichtung auf die Krone einerseits und auf das dritte Auge andererseits einander gegenüber gestellt werden. Da deine Erlebnisse dieses Thema betreffen, ist es vielleicht gut, wenn du dir diese Lektionen demnächst einmal vornimmst. Du findest sie im thematischen Verzeichnis (Index) unter „Kronenöffnung (Vermeidung vorzeitiger)" aufgelistet.

Bei der Durcharbeitung der Lektionen wirst du an verschiedenen Stellen eine Erörterung zu etwas finden, das ich „Selbstabstimmung" nenne. Dies ist eine Fähigkeit, die wir entwickeln müssen, wenn wir so viele kraftvolle spirituelle Techniken einsetzen wollen. Unbestreitbar ist die Selbstabstimmung auf dem spirituellen Pfad etwas essentiell Notwendiges, unabhängig davon, auf welcher Ebene wir uns befinden. Auf jeden wirken die Übungen ein wenig anders und die vorsichtige Anwendung von Selbstabstimmung ist das Mittel, mit dem wir unsere Routine und unsere Ausweitung von Übungen so anpassen, dass wir den maximalen Fortschritt bei einem Minimum an Schwierigkeiten auf dem Weg erreichen. Dies ist eine ständige Wechselwirkung, mit der wir es zu tun haben, wozu auch die Beziehung zwischen der Anwendung unserer Übungen und den daraus resultierenden Erfahrungen gehört. Das alles ähnelt einer Autofahrt durch eine ständig sich verändernde Landschaft.

Es ist sehr weise von dir, dass du das alles locker angehst und entsprechend deiner Möglichkeiten Schritt für Schritt vorgehst. Du weißt, was erreicht werden kann und was die Risiken sind. Du hast hier einige der besten Hilfsmittel zur Verfügung, die es gibt, und wendest sie mit Geschick an. Die daraus resultierenden Möglichkeiten sind sehr aufregend. Fahre vorsichtig und erfreue dich der Fahrt!

Der Guru ist in dir.

Zusatz: Wenn sich bei unseren normalen fortgeschrittenen Yoga-Ubungen, bei denen der Fokus im Bereich zwischen Stirn und Wurzel liegt, einige Empfindungen an der Krone einstellen, ist dies ganz normal, weil die Krone ebenfalls auf kontrollierte Weise allmählich geöffnet wird. Mit der Zeit und im Einklang mit der allgemeinen Reinigung in unserem Nervensystem werden die Empfindungen an der Krone stärker. Falls die Energien nicht ungemütlich werden, können wir ohne weiteres mit unseren täglichen Übungen weitermachen. Es ist auch nicht gefährlich, auf das Geschehen an der Krone zu achten, weil damit ja keine fokussierte Übung verbunden ist. Es wird eine Zeit kommen, da wir unmittelbar zur Krone gehen können, und nichts als vollkommene Entrückung in ekstatische Glückseligkeit wird das Ergebnis sein. So geht es zu, wenn das Nervensystem hinreichend gereinigt ist. Der Krone geben wir also nur ganz natürlich als Nebeneffekt unserer regelmäßigen fortgeschrittenen Yoga-Übungen Raum. Werden die Dinge exzessiv, wissen wir, dass es Zeit ist, Selbstabstimmung anzuwenden und etwas zurückzustecken. Wenn wir so vorgehen, bereitet uns die Krone keine großen Schwierigkeiten. Es ist einfach nur eine andere Art von Selbstabstimmungs-Situation wie jede andere auch, der wir beim Vorwärtsschreiten mit unseren Übungen im Nervensystem begegnen.

Lektion 231 – Staubige Räume

Frage: Ich meditiere nunmehr seit fünf Monaten. Zurzeit ereignet sich in meinem Leben etwas Sonderbares. Früher war ich immer eine superbrave Person, die sich mit Menschen traf, die ihnen half und froh war, in Gesellschaft zu sein usw. Ich hatte scheinbar ein gutes Verhältnis zu allen und war als eine nette Gefährtin bekannt. Seit kurzem bin ich etwas zu introvertiert geworden. Ich habe kaum noch Interesse an anderen Menschen, bin mit mir zufrieden und meide andere Menschen. Dazu kommt noch, dass auch die Beziehung zu meiner Familie nicht sehr gut ist. Die Atmosphäre scheint wie mit einer latenten Traurigkeit geschwängert. Ich bin glücklich, wenn ich alleine bin, doch unter Menschen zu sein, empfinde ich nicht als besonders angenehm. Die Leute verstehen mich nicht mehr. Das klingt eigenartig, doch seltsamerweise ist das genau das, was sich abspielt. Da sitze ich irgendwie in der Klemme. Kommt das von der Meditation? Oder ist das eine Art tiefes Gefühl? Sei bitte so gut und hilf mir. Ich möchte gern dieselbe liebevolle, nette Person sein, die ich immer war.

Zur technischen Seite der Meditation möchte ich noch sagen, dass sich da eine Art salziger Geschmack einstellt, sobald ich die Spitze meiner Zunge an den Gaumen lege und bald beginnt sich in mir sehr stark das Gefühl zu regen, dass ich etwas erbrechen muss und das geht so weiter, bis ich die Zunge vom Gaumen löse. Sag mir bitte, was ich da tun soll. Möge Gott dich segnen.

Antwort: Dank dir fürs Schreiben und Teilen.

Du bist immer noch dieselbe nette, liebevolle Person, und die bist du sogar noch mehr. Was sich da abspielt, ist die Reinigung deines Nervensystems aufgrund der Übungen – nur ein bisschen mehr als angenehm ist. Das ist eine vorübergehende Störung, die sich korrigieren lässt. Es weist lediglich auf eine größere Sensibilität hinsichtlich der Meditation und anderer Übungen, die du machst, hin. Die Sensibilität selbst ist etwas Gutes. Sie zeigt, dass sich dein Nervensystem wirklich öffnen will. Andererseits bedeutet es auch, dass du auf deine Übungen ausreichende Selbstabstimmung anwenden solltest, um sicherzustellen, dass bei dir nicht jeden Tag so viel hochkommt. Das kann die Art von Symptomen hervorrufen, die du beschreibst – sich zurückziehen, Anfälligkeit für Irritationen, schlechte Stimmung usw. Es kann auch zu körperlichen Symptomen wie bei deinem Kechari führen.

Stell dir vor, du lebst in einem großen Haus und hast erst vor kurzem einige neue Räume entdeckt. Diese sind sehr staubig und du willst sie reinigen. Wenn du da nur kurz mal hineinstürmst und einen Besen in alle Richtungen schwingst, wirbelst du viel Staub auf und rennst bald hustend wieder hinaus. Es ist besser, auf einmal immer nur wenig zu kehren, den wenigen Staub dann aufzunehmen und jedes Mal zu entsorgen. Auf diesem Weg kann man die Räume reinigen, ohne dadurch die Funktionalität des ganzen Haus besonders zu beeinträchtigen. Beim Nervensystem ist es dasselbe. Beginnen wir mit der Meditation, betreten wir neue Bereiche in uns, die zuvor nicht besonders aktiv waren. Machen wir zu viele Übungen, kann sehr viel Staub aufgewirbelt werden. Und dies kann die unangenehmen Symptome wie Launenhaftigkeit usw. hervorrufen. Das ist seltsam, denn dieselben Meditations- und Pranayama-Übungen machen uns freudiger als zuvor, wenn wir mit sinnvollen Aktivitäten einen Ausgleich schafften.

Die Lösung in deinem Fall besteht darin, die Übungen soweit herunterzufahren, bis du eine gute Reinigung ohne unangemessene Störungen in deinem Leben eingeregelt hast.

Vergewissere dich aber zunächst, ob du dir für das Herauskommen aus jeder Meditation genügend Zeit nimmst – mindestens 5 bis 10 Minuten. Es ist auch gut, sich während dieser Zeit hinzulegen. Dies erlaubt es dem „Staub" der während der Übungen gelösten Unreinheiten zu verfliegen, bevor wir aktiv werden. Stehen wir zu früh auf, kann es bei unseren Aktivitäten zu Gereiztheit oder Launenhaftigkeit kommen.

Falls das Langsamer-Herauskommen nicht hilft, ziehe in Betracht, deine Meditationszeit um fünf Minuten zu reduzieren. Führt dies nach einigen Tagen nicht zu befriedigenden Ergebnissen, versuche noch einmal um 5 Minuten zu kürzen und so weiter. Zu diesem Prozess gibt es in den Lektionen 160 und 200 eine Erörterung und im Thematischen Verzeichnis findest du unter „Selbstabstimmung" noch mehr Lektionen zu diesem Thema. Die Entwicklung dieser Fertigkeit ist sehr wichtig, besonders, wenn man auf die Übungen sehr sensibel reagiert. Damit sind wir jedoch alle früher oder später auf unserem Weg zur Erleuchtung konfrontiert. Niemand kann die Reise bestreiten, ohne von Zeit zu Zeit in seinen Übungen Anpassungen vorzunehmen. Die Reise der Reinigung des Nervensystems mit Hilfe der Übungen ist wie eine Autofahrt durch eine abwechslungsreiche Landschaft. Wir müssen auf die sich verändernden Erfahrungen Acht geben und unsere Fahrweise dementsprechend anpassen. Der wichtigste Gradmesser dabei ist, wie angenehm wir uns fühlen. Wenn es irgendwo unangenehm wird, ist dies ein Signal dafür, dass wir unsere Übungen anpassen müssen.

Auch die Wirbelsäulenatmung sollten wir stets im Auge behalten. Diese hast du nicht erwähnt. Solltest du sie noch nicht praktizieren, wäre es vielleicht gut, in jeder Sitzung fünf Minuten vor der Meditation einzubauen und zu prüfen, ob das deine Gefühlslage während des Tages verbessert. Bei Energieungleichgewichten im Nervensystem ist dies oft sehr hilfreich. In unserer Yoga-Werkzeugtasche ist die Wirbelsäulenatmung in der Tat eines der besten Heilmittel bei Energieungleichgewichten. Ziehe dies also bitte auch in Betracht.

Zu den Unannehmlichkeiten bei Kechari (das Zurückgehen der Zunge) kann ich nur sagen, dass dies ebenfalls auf die Feinfühligkeit bezüglich der Übungen zurückzuführen ist, weil beim Praktizieren sehr viele Unreinheiten herauskommen. Das ist natürlich gut. Doch noch einmal: Wir wollen das alles maßvoll einsetzen, so dass es unser Leben nicht negativ beeinträchtigt. Mit der Zeit verschwindet das alles, und was dann noch übrig bleibt, ist reines Glückseligkeitsbewusstsein und göttliche Ekstase, die in großen Mengen durch uns scheinen. Auf dem Weg erhaschen wir viele kurze Blicke darauf und allmählich wird es immer mehr, bis es uns schließlich ein ständiger Begleiter in unserem Leben ist.

Du bist diese wundervolle liebevolle Person, die du immer gewesen bist. Du bist sogar dabei, diese Eigenschaften noch zu verstärken, weil das deine wahre Natur ist. Wende nur etwas gute Selbstabstimmung in deinen Übungen an und ich bin überzeugt, dass du bald zu einer viel sanfteren Fahrt findest. Habe keine Angst, mit deiner Routine so lange zu experimentieren, bis du den richtigen Ausgleich zwischen Übungen und deinem täglichem Leben gefunden hast. Die Reise sollte sowohl progressiv als auch vergnüglich sein. Einregeln musst du das jedoch selbst …

Ich wünsche dir allen Erfolg auf dem von dir gewählten Pfad.

Der Guru ist in dir.

Lektion 232 – Meditation und automatischer Yoga (ein Dialog)

Frage 1: Ich habe heute wieder meine Erfahrungen bei der AYÄM-Meditation aufgeschrieben. Mit der Meditation hab ich erst vor kurzem begonnen, und da sieht man, wie weit ich damit gekommen bin. Das haut rein, wie man so sagt. Über meine Erfahrungen führe ich ein Tagebuch, und was ich so aufgeschrieben habe, hab ich einfach hierher kopiert. Ich würde gern wissen, ob das, was ich erlebt habe, ‚normal' ist. Danke.

16. August, 2004, 8:34 – 8:55 Uhr

Zweiter Versuch mit der AYÄM-Meditation. Das erste Mal war ich im Bett gelegen, hab sie ungefähr 20 Minuten gemacht, dann bin ich eingeschlafen. Dabei hab ich nichts Besonderes gespürt. War wahrscheinlich keine gute Idee, das im Bett zu machen, weil das zu entspannend ist und ich schon schläfrig war, als ich begann.

Vorher nur Kaffee, kein Essen.

Das zweite Mal saß ich mit geschlossenen Augen auf meinem Bürosessel (Türen zu) – die Handflächen auf den Oberschenkeln. Nach einiger Zeit fühlte ich mich, als würde ich gleich oben aus meinem Kopf herausschweben, doch nur sehr kurzzeitig. Fühlte sich an, als würde ich schweben. Dazu kam es zweimal.

Dann, nach einiger Zeit, überspülte eine überwältigende kribbelnde Empfindung meinen Körper und wurde stärker und stärker. Ich bemerkte, wie sich meine Atmung mit veränderte. Es war intensiv, wie eine Welle, vergleichbar mit Wellen der Ekstase, die man spürt, wenn der Orgasmus kommt. Das war ganz bestimmt etwas Sexuelles und rann durch meinen gesamten Körper, nicht nur durch einen Bereich.

Anfangs ähnelte es jedoch auch dem Gefühl, das man hat, wenn man etwas Aufregendes erlebt und Gänsehaut und Schmetterlinge bekommt. Ähnlich wie das, was man einen Adrenalinstoß nennen könnte, doch einen guten. Diese kribbelnde Empfindung einer Erregung führte bald zu den Wellen der oben beschriebenen Ekstase.

Nachdem das mehrere Augenblicke anhielt, kam es mir fast so vor, als könne ich es nicht mehr aushalten, aber dann nahm es für einige Momente wieder ab. Dann kam eine zweite Welle ähnlich der ersten. Mir entfuhren sogar einige Äußerungen in Form von Seufzern oder Stöhnen, als es weiterging und mein Atem schwerer und tiefer wurde. Ich bemerkte auch, dass ich mich fühlte, als würde ich zittern, doch jetzt bin ich mir nicht mehr sicher, ob mein Körper wirklich zitterte oder ob ich mir das nur einbildete.

Nachdem die zweite Welle vorüber war, war ich aus irgendeinem Grund bereit, vielleicht sogar begierig, diese Meditationssitzung zu beenden, war mir aber auch bewusst, dass in der Anleitung von vollen zwanzig Minuten die Rede ist. Ich schaute also auf meine Uhr und sah, dass immer noch ein wenig mehr als 5 Minuten fehlten, deshalb nahm ich die Meditation wieder auf. Nach kurzer Zeit fing das Gefühl von Neuem an, genau das gleiche, wie ich es bereits oben beschrieben habe, doch diesmal war es mehr ruckelig, nicht so glatt wie die ersten beiden Male. Ich fühlte das Ruckeln zweimal. Einige Augenblicke später beendete ich die Sitzung. Sie hat insgesamt ungefähr 20 Minuten gedauert. Ich nahm mehrere tiefe Atemzüge, blieb sitzen und ruhte wie empfohlen. Gleich danach schrieb ich dies hier nieder, damit ich nichts vergesse.

Antwort 1: Danke, dass du schreibst und teilst.

Du hast einen sehr guten Start hingelegt und gleich den Unterschied zwischen der Meditation im Liegen und Sitzen herausgefunden. Denke daran, dass deine Erfahrungen über die Zeit hinweg Veränderungen unterliegen. Manchmal gehen sie sehr tief, manchmal sind sie mit sehr viel Energie (auch sexuelle – wenn du weiterliest, stößt du dazu noch auf mehr) verbunden, zu anderen Zeiten dumpf und manchmal auch ein wenig ruhelos. Alle Erfahrungen sind angemessen, solange wir die leichte Vorgehensweise der Meditation favorisieren. Was aber entscheidend ist, ist die langfristige tägliche Praxis. Das erst reinigt und öffnet das Nervensystem. Geh vielleicht mal zur Lektion 180. Dort findest du die Antwort an jemanden, der einen genauso kraftvollen Einstieg hatte wie du.

Unsere Erfahrungen während der Übungen sind meist auf die im Nervensystem ablaufende Reinigung zurückzuführen und variieren in der Regel sehr stark. Auch ekstatische Erlebnisse sind zum großen Teil Reinigung. Alles kommt so heraus, wie im Innern die Einprägungen aus vergangenen Handlungen aufgestapelt sind. Wir brauchen da nicht Buch zu führen. Zu dieser Reinigung und Öffnung kommt es, wenn wir die Anweisungen für die Übungen befolgen. Entwickle also nicht zu viel Anhänglichkeit an Erfahrungen, die in deiner Meditation auftreten. Unsere Übungspraxis ist wertvoll, wenn wir uns an die Vorgehensweisen halten, was auch immer uns bei unserem Sitzen an Erfahrungen begegnen. Natürlich lieben wir alle glückselige und ekstatische Erlebnisse. Erfreue dich an ihnen, wenn es zu ihnen kommt. Doch vergiss nicht, dass Erlebnisse nur Symptome sind und keine Übungen. Wir wollen vermeiden, von unserer Übungspraxis durch aufkommende Erfahrungen abgelenkt zu werden. Wenn wir also etwas Ungewöhnliches erleben, nehmen wir Notiz davon und gehen zurück zu den Übungen, die wir gerade machen. Das ist es, was dafür sorgt, dass wir auf unserem Weg zur Erleuchtung immer weiter kommen. Wenn du weiterliest, wirst du vielen Lektionen begegnen, die dies aus verschiedenen Blickwinkeln erörtern.

Frage 2: Danke. Ich bin etwas erleichtert zu erfahren, dass eine Wiederholung dieser Erfahrung nicht unbedingt zu erwarten ist. Sonst hätte ich vielleicht gedacht, dass ich irgendetwas falsch mache, wenn das nächste Mal nichts geschieht.

Ich lese gerade die Lektionen 39 und 41 zu Pranayama, die ich vorher noch nicht kannte. Ich habe heute Morgen ein paar tiefe Atemzüge genommen, bevor ich mit meiner I AM-Meditation begonnen habe. Vielleicht war das ein Grund dafür, dass meine Erfahrungen so ausgeprägt waren.

Ich bin auch bei einem anderen Kurs dabei, bei dem man den OM-Klang chanten soll. Ich habe das die letzte Zeit nicht mehr gemacht, doch daran gedacht, wieder damit anzufangen. Ich habe in eine der F&A-Lektionen geschaut, in der du auf den Unterschied zwischen „AYÄM“ und „OM“ hinweist und betonst, dass das letztere kreisförmig sei. Allerdings frage ich mich, ob ich nach der Meditation nicht eine Weile warten sollte, bevor ich mein OM chante.

Ich habe noch weitere Fragen:

Kannst du mir sagen, wann ich versuchen sollte, mit dem Pranayama der Wirbelsäulenatmung zu beginnen? D.h., muss man die I AM-Meditation eine bestimmte Anzahl von Tagen geübt haben, bevor man die Pranayama-Übung hinzunimmt? Dann wollte ich noch wissen, ob es ratsam ist, eine Eieruhr aufzuziehen, damit man weiß, wann 20 Minuten um sind? Ist es notwendig, das zweimal am Tag zu machen, um optimale Ergebnisse zu erzielen? Kann man in den Frage und Antwort-Lektionen irgendwo nachlesen, warum der Lotussitz besser als das Sitzen auf einem Stuhl ist?

Ich bin wirklich überrascht, wie kraftvoll die Meditationsübung wirkt. Ich kann es immer noch nicht glauben. Ich hatte mir immer über die Bedeutung des Ausdrucks „Ich bin“ in der Bibel Gedanken gemacht. Jetzt bin ich sogar noch neugieriger und will gern zurückgehen und mir alle Stellen ansehen, wo dazu etwas steht.

Mein Mann wird das nun auch im Sitzen versuchen. Er hatte es bisher auch nur im Liegen gemacht. Deshalb bin ich neugierig, was das bei ihm bewirkt. Von meinen Erlebnissen habe ich ihm nichts erzählt, weil ich vermeiden wollte, dass er ein bestimmtes Ergebnis erwartet.

Antwort 2: Da du erst begonnen hast und sich schon vieles bei dir tut, wäre es weise, deine Meditationsübung zumindest einige Wochen lang zu stabilisieren, bevor du das Pranayama hinzunimmst. Dann hast du eine gute Ausgangsbasis, von der aus du expandieren kannst. Beim Durchlesen der Lektionen erfährst du auch sehr viel über das Konzept der „Selbstabstimmung“, das enorm wichtig für einen Erfolg im Yoga ist. Der ersten Lektion dazu müsstest du bereits begegnet sein: Lektion 38 „Was ist dein Zeitplan oder wie schnell willst du vorgehen?"). Das ist ein sehr wichtiges Thema – viel wichtiger als jede andere einzelne Übung. Ein Auto ohne erfahrenen Fahrer erreicht sein Ziel nur ungewiss.

Selbstabstimmung ist auch wichtig, wenn man andere Übungen von außerhalb der Fortgeschrittenen Yoga Übungen mit einbaut – was auf jeden Fall risikobehaftet ist, weil die Wirkungen in Kombination mit den FYÜ-Übungen unvorhersehbar sein können. Du bist für alles auf deiner Reise verantwortlich. Sei also maßvoll in deiner Herangehensweise und stabilisiere immer das, was du bereits hast, bevor du weitergehst. Jeder Mensch ist verschieden. Das Stabilisieren kann Wochen oder Monate in Anspruch nehmen. In manchen Fällen (wie bei den Mantra-Erweiterungen und später folgenden fortgeschrittenen Pranayama-Kumbhaka-Methoden) kann es sogar Jahre dauern. Einige Tage werden kaum ausreichend sein. Sogar Experten im Yoga müssen vorsichtige Selbstabstimmung anwenden, um sich an die vielen aufkommenden Erfahrungen beim Durchgang des Nervensystems durch die Stufen der Reinigung anzupassen. Du kannst zwar ruhig deinen Wissensdurst stillen und weiterlesen, doch deine Routine solltest du nur ganz allmählich ausformen, damit du eine langfristige Konstanz in deiner Übungspraxis aufrechterhältst. Nur so kommt es zur Erleuchtung. Rom wurde auch nicht an einem Tag erbaut.

Eine Eieruhr kannst du für die Meditation einsetzen; verlass dich jedoch nicht zu sehr darauf. Am besten ist es, sich die innere Uhr für die zeitliche Bemessung der Übungen zu Nutze zu machen und, falls das nötig sein sollte, nur gelegentlich kurz mal auf die Armband- oder eine sonstige Uhr zu schauen. Sobald wir einmal diese Fertigkeit der „inneren Uhr“ entwickelt haben, ist die Nutzung einer Eieruhr nicht mehr das einzige Mittel der Zeitbestimmung. Hast du dann einmal gerade keine Eieruhr zur Hand, kommst du nicht in Verlegenheit.

Siddhasana (nicht der Lotussitz) ist der Weg des Sitzens, den wir mit den Lektionen versuchen zu entwickeln. Du wirst noch sehen warum, wenn du weiterliest. Siddhasana ist eine einfache und kraftvolle Übung zur Gewinnung ekstatischer Energie. Die Kultivierung der inneren Stille und ekstatischer Energie sowie deren naturgemäße Vereinigung (das innere Liebesspiel zwischen „Shiva und Shakti“ oder „ dem Vater und dem heiligen Geist“) ist der Schlüssel zur menschlichen spirituellen Transformation.

Die Frage, warum man zweimal am Tag üben sollte, wird in Lektion 148 erörtert. Zu vielen deiner Fragen findest du die Antwort, wenn du das Thematische Verzeichnis am Ende des Buches bemühst. Ich helfe dir aber auch gerne überall weiter, wo du keine befriedigende Antwort findest.

Die Methoden in den Lektionen sind die einfachsten und effektivsten von denjenigen, auf die ich bei meiner Auseinandersetzung mit der Materie in mehr als drei Jahrzehnten auf dem Pfad gestoßen bin und diese habe ich zu einem Übungssystem zusammengestellt. Du kannst also wirklich davon ausgehen, dass das hier sehr wirkungsvoll ist. Wende also ausreichend Selbstabstimmung an und vermeide es, dir Ziele zu setzen (auch wenn die Verführung dazu groß ist). Dann kommst du auf lange Sicht sehr weit. Viel Spaß!

Frage 3: Danke nochmals. Gestern habe ich erneut die Wellen erhalten, die über mich hereinspülten, auf und ab. Das Gefühl kann ich am besten als einen elektrischen Strom beschreiben. Ich bemerkte, wie sich mein Atem jedes Mal veränderte, wenn dies auftrat und ich mich veranlasst fühlte, tiefere Atemzüge zu nehmen, worauf ich auch immer gleich einging. Ich fand auch bald heraus, dass ich die Wellen willentlich kontrollieren konnte. Bin mir nicht sicher, ob ich sie zulassen oder versuchen sollte, sie zu verhindern?

Ich bemerkte auch, dass mein Kopf beide Male begann, sanft vor und zurück zu wiegen und schließlich von einer Seite zur anderen zu schwingen, was insgesamt wie eine Achte erschien. Nach dieser Erfahrung habe ich nach dem Begriff „Schwanken“ gesucht und fand die Lektion, in der einer deiner Schüler auch eine Erfahrung mit dem Schwanken machte, doch mit dem gesamten Körper. In deinen Antworten lese ich, dass man sich von all diesen Empfindungen nicht vom Hauptzweck der Übungen ablenken lassen sollte.

Heute habe ich meine Meditation zum ersten Mal in der Lotushaltung gemacht und mich dabei mit dem Rücken gegen die Couch gelehnt. Es war nicht so bequem und lenkte manchmal ein wenig ab, doch es gelang mir, meine Aufmerksamkeit von der Unbequemlichkeit abzuziehen und mich auf die Meditation zu konzentrieren. Die elektrischen Wellen kamen wieder. Doch waren sie dieses Mal sehr viel subtiler. Als die Atmung wieder stärker wurde, arbeitete ich sofort dagegen, beruhigte es und blieb still.

Ich habe mich von der Eieruhr verabschiedet und wieder auf die Uhr geschielt. Ich denke, wegen meiner Sitzhaltung habe ich mich dann etwas mehr nach dem Ende gesehnt. Als es vorüber war, war mein Unterschenkel eingeschlafen. Ich habe keine Anweisungen gefunden, „wann“ wir mit dem Lotussitz beginnen sollten. Die Lektion 33 habe ich mir angeschaut. Um meine Gelenke etwas biegsamer zu machen, werde ich wieder mit ein paar Übungen anfangen, die ich in der Ballettschule vor vielen Jahren gelernt habe. Trotzdem hab ich gespürt, dass meine Meditation gut war, auch wenn nicht ganz so geschmeidig wie beim Sitzen auf dem Stuhl.

Antwort 3: Obwohl du erst einige Tage meditiert hast, treten bei dir schon die klassischen Symptome dessen auf, was ich „automatisches Yoga“ nenne. Ohne Frage bist du aufgrund deiner Beschäftigung mit Yoga in vergangenen Leben bereits dafür verdrahtet. Doch wir alle sind dafür verdrahtet, schon alleine weil wir ein menschliches Nervensystem besitzen. Einige haben eine größere neuronale Leitfähigkeit als andere, weil sie in der Vergangenheit bereits gezielt an den Schaltkreisen gearbeitet haben. Du bist eine der ersteren und steigst nun wieder dort ein, wo du zuvor zu arbeiten aufgehört hast. Die Reiseroute und das Ziel sind für jeden von uns gleich – Reinigung und Öffnung des Nervensystems bis hin zu nicht endender ekstatischer Glückseligkeit und ausfließender göttlicher Liebe.

Unter automatischem Yoga verstehe ich körperliche, mentale und emotionale Neigungen, die aus dem Nichts aufsteigen und scheinbar keine Verbindung zu den Übungen haben, denen wir uns gerade widmen. Dazu kommt es, weil es ein In-Verbindung-Stehen des Yoga in unserem gesamten Nervensystem gibt. Dies wird später in den Lektionen ausführlicher erklärt und insbesondere im Rahmen der „Acht Glieder des Yoga“ erörtert. Begnüge dich vorerst damit zu wissen, dass der in dir aufsteigende Wunsch zu lernen, die Übungen zu machen, neue hinzuzunehmen und dergleichen von den wenigen Kostproben herstammt, die du von deinem reinen Glückseligkeitsbewusstsein im Innern genossen hast. Auch die sich beugenden Beine, die Symptome beim Atmen und die Bewegungen des Kopfes sind darauf zurückzuführen. Das ist ziemlich verblüffend, nicht wahr? Die Lektionen werden dir dabei helfen, all diese Neigungen Schritt für Schritt in eine sichere und effektive Routine von Übungen zu lenken.

Wenn es zu Regungen oder tiefer Atmung bei der Meditation kommt, lassen wir uns nicht darauf ein, verdrängen sie aber auch nicht gewaltsam. Wir gehen einfach locker und leicht zur Vorgehensweise der Meditation zurück, greifen das Mantra auf genau der Ebene der Verfeinerung auf, wo wir es verlassen haben und erlauben ihm, sich weiter zu verfeinern.

Die Atmung wird gewöhnlich während der Meditation sehr still, weil der Metabolismus sich ziemlich stark verlangsamt. Vertieft oder beschleunigt er sich, könnte das mit ekstatischen Energien zusammenhängen, die sich zu bewegen beginnen. Beschäftige dich nicht länger damit, weil dies sonst deine Aufmerksamkeit von dem einfachen Prozess der Meditation abbringt. Wenn du erst einmal mit der Wirbelsäulenatmung (einer anderen Übung, die man vor der Meditation ausführt) beginnst, wird dir das erlauben, die ekstatischen Energien auf eine progressive und ausgeglichene Weise zu kultivieren. Gib der Vorgehensweise des Mantra-Gebrauchs während der Meditation den Vorzug vor allem anderen, das sich einstellen mag – lass es einfach locker und leicht zu Gunsten der Meditation los. Viel später in den Lektionen wirst du sehen, dass Bewegungen mit dem Kopf in einer fortgeschrittenen Form namens „Kinnpumpe" ebenfalls Teil der Übungen sind. Es ist allerdings noch weit bis dorthin. Du machst dich gerade erst auf den Weg. Nimm dir eins nach dem anderen vor. Favorisiere sanft die Übung, die du gerade machst, ohne Rücksicht darauf, was sonst noch hochkommt. Sollten einige dieser Dinge so stark werden, dass sie deine Meditationszeit zu dominieren scheinen, dann bleibe nur locker und lass deine Aufmerksamkeit für einige Minuten ohne Aufgreifen des Mantras bei den Bewegungen oder Empfindungen verweilen. Ermutige diese jedoch nicht weiter. Das dient nur dazu, den Energiefluss zu stabilisieren. Dann, nach ein paar Minuten, kannst du zu deiner Meditation zurückkehren.

„Gekreuzte Beine" in den Lektionen heißt nicht, dass man im Lotussitz (Füße auf den Oberschenkeln) sitzen soll. Wir nutzen stattdessen Siddhasana. Das ist eine direktere Art der Kultivierung ekstatischer Energien in uns. Siddhasana kommt in den Lektionen nach der Wirbelsäulenatmung, Mulabandha und Sambhavi. Es ist schon richtig, wenn du deinen Füßen etwas mehr Lockerung verschaffst. Mit den Füßen auf die Oberschenkel hochzukommen, ist nicht notwendig – entwickle nur erst etwas Bequemlichkeit mit gekreuzten Beinen und etwas untergeschobenen Zehen, wie dies in Lektion 33 erörtert wird. Dadurch bereitest du die Basis für die Dinge, die noch dazukommen sollen, ohne dass du von der Meditation sehr abgelenkt wirst. Lenkt das aber trotzdem zu stark ab, dann entspanne die gekreuzten Beine und versuche es erst einmal mit einem nach innen gelegten Bein und wechsle jeden Tag ab. Das ist ein langsamer Prozess der Gewöhnung, der Wochen oder Monate dauern kann. Sieh zu, dass du es dir in der Zwischenzeit so bequem wie möglich bei der Meditation machst. Mit der Zeit wird das Sitzen mit gekreuzten Beinen für dich etwas ganz Natürliches und du merkst während der Übungen gar nichts mehr davon. Genauso wird es später auch mit Siddhasana, nur dass dieser Sitz noch zur Quelle nicht endender, aus dem Inneren aufsteigender Ekstase wird. Gut, das ist ein anderes Thema.

Das richtige Timing für die Hinzunahme zusätzlicher Übungen wird im Laufe der Lektionen erörtert. Das hängt vor allem von deiner Fähigkeit ab, dir Dinge zu eigen zu machen. Deshalb ist es nicht sinnvoll, irgendwelche konkreten Zeiten vorzugeben. Jeder ist verschieden. Das Wichtigste ist, dass du dich dabei nicht übernimmst. Doch auch das würde nicht das Ende der Welt bedeuten, wenn es einmal kurzzeitig dazu kommt – solange du weißt, wie du dein Pensum sinnvoll reduzierst, falls du die Fähigkeit deines Nervensystems neue Übungen zu verdauen einmal überstrapaziert hast. Der ganze Weg ist ein Prozess des ständigen Austestens, des Weitergehens und des Zurücknehmens, denn dabei lernen wir die Schalthebel dieses wundervollen wandelbaren spirituellen Fahrzeugs, in dem wir leben – das menschliche Nervensystem! – immer besser kennen!

Frage 4: Ich habe mal kurz die Lektion zur Kinnpumpe überflogen (Lektion 139) und es scheint, als sei dort etwas sehr Ähnliches beschrieben, was mir widerfahren ist.

Das wird immer aufregender, doch ich will Schritt für Schritt vorwärtsgehen, wie du geraten hast, deshalb habe ich nicht alle Einzelheiten gelesen. Es gibt so viele Lektionen, dass es auf jeden Fall schwierig wäre, es anders anzufangen. Gestern habe ich die Meditation zum ersten Mal zweimal ausgeführt. Die Beine hab ich nur gekreuzt. (Ich habe den Lotussitz gar nicht probiert und höre mit Freude, dass er hier nicht von uns erwartet wird!) Trotzdem lenkte mich das Sitzen mit gekreuzten Beinen sehr ab. Doch als ich tiefer in die Meditation hineinkam, wurde es besser.

Ich wundere mich über die Meditation mit I AM [AYÄM]. Die letzten Wochen, bevor ich auf deine Webseite gestoßen bin, habe ich den ganzen Tag eine mentale Affirmation benutzt: „I AM in harmony with Christ" („ICH BIN in Harmonie mit Christus"). Ich habe sogar einen Kopfkissenlautsprecher unter dem Kopfkissen und ich spreche da diese Affirmation selbst. Der Grund dafür war, dass ich in einem der mehreren Bücher, die ich gerade lese, darauf gestoßen bin (ich lese Spalding über die Siddha-Meister, Collier, Trine & Hill, diese bring ich manchmal durcheinander), und einer von diesen hat gesagt, dass einer der Gründe für Krankheit, Stress usw. darin liege, dass man nicht in

Harmonie mit Christus lebt. Auch sprechen sie alle über uns als göttliche Wesen, dass Gott in uns sei. Ich glaube, ich bin wie viele Menschen so aufgewachsen, dass ich dachte, ER sei da oben irgendwo und von uns getrennt.

Deshalb denke ich manchmal in meiner Meditation, während ich I AM denke, an Gott, dann wechsle ich wieder zurück und meditiere nur über die Worte I AM ohne an Gott zu denken. Ich glaube, ich bin unsicher, wie ich denken/fühlen soll, wenn ich I AM denke.

Letzte Nacht in meiner zweiten Sitzung schien es für ein paar Sekunden an einer Stelle, als würde ich aus der Meditation heraus- und auf den Worten nach vorn in einen Kreis mit einigen Farben treten, und da gab es keine Worte und kein Denken. Es war wie eine vollständige Trennung zwischen den Gedanken und dem Körper. Das hielt jedoch nur für Sekunden an, dann war ich zurück beim Denken von I AM. Dies passierte sehr kurz mehrere Male. Ich wollte das noch mehr erkunden, doch geschah es dann nicht noch einmal. Es fühlte sich so an, als sei ich ganz in der Nähe von etwas, zu dem ich aber nicht gelangen konnte. Dann, während der Morgenmeditation, fühlte ich dasselbe Getrenntsein, doch statt dass ich mich nach oben in einen Kreis bewegte, fühlte ich mich diesmal, als würde ich rückwärts fallen und in dieses Getrenntsein hineinschweben. Wieder waren alle Gedanken an das Denken von I AM und meinen Körper vergessen. Es war so ‚still'. Ich wünschte wieder, es würde länger dauern, doch hielt das nur mehrere Male für ein paar Sekunden an. Das erste Mal, seit ich mit der Meditation begonnen habe, sehnte ich mich nicht, wieder aus ihr herauszukommen. Ich war zufrieden, dort zu verweilen, machte weiter und hörte nach 20 Minuten damit auf, weil du ja dazu geraten hast.

Ich habe eine Frage, die mich sogar während ich meditiere in Verwirrung bringt.

Sollte ich an Gott denken, während ich I AM meditiere oder versuchen, nur I AM zu meditieren, ohne an die Bedeutung, an Gott oder meine göttliche Natur zu denken? Sollte ich versuchen, die Meditation von Gedanken an Gott zu trennen?

Dann wollte ich auch noch etwas Neues ansprechen, was ich letzte Nacht erlebt habe.

Gestern und letzte Nacht bemerkte ich manchmal, dass meine Atmung so leicht ging, dass ich einmal dachte, ich hätte zu atmen aufgehört. Doch letzte Nacht ist noch einmal etwas ganz Neues aufgetreten: Der Bereich meines Solarplexus war so stark nach innen gedrückt, dass ich mich fühlte, als sei mein gesamter Brustkorb hervorgetreten und dass der Bereich in der Mitte unter dem Brustbein nach innen ging. Es muss wirklich nach innen in Richtung meines Rückens gezogen worden sein, denn ich konnte die Bewegung unter meiner Brust fühlen. Es war nicht schmerzhaft, nur richtig intensiv. Ich glaube nicht, dass ich meinen Atem angehalten habe, kann mich jedoch jetzt heute Morgen nicht mehr genau daran erinnern, wie mein Atem ging, als dies geschah. Ich hätte mir gleich danach Notizen machen sollen. Natürlich mache ich mir deshalb wieder Gedanken und würde gern wissen, ob du schon jemals von so etwas gehört hast.

Antwort 4: Das Mantra wird nur wegen des Klangs verwendet, nicht wegen seiner Bedeutung. Im thematischen Verzeichnis findest du mehrere Lektionen dazu unter „Mantra – Sprache und Bedeutung". Man kann das „*I AM*" Mantra auch als „AYÄM" buchstabieren. Beides wird gleich ausgesprochen. Dadurch wird die Bedeutung und das Geheimnis um den christlichen Ausdruck *I AM* [ICH BIN] nicht geschmälert. Es zeigt auch mystische Kraft, wenn wir es als Mantra nutzen. Die Schwingung ist wichtig, nicht die englische Bedeutung. Ich selbst wurde ebenfalls christlich erzogen.

Wenn also in der Meditation Gedanken zur Bedeutung von I AM, über Gott oder was auch immer aufsteigen, behandeln wir sie wie alle anderen Gedanken, die hochkommen, und gehen locker und leicht zum Mantra zurück. Das Gleiche gilt für die Erfahrungen in der Meditation, wie ekstatisch, tiefgründig, offenbarend, sonderbar oder dramatisch sie auch immer sein mögen – bemerken wir, dass wir in irgendetwas abgedriftet sind, was immer das sein mag, gehen wir nur locker und leicht zum Mantra zurück. Dies ist die Vorgehensweise in der Meditation.

Ach, du hast bemerkt, dass sich die Atmung verlangsamt hat und fast zum Stehen kam. Wie schon gesagt, das ist normal.

Das sich ein- und nach oben ziehende Zwerchfell ist ein anderes Beispiel für den automatischen Yoga. Man nennt es „Uddiyana". Du findest dazu Erörterungen im oberen Abschnitt des thematischen Verzeichnisses, der den Übungen vorbehalten ist, unter „Uddiyana/Nauli".

Immer eins nach dem andern und achte darauf, dass es Spaß macht.

Frage 5: In anderen Ländern und in anderen Sprachen nutzen sie also auch das *I AM* und nicht die Übersetzung z.B. ICH BIN im Deutschen.

Ich habe nur mal schnell den Artikel zu Uddiyana überflogen, den du angesprochen hast. Das ist so unglaublich, dass mein Körper all diese Dinge von alleine macht. Obwohl ich das nicht erwähnt habe: Meine Zunge hat sich auch zurückgewölbt und im vorderen Bereich gegen die Munddecke gedrückt. Ich wusste nicht, dass dies etwas ist, was man bewusst zu erreichen versucht. Ich nehme mal an, dass immer, wenn von jetzt ab mein Körper etwas macht, er besser Bescheid weiß als ich.

Ich versuche, alles Schritt für Schritt durchzunehmen. Kann es sein, dass ich riskiere, mich nicht richtig zu entwickeln, wenn mein Körper von selbst in all diese Dinge springt, weil ich dann möglicherweise die Übungen nicht in der richtigen Reihenfolge durchgehe? Ich hatte eigentlich nur die Absicht, die Meditation zu machen. Diese Dinge geschehen alle von selbst. Auch einiges andere ist geschehen, was sich später vielleicht auch noch als automatischer Yoga herausstellt.

Antwort 5: Ja, da wir nur den Klang von *I AM* und nicht die Bedeutung benutzen, ist es nicht sinnvoll, die Bedeutung in eine andere Sprache zu übersetzen. Der Klang bringt eine universelle Schwingungsresonanz im menschlichen Nervensystem hervor. Deshalb nenne ich es auch ein universelles Mantra.

Ach, die Zunge ist nach oben gegangen? Das nennt man „Kechari", eine sehr wichtige Übung, über die wir in den späteren Lektionen sehr viel sprechen. Du kannst auch dazu das thematische Verzeichnis bemühen.

Da das bei dir alles hochkommt, verstehe ich deine Besorgnis darüber, wie du das alles beim Vorwärtsgehen auf die Reihe bringen sollst. Aber versuche gar nicht erst, da einzugreifen. Mach nur deine Übungen entsprechend der Anweisungen und nimm im Laufe der nächsten Monate und Jahre immer nur allmählich neue hinzu. Das Hauptaugenmerk sollte dabei auf jeder Etappe des Weges auf ein beständiges und gefestigtes Üben gerichtet sein. Betrachte alles, was sich an automatischem Yoga einstellt, mit Gleichmut und ziehe das mit strukturierten täglichen Übungen über lange Zeit hinweg durch. Gehst du so an die Sache heran, dann fügt sich alles in der für dich richtigen Reihenfolge und auf natürliche Weise zusammen.

Da sich bei dir so vieles so schnell verändert, würde ich dir empfehlen, auf Geduld und Selbstabstimmung bei den Übungen bedacht zu sein. Versuchst du alles, was sich da tut, gleichzeitig aufzunehmen, wirst du es sehr schwer haben. Bei dir sprießen viele Knospen des Yoga. Bestelle Tag für Tag mit Behutsamkeit deinen Garten und du wirst weit kommen.

Denke stets daran, dass die wichtigste Übung die tiefe Meditation ist. Diese kultiviert unser Fundament der inneren Stille bei all dem äußeren Tohuwabohu. Ohne dieses Fundament flattern wir, auch wenn noch so viel automatischer Yoga in uns abgeht, ohne Halt wie ein Fähnlein im Wind. Innere Stille (reines Glückseligkeitsbewusstsein) ist der Schlüssel für allen Fortschritt im Yoga.

So heißt es auch in den Psalmen: „Sei stille und wisse, dass ich Gott bin."

Frage 6: Danke für deine Antwort auf meine vielen Fragen. Ich war mir etwas unsicher, wie ich mit all diesen Dingen umgehen soll. Doch deine Antwort hat mich beruhigt. Ich werde also methodisch vorgehen und diese Dinge gar nicht beachten.

Gestern habe ich die Meditation (mit der Wirbelsäulenatmung) nur einmal anstatt zweimal gemacht. Einige Tage lang hatte ich etwas Schwierigkeiten, die Energie meines Verstandes auf die mehr weltlichen Aufgaben meiner täglichen Arbeit zu richten. Ich war nicht motiviert, meine Arbeit zu erledigen und vermutete, dass dies ein Resultat meiner Meditation war. Ich erinnere mich daran, dass du dazu geraten hast, nach der Meditation zu ruhen und ich habe das nie wirklich länger als höchstens ein oder zwei Minuten gemacht. Vielleicht ist es das, was noch fehlt.

Doch gestern habe ich mich dazu entschlossen, die Sitzung am Morgen auszulassen und habe dann nur am Abend meditiert. Ich habe in deine Fragen & Antworten geschaut, um mehr Informationen darüber zu erhalten, ob man die Übungen wirklich jeden Tag machen sollte, d.h. 7 Tage die Woche oder ob es vielleicht sogar besser ist, zumindest zu Beginn ab und zu einmal einen Tag auszusetzen oder eine der zwei Sitzungen am Tag auszulassen. Das könnte ja irgendwo in den Lektionen stehen, doch habe ich zu dieser Frage nichts gefunden.

Noch etwas anderes, das ich fragen wollte: Ich hatte ja nach meiner zweiten oder dritten Meditation geschrieben, dass ich gemerkt hätte, ich könnte die Wellen von Energieladungen, die durch meinen Körper pulsierten, willentlich kontrollieren. Es hat damit angefangen, ohne bewusste Anstrengung abzulaufen, doch dann habe ich bemerkt, dass ich es ein weiteres Mal hervorrufen konnte, ohne dass ich mich dazu groß anstrengte. Doch in letzter Zeit, die letzen paar Tage, widerfährt mir dies auch in meinem Tagesablauf außerhalb der Meditation. Manchmal während des Tages oder der Nacht fühle ich den Drang, diesen Energiestrom willentlich durch meinen Körper zu treiben. Das kann sein, wenn ich gerade einen Protein-Shake zubereite oder an meinem Computer arbeite oder die Nachrichten anschaue. Ich scheine da fast etwas abhängig zu werden. Dazu kommt es nun mindestens einmal jede Stunde. Führe ich das nicht willentlich aus, dann kommt es auch von alleine. Es fühlt sich nicht so an, als sei es etwas Schlechtes. Es fühlt sich sogar ziemlich angenehm an und verleiht mir ein unerklärliches Gefühl der Befähigung. Ist dies eine Ausweitung meiner spirituellen Kraft oder nur Teil des Reinigungsprozesses?

Antwort 6: Ja, die beste Herangehensweise ist die, alles gelassen hinzunehmen und jeden Tag für sich alleine zu betrachten. So geht man am besten mit allen großen Veränderungen im eigenen Leben um– ob es sich um plötzlichen Reichtum oder Ruhm handelt oder dass wir erkennen, wie sich unser Nervensystem öffnet und zu unendlich reinem Glückseligkeitsbewusstsein wird, welches das gesamte Universum umschließt!

Ja, diese Erfahrungen sind Teil der Reinigung und verändern sich – sie werden sich sogar ausweiten, es kommt also noch viel mehr auf dich zu. Ja, du hast Recht, man kann davon abhängig werden. Das steht bereits in der allerersten Lektion – meine Abhängigkeit vom Yoga und die Erfahrungen, die damit einhergehen. Ich leihe mir mal ein Wort vom 12-Schritte-Programm für Abhängige: Vielleicht sind wir alle „genesende" Yogis und Yoginis. Wir gewinnen also das zurück, was uns gehört und was lange verloren war. Es geht dabei nicht in erster Linie um die ekstatische Erfahrung des Augenblicks. Es geht um etwas unendlich Größeres als das größte ekstatische Vergnügen, das wir heute erleben können. Erfreue dich an deinen Erfahrungen und versuche sie zum Bestandteil deines täglichen Lebens zu machen. Der beste Weg das zu tun, ist, deine Glückseligkeit anzunehmen und sie auf einfachen Wegen mit anderen zu teilen. Ein einfaches Leben zum Nutzen anderer zu führen, ist der beste Weg, den ich kenne, zu verhindern, dass aufkommende ekstatische Erfahrungen uns in den Kopf steigen. Das ist auch teilweise der Grund, warum ich diese Lektionen schreibe. Zu was ist eine zunehmende Erleuchtung nutze, wenn man sie mit niemandem teilt? – Zu nicht viel Gutem. Das wäre ziemlich egoistisch. In Wahrheit kann es überhaupt nicht zur wirklichen Erleuchtung kommen, wenn sie nicht im Dienst an anderen geteilt wird, weil Erleuchtung von Natur aus alles umfasst.

Wir sind nicht daran schuld, dass die wahre Natur des Lebens ekstatische Glückseligkeit ist. Das menschliche Nervensystem ist eine Ekstase-Maschine. Sollten wir davor weglaufen? Ich glaube nicht. Beim Vordringen zu unserem natürlichen Zustand der Ekstase können wir verantwortungsvoll bleiben und so auch die gesamte Reise bestreiten. Die ekstatische Glückseligkeit muss nach außen in die Welt fließen, um ihre Erfüllung zu finden, und wir müssen es genauso machen. Alles, was diesem Anspruch nicht genügt, ist eine Form von spirituellem Hedonismus. Eine Zeitlang können wir das tun, uns nur an unseren ekstatischen Erfahrungen im Inneren zu erfreuen. Das ist in Ordnung. Früher oder später gehen wir dann aber mit unserer ekstatischen Glückseligkeit hinaus in die Welt. Dies ist unvermeidlich. Und auf unserem Weg mit Yoga enthüllen wir durch unsere direkte Erfahrung auch eines der größten aller Geheimnisse – die Rolle der Sexualität für die menschliche spirituelle Transformation.

Bezüglich der täglichen Übungen: Es ist besser, bei zwei täglichen Übungen zu bleiben, denn es ist äußerst wichtig, diese Gewohnheit zu entwickeln und aufrechtzuerhalten. Das wurde bereits vor nicht allzu langer Zeit in Lektion 209 mit dem Titel „Wie bringt man die tägliche Praxis mit einem vollen Terminplan in Einklang" ausgeführt. Ich weiß, dass Zeitmangel nicht der Grund dafür war, dass du versucht hast, dein Pensum auf eine Sitzung zu reduzieren. Doch in dieser Lektion steht etwas zum Grund, warum es so wichtig ist, die Gewohnheit des zweimal täglichen Übens beizubehalten. Das Gleiche gilt für die Lektion 148 – „Warum macht man die Übungen zweimal am Tag?"

Fühlst du dich in deinen Übungen ein wenig überstimuliert, dann ist es das Beste, die Zeit in den zweimal täglichen Sitzungen zu reduzieren. Machst du 5 Minuten Wirbelsäulenatmung und 20 Minuten Meditation und tut sich dann zu viel, versuche die Wirbelsäulenatmung auf ein paar Minuten und die Meditation auf 15 Minuten zweimal täglich zu reduzieren, anstatt nur einmal zu praktizieren. Ist dies immer noch zu viel, dann versuche es mit 10 Minuten Meditation. Später, wenn sich dein Nervensystem an die Energie gewöhnt hat, kannst du wieder aufstocken. Dies gehört zur überaus wichtigen „Selbstabstimmung", die ausführlich in den Lektionen erörtert wird. Sich eine ausgeglichene und tragfähige zweimal tägliche Routine zu schaffen, ist der Dreh- und Angelpunkt. Auf diese Weise können wir unter Ausnutzung eines zweimal täglichen Zyklus die innere Stille und ekstatischen Energien in unserem Nervensystem kultivieren und sie während unserer täglichen Aktivitäten stabilisieren, was sehr viel effektiver ist als der einmal tägliche Zyklus mit einer längeren Übungsphase. Natürlich wird es immer wieder dazu kommen, dass uns die Zeit zu knapp ist oder dass wir zu erschöpft sind, als dass wir zur üblichen Routinezeit viel von irgendetwas tun können. Dann tragen wir unserer Gewohnheit einfach dadurch Rechnung, dass wir für eine oder zwei Minuten mit geschlossenen Augen dasitzen. Verstehst du, wie das funktioniert? Die zweimal tägliche Übung ist wichtig: „Wer rastet, der rostet". Wir können innerhalb dieser vorgegebenen zweimal täglichen Übungen, wenn nötig, mit unserer Zeit und den Übungen flexibel reagieren.

Frage 7: Gestern machte ich meine gewöhnliche Routinesitzung und der Eindruck, den diese hinterließ, war einfach nur: WOW! Zuvor hatte ich zwei Tage eine ruhigere Meditation mit dem gewöhnlichen ‚automatischen' Schaukeln und Kreisen des Kopfes, doch war die Erfahrung viel milder und ruhiger, ohne all die unwillkürlichen Energieströme, wie sie vorher auftraten und auch ohne neuen automatischen Yoga-Erfahrungen.

Deshalb habe ich mich entschlossen weiterzugehen und in meine Übungssitzung gestern die Lektionen 41, 54 und 55 (zur Wirbelsäulenatmung, Kundalini und Mulabandha) eingebaut. Das Ergebnis war das Gewaltigste, was ich bisher erlebt habe und es kamen viele neue Dinge hinzu, was du wohl zum „automatischen Yoga" rechnen würdest.

Antwort 7: Wann immer du eine neue Übung hinzunimmst, bedenke, dass es zu einer verzögerten Reaktion der Wirkungen kommen kann. Wir wissen also zumindest für ein paar Wochen lang nicht genau, was eine neue Übung bewirkt. Wenn du zwei oder drei neue Übungen auf einmal hinzunimmst und die Dinge ins Rollen geraten, kann es schwer sein, herauszufinden, was was bewirkt – und dann ist es sehr schwer, die Selbstabstimmung durchzuführen – weil man nicht weiß, was man zurücknehmen soll, wenn die Energie überall fliegt? Falls du etwas voreilig warst, ist das jedoch auch nicht das Ende der Welt, wenn du nur weißt, wie du für eine sanftere Fortbewegung dein Pensum zurückstutzen musst. Du findest das sicher heraus.

Sei dir aber immer bewusst, dass du da in einem spirituellen Ferrari sitzt (einen besonders schnellen) und du zu lernen hast, das Gefährt so zu steuern, dass du nicht von der Straße abkommst. Du sitzt am Lenkrad.

Alles Gute auf deiner Reise. Vrrrrrroooooom!

Der Guru ist in dir.

Lektion 233 – Yoga und religiöser Glaube

Frage: Danke für die Lektionen.

Ich habe schon alle Lektionen durch und mache mit zweimal täglichen Übungen schöne Fortschritte. Doch wenn ich nur wenig Zeit habe, dann mache ich nur Pranayama und Meditation.

Nun hab ich eine Frage. Ist es in Ordnung, die FYÜ-Lektionen zu praktizieren und unseren Glauben davon unbeeinflusst zu lassen? Das Üben der fortgeschrittenen Yoga-Übungen ist wie Tennis- oder Schachspielen. Es hat nur mit dem physischen Körper zu tun, wozu natürlich auch das Gehirn und das Nervensystem gehören.

Antwort: Was du zu deinen Übungen sagst, hört sich sehr gut an.

Ja, das ist richtig. Beim Yoga geht es um die Reinigung und Öffnung des Nervensystems, bis dessen natürliche höhere Funktionsweisen aufgeschlossen sind. Das beißt sich überhaupt nicht mit irgendwelchen religiösen Glaubenssystemen. Die Fortgeschrittenen Yoga Übungen sind nicht sektiererisch, d.h. sie sind nicht an irgendein spezielles Glaubenssystem gebunden.

Interessanterweise können wir uns auf die Wahrheit im Inneren viel besser einstimmen, wenn sich unser Nervensystem reinigt und öffnet, und das kann dann unser spirituelles Leben stärken, egal welcher religiösen Tradition wir angehören. Jede religiöse Tradition hat ihre eigene Terminologie und metaphorische Sprache, den einen Prozess der menschlichen spirituellen Transformation zu beschreiben. Doch der neurologische Prozess ist bei jedem immer der Gleiche.

Und wenn wir keine enge Beziehung zu irgendeinem religiösen Glaubenssystem haben, ist das auch in Ordnung. Solange wir einen starken Drang verspüren, zu üben und Fortschritte hin zu größerem inneren Frieden und Glück zu machen, wirkt Yoga im Nervensystem genauso gut.

Der Guru ist in dir.

Lektion 234 – Innere Weisheit scheint durch

Frage: Ich wende nun schon einen Monat lang die Meditationstechnik mit dem Mantra minutiös an. Früher war es für mich schwierig, für 20-25 Minuten an ein und demselben Ort zu sitzen und jetzt würde ich mit meinem Mantra gerne so lange wie möglich in meiner Meditationshaltung verharren. Wenn ich aber länger als 30 Minuten weitermache, wird meine Stimmung danach sehr lustlos. Deshalb beschränke ich die Meditation auf nur 20-25 Minuten und fühle mich danach entspannt und manchmal frisch. Doch ich erhalte keinerlei „verräterische" Zeichen, wenn ich meditiere. Sag mir bitte freundlicherweise, ob Meditation nicht nur Selbstbetrug ist?

Antwort: Danke, dass du schreibst und dich mitteilst.

Von dem her, wie du deine Meditationsübung beschreibst, kann ich nur sagen: Das klingt sehr gut. Du hast die Bedeutung der Zeitregulierung im Sinne, dass man nicht zu viel machen sollte, erkannt. Das erlaubt es dir, bei einem Minimum an Unannehmlichkeiten das Maximum an innerer Reinigung zu erzielen – ausgezeichnet. Deine Gefühle von Frieden und Entspannung sind einfach nur das Richtige. Fährst du mit den Übungen fort, weitet sich dies mit der Zeit aus, erreicht höhere Ebenen, und das wird deine täglichen Aktivitäten immer mehr erleuchten.

Beim weiteren Durchgang durch die Lektionen wirst du zusatzliche Übungen kennen und anwenden lernen, und das belebt allmählich die ekstatische Seite der Erleuchtungsgleichung. Als nächstes kommt die Wirbelsäulenatmung und Schritt für Schritt viele andere Hilfsmittel. Insgesamt ist das ein Rezept für die Verschmelzung von innerer Stille und Ekstase. Meditation ist dazu da, die innere Stille zu kultivieren. Viele der anderen Übungen dienen der Kultivierung der ekstatischen Leitfähigkeit im Nervensystem.

Es ist normal, dass ab und zu einige Zweifel aufkommen. Das ist jedoch nur Staub, der im Laufe des Reinigungsprozesses aufgewirbelt wird. Du kannst mit Sicherheit davon ausgehen, dass du dich auf der richtigen Spur befindest. Mach nur in deiner eigenen Geschwindigkeit weiter. Deine innere Weisheit ist offenkundig und scheint klar durch.

Der Guru ist in dir.

Lektion 235 – Das Verschmelzen innerer Stille mit Ekstase

Frage: Ich wundere mich über etwas: Nach ungefähr der zweiten Woche haben die sexuellen Energien (von denen ich dir das erste Mal geschrieben habe) aufgehört durch mich zu toben, wenn ich meditiere. (Dies ist der 24. Tag für mich).

Vor kurzem hab ich damit begonnen, einen eingerollten Socken einzusetzen, wenn ich sitze, da ich meinen Fuß nicht unter mich bekomme. Nach Hinzunahme des Sockens habe ich jedoch keinerlei Unterschied in meiner Erfahrung während der Wirbelsäulenatmung oder der Meditation festgestellt. Meine Meditation ist jetzt friedvoller und, wie gesagt, hat all das Strömen der Energie aufgehört. Mein Kopf fühlt sich leichter an, wenn ich meditiere, und ich denke, dass es jetzt tiefer geht. Doch ist die Abnahme von Energieströmen etwas, das zu erwarten war?

Nachdem ich die Lektion 75 (zu Siddhasana) gelesen habe, erwartete ich, dass sich die Erfahrungen zum „bockigen, unberittenen Pferd", mit denen ich es in der ersten oder in den ersten beiden Wochen zu tun hatte, wiederholen würden, doch das war nicht der Fall. Ich beklage mich nicht deswegen. Glaube mir, ich bin froh, dass es aufgehört hat. Es war etwas Überwältigendes. Doch wollte ich da nur einmal nachgefragt haben. Ist es bei den meisten Menschen, die zuerst dieses „störrische Pferd" erleben, so, dass es sich nach einer Weile beruhigt und aufhört?

Eine andere Frage: Meine Meditation wird manchmal so still und ruhig, dass ich nach einigen Augenblicken erkenne, dass ich vergessen habe, das I AM-Mantra zu wiederholen. Da kommen aber keine Gedanken herein. Ich bin nur leer und erfreue mich an der Stille. Sollte ich mir keine Sorgen darüber machen, wenn dies geschieht und mir nur erlauben, leer zu sein und diese Stille zu genießen, oder sollte ich zum Mantra zurückgehen?

Und schließlich noch: Manchmal beim Zubettgehen, wenn ich da nicht etwas nehme, was mir beim Einschlafen hilft, scheint mein Körper und hauptsächlich mein Kopf zu vibrieren. Es ist wie ein leichter Energiestrom, der durch meinen Kopf geht. Manchmal sehe ich Farbenblitze (bei geschlossenen Augen), doch hauptsächlich ist das nur ein Gefühl, wie wenn ich summen würde. Ist das eins der Chakren, das sich zu öffnen versucht?

Antwort: Sehr viele Energie-Erlebnisse gehen auf das zurück, was ich „Reibung" im Nervensystem betiteln würde – Energie, die sich durch teilweise gelöste Blockierungen bewegt. Das kann den Eindruck vermitteln, dass eine Menge geschieht (erotische Gefühle, Hitze, Schwingungen, Bewegungen des Körpers, Stimmungsschwankungen usw.). Sobald die Blockierungen etwas ausgeräumt sind, kann die Erfahrung viel geschmeidiger und glückseliger werden. Das ist jedoch dieselbe Energie, nur bei weniger Reibung. Ich habe schon früh gesagt, dass sich die Erfahrungen verändern würden. Das ist der Grund – veränderte Muster von Blockierungen im Nervensystem auf dem Wege der Ab- und Auflösung. Das heißt nun nicht, dass man die vollständige Reinigung bald erreicht hat (obwohl wir das alle begrüßen würden) – man gewinnt im Moment nur mehr Klarheit. Du schaust zwischen die sich langsam auflösenden Wolken hindurch. Das wird sich auch wieder ändern.

Zu Siddhasana: Wenn da das bockende Pferd nicht auftritt, ist das auch in Ordnung. Halte bei der Art und Weise, wie du Siddhasana ausführst, Ausschau nach angenehmen sexuellen Stimulationen, ohne das zu übertreiben. Das ist jedoch eine tantrische Übung, weißt du, und die Essenz davon ist die vororgasmische Stimulierung. Das, zusammen mit der inneren Stille, ist die Zauberformel für die Erleuchtung. Die Kultivierung einer angemessenen Verschmelzung braucht jedoch Zeit. Sieh auf jeden Fall einmal die Tantra-Lektionen 16 und 28 durch. In beiden findest du zusätzliche Gesichtspunkte zu Siddhasana. Das ist ziemlich fortgeschrittenes Zeug. Erwarte also nicht, dass du das alles innerhalb eines Monats auf die Reihe bekommst. Das dauert. Du wirst jedoch dahin gelangen – wie jeder andere auch. Das ist bereits in unseren Genen festgeschrieben.

Ruhige Meditationen sind etwas Schönes. Merkst du, dass du vom Mantra abgedriftet bist, dann geh einfach auf eine sehr vergeistigte Weise auf der Ebene des Denkens (oder Nicht-Denkens), auf der du dich befindest, locker und leicht zu ihm zurück. Zieh es nicht wieder ganz heraus zu einer klaren Aussprache. Es kann auch ein sehr schwaches Gefühl für das Mantra sein, und schon bist du wieder fort in der glückseligen stillen Bewusstheit. Das ist die richtige Art zu üben. Der korrekte Gebrauch des Mantras hat uns dorthin gebracht und ein fortgesetzter korrekter Gebrauch des Mantras führt uns sogar noch tiefer hinein. Wenn wir dann hinausgehen, uns draußen zu betätigen, ist unser gesamtes Nervensystem durchtränkt mit glückseliger innerer Stille. Zu diesem Zweck meditieren wir.

Zum Schlaf: Stelle sicher, dass du vor dem Abendessen meditierst und zwischen dem Abendessen und der Schlafengehenszeit mental und körperlich ausreichend aktiv bist. Dann ist es sehr unwahrscheinlich, dass Freisetzungen aufgrund der Meditation deinen Schlaf stören. Sollte jemand zu derartigen Energieerfahrungen ohnehin neigen, auch schon bevor er zu meditieren begonnen hat, dann mögen andere Maßnahmen, wie Pillen, notwendig werden. Falls du die Energie aber mit mehr Aktivität vor dem Schlafengehen aufbrauchst, könnte das helfen. Mit der Zeit wird es beim Yoga auch im Schlaf zu weniger innerer „Reibung" kommen, wie das auch in unserem ganzen Leben der Fall sein wird.

Werden innere Energiebewegungen beim Schlafen oder zu irgendeiner anderen Zeit übermäßig und hat es den Anschein, dass das von den Übungen herrührt, ist es Zeit, sich über Selbstabstimmung Gedanken zu machen – dass man seine Übungen also ein wenig zurückschraubt, bis sich die Dinge beruhigt haben.

Frage: Bevor ich die Lektionen (Tantra-Lektionen 16 und 28) gelesen habe, auf die du mich aufmerksam gemacht hast, bin ich während meiner nächsten Wirbelsäulenatmung und Meditation wieder auf der zusammengerollten Socke gesessen. Bei der Meditation musste ich dann einmal eins meiner gekreuzten Beine bewegen, und weil ich dafür keine bequeme Stellung fand, nahm ich es nach oben auf den gekreuzten Oberschenkel in der Nähe des Oberkörpers. Dadurch kam mehr Gewicht auf den Ball, und er drückte fester gegen diesen Bereich. Bald begann mein Körper sanft nach rückwärts und vorwärts zu schaukeln. Dadurch entstand eine *vororgasmische* Empfindung. Ich erlebte es als angenehm und ein bisschen frustrierend, weil ich einen Orgasmus erreichen wollte. Doch das Wichtigste ist, dass meine Aufmerksamkeit, obwohl ich „AYÄM" dachte, mehr auf der sexuellen Stimulierung lag als auf dem Mantra. Das hat mich fast zum Lachen gebracht: Mein Körper denkt daran, seine Neigung zu sexuellem Vergnügen zu befriedigen, während mein Verstand *I AM* schreit.

Deshalb nun meine Frage: Sollte ich das Schaukeln unterstützen, um dadurch die sexuellen Gefühle zu stimulieren? Ich hatte den Eindruck, dass das nur durch einfaches Stillsitzen geschehen sollte.

Antwort: Ah, das bockende Pferd!

Es ist ratsam, das auf einem Niveau der Stimulation zu halten, das deine Meditation nicht zu sehr beeinträchtigt. Das heißt, du solltest mit mäßigem Druck ziemlich unbeweglich bleiben. Später kann man die Energie erhöhen, wenn die Leitfähigkeit im Nervensystem ansteigt, so dass es nicht so frustrierend ist. Dies ist eine Entwicklung, die Monate oder sogar Jahre dauert. In der Zwischenzeit halte einfach nahe dem Siedepunkt an, ohne dich zu sehr ablenken zu lassen.

Stört es die Meditation zu sehr, kannst du Siddhasana mehr auf die Wirbelsäulenatmung anwenden, wo Energieablenkungen nicht so kritisch sind, und danach aus Siddhasana herausgehen oder es für die Meditation abschwächen. Du wirst da dein Gleichgewicht finden, solange du dir über die Prinzipien im Klaren bist – innere Stille wird mit ekstatischer Energie ausgeglichen und verschmolzen.

Sobald du mal ein alter Hase bist beim Siddhasana, wirst du in der Lage sein, bei totaler Stimulation zu sitzen, ohne irgendeine sexuelle Frustration zu erleben. Es ist dann nur noch eine Quelle der Ekstase, die nach oben durch dein Nervensystem fließt und durch endlose Reiche grenzenloser innerer Stille herabstürzt! Dies ist die Erfüllung von Siddhasana und der Grund dafür, dass es eine so wichtige tantrische Übung ist. Es erlaubt uns, sexuelle Energie in eine endlose göttliche Übungspraxis zu transformieren. Alle tantrischen Übungsformen dienen diesem Ziel. Siddhasana ist zufälligerweise eine davon, die wir im Rahmen unserer täglichen Übungsroutine ausführen können. Diese Art von Beständigkeit der Übung kann man in keiner Art von sexuellen Beziehungen erreichen, auch wenn man mit tantrischen Methoden viel tun kann, wenn es zu sexuellen Beziehungen kommt. Ziehe dazu die anderen Tantra-Lektionen zu Rate.

Wenn wir die Transformation in den sitzenden Übungen kultivieren, merken wir mit der Zeit, wie die Erfahrung ekstatischer Glückseligkeit während des Tages auf natürliche Weise aus dem Inneren aufsteigt. Unser Weltbild dehnt sich dabei bis ins Unendliche aus und wir finden uns in einer Lage des freudvollen und reichlichen Gebens an alle um uns herum wieder. Dies meinen wir mit einem „Leben in Ekstase".

Der Guru ist in dir.

Anmerkung: Mit der Zeit wird unser tägliches Leben zu einer wogenden See schillernder ekstatischer Stille. Das ist es, was wir sind und das ist es, was wir teilen … Viel Spaß!

Die Tantra-Lektionen

Lektion T1 – Was ist Tantra-Yoga?

Es ist schon komisch, weißt du, wie sich eine Vorstellung von Tantra-Yoga herauskristallisiert und als Mehrheitsmeinung unserer modernen Gesellschaft breit gemacht hat. Die meisten haben die Vorstellung heutzutage, dass es bei Tantra um Sex geht – besseren Sex, ekstatischeren Sex, „spirituelleren Sex". Daher ist „Sex, Sex, Sex!" der Lockruf von Tantra geworden. Haben wir einen eingleisigen Verstand oder was? Das ist aber alles einfach zu klären. Die meisten von uns finden das Spitzenerlebnis ihres Lebens im Sexualakt, insbesondere im überwältigenden Genuss des Orgasmus. Deshalb ist es kein Wunder, dass wir eine Kultur haben, die sexbesessen ist – normalerweise dafür, manchmal dagegen und immer in Hochachtung davor. Wir wissen alle, dass Sex uns irgendwie mit einer höheren Dimension dessen verbindet, was wir sind. Es ist eine Tatsache, dass uns Sex in der Liebe, in der Familie und letztendlich mit unserem spirituellen Leben zusammenbindet. Wir sind also ganz natürlicherweise sexbesessen. Das bildet die Wurzel von allem, was wir sind. Es definiert uns. Ein tiefliegendes Verlangen, das wir alle besitzen, ist, auf ewig mit der Ekstase zu verschmelzen, die in diesem Ding, „Sex" genannt, enthalten ist.

Um die letzten Geheimnisse von Sex entwirren zu können, sind wir gut beraten, einen weiten Blickwinkel darauf einzunehmen. Das ist dann der eigentliche Punkt, an dem Tantra ins Spiel kommt.

Was, wenn ich dir erzählen würde, dass es bei Tantra hauptsächlich um Meditation, Pranayama, Bandhas, Mudras und Asanas geht – um all die Dinge, über die wir in den Fortgeschrittenen Yoga Übungen die ganze Zeit gesprochen haben? Es entspricht aber der Wahrheit, dass es beim Tantra hauptsächlich um diese Dinge geht. Ja, es geht dabei auch um Sex, wie wir das in den Haupt-Lektionen schon relativ früh zur Sprache gebracht haben. Wir haben keinen Bogen um das Thema Sex gemacht, da es beim ganzen Prozess der Erleuchtung eine Rolle spielt. In der Tat ist Erleuchtung gar nicht möglich, wenn unsere Sexualität nicht in den Prozess des Yoga mit einbezogen wird – dem Prozess der Vereinigung unseres inneren göttlichen Selbst mit der äußeren Welt. Wenn wir unser Nervensystem auf dieses Ziel hin kultivieren, muss die Rolle der sexuellen Energie dabei zur Sprache kommen.

Tantra bedeutet „zusammengewoben" oder „die Fülle von Zweien als Eines". Es bedeutet in Wirklichkeit dasselbe wie Yoga, nur ist etwas mehr Intimität dabei. Tantra erkennt von Beginn an, dass es zwei Pole gibt, die in Ekstase miteinander verbunden werden müssen, damit Erleuchtung entstehen kann – Vater Himmel und Mutter Erde, männliche und weibliche Energien, Shiva und Shakti, Yin und Yang – und dass diese beiden Pole in uns enthalten sind, in unserem Nervensystem. Wir haben das in den Haupt-Lektionen der Fortgeschrittenen Yoga Übungen bereits unter vielen praktischen Gesichtspunkten erörtert.

Tantra-Yoga ist das breiteste aller Yoga-Systeme und betrachtet das Leben als zwei Wirklichkeiten, die im menschlichen Nervensystem vereinigt werden müssen. Im Tantra-Yoga mit eingeschlossen sind Mantra-Yoga, Kundalini-Yoga, Hatha-Yoga, Ashtanga (achtgliedriger) Yoga und andere. Die Praktiken, die diese traditionellen Yoga-Systeme beinhalten, umfassen das, was als der so genannte Rechte-Hand-Weg des Tantra-Yoga bezeichnet wird. Dann gibt es noch den Linke-Hand-Weg des Tantra-Yoga, der sich damit befasst, reines Glückseligkeitsbewusstsein in die Ausschweifungen des sinnlichen Lebens der materiellen Welt zu bringen. Der Linke-Hand-Weg lehnt sinnliche Ausschweifungen nicht ab. In der Tat zieht er daraus für spirituelle Zwecke einen Nutzen. Der Linke-Hand-Weg ist eine Art Schattenseite des Yoga, der Teil, von dem man annimmt, dass der aufrechte Bürger sich davon fernhält. Das ist aber auf jeden Fall die traditionelle Sichtweise. So war das, bevor die Hippie-Generation Tantra für sich vereinnahmt hat. Heutzutage ist es auch seriös, den Linke-Hand-Tantra zu praktizieren. Zumindest im Westen ist das so. Vielleicht haben die aus dem Westen nur nichts mehr zu verlieren, da sie so in die materielle Lebensweise verstrickt sind – um den Sachverhalt nur anzudeuten. Warum sollte man das materielle Leben nicht etwas der spirituellen Seite öffnen? Wir können sowohl das eine als auch das andere haben. Überall steht Linke-Hand-Tantra darauf.

Wir werden uns also in diesen Lektionen den Linke-Hand-Tantra, soweit er mit sexuellen Methoden zu tun hat, näher ansehen. Du wirst erkennen, dass wir einen Zusammenhang mit den Dingen herstellen, die wir bereits in den Haupt-Lektionen diskutiert haben. Wir haben uns dort schon in Lektion 54, „Kundalini - ein Synonym für Sex", eingehend mit der Kundalini befasst und begonnen, sexuelle Energie mit wichtigen fortgeschrittenen Yoga-Übungen wie Mulabandha, Sambhavi, Siddhasana und Yoni Mudra Kumbhaka aufwärts in unser Nervensystem hinein in Bewegung zu setzen. All das wurde in die Routine des zweimal täglichen Praktizierens eingebaut. Es soll aber immer nur schrittweise – unseren eigenen Fähigkeiten und Möglichkeiten entsprechend – in Angriff genommen werden.

Alles, was wir bisher getan haben, ging von der Wurzel aus nach oben, oberhalb von Siddhasana, der systematischen Stimulation am Perineum. Nun gehen wir sozusagen noch tiefer als Siddhasana. Das ist notwendig. Denn wenn wir die riesigen Prana-Ströme, die den Sexualakt ausmachen, nicht in den Griff bekommen, werden wir vielleicht feststellen müssen, dass das, was wir spirituell in unserem Nervensystem erreichen können, seine Grenzen hat. Das heißt nicht, dass wir uns an das gefürchtete Wort mit „Z" (Zölibat) halten müssen. Es heißt nur, dass wir einige intelligente Methoden in Betracht ziehen, die uns helfen, unsere sexuellen Aktivitäten mehr in Übereinstimmung mit unseren spirituellen Zielen zu bringen. In der Tat wirst du vielleicht erstaunt sein zu entdecken, dass intelligenter spiritueller Sex sehr viel vergnüglicher sein kann als nullachtfünfzehn Sex, der manchmal mit den Worten: „Wham, bam, danke Ma'am." charakterisiert wird.

Also hinein ins Getümmel.

Der Guru ist in dir.

Lektion T2 – Meditation, Bhakti und tantrischer Sex

Es war kein Zufall, dass wir schon damals in den ersten Lektionen der Fortgeschrittenen Yoga Übungen damit begonnen haben, das Verlangen und Meditation zu erörtern. Wir haben unser Verlangen so fokussiert, dass wir mit der Meditation anfingen. Der Prozess, in der Meditation tief in das Glückseligkeitsbewusstsein einzutauchen, führt zu stiller Bewusstheit und einer instinktiven Bestätigung in unserem Nervensystem. Diese Bestätigung wird verstärkt durch vermehrtes Wissen, dem wir begegnen. Dadurch bekommen wir mehr Verlangen für das Göttliche, was uns wiederum zu vermehrtem Üben führt. Dieses aufsteigende Verlangen nach göttlichen Erfahrungen wird „Bhakti" genannt. Bhakti ist ein Produkt unseres Verlangens und der Reinigung, die in unserem Nervensystem auftritt. Und was uns betrifft, ist das vorsätzlich: Wir gelangen zu göttlichem Verlangen aufgrund unserer eigenen Entscheidung. Mit den täglichen Übungen nimmt Bhakti spiralförmig zu und drängt uns weiter zu immer höheren Ebenen der Yoga-Praxis und göttlicher Erfahrung.

Was hat das alles mit tantrischem Sex zu tun?

Wenn wir uns als Anfänger beginnen, mit tantrischem Sex zu beschäftigen, weil wir einfach nach einer besseren Art von Sex suchen, wird das, wenn es gut läuft, auch alles sein, was wir bekommen: etwas besserer Sex – ein kurzlebiger Sieg. Wenn wir zum tantrischen Sex auf Wogen von Bhakti, hervorgebracht durch unsere tägliche Routine mit fortgeschrittenen Yoga-Übungen, kommen, ist das ein ganz anderes Paar Stiefel. Dann sind wir mit anhaltender göttlicher Ekstase angefüllt. Deshalb lautet die erste Empfehlung zum tantrischen Sex, dass man darunter zuerst einmal ein starkes Fundament mit täglicher Meditation, Pranayama und anderen fortgeschrittenen Yoga-Techniken baut. Dann wird tantrischer Sex ganz natürlich hervorkommen und ein wirkliches spirituelles Potential haben, noch bevor wir damit beginnen, ihn zu praktizieren.

Genau dasselbe war es, als wir damit begonnen haben, fortgeschrittene Yoga-Techniken wie Mulabandha und Siddhasana, beide zur Aufwärtsstimulierung sexueller Energie in unserem Nervensystem, aufzunehmen. Hätten wir zuerst mit Mulabandha und Siddhasana angefangen, noch bevor wir meditierten und Pranayama übten, hätten wir sozusagen versucht, Energie durch großteils verstopfte Kanäle nach oben zu senden: Das hätte die Möglichkeiten eines positiven Erfolges sehr eingeschränkt. Es ist besser, zuerst etwas das Haus zu reinigen und damit täglich fortzufahren, bevor wir beginnen, sexuelle Energie nach oben in höhere Regionen unseres Nervensystems zu bewegen. Dasselbe hat seine Gültigkeit, wenn wir mit tantrischem Sex beginnen.

Wie wissen wir, dass wir bereit sind für die tantrischen Sexualtechniken? Das ist sehr einfach. Wir werden etwas mit unserem Sexualleben anfangen wollen, das uns aufbaut. Das wird für uns wichtig. Je mehr wir das wollen, desto besser ist es. Das Niveau von Bhakti in uns ist leicht zu fühlen und auch für andere leicht wahrnehmbar. Das kommt automatisch, sobald sich unser Nervensystem als Ergebnis unserer fortgeschrittenen Yoga-Übungen reinigt. Es ist eine Art von Magnetismus, der aufsteigt und uns zu einem „Mehr" drängt. Es ist aber ein starkes Rufen nötig, damit wir in eine neue, spirituell orientierte Sexualität gedrängt werden, weil wir dazu etwas Radikales tun müssen. Wir brauchen ein radikales Verlangen, damit wir tantrischen Sex in Angriff nehmen. Wir lassen uns auf eine Reise ein, die das Ziel hat, den Lauf eines mächtigen Stromes zu verändern. Beim tantrischen Sex lernen wir, uns mit dem Zweck, sexuelle Energie zum Aufwärtsfließen zu bringen, sexuell zu betätigen und unsere tief verwurzelte Obsession für den Orgasmus hintanzustellen: Spirituelle Kultivierung der sexuellen Energie zuerst, dann erst der Orgasmus. Das ist eine große Veränderung in unseren Zielsetzungen. Wenn unser Bhakti stark ist, sind wir in der Lage, unser sexuelles Wirken in eine Betriebsart der Kultivierung zu erweitern, genauso wie wir unsere durch Siddhasana entstandene Erregung im Laufe der Zeit zu einer viel höheren Wirkungsweise erziehen. Ähnlich geht das beim tantrischen Sex zu: Es ist ein stufenweises, längere Zeit in Anspruch nehmendes Selbsterziehen. Tantrischer Sex ist keine Fähigkeit, die sich über Nacht einstellt. Es ist eine Entwicklung, die sich mit der Zeit ergibt – über viele Monate und Jahre hinweg. Wird unser Bhakti stärker, geschieht es. Das muss es auch, damit wir unsere Reise zur Erleuchtung zu Ende bringen können.

Die sexuelle Reise durch Yoga ist nicht für jeden gleich. Sie ist so verschieden für jeden von uns, wie es unsere sexuellen Neigungen sind.

Für all jene, die ein dezentes oder maßvolles Sexualleben führen, besteht keine große Notwendigkeit, yogische Methoden in ihre sexuellen Beziehungen einzuführen, obwohl das Erlernen des tantrischen Sex sicherlich das Liebesleben wie auch die anderen der fortgeschrittenen Yoga-Übungen bereichern wird. Gelegentlicher Sex ist kein großes

Hindernis für die Erleuchtung. Die traditionellen Methoden von Yoga (Rechte-Hand-Tantra), die in den Haupt-Lektionen erörtert werden, reichen locker aus, diese zu erreichen.

Für diejenigen, die sexuell sehr aktiv sind, ist das eine andere Sache. Obwohl der Prana-Speicher im Becken riesig ist, gibt es eine Grenze, bis zu der man Energie verausgaben kann und trotzdem noch spirituell schwingt. Das betrifft vor allem den Mann. Bei ihm fließt während eines Orgasmus mit der Samenejakulation viel Prana ab. Etwas trifft das zwar auch auf die Frau zu, aber nicht annähernd in ähnlichem Ausmaß. Es ist der Mann, der den Schlüssel zu tantrischem Sex in Händen hält, denn er erfährt im Orgasmus den größten Verlust an Prana. Deshalb ist es auch er, der die Dauer der sexuellen Vereinigung bestimmt und damit auch das Ausmaß der Kultivierung sexueller Energie, zu dem es während des Liebesspiels kommen kann. Auch wenn das Verlangen (d.h. das Bhakti) der Frau überfließt, sexuelle Energie in sich und ihrem Partner höher und höher zu bringen, ist es das Bhakti des Mannes, das darüber entscheidet, inwieweit das bei der sexuellen Vereinigung erreicht werden kann. Deshalb unterscheiden sich die Rollen des Mannes und der Frau beim tantrischem Sex etwas. In einem anderen Sinne aber sind ihre Rollen auch dieselben. Damit es zu tantrischem Sex kommen kann, müssen sowohl der Mann als auch die Frau darum bemüht sein, die Ejakulation des Mannes intelligent zu steuern. Das hat seine Berechtigung in den Anfangsstadien des tantrischen Sex und bleibt auch danach für einige Zeit unabdingbar.

Mit der Zeit und der Übung wird der Mann Herr seines Samens und ist nicht länger von der Hilfe seiner Partnerin für die Kontrolle seiner Ejakulation abhängig. Ist dieses Niveau der Fertigkeit einmal erreicht, sind beide Partner frei, die sexuelle Energie fast unendlich zu kultivieren – was, wenn du so willst, mit einem anhaltenden Super-Siddhasana gleichzusetzen ist. Wir haben alle schon Werke asiatischer bildender Kunst mit tantrisch Liebenden in Vereinigung gesehen, die Musikinstrumente spielen, Gedichte lesen, meditieren oder zu langen Liebesgesprächen beisammen sind. Das ist nicht das, was wir im Westen gewöhnlich unter Sex – auch nicht tantrischem Sex – verstehen. Trotzdem ist es das, was wirklicher tantrischer Sex ist – lange Kultivierung von sexueller Energie im Liebesspiel vor dem Orgasmus.

Es ist noch wichtig einige Dinge anzusprechen.

Erstens ist es nicht gut, tantrischen Sex als Selbstzweck zu betreiben. Tantrischer Sex ist keine für sich alleine dastehende Yoga-Praxis. Alleine für sich ist tantrischer Sex eine schwache Übung zur globalen Reinigung des Nervensystems. Meditation und Pranayama sind die erstrangigen Instrumente für diese Aufgabe. Ist etwas Reinigung erreicht, sind es traditionellerweise Bandhas, Mudras, Siddhasana und Kumbhaka, die sehr nützlich zur weiteren Aufwärtsstimulierung der sexuellen Energie sind. Das führt zu einer Erhöhung der ekstatischen Leitfähigkeit in der Sushumna (Wirbelsäulennerv) und den Tausenden von Nerven im Körper. Tantrischer Sex kann dabei eine Rolle spielen – besonders für diejenigen Yogis und Yoginis, die sexuell aktiver sind. Es ist etwas, das wir zur Verbesserung unseres Yogas tun können, wenn wir bereits sexuell aktiv sind. Diese Erörterung hat also nicht zum Zweck, jede(n) Yogi(ni) aufzurufen, mehr Sex – nur auf tantrische Art – zu haben. Bist du nur gering bis gemäßigt sexuell aktiv und glücklich mit deinen fortgeschrittenen Yoga-Übungen, bist du sehr gut heraus. Lass dich nicht zu sexuellen Eskapaden anstacheln, nur weil es diese Lektionen gibt. Diese Lektionen zu tantrischem Sex sind für Leute, die bereits sexuell aktiv sind und nach Wegen suchen, ihre sexuelle Aktivität in ihr allgemeines Spektrum von Yoga-Übungen einzupassen.

Zweitens mag es einigen als eine schlechte Idee erscheinen, dass wir, während wir die Fähigkeit entwickeln, die sexuelle Energie unendlich nach oben zu kultivieren, den Orgasmus etwas außen vor lassen. Es mag scheinen, dass wir hier das Kind mit dem Bade ausschütten. Schließlich ist der Orgasmus das uns am tiefsten ergreifende Vergnügen, das wir bisher in unserem Leben kennen gelernt haben. Das ist ein normales und berechtigtes Bedenken und es ist richtig, wenn wir fragen:

„Wie steht es um den Orgasmus, was passiert mit ihm?"

In diesen Lektionen geht es nicht um Anti-Orgasmus. In Wirklichkeit ist der Pfad der fortgeschrittenen Yoga-Übungen ein Pfad des Vergnügens, ein Pfad der Ekstase. Der Orgasmus ist eine ekstatische Reaktion des Körpers, die durch eine bestimmte Art der Stimulation – einer sexuellen Stimulation, die biologisch orientiert ist und der Fortpflanzung dient – ausgelöst wird. Der Zustand im Nervensystem, den wir Erleuchtung nennen, ist ebenfalls eine ekstatische Reaktion im Körper, die durch eine bestimmte Art der Stimulation ausgelöst wird – Stimulation durch fortgeschrittene Yoga-Übungen, die auf biologischer Ebene darauf abzielt, unser Gewahrwerden im unendlichen, reinen Glückseligkeitsbewusstsein und in göttlicher Ekstase hervorzubringen.

Geschieht die Erleuchtung auf Kosten des Orgasmus? Nein, Erleuchtung ist eine Blüte des Orgasmus, eine Ausdehnung des Orgasmus in eine endlose, volle Blütenpracht im ganzen Körper.

Ramakrishna sagte, dass göttliche Ekstase vergleichbar ist mit unzähligen Yonis (weiblichen Geschlechtsorganen) in fortwährendem Orgasmus in jedem Atom und jeder Pore unseres Körpers.

Obwohl es zu Beginn also scheinen mag, als würden wir etwas Wichtiges irgendwo im Hintergrund des Regals abstellen, dehnen wir durch die Reinigung und Öffnung unseres Nervensystems mit den fortgeschrittenen Yoga-Übungen in Wirklichkeit schrittweise unsere orgiastische Reaktionsfähigkeit in kosmische Gefilde aus. Dort erkennen wir, dass Ekstase hinsichtlich Größe und Dauer unbegrenzt ist. Es ist nur eine Frage der Kultivierung unseres Nervensystems, damit wir offenbaren können, was bereits vorhanden ist.

All das erreichen wir durch unser Verlangen. Jeden Tag wählen wir unseren Weg aufs Neue.

Gut, befassen wir uns also mit den Besonderheiten des tantrischen Sex.

Der Guru ist in dir.

Lektion T4 – Die Rückhaltemethode – Eine Himmelsleiter

Wie sieht der perfekte Geschlechtsverkehr aus? Gibt es so etwas überhaupt? Das ist vergleichbar mit der Frage: „Was ist Erleuchtung?“ Vielleicht sind sie auch dasselbe. Was immer sie am Ende sein mögen, wir müssen dort anfangen, wo wir uns gerade befinden. Es gibt einen Prozess, auf den wir uns einlassen können, eine Reise. Glauben wir, dass es da noch ein Mehr gibt, können wir dort beginnen, wo wir uns gerade befinden und uns vorwärts bewegen. Ein anhaltendes Verlangen ist aber Voraussetzung für die Vollendung der Reise.

Eine sexuelle Beziehung hat so viele Facetten. Verträglichkeit ist sehr wichtig. Kommen wir miteinander aus? Sind wir zusammen „gut im Bett“? Es gibt viele Schattierungen persönlicher Vorlieben und Stile, die wir versuchen mit unserer Zuneigung in Einklang zu bringen. Bin ich attraktiv? Ist er/sie attraktiv? Ist das Flirten richtig? Ist das Vorspiel gut? Ist der Platz für den sexuellen Verkehr geeignet – das Schlafzimmer, der Keller, der Küchentisch?

In diesen Lektionen werden wir uns mit solchen Dingen nur wenig beschäftigen. Sie sind sicher wichtig. Doch worauf wir uns hier konzentrieren wollen, ist der Geschlechtsakt selbst – vor allem, welche Auswirkung die sexuelle Stimulation auf das Prana (sexuelle Energie) hat und was wir tun können, damit wir diese Stimulation zu einem Teil unserer Yoga-Übungen machen. Offensichtlich wird vieles davon klarer, wenn wir die Frage: „Was will ich vom Sex?“ beantworten. Lautet die Antwort: „Mehr als genitalen Orgasmus“, dann sind wir reif für das Experimentieren mit tantrischen Sexualmethoden.

Die Methoden sind ziemlich einfach. Es geht bei ihnen darum, wie man die sexuelle Erregung und den Orgasmus steuert. Und es geht um das Verlegen des männlichen Rohrs. Etwas sehr Alltägliches, wenn du darüber nachdenkst. Aber wir bringen so viel Gepäck mit uns ins Bett, du weißt – unsere Sexbesessenheit. Und das kann es etwas kompliziert machen. Doch es muss nicht kompliziert sein.

Wir haben Zwangsvorstellungen, starke emotionale Bindungen in Bezug auf Sex. Erinnern wir uns daran, dass wir zu einem höheren Zweck ins Bett kommen, wenn wir Sex haben, und wir wollen unser Bhakti zur Lenkung unserer sexuellen Besessenheit in Richtung dieses Zwecks nutzen. Ein bisschen Bhakti kann uns da ein ganz schönes Stück weiterbringen.

Ein wichtiger Teil dieses höheren Zwecks ist es, sich daran zu erinnern, dass es beim tantrischen Sex um die Bedürfnisse unseres Partners geht. Wenn sich das beide Partner zu Herzen nehmen, dann wird tantrischer Sex wie jeder andere Sex oder jede Beziehung ein großer Erfolg sein. Es ist wie ein buddhistischer Koan, ein unlösbares Rätsel. Wenn sich beide Partner darum bemühen, dem anderen zu dienen, wem wird dadurch geholfen? Ist man über die persönlichen Bedürfnisse hinausgekommen, wessen Bedürfnisse werden dann erfüllt?

Natürlich ist das 100%ige Dienen unseres Partners ein Ideal, ein Ziel, das schrittweise über einen langen Zeitraum hinweg erfüllt werden muss. Lass deine Aufmerksamkeit von Zeit zu Zeit locker dorthin wandern, wenn du mit sexueller Liebe beschäftigt bist. Das bewirkt schon etwas. Kommst du mit ernsten Absichten zum tantrischen Sex, hattest du das vielleicht schon im Hinterkopf – dass es darum geht, deinen Partner zu ehren und ihn mit göttlicher Ekstase zu erfüllen. Nimm das also als Bestätigung für das auf, was du bereits instinktiv weißt. Beim tantrischen Sex geht es um deinen Partner. Natürlich werden nicht immer beide Partner für den anderen gleich viel Rücksicht aufbringen. Das ist in Ordnung. Wenn man gibt, verlangt man keine Gegenleistung in gleicher Höhe. Der Liebesakt ist keine Geschäftsabwicklung. Der Liebesakt ist Liebe „machen“. Wir machen Liebe durch Geben, indem wir für jemand anderes anstatt für uns selbst etwas tun und keine Gegenleistung dafür erwarten. Das ist es, worum es bei der Liebe geht. Es geht nicht notwendigerweise um eine Verpflichtung für die gesamte Lebenszeit. Es geht nicht um die Zukunft oder die Vergangenheit. Es geht nur um das Dienen im jetzigen Augenblick.

Manchmal bedeutet Liebe-Machen auch „Nein“ zu sagen. Lieben heißt nicht, dass man sich für jeden Wunsch, den unser Partner haben mag, überschlägt, besonders, wenn es sich um einen destruktiven Wunsch handelt. Unter diesen Umständen „Nein“ zu sagen, heißt auch zu lieben. Liebe ist kein Schwächling. Liebe ist weise. Liebe ist stark. Liebe strahlt Frieden und Licht zu allen Menschen aus. Das ist ein wichtiger Bestandteil dessen, was wir im tantrischen Sex kultivieren wollen und es wird sich ganz natürlich mit unseren Fortschritten einstellen.

Dies sind also die Grundbausteine:

- Das Verständnis, dass es beim tantrischen Sex um die Kultivierung der sexuellen Energie in unserem Nervensystem nach oben geht,
- dass fortgeschrittene Yoga-Techniken für die notwendige Reinigung in unserem Nervensystem sorgen,
- dass wir nach mehr als genitalem Orgasmus aus sind und dass wir für unseren Partner da sind.

Dann wollen wir jetzt über die **Rückhaltemethode** sprechen.

In diesen Lektionen bezeichnen wir das männliche Geschlechtsorgan mit „Lingam“ und das weibliche mit „Yoni“. Das sind die traditionellen, im Tantra für das männliche und weibliche Zeugungsorgan verwandten Sanskrit-Ausdrücke, und sie haben Bezug auf das ganze Spektrum der ekstatischen Vereinigung – von der körperlichen bis zur höchsten spirituellen.

Die Rückhaltemethode kann am einfachsten durchgeführt werden, wenn der Mann sich oben und die Frau sich unten befindet. Sobald die Partner mit den Prinzipien vertraut geworden sind, gelingt sie auch in anderen Positionen. Am schwierigsten zu meistern ist sie allerdings, wenn die Frau oben ist, wie noch ersichtlich werden wird.

Haben ein Mann und eine Frau Geschlechtsverkehr, beinhaltet die Rückhaltemethode genau das, was die Worte ausdrücken: ein Sich-Zurückhalten. Der Mann ist dafür verantwortlich. Er macht es vor seinem Orgasmus und am besten nicht zu kurz vor seinem Orgasmus. Die Idee dabei ist nicht, an den Rand es Orgasmus zu kommen und dann zurückzuhalten. Das kann dann schon zu spät sein und der Mann ist dann bis zum nächsten Mal außer Betrieb gesetzt. Zweifellos wird sich dies so manchmal ereignen. Aber das ist in Ordnung. Wir werden in den nächsten Lektionen eine andere Methode erörtern, die hilft, das zu vermeiden. Vorerst wollen wir mit der Rückhaltemethode weitermachen.

Geschlechtsverkehr ist stimulierendes Stoßen, nicht wahr? Das ist die natürliche Art des Ablaufs, bis der Mann einen Orgasmus hat. Vielleicht hat die Frau zuerst einen Orgasmus, vielleicht nicht. Aber wenn der Mann einen Orgasmus hat, ist es vorbei, zumindest für eine Weile. Er kommt vielleicht bald in einen Zustand der halben Erholung zurück, versucht dann seine Liebhaberin zu befriedigen und verliert dabei vielleicht noch mehr Samen. Sie findet möglicherweise ein bisschen Befriedigung. Doch er hat einen hohen Preis gezahlt – pranisch gesprochen. Wenn das eine lange Zeit täglich so weitergeht, werden die Fortschritte des Mannes in seiner Yoga-Praxis darunter leiden. Auch dem Fortschritt der Frau im Yoga wird dadurch kein großer Dienst erwiesen. Kommt das nur einmal die Woche oder noch weniger häufig vor, ist dies kein so großes Problem. Aber auch diejenigen, die nur gelegentlichen Sex haben, werden sehen, dass sich ihr Fortschritt im Yoga beschleunigt, wenn sie über die Methoden des tantrischen Sex Bescheid wissen.

Durch die Meisterung der Rückhaltemethode ändert man die Dynamik dieses althergekommenen Sexstils und führt eine neue Dynamik mit vielen Vorteilen ein.

Bei der Rückhaltemethode tritt der Lingam für eine Anzahl von Stößen in die Yoni ein und zieht sich dann zum Verweilen in den Bereich der Yoni-Öffnung zurück. Die Anzahl der Stöße hängt vom jeweilig Ausführenden ab, aber es wird empfohlen, dass man damit weit vor dem Orgasmus aufhört. Unter der Voraussetzung, dass es ein langer Geschlechtsverkehr werden soll, ist zu Beginn ein früheres Zurückhalten besser als ein späteres, weil anfangs das Stehvermögen bei den meisten Männern noch sehr gering ist. Befindet sich der Lingam in der Rückhalteposition, ist einiges im Gange. Erstens wird das Stehvermögen des Mannes, vor dem Orgasmus zu bleiben, gestärkt und das Stehvermögen wird zu einer höheren Ebene aufgeladen, als es vor dem vorherigen Eintritt in die Yoni der Fall war. Zweitens ist die Frau in einer Erwartungshaltung, und das ist für sie sexuell erregend. Sie weiß nicht, wann der Lingam in sie zurückkommt, und dieses Vorgefühl wird ihre Erregung steigern. Zur Erhöhung der Erwartungshaltung und Erregung der Frau kann sie der Mann mit der Spitze seines Lingam ein wenig necken, ohne seinen eigenen Orgasmus zu riskieren. Er kann in die Yoni gerade ein bisschen eindringen und dann wieder zurückziehen. Oder er kann auch die Yoni überhaupt nicht mit seinem Lingam berühren und dann ganz unvermittelt, wenn sie es am wenigsten erwartet … Gut, benutze deine eigene Phantasie. Ein versierter Tantriker wird niemals zweimal hintereinander dasselbe Stoßmuster und Halten-in-Wartestellung anwenden. Es gibt eine Vielzahl von Wegen, das Spiel zu spielen.

Ich werde dir nicht sagen, wie du dieses Spiel spielen sollst. Wir sind auf die Prinzipien der Praktiken aus, die sich der natürlichen Fähigkeit unseres Nervensystems bedienen, um das Niveau ekstatischer Energie im Körper immer weiter anheben.

Das Wichtigste bei der Anwendung der Rückhaltemethode beim Mann ist, den Lingam rechtzeitig herauszuziehen und sich genügend Zeit zu lassen, damit er sich wieder auflädt und sein Stehvermögen erhöht. Am Anfang bedeutet dies, sich eine Zeit lang außerhalb der Yoni zu entspannen und nicht zu schnell wieder zurückzueilen, sobald der Lingam für ein paar Sekunden draußen war. Zu Beginn dreht sich beim Mann alles um die Entwicklung von Stehvermögen, und das erreicht er dadurch, dass er in der Yoni vororgasmisch stößt und wieder und immer wieder vor der Yoni pausiert. Diese Vorgehensweise kann das Spielgeschehen der sexuellen Beziehung zwischen dem Mann und der Frau sofort ausgleichen.

Jeder weiß, dass die Frau dem Mann beim Geschlechtsverkehr überlegen ist und in anderen Dingen auch. Die Natur hat sie so geschaffen, dass sie in sexuellen Beziehungen biologisch überlegen ist. Das Überleben der menschlichen Rasse hängt davon ab. Sie wird den Samen haben, was auch immer sein mag. Sie muss sich nicht einmal darum bemühen. Ihre Schönheit ruft den Samen des Mannes in Sichtweite. Ihre Kurven, ihre Lippen, ihre Augen, alles fordert den Samen heraus.

Vor hunderten von Jahren hat der große Erneuerer des Yoga in Indien, Shankara, gesagt: „Sogar der größte Yogi kann nicht in die Augen einer schönen Frau blicken, ohne dass sein Samen zu hüpfen beginnt."

Mit der Beherrschung der Rückhaltemethode können wir sowohl zum Vorteil des Mannes als auch zu dem der Frau die sexuelle Beziehung ausgleichen. Mit der Zeit wird das Stehvermögen des Mannes sehr groß, und das schon zu Beginn eines sexuellen Stelldicheins. In seiner sexuellen Biologie zeichnet sich als Ergebnis der Anwendung der Rückhaltemethode schrittweise eine Veränderung ab. Das bringt beiden Partnern beim Sexualakt Freiheit und löst die Herausforderung der Sexualität, auf die Shankara hingewiesen hat, auf.

Machen wir mit der Rückhaltemethode Fortschritte, entdecken wir, dass wir in unseren sexuellen Beziehungen einen neuen Pfad beschreiten. Das beinhaltet längeren Sex – eine Gnade für beide, den Mann und die Frau. Aber mit der Rückhaltemethode bekommen wir viel mehr als zeitliche Länge. Wir gewinnen an Höhe und das ist der bedeutendste Lohn.

Was meinen wir mit Höhe? Wenn der Mann durch Zyklen von abwechselndem Stoßen und Rückhalten geht, klettert er eine Treppe zunehmender Ekstase hoch. Natürlich ist auch die Frau in diesem Prozess nicht träge. Sie ist auf jedem Abschnitt des Weges aktiv – sie schmeichelt ihrem Mann, wenn er in ihr ist und wird jedes Mal, wenn er vor ihrem Eingang verweilt, durch Erwartung mehr erregt. Zuerst kommt die Stimulation und dann eine Pause, mehr Stimulation und wieder eine Pause und so weiter. Mit jedem Zyklus steigert sich die Wonne. Die Essenzen von Liebe, d.h. sexueller Energie, steigen hoch und durchdringen beim Liebesakt die Körper der beiden. Zusammen erklimmen sie die Leiter der Ekstase, die aus den wiederholten Zyklen von Stimulation und Pausieren entsteht. Dies ist eine Himmelsleiter.

Die Rückhaltemethode wird auch die Methode des „Tal-Orgasmus" genannt. Die Partner klettern eine Bergwand der Stimulation dem genitalen Orgasmus entgegen hoch. Dann, kurz bevor sie dort ankommen, pausieren sie und tauchen langsam in ein Tal des Vergnügens, dessen Niveau höher liegt als ihr Anfangsniveau. Dann tauchen sie auf und bewegen sich wieder mit Stimulation in Richtung genitalen Orgasmus, halten an, bevor sie dort ankommen, tauchen wieder hinunter in ein Tal von Wonne, das wiederum höher liegt als das vorherige. Das tun sie dann wieder und wieder und immer wieder. Die Berge und Täler liegen immer höher und höher. Am Ende sind die Liebenden durchdrungen von sexuellen Essenzen und befinden sich in einem Glückseligkeitszustand, der dem der tiefen Meditation ähnelt.

So werden Liebesbeziehungen in Yoga-Praxis verwandelt.

Dies ist ein Überblick über die Rückhaltemethode. Das ist keine Übung, die du eine bestimmte Anzahl von Minuten zweimal am Tag machen sollst. Es ist etwas, was du in deinem normalen Sexualleben, wie immer das aussehen mag, anwendest. Vielleicht hast du gar nicht so viel Interesse an Sex. Dann brauchst du von dem hier auch nichts. Das ist für diejenigen gedacht, die es wirklich brauchen und soll keine Werbung für mehr Sex sein. Was wir unterstützen wollen, ist die Anwendung von mehr fortgeschrittenen Yoga-Übungen. Tantrischer Sex ist nur ein Aspekt einer wachsenden Anzahl von Hilfsmitteln, die uns zur Verfügung stehen, um damit unser Nervensystem zu höheren Erfahrungen des Göttlichen in uns öffnen und reinigen zu können.

Im Folgenden werden wir zunächst darüber sprechen, wie man den männlichen Orgasmus besser in den Griff bekommt. Es ist eher unwahrscheinlich, dass für den Mann die Kenntnis der Rückhaltemethode alleine ausreicht, den Orgasmus von Anfang an hinauszuzögern, auch wenn sein Verlangen danach groß ist. Es ist keine einfache Sache, darüber Herrschaft zu erlangen. Ein wenig spezielles Training unter eigener Regie ist dazu noch nötig.

Mehr Hilfe ist deshalb schon unterwegs.

Der Guru ist in dir.

Lektion T5 – Das Blockieren der männlichen Ejakulation – Anbringen von Stützrädern

In der letzten Lektion sprachen wir über die Rückhaltemethode. Das ist ziemlich unkompliziert. Die Sache hat nur einen Haken. Viele Männer haben wenig oder gar keine Kontrolle über ihren Orgasmus. Und in der Hitze des Gefechts wollen sie überhaupt keine Kontrolle darüber haben. Der Samen will hinaus und damit hat es sich. Sex ist ein wahnsinniges Hetzen danach und alles andere scheint in dem Augenblick unwichtig.

Wie lösen wir also dieses Problem? Der Schlüssel liegt darin, die Gewohnheit in der inneren Orgasmusneurologie zu verändern. Wir erreichen dies, indem wir die männliche Neurologie damit vertraut machen, in einer anderen Weise auf der Straße der Stimulation zu wandern. Tun wir dies, stoßen wir auf eine andere Erfahrung von Lust, die Erfahrung von göttlicher Ekstase, die aus dem Nervensystem hochkommt. Mit der Zeit wird die göttliche Ekstase bezaubernder als das Zucken und Taumeln des genitalen Orgasmus und das wird zur Motivation, mehr Zeit in der Gewohnheit vororgasmischer Stimulation zu verbringen. Dann haben wir die Wahl – vororgasmischer tantrischer Sex oder genitaler Orgasmus. Vielleicht wollen wir bei einer einzelnen Zusammenkunft beides haben, indem wir uns lange mit dem ersteren aufhalten und schließlich mit dem letzteren enden – ab und zu einmal, warum nicht? Das ist eine Art von Studieren mit unmittelbar darauf folgendem Probieren. Natürlich, wenn wir das zu oft machen (vielleicht mehr als alle ein bis zwei Wochen), dann wird das Probieren unser Yoga aufessen.

Im Prinzip kann die Rückhaltemethode alleine als Training für den Mann ausreichen. Wir werden über die sich entwickelnde Rolle der Frau beim tantrischen Sex in der nächsten Lektion sprechen. Sie ist offensichtlich sehr wichtig. Aber zuerst müssen wir ihr einen motivierten tantrischen Mann an die Seite geben. Ist der nicht vorhanden, wird da nicht viel mit tantrischem Sex los sein. Deshalb konzentrieren wir uns zuerst auf die Rolle des Mannes.

Ist die Rückhaltemethode für das Training der orgasmischen Reaktion des Mannes ausreichend? Vielleicht ist sie das für einige, besonders, wenn sie erfahren sind und sich bereits eingehend um die Ausdehnung der Zeit vor ihrem Orgasmus bemüht haben. Aber für viele wird die Rückhaltemethode nicht ausreichend sein.

Wir wollen nun über das Blockieren der männlichen Ejakulation sprechen. Das ist eine alte tantrische Technik mit einer langen Erfolgsgeschichte. Diese ist auch einfach zu bewerkstelligen.

Ist der Orgasmus auf dem Weg durchzubrechen, setzt der Mann einen oder zwei Finger (i.d.R. den Zeige- und/oder Mittelfinger) an das Perineum, drückt nach innen und nach vorn gegen das Schambein und blockiert die Harnröhre, durch die der Samen kommt. Zum Orgasmus kommt es immer noch, aber der Samen wird davon abgehalten, den Körper zu verlassen. Hört der Mann zu früh damit auf, kann der Samen immer noch entweichen. Wenn er die Abriegelung für ein oder zwei Minuten aufrecht erhält und dann ablässt, wird der Samen wieder aufgesaugt und nichts entweicht.

Das Blockieren kann durch ein Greifen zum Perineum sowohl von vorn als auch von hinten geschehen. Beim tantrischen Sex mit einem Partner kann der Mann von hinten greifen und die Ejakulation abblocken, wenn ihm die Sache entglitten und er mit der Stimulation zu weit gegangen ist. Er hat trotzdem einen Orgasmus und wird für eine Weile für den Sex außer Gefecht gesetzt sein. Aber er hat verhindert, dass er mit dem Orgasmus seinen Samen verloren hat.

Neben dem Mechanismus, einen Samenabfluss vom Körper zu unterbinden, bietet die Blockierungsmethode noch verschiedene andere Aspekte, die auch mit der Schulung der orgasmischen Reaktion des Mannes zu tun haben.

Erstens ist ein Orgasmus mit einer abgeblockten Ejakulation nicht annähernd so gefühlsstark wie einer mit einem freien Fluss des Samens. Wenn das Bhakti eines Mannes ihn dahin bringt, die meisten seiner Ejakulationen abzublocken, wird es auch eine allmähliche Verschiebung in seiner Motivation vom Habenwollen des Orgasmus hin zum Anhaltenwollen davor geben. Deshalb bietet das Blockieren (neben dem Anhalten des Samens, bevor er den Körper verlässt) einen Anreiz für den Mann, vor dem Orgasmus zu verharren. Warum sollte man bis dahin gehen, wenn es ohnehin weniger angenehm als mit dem vororgasmischen Sex und dem Erklimmen der Himmelsleiter mit unserer Geliebten ist.

Zweitens ist mit dem oben Gesagten klar, dass das Blockieren nicht etwas ist, was für immer gebraucht wird. Es ist ein fakultatives und nur zeitweilig einzusetzendes Mittel – vergleichbar mit Stützrädern am Fahrrad. Bist du nicht froh, das zu hören? Fahrräder mit Stützrädern machen überhaupt nicht viel Spaß. Wir wollen sie so bald wie möglich wieder loshaben. Damit haben wir einen zusätzlichen Anreiz, unsere orgasmische Reaktion zu schulen und unsere Abhängigkeit von den Stützrädern zu verringern. Sobald wir gelernt haben, lange Zeit im vororgasmischen Sex zu bleiben, werden wir das Blockieren nicht mehr sehr oft brauchen. Sind wir zu diesem Stadium gelangt, ist der Genitalorgasmus vielleicht nur nach ein oder zwei Stunden der Vereinigung ein Teil des Geschlechtsverkehrs, möglicherweise vergessen wir ihn auch ganz.

Den Orgasmus vergessen? Ja, die Erfahrungen im langen tantrischen Sex können so tiefgehend werden, dass wir den Orgasmus ganz vergessen können. Das ist vielleicht schwer zu glauben, aber es ist wahr. Tantrischer Sex kann extrem gut sein. Und zusätzlich ist es noch eine gute fortgeschrittene Yoga-Übung! Im Verlauf der Zeit wird die Bedeutung des genitalen Orgasmus verblassen und in den Hintergrund treten. Wir können ihn immer noch haben, wenn wir wollen, aber er wird uns umso weniger anziehen, je mehr sich unsere göttliche Ekstase über ihn hinaus ausweitet. Der Sex ist immer noch gut, aber auf eine andere Weise. Der Sexualverkehr wird zu einem Ausdruck unserer allumfassenden ansteigenden Erleuchtung, anstatt der zwanghaften Notwendigkeit, den er in der Vergangenheit darstellte.

Nun sollten wir auch noch einige Worte über die männliche Masturbation verlieren.

Wir haben erwähnt, dass das Blockieren von vorne oder von hinten durchgeführt werden kann. Wenn ein Mann masturbiert, kann das Blockieren von vorne her geschehen. Auf Grund der Tatsache, dass der gesamte über die Lebensspanne hinweg bei der Masturbation ausgestoßene Samen bei einem durchschnittlichen Mann um ein Vielfaches größer ist als das während des Geschlechtsverkehrs ausgestoßene Volumen, sollten wir wirklich darüber sprechen.

Durch Masturbation wird bei vielen Männern also der meiste Samen ausgestoßen. Deshalb ist die Masturbation eine sehr gute Gelegenheit, den männlichen Orgasmus zu trainieren. Es ist auch eine gute Zeit, das Äquivalent der Rückhaltemethode zu üben, indem man immer und immer wieder vor dem Orgasmus einhält und so das Stehvermögen dauerhaft auf ein hohes Niveau anhebt. Es ist ebenfalls eine gute Gelegenheit, das Blockieren zu üben, falls der Orgasmus kommt. Es sind also alle Elemente vorhanden: Stimulation, Pausen und falls nötig Blockieren. Nur der Partner fehlt. Interessanterweise ist das alles gar nicht so weit von dem entfernt, was wir in den traditionellen Methoden des Mulabandha, Siddhasana und anderen fortgeschrittenen Yoga-Übungen tun: die systematischen Stimulation unserer sexuellen Energie durch unser Nervensystem nach oben.

Ist also tantrisches Masturbieren eine Art von Yoga-Übung? Ja, das kann es sein – so lange es vororgasmisch bleibt. Es ist außerdem ein ideales Übungsfeld für den Mann, sich auf den tantrischen Sex mit der Partnerin vorzubereiten.

Nichts von dem hier Erwähnten soll eine unmäßige sexuelle Aktivität propagieren – oder mehr Masturbation, als bereits durchgeführt wird. Es soll nur ein Bewusstsein für tantrische Methoden schaffen, die in das, was wir bereits in unserem Sexualleben tun, einbezogen werden können. Wenn wir das auf intelligente Weise tun, können drastische Veränderungen in unseren sexuellen Erfahrungen erreicht werden, und das wird sich sehr positiv auf die anderen fortgeschrittenen Yoga-Übungen auswirken.

Der Guru ist in dir.

Lektion T7 – Die Rolle der Frau: Nichts weniger als „anbetungswürdige Göttin“

Nachdem nun der Mann die wichtigsten Mittel zur Verfügung hat, womit er sich eine „tragende Rolle“ in der tantrisch-sexuellen Beziehung erarbeiten kann, sprechen wir nun über die Rolle der Frau.

Die Frau ist alles beim tantrischen Sex – und im ganzen Leben. Sie ist die anbetungswürdige Göttin. Alles, was wir sehen, und alles, was wir tun, ist aus dem göttlich Weiblichen geboren. Deshalb wird sie in dieser Welt als „Mutter Natur“ bezeichnet. Es ist das göttlich Weibliche, das den männlichen Samen reinen Glückseligkeitsbewusstseins anzieht und alles manifestiert. Der Kosmos und alles in ihm ist aus IHR geboren.

Lassen sich ein Mann und eine Frau auf eine sexuelle Beziehung ein, ist das ein Mikrokosmos dieses großen kosmischen Prozesses. Beim tantrischen Sex mit versierten Partnern beginnt das als ein Mikrokosmos und steigert sich bis zur kosmischen Vereinigung des männlichen Samens mit der weiblichen Gebärmutter. Diese Vereinigung geschieht sowohl im Mann wie in der Frau. Dieses sich ausdehnende ekstatische Ereignis erfüllt sich im Inneren der beiden Partner, sobald sie gemeinsam am tantrischen Sex teilhaben und genauso, wenn jeder in seinem Meditationsraum sitzend seine fortgeschrittenen Yoga-Techniken ausführt. Diese Vereinigung von männlichen und weiblichen Energien gibt es in vielfältigen Formen. Sie zieht ihren Weg durch all unsere fortgeschrittenen Yoga-Übungen – Meditation, Wirbelsäulenatmung, Bandhas, Mudras, Asanas und so weiter. Bei allem im Yoga geht es um dieses spirituelle Vereinigen, das auf jeder Ebene unseres Nervensystems auftritt. Kommen also ein Mann und eine Frau zum tantrischen Sex zusammen, ist das der Beginn von etwas viel Größerem in ihnen beiden und reicht um vieles über die Körper, die auf dem Bett gegenwärtig sind, hinaus. Die Rolle des Mannes ist Samen, ob er ihn physisch gibt oder nicht. Gibt er ihn nicht physisch, wird er in beiden Partnern spirituell hochkultiviert.

Die Rolle der Frau ist die der himmlischen Göttin, des Blumengartens der Glückseligkeit. Sie fordert den Samen vom Mann ein. Kommt er nicht physisch, steigt er hoch und befruchtet beide Partner spirituell aus dem Inneren. Je mehr sie fordert, desto mehr Befruchtung wird sich daraus ergeben – wenn nicht physisch, dann spirituell. Sie ist die Inspiration sowohl für die körperliche wie auch für die spirituelle Befruchtung. Das ist das Eigentliche der weiblichen Rolle im tantrischen Sex. Sie ist die Versucherin für den physischen Samen und die Versucherin für den spirituellen Samen. Kommt der physische Same nicht, der spirituelle Samen wird kommen. Ihre liebliche göttliche Glückseligkeit und Wellen der Schönheit bringen den Samen hervor. Ist der Mann in der Lage, den physischen Samen zurückzuhalten, dann steigt der spirituelle Same sowohl im Mann als auch der Frau nach oben, und dies ist die innere Vereinigung der männlichen und weiblichen Energien in beiden tantrischen Partnern.

Beim tantrischen Sex geht es genau darum – um die Stimulierung der inneren göttlichen Vereinigung in beiden Partnern. Derselbe Zweck liegt auch allen anderen fortgeschrittenen Yoga-Übungen zugrunde. Haben sich beide Partner bereits täglich selbständig mit den fortgeschrittenen Yoga-Übungen beschäftigt, dann wird ihr Nervensystem bereits sehr stark gereinigt sein und tantrischer Sex ist sehr viel effektiver. Die sexuellen Essenzen steigen auf, durchdringen ihre Nervensysteme tief und die Erfahrung ist mit der tiefsten Meditation vergleichbar – reich an reiner Stille, ekstatischer Glückseligkeit und überfließender Liebe. Dies wirkt sich auch auf die täglichen Aktivitäten und die reguläre Routine der spirituellen Praxis aus. Tantrischer Sex kann also diese sehr positive und tiefe Wirkung auf das Leben haben. Für sexuell Aktive ist das der wunderbare Silberstreifen in der dunklen Wolke, mit der sexuelle Aktivität manchmal über dem spirituellen Leben hängen kann. Zum Erreichen eines so wundervollen Stadiums der sexuellen Beziehung ist allerdings Disziplin nötig. Wir haben über die Herausforderungen gesprochen, denen sich der Mann stellen muss, wenn er lernt, Meister seines Samens zu werden und welche Methoden er anwenden kann. Was kann nun die Frau tun, damit sie diese Entwicklung zu einer tantrisch-sexuellen Beziehung unterstützt?

Offensichtlich ist es ihre erste Aufgabe, den Prozess der Transformation hin zu einer tantrisch-sexuellen Beziehung zu verstehen. Sie muss also verstehen, dass dazu eine bewusste Veränderung in der orgasmischen Reaktion des Mannes nötig ist und dass sich diese Veränderung nicht über Nacht einstellt. Ihr Partner sieht das anfangs vielleicht nicht ein. Sie kann hier als eine Art Erzieherin fungieren. Bevor eine himmlische Göttin die Gelegenheit bekommt, eine tantrisch-sexuelle Beziehung zu leben, muss sie möglicherweise erst einmal eine Lehrmeisterin werden, eine tantrische Priesterin, wenn du so willst. Das kann sehr hilfreich für einen Mann sein, der versucht, seine eigene Sexualität zu verstehen. Aber sie kann nur so viel tun, denn er ist es, der die Herausforderung annehmen muss. Eine Tantrikerin kann nicht für den Mann die Rückhaltemethode ausführen. Es wird nicht funktionieren, wenn er nicht engagiert zum Vorteil beider Partner vorangeht. Ergreift die Frau bei der Rückhaltemethode die Initiative, führt das zu der gleichen Art sich höher schraubender Erregung im Mann, die sich bei der Frau einstellt, wenn der Mann die Führung übernimmt. Die Rückhaltemethode unter der Führung der Frau führt beim Mann nicht zu einer Erhöhung seines Stehvermögens – sogar zum Gegenteil. Doch wenn der Mann sich entschließt bei der Rückhaltemethode die Führung zu übernehmen, kann die Frau ihm helfen, indem sie ihn beim Einhalten der nötigen Pausen unterstützt, damit er sein Stehvermögen wieder aufladen kann. Sie kann darauf verzichten, ihn in den frühen Stadien des tantrischen Sex zu sehr anzustacheln. Sie kann ihn daran erinnern, um was es beim tantrischen Sex geht, wenn er zu wanken beginnt. Das erfordert bei der Frau eine Selbstdisziplin, weil sie instinktiv den Samen in ihrer Yoni haben will, wie er ihn auch instinktiv in ihr ausströmen lassen will. Versucht der Mann bewusst die Rückhaltemethode auszuführen, kann ihm die Frau helfen. Anfangs wird das für beide Partner eine Herausforderung sein, vergleichbar mit dem behutsamen Schleichen durch ein Minenfeld. Bemühen sich sowohl der Mann als auch die Frau beharrlich, kann die sexuelle Beziehung jedoch allmählich in etwas viel Größeres verwandelt werden.

In intimen Beziehungen, in denen die Frau anwesend ist, während der Mann masturbiert oder wenn sie seinen Lingam durch andere Mittel als den Koitus (Geschlechtsverkehr) stimuliert, kann sie ihm beim Kultivieren seines Stehvermögens durch Zyklen der Stimulation und Pausen helfen. Sie kann auch lernen, in solchen Situationen bei ihrem Partner die Methode des Ejakulationsblockierens auszuführen. Kommt es jedoch sehr oft zu diesem Punkt, kann das heißen, dass ihre Gegenwart mehr Stimulation bedeutet, als für den Zweck des Trainings nötig ist. Dann stellt sich die Frage, ob es eine gute Idee ist, die Frau beim Selbsttraining des Mannes dabei zu haben. Ist es in der Beziehung zwischen einem Mann und einer Frau aber üblich, auch unter diesen Umständen intim zusammen zu sein, ist es sicherlich für die Frau gut, die Methoden zu kennen, mit denen der Mann arbeitet und ihn dabei zu unterstützen, sie so oft wie möglich anzuwenden. Es liegt im besten Interesse beider Partner und ihres Yoga, wenn der Mann fortfährt, sein Stehvermögen zu verbessern, wie auch immer die sexuelle Situation aussehen mag. Wenn sie ein Bewusstsein für den Prozess hat, wird es für sie immer Gelegenheiten geben, ihm zu helfen. Das könnte sich so einfach gestalten, dass sie ihm für das selbständige Training die nötige Zeit lässt.

Genauso wie die Anfangsphase einer tantrisch-sexuellen Beziehung für den Mann eine herausfordernde Anpassungsperiode darstellt, kann sie für die Frau ebenso herausfordernd sein. Während er daran arbeitet ein Stehvermögen vor dem Orgasmus aufzubauen, mag sie vielleicht etwas ihre natürliche Gabe zurückhalten, den Samen von ihm abzuziehen. Dies ist eine Übergangsphase, durch die beide, sowohl der Mann wie die Frau, gehen werden – eine Zeit des Trainings und der Neuanpassung.

Sobald der Mann langsam die volle Leistungskraft als Meister über seinen Samen erreicht, verändern sich die Dinge. Dann ist die Zeit gekommen, da die Frau, die himmlische Göttin, in all ihrer Schönheit und Herrlichkeit wirklich aufglänzen kann. Dann kann sie als die wunderschöne Liebhaberin, die sie von Natur aus ist, völlig erblühen. Denn sobald der Mann seinen Samen regulieren kann, wird der Sexualakt zu einem Akt sexuell gleichwertiger Partner, anstatt des Fließens des Samens in eine Richtung vom Mann zur Frau, wie das vor dem Übergang zu einer sexuellen Tantra-Beziehung der Fall war. Ist einmal das Stadium des selbstbeherrschten Stehvermögens des Mannes erreicht, kann die Kultivierung sexueller Energie viel aktiver, kreativer und glücklicher vonstatten gehen.

Zu erwähnen ist noch, dass es für den Mann, sobald er in der Anwendung der Rückhaltemethode geübt ist, möglich wird, die Frau so zu stimulieren, dass es bei ihr zu „multiplen Orgasmen" kommt. Multiple Orgasmen zu haben, ist für die Frau eine natürliche Fähigkeit. Dadurch wird sichergestellt, dass, was immer auch geschieht, sie immer noch den Samen von ihrem Partner einfordert und jede Minute davon genießt. Ist der weibliche Orgasmus ein regenerativer Prozess, ein yogischer Prozess und sind multiple Orgasmen für die Frau spirituell gesund? Hat die Frau beim tantrischen Sex multiple Orgasmen, kommt es zu etwas Verlust von Prana und auch zu etwas Verringerung der Fähigkeit auf stufenweise höhere Ebenen göttlicher Ekstase hochzuklettern. Jedenfalls bedeutet der weibliche Orgasmus jedoch einen weit geringeren Abfluss von Prana, als es beim männlichen Orgasmus der Fall ist. Sind multiple Orgasmen bei der Frau jedoch Teil des tantrischen Sex? Möglicherweise summieren sich viele weibliche Orgasmen zu einem dem männlichen Orgasmus vergleichbaren pranischen Verlust. Vielleicht ist dies ein Stadium, durch das die Frau hindurchgehen muss, wenn sie infolge der Rückhaltemethode Zugang zu unbegrenzten Orgasmen hat. Dann, vielleicht nach einiger Zeit, pendelt sie sich mit der liebevollen Hilfe und Zusammenarbeit ihres Partners im vororgasmischen Sex ein. Es liegt in ihrem besten spirituellen Interesse, dies zu tun, genauso wie es im besten spirituellen Interesse des Mannes liegt, vor seinem Orgasmus zu bleiben. So kann das Pendel also zurückschwingen und tantrischer Geschlechtsverkehr kann sich so entwickeln, dass er zu einem Mittel für beide Partner wird, vor ihrem Orgasmus zu bleiben und zusammen die Himmelsleiter zu erklimmen – höher, höher, höher …

Beim fortgeschrittenen tantrischen Sex kann die Rolle der Frau vollkommen zu dem erblühen, was ihrer natürlichen Begabung in sexuellen Belangen entspricht: dem natürlichen und kraftvollen Hervorlocken des Samens. Sie braucht sich dann nicht länger um die Entwicklung des Stehvermögens ihres Partners zu sorgen. Er hat dies inzwischen erreicht. Natürlich bleibt sie auf die Prinzipien des Tantra bedacht und stellt sicher, dass sie eingehalten werden. Entspricht das Verhalten ihres Partners diesen Prinzipien, erhält und kultiviert er also die sexuelle Energie, kann die Frau alle ihr zur Verfügung stehenden Mittel anwenden, den Samen herauszufordern. Er wird wissen, wie er mit ihr tanzen und trotzdem den Samen in sich behalten kann. Dieser Ausgleich erlaubt es den beiden Liebenden durch die Nacht zu feiern und in einer wonnevollen und natürlichen Art und Weise die Stufen der Ekstase zu erklimmen. Es dreht sich dann alles um den Liebesakt – den tantrischen Liebesakt, der beide mit der Kultivierung der sexuellen Essenzen in ihrem Inneren höher und höher nach oben führt.

Unter diesen Umständen kann es sein, dass die Frau motiviert wird, ihren sexuellen Zauber und ihre Fähigkeiten, ihren Partner in tantrisch-sexuellen Beziehungen zu stimulieren, mit Kegel-Übungen und anderen Mitteln noch zu stärken. Deshalb kann es für die sexuell aktive Frau vielleicht wichtiger werden, ihre schon enormen sexuellen Fähigkeiten weiter auszubauen, wenn sie sich auf fortgeschrittenere tantrisch-sexuelle Beziehungen einlässt.

Andererseits kann es für tantrisch Liebende, die schon länger damit zu Gange sind, auch einen anderen Verlauf nehmen. Erreicht die Entwicklung in den fortgeschrittenen Yoga-Übungen und tantrisch-sexuellen Beziehungen den Grad der Reife, hört der Liebesakt in den beiden Partnern niemals auf. Dann reicht ein flüchtiger Blick, ein Lächeln, eine Berührung, ein Kuss, eine Umarmung aus, den göttlichen Liebesakt im Inneren aufrecht zu erhalten. Dann kommen die Partner zum tantrischen Sex vielleicht nur noch gelegentlich zusammen. Möglicherweise sogar niemals mehr. Ramakrishna war verheiratet, doch man nimmt an, dass es zwischen ihm und seiner Frau niemals zu einer körperlichen Liebe kam. Stattdessen haben sie einander als Verkörperungen des göttlich Männlichen und des göttlich Weiblichen verehrt.

Wie die körperliche Liebe am Ende auch aussehen mag, der fortgeschrittene tantrische Sex ist eine sehr freie Art der Beziehung, die mit den spirituellen Zielen der fortgeschrittenen Yoga-Übungen vereinbar ist.

Bevor dieser Zustand einer fortgeschrittenen tantrischen Beziehung erreicht ist, besteht zwischen dem Mann und der Frau ein Ungleichgewicht, das zum Zweck der Fortpflanzung und des Überlebens der Gattung existiert. Bevor Tantra ins Spiel kommt, ist der Geschlechtsverkehr ursprünglich und hat nur die Sicherung der Fortpflanzung zum Ziel. Nachdem Tantra seine Rolle wahrnimmt, wird der Sexualverkehr zu einem höheren Stadium vergeistigt, wobei es dann sowohl um Fortpflanzung als auch um die Vereinigung von reinem Glückseligkeitsbewusstsein (dem Samen) mit göttlicher Ekstase (der Gebärmutter) geht.

Das angeborene Ungleichgewicht in nicht-tantrischen sexuellen Beziehungen bildet die Wurzel der Schwierigkeiten, die in den Beziehungen zwischen Männern und Frauen über Tausende von Jahren hinweg existierten. Fühlen sich Männer Frauen gegenüber sexuell unterlegen (was sie auch sind, solange sie die tantrischen Methoden noch nicht erlernt haben) tendieren sie zum Versuch, dies auszugleichen, indem sie Frauen auf andere Weise dominieren, d.h. sie versuchen dadurch die riesige sexuelle Macht der Frau zu kontrollieren. Dies ist ein Grund, warum Frauen in vielen Gesellschaften jahrhundertelang klein gehalten wurden. Bei den Männern existiert eine große unterbewusste Furcht vor Frauen. Im Grunde genommen sind aber die Männer für diese Verhältnisse nicht zu tadeln, genauso wenig wie die Frauen. Die Wurzeln dieses Phänomens liegen in den unreifen biologischen und neurologischen Prozessen. Entwickeln sich die Abläufe im Nervensystem zu einer höheren Ebene des Funktionierens, ergibt sich mehr Ebenbürtigkeit in sexuellen Beziehungen und die unterbewussten Ängste und Aggressionen verschwinden schrittweise. Das ist einer der positiven Nebeneffekte für dieses neue Erleuchtungszeitalter – ein Ausgleich der sexuellen Energien, die zwischen Mann und Frau fließen. Es wird mehr Verehrung, mehr Rechtschaffenheit, mehr Respekt und viel mehr Liebe geben. Frauen werden viel mehr die tiefe Achtung erhalten, die sie verdienen. Dies hat bereits angefangen.

Shiva und Shakti sind einander weder über- noch unterlegen. Beide sind gleichwertige Pole, die sich überall in der großen Weite des Lebens vereinigen. Dies spielt sich überall in der Schöpfung ab und reicht vom nicht offenbarten reinen Glückseligkeitsbewusstsein bis zu den Höhen göttlicher Ekstase. Durch die Vereinigung dieser beiden polaren Energien kommt es in uns und überall zur Geburt der Einheit. Sobald wir die Polarität eines jeden Atoms als eine ekstatische Vereinigung der allgegenwärtigen göttlichen Liebhaber direkt erfahren, kennen wir die Wahrheit des Lebens. Wir wissen, dass es alle Glückseligkeit ist, alle Liebe, alle Einheit. Die Rolle der Frau ist dabei auf jeder Ebene der Existenz – vom schönen weiblichen Wesen, das vor ihrem Mann sitzt, bis zur dynamischen Kraft der Schöpfung, die ständig jedes Atom im Kosmos in seiner andauernden Existenz nach außen lockt – immer dieselbe.

Was wir überall sehen, ist die himmlische Göttin beim Spiel und dies ist die Rolle der Frau beim Tantra.

Der Guru ist in dir.

Lektion T9 – Das Verhältnis zwischen Brahmacharya, tantrischem Sex und Zölibat

Nun schneiden wir ein wirkliches Tabuthema an und bringen es mit der Erörterung zu Tantra in Verbindung. Heutzutage ist dies ein größeres Tabuthema als Sex. Die Rede ist vom Zölibat.

Lauf nicht gleich schreiend zur Tür hinaus! Das Zölibat wird hier zu keiner empfohlenen Praxis. Es wird aber auch nicht ausgebuht. Wir wollen nur verstehen, wie es sich hier einpasst, weil sich einige Leute von Natur aus da hingezogen fühlen. Andere mögen dazu gezwungen werden – durch eigene Willensentscheidung oder den Willen anderer.

Aber bevor wir uns das Zölibat näher ansehen, sollten wir über Brahmacharya sprechen, weil Brahmacharya der Schlüssel zu den spirituellen Implikationen sowohl von Sex als auch dem Zölibat und zu dem, was beide gemeinsam haben, ist. Sie haben mehr Gemeinsamkeiten, als allgemein angenommen wird.

Brahmacharya bedeutet: in der kreativen Kraft Gottes (was mit der sexuellen Energie in uns gleichzusetzen ist) zu wandeln oder sich darin beständig aufzuhalten. Was meinen wir mit Wandeln oder Uns-Aufhalten in der sexuellen Energie? Zweierlei: Zuerst, sie zu bewahren und zweitens, sie zu kultivieren. Dies ist die Quintessenz von *Brahmacharya* – die sexuelle Energie zu bewahren und zu kultivieren.

Bisher haben wir in diesen Lektionen zu Tantra die grundlegenden Methoden eingeführt, die für das Einleiten eines Prozesses der Transformation in sexuellen Beziehungen genau für diesen Zweck – die sexuelle Energie zu bewahren und zu kultivieren – nötig sind. Wir haben über Bhakti (Verlangen nach dem etwas Mehr) als notwendige Voraussetzung für ein Gelingen, die verschiedenen damit einhergehenden Herausforderungen und über die göttlichen Konsequenzen der unternommenen Reise mit einer tantrisch-sexuellen Beziehung gesprochen. Das sind Dinge, die uns schon sehr weit führen können.

Wir haben die enge Verzahnung einer tantrisch-sexuellen Beziehung mit den in den Haupt-Lektionen eingehend erörterten fortgeschrittenen Yoga-Übungen erwähnt; dass beide Arten von Übungen dieselben Ziele haben und wie tantrischer Sex die Meditation, Pranayama und unsere anderen täglichen Yoga-Übungen ergänzen kann.

Wo passt da das Zölibat hinein? Dies ist eine Frage der freien Entscheidung, eine Frage der Neigung, eine Frage des Lebensstils. Es ergibt sich. Vielleicht unterwerfen wir uns einem Guru oder einer Organisation und sie wählen das für uns aus. Vielleicht entschließen wir uns selbst dazu. Vielleicht fühlen wir uns niemals dazu hingezogen. Was immer davon zutrifft, ist gut. Es ist jedermanns/frau eigene Angelegenheit, den persönlichen Gefühlen diesbezüglich zu folgen.

Was ist Zölibat? Rein technisch gesprochen ist es die Enthaltsamkeit von Ehe und sexuellen Beziehungen – Masturbation eingeschlossen. De facto ist das die Bewahrung der sexuellen Energie, obwohl vielleicht „Bewahrung" nicht das ist, was der zölibatär Lebende in seiner Vorstellung hat. Es gibt andere Gründe für das Zölibat, die mehr darauf abzielen, negative Begleiterscheinungen der Sexualität (Obsession, Ausschweifung, Verletzung) fernzuhalten, als auf etwas Positives, das damit verbunden ist (innere Ausweitung, göttliche Ekstase, Erleuchtung) zuzugehen.

Zölibat ist nur die erste Hälfte von Brahmacharya, aber nicht notwendigerweise das Ganze, denn ohne die erforderliche Reinigung des Nervensystems und der anschließenden Ermutigung der sexuellen Energie, sich in höheren Erscheinungsformen zu entfalten, gibt es keine Kultivierung, der zweiten Hälfte von Brahmacharya. Dieses Konzept, dass das Zölibat nur eine Hälfte von Brahmacharya darstellt, ist eine wichtige Feststellung. Ohne die zweite Hälfte von Brahmacharya kann das Zölibat zu Stagnation und zum Auftauchen von unausgeglichenem, zwanghaftem Verhalten führen – besonders wenn es sich um ein erzwungenes „Zölibat" handelt.

Obwohl also das Zölibat (Bewahrung) in die gleiche Richtung wie Brahmacharya geht, ist es als spirituelle Praxis unvollständig, wenn nicht die Aktivierung (Kultivierung) der sexuellen Energie zu einem höheren Zweck dazukommt. Dies ist natürlich das Ziel von tantrischem Sex. Ironischerweise können diejenigen, die in ihren tantrischen Sexualpraktiken gewissenhaft sind, bessere spirituelle Aussichten haben als zölibatär Lebende, die ihre sitzenden Yoga-Praktiken und den ständig liebenden Dienst an anderen für die Kultivierung der sexuellen Energie zu höherwertigen Erscheinungsformen in ihrem Nervensystem nicht gewissenhaft ausführen.

Ist das Zölibat ein besserer Weg zur Erleuchtung als eine tantrische Sexualbeziehung? Wer kann das entscheiden? Es hängt davon ab, wie motiviert ein Übender in dem einen oder anderen Lebensstil ist. Es ist das Niveau von Bhakti im Übenden, das das Ergebnis mehr als der jeweilige Ansatz bestimmt. Ist Bhakti in Fülle vorhanden, wird sich das Nervensystem auf die eine oder andere Weise weiter öffnen.

Ob nun beim tantrisch Liebenden oder beim zölibatär Lebenden, die Kernübungen der Meditation und des Pranayama haben den größten Einfluss auf das Maß von Bhakti, das in ihrem Nervensystem aufsteigt. Es ist die täglich im Nervensystem ablaufende globale Reinigung, die bestimmt, wie viel innere Stille verfügbar ist. Dies ist reines Glückseligkeitsbewusstsein, unsere Quelle, unsere tiefste göttliche Eigenschaft, die in uns aufsteigt. Haben wir dies, ob wir dann dazu neigen ein tantrischer Liebhaber zu sein oder zölibatär zu leben, wir werden ständig nach demselben Ziel hungern – der göttlichen Vereinigung. Wie immer der von uns gewählte Lebensstil aussehen mag, wir werden die Elemente von Brahmacharya – Bewahrung und Kultivierung unserer sexuellen Energie – ganz natürlich auf unserer Fahrt auf der inneren Schnellstraße zum Himmel aufnehmen.

Der Guru ist in dir.

Lektion T10 – Sexuelle Heilung

Frage: Die spirituellen Ziele des tantrischen Sex, wie du sie beschreibst, sind edel. Doch ich empfinde es als schwer, das Problem der Entwicklung des männlichen „Stehvermögens" zu lösen, ohne mehr eine handfeste irdische Belohnung zu bekommen. Wenn ich durch das alles hindurchgehe, wird meine Ehe davon profitieren? Insbesondere: Wird meine Frau mehr Interesse daran bekommen, intime Beziehungen mit mir zu haben?

Antwort: Die Menschheit sitzt ziemlich in der Klemme, wenn es um Sex geht. Wir sind die Hüter dieser großen Kraft, die uns von Gott gegeben wurde. Doch wir arbeiten immer noch daran, die Reife zu entwickeln, mit ihr verantwortungsvoll umzugehen. So bildet Sex den Kern von vielem, an unseren Kräften zehrendem Karma, das wir ein Leben nach dem anderen mit uns herumschleppen.

Sex ist aber in Wirklichkeit gar nicht das Problem. Das Problem ist die Unreife unseres menschlichen Nervensystems. Wir alle gehören auf der Evolutionsleiter zu einer Zwischengattung – zwischen dem Tierreich und dem Reich der göttlichen Wesen. Wir sind eine Gattung des Übergangs. Dieser Übergang ist eng an das Wissen um Yoga, dem Wissen um die menschliche spirituelle Transformation, gebunden.

Die ursprüngliche Sexualkraft beherrscht den Planeten zum Zweck der Erhaltung all der vielen Gattungen. Im Pflanzen- und Tierreich funktioniert dies mit beeindruckender Harmonie. Im Reich der menschlichen Gattung, wo neben den sexuellen Funktionen auch noch das Denken und der freie Wille herrschen, läuft das nicht so harmonisch ab.

Was hat all dies mit dem Locken eines Exemplars des anderen Geschlechts in das Gemach der Liebe zu tun? Alles!

Sexuell gesprochen sind wir eine Gattung lauter „umherwandelnder Verwundeter", weil wir immer wieder durch die unreifen Prozesse der Wechselbeziehung von Lust suchendem Verstand und der Sexualität verwundet wurden. Unser Sinn für unser Selbst ist darin eingepackt und 99% davon sitzt unter der Oberfläche unserer bewussten Wahrnehmung im so genannten Unterbewusstsein. Viele der Blockierungen, über die wir in den Haupt-Lektionen sprechen, beziehen sich auf die sexuellen Verwerfungen, die im Laufe von vielen Leben aufgetreten sind. Es gibt auch noch andere Arten von Blockierungen. Aber die Blockierungen, die von der Zweckentfremdung des Sex herrühren, haben auf uns alle einen starken Einfluss. Darauf haben Sigmund Freud und andere aufmerksam gemacht.

Deshalb haben wir Heilung nötig – sexuelle Heilung. Dazu kommt es infolge der täglichen Übungen der Yoga-Disziplinen auch ganz sicher. Wir müssen kaum noch über Sex nachdenken, wenn die Hausreinigung aufgrund der in den Haupt-Lektionen erörterten Rechte-Hand-Methoden der fortgeschrittenen Yoga-Übungen erst einmal in Gang gekommen ist. Dies ist ein ziemlich komfortabler Ansatz zur Reinigung all des unterbewussten Durcheinanders. Bist du auf Sex nicht angewiesen und hast du die Rechte-Hand-Übungen, dann hast du praktisch ausgesorgt.

Für all jene, die Sex brauchen, stellen wir hier die Techniken der Linken Hand vor. Das ist eine andere Geschichte. Es ist nur für Paare gedacht, weißt du, und nur die unerschrockenen brauchen hier einzutreten.

Wie erklärst du deiner Frau, dass es dir für die 100 000 Jahre des Missbrauchs Leid tut? Nicht, dass du dafür unmittelbar verantwortlich bist. Aber irgendjemand muss sagen: „Es tut mir Leid." Das kannst also auch ganz gut du sein. Und du brauchst die Entschuldigung nicht weniger als sie. Wir sind alle unzählige Male Mann und Frau gewesen. Wir tragen bereits in diesem Augenblick das Göttlich-Männliche und das Göttlich-Weibliche in uns – verwundet, schlafend, gespalten und nicht dazu aufgelegt, zum göttlichen Schlafgemach überall in uns vorzudringen. Wir sind bei unserer nach innen gerichteten Liebesbeziehung genauso blockiert und funktionsgestört wie in unserer äußeren. Die beiden Arten sexueller Beziehungen gehen parallel. Ist die eine gesund, wird auch die andere gesund sein. Jeder braucht eine Entschuldigung für vergangene Ungerechtigkeiten – millionenfacher vergangener Ungerechtigkeiten, die unsere wachsende mentale Kraft, gepaart mit einem unreifen Nervensystem, verursacht hat. Deswegen brauchen wir niemanden zu tadeln, doch sollten wir alle dafür eine Verantwortung übernehmen und uns gegenseitig trösten. Das Verletzen wird aufhören. Wir werden erwachsen.

Beginne also mit sanftem Berühren, nicht mit dem Ziel von Sex, sondern um für Äonen von Verletzungen zu trösten, um zu lieben. Dies ist für den Einstieg. Wage, deinem aufrichtigen tantrischen Liebhaber zu vertrauen. Dafür ist sehr viel Mut nötig. Das kann nur mit gütigem Teilen geschehen, um zu zeigen, dass wir uns um den anderen mehr sorgen als um die Sexbesessenheit, die uns eigen ist. Hier kommen die Tantra-Methoden ins Spiel. Ist der Mann Herr seines Samens geworden, ist er bei weitem nicht mehr so besessen. Er wird Zeit haben, sich um die Göttin zu kümmern, die ihn liebt und seine bedingungslose Liebe braucht.

Meist wird es scheinen, als sei sie es, die eine liebevolle Zuwendung braucht. Doch ist sie in ihrer Bedürftigkeit nicht allein. Auch die Männer sind verwundet. Sie vertuschen das, weißt du. Männern ist es in unserer Gesellschaft nicht erlaubt, sich verletzt zu fühlen. Jedes Zeichen der Verletzbarkeit wird als Schwäche aufgefasst, und damit ist die instinktive Beschützerrolle des Mannes kompromittiert. Sowohl der Mann als auch die Frau brauchen also eine liebevolle Zuwendung. Darauf kannst du dich verlassen. Beide brauchen die sanfte Berührung. Beide brauchen jemanden, der mit ihm/ihr ohne Erwartungen schläft. Bringst du das mit deiner Liebhaberin fertig – mit ihr ohne Erwartung in der sanften Löffelstellung zu schlafen? Fortschritte in den tantrischen Sexualmethoden dieser Lektionen werden es dir erlauben, das zu tun und nicht erst, nachdem du deine Vitalität zuerst verausgabt hast. Vielmehr kannst du intim zusammen sein mit ganzer sexueller Vitalität, unverausgabter Sexualität, ohne irgendetwas von deiner Liebhaberin zu erwarten. Dies ist die Kraft des tantrischen Sex, die Kraft durch Prana vital zu sein – ohne Erwartungen und fähig zu liebevoller Zuwendung. Es ist ein höheres Funktionieren des Nervensystems und eine Art des Reisens jenseits der unreifen Ausdrucksweisen der Sexualität.

Arbeiten wir mit diesen Methoden und Prinzipien, können wir auf die Straße der sexuellen Heilung gelangen. Was ist sexuelle Heilung? Erstens bedeutet es, dass wir keine weiteren Verletzungen mehr zufügen. Dies geschieht, wenn unser Verhalten gegenüber dem anderen Geschlecht reifer wird – mehr von der Art einer liebevollen Zuwendung. Zweitens löst es die in vergangenen unendlichen Zeiträumen und in diesem Leben aufgebauten Blockierungen. Das alles kann man loslassen, wenn man die Linke-Hand- und die Rechte-Hand-Methoden des Tantra anwendet. Sobald wir uns einmal auf dem Weg befinden und es beiden Partnern klar ist, wie die Reise aussieht, ist das eine neue Welt. Wer wird dann nicht vom Liebesgemach angezogen sein?

Du siehst also, das Entwickeln des männlichen Stehvermögens bringt ganz praktische Vorteile. Es ist der erste Schritt auf einer Heilreise, der sexuellen Reise. Es kann die Qualität einer Beziehung in kurzer Zeit von Grund auf verändern. Sich nur darauf zu verständigen, dass man auf dieses Ziel gemeinsam hinarbeitet, ist in der Beziehung ein riesiger Sprung nach vorn. Dies ist jedoch nur der anfängliche Gewinn. Der langfristige Gewinn ist noch viel größer – unendliche ekstatische Glückseligkeit!

Vor einigen Jahren kam ein amerikanischer Spielfilm in die Kinos, den ich unter dem Gesichtspunkt des Themas der sexuellen Heilung empfehle. Er heißt: „Bliss – im Augenblick der Lust“ mit den Schauspielern Craig Sheffer, Sheryl Lee and Terence Stamp. Es ist eine Geschichte aus unserer Zeit über die Beziehung eines jungen verheirateten Paares. Sie ist unterhaltsam, erotisch und auch eine ernste Studie über Beziehungen, sexuelle Heilung und die Heilung der Psyche. Du wirst den Film wahrscheinlich in deinem lokalen Videoverleih finden. Es ist nicht alles, was wir hier in den fortgeschrittenen Yoga-Übungen erörtern, aber es veranschaulicht einige der wichtigsten Punkte zu sexuellen Beziehungen, die wir hier angesprochen haben, sehr gut.

Der Guru ist in dir.

Lektion T11 – Blockieren und die Entwicklung der spirituellen Biologie

Frage: Ich hab nur eine Frage zu der Technik, die du ins Netz gestellt hast – eine mit den Fingern blockierte Ejakulation wird zu einer retrograden Ejakulation führen. Der Samen geht in die Blase; beim Urinieren stellt man fest, dass der Urin weißlich und trüb ist, weil er sich mit dem Samen vermischt hat. Geht der Samen also am Ende (wenn man uriniert) ohnehin verloren, sollte dann diese Technik sinnvollerweise am besten überhaupt nicht angewandt werden, außer als äußerstes Mittel?

Antwort: Danke, das ist eine sehr gute Frage. Die Antwort besteht aus mehreren Teilen, weil die Ausweitung der männlichen (wie auch der weiblichen) Sexualität nach oben ein Entwicklungsprozess ist, der verschiedene Funktionen auf verschiedenen Stufen des Weges aufweist.

Ja, du hast Recht. Anfangs geht während des Blockierens ein Großteil des Samens in die Blase, und das kann leicht während des Urinierens beobachtet werden, wie du auch schreibst. Aber so ist es nur am Anfang, in einem frühen Stadium der Veränderung des sexuellen Funktionierens.

Gesellt sich das Blockieren zu Bhakti (Hunger nach dem Göttlichen), produziert das Blockieren einen Anreiz, auf das Vor-dem-Orgasmus-Bleiben hinzuarbeiten. Mit der Entwicklung dieser Dinge wird das Blockieren immer weniger benötigt – ähnlich wie mit Stützrädern. Im Laufe der Zeit geht das ganz natürlich zurück. Im Gegensatz zu Stützrädern, die wir wegwerfen, bleibt das Blockieren immer eine gute Option für den Notfall. Wir behalten es also weiter in unserer Instrumententasche, sobald wir es einmal erlernt und verfeinert haben.

Mit „verfeinert“ beziehe ich mich auf fortgeschrittenere Stufen des sexuellen Funktionierens, wo der meiste, wenn nicht der ganze Samen ohne Blockierung zurückgehalten wird, sogar während des genitalen Orgasmus. Blockieren wir dann in solch einer Situation, wird nicht so viel Samen in die Blase gelangen. Viel davon wird in den Samenblasen zurückbleiben und auf anderen Wegen durch den Körper nach oben gehen. Unser Ziel ist jedoch nicht, einen genitalen Orgasmus ohne Ejakulation zu haben. Dies ist äußerst schwer zu erreichen und ein Darauf-Hinarbeiten führt zu viel Samenverlust auf dem Weg. Unserer spirituellen Entwicklung hilft dies sowieso nichts. Lange vororgasmische Kultivierung leistet dies, und das ist es, was wir wollen. Wir wollen in sexuellen Beziehungen diese Himmelsleiter nach oben steigen und nicht danach trachten, möglichst viele Genitalorgasmen ohne Ejakulation zu haben.

Nun, hier ist der Clou. Einer der Wege, den der Samen von Natur aus nach oben in den Körper nimmt, geht durch die Blase. Das bedeutet nicht, dass wir das Blockieren absichtlich anwenden, um damit den Samen in unsere Blase zu bekommen. Das bringt uns nicht weiter, weil die Blase zuerst zu ihrer höheren spirituellen Funktionsweise aufsteigen muss. Wenn sie das stufenweise und im Laufe der Zeit tut, geht der Samen automatisch nach oben in die Blase, ohne eine Blockierung und sogar ohne absichtliche Kultivierung der sexuellen Energie. Siehst du, wie verzwickt die biologische Verwandlung abläuft? Bei fortgeschrittenen Yogis steigt der Samen ständig durch deren Körper hoch, und das geschieht immer durch die Blase, obwohl nicht in den Mengen, wie du es ansprichst und wie sie in den Anfangsstadien des Blockierens auftreten.

Glücklicherweise ist dies alles für uns nicht so verzwickt, weil wir uns während unserer Übungen dazu keine Gedanken machen müssen. Denn die Biologie verwandelt sich automatisch, wenn wir die fortgeschrittenen Yoga-Übungen ausführen – tantrischen Sex eingeschlossen, falls wir uns in einer sexuellen Beziehung befinden.

Das Blockieren gestaltet sich anfangs also ziemlich klobig (du hast doch gehört, dass ich diese Charakterisierung schon vorher auch bei anderen Übungen so verwandt habe, nicht wahr?) und wird mit der Zeit feiner. Diese Verfeinerung geschieht auf zwei Gebieten: Erstens wird es immer weniger notwendig sein zu blockieren, wenn wir bei uns eine zunehmende Fähigkeit feststellen, vor dem Orgasmus zu bleiben. Zweitens: Falls wir dann wirklich blockieren, ist da mit der Zeit immer weniger zu blockieren, weil wir mehr Kontrolle über unsere Ejakulation haben, wenn sich unser sexuelles Funktionieren entfaltet.

Interessanterweise gibt es einen analogen Prozess, der sich in der Frau abspielt, obwohl dies bisher nicht annähernd so offensichtlich war wie beim Mann. Eine Frau besitzt das Gleichwertige einer Prostata gleich vor der Innenseite ihrer Yoni. Es wird durch den so genannten G-Punkt stimuliert. Diese Drüse scheidet während einer extremen Erregung eine milchige Substanz ähnlich dem Samen aus, und die kann durch die Harnröhre ejakuliert werden. Die „weibliche Ejakulation“ ist in den vergangenen Jahren zu einem heißen Thema geworden. In dem Zeitalter, da man sich sexuelle Freiheit auf die Fahnen geschrieben hat, ist dies für viele Frauen ein Initiationsritus. Welche Rolle das für die Fortpflanzung spielt, ist schwer zu sagen. Das wird hier erwähnt, weil es scheint, dass in der Blase einer Frau eine ähnliche spirituelle Biologie am Werke ist wie beim Mann. Und obwohl es unwahrscheinlich ist, dass sich eine Frau ähnlich wie ein Mann mit dem Blockieren beschäftigen muss, sind die gleichen biologischen Elemente vorhanden. Natürlich hat die Frau auch andere sexuelle Komponenten, die Teil des spirituellen Funktionierens beim Sex sind, so dass wir also den Vergleich nicht zu weit treiben können. Es lebe der Unterschied!

Bei beiden Geschlechtern kommt es mit der Aufnahme fortgeschrittener Yoga-Übungen zu einer beschleunigten spirituellen Entwicklung, und diese durchläuft auf dem Weg ihrer Entfaltung mehrere Stufen.

Der Guru ist in dir.

Lektion T12 – Feuchte Träume und vorzeitige Ejakulation

Frage: Als ich mich durch die Lektionen las, kam mir eine Frage. Das bezieht sich auf die Möglichkeiten, wie man den unterbewussten Verstand so kontrollieren kann, dass keine ‚feuchten Träume' auftreten. Die meisten meiner Freunde bestätigen mir, dass sie solche Vorkommnisse hatten. Aber einige meiner Freunde, die ich spirituell als etwas ‚reiner' einschätze, scheinen so etwas niemals erlebt zu haben. Ich persönlich sehe das als einen Mangel an Emotions- und Gedankenkontrolle an. Kannst du dazu bitte Stellung nehmen?

Antwort: Feuchte Träume sind in der Regel die Folge einer unreifen erotischen Sensibilität und sind mit der vorzeitigen Ejakulation verwandt. Diese Tendenzen haben sowohl einen mentalen wie auch einen physiologischen Hintergrund, wobei eine enge Verbindung zwischen Verstand und Körper besteht.

Meditieren wir täglich, werden wir von mentaler Seite her zu mehr innerer Stille finden und allmählich auch mehr Bewusstheit im Wach-, Traum-, und Tiefschlafzustand haben. Wir sind dann im tiefen Inneren unseres stillen Selbst mehr ein Zeuge dieser Zustände. Im Laufe der Zeit erkennen wir, dass wir beim Träumen Erscheinungen wie den feuchten Träumen weniger zugänglich sind. Dies ist vielleicht das, was du bei deinen spirituelleren Freunden wahrnimmst. Sie sind bewusster und nicht so sehr von den Höhenflügen ihrer Träume mitgerissen.

Die Entwicklung von innerer Stille ist vom mentalen Standpunkt aus der Schlüssel. Und die stellt sich nur durch die zunehmende Reinigung tief im Nervensystem – in erster Linie mittels Meditation – ein. Einige Menschen werden mit mehr innerer Reinigung geboren als andere, weil sie ihre spirituellen Übungen in früheren Leben gemacht haben. Wir können alle reiner und bewusster werden, wenn wir die unseren in diesem Leben ausüben.

Auf der körperlichen Seite können wir mit Anwendung der Hilfsmittel aus diesen Lektionen mehr Stehvermögen vor dem Orgasmus entwickeln. Das kann entweder allein oder mit einem Partner zusammen geschehen. Im Zuge der Entwicklung von mehr Kontrolle über unsere sexuelle Funktionsweise wird dies sowohl die Situation in Bezug auf feuchte Träume als auch auf vorzeitige Ejakulation verbessern. Natürlich wird uns die Bewältigung dessen ein zunehmendes Selbstvertrauen verleihen und wir werden daraus sowohl mental als auch emotional einen Gewinn ziehen.

Es ist nur eine Frage der bewussten Entwicklung, die uns über die natürliche Unreife in unserem Nervensystem hinausgehen und zu natürlicher Reife gelangen lässt. Eine Kombination von fortgeschrittenen Yoga-Übungen mit tantrischen Sexualpraktiken kann in dieser Richtung viele Vorteile bringen.

Der Guru ist in dir.

Lektion T13* – Nach oben drängende Energie beim Urinieren

Frage: Wann immer ich uriniere, flutet eine starke Energie hinauf durch meine Wirbelsäule in meinen Kopf. Ist das etwas, das du kennst? Warum tritt dies beim Urinieren auf? Das habe ich seit Monaten, stört mich aber nicht im Geringsten und erheitert mich sogar ein wenig. Ich wollte nur wissen, ob du von so etwas schon mal gehört hast.

Antwort: Dies ist etwas Gutes. Die Energie, die beim Urinieren die Wirbelsäule hochsteigt, ist der Beginn der Kundalini-Sensibilität. Nimmt die spirituelle Sensibilität zu, können das sowohl Männer als auch Frauen erfahren, obwohl dieses Gefühl beim Urinieren keine absolute Voraussetzung für das auf breiter Basis aufsteigende ekstatische Kundalini-Erlebnis ist.

Ist die Zeit dafür reif, kann die durch die Wirbelsäule aufsteigende Energie auch während anderer Arten von Aktivität, sexuellen eingeschlossen, gefühlt werden. Auch die Emotionen – die Bhakti-Verbindung in unserer spirituellen Anatomie – können das anregen. Wenn du mit deinen Yoga-Übungen fortfährst, weiten sich die Erfahrungen in deiner Neurobiologie allmählich aus.

Fließt der Urin auf dieser Stufe durch die sich verändernde Sensibilität in der Prostata, geht die Energie nach o ben in den Wirbelsäulennerv. Dies ist ein Hinweis darauf, dass eine Öffnung in unserem Nervensystem stattfindet. Mit der Zeit wird die Stimulation auch ohne das Urinieren da sein und du wirst andauernd mit ekstatischer Energie angefüllt sein. Dies ist ganz eng mit der Entwicklung unserer sexuellen Funktion, was eigentlich das Gleiche wie die Kundalini-Erweckung ist, verbunden.

Alle fortgeschrittenen Yoga-Übungen sind dazu da, diese Transformation zu einem höheren Funktionieren in uns auf jeder Ebene anzuregen.

Der Guru ist in dir.

Anmerkung: Erwacht die ekstatische Leitfähigkeit (Kundalini) tief in der Blasenneurologie, kann es zu Zeiten erhöhter Sensitivität kommen, und das ist dann die Ursache für die Notwendigkeit häufigeren Wasserlassens. Diese Situation kommt und geht am Beginn und in den mittleren Abschnitten der Erweckung. Nähert sich die spirituelle Transformation im Nervensystem der Erfüllung, verschwindet diese Erscheinung allmählich ganz. Sowohl Männer als auch Frauen können davon betroffen sein.

Lektion T14 – Eine glückliche Frau

Frage: Danke für die Einfachheit und Kraft der Lektionen. Mein Göttergatte und ich haben seit einem Monat an der Rückhalte- und der Blockierungsmethode gearbeitet und wir bekommen den Dreh schön langsam heraus. Er schafft das ganz bestimmt. Letzte Nacht hatten wir über eine Stunde Verkehr ohne Orgasmus. Nach einer Weile habe ich mich verloren. Ich wusste nicht wo. Es war so schön. Ich war in meinem ganzen Inneren mit dem tiefsten Frieden und süßem liebenden Vergnügen angefüllt. Zeit und Raum verschwanden. Das geht über alle Beschreibung, über alles, was Sex jemals gewesen ist, hinaus. Ich will dort für immer bleiben, in diesen Ort hineingehen und ihn niemals verlassen. Es ist heute immer noch in mir, aber es verblasst. Ich kann es nicht erwarten, dass er von der Arbeit nach Hause kommt, damit wir wieder tief hineingehen können. Er liebt es auch, ich bin eine glückliche Frau. Kann tantrischer Sex die anderen Yoga-Übungen ersetzen? Es fühlt sich fast so an, als könnte er das. Wir beschäftigen uns auch mit den anderen Lektionen und haben im Januar begonnen zu meditieren. Aber wir sind in letzter Zeit ein bisschen davon abgelenkt, du verstehst schon.

Antwort: Es ist wundervoll, dass du und dein Mann einen guten Erfolg mit den Tantra-Methoden habt. Dieses alte Herz fühlt sich dadurch beglückt. Fahrt ihr damit fort, wird es tiefer gehen und die Erfahrung wird mehr in euren täglichen Aktivitäten gegenwärtig sein. Das ist die Reinigung und Öffnung deines Nervensystems zu göttlicher Erfahrung. Erhaltung und Kultivierung sexueller Energie ist ein wichtiger Teil davon. Ist nun tantrischer Sex ein Ersatz für die sitzenden Praktiken wie Meditation, Wirbelsäulenatmung, Mudras etc.? – Nein, das ist er nicht, und zwar aus einer Reihe von Gründen.

Erstens gehört tantrischer Sex zu einer ähnlichen Kategorie von Übungen wie Mulabandha/Asvini und Siddhasana, und ein Erfolg mit diesen Praktiken der Stimulierung sexueller Energie hängt von anhaltender globaler Reinigung durch Wirbelsäulenatmung und tiefer Meditation ab. Diese Übungen sind eine Voraussetzung, damit du mit tantrischem Sex über einen gewissen Punkt hinauskommen kannst. Fehlen sie, verlangsamt sich der Fortschritt, weil du nur die sexuelle Energie für die Reinigung benutzt, und dafür ist im Nervensystem ein breiteres und tieferes Maß nötig. Dasselbe trifft auch auf die Übungen im Sitzen zu, die allein die sexuelle Kundalini-Energie stimulieren. Ohne Wirbelsäulenatmung und Meditation werden die Dinge stecken bleiben. Es kann auch zu Ungleichgewichten, Kundalini-Symptomen usw. kommen. Die sitzenden Praktiken sind also sehr wichtig, besonders die Wirbelsäulenatmung und Meditation, damit man die Reise mit einem Minimum an Verzögerungen und Umwegen zu Ende führen kann.

Zweitens hängt die Reinigung und Öffnung des Nervensystems für göttliche Erfahrungen sehr von der regelmäßigen täglichen Praxis ab. Man muss das Nervensystem für eine Öffnung zweimal am Tag, und das täglich, wie ein Uhrwerk stimulieren. Dies ist in sexuellen Beziehungen nicht leicht machbar, auch wenn viele es gerne versuchen wollen. Es ist besser sich am Sex zu erfreuen, wenn er zu uns auf natürlichem Weg kommt und dann die tantrischen Sexualmethoden zu nutzen, um höhere Erfahrungen zu erhalten und zu kultivieren. Tantrischer Sex wird vergnüglich sein, wann immer es sich ergibt, dass wir ihn praktizieren, und unserem Yoga eine große Hilfe seine. Dann führen wir die restliche Zeit unsere regulären täglichen sitzenden Übungen aus und stellen dadurch sicher, dass wir uns in Richtung unseres spirituellen Fortschritts bewegen.

Ob wir also eine sexuelle Beziehung haben oder nicht: Die fortgeschrittenen Yoga-Übungen sind jeden Tag zur selben Zeit da, morgens und abends. Ist zusätzlich der tantrische Sex da, dann wird unser Yoga sogar noch besser und das ganze Leben wird wunderschön erleuchtet sein.

Der Guru ist in dir.

Lektion T15 – Freuden der Lust

Frage: Ich bin immer sehr leicht korrumpiert worden und habe meinem Körper erlaubt, auf Wegen benutzt zu werden, die für mein inneres Wachstum schädigend waren. Bevor ich begonnen habe, deine Beiträge zu lesen, hatte ich keine Hinweise und auch kein Konzept, was ich zur Auflösung dieses Dilemmas anstellen könnte. Ich habe nun den inneren Lehrer in mir erweckt, und so sind für mich viele Fragen leicht beantwortet worden … Doch dieses Gebiet war für mich das schwierigste, weil ich in der Vergangenheit meine sexuellen Heldentaten sehr genossen habe und vor allem auf meine innere Stimme in dieser Art von Situationen nicht geachtet habe, weil die Schwäche größer war, als mein Wunsch vorwärts zu kommen. Ich weiß, dass es keine Verdammung gibt, dass ich einen freien Willen habe und dass ich willentlich lustvolles Vergnügen über die höhere Liebe gestellt habe.

Nachdem das gesagt ist, möchte ich dir nochmals danken. Denn seit ich mit den Übungen begonnen habe, die du mit uns teilst, war ich in der Lage, einen Wandel in meiner Handlungs- und Denkweise zu erkennen. Es begann sich ein wirklich demütiges Lieben einzustellen und ich denke, dass du dies ekstatische Energie in meinem Körper – von der Basis meiner Wirbelsäule nach oben zu meinem Herzen und dem Kehlzentrum – nennen würdest.

Antwort: Wir wissen, dass die Freuden der Lust intensiv, aber kurzlebig sind. Richten wir unser Sexualleben mehr spirituell aus, arbeiten wir auf langfristige positive Veränderungen in unserem Nervensystem hin.

Es mag mit einem Partner schwierig sein, wenn du daran gewohnt bist, seinen Samen und damit deine Befriedigung zu erhalten. Bei heterosexuellen Beziehungen könnten Faktoren mitspielen, wie eine unterbewusste Notwendigkeit, sexuell auszubeuten oder sexuell ausgebeutet zu werden. Yoga-Übungen gehen diesen karmischen Einflüssen auf den Grund und lösen sie schließlich auf. Dies ist die sexuelle Heilung, wie sie in einer früheren Lektion erörtert wurde.

Wo in sexuellen Beziehungen die Arbeit mit einem Partner infolge starker Gewohnheiten der Begierde schwierig ist, mag es von Vorteil sein, eine Zeitlang alleine zu arbeiten und sich eine gute Routine der Rechte-Hand-Praktiken – Meditation, Wirbelsäulenatmung, Mulabandha, Siddhasana usw. – anzueignen. Die sitzende Yoga-Praxis kann zu einer guten Stimulierung der sexuellen Energie führen. Auch die Masturbation ohne Partner kannst du in tantrischer Weise erkunden, wenn du bereits eine Neigung dazu hast. Falls du so masturbieren willst, sieh zu, dass du eine Gewohnheit entwickelst, vor dem Orgasmus zu bleiben und dazu die Solo-Version der Rückhaltemethode benutzt. Mit all dem wird dein Wunsch nach lustvollem Vergnügen mit der Zeit etwas von seinem Glanz verlieren. Das deshalb, weil die innere spirituelle Freude immer dominanter wird und dies sehr befriedigend ist – nicht nur für den Augenblick, sondern den ganzen Tag und die ganze Nacht hindurch.

Eine starke Libido ist für die spirituelle Praxis in Wirklichkeit ein großer Vorteil – vorausgesetzt; du kannst etwas Disziplin in deine stimulierenden Übungen bringen. Dies ist in der Tat der Schlüssel – Leidenschaft mit einem Zweck, du verstehst. Du wirst wissen, dass du Fortschritte machst, wenn es dir reicht, erregt zu werden, ohne dass du bis zum Höhepunkt gehen musst. Das braucht seine Zeit. Siddhasana ist eine großartige Übung für das Kultivieren dieser Art des ständigen Stimulierens ohne Erwartungen. Das „wilde Pferd" des Siddhasana wird am Ende Ruhe geben. Dann wirst du spüren, wie ekstatische Glückseligkeit überall durch dich nach oben und unten rieselt. Die Freuden der Lust erscheinen dann als etwas Geringes und verschwinden während der yogischen sexuellen Stimulierung – genauso wie während der täglichen Aktivitäten – aus dem Bewusstsein

Schön langsam wirst du beginnen, die Männer auf eine andere Weise anzusehen. Dann wird es dir, wenn du das willst, möglich sein, mit einem Partner in Beziehung zu treten, ohne dass es auf eine passiv oder aktiv ausbeutende Weise geschieht. Ist es immer noch eins von diesen beiden, dann zieh in Betracht, mehr für dich selbst zu arbeiten, bis du jemanden mit ausreichender göttlicher Liebe in dein Bett einladen kannst, damit du mehr für ihn als für dich selbst da bist. Das wird eintreten, wenn du an deinen Übungen festhältst. Du wirst auch Männer von höherer spiritueller Qualität anziehen. Oder du wirst dich ganz über den Sex mit einem Partner hinausbewegen. Dies alles hängt von deinen Neigungen ab. Alles hängt davon ab, wohin dein Bhakti (göttlicher Wunsch) dich führt.

Der Guru ist in dir.

Lektion T16 – Was ist die beste tantrische Praxis?

Frage: Ich habe zu Tantra viele Bücher gelesen und ich weiß immer noch nicht genau, was das ist. Geht es dabei um Sex oder geht es um Yoga? Was ist tantrische Praxis und gibt es eine „beste" tantrische Praxis?

Antwort: Tantra wird im Westen sehr missverstanden, weil der sexuelle Aspekt überbetont ist. Im Osten wird Tantra missverstanden, weil der sexuelle Aspekt zu wenig betont ist.

In beiden Fällen ist der sexuelle Aspekt eine Zwangsvorstellung – einmal dafür und einmal dagegen. Das ist darauf zurückzuführen, dass es sich beim Sex um eine tiefe persönliche Lust handelt. Von tiefer Lust sind wir alle fasziniert, besonders wenn es sich um unsere eigene handelt. Es ist ein beherrschender Gedanke, eine Fixierung; und dadurch wird es zu einer Gefahr für unseren Yoga. Aber ohne Sex kann es keinen höheren Yoga geben. Deshalb müssen wir uns damit beschäftigen.

Was ist Tantra? Natürlich weißt du von der ersten Tantra-Lektion hier, dass es alles im Yoga ist – von oben bis unten und von links nach rechts.

Solltest du fragen: „Was ist die Definition von tantrischen Sexualpraktiken?", dann muss ich das in einem Wort ausdrücken – „Brahmacharya". Damit meine ich nicht das Zölibat, obwohl es das bedeuten kann. Was ich damit meine, ist die Erhaltung und Kultivierung sexueller Energie als Teil aller Yoga-Praktiken. Genitaler Orgasmus ist kein Teil davon. Den Orgasmus als Ziel haben wir nur, weil wir ihn brauchen, unseren Fortpflanzungstrieb zu befriedigen. Genitaler Orgasmus hat wenig mit spirituellem Fortschritt zu tun – außer dass er (vororgasmisch) zu einer Ganzkörperekstase ausgeweitet werden kann. Das Aufkommen einer Ganzkörperekstase ist der Weg der Natur, uns zu den spirituellen Reichen zu rufen, genauso wie sie uns mit dem Orgasmus zur Fortpflanzung ruft.

Deshalb ist jede Lehre, die verspricht, einen längeren, größeren oder besseren Orgasmus zu bieten, nicht wirklich tantrisch. Es geht dabei nur darum, einen besseren Sex zu haben; und danach halten die meisten Menschen eben Ausschau. Nicht, dass das in irgendeiner Weise falsch ist. Nur das gehört eben nicht zum Yoga.

Sind diese Lektionen anti-orgasmisch? Nein. Wir können unser Menschsein nicht leugnen. Wir tun nur unser Bestes, uns zum Göttlichen auszurichten, dahin einen Antrieb zu gewinnen und die besten Mittel dazu zu nutzen, die wir finden können. Wir werden auf die eine oder andere Weise jeden Tag davon abweichen. Das macht nichts. Das einzig Wichtige ist, dass wir die Grundsätze und Übungen, die unser Nervensystem reinigen und öffnen, andauernd favorisieren. Das Leben kann ohne Weiteres zu dieser einfachen Form der Meditation werden. Man braucht nur natürliche Prinzipien zu favorisieren, die es unserem Nervensystem erlauben, sich zu öffnen und zu reinigen. Durch negative Urteile erreicht man überhaupt nichts. Wenn wir also ausgleiten, greifen wir den Faden einfach wieder auf und gehen in der Richtung weiter, von der wir wissen, dass sie nach Hause führt. Das gehört auch zum tantrischem Sex, zum Brahmacharya-Prozess – dem sanften Favorisieren der Erhaltung und Kultivierung sexueller Energie durch dick und dünn und ohne zu urteilen.

Was ist die beste tantrische Praxis? Hinsichtlich der konsequenten Bewahrung und Kultivierung der sexuellen Energie ist der zweifellose Spitzenreiter Siddhasana.

„Das hat aber doch überhaupt nichts mit Sex zu tun!" sagst du.

Das ist korrekt. Wir haben hier in den Tantra-Lektionen die Methoden erörtert, wie wir auch beim Geschlechtsverkehr darauf hinarbeiten können, unseren Prinzipien (d.h. zu bewahren und zu kultivieren) treu zu bleiben. Doch wie oft haben wir jeden Tag Sex? Und wie lange vor dem Orgasmus? Und schaffen wir es überhaupt schon ohne den Orgasmus? Soll tantrischer Sex als tägliche spirituelle Praxis herhalten, wird das höchstens zu einer Glückssache. Sicherlich ist tantrischer Sex wundervoll und eindeutig eine Hilfe auf dem Weg. Damit kann ein geübtes Paar zu großen Höhen aufsteigen. Dennoch kommt dies langfristig nicht an die gleichmäßige, disziplinierte Kost des Siddhasana während unserer regulären zweimal täglichen Praxis im Sitzen heran. Deshalb ist Siddhasana auf jeden Fall das Beste. Man sitzt zweimal täglich für 30 Minuten oder länger in Siddhasana. Siddhasana ist anregend und immer vororgasmisch, sobald er einmal als ein normaler Teil unserer Übungspraxis richtig eingeführt ist. Das gleichzeitige Ausführen von Siddhasana mit Pranayama und Meditation bringt den enormen Vorteil der Kultivierung sexueller Energie, während unser Nervensystem mit tiefgreifenden spirituellen Prozessen beschäftigt ist. Dadurch werden die Wirkungen von Siddhasana und aller damit zusammen ausgeführten Übungen verstärkt.

Lektion T18 – Erleuchtung mit oder ohne Orgasmus?

Frage: Dein Frage&Antwort-Bereich ist sehr lehrreich, danke dafür. Ich habe eine Frage. Für eine Frau, die niemals eine sexuelle Erfahrung hatte, ich meine, wenn sie nicht weiß, was ein Orgasmus ist, ist es für diese möglich, die Kundalini zum Aufsteigen zu bringen? Ist das der Fall, wie geht man dann am besten vor? Bitte beantworte meine Frage. Danke.

Antwort: Danke fürs Schreiben und Teilen deines Anliegens.

Der Orgasmus ist keine Voraussetzung für das Aufsteigenlassen der Kundalini oder für Erleuchtung. Im Gegenteil, er kann ein Hindernis sein, wenn er zur Besessenheit wird, wie das bei vielen Menschen der Fall ist. Wenn die nicht-tantrische sexuelle Aktivität dann zu groß ist, kommt es zu einem Verlust von Vitalität. Es kann also sogar sein, dass du einen Vorteil hast. Dies setzt aber voraus, dass du mit deiner sexuellen Energie nicht ernsthaft verklemmt bist. Denn sie muss nach oben in das Nervensystem kommen, will man die Erleuchtungsstufe 2 (Ekstase) und 3 (Einheit) erreichen. Du wirst dich von den Haupt-Lektionen her daran erinnern, dass die erste Stufe anhaltende innere Stille („der Zeuge") ist.

Zu einer Öffnung der sexuellen (Kundalini-)Energie muss es also irgendwann einmal kommen – nicht nach unten, sondern nach oben. Dazu gehört eine besondere ekstatische Träumerei, die den gesamten Körper ausfüllt. Wie kann das erreicht werden? Das kann mit der Meditation alleine geschehen. Doch wird das lange Zeit dauern. Meditation ist am besten für das Erreichen der Erleuchtungsstufe 1 – unerschütterliches, stilles, reines Glückseligkeitsbewusstsein. Kommt die Wirbelsäulenatmung dazu, wird die gesamte Sushumna von der Wurzel bis zum dritten Auge mit Prana belebt, und das regt zum Erwachen von Kundalini viel mehr an als Meditation alleine. Die Kundalini ist ja definitionsgemäß erwachendes Prana im Wirbelsäulennerv und danach überall im Nervensystem. Dabei kommt das Prana vom riesigen Prana-Speicher im Beckenbereich. Um das etwas zu beschleunigen, können gezielte körperliche Übungen (und Kumbhaka, d.h. Atemrückhaltung) hinzugenommen werden, wie das bereits breit in den Haupt-Lektionen erörtert wurde. In der vorletzten Tantra-Lektion wurde auch erläutert, warum Siddhasana die direkteste Form der Stimulation durch tantrische Übungen, die im Sitzen ausgeführt werden, ist.

Das kannst du also alles ohne äußere sexuelle Aktivität oder Orgasmus machen, obwohl du wahrscheinlich einige neue sonderbare Empfindungen in deinem Beckenbereich und, wenn dein Yoga Fortschritte macht, auch weiter oben erleben wirst. Das ist unausweichlich. Hast du starke Liebesgefühle, kannst du sie zu deinem spirituellen Ideal lenken, anstatt in eine sexuelle Bahn, und so dein Bhakti für deine Übungspraxis verdoppeln. Du kannst eine in weiten Bereichen leidenschaftliche Liebesbeziehung mit Gott durchleben und trotzdem die ganze Zeit zölibatär bleiben – falls das deinen Neigungen entspricht. Viele große Yogis und Yoginis in der Vergangenheit sind diesen Weg gegangen.

Wie viele und welche der Übungen du in dein Programm aufnimmst, ist abhängig von deinen Neigungen. Vielleicht ist die direkte Stimulierung in Siddhasana für dich nicht geeignet. Vielleicht neigst du auch nicht zu einigen anderen der gezielteren Übungen. Falls das so ist, ist das in Ordnung. Mit Meditation und Wirbelsäulenatmung alleine kann auch alles erreicht werden. Sogar Meditation ohne etwas anderes kann uns langfristig sehr weit führen. Du musst selbst entscheiden, wie weit du gehen willst und wie viel ekstatische Energie du in deinem Nervensystem in Bewegung haben willst. Es kann ein ziemlich verrücktes Leben werden, wenn man eine schnell aufsteigende Kundalini hat, und das ist nicht jedermanns/frau Sache. Langsam und locker ist für einige vielleicht besser. Wir können uns das aber nicht immer aussuchen. Die Kundalini kann manchmal ihren eigenen Kopf durchsetzen wollen. Übernimmt sie das Kommando, enden wir in einer Partnerschaft.

Was immer die inneren Erfahrungen sein mögen, jeder hat die Freiheit, in seiner eigenen Geschwindigkeit mit den fortgeschrittenen Yoga-Übungen voranzuschreiten. Das gilt für alles – die tantrischen Sexualmethoden eingeschlossen. Am wichtigsten ist es, die unserem Nervensystem natürlicherweise innewohnenden Fähigkeiten zu verstehen und dann die Methoden zur Stimulation auszuwählen, von denen wir fühlen, dass sie für uns angemessen sind. Sogar ein ganz anderer Weg ist okay. Betrachte in diesem Fall all diese Lektionen als „Gedanken-Nahrung".

Mach dir keine Sorgen: Sexuell nicht aktiv zu sein, ist kein Nachteil. Du kannst alles auf deine eigene Art vollbringen. Es liegt in deiner Entscheidung, wie du nach Hause reisen willst. Wenn du die verschiedenen Methoden zur Reinigung und Öffnung deines Nervensystems erkundest, wirst du dein Gleichgewicht in den Übungen finden.

Der Guru ist in dir.

Lektion T19 – Sex, Liebe und Bhakti

Jeder weiß, dass es beim Sex um Hormone geht. Es gibt den alten Witz, dass „Teenager nur aus Hormonen bestehen“. Möglicherweise trifft das auch auf viele von uns Erwachsenen zu. Je mehr hormonale Vitalität wir aufweisen, desto höher ist unser sexueller Stellenwert und Selbstbild. Wenn die Säfte fließen, fühlen wir uns lebendiger.

Alles dreht sich um Prana, verstehst du? Prana ist Vitalität – die in unserem Inneren fließende Lebenskraft. Das steckt hinter all diesen Hormonen. Durch Yoga beeinflussen wir unser Prana, indem wir auf unsere Körperchemie einwirken und umgekehrt. Wir denken gemäß einer bestimmten Vorgehensweise und werden körperlich und mental still im Inneren und innere Stille dehnt sich aus. Wir werden zur leeren, unabhängigen Bewusstheit. Das ist Meditation. Wir atmen auf eine bestimmte Weise und die in unserem Körper fließenden Energien werden spürbar belebt. Das ist Pranayama. Wir lieben einen Partner auf eine gewisse Art körperlich oder beschäftigen uns mit bestimmten Typen von Selbststimulation unserer sexuellen Energie und unsere inneren Erfahrungen werden auf dramatische Weise in unermessliche innere Flüge ekstatischer Euphorie ausgeweitet. Dann sind wir gleichzeitig leer und euphorisch. Aus der Verbindung dieser beiden besteht die göttliche Liebe – ein selbsterhaltendes Fließen, wozu kein Objekt nötig ist. Es ist einfach.

Der große Kriya Yogi Lahiri Mahasaya sagte:

„Meine Anbetung ist von ganz sonderbarer Art. Heiliges Wasser ist nicht nötig. Besondere Geräte brauche ich nicht. Selbst Blumen sind überflüssig. In diesem Gottesdienst sind alle Götter verschwunden und Leere ist mit Euphorie verschmolzen.“

Letztendlich geht es also bei der spirituellen Transformation von Menschen nicht um äußere Objekte oder Rituale. Es geht um unsere inneren Prozesse, unsere innere Bewusstheit (Leere) und unsere Ekstase (Euphorie). Wenn diese beiden verschmelzen, ist alles, was übrig bleibt, göttliche Liebe, die von einem endlosen inneren Reservoir aus nach außen fließt. Sie ist ihre eigene Quelle. Sie existiert für kein einzelnes Objekt, doch dient sie allen. Sie ist ihre eigene Erfüllung und das ist das allgemein Gute. Göttliche Liebe besteht aus Hormonen, die zu ihrer höchsten Ebene des Funktionierens im menschlichen Wesen gebracht wurden.

Was ist aber mit der gewöhnlichen Liebe, die Art, welche die meisten von uns irgendwann in ihrem Leben fühlen – die Art, die wir in unseren Herzen und Lenden fühlen. Wie dehnen wir uns von da zur göttlichen Liebe aus? Das geschieht durch die Wahl einer höheren Manifestation unserer Energie, d.h. wir wählen eine höhere Ebene des Funktionierens unserer Hormone, indem wir die Reise der Transformation durch Anwendung yogischen Wissens machen.

Werden wir sexuell erregt, werden unsere Hormone in einen höheren Gang angeregt. Wir fühlen Euphorie. Wir fühlen uns angezogen – angezogen von was? – von irgendetwas, irgendjemand. Diese gewaltige euphorische Anziehung benötigt ein Objekt. Wir verlieren unseren Kopf, sobald das geschieht. Die Gefühle übernehmen die Führung. Nur noch das Objekt ist wichtig.

„Liebe macht blind.“

Was ist die gewöhnliche Liebe? Sie ist ein extremer Fluss von Hormonen. Wir werden von innen betäubt. Das erfüllt uns mit Hingabe an das Objekt unserer Bezauberung – zumindest für einige Zeit, zumindest bis die Hormone zur Ruhe kommen. Und was ist dann? Dann ist ‚die Hochzeitsreise zu Ende’ und wir gehen in eine andere Phase des Prozesses über, in eine weniger intensive.

Der Unterschied zwischen der gewöhnlichen Liebe und der göttlichen Liebe ist der, dass die Intensität der göttlichen Liebe niemals aufhört: Die Hochzeitsreise geht nie zu Ende. Sie hört nie auf. Sie wird sogar immer intensiver und intensiver. Das Göttlichverliebtsein ist wie der Fall in einen unendlichen Abgrund der Liebe. Beim Fallen fließt sie zu allen um uns herum aus. In der göttlichen Liebe werden wir zu einem Verbindungskanal zwischen der Unendlichkeit und der Welt.

Bei göttlicher Liebe, einer göttlichen Liebesaffäre, geht es genauso um Sex wie bei normalen menschlichen Liebesaffären. Bei göttlicher Liebe geht es aber um den inneren Sex und dieser endet nie. Bei gewöhnlicher Liebe geht es um externen Sex, und der verliert seine Intensität nach einer Zeit. Gewöhnlich Liebende schreien und stöhnen für einige Minuten oder Stunden in Ekstase. Liebhaber des Göttlichen schreien und stöhnen in Ekstase für Jahrzehnte.

Wenn du die Gedichte von Rumi und des Hl. Johannes vom Kreuz (siehe die Link-Seite der Website) liest, wirst du sehen, dass diese Weisen eine leidenschaftliche Beziehung zum Göttlichen unterhielten – eine ungemein romantische Beziehung zu ihren eigenen „Ishtas“, ihren gewählten Idealen. Lahiri Mahasaya weist darauf hin, dass aber auch diese Ideale am Ende von der Realität der inneren Transformation, dem Verschmelzen der inneren Stille mit der inneren Ekstase, einem im Inneren auftretenden neurochemischen Prozess, überblendet werden. Ach, die göttliche Liebesaffäre! Wir müssen sie in irgendeine Form von Sprache fassen. Wir beschreiben sie mit Metaphern, Göttern, der Sprache unserer Kultur. Auch wenn wir noch so viel analysieren und uns mit Yoga beschäftigen, sobald göttliche Liebe aufwallt, bleibt nur noch Poesie und möglicherweise nicht einmal das.

So ähnlich ist es in tantrisch sexuellen Beziehungen auch. Die Hormone werden höher und höher kultiviert. Unser(e) Liebhaber(in) ist das Göttliche vor uns, in uns, es hüllt uns ein. Haben wir die Methoden von Bhakti angewandt, wissen wir, dass all unsere Wünsche, all unsere Leidenschaften und all unsere Hormone nach diesem hohen Zweck in uns streben. Außer diesem hat nichts irgendeine Bedeutung. Unsere gewöhnliche Liebe wird sich in jeder Minute zu göttlicher Liebe verwandeln. Liebesobjekte werden zu spirituellen Objekten und verschmelzen dann in unserem Inneren. Unser Körper, unser Geliebter und jeder, den wir sehen, sind Ausdruck Gottes und sind für diesen göttlichen Liebesakt da, der die Trennung auflöst. Gewöhnlichen Menschen mögen wir als verrückt erscheinen, wenn wir uns in diesem Zustand göttlicher Leidenschaft befinden.

Verrückt oder nicht, sind wir vorausblickend, arbeiten wir mit unseren sitzenden Übungen darauf hin, unsere Liebe höher und höher gehen zu lassen, wenn wir uns nicht in einer tantrisch-sexuellen Verbindung befinden. Das können wir jeden Tag. Dann hört die Liebesaffäre niemals auf. Sie schleicht sich in unser alltägliches Leben ein und fließt von uns als Wellen schönster Glückseligkeit aus. Die täglichen Übungen sind dafür sehr wichtig. Schließlich wird das zu einem Selbstläufer. Das Nervensystem will zu diesem göttlichen Zustand aufsteigen. Es bittet uns darum, dass wir Yoga ausführen, indem es uns aus dem Inneren unseres Herzens still anruft. Öffnet sich das Nervensystem im Yoga, übernimmt es die Führung, und dann gibt es keinen Halt mehr. Dann befinden wir uns in voller Fahrt.

Wenn du also verliebt bist, eine sexuelle Affäre mit jemandem hast oder nur über Liebe nachdenkst, halte dir etwas im Bewusstsein: Deine Liebe ist zu etwas Großem, das weit über Anhänglichkeiten oder Vergnügungen des Augenblicks hinausgeht, bestimmt. Du brauchst nirgendwo hinzugehen, um deine Bestimmung zu finden. Du brauchst weder deine Familie, noch deine Karriere, noch irgendetwas anderes aufzugeben. Du musst nur erkennen, dass du dein Verlangen und deine Leidenschaft auf etwas Höheres zielen lassen kannst.

Wie soll das gehen?

Die Absicht allein setzt die Dinge in Bewegung. Spürst du, wie sie sich jetzt in dich hineinbewegt? – Eine Beschleunigung deiner Hingabe. Eine magische Erwartung, die sich tief in dir regt. Favorisiere das. Favorisiere das, während du fühlst, wie deine Liebe fließt. Favorisiere das, während du mit deinem(r) Geliebten im Bett zusammen bist. Fühle es, während du die Methoden anwendest, die deine göttliche Energie höher in deinem(r) Geliebten und dir selbst kultiviert. Fühle dies, während du deine täglichen sitzenden Übungen ausführst. Steige hoch in göttlicher Liebe. Die Mittel dazu hast du zur Hand.

Der Guru ist in dir.

Lektion T21 – Ein sehr alter Ratschlag für tantrischen Sex

Im Jahre 1957 wurde in Japan ein kleines Büchlein mit dem Titel Ohne Worte – ohne Schweigen: 101 Zen-Geschichten und andere Zen-Texte aus 4 Jahrtausenden, zusammengestellt und übertragen von Paul Reps und Nyogen Senzaki, veröffentlicht. Darin sind auch Aufzeichnungen aus einigen sehr alten indischen heiligen Schriften enthalten. Einige davon, die 4000 Jahre alten Vigyan Bhairava und Sochanda Tantra und andere, wurden zu den 112 „Zentrierungsübungen" genannten Techniken vereinigt. Das ist ein umfassender Überblick über Tantra-Yoga und es werden sowohl Rechte-Hand- als auch Linke-Hand-Techniken abgedeckt.

Jede der 112 Techniken nimmt nur ein paar Zeilen ein und zusammen füllen sie nur einige Seiten. In der Link-Liste der Website findest du eine deutsche Übersetzung unter „112 Zentrierungsübungen".

Wie bereits in der ersten Lektion hier erörtert, ist Tantra das umfassendste Yoga-System und lässt kein Mittel zur spirituellen Transformation unberücksichtigt. Nahezu jede der fortgeschrittenen Yoga-Übungen wird in der ein oder anderen dieser 112 Techniken berührt, was erstaunlich ist, weil sie nicht als Richtschnur beim Schreiben dieser Lektionen gedient haben. Was heute im Yoga wahr ist, war vor 4000 Jahren genauso wahr, das dokumentieren diese 112 Techniken.

Du erinnerst dich daran, dass die Prinzipien von Brahmacharya wesentlich für die Verwendung sexueller Energie zu spirituellen Zwecken sind. Brahmacharya meint Bewahrung und Kultivierung sexueller Energie. Das geschieht mit speziellen Techniken bei der sitzenden Praxis und mit anderen Mitteln während tantrisch-sexueller Beziehungen.

Die Technik Nr. 43 der 112 Techniken trifft den Kern des tantrischen Sex und impliziert all die in diesen Lektionen behandelten tantrischen Techniken.

„Zu Anfang der sexuellen Vereinigung, achte auf das Aufflackern von Feuer und bleibe weiter darauf bedacht, damit du Glut am Ende vermeidest."

Von diesem einen Satz können alle tantrischen Sexualmethoden abgeleitet werden. Es sind in der Tat Bände geschrieben worden, diesen Satz auszulegen. Der späte Osho/Rajneesh, der berühmte Tantra Guru, schrieb alleine für die Auslegung der 112 Techniken ein Buch mit 1000 Seiten. Es heißt Das Buch der Geheimnisse: 112 Meditations-Techniken zur Entdeckung der inneren Wahrheit und wurde 1974 veröffentlicht.

Beim Yoga gibt es nichts Neues. Das menschliche Nervensystem funktioniert wie vor Tausenden von Jahren genau in gleicher Weise. Es ist nur wichtig, die zugrunde liegenden Prinzipien der menschlichen spirituellen Transformation zu verstehen. Kennen wir die einmal, ist es einfach, die Effektivität spiritueller Praktiken zu verstehen und sie in eine einfache, kraftvolle Routine zu integrieren, die unser Leben verändern kann und uns für die unendliche ekstatische Glückseligkeit aufschließt.

Der Guru ist in dir.

Lektion T22 – Die Kundalini und die sexuelle Anziehung von Guru und Gott

Frage: Ich habe mich seit Jahren nicht mehr zu jemandem sexuell hingezogen gefühlt, was sonderbar ist, da ich mich sogar als kleines Kind von Männern angezogen fühlte. Ich hatte auch damals schon eine aktive Kundalini. Heute kann ich Männer anschauen und denken, dass sie attraktiv sind. Aber es kommt zu keinem libidinösen Fließen bzw. Reaktion darauf in mir. Männer finden mich attraktiv, doch es ist, als würde ich ihre Energie sehen und absolut keinen Wunsch haben, mit ihnen zusammen zu sein. Der einzige, der dem nahe kommt, was ich will, ist mein Guru und ich will keine körperliche Vereinigung mit ihm. Ist das alles nur Teil des Prozesses? Oder hat das etwas damit zu tun, dass ich nicht genügend geerdet bin?

Antwort: Das ist ein normaler Prozess der Transformation und dieser besteht aus vielen Stadien. Die Sexualität ist ein wichtiger Teil von Yoga – insbesondere in Beziehung auf die Entwicklung der Kundalini-Energie. Da deine Kundalini seit langem aktiv ist, zieht dies deine Energie und deine Aufmerksamkeit nach oben und weg von äußerem Sex. Es ist nicht absolut notwendig, dass das alles nach oben geht. Die Energie kann in beide Richtungen gehen. Das hängt von der jeweiligen Vorgeschichte und den Neigungen ab. Für jene, deren Energie nach einer sexuellen Beziehung aus ist, gibt es diese Tantra-Lektionen, damit in sexuellen Beziehungen Methoden zur Unterstützung von Yoga angewandt werden können. Wie in Lektion T9 erörtert, ist das Zölibat keine Vorbedingung für den Erfolg – Bewahrung und Kultivierung sexueller Energie sind es hingegen, und es gibt eine Vielzahl von Mitteln, womit dies erreicht werden kann.

Für erfolgreichen Yoga kann das Spektrum alles abdecken – von tantrischem Sex über moderatem nicht-tantrischem Sex bis hin zum Zölibat. Das hängt ganz von dir ab. Geht die Energie nach oben und du willst mit ihr gehen, ist das in Ordnung. Geht sie nach oben und du willst zurück nach unten zum Sex kommen, ist das auch in Ordnung. Du musst nur verstehen, was zum tantrischen Sex gehört, und du wirst gut damit fahren. Einige Menschen neigen zu sexuellen Exzessen, und das ist nicht sehr gut für ihren Yoga. Dieses Problem muss dann irgendwie angegangen werden, damit es zu einem spirituellen Fortschritt kommen kann. Es scheint, dass sich beim Sex jeder in einer anderen Lage befindet. Man braucht darüber gar nicht zu urteilen. Sei, wer du bist, und wie immer sich die Sexualität in dir manifestiert, favorisiere die entsprechenden Mittel, um damit den Sex zu einem Unterstützungsfaktor in deinem Yoga zu machen.

Noch etwas anderes: Der spirituelle Pfad wird sehr sexy, wenn die Ekstase mit der Kundalini aufsteigt. Du hast dies wahrscheinlich bereits erfahren. Der gesamte Körper kann sich jederzeit in einem ständigen quasi-orgasmischen Zustand befinden, wenn erst einmal das Nervensystem bis zu einem gewissen Maß gereinigt ist. Schon alleine ein andächtiger Gedanke kann dies auslösen. Unser Leben wird dann zur Ekstase und wir werden jeden Tag zu unserem Meditationssitz (Siddhasana) eilen. Es ist eine göttliche Romanze zwischen dem Yogi/der Yogini und Gott – mit einer Menge an reizendem Sex, der in unserem Inneren nach oben und unten geht. Erleuchtete Zölibatäre haben ein extrem aktives Sexualleben mit Gott. Bei ihnen hört die Leidenschaft niemals auf.

Martin Bubers Ekstatische Konfessionen ist eine gute Anthologie von Tagebuchzeugnissen zum Thema ekstatischer Beziehungen mit Gott, eine Sammlung aus vielen Jahrhunderten. Ekstatische Glückseligkeit floss reichlich in den Klostergemeinschaften des mittelalterlichen Europa!

Es ist auch gut, die persönlichen Beschreibungen von Rumi, des Heiligen Johannes vom Kreuz und des Heiligen Franz von Assisi zu lesen, um zu erfahren, wie ein inniges Liebesverhältnis mit Gott aussieht. Das ist glühendes Bhakti! Links dazu findet man im Link-Bereich der Webseite.

Nichts von dem bedeutet, dass du für die so genannte göttliche Romanze deine sexuelle Aktivität aufgeben musst. Dies entwickelt sich mehr oder weniger auf natürliche Weise in allen von uns. Sexualität und Leidenschaft haben ein breites Spektrum in uns, und es ist einfach, eine Sache zu tun und sich darüber zu wundern, warum wir nicht etwas anderes machen. Die Möglichkeiten, die uns offen stehen, sind endlos. Es ist immer eine Frage, was wir wollen. Wenn wir Gott wollen und diesen Wunsch (Bhakti) nähren, werden wir uns irgendwie höherbewegen.

Möglicherweise ist der Mann, den du willst, „Gott". Symbolisiert ein Mensch dies, dann fühlst du dich vielleicht zu ihm hingezogen. Es ist völlig normal für jemanden, der sich in einem Kundalini-Übergang (auch wenn sich dieser als ein sehr langwieriger erweist) befindet, von einem Guru angezogen zu sein. Gurus im Körper werden davon berührt und viele haben sich mit ihren Schülerinnen Freiheiten erlaubt – oft mit großem Schaden für ihre Glaubwürdigkeit. Es tut auch dem(n) Schüler(n) nicht gut. Ich glaube, du verstehst das. Gott ist in dir, und Männer werden immer Männer bleiben.

Andererseits könntest du jemanden finden, den du liebst, ihn heiraten und eine Familie gründen. Dann wird Yoga innerhalb der Koordinaten des geschäftigen Rahmens eines Familiendaseins weitergeführt. Das ist der Weg, den ich beschritten habe. Dies ist ein weit verbreiteter Gang der Entwicklung auf dem Spektrum von Liebesgeschichten. Liebe kann uns auf so vielen verschiedenen Wegen voranbringen, wenn wir sie nur lassen.

Ist das Nervensystem geöffnet, besteht alles aus Liebe und man kümmert sich nicht mehr so viel um Sex und auch nicht mehr so sehr um persönliche Liebesaffären. Dann geht es mehr um das göttliche Liebesverhältnis. Liebe fließt dann ständig aus, ohne etwas als Erwiderung oder Lohn zu brauchen.

Der Guru ist in dir.

Lektion T23 – Die Zählmethode – Wie man *vororgasmisch* bleibt

Frage: Danke für deine großartigen Lektionen hier und auch drüben in den Haupt-Lektionen. Du hast aus mir eine Gläubige gemacht. Gut, ich übe noch. Ich bin nämlich eine jener, die auf den Orgasmus fixiert sind. Ich weiß nicht, ob Fixierung das richtige Wort ist. Ich mache halt immer weiter, weißt du, und weiß nicht, wie ich vor dem Orgasmus anhalten kann, obwohl ich das will und weiß, dass das der Weg ist. Ich habe meinen Freund dazu gebracht, die Lektionen zu lesen, so hoffe ich, dass er mir etwas helfen kann. Sogar beim Masturbieren (das mach ich sehr viel) kann ich auch nicht aufhören. Es ist, als sei ich ein führerloser Zug und ich kann nicht anhalten, bis ich über die Klippen gestürzt bin. Ich fahre und fahre und wie halte ich an? Also, ich mag auch manchmal den Vibrator und ich weiß auch da nicht, wie ich vor dem Orgasmus anhalten soll. Soll ich das mit dem Vibrator sein lassen? Vor kurzem habe ich mit Siddhasana begonnen und habe etwas Erfolg damit, während der Meditation erregt und *vororgasmisch* zu bleiben. Aber ich masturbiere auch manchmal dabei und ich fühle mich schuldig. Es scheint, als läge die einzige Zeit, in der mein Körper anhalten will, nach dem großen Schauer, und dann ist es zu spät. Hilfe!

Antwort: Du besitzt den wichtigsten Bestandteil für einen Erfolg – das Verlangen. Damit meine ich nicht sexuelles Verlangen, wovon du auch genügend hast, und das kannst du auch zu deinem Vorteil nutzen. Alles Verlangen (das sexuelle eingeschlossen) kann zu einem hohen spirituellen Zweck umgewandelt werden. Du bist gerade dabei, damit zu beginnen. Das ist Bhakti.

Du findest in deiner Leidenschaft dieses überaus wichtige Verlangen, das zu tun, was nötig ist, damit du mit deiner sexuellen Energie im Inneren höher steigen kannst – d.h. vororgasmisch für ausgedehntere Perioden erregt zu bleiben. Dies ist die Bedingung für die Bewahrung und Kultivierung sexueller Energie. Das ist Brahmacharya.

Du weißt aus früheren Lektionen hier, dass sich sogar die ekstatischen Nonnen für Gott über Monate und Jahre zu diesem Zweck erregt gehalten haben.

Für uns Normalsterbliche, die wir den reproduktiven Sex noch nicht aufgegeben haben, ergibt sich die Frage, wie wir vororgasmisch bleiben, wenn uns die Götter der Fortpflanzung gnadenlos dorthin drängen? Bisher kennen wir die Prinzipien der Bewahrung und Kultivierung sexueller Energie. Aber wie verbessern wir unsere Fähigkeit, diese Prinzipien in die Praxis umzusetzen? Es gibt eine weitere Technik, die wir anwenden können und die uns garantiert vor dem Orgasmus anhalten lässt. Und ich meine damit nicht, wir sollten eine Stange Dynamit neben unserem Bett zur Detonation bringen, bevor wir die Grenze überschreiten. Das würde vielleicht gar nicht funktionieren.

Wir können alle zählen, oder? Dies wird die Zählmethode genannt. Wie unsexy kannst du werden? Die bloße Erwähnung von Zählen törnt schon ab. Was sollen wir zählen? Schäflein?

Nein, wir zählen „Streicheleinheiten". „Streicheleinheiten?", sagst du. Ja, all die Dinge, die uns zum Orgasmus bringen. Nimm einmal an, du bist allein und masturbierst. Wie viele „Streicheleinheiten" brauchst du dafür? 20? 50? 100? 500? Das zählst du wahrscheinlich nie. Wer macht das überhaupt? Doch jetzt führen wir etwas Zählen ein, zumindest so lange, bis wir ein wenig Disziplin vor dem Orgasmus erreicht haben. Und das Zählen kann da sehr viel helfen, weil es uns daran gewöhnt, mit der Stimulation vor dem Orgasmus aufzuhören. Das ist alles, was nötig ist, wie du weißt. Sich nur etwas damit anfreunden, wie es ist, wenn man vor dem Orgasmus anhält. Das ist nicht das Ende der Welt, sondern der Beginn einer neuen Welt.

Wenn du also masturbierst, streichle dich ein bisschen, bis es beginnt dich zu erregen. Du weißt, wann dieser Zug beginnt an Fahrt zu gewinnen und dabei ist davonzulaufen. Dann zähle zehn „Streicheleinheiten" und warte für ungefähr fünfzehn Sekunden. Oder halte eine halbe Minute oder länger inne, wenn du willst. Sind zehn Streicheleinheiten zu viel, begnüge dich mit fünf und höre dann auf. Sind zehn zu wenig, versuch es mit fünfzehn oder zwanzig Mal Streicheln und halte an. Du solltest jedoch nicht in die Nähe des Orgasmus kommen. Auch nicht darüber hinaus. Nutze die Zählmethode, damit du dir etwas Spielraum verschaffst. Erlaube dir, mit dem Bereich vor dem Orgasmus vertraut zu werden. Dazu ist die Zählmethode da. Machst du das so, kultivierst du die sexuelle Essenz höher in deinem Nervensystem nach oben. Hast du das eine Zeitlang gemacht, wirst du fühlen, wie du ein Reich friedvoller Ekstase betrittst. Gehe dahin; bleibe dort für geraume Zeit. Je länger du dort bleibst, desto mehr wird dein Nervensystem in ein reines Vehikel für spirituelle Erfahrungen umgewandelt.

Das Anhalten mit Hilfe des Zählens ist eine regulierte Version der Rückhaltemethode, die in diesem Fall bei der Masturbation eingesetzt wird. Mach nur weiter damit. Bringt dich das Zählen bis zehn mit den anschließenden fünfzehn Sekunden Pause von deiner Erregung weg, dann erhöhe es auf 15-mal Streicheln. Näherst du dich mit jedem

Zählen dem Orgasmus mehr, dann verringere die Anzahl ein wenig. Die Idee dabei ist, einen Gleichgewichtspunkt der Erregung vor dem Orgasmus zu finden, der erotisch angenehm ist, und dann mit dem Streicheln weiterzumachen und mit Nutzung der Zählmethode die Rückhaltung immer wieder anzuwenden. Versuch das einmal für 30 Minuten aufrecht zu halten. Das ist eine gute Übung für die Rückhaltung, und du wirst bemerken, dass viel Energie nach oben steigt und dass du in den friedvollen ekstatischen Zustand übergehst, der oben erwähnt wurde. Am wichtigsten dabei ist, dass du die Gewohnheit entwickelst zu wissen, wie die Stimulation vor dem Orgasmus gestoppt werden muss, damit du dich dabei wohl fühlst, weil du den Frieden und die Ekstase findest, die darin aufsteigen. Dadurch bekommst du diesen führerlosen Zug unter Kontrolle. Das ist eine neue und wundervolle Art der Stimulierung und Befriedigung, die wir entwickeln. Sowohl Männer als auch Frauen können die Zählmethode beim Masturbieren mit guten Ergebnissen anwenden.

Auch beim Üben mit einem Partner kann der Mann, falls er Schwierigkeiten mit der Rückhaltemethode hat, die Stöße zählen, um so die Gewohnheit zu entwickeln, vor dem Orgasmus zu bleiben. Natürlich steht ihm auch noch das Blockieren zur Verfügung. Die Zählmethode ist beim Sexualakt mit einem Partner die gleiche wie bei der Autoerotik – mit Ausnahme, dass eben statt einer zwei Personen daran beteiligt sind. Es werden also statt nur einer zwei sexuelle Energien im Vorfeld des Orgasmus kultiviert. Dadurch ist es stimulierender und mithin auch etwas komplizierter. Es erfordert eine Zusammenarbeit, wie in früheren Lektionen erörtert. Hier ist es dann für euch beide von Vorteil, dass dein Freund die Lektionen auch liest. Zwischenzeitlich kannst du für dich selbst üben, und das wird dir sehr dabei helfen, dich dem Sexualverkehr auf tantrische Art anzunähern. All unser Fortschritt durch das Üben für uns alleine ist direkt für unseren Verkehr mit dem Partner nutzbar. Macht dein Freund Fortschritte in der Kontrolle über seine Ejakulation, kannst du auch üben, wenn du dich oben befindest. Ist es einmal so weit, wirst du aber wahrscheinlich beim tantrischen Sex das Zählen nicht mehr brauchen und ihr werdet beide in den höheren Regionen eures Nervensystems Sex haben. Bis dahin wirst du auch wissen, wie du es erreichst, durch eine gut entwickelte Gewohnheit vor dem Orgasmus stehen zu bleiben und die Himmelsleiter gemächlich hochzusteigen.

Das Zählen ist ein gutes Hilfsmittel für die Entwicklung der Gewohnheit vororgasmisch zu bleiben. Es ist ebenso eine Hilfe, sehr befriedigt zu werden, wenn man in der ganzen sitzenden Praxis erregt und vororgasmisch in Siddhasana sitzt. Wie du feststellen wirst, ist natürlich Siddhasana selbst ein gutes unabhängiges Training dafür. Es ist in Ordnung, wenn du in Siddhasana manchmal bis zur Masturbation kommst. Mach dir deswegen keine Sorgen. Das ist eine normale Übergangserscheinung, der jeder auf die eine oder andere Weise bei der Aneignung von Siddhasana unterworfen ist. Die Masturbation in Siddhasana wird mit dem Fortschritt der Erfahrungen stufenweise weniger. Mit der Zeit wirst du entdecken, dass das Gleiten in Siddhasana und darin die ganze Zeit vororgasmisch die sitzenden Übungen zu machen, auf ganzer Breite und in jedem Aspekt genauso befriedigend ist wie ein guter Sex. In Wirklichkeit ist das sogar sehr viel befriedigender, weil es dabei kein Enttäuschen gibt – keine Klippe, es geht immer höher und höher. Es ist eine während des ganzen Pranayama, der Meditation und darüber hinaus auftretende unendliche ganzkörper-ekstatische Glückseligkeit, ein wiedergeborener Orgasmus. Erreichen die Erfahrungen diese Höhe, besteht keine Notwendigkeit, den Sex aufzugeben. Die Prinzipien der Bewahrung und Kultivierung können mit guten Ergebnissen in beiden Arten der Betätigung angewandt werden.

Auch mit deinem Vibrator kannst du die Zählmethode anwenden, selbst wenn du dabei keine Streicheleinheiten zählen kannst, weil du ihn in einer mehr oder weniger unbeweglichen Position hältst. Zähle in diesem Fall einfach mit deiner inneren Uhr die Sekunden und beende die Stimulation mit dem Vibrator nach der festgesetzten Zahl. Möglicherweise merkst du, dass es nötig ist, die Zählzahl tiefer anzusetzen, um mit dem Vibrator vor dem Orgasmus zu bleiben, weil er zu mehr Stimulation führt. Hast du den Zug also einmal in Bewegung gesetzt, zählst du vielleicht nur noch bis fünf und hörst dann auf, anstatt der zehn oder mehr, wenn du nur mit den Fingern streichelst. Das kann einfach so geschehen, und es entsteht auf diese Weise kein Problem durch die Nutzung eines Vibrators oder eines anderen Hilfsmittels, falls du dazu neigst. Das Wichtigste dabei ist zu wissen, wie man zur Bewahrung und Kultivierung sexueller Energie anhält, und die Zählmethode leistet das für dich, wenn du weise genug bist, deine richtige Zahl für das Zählen zu wählen.

Du bist eine Tantra-Göttin im Werden. Im Nu wirst du deinen Liebhaber und dich selbst zu neuen Höhen ekstatischer Glückseligkeit im Inneren führen. All das hilft dir, deine sitzende Übung sehr angenehm werden zu lassen und deine täglichen Aktivitäten mit zunehmender Ekstase zu durchdringen.

Der Guru ist in dir.

Lektion T24 – Tantrische Masturbation bei den sitzenden Übungen

Frage: Nachdem ich das Material in den Tantra-Lektionen gelesen habe, frage ich mich, ob ich meine Fortschritte beschleunigen könnte, wenn ich mehr sexuelle Erregung während der sitzenden Übung hätte. – Zurzeit habe ich davon überhaupt nichts. Siddhasana erzeugt bei mir überhaupt keine sexuellen Energien, vielleicht weil ich Prozac [in den USA viel genommenes Antidepressivum] einnehme, das die Fähigkeit des Körpers, erregt zu werden, vermindert, und das bezieht sich sowohl auf Kampf- oder Flucht-, aber auch auf sexuelle Reaktionen. Ich nehme es sowohl gegen Ängstlichkeit als auch gegen Depression ein und es schwante mir heute, dass vielleicht bezüglich der Ängstlichkeit nicht eine Verringerung der Erregung, d.h. Ängstlichkeit, sondern eine Umwandlung dieser Erregung bzw. Ängstlichkeit in spirituelle Energie nötig ist. Es wäre sicher schwer, für meine sitzende Übung Ängstlichkeit auszulösen, aber nicht so sehr eine sexuelle Erregung. Deshalb mache ich mir Gedanken darüber, ob *vororgasmische* Masturbation als Teil der sitzenden Übung nützlich sein könnte, den Energiefluss zu erhöhen und in die Ekstase zu kommen.

Ich hoffe, dass mich die Übungen, die du lehrst, am Ende befähigen werden, die Einnahme von Prozac einzustellen, doch bin ich nicht im Begriff, die Einnahme überstürzt abzusetzen.

Antwort: Ich stimme damit überein, dass du nicht nur deswegen, weil du sensitiver in Siddhasana werden willst, deine Medikamente absetzen solltest. Das ist nicht wichtig, weil genauso viel Fortschritt in Bezug auf die Hervorbringung innerer Stille in der Meditation gemacht wird, und eine sexuelle Stimulation ist dafür auch nicht notwendig. Wie du weißt, ist innere Stille die bei Weitem wichtigste Zutat zur Erleuchtung.

Denke daran, dass das meiste hier in den Tantra-Lektionen Erörterte für jene bestimmt ist, bei denen die Sexualität auf einer bestimmten Ebene bereits eine Rolle spielt und es dann um die Frage geht, wie man damit den besten Nutzen aus Yoga ziehen kann. Es soll nicht jeder dazu aufgerufen werden, über seine Verhältnisse hinaus sexuell aktiv zu werden, nur um mehr tantrische Sexualpraktiken ausführen zu können.

Ich verstehe, wie der Gedanke in dir entstehen kann, dass es notwendig ist, eine sexuelle Erregung in deiner sitzenden Praxis zu fördern. Dafür ist ja Siddhasana in Wirklichkeit auch da. Jedoch ist es nicht das Beste zu versuchen, die Stimulation bei den sitzenden Übungen über Siddhasana hinaus aktiv zu betreiben. Besser lässt man es in Siddhasana ganz natürlich geschehen. Vergiss auch nicht Mulabandha und die Mudras usw. weiter oben im Körper, die alle in das Aufkommen der ekstatischen (sexuellen) Leitfähigkeit im Nervensystem eingebunden sind.

Du bist bestrebt, deinem spirituellen Prozess auf die Sprünge zu helfen, und das ist sehr schön. Doch es ist besser, nicht vor oder während der sitzenden Übungen zu masturbieren. Das wäre zu viel Stimulation, wenn du dein Nervensystem zur Stille kommen lassen willst. Du kannst die tantrischen Praktiken aber zu anderen Zeiten anwenden, und die damit erzielten Ergebnisse werden sich in deinem Nervensystem ansammeln und dann auf natürliche Weise mehr in Siddhasana, den sitzenden Übungen und auch im täglichen Leben zur Verfügung stehen.

Du kannst Siddhasana ein wenig unterstützen, indem du deine Genitalien bei den sitzenden Übungen mit den Händen umschließt. Das ist keine Masturbation, nur ein wenig stille Hilfe für deine Energie. Führe das nicht zu weit, so dass du dadurch nicht zu sehr von der einfachen Wirbelsäulenatmung und Meditation abgelenkt wirst. Wir suchen immer einen schönen Ausgleich. Dahin kommen wir mit Siddhasana auch: zu einem schönen Ausgleich zwischen einer sanft nach oben gespülten ekstatischen Energie und der durch Meditation und andere sitzende Übungen hervorgerufenen tiefen inneren Stille. Diese beiden vereinigen sich in uns und schaffen eine unendliche ekstatische Glückseligkeit und überfließende göttliche Liebe.

Es ist wichtig anzumerken, dass es bei der aufsteigenden Kundalini nicht nur um sexuelle Erregung geht. Deshalb kann möglicherweise alle vororgasmische Stimulation der Welt (Siddhasana eingeschlossen) nichts ausrichten, wenn innere Stille sich noch im Aufbau befindet und Pranayama und andere Übungen das Nervensystem noch nicht genügend geöffnet haben.

Bist du geneigt, ab und zu zu masturbieren (außerhalb der sitzenden Übungen), dann nutze auf alle Fälle diese Gelegenheit zur Anwendung der Tantra-Techniken. Die gerade erläuterte Zählmethode (Lektion T23) kann regelmäßig mit zuverlässiger Effektivität zum behutsamen Nach-oben-Führen der sexuellen Energie in langen Sitzungen ohne oder mit einem Partner genutzt werden. Dies führt das Nervensystem schrittweise in einen natürlichen und fortwährenden Zustand der friedvollen Ekstase über. Dann wird sich auch die Wirkung von Siddhasana steigern, weil die Energie bereits in Bewegung ist.

Arbeitest du also gelegentlich, aber regelmäßig, außerhalb deiner sitzenden Übungen mit sexueller Energie, wird das Siddhasana und all deine Übungen unterstützen. Das ist eine separate Übung, wie das für alles, was in diesen Lektionen bezüglich tantrischem Sex gesagt wird, zutrifft. Es ist also kein integraler Bestandteil der sitzenden Übungen, sondern abgetrennt. Später einmal werden wir auch einige wichtige Gruppenübungen (Atmung, Asanas, d.h. Stellungen, usw.) zu den tantrischen Sexpraktiken hinzufügen. Man kann hier einige nützliche Verbindungen herstellen. Was immer wir aber bezüglich der Sexualität tun: Dadurch sollte die reguläre sitzende Praxis nicht zu sehr in diese Richtung verdreht werden. Andernfalls geht uns etwas verloren – Gleichgewicht …

Die sitzenden Übungen sind das Brot und die Butter des Yoga. Um Fortschritte machen zu können, brauchen wir sie jeden Tag. Die tantrischen Sexualpraktiken sind wie der Kuchen. Wir erfreuen uns daran, wenn wir das können – jedoch nicht als etwas, was regelmäßig zweimal am Tag geplant eintritt. Tantrischer Sex ist kein Ersatz für tägliche Wirbelsäulenatmung und tiefe Meditation.

Der Guru ist in dir.

Lektion T25* – Sri Vidya – Die Erfüllung des Tantra

Wie bereits in der ersten Tantra-Lektion erwähnt, wurde Tantra im Osten oft als etwas Dekadentes verdammt und im Westen (mit großer Begeisterung) als ein Sexualkult missverstanden. Wir finden aber, wenn wir längere Zeit ernsthaft auf dem Yoga-Pfad wandern, dass Tantra alles enthält, was wir tun, und möglicherweise viel von dem, was wir nicht tun. Tantra ist die allerumfassendste Herangehensweise an den Yoga, bei dem kein Stein liegen bleibt, wie er ist.

Aber wohin führt dies alles? Was ist das Ziel von Tantra? Was ist seine Erfüllung? In den Haupt-Lektionen und auch hier in den Tantra-Lektionen haben wir die Vereinigung unserer inneren Polaritäten als das Ziel all unserer Yoga-Übungen erörtert. Es gibt viele Wege, wie man diesen Prozess beschreiben kann – so viele Wege, wie es spirituelle Traditionen auf der Welt gibt. Egal, wie man ihn beschreibt, es bleibt immer derselbe Prozess menschlicher spiritueller Transformation.

Auf der Ebene unserer persönlichen Erfahrung im Körper ist es die Vereinigung unserer glückseligen inneren Stille (die hauptsächlich durch die tiefe Meditation kultiviert wird) mit unserer Ganzkörperekstase (kultiviert durch die Wirbelsäulenatmung und andere Pranayamas, Mudras, Bandhas und tantrische Sexualmethoden).

Auf der Ebene tantrisch-mythologischer Metaphorik ist dies die Vereinigung von Shiva und Shakti. Diese entsprechen der direkten Erfahrung der gerade erwähnten Stille und Ekstase.

Die Belebung von Shiva und Shakti sowie ihre schlussendliche Vereinigung überall in unserem Inneren führt zu den drei Stufen der Erleuchtung: Zuerst 24/7 innere Stille, dann 24/7 Ganzkörperekstase und drittens 24/7 ekstatische Glückseligkeit, die Vereinigung der göttlichen Polaritäten der Stille und Ekstase (24/7 bedeutet 24 Stunden alle sieben Tage der Woche). Zusammen ergibt dies ein endloses Ausströmen der göttlichen Liebe und das ist gleichzusetzen mit Einheit. Wenn du dir das Aufkommen einer bewussten ekstatischen Resonanz vorstellst, die in jedem Atom deines Körpers vibriert und zwischen jedem Kern und seinen umgebenden Elektronen auftritt, bekommst du eine Vorstellung von der Tiefe dieser Transformation. Es ist ein endloser kosmischer Orgasmus in den Zellen und Atomen in uns.

Diese Erfüllung der göttlichen Transformation findet in einem schriftlichen und experimentellen Zweig des Tantra, als „Sri Vidya“ (was so viel wie „glorreiches Wissen“ bedeutet) bekannt, seinen Niederschlag. Es ist das Wissen von ekstatischer Glückseligkeit und ist mit mathematischer Präzision dargestellt. Sollte dies paradox erscheinen, dann ist dies nur ein Hinweis auf den göttlichen Ursprung, denn göttliche Wahrheit ist ein Paradox. Erfährt man die Wahrheit als wilde Ekstase, ist sie auf dem Weg zu mehr spiritueller Präzision. Wird sie als mathematisch exakt erkannt, dann ist die Zeit nahe, dass sie uns in einen ekstatischen Traum aufhebt. Nirgendwo anders kommt das besser zum Ausdruck als im heiligen Diagramm des Sri Vidya, namens Sri Yantra, manchmal auch Sri Chakra genannt. Hier eine Schwarz-Weiß-Abbildung davon:

Sri Yantra

Links zu mehreren farbigen Abbildungen findet man im Link-Bereich der Website und unter Sri Yantra. Wenn du im Web einmal nach Sri Yantra suchst, stößt du auf viele Versionen von Sri Yantra und auch auf endlose Diskussionen dazu. Vielleicht kennst du diese ja schon.

Das Sri Yantra bildet die fortwährende sexuelle Vereinigung von Shiva (die weißen Lingam-Bindus) und Shakti (weibliche Yoni-Dreiecke) in jedem Atom des Kosmos ab. Das Sri Yantra insgesamt steht auch für die Sushumna, d.h. den Wirbelsäulennerv oder Tunnel, das Nervensystem und die göttliche Vereinigung überall oben und unten in uns.

Wenn du auf das Sri Yantra Diagramm blickst, dann stell dir vor, du schaust von unten nach oben durch den Tunnel des Wirbelsäulennervs und jeder Kreis von Halbmonden und Dreiecken repräsentiert eine Lage der sieben Chakren. Der äußere Kreis von Halbmonden steht für die Wurzel. Das Dreieck in der Mitte steht für die Krone, wo die Vereinigung von Shiva und Shakti im Diagramm sichtbar stattfindet (der Bindu-Punkt im Inneren des Yoni-Dreiecks). Tatsächlich geschieht die Vereinigung in jedem Halbmond und jedem Dreieck des Sri Yantra und diese repräsentieren die Vereinigung in jeder Zelle und jedem Atom des Körpers und des in uns sich befindlichen Kosmos. Für das alles steht das Sri Yantra.

Die Vereinigung von Gegensätzen bildet die Grundlage für alles in uns und von allem im Universum Manifestierten. Wir kennen dies aus der modernen Physik – die immer bestehende elektromagnetische Anziehung und Schwerkraft, die zwischen atomaren Partikeln und physischen Objekten jeder Größe, aus denen unser Universum aufgebaut ist, wirken. Ohne die Beziehungen zwischen Gegensätzen gäbe es hier nichts als reines Glückseligkeitsbewusstsein. Wir menschlichen Wesen sind sowohl das Universum als auch reines Glückseligkeitsbewusstsein, aus dem heraus es manifestiert wurde, und wir können unsere Existenz in diesen beiden Aspekten als ekstatische Glückseligkeit und ausfließende göttliche Liebe erkennen.

Wir sind vergleichbar mit Hologrammen – Mikrokosmen, die den gesamten Makrokosmos in sich schließen. Deshalb sind die Auswirkungen der Yoga-Praxis so tiefgreifend. Wir öffnen uns dem Unendlichen in und um uns herum und werden zu ihm. Dies ist etwas Experimentelles – es geht über die Steifheit intellektueller Theorien hinaus. Alles, was wir zu tun haben, ist, uns hinzusetzen und zu meditieren, um einen Geschmack von unserer unendlichen Dimension zu erhalten! Mit dem Sri Yantra stellt man in knapper Form dar, was bereits da ist.

Mathematisch gesehen bildet das Sri Yantra das Wellenmuster nach, das durch die OM-Schwingung (den heiligen Klang, den man ganz natürlich im menschlichen Nervensystem brummen hört, sobald Reinigung und Öffnung auftritt) erzeugt wird. OM strahlt nach oben durch die Medulla Oblongata, den Hirnstamm, nach vorne durch das Zentrum des Kopfes und hinaus durch das dritte Auge. OM ist kein kleines wunderliches Ding, das sich in uns abspielt. Es ist „dröhnende umwerfende Ekstase“, die in unserem Inneren losbricht und ist mit dem höchsten Stadium tantrisch sexueller Ekstase gleichzusetzen. OM ist die Kundalini in voller ekstatischer Schwingung. Hier hast du also die sexuelle Verbindung zwischen Sri Vidya, Sri Yantra und tantrisch sexuellen Praktiken.

Wie sollte man, wenn man so will, das Sri Yantra einsetzen? Einige Traditionen nutzen es als Meditationsobjekt. In diesen Lektionen tun wir das nicht. Stellt sich OM ein, wird auch Sri Yantra hier in uns sein. Wir werden zu Sri Yantra, sobald wir die ekstatische Schwingung von OM manifestieren, dem Geräusch der Kundalini/Shakti, die ihren Shiva in unserem Inneren entzückt. Je mehr dies sich in unserem gesamten Körper ergibt, desto mehr werden wir selbst zum Sri Yantra. Das Sri Yantra ist eine bildliche Wiedergabe unseres Nervensystems im höchsten Zustand spiritueller Träumerei.

Blickst du von Zeit zu Zeit auf das Sri Yantra, sei dir einfach bewusst, dass dies eine graphische Darstellung deiner aufsteigenden inneren spirituellen Dynamik wie auch der ekstatischen Natur des Kosmos ist. Es ist sowohl der Mikrokosmos wie auch der Makrokosmos, und wir sind es auch. Es ist eine Bestätigung und eine Erinnerung an das, zu was wir bewusst mit unseren fortgeschrittenen Yoga-Übungen – die in diesen Tantra-Lektionen behandelten eingeschlossen – werden. Wir selbst arbeiten darauf hin, die Vereinigung ekstatischer Glückseligkeit – und das genau ist das Sri Yantra – in unserem gesamten Körper zu kultivieren.

Lass diesbezüglich keine Verdammung oder Missverständnisse zu. Du brauchst dich für die Kultivierung der menschlichen spirituellen Transformation auf ihr höchstes Niveau nicht zu entschuldigen. Kultiviere also fleißig weiter!

Der Guru ist in dir.

Lektion T27 – Die Suche nach unendlicher Intimität

Frage: So oft habe ich das Gefühl, dass ich, was immer ich für sexuelle oder tantrische Praktiken versuche, ich werde in diesem Körper niemals völlig eins mit meinem Partner sein werde – niemals werde ich unendliche Intimität finden. Es scheint, dass, wenn ich in die Augen meines Partners blicke, ich niemals genau weiß, was er denkt oder fühlt. Ich kann nicht genau sagen warum, doch dies ist manchmal ein sehr deprimierender Gedanke für mich. Manchmal brenne ich deswegen mit Leidenschaft, als ob ich versuchte, über die letzte Hürde, die zu hoch ist, um überhaupt darüber zu sehen, zu springen. Doch das scheint eine nutzlose/unmögliche Leidenschaft zu sein. Ist das ein fehlgelenktes Gefühl? Interpretiere ich mein Unterbewusstsein oder den Willen Gottes falsch?

Bisher hatte ich noch nicht die Gelegenheit, tantrische Praktiken mit einem Partner auszuprobieren. Doch es scheint, wie göttlich die Gefühle auch immer sein mögen, als könnten sie nie den Graben zwischen den Persönlichkeiten überspringen, den ich als ein erhebliches Hindernis empfinde. Es muss keine Lösung sein, die mit Sex zu tun hat. Allerdings scheint mir Sex der Versuch zu sein, der am intimsten sein kann. Vielleicht sollte ich eine Art von Hellsichtigkeit üben? Ich bin mir da nicht wirklich sicher. Jede Art von Gedanken und Ratschlägen, wie man diese Kluft in der körperlichen Liebe oder auch anderweitig überwinden kann, sind von Wert.

Antwort: Wahre Vereinigung geht über das Denken, Fühlen und Hellsichtigkeit usw. hinaus. Sie liegt jenseits der Idee des „anderen“.

Das ist ein Paradox: Der beste Weg, zur wahren Vereinigung mit einer anderen Person zu finden, geht über das Finden der Vereinigung in uns selbst. Dann können keine persönlichen Vorstellungen mehr dazwischenkommen. Dann ist es nur noch das Selbst im einen Menschen, das dem Selbst im anderen dient. Unendliche Intimität ist ein 100%iger Dienst am anderen, ohne zu erwarten, irgendetwas zurückzubekommen. Unendliche Intimität ist nicht etwas, das man sich besorgen kann oder in das man stolpert. Man erlangt es durch Geschehen-Lassen, indem man sich ergibt und alles gibt. Doch mehr als das – es setzt eine Transformation im Funktionieren unseres Nervensystems auf der fundamentalsten Ebene voraus. Dies kann durch Yoga erreicht werden.

Dein Verlangen nach Vereinigung ist etwas Gutes. Die Frustration kommt von daher, dass man das Verlangen nach etwas nach außen richtet, anstatt es nach innen gehen zu lassen. Sogar das Blicken in jemandes anderen Augen ist etwas nach außen Gehendes – außer wir blicken vom Standpunkt des inneren stillen Glückseligkeitsbewusstseins, das wir durch die Meditation kultiviert haben. Nutzt du dein Verlangen in der Art von Bhakti und motivierst dich damit, die spirituellen Übungen auszuführen, dann wirst du finden, wonach du suchst – sowohl in dir selbst als auch in deinem Liebhaber.

Die einzig wahre unendliche Intimität kann nur in unserer Erleuchtung gefunden werden. Es ist eine innere Angelegenheit in jedem von uns – die göttliche Vereinigung unserer inneren Polaritäten. Auf diese Weise gelangen wir dorthin. Schlafen wir dann mit jemandem, werden wir zum Lieben, und die Frage, wie man irgendwohin gelangt oder Grenzen überwindet, stellt sich nicht mehr. Das schmilzt alles hinweg, da wir zur Liebkosung werden. Durch die Ausführung unserer Übungen werden wir dazu.

Im Yoga übersteigen oder überwinden wir unsere Grenzen nicht. Wir lösen sie auf, damit das sich dahinter befindliche Licht durchscheinen kann. Dies ist das Geheimnis. Alles wird durch dieses einfache Prinzip und die Übungen, die diese Wirklichkeit in unserem Nervensystem anregen, verändert.

Wir schlagen also vor, dass du dein Verlangen so umlenkst, dass es zu einem Streben nach Entfaltung deiner inneren Wahrheit wird. Dann werden die Dinge ins Rollen kommen. Du musst bereit sein zu handeln – bereit, deine Übungen täglich auszuführen. Mit täglichen Übungen wird sich deine Erfahrung des Lebens auf unglaublichen Wegen ausdehnen wie auch deine Art zu lieben.

Der Guru ist in dir.

Lektion T28* – Fortgeschrittenes Siddhasana für Frauen und Männer

In den Haupt-Lektionen haben wir eine Übung namens Siddhasana eingeführt. Dabei sitzt man mit der Ferse unter dem Perineum und erzeugt während der sitzenden Übungen eine sanfte, stetige, vororgasmische, sexuelle Stimulation. Die Wirkung davon ist über die Zeit hinweg die Kultivierung spiritueller ekstatischer Energien im gesamten Nervensystem, und das ist eine Vorbedingung für die Vereinigung unserer göttlichen inneren Polaritäten, die zum letzten Stadium der Erleuchtung führt.

Die Aktivierung der sexuellen Energien nach oben im Nervensystem hat ebenfalls Voraussetzungen. Die wichtigste davon ist die Gegenwart einer ständig anwesenden inneren Stille (reines Glückseligkeitsbewusstsein), die durch tiefe Meditation kultiviert wird. Das ist der Grund dafür, warum die Haupt-Lektionen mit Meditation beginnen und dann zur Wirbelsäulenatmung und den anderen Methoden zur systematischen Kultivierung unserer inneren Lebenskraft (der sexuellen Energie), die auch als „aufsteigende Kundalini" bekannt ist, weitergehen.

Yoga beinhaltet schon seit langer Zeit den Gebrauch verschiedener Mittel zur direkten Kultivierung sexueller Energie für spirituelle Zwecke. Das wird aber aus offensichtlichen Gründen kontrovers betrachtet. Die Sexualität bekommt viel von dem Tadel für Missbräuche und Untaten der Menschheit ab und wurde deshalb oft in spirituellen Übungen unterdrückt, obwohl sie eine wichtige Rolle in der Neurobiologie der menschlichen spirituellen Transformation spielt. Aufgrund der Verneinung der Rolle, die die Sexualität in spirituellen Prozessen spielt, hat sich die Welt spirituell weniger schnell entwickelt, d.h. sie ist nicht so erleuchtet, wie sie es sein könnte.

Das Problem mit der Sexualität ist nicht der Sex. Wir neigen dazu, von den zutiefst intimen Energien der Sexualität und besonders vom Orgasmus besessen zu werden. Meditieren wir und steigt reines Glückseligkeitsbewusstsein in uns auf, werden wir mehr und mehr fähig, die sexuelle Energie objektiver zu betrachten. Wir sind weniger besessen und beginnen sie bewusst in höhere spirituelle Kanäle unseres Nervensystems zu stimulieren. Von daher rührt der Nutzen tantrisch sexueller Methoden.

Siddhasana wurde in früheren Lektionen als die beste tantrische Sexualmethode beschrieben. Dies deshalb, weil sie für ausgedehnte Zeitperioden und ohne Anstrengung während unserer sitzenden Übungen ausgeführt werden kann und sie garantiert, dass eine tantrische Kultivierung jeden Tag zur günstigsten Zeit – während wir mit Pranayama, Meditation und anderen fortgeschrittenen Yoga-Übungen beschäftigt sind – stattfindet. Das ist ideal für die Hervorbringung der besten Ergebnisse im Yoga und führt zum ständigen Fließen einer Menge ekstatischer Energie in unserem Leben. Unsere innere Stille – in der Meditation kultiviert – wird auf natürliche Weise in unserer anhaltenden Ekstase ihre Wohnstatt finden und uns in einen Zustand andauernder ekstatischer Glückseligkeit und ausströmender göttlicher Liebe halten. Diese beiden – innere Stille und euphorische Ekstase – werden zu Einem. Dies führt zur höchsten Stufe der Erleuchtung.

Da wir nun wissen, wie viele Vorteile es hat, Siddhasana zur Kultivierung unserer ekstatischen Energie während der sitzenden Übungen zu nutzen, kommt die Frage auf, ob es noch mehr gibt, was wir zur Unterstützung dieses Prozesses tun können.

Ja, das gibt es, sogar vieles. In dieser Lektion sprechen wir über Verbesserungsmöglichkeiten von Siddhasana.

Die Version von Siddhasana aus den Haupt-Lektionen (Lektionen 33, 75, 127, 128 usw.) und auch wie sie hier in den Tantra-Lektionen (Lektion T16) soweit diskutiert wurde, ist die grundlegende Übung. Man sitzt einfach mit der Ferse am Perineum. Um einen größeren Effekt in den sitzenden Übungen zu erzielen, kann man dies jedoch noch optimieren. Für Männer und Frauen geht dies aufgrund anatomischer Unterschiede auf jeweils ein wenig andere Weise. In beiden Fällen richtet frau/man Siddhasana zur Erzielung einer maximalen ermüdungsfreien sexuellen Stimulation ein und bleibt dabei ständig vororgasmisch. Beim fortgeschrittenen Siddhasana treten wir nicht in den aktiven Modus der Masturbation ein. Außer dass wir uns in einem vororgasmischen Modus befinden, bleiben wir auch in einem Modus, der vor der Masturbation bleibt. Wir sitzen nur auf eine sexuell etwas stimulierendere Weise, was einen Segen für unsere sitzende Yoga-Praxis darstellt.

Für die Frau bedeutet der Wechsel zum fortgeschrittenen Siddhasana, dass die Ferse weiter hervortritt und man sie behaglich im Eingang der Yoni ruhen lässt. Das passt ganz natürlich und gut aufeinander und wird von den meisten unternehmungslustigen Yoginis leicht erreicht. Es gibt aber noch einen zweiten Teil für den fortgeschrittenen Siddhasana für Frauen: Frau bringt die Zehen des äußeren Fußes von seinem Platz unter dem Schienbein des inneren

Beines nach oben und schiebt die Zehen zwischen die Wade und den Oberschenkel. Die Ferse des äußeren Fußes legt frau so an die Yoni, dass die Ferse gegen die Klitoris drückt. Ist dies erreicht, dann drückt bei dieser Form von Siddhasana für Frauen die Ferse des inneren oder jetzt unteren Fußes behaglich nach oben in die Öffnung der Yoni und die äußere oder obere Ferse behaglich gegen die Klitoris. Das ist eine äußerst stimulierende Sitzhaltung für die fortgeschrittenen Yoga-Übungen. Wie bei allen fortgeschrittenen Yoga-Übungen, muss man sich erst etwas daran gewöhnen. Doch bei anhaltender Anwendung wird dies zu einem stabilen und normalen Weg für die Durchführung von Pranayama, Meditation und die anderen fortgeschrittenen Yoga-Übungen. Das Ergebnis davon ist sehr viel mehr ekstatische Energie, die sich während und lange nach der sitzenden Übung durch das Nervensystem nach oben bewegt. Mit der Zeit wird das gesamte Leben durch ekstatische Energien, die sich permanent in das Nervensystem einnisten, erleuchtet.

Der zweite Teil dieses Siddhasana für Frauen, wobei das äußere Bein mit der Ferse ungezwungen gegen die Klitoris gelegt wird und dort ruht, mag vielleicht nicht für jede Frau einfach auszuführen sein. Ist es zu schwierig, kannst du ohne weiteres den äußeren Fuß unten lassen und die Zehen unter das Schienbein klemmen, aber lass die innere Ferse unten wie beschrieben an der Öffnung der Yoni. In diesem Fall kann man die Yoni während der sitzenden Übungen mit einer Hand umschließen und die geeigneten Finger auf der Klitoris ruhen lassen. Das dient nicht der aktiven Masturbation. Es ist lediglich ein sanftes Ruhen der Hand und Finger auf eine Weise, die eine stetige, meist unbewegliche Stimulation hervorbringt. Wir wollen, dass die Aufmerksamkeit für Pranayama und die Meditation frei bleibt. Lenkt es also zu sehr ab, wenn du die Hand dort belässt, dann nimm das ein wenig zurück. Die Stimulation hat nicht die Masturbation zum Zweck. Sie soll die Kultivierung der sexuellen Energie für die sitzenden Übungen unterstützen. Im Laufe der Zeit wird die sanfte *vororgasmische* Stimulation für die Übungspraxis zur Normalität, ob nun die Hand und die Ferse sich dort befinden oder beide Fersen.

Frauen, für die es schwierig ist, entweder das Perineum (Öffnung der Yoni) oder die Klitoris mit ihren Fersen zu erreichen, können sich vielleicht für die Verwendung von Objekten als Prothesen entscheiden und so dieselben Wirkungen erzielen. Das ist vollkommen in Ordnung und ist ein vollwertiger Yoga, solange das Prinzip der fortwährenden vororgasmischen Stimulation während der sitzenden Übungen erfüllt wird. Lassen sich die Beine nicht richtig einknicken oder reichen die Fersen nicht zur gewünschten Position, können die Effekte des fortgeschrittenen Siddhasana immer noch erzielt werden, auch wenn frau in einem Stuhl oder sonst irgendwo sitzt, falls frau die geeigneten stimulierenden Objekte einsetzt. Dasselbe gilt natürlich für den Mann.

Beim Mann sieht ein fortgeschrittenes Siddhasana ähnlich aus. Die Ferse des inneren Beins legt man bequem an die weiche Stelle hinter dem Schambein, wo die Harnröhre herauskommt. Anatomisch entspricht das dem Ort, wo sich auch die Öffnung der weiblichen Yoni befindet. Durch das angenehme Nach-Oben-Pressen in den weichen Bereich erfährt man eine direkte Stimulation der inneren Energien. Dort kann man auch leicht die Ferse zum Blockieren der Ejakulation nutzen, indem man sich etwas darauf nach vorne lehnt. Sobald die *vororgasmische* Stimulation in Siddhasana stabil geworden ist, braucht man das Blockieren nicht mehr. In manchen Yoga-Schulen wird Siddhasana als ein Mittel zur Verhinderung der Erektion gelehrt. Dies erfordert die Aufrechterhaltung von einigem Druck in Siddhasana, indem man die Lingam-Wurzel – manchmal für ausgedehnte Zeitperioden – gegen den Rücken des Schambeins drückt. Dies wird in diesen Lektionen nicht empfohlen. Wir streben immer nach einer bequemen, angenehmen Übungspraxis. Es ist nicht nötig zu versuchen, äußeres Sichtbarwerden der Sexualität, das sich während der Übungen zeigt, abzuwürgen. In diesen Lektionen wird Siddhasana zum Locken der ekstatischen Energie nach oben immer auf eine natürliche, gesunde Art eingesetzt.

Erektionen werden während der sitzenden Übungen kommen und gehen, ob man in Siddhasana sitzt oder nicht. Je mehr das Nervensystem während der Yoga-Übungen an die Kultivierung der sexuellen Energie nach oben gewöhnt wird, desto weniger kommt es zur externen Erregung und Erektion. Diese Beschwichtigung der genitalen Erregung und Erektion im Yoga geht nicht auf Kosten unserer sexuellen Beziehungen, die man außerhalb der Übungspraxis pflegt. Es ist nur ein anderer Modus des sexuellen Funktionierens, der bei den sitzenden Übungen abläuft, wo die Energie nach oben anstatt nach unten geht. In diesem Fall wendet sich die genitale Energie nach innen und nach oben. Ist es dann Zeit für sexuelle Beziehungen, kehren sich die Genitalien ganz natürlich nach außen. Wir erkennen also, dass unsere Sexualität sowohl in die eine wie in die andere Richtung gehen kann. Natürlich geht in voll ausgebildeten sexuellen Beziehungen die sexuelle Funktion gleichzeitig sowohl nach außen wie nach innen und der wichtigste Prozess dabei ist die *vororgasmische* Kultivierung während der sexuellen Beziehungen. Damit hält man den sexuellen Verkehr im Reich des Yoga. Sobald beim Sex genitaler Orgasmus das erste Ziel ist, ist er nicht mehr tantrisch. Das bewusste Ziel der *vororgasmischen* Kultivierung (Brahmacharya) ist das, was den yogischen Sex ausmacht.

Auch für den Mann gibt es einen zweiten Teil zum fortgeschrittenen Siddhasana. Die Zehen des äußeren Fußes werden von ihrem Platz unter dem Schienbein des inneren Beins nach oben zwischen die Wade und dem Oberschenkel gebracht (der Fuß kann auch auf den Oberschenkel gelegt werden, wenn man gewohnt ist, im Padmasana zu sitzen). Die Ferse des äußeren (oberen) Fußes wird dann in eine behagliche Stellung über die Genitalien zur Ruhe gelegt, so dass die Genitalien bequem zwischen dem inneren und äußern Fuß gehalten werden. Wie bei den Frauen mit der Anbringung des äußeren Fußes kann es auch für einige Männer nicht leicht sein, dies mühelos und auf angenehme Weise zu erreichen. In diesem Fall ist es in Ordnung, den äußeren Fuß mit den Zehen unter das Schienbein geklemmt unten zu lassen und die Genitalien mit der Hand zu umschließen. Diese Anweisung wurde bereits einige Lektionen zuvor gegeben und wird nun für jene wiederholt, die Schwierigkeiten haben, den äußeren Fuß in Stellung zu bringen. Die Nutzung der Hand ist genauso effektiv (und vielleicht sogar effektiver) wie die Verwendung des Fußes. Es entsteht dadurch also kein Nachteil. Dasselbe gilt für Frauen, die ihre Hand anstatt des Fußes verwenden. Die Idee dahinter ist eine gleichförmige vororgasmische Stimulation mit minimalen Bewegungen in einer Weise, die noch keine Masturbation darstellt. Siddhasana ist eine Sitzhaltung, die wir innehaben wollen, ohne dass wir irgendeine Aufmerksamkeit darauf zu verwenden brauchen. Das macht die Aufmerksamkeit für Pranayama und Meditation frei, während man/frau die ganze Zeit mühelos vororgasmisch stimuliert ist.

Wie schon in den Haupt-Lektionen erwähnt, kann jeder der beiden Füße an das Perineum angelegt werden und man kann die Füße während der Übungsroutine tauschen, wenn das hilft, die Bequemlichkeit beizubehalten. Bleibe nicht in Siddhasana, wenn es so unbequem ist, dass du vom Pranayama oder der Meditation abgelenkt wirst. Stimuliert es sexuell zu stark, dann stecke etwas zurück und mache auch mit der sexuellen Stimulation eine Pause. Wir können immer später wieder zurückkommen und die Übungen erneut aufnehmen. Dies ist ein Prozess der Entwicklung von Vertrautheit. Mit der Vertrautheit kommt die zunehmende Fähigkeit, eine bleibende Ekstase vom Kopf bis zu den Zehen zu kultivieren. Das ergibt sich im Laufe von Wochen, Monaten oder Jahren.

Nutzen wir das fortgeschrittene Siddhasana in den sitzenden Übungen, lässt dies allmählich unsere Beziehung zu unserer sexuellen Energie viel gesünder werden. Sobald unsere Orgasmusbesessenheit geringer wird, finden wir uns mehr und mehr in einer reizvollen Beziehung zu unseren göttlichen ekstatischen Energien. Dieser Wandel beseitigt unseren Wunsch oder unsere Fähigkeit zum Eingehen normaler sexueller Beziehungen nicht. Vielmehr wird Siddhasana unsere Fähigkeit erweitern, liebevollere, viel länger andauernde und spirituell regenerativere, sexuelle Beziehungen zu pflegen. Entscheiden wir uns dafür, uns mit dem tantrischen Sex auseinanderzusetzen, werden wir entdecken, dass unsere Fähigkeit, das erfolgreich zu tun, gestärkt wird, weil wir über eine bestimmte Anzahl von Monaten oder Jahren in unserer sitzenden Praxis Siddhasana angewandt haben. Unser Sexualleben wird auf natürliche Weise in die spirituelle Dimension erweitert und die göttliche Ekstase liebkost uns im täglichen Leben ständig im Inneren.

Dies ist der Kern der Rolle, die das Sexualleben im Yoga und in unserer ständig fortschreitenden Reise zur Erfahrung der Erleuchtung im täglichen Leben spielt. Dies ist auch der Grund dafür, warum wir das fortgeschrittene Siddhasana in unseren sitzenden Übungen einführen.

Der Guru ist in dir.

Zusatz: – Dies ist eine F&A, die sich ebenfalls auf das fortgeschrittene Siddhasana bezieht.

Frage: Eine schnelle Frage zu Siddhasana: Ich hatte gedacht, dass der Punkt, wogegen der Mann seine Ferse setzen sollte (nach einer früheren Lektion), das Perineum ist. Nachdem ich nun diese Lektion T28 gelesen habe, bin ich verwirrt.

Es klingt, als ob du über den Bereich zwischen der Penisbasis und der Oberseite des Hodensacks sprechen würdest. Wenn du das klarstellen könntest, wäre ich dir sehr dankbar, weil ich, bevor ich weitermache, über die richtige Stelle Sicherheit haben möchte.

Danke im Voraus.

Antwort: Ja, das Perineum ist der Ort, wohin die Ferse (oder ein Ersatzobjekt) im Siddhasana gehen sollte. In der Tantra-Lektion T28 heißt es, man solle vom Perineum ein wenig nach vorne, näher hin zur Wurzel des Lingam kommen, man solle aber immer noch hinter dem Punkt bleiben, wo es hinter dem Schambein nach oben geht. Das ist also nicht am Lingam oder am Hodensack. Es ist darunter und dahinter. Kommt man nach vorn, näher hin zur Lingam-Wurzel, d.h. nach oben in den weichen Bereich gleich dahinter, erhöht dies die Stimulation in Siddhasana. Entsprechendes gilt für das fortgeschrittene Siddhasana der Frau, wo die Ferse in die Yoni hineingeht. Für beide Geschlechter ist es die gleiche Stelle, der weiche Bereich gleich hinter dem Schambein.

Den äußeren Fuß bringt man nach oben, so dass dessen Ferse locker über dem Lingam ruht und sich der Lingam wie auch Hodensack zwischen den beiden Füßen befinden.

Bitte denke auch an den Teil der Tantra-Lektion T28, in dem es heißt, man solle den Lingam nicht übermäßig „abwürgen" und lieber eine Erektion erlauben, wenn sie kommt und so weiter. Wir bewegen uns nicht mit der Ferse vorwärts, um den Lingam abzuwürgen (dies wird in einigen Schulen gelehrt, doch nicht bei den Fortgeschrittenen Yoga Übungen). Wir setzen das ein, um die Stimulation nach oben zu erhöhen. Mit der Zeit verwandelt sich diese erhöhte Stimulation von erotischer zu ekstatischer Energie, die nach oben strebt und mit unserer inneren Stille verschmilzt (reines Glückseligkeitsbewusstsein). Mehr zu diesem Verschmelzungsprozess findest du in Haupt-Lektion 235.

Ich wünsche dir allen Erfolg auf dem von dir gewählten Pfad.

Lektion T29 – Schlafender Lingam (Penis)

Frage: Das bezieht sich auf Siddhasana: Ich hatte eigentlich gedacht, ich würde es gut machen – das Sitzen hat meine Konzentration nicht im Geringsten gestört ... Doch heute Morgen hatte ich ein unangenehmes Erlebnis.

Ich saß während der Meditation und Pranayama im Siddhasana so, wie du das erklärt hast, mit der Ferse am weichen Punkt des Perineums und mit nicht zu viel Druck, der vor allem in das Perineum drückte. Wie gewöhnlich hab ich mich nicht übermäßig unbehaglich oder stimuliert gefühlt. Als ich dann die Sitzung beendete, hatte ich ein ziemlich sonderbares Gefühl: Ich erkannte, dass mein Penis vollkommen taub war! Als ich ihn berührte, fühlte ich überhaupt nichts. Ziemlich erschrocken, stand ich sofort auf und begann hektisch im Raum herumzulaufen (aus der Rückschau nach einigen Stunden erscheint das alles ziemlich komisch, doch war ich zu dieser Zeit wirklich verängstigt). Nach ungefähr einer Minute begann ich ihn allmählich wieder zu fühlen. Nun fühlt es sich immer noch etwas sonderbar an, doch denke ich, dass es sich schließlich wieder einrenken wird.

Offensichtlich hatte ich etwas falsch gemacht und irgendwie die Blutzufuhr zu diesem Bereich unterbrochen. Kannst du mich aufklären, was das möglicherweise war und wie ich es in Zukunft vermeiden kann?

Antwort: Zur Taubheit kommt es, wenn du die Ferse zu fest an der Wurzel des Penis ruhen lässt und sie gegen den Rücken des Schambeins drückst. Damit bringst du ihn zum Einschlafen. Das ist nicht schädlich. Nimm nur die Ferse ein bisschen vom Perineum weg und es wird nicht mehr auftreten. Bei den strengeren Formen des Siddhasana ist dies die ganze Zeit das Ziel. Man tötet dadurch jedwede Chance zur Erektion während der Yoga-Praxis ab. Das ist nicht nötig. Das wurde in der letzten Lektion zum fortgeschrittenen Siddhasana bereits erörtert.

Frage: Bezüglich des Einschlafenlassens des Penis: Bist du wirklich sicher, dass das nicht schädlich ist? Ich weiß mit Bestimmtheit, dass es zum Verfall des Nervs führt, wenn über eine lange Zeitperiode ein sehr starker Druck auf einen bestimmten Nerv ausgeübt wird. Ich erkenne zwar, dass in der von dir empfohlenen Form von Siddhasana der Druck nicht sehr groß ist. Trotzdem weiß ich nicht, wie ich dies während der Übung überwachen kann. Ich denke daran zu versuchen, mich an die traditionelle ‚komplette' Siddhasana-Sitzhaltung zu gewöhnen. Dabei scheint der Körper statischer und stabiler zu sein (ohne von Rückenunterstützung und Zurücklehnen in verschiedenen Graden abhängig zu sein). Kannst du das empfehlen?

Antwort: Das Einschlafen des Penis ist nicht schädlicher als das Einschlafen jedes anderen Gliedes. Wie auch immer, ich empfehle ohnehin nicht, dass du dich so hinsetzt, dass es geschieht und formellere Versionen von Siddhasana ohne Rückenunterstützung usw. können dazu führen. Fragst du mich, ob es in Ordnung ist, sich den körperlichen Auswirkungen von Sitzhaltungen, die ich nicht empfehle, zu unterziehen, kann ich nicht viel dazu sagen. Weder der Effekt des Einschlafens noch die formelle Art des Sitzens haben viel mit unserem Ansatz in den Lektionen zu tun.

Der Vorteil des Gebrauchs der Rückenunterstützung ist die Möglichkeit, damit leichter sowohl den Winkel als auch den Druck der Ferse am Perineum zu regulieren, indem wir unser Gewicht teilweise auf das Kissen hinter uns legen. Es ist einfach, auf diese Weise den richtigen Effekt von Siddhasana zu erhalten, wenn alles bequem bleibt und unsere Aufmerksamkeit zur Wirbelsäulenatmung und zur Meditation gehen kann. Dies gilt sowohl für Männer wie für Frauen.

Willst du mit dem formalen Siddhasana weitermachen, ist das gut. Doch bin ich dann nicht unbedingt der Ansprechpartner für Fragen dazu. Für was immer es gut ist, ich denke, dass das formale Siddhasana nicht schädlich ist. Ich habe diese Sitzhaltung selbst viele Jahre genutzt, ohne schlechte Erfahrungen damit gemacht zu haben. Doch auf dem Weg fand ich dann heraus, dass dieselben Ergebnisse auch ohne die zusätzliche Anstrengung möglich sind. Deshalb unterstütze ich die nicht-formale Ausübung des Siddhasana, besonders da dies heutzutage so viele Menschen für ihren sehr schnell voranschreitenden Yoga lernen müssen. Siddhasana ist ausgezeichnetes Tantra. Deshalb wollen wir es so einfach wie möglich für jeden halten.

Je mehr wir uns um Dinge wie diese Sorgen machen, desto weniger Aufmerksamkeit haben wir für die sehr wichtigen Kernübungen der Meditation und der Wirbelsäulenatmung übrig. Diese brauchen unsere Aufmerksamkeit. Siddhasana sollte überhaupt keine Aufmerksamkeit benötigen, sobald die Sitzhaltung einmal angenehm eingerichtet ist. Es ist gut, wenn man die Prioritäten unverfälscht beibehält. Ich weiß, dass du dich im Stadium der Ausbildung befindest und dir deshalb Details wichtig sind. Versuche trotzdem so locker wie möglich an das alles heranzugehen.

Es kommen noch viele Übungen und keine davon muss perfekt ausgeführt werden. Wir wollen aus den grundlegenden Prinzipien unsere Vorteile ziehen, ohne uns dabei irgendwie selbst außer Gefecht zu setzen. Eigentlich soll das alles Spaß machen!

Du machst das alles sehr gut und ich schätze deine Rückmeldung. Mach weiter so. Dein Durchhalten garantiert dir deinen Erfolg im Yoga.

Der Guru ist in dir.

Lektion T30* –Vajroli Mudra

Frage: Ich habe eine Frage zu einem Mudra – Vajroli Mudra mit der Beherrschung der rückläufigen Ejakulation. Kannst du etwas erklären, wie dieses Mudra ausgeführt werden kann?

Antwort: Vajroli Mudra, das Nach-innen-Ziehen der Sexualflüssigkeiten, ist eine dieser Übungen, die ganz natürlich durch das In-Verbindung-Stehen des Yoga auftritt, sobald man Fortschritte im Siddhasana und den tantrischen Sexualpraktiken macht. Das heißt nicht, dass du nicht jederzeit daran arbeiten kannst, dies zu entwickeln. Allerdings ist das nur von Wert, wenn die innere Stille und die ekstatische Leitfähigkeit in unserem Nervensystem heimisch geworden sind. Dann hat die sexuelle Energie ihre größte spirituelle Wirkung auf den Körper. Die Methode zum Blockieren, die hier in den Tantra-Lektionen vorgestellt wird, ist die Version von Vajroli für den "arm(-selig-)en Mann“ und ist vom ersten Tag an sehr viel leichter auszuführen. Wird das Nervensystem reiner und öffnet es sich, führt das Blockieren ganz natürlich zum vollen Vajroli.

Frage: Du erwähnst, dass bei ständiger Ausführung von Siddhasana Vajroli sich auf natürliche Weise ereignet. Kannst du dies aus eigener Erfahrung bestätigen?

Auch bemüht man sich bei Vajroli, die Sexualflüssigkeiten in die Blase zurückzuziehen. Das wird dann wahrscheinlich beim Wasserlassen ausgeworfen. Warum soll dann aber Vajroli gut sein, wenn es zu keiner Sublimierung von Sexualflüssigkeiten in das Gehirn kommt (diese Frage bezieht sich auf das Vajroli des armseligen Mannes, das du beschrieben hast).

Ich bin inzwischen mit Vajroli etwas zu Erfolgen gekommen – ich brauche das Perineum für das Blockieren nicht zu drücken. Wenn Ashwini, Mulabandha und Uddiyana gleichzeitig mit der langsamen Atmung ausgeführt werden, hat das die gleiche Wirkung wie das Drücken auf das Perineum; aber in beiden Fällen geht die Samenflüssigkeit gleich in die Urinblase. Ich kann das Abfließen der Ojas fühlen, sobald dies geschieht. Wie können wir die Sexualenergie wirklich sublimieren, anstatt sie am Ende doch abfließen zu lassen?

Antwort: Beim wirklichen Vajroli geht es nicht nur um die Zurückhaltung des Samens während der Ejakulation, obwohl man nur darüber etwas liest. Kommt einmal innere Stille und ekstatische Leitfähigkeit im Nervensystem auf (Kundalini), wird Samen an der Wurzel ständig freigesetzt und ständig in die Blase und darüber hinaus hochabsorbiert. Dann hört das innere Liebesspiel niemals mehr auf. Die Blase hat eine höhere Funktion, die darin besteht, die Energie nach oben in die höhere Neurobiologie aufzubereiten. Spirituelle Biologie spielt sich ebenso im Magen-Darm-Trakt ab und ist sehr gut wahrnehmbar, sobald sich die Kundalini einmal signifikant nach oben bewegt – ein Gemisch aus Luft, Nahrung und sexueller Essenz. Sie kann vom Magen-Darm-Trakt nach oben in den Kopf und in der Form von Nektar wieder zurück nach unten in den Magen-Darm-Trakt verfolgt werden.

Ja, bei mir geschieht das Vajroli von dieser natürlich ablaufenden Art und auch weitgehend während der Ejakulation, obwohl ich immer noch etwas Blockieren zu Hilfe nehme, wenn dies nötig ist. Die Hauptsache ist, dass der Fluss der sexuellen Energie ständig nach oben gezogen wird, 24 Stunden 7 Tage die Woche, und dies wird am besten durch langfristig angelegte tägliche Übungen des ganzen Spektrums fortgeschrittener Yoga-Übungen erreicht.

Genauso wie wir weiterhin unseren Darm entleeren, auch wenn die spirituelle Biologie im Magen-Darm-Trakt aktiv ist, urinieren wir weiterhin, auch wenn die spirituelle Biologie in der Blase wirkt. Ist die höhere spirituelle Biologie einmal eingerichtet und gefestigt, werden diese Funktionen sehr stark und unerschütterlich. Dann braucht man sich nicht mehr so viel Sorgen um Verrichtungen wie Vajroli zu machen. Wie beim Siddhasana treten die Mechanismen der Vajroli-Übung hinter das aktive Funktionieren unserer spirituellen Biologie zurück und wir achten nicht mehr so sehr darauf, sobald dieses Stadium einmal erreicht ist. Wir sind dann mit hervorquellender ekstatischer Glückseligkeit und göttlicher Liebe fortgetragen. Auf diese Weise werden wir durch die in uns nach oben kommende sexuelle Energie erleuchtet.

Zweifellos ist es besser, eine konstante gleichmäßige Einspeisung der sexuellen Essenz nach oben in unsere höhere Biologie zu haben, die vom Urinieren nur wenig berührt wird, als eine große Einflösung aus einer zurückgeholten Ejakulation, entweder durch das Blockieren oder Vajroli, was dann meist beim nächsten Urinieren verloren geht. Von daher der Sinn, Enthaltsamkeit und/oder den tantrischen Stil der Rückhaltung zu entwickeln, der die langfristige Kultivierung der sexuellen Energie nach oben anregt.

All dies gilt auch für die Frau, wobei die Mechanismen fast dieselben sind.

Der Guru ist in dir.

Zusatz Eine weitere Frage zu Vajroli.

Frage: Ich gehe diesen Januar nach Indien, wie ich das jedes Jahr tue. Kannst du mir irgendeinen Ort empfehlen, an dem ich ein seriöses Training in Vajroli Mudra erhalte? Es sollte ein Training unter Aufsicht sein und ich bin mir sicher, dass du das für gut hältst.

Antwort: Ich kenne keinen bestimmten Ort, an den du dich zum Zweck des Trainings in Vajroli wenden kannst. In den meisten Traditionen ist es nicht vorgesehen, dass man nur zum Training in einzelnen Gebieten hereinkommt. Es wird erwartet, dass man eine Zeitlang ein treuer Schüler war, bevor man Techniken bekommt – und dann in der vorgeschriebenen Reihenfolge über einen langen Zeitraum hinweg.

Wie du weißt, geht es bei den Fortgeschrittenen Yoga Übungen anders zu. Ich stimme nicht darüber ein, dass diese Dinge entsprechend äußerer Schülerschaft, in Form von Lehrplänen oder auch notwendigerweise unter enger Aufsicht gelernt werden müssen, auch wenn es sicher nicht schadet, wenn man Zugang dazu hat. Wir sprechen hier über die spirituelle Entwicklung des menschlichen Nervensystems. Welcher Mensch sollte dafür die Verantwortung übernehmen? Doch nur der Aspirant selbst! Mit einem starken Bhakti, einigen klaren Anweisungen und einem gesunden Menschenverstand kann so ziemlich jede spirituelle Technik gut genug vom Übenden selbst gemeistert werden, um vorteilhafte Ergebnisse zu erzielen. Bei regelmäßiger Übung wird sich die Natur um den Rest kümmern.

Im Falle von Vajroli handelt es sich nicht um ein abgesondertes Trainingsereignis. Es ist Teil einer natürlichen Entwicklung hin zu Brahmacharya (nicht notwendigerweise von der Zölibatsvariante siehe dazu Lektion T9). Das Auftreten von Vajroli hat mehr mit Bhakti und dem Aufkommen ekstatischer Leitfähigkeit zu tun als mit einer Trainingsstunde, die wir dazu erhalten können. Dein Bhakti dafür ist offensichtlich bereits vorhanden. Hältst du bei deinen Übungen eine gewisse Regelmäßigkeit ein (Mulabandha/Asvini, Uddiyana/Nauli und Siddhasana eingeschlossen) befindest du dich bereits gut auf dem Weg zum natürlichen Vajroli. Hast du dich veranlasst gefühlt, die Ejakulationsblockierung mit der Methode aus Lektion T5 anzuwenden, wirst du dem sogar noch näher sein. Natürlich kommen Meditation und Wirbelsäulenatmung noch vor diesen physischen Methoden. All diese Dinge sind Voraussetzungen für Vajroli. Dies ist die natürliche Vorgehensweise.

Nur zur Erinnerung: Vajroli dient nicht hauptsächlich dem Aufhalten des Samens während oder nach dem Orgasmus. Liegt die Motivation für das Erlernen von Vajroli im Wunsch, einen Samenverlust während des Sex zu verhindern, dann dienen wir diesem Zweck viel mehr, wenn wir die Rückhaltemethode anwenden. Denn durch diese bleibt nicht nur der Samen erhalten, wir kultivieren auch die anhaltende ekstatische Glückseligkeit in beiden Partnern.

Vajroli dient dem Zweck der konstanten automatischen Absorption sexueller Essenzen nach oben in die Blase und die umgebende Neurobiologie. Für jene, bei denen die ekstatische Leitfähigkeit (Kundalini) vollkommen ausgebildet ist, ist Vajroli ein 24 Stunden anhaltender, aber kaum merklicher Prozess. In dieser Situation erfährt der Übende „ein ständiges Kommen" (vgl. die nächste Lektion). Ich wünsche dir Erfolg auf deinem Pfad. Lass dich von deinem Bhakti leiten und viel Vergnügen dabei!

Lektion T31 – Ständiges Kommen …

Frage: Was du sagst, macht Sinn, und im Kern sind es die Ojas, die vom Muladhara-Feuer herrühren und die wir nach oben nehmen.

Doch es geschieht besonders, wenn wir uns völlig oben am dritten Auge niedergelassen haben und unser Körper wie ein göttliches Musikinstrument gespielt wird … die ‚orgasmischen' Wellen werden nach oben gebracht und im dritten Auge konzentriert … Muladhara klettert nach oben … und dann, wenn wir kommen … schwingt der ganze Körper mit und Sperma kommt überraschenderweise nicht heraus. Der Prozess verlangt auch, dass wir unsere Zunge zu einer Art Strohhalm einrollen und das Vergnügen mit jeder Einatmung aufsaugen, unsere Augen schließen und es zum dritten Auge führen.

Antwort: Danke für deine klare Betrachtungsweise zu Vajroli und zum Orgasmus von der Wurzel zum dritten Auge.

Ich stimme zu: Das richtige Vajroli (das Aufsaugen der Sexualflüssigkeit nach oben) geht über die geführte mechanische Technik davon hinaus und ist ein automatischer Teil eines viel größeren Prozesses, der die Verbindung vom dritten Auge zur Wurzel mit einbezieht. Ich nenne das ekstatische Leitfähigkeit. Du bezeichnest das als Muladhara (Wurzel-Chakra), das zum dritten Auge hinauf klettert. Das ist eine interessante Beschreibung, die du da gibst, denn eine der Beobachtungen, die wir beim Wirbelsäulen-Bastrika machen, wo die Aufmerksamkeit und der Atem schnell zwischen dem dritten Auge und der Wurzel oszillieren, ist, dass das dritte Auge und die Wurzel miteinander zu Einem „verschmelzen". Dieses Verschmelzen der Wurzel mit dem dritten Auge ist das, was auch bei der langsamen Wirbelsäulenatmung auftritt, auch wenn dies in den frühen Stadien vielleicht weniger zu erkennen ist. Das ist die ekstatische Verbindung, wie sie zwischen der Wurzel und dem dritten Auge kultiviert wird, genau wie du es beschrieben hast.

Es gibt noch ein anderes Element, das wir beobachten können, und das ist das Phänomen der Veränderung, die sich beim „Kommen" einstellt. Beim Sex bedeutet „Kommen" Orgasmus – sowohl bevor als auch nachdem der Vajroli-Effekt auf natürliche Weise in die spirituell-sexuelle Gleichung eingeht. Mit dem Anstieg der ekstatischen Leitfähigkeit zwischen der Wurzel und dem dritten Auge schleicht sich das Ereignis des „Kommens" im dritten Auge, das du beschreibst, als eine anhaltende Erfahrung in unser Leben ein. Mit anderen Worten: Das „Kommen" oder der „Orgasmus" wird zu einem ständig ablaufenden Ganzkörperereignis, das niemals aufhört und keinerlei äußere Stimulation benötigt. Ein bloßes Anheben der Augen, ein Eintreten in Kechari oder ein leichtes Anspannen an der Wurzel wird Wellen von Ekstase wie ein wogendes Meer durch unser Nervensystem branden lassen. Und das ist noch nicht alles. Mit der Zeit wandert der gesamte Prozess auch durch das dritte Auge nach oben zur Krone. Dieser Prozess der Kronenöffnung, ohne dass man dabei aus dem Gleichgewicht kommt, wird in einigen der Haupt-Lektionen (z.B. Lektion 199) diskutiert.

Kann das „Kommen" so einfach aufrechterhalten werden? Ist es möglich, dass wir unter dem Einfluss ständiger Ganzkörperorgasmen weiterfunktionieren? Ist es etwas, das uns erschöpft?

Die Erfahrung des andauernden „Kommens" ist in Wirklichkeit die Erfüllung des Yoga – das Aufkommen eines nicht endenden Zustands der Glückseligkeit und göttlicher Liebe im Nervensystem. Wir können unter diesen Bedingungen weiterfunktionieren, weil sich unser Nervensystem daran anpasst, genauso wie es sich an alle anderen Erweiterungen in unserer spirituellen Neurobiologie anpasst, die mit einer langfristig angelegten Yoga-Praxis einhergehen.

Das erschöpft aber nicht – ganz im Gegenteil. Strömt göttliche Energie durch uns, regeneriert das ständig jede Zelle unseres Körpers. In diesem Zustand ist die Sexualität zu einer Quelle unbegrenzter Energie, Kreativität und Glück im Körper geworden. So viel göttliche Liebe schwillt in unserem Inneren an, dass sie zu jedem um uns herum in der Form erbaulicher Energie und liebenden Dienstes fließt.

Deshalb geben wir gut darauf Acht, wie wir mit der sexuellen Energie auf dem von uns gewählten Yoga-Pfad umgehen.

Ersetzt dies die Notwendigkeit, eine sexuelle Beziehung einzugehen? Es macht uns auf jeden Fall weniger auf den reproduktiven Sex versessen. Das ist eine gute Sache. Gleichzeitig verwandelt diese Transformation allen Sex in eine spirituelle Übung. Vororgasmischer tantrischer Sex kann uns beim Prozess der spirituellen Transformation unterstützen. Deshalb machen die Fortschritte, die sich in unserem Nervensystem als Ergebnis von Yoga einstellen,

Es ist jedoch klinisch erwiesen, dass Amaroli ungeheuer positive Auswirkungen auf die Gesundheit hat und vielleicht eine der größten Heiltinkturen aller Zeiten ist. Und das so sehr, dass die Pharmazieunternehmen in einigen Fällen das an uns in Pillenform verkaufen, was wir in höherer Qualität in der Privatsphäre unseres eigenen Badezimmers kostenlos hätten bekommen können. Sch … dies ist ein wohl gehütetes Geheimnis dieses Industriezweigs.

In Wahrheit ist eine täglich angewandte Urintherapie eine der besten Dinge, die irgendjemand als vorbeugende Maßnahme unternehmen kann, um Krankheiten fernzuhalten – und schneller zu heilen, falls man von irgendeiner Krankheit befallen ist. Warum ist dies der Fall? Obwohl die Zusammenhänge noch nicht völlig geklärt sind, stimmen Forscher im Allgemeinen darüber ein, dass die Urintherapie das Vorhandensein Hunderter (oder möglicherweise Tausender) vitaler Elemente und Verbindungen in unserem Körper festigt und unser Immunsystem in einem Maße stärkt, wie es uns mit anderen Mitteln nicht möglich ist. Obwohl dies noch weniger verstanden wird, hat es sich auch gezeigt, dass Amaroli einen reinigenden Effekt auf den Körper hat. All das ist ziemlich beeindruckend, auch wenn wir noch nicht einmal begonnen haben, die spirituellen Vorteile davon richtig einzuschätzen. Was sind also die spirituellen Vorteile? Wir wollen das Schritt für Schritt aufarbeiten.

Es ist erwähnenswert, dass Amaroli schon in uralten Quellen überliefert wird, und das nicht hauptsächlich wegen seines medizinischen Werts, sondern vor allem aufgrund seines Werts als spirituelle Praxis. In der 500 Jahre alte Hatha Yoga Pradipika, einer umfassenden Yoga-Schrift, wird Amaroli behandelt. Auch eine 5 000 Jahre alte heilige Schrift, *Damar* Tantra genannt, enthält viele Details zu Amaroli. In beiden gehört zum Ziel der Praxis von Amaroli die Kultivierung des körperlichen Wohlergehens. Sie zielen jedoch noch weit darüber hinaus in die Reiche der Erleuchtung. Wie können unsere täglichen Lebenserfahrungen durch die Praxis von Amaroli verändert werden? Ist es aber überhaupt wert, unsere lang gehegte Abscheu vor derartigen Dingen zu überwinden? – Ich wette darauf.

Sind wir in der Lage, den Mut aufzubringen, das Experiment zu wagen, sind wir gut beraten, mit kleinen Schritten anzufangen und alles langsam aufzubauen. Ist es nicht mit den meisten Dingen so im Leben, unsere Yoga-Übungen eingeschlossen? Eine ganze Urindosis besteht dabei aus einem vollen Glas, also zwischen 180 ml und 240 ml. Allerdings können wir, falls dies für uns nötig ist, mit ein paar in ein Glas Wasser gemischte Tropfen beginnen. Lassen wir uns auf die Amaroli-Praxis ein, so ist zu empfehlen, dies am Morgen (wann immer das für dich ist) als Allererstes zu tun. Beim Urinsammeln ist es das Beste, ihn aus der Mitte zu nehmen, d.h. nach dem Beginn und vor dem Ende des Strahls. Wie bei so vielen Dingen wird uns das erste Mal, selbst wenn man ihn in Wasser mischt, am meisten beängstigen. Glaube mir aber: Es bringt dich nicht um. Also Ex!

Bist du immer noch hier? Gut. War also nicht so schlimm. Stimmt's? Machst du dies unter der Dusche und/oder unmittelbar bevor du deine Mundhygiene am Morgen durchläufst, bleibt keine Spur von einem Geruch oder etwas anderem zurück, sobald du das Badezimmer verlässt. Nach ein paar Wochen wird das alles für dich ganz normal sein. Es ist ein etwas gewöhnungsbedürftiger Geschmack, der dem Übenden aber bald nicht mehr aufstößt. Allerdings könnte deine Schwiegermutter etwas riechen, solltest du ihr gleich nach der Amaroli-Praxis, ohne dass du vorher deine Zähne geputzt oder ein Glas Saft oder Ähnliches getrunken hast, einen großen Schmatz geben. Nach ein paar Tagen wirst du vielleicht überrascht sein zu entdecken, dass dies viel einfacher ist, als du dachtest. Es ist wirklich eine Kleinigkeit, wenn man erst einmal die psychologische Barriere überwunden hat, und viel leichter als Siddhasana oder Kechari und definitiv einfacher als das Erlernen von tantrischem Sex. Von ein paar Tropfen bis zu ein paar Schlücken ist es eine relativ kurze Reise. Bevor du dir dessen bewusst wirst, ist das Glas fast ganz voll und verschwindet genauso in dich hinein. Das ist die tägliche Amaroli-Praxis. Es gehört nicht viel mehr dazu als das – außer natürlich noch Zeit. Je länger wir dies als tägliche Übung pflegen, desto mehr Vorteile ergeben sich daraus.

Es ist nicht notwendig, jeden Morgen ein volles Glas Urin zu trinken. Tatsächlich kann dies manchmal nicht wünschenswert sein oder generell für einen bestimmten Personenkreis. Es gibt verschiedene Einflussfaktoren, die die Höhe der Dosis bestimmen. Einer ist die zur Verfügung stehende Menge, ein anderer die Qualität. Haben wir deftig gewürzte, gesalzene oder fette Speisen zu uns genommen, wird der Urin nicht so gut sein, sowohl in Hinsicht auf den Geschmack als auch auf die Wirkung. Auch unsere alte Freundin Selbstabstimmung kommt hier ins Spiel. Betreiben wir zu viel Amaroli, können bei uns Symptome ähnlich denen auftreten, die wir erleiden, wenn wir von irgendeiner der fortgeschrittenen Yoga-Übungen zu viel machen – zu viele Unreinheiten kommen aus dem Nervensystem aufgrund übermäßiger Reinigung im Inneren auf einmal heraus. Wenn sich in Bezug auf Amaroli irgendein Unbehagen aufbaut, dann wissen wir, dass wir zurückstecken sollten, bis eine Trendwende eingekehrt ist. Wir wissen doch inzwischen alle, wie wir das erreichen, nicht wahr. Wir machen keine Übungen auf einem Niveau, das bei uns zu Unannehmlichkeiten führt. Diesbezüglich unterscheidet sich Amaroli nicht von irgendeiner anderen Yoga-Übung. Sollte sich also herausstellen, dass ein volles Glas zu viel ist, dann versuche es mit einem halben Glas. Ist das immer noch zu viel, dann zähle die Schlücke und pendle auf die richtige Dosis für dich ein. Für manche kann dies relativ wenig sein, für andere mehr. Jeder ist verschieden. Du wirst nicht herausfinden, was für dich das Richtige ist, bevor du damit ernsthaft experimentierst. Im gesamten Yoga ist das Herausfinden eines Ausgleichs zwischen Übungen und unseren täglichen Aktivitäten ein wichtiger Teil des Prozesses. Zum Glück scheint sich die richtige Führung aber immer einzustellen, wenn wir uns erst einmal eine Zeitlang auf dem Yoga-Pfad befinden. Sei also diesbezüglich flexibel.

Praktizieren wir Amaroli einmal für einige Wochen, bemerken wir vielleicht, dass sich etwas ereignet. Irgendwie fühlen wir uns im Inneren stärker – als ob einige schwache Stellen in uns ausgefüllt worden sind. „Innerlich robust" ist ein Ausdruck, der dabei in den Sinn kommt. Vielleicht haben wir die schwachen Stellen im Inneren vorher nicht bemerkt, doch können wir fühlen, dass da etwas ergänzt worden ist. Dass wir uns gesünder fühlen, brauche ich nicht zu erwähnen. Ja, ganz sicher gesünder. Doch da ist noch mehr, etwas, das über das Gefühl einer stärkeren und krisenfesten körperlichen Gegenwart hinausgeht. Wir können spüren, dass auch unsere Bewusstheit gefestigter wird. Ein Weg dies anzusehen ist, sich unseren Körper und das Nervensystem als Vehikel für unser Bewusstsein vorzustellen. Stärken wir die Qualität unseres Körpers und Nervensystems auf der feinsten Ebene der Physikalität, d.h. auf der zellulären Ebene, stellen wir fest, dass wir in einem stärkeren und verlässlicheren Vehikel unseres bewussten Selbst leben.

Bei unseren sitzenden Übungen ist dieser durch Amaroli hervorgebrachte allmähliche Wandel in uns ebenfalls bemerkbar. Die Qualität unserer inneren Stille in der Meditation vertieft und erweitert sich. Die ekstatischen Energien, die wir in der Wirbelsäulenatmung, beim Kumbhaka und den dazugehörigen Übungen kultivieren, werden lebhafter und leuchtender. Alles geht mit der Zugabe von Amaroli zu unserer täglichen Routine einige Stufen nach oben. Und du kannst dich darauf verlassen, dass dies sogar noch besser wird. Wie beim ganzen Rest von Yoga sind die Wirkungen von Amaroli kumulativ. Im Laufe der Monate und Jahre unserer täglichen Praxis bekommen wir dadurch immer tiefere Erfahrungen.

Unter welchen Voraussetzungen kommt es in einem menschlichen Wesen zur Erleuchtung? Wir haben oft gesagt, dass die Bedingung eine neurobiologische Veränderung in unserem Nervensystem und der allgemeinen biologischen Funktionsweise in uns ist. Mit anderen Worten: Für die Erleuchtung ist es vor allem wichtig, das innere Funktionieren des menschlichen Körpers auf eine viel höhere Stufe zu heben. Dadurch wird unser Bewusstseinsvehikel in die Lage versetzt, die außerordentlichen göttlichen Möglichkeiten, die in uns liegen, auszudrücken. Diese Veränderungen herbeizuführen, ist der Zweck von Yoga. Wir arbeiten systematisch mit unserem Verstand, dem Körper, den Gefühlen, dem Atem und der Sexualität daran, diese Transformation in die Wege zu leiten. Mit Amaroli erweitern wir die chemische Zusammensetzung des Körpers auf der höchsten Feinheitsebene, auf der Ebene von Atomen und Molekülen. Dies erzeugt ein physiologisches Fundament, das unserer Betätigung in allen anderen fortgeschrittenen Yoga-Übungen, die uns entlang unseres Weges auf unserer Straße zur Erleuchtung nach vorne katapultieren, begünstigt.

Und natürlich erfreuen wir uns des Gewinns aus unseren Yoga-Übungen im täglichen Leben auf jedem Schritt des Weges. Dies ist die Rolle von Amaroli.

Lektion T33 – Wirbelsäulenatmung während tantrischem Sex?

Frage: Es gibt eine Vama (Linke-Hand-)Version von Kriya, die während des Koitus ausgeführt wird. Sie nennt sich Kobra-Atmung und beinhaltet vier Stufen der Übung. Dies scheint eine Überholspur-Methode des regulären Kriya zu sein und bringt sehr schnellen Gewinn. Du hast uns jedoch in diesen Lektionen gesagt, wir sollten die Wirbelsäulenatmung in zwei Sitzungen außerhalb der Tantra-Praxis üben. Wenn aber die Wirbelsäulenatmung mit ungeheurem Gewinn in die Tantra-Praxis integriert werden kann, warum hast du dann die Wirbelsäulenatmung nicht zusammen mit den Sexualpraktiken empfohlen?

Antwort: Die Wirbelsäulenatmung kann man beim tantrischen Sex ausführen. Das kam deshalb bisher hier in diesen Lektionen nicht zur Sprache, weil ich darauf wartete, dass jemand die Frage stellt – und du hast dies jetzt getan! Es gibt mehrere Gründe, warum wir uns bisher noch nicht da hineingestürzt haben und diese wurden in den Lektionen bereits erwähnt.

Erstens: Sexuelle Beziehungen gestalten sich nicht so, dass sie nach einem festen Plan ablaufen – d.h. nicht zu bestimmten Zeiten zweimal am Tag und nicht jeden Tag ohne Unterbrechung.

Zweitens: Sexuelle Beziehungen lassen sich auch nicht von der Dauer her regeln – so viele Minuten diese Übung und so viele Minuten jene.

Drittens: Die Verbindung von sitzenden Übungen mit dem tantrischen Sex kann zu zusätzlichen Freisetzungen von Blockierungen führen und damit muss man auf irgendeine Weise umgehen, damit es nicht übermäßig wird.

Viertens: Es ist meist am einfachsten, das Zustandekommen sexueller Beziehungen glücklichen Zufällen zu überlassen. So läuft das natürlicherweise ab. Das passt überhaupt nicht zu dem, was zu den drei anderen Punkten gesagt wurde, kann jedoch durch die Disziplin zweier gegenseitig hingebungsvoller Übender außer Kraft gesetzt werden.

Alles, was im Yoga eine zeitliche Bemessung erhält, ist sehr wichtig. Ohne regelmäßige Ausführung der Übungen in einem richtigen Maß kann Yoga schnell außer Kontrolle geraten und ziemlich viele Personen in den Haupt-Lektionen haben in den Fragen und Antworten Kommentare zu diesbezüglichen Erfahrungsaspekten bei den sitzenden Übungen abgegeben. In der Tat geht es in den meisten der F&A um die Abstimmung der Übungen mit den sich einstellenden Erfahrungen. Es kann eine knifflige Angelegenheit sein, bei den fortgeschrittenen Yoga-Übungen ein Gleichgewicht zu behalten. Aus diesem Grund ist die Nutzung von sexuellen Beziehungen als hauptsächliches Mittel für Yoga vergleichbar mit dem Versuch, mit einem kleinen Boot bei einem Hurrikan über den Ozean zu rudern.

Heißt dies nun, dass die Wirbelsäulenatmung in sexuellen Beziehungen nicht durchgeführt werden sollte? Nein, das heißt es nicht. Es heißt nur, dass es nicht als eine Hauptübung betrachtet werden sollte. Diese werden in den Haupt-Lektionen durch die Uhr abgemessen und zweimal täglich – einmal vor dem Frühstück und einmal vor dem Abendessen – ausgeführt.

Lassen wir uns auf eine sexuelle Beziehung ein – wann immer es dazu kommt – können wir den Einsatz der Wirbelsäulenatmung oder eigentlich auch jeder anderen sitzenden Übung in Betracht ziehen. Ich bin mir sicher, dass viele wie du bereits daran gedacht haben. Es gibt eine Menge von Übungen, aus denen man auswählen kann. Doch gibt es eine Herausforderung, wie du weißt, und die liegt in der Möglichkeit, dass es zur Stimulation von zu viel freigesetzten Blockierungen im Nervensystem kommen kann.

Wir werden wissen, dass es dazu gekommen ist, wenn wir uns nach einer sexuellen Begegnung, in die wir Wirbelsäulenatmung oder andere Übungen mit einfließen ließen, entsprechend fühlen.

Das ist wirklich sehr kraftvoll, wenn man sich während der Wirbelsäulenatmung in sexueller Vereinigung befindet. Doch Kraft setzt sich nicht augenblicklich in Fortschritt um. Schließlich haben wir bereits in unseren sitzenden Übungen eine riesige Kraft zur Verfügung, wenn wir das nur alles aufnehmen und nutzen könnten. Doch können wir nur so schnell vorwärts gehen, wie unser Nervensystem die Auflösung von Blockierungen aufnehmen kann, und darin liegt der limitierende Faktor. Bei diesen Übungen – ob mit oder ohne sexuelle Vereinigung – gibt es für die Kraft keine Grenze. Wir enden also immer wieder bei der Regulation der Übungen durch Selbstabstimmung.

Das Gleiche trifft auf den tantrischen Sex zu – allerdings nicht so sehr auf den Einsatz der Rückhaltemethode für die Erleichterung einer langen vororgasmischen Vereinigung. Dies führt gewöhnlicherweise nicht zu übermäßigen Freisetzungen – nur zu mehr und mehr ekstatischer Glückseligkeit, die uns auch später noch bei den sitzenden Übungen erhalten bleibt. Deshalb wurde das Hauptaugenmerk auf die Rückhaltemethode und die lange vororgasmische

Vereinigung gelegt. Das führt gewöhnlicherweise bei unseren inneren Energien nicht zu Ungleichgewichten und bereitet unser Nervensystem vielmehr für eine spätere wundervolle sitzende Übung vor. Dies kann gleich danach sein, am nächsten Tag oder wann immer die Zeit für unsere sitzenden Übungen kommt. Dies ist der wahre Gewinn, der sich aus der tantrisch-sexuellen Vereinigung ergibt, und es sind nur lange vororgasmische Vereinigungen nötig, dies zu erzeugen. Es gibt viel dazu zu sagen, warum man tantrischen Sex und sitzende Übungen nacheinander (das heißt getrennt voneinander) anstatt parallel ausführen sollte.

Nimmst du die Wirbelsäulenatmung in die sexuelle Beziehung hinein, wird es zu zusätzlichen Freisetzungen innerer Blockierungen im Nervensystem kommen und du wirst merken, dass es notwendig ist, die Übung anzupassen, um eventuell auftretende Übersteigerungen zu vermeiden. Das ist während der Geburtswehen des Beischlafs etwas heikel, wenn die beiden Partner nicht so sehr aufeinander eingestimmt sind, dass sie sich von Angesicht zu Angesicht gegenüber sitzen können, abgestützt mit Kissen in einer „V"-Form (oder einer anderen halbvertikalen Stellung) und die Wirbelsäulenatmung für 5, 10, 15 oder für wie viele Minuten es für beide Partner auch immer am geeignetsten ist, zu machen. Das klingt nicht sehr romantisch, oder? Gut, wenn man das dann weitergehen und immer weitergehen lässt, kann das für einen oder beide Partner zu viel freisetzen und das kann viel Kratzbürstigkeit später nach der Liebesvereinigung nach sich ziehen. Probier es aus und sieh selbst. Mächtige spirituelle Übungen sind mächtige spirituelle Übungen, unabhängig davon, wann man sie ausgeführt.

Siehst du also, warum wir damit nicht schon vorher begonnen haben? Das öffnet die Tür zu Schwierigkeiten und möglichen Komplikationen. In den Lektionen wollen wir uns an Ansätze halten, die einfach sind, d.h. nur minimale Schwierigkeiten mit sich bringen und die andererseits sehr effektiv für die Reinigung und Öffnung des Nervensystems für göttliche Erfahrungen sind.

Stattdessen bringen wir also die sexuelle Stimulation stufenweise und abgemessen in unsere sitzenden Übungen, indem wir Siddhasana, Mulabandha und Sambhavi (mit ekstatischer Leitfähigkeit sehr sexy) anwenden. Auch Übungen wie Nauli/Uddiyana/Kinnpumpe und Wirbelsäulen-Bastrika werden in den mittleren und späteren Stadien ziemlich sexuell. All dies können wir innerhalb unserer sitzenden Übungen steuern. Man kann auch gut steuern, wenn man Übungen mit Masturbation verbindet. Doch auch das kann aus dem Ruder laufen und uns griesgrämig und mit Kopfschmerzen zurücklassen. Es hängt alles vom Maß ab. Tun wir zu viel, können wir behindert und für einige Zeit in eine unangenehme Lage versetzt sein, bis der Energieüberschuss und das Ungleichgewicht sich wieder behoben haben. Bei den Yoga-Übungen geht es um die Freisetzung von Blockierungen auf eine Weise, dass wir langfristig von Tag zu Tag weitermachen können und allmählich ekstatische Glückseligkeit aufbauen und diese in unsere täglichen Aktivitäten einfließen lassen.

Falls du einen Partner hast, mit dem du wohlüberlegt während des Geschlechtsverkehrs arbeiten kannst, kannst du vielleicht deine Übungen beim Liebesspiel selbst abstimmen und angenehme Ergebnisse erzielen. Ist das möglich, dann mach das unbedingt so. Denke jedoch daran, dass der Geschlechtsverkehr ein glückliches Ereignis ist, das vom Zufall abhängt. Es hat das Potential, auf dem Pfad des Yoga einen extra Schub zu verleihen und es ist weise, ständig die sitzenden Übungen als die Hauptform des Yoga zu betrachten.

Können wir mit der riesigen zusätzlichen Energie, die durch die Kombination von Wirbelsäulenatmung, Kinnpumpe, Wirbelsäulen-Bastrika oder Yoni Mudra Kumbhaka mit vororgasmischen Sexualbeziehungen erzeugt wird, umgehen, kann das einen großen Schub bedeuten. Andererseits kann es aus den oben erwähnten Gründen heraus auch in einer Pleite enden. Experimentiere selbst, sieh, was geschieht – und wende dann Selbstabstimmung an.

Oder erfreue dich einfach am langen vororgasmischen Sex, wann immer es dazu kommt, und sei versichert, dass der Ozean ekstatischer Glückseligkeit, den ihr beide erhalten habt, auch noch verfügbar sein wird, wenn ihr auf euren Meditationskissen für die zweimal tägliche Übung sitzt.

Der Guru ist in dir.

Lektion T34* – Kechari und der „Geheime Ort“

Frage: Ich hab es endlich über den weichen Gaumen hinaus geschafft … wie immer danke für deine Unterstützung.

Es ist sonderbar, wie sehr Kechari mit der Sexualität zusammenhängt. Ich wollte eigentlich sagen ‚Sexualmetapher’, doch in Wirklichkeit ist es Sexualität im wörtlichen Sinne. Die Zunge und die Pharynx sind mit Lingam und Yoni vergleichbar. Nur sind wir hier vollständig mit beiden Geschlechtern bestückt. Dann gibt es noch die erigierbaren Gewebe in den Nasengängen …

Ich fühle mich, als hätte ich ein zweites Mal meine Jungfräulichkeit verloren. Es hat nicht wirklich so viel Spaß gemacht wie beim ersten Mal, doch will ich dem gern eine Chance geben. ;)

Antwort: Herzlichen Glückwunsch zum Eintritt in die zweite Stufe von Kechari. Du hast gerade einen bedeutenden Meilenstein passiert auf deiner Reise im Yoga.

Die sexuelle Metapher ist angebracht. Kechari ist direkt an die höhere Sexualität geknüpft, genauso wie es Sambhavi und all die anderen Mudras und Bandhas sind. All diese haben eine direkte Verbindung zu unserer sexuellen Neurobiologie der Beckenregion und sie weiten ihren Einflussbereich nach oben durch den gesamten Körper und darüber hinaus aus.

Obwohl der „Verlust der Jungfräulichkeit“ bei Kechari vielleicht nicht so vergnüglich ist wie bei der anderen Art, wird Kechari das auf lange Sicht wieder wettmachen. Steigt die ekstatische Leitfähigkeit an, enden wir schließlich in einer Art andauerndem siedenden Ganzkörperorgasmus. Dann arbeiten alle diese Yoga-Mudras ganz natürlich in reflexartiger Koordination zusammen. Eine Lektion mit dem Titel „Ganz-Körper-Mudra“ wurde gerade erst in den Haupt-Lektionen veröffentlicht (Lektion 212).

Kechari ist sowohl mysteriös als auch auffällig in ihrer Rolle bei der Kultivierung der höheren ekstatischen Erfahrungen nach oben. Teils ist dies der Tatsache geschuldet, dass es ein „neuer Ort“ ist, wo die große Mehrheit der Menschen noch nicht gewesen ist, auch wenn die Zunge mit nur einem oder zwei Zentimetern Abweichung von ihrem täglichen Bewegungsraum da hineingelangt. Um die Mittel, wie man da hineingelangt, gib es eine Diskussion, zumindest in diesen Zeiten des geringen (aber wachsenden) Verständnisses für Kechari. Es ist aber wahrscheinlich, dass viele in den kommenden Jahren dorthin gehen werden.

Warum?

Oben im Hohlraum des Nasenrachenraums, in Reichweite einer unternehmungslustigen und befreiten Zunge, gibt es ein Organ, das in einem Maße, vergleichbar dem der Genitalien, erogen ist. „Spirituell erogen“ ist eine gute nähere Bestimmung dafür, da Kechari eine ekstatisch-sexuelle Energie im Körper nach oben stimuliert, während die Genitalien, wenn sie nicht in den Modus der tantrischen vororgasmischen Übungspraxis gebracht werden, unsere Energie nach außen in den Dienst der Fortpflanzungsfunktion führen werden.

Wir wollen den spirituell-erogenen Fokuspunkt dort oben im Nasenrachenraum „geheimen Ort“ nennen, weil wir vorher so wenig darüber gewusst haben.

Sobald es sich einmal herumgesprochen hat, werden schon die erogenen Aspekte von Kechari alleine die vergnügungshungrigen Massen anlocken. Und warum auch nicht? Wer würde Kinder bekommen wollen, wäre es nicht so vergnüglich, sie zu machen? Sollte das Erleuchtet-Werden weniger Lust bereiten? Wird einmal allgemein bekannt, was der spirituelle Pfad wirklich ist (eine unaufhörliche innere Orgie ausstrahlender ekstatischer Glückseligkeit), dann werden die Straßen zur Erleuchtung voll gepackt sein mit Übenden, genauso wie heute die Straßen zum reproduktiven Sex überfüllt sind. Interessanterweise schneiden sich diese beiden Straßen genau hier in der Welt des Tantra. Deshalb wird diese Lektion unter Tantra veröffentlicht anstatt in den Haupt-Lektionen. Es ist Zeit, dass wir zum Thema Kechari einmal alle Hemmungen fallen lassen.

Was ist also der geheime Ort?

In der Haupt-Lektion 108 zu Kechari wurde der Rand der Nasenscheidewand als „ekstatisch sensitiv“ beschrieben. Er wurde ebenso als ein „Altar der Glückseligkeit“ bezeichnet. Hier in den Tantra-Lektionen nennen wir dies „spirituell erogen“. Aufgrund all dieser Beschreibungen sollte es klar sein, dass es etwas Besonderes gibt, was bei der Kechari-Praxis mit dem Septum passiert.

Das Septum (Nasenscheidewand) ist die flache, dicke Membran, die unser linkes und rechtes Nasenloch voneinander trennt. Ihr hinterer Rand verläuft in der Mitte des vorderen Bereichs des Hohlraums über dem weichen Gaumen, der Nasenrachenraum genannt wird, nach oben. Findet die Zunge ihren Weg hinauf in den Nasenrachenraum, findet sie auch den Rand der Nasenscheidewand. Auf halbem Weg nach oben auf dem Rand des Septums gibt es einen kleinen Vorsprung, einen kleinen Wulst. Dieser ist extrem sensitiv. Das ist der „geheime Ort".

Wie bei unserer normalen sexuellen Anatomie gibt es im Nasenrachenraum im Inneren der Nasenlöcher usw. sehr viel mehr, was vor sich geht, als nur an diesem einen Punkt am Rande der Nasenscheidewand. Doch der geheime Ort ist ein Brennpunkt, vergleichbar der Klitoris bei der Frau oder dem Lingam-Kopf beim Mann. Der geheime Ort ist mit diesen vergleichbar. Doch gibt es einige fundamentale Unterschiede zwischen dem geheimen Ort und unseren Genitalien.

Erstens: Anders als bei den unkonditionierten Genitalien (obwohl diese durch die tantrische Praxis ebenfalls spirituell ekstatisch gemacht werden können) benötigt es eine Stimulation im Verlauf der Zeit, um den geheimen Ort vollkommen zu erwecken. Die Länge der Zeit hängt von unserem allgemeinen Fortschritt der Reinigung und Öffnung unseres Nervensystems durch die ganze Bandbreite der uns zur Verfügung stehenden Yoga-Übungen ab. Der Anstieg ekstatischer Leitfähigkeit im Nervensystem erhöht die Sensibilität des geheimen Ortes sehr stark. Kechari ist eine Übung, die die ekstatische Leitfähigkeit im gesamten Körper anregt, und der Anstieg der Sensibilität des geheimen Ortes ist eine Auswirkung davon. Eine Ursache, die eine Wirkung nach sich zieht und eine Wirkung, die zu einer Ursache führt. Je mehr man den geheimen Ort stimuliert, desto sensibler wird er zusammen mit der sich steigernden ekstatischen Reaktionsfähigkeit im gesamten Nervensystem. So geht es ohne Limit weiter! Dieser Anstieg in ekstatischer Reaktion ist ein wichtiger Abschnitt auf der Straße zu unendlicher ekstatischer Glückseligkeit im Körper, die nach außen ausstrahlt, um die Umgebung mit göttlicher Liebe zu durchtränken. Es gibt also starke Anreize, die Fähigkeit zu entwickeln, Kechari während unserer gesamten sitzenden Übung und länger auszuführen. Dies ist der vorrangige Weg für die Kultivierung endlosen inneren Vergnügens und gleichzeitig auch ein Weg für die Kultivierung von weltweiter Illumination. Deshalb haben wir Kechari auch als ein „riesiger Sprung für die Menschheit" bezeichnet.

Zweitens führt Kechari und die Stimulation des geheimen Ortes – im Gegensatz zum Sex für die Fortpflanzung – nicht unweigerlich zu einem genitalen Zeugungsorgasmus. Obwohl der geheime Ort mit der Zeit äußerst erogen wird, gibt es dort eine andere Art von Sensibilität. Deshalb verwendet man den Ausdruck „spirituell erogen". Die Stimulation des geheimen Ortes in Kechari berührt alle unsere erogenen Bereiche von innen her und lockt damit unsere Leidenschaft nach innen und nach oben zu den Hauptgenusszentren im Gehirn. Stell dir vor, du würdest aus dem Inneren heraus sexuell stimuliert. Du würdest ohne irgendeine äußere Stimulation sehr erregt werden und all die Lust stiege durch den Körper in Wellen nach oben bis zu den Lustzentren im Gehirn und würde dann zurück nach unten bis zu den Enden jedes Nervs wogen. Was sind diese Lustzentren im Gehirn? Es sind Bestandteile des dritten Auges, des Ajna, die einen Körperbereich abdecken, zu dem die Medulla Oblongata (Hirnstamm), die Hirnanhangdrüse und die Zirbeldrüse gehören. Die Wirkung breitet sich auch ganz natürlich bis zur Krone (Corona Radiata) aus. Alle diese haben Anteil am ekstatischen Prozess, der dem Nervensystem entsteigt.

Die Beschäftigung mit Kechari in Verbindung mit Sambhavi (der kraftvollen Technik für das dritte Auge), den anderen Mudras und Bandhas sowie Siddhasana ist für uns also eine Art gewaltige Form des inneren Liebesspiels. Verbinde das alles noch mit den grundlegenden täglichen Einwirkungen, die in der tiefen Meditation (innere Stille) und den Techniken der Wirbelsäulenatmung erzeugt werden und wir haben das Rezept für die Kultivierung endloser ekstatischer Glückseligkeit und das Verströmen göttlicher Liebe – Erleuchtung!

Wenn wir meditieren, kann Kechari ganz ruhig mit der sanft auf dem geheimen Ort ruhenden Zunge ausgeführt werden. Zu anderen Zeiten sind wir vielleicht inspiriert, den geheimen Ort aktiv mit verschiedenen Zungenbewegungen zu stimulieren. Hier wird die sexuelle Analogie sehr eng und wahrscheinlich werden hier nicht viele Ratschläge benötigt. Jeder hat seine eigenen Wege zum Erreichen der maximalen Stimulation. Auch Kechari bietet diese Gelegenheiten. Doch wie bei der Nutzung von äußerer sexueller Stimulation bei unseren sitzenden Übungen sollten wir darauf bedacht sein, dass wir unsere Routine nicht völlig unterbrechen. „Dynamisches Kechari" sollte man sich also für die Zeiten aufheben, wenn es unsere tiefe Meditation nicht stört. Es gibt keinen Grund, warum Kechari während der Wirbelsäulenatmung nicht dynamisch sein kann, wenn wir den Wirbelsäulennerv mit unserer Aufmerksamkeit entlang wandern. Es kann auch gut zusammen mit dem Wirbelsäulen-Bastrika funktionieren, mit dem zielgerichteten Bastrika, mit Yoni Mudra, mit tantrischem Sex und zu jeder anderen Zeit, in der wir nicht mit tiefer Meditation, Samyama oder anderen Aktivitäten beschäftigt sind, wo unsere Aufmerksamkeit bei der Anwendung anfällig ist. Darüber hat der Übende selbst zu entscheiden.

In den frühen Phasen von Kechari, wenn wir beginnen, den geheimen Ort aktiv zu stimulieren, werden wir wahrscheinlich sexuell erregt. Später wird äußerlich nicht viel geschehen und wir werden innerlich von Ekstase entzündet. So entwickelt sich das. Fahren wir mit unserem innerlichen Liebesspiel fort, wird freudiges Vergnügen aus dem Inneren unserer Genitalien gefördert und auch aus den erogenen Zonen unseres Nervensystems. Dann werden wir vor Vergnügen zittern, wenn die Wellen hochschlagen und gleichzeitig wieder hinunter durch jede Zelle unseres Körpers. Vielleicht haben wir eine Gänsehaut, schreien vor Ekstase, tanzen wie ein wirbelnder Derwisch umher oder was immer, zu was uns die Energie bewegt. Es ist ein nicht endender innerer Orgasmus! In der Zwischenzeit werden fühlbare Wellen von Liebe aus uns herausschießen und jeden in unserer Umgebung aufbauen. Dies ist eine ziemlich gute Art der Nutzung unserer sexuellen Energie – mindestens genau so gut, wie das Zeugen von Kindern. Wenn wir wollen, können wir auch beides tun.

Kommen wir dahin, machen wir aus dem, was in uns steckt, das Bestmögliche.

Sexuelle Liebe ist die Vereinigung zweier Gegensätze des Lebens zur Erfüllung des Zwecks der Schöpfung. Im Äußeren geschieht dies automatisch und führt zur Fortpflanzung. Wendet man darauf achtsames Bewusstsein an, kann es so kultiviert werden, dass es auch im Inneren automatisch geschieht und dies führt zur Erleuchtung.

Der Guru ist in dir.

Zusatz: – Hier noch anschließend zwei Folge-F&As – eine von einer Frau und eine von einem Mann.

Zuerst von der Frau:

Frage: Als ich vor ein paar Tagen nach dem Pranayama noch Yoni-Mudra Kumbhaka (mit dem dreimal nach vorne auf die Brust fallenden Kopf) gemacht habe, fügte ich noch drei Runden Nadi Shodana hinzu. Dann meditierte ich, wobei ich auf einer aufgerollten Socke saß und noch einen Ball weiter vorne hatte.

Während des Nadi Shodana begann meine Zunge wieder damit zu versuchen, nach oben in meine Nasenhöhle zu klettern. Diesmal rollte sie sich, während sie nach oben ging, vertikal ein wie eine Röhre. Ich glaube, sie ging weiter nach oben, als sie das vorher tat, doch das war auch nur bis zum äußersten Teil meiner oberen Kehle, wo diese beginnt sich nach oben zu biegen (die anatomische Bezeichnung für diesen Bereich kenne ich nicht).

Dann, fast unmittelbar nachdem ich Nadi Shodana abgeschlossen hatte, ging ich in die Meditation. Meine Zunge streckte sich wieder röhrenförmig so weit, wie sie konnte, nach oben in meine Nasenhöhle und dann begann sie einen Punkt irgendwo da oben in meiner oberen Kehle oder wo die Decke sich nach oben biegt, zu massieren. Ich bin mir sicher, dass ich nicht bis zu dem Punkt gekommen bin, den man in den fortgeschrittenen Stadien erreicht, doch was das auch immer für ein Punkt war, es war unglaublich. Als meine Zunge diesen Punkt massierte, fühlte ich das in meiner Klitoris. Es fühlte sich an, als sei dieser Punkt direkt mit meiner Klitoris verbunden! Normalerweise würde ich mich schämen, darüber zu schreiben. Doch nachdem ich mehrere der Lektionen gelesen habe, merkte ich, dass dies etwas ist, worüber man sich nicht zu schämen braucht. Die Empfindung war dermaßen ekstatisch! Nachdem das alles vorüber war, war ich mir später nicht sicher, ob ich einen Orgasmus hatte, aber es hat sich nicht wirklich so angefühlt, als sei es ein Orgasmus gewesen. Beim Orgasmus erreicht man eine Ziellinie. Dann ist es vorbei und du willst damit aufhören. Was ich da erlebte, beinhaltete jedoch nicht diese Notwendigkeit aufzuhören, es ging einfach immer weiter und weiter und schien überhaupt kein Ende zu haben, das erreicht werden musste. Es war ekstatischer als ein Orgasmus. Ist dieser Punkt immer in der Lage, dies zu erzeugen, sobald jemand mit der Zunge hinspürt oder ist das nur nach der Yoga-Praxis, dass sich so ein Ergebnis einstellt?

Ich wollte dieses Erlebnis einmal mitteilen und gleichzeitig fragen, wann ich Nadi Shodana einsetzen soll, falls ich damit weitermachen will. Obwohl ich es an jenem Tag nach dem Pranayama und Yoni Mudra Kumbhaka eingebaut hatte, hab ich das seither nicht mehr so gemacht. Jetzt praktiziere ich es zu anderen Zeiten, nicht mehr bei meiner Meditation, da in der Hatha Yoga Pradipika steht, man solle es am Morgen, Mittag und um Mitternacht ausüben. (Ich mache nur drei Runden etwa zweimal am Tag.) Ich wollte das erst mit dir klären, bevor ich es wieder in jener Reihenfolge zusammen mit meiner Meditation mache, denn vielleicht ist das ja falsch. Ich glaube, ich habe irgendwo in der Pradipika gelesen, dass man es praktizieren soll, um richtig Pranayama üben zu können. Und dies führte mich zu dem Gedanken, dass es vor der Wirbelsäulenatmung durchgeführt werden sollte. Zumindest hat es einige sehr kraftvolle automatische Yoga-Reaktionen hervorgebracht, als ich es nach der Durchführung von Yoni Mudra Kumbhaka gemacht habe.

Übrigens habe ich auch jetzt, da ich es außerhalb meiner Yoga-Übungen durchführe (ich bin jetzt bei Lektion 91), einige wirklich starke automatische Yoga-Erfahrungen. Es fühlt sich fast so an, als sei mein Körper besessen, als würde jemand anders durch meinen Körper handeln. Manchmal macht mein Kopf volle Kreisbewegungen, eine Zeitlang von recht nach links und dann anders herum. Es fühlt sich an, als würden mich unsichtbare Hände zu verschiedenen Übungen und Streckungen bewegen.

Zu guter Letzt möchte ich noch sagen, dass meine Zunge scheint, jedes Mal, wenn sie versucht meine Nasenhöhle hinaufzugehen, ein wenig weiter zu kommen. Ist es möglich, dass sie sich infolge des anhaltenden Versuchens schließlich genügend streckt und diesen Punkt erreicht, von dem du geschrieben hast? Und wie weiß ich, dass sie dort ist, wenn es so weit ist? Danke!

Antwort: Das ist wirklich sagenhaft. Du entdeckst hier deine ekstatische Leitfähigkeit schon schnell – weitere Beweise für deine früheren Bemühungen im Yoga, an die du dich heute nicht mehr erinnerst. Doch dein Nervensystem erinnert sich sehr wohl daran. Falls du mit Nadi Shodana die einfache wechselseitige Nasenatmung meinst, gilt diese gewöhnlicherweise nicht als hochpotente Übung – außer sie wird mit Kumbhaka kombiniert, was wir jedoch in den Lektionen nicht empfehlen, weil wir Kumbhaka in anderen Übungen anwenden und die Dinge nicht zu sehr verkomplizieren wollen. (Schau in den Zusatz von Lektion 41, da steht noch mehr zu Nadi Shodana.)

Hast du gerade erst im Rahmen von Yoni Mudra (Lektion 91) mit Kumbhaka begonnen, dann ist dies der wahrscheinlichere Grund für den großen Sprung, den du erfährst. Es braucht gar nicht viel Kumbhaka, um Berge von Unreinheiten im Nervensystem zu bewegen. Yoni Mudra Kumbhaka ist eine sehr kraftvolle Übung, und das auch schon bei geringer Dosis. Wenn du mit zwei oder mehr Übungen im gleichen Zeitraum beginnst, kann das dazu führen, dass nicht erkennbar ist, was was bewirkt. Achte also darauf. Stelle sicher, dass sich bei dir eine Übung bereits gesetzt hat, bevor du mit der nächsten beginnst. Andernfalls könntest du dich mit wachsenden Energieflüssen konfrontiert sehen (so etwas, was du in Form von automatischem Yoga bereits hattest), ohne dass du weißt, was die Ursachen dafür sind. Denke immer an die Selbstabstimmung – das ist die allerwichtigste Übung von allen.

Zu Kechari: Kommt deine Zunge hinter und nach oben über den weichen Gaumen (der weiche Teil der Munddecke hinten), dann kannst du den „geheimen Ort" vielleicht schon finden. Du erkennst ihn daran, dass dort eine „Kante" ist – der vertikale Rand des hinteren Teils der Nasenscheidewand, die die rechte von der linken Nasenöffnung trennt. Der vordere Teil der Nasenscheidewand trennt das linke vom rechten Nasenloch der äußerlich sichtbaren Nase.

Eine andere Möglichkeit wäre noch, dass du den weichen Gaumen mit der Zunge (wie eine Klappe) nach oben und nach vorne presst, so dass sie den geheimen Ort berührt. Auf beiden Wegen erreichst du die Stimulation. Die Empfindung der erotischen Verbindung zu den Genitalien ist der Beginn der ekstatischen Leitfähigkeit. An einem bestimmten Zeitpunkt wird dies auch mit Sambhavi passieren. Dann kann die ekstatische Reaktion willentlich hervorgerufen werden – jederzeit und überall.

Der Grad der ekstatischen Reaktion beim Kechari ist eine Funktion der Reinigung im Nervensystem und insbesondere früherer Bemühungen im Yoga. Es ist auch sehr gut möglich, dass man in Stufe 2 von Kechari eintritt, den geheimen Ort berührt und lange Zeit keine richtige Verbindung zum Beckenbereich wahrnimmt. In diesem Fall entwickelt es sich allmählich im Laufe der Zeit, nachdem man in Stufe 2 eingetreten ist. Bei jeder Person herrscht eine unterschiedliche Struktur des Widerstands im Nervensystem. Doch wir bewegen uns alle in dieselbe Richtung. Es ist nur eine Frage der Zeit, denn jeder ist bereits für die göttliche Ekstase verdrahtet.

Zum sexuellen Aspekt von Kechari: Dies wird sich über das sexuelle Erlebnis hinausentwickeln, weil es schließlich das gesamte Nervensystem einbezieht. Ich nenne das den Übergang von der erotischen zur spirituellen Ekstase. Aus deiner Beschreibung geht hervor, dass du dies bereits erkennst. Die Fortschrittslinie davon geht nicht hin zum genitalen Orgasmus (auch wenn das anfangs dazu kommen kann). Es entwickelt sich hin zur nicht endenden Ganzkörperekstase. Dieser ekstatische Zustand vermengt sich mit der in Meditation und Samyama kultivierten innerer Stille und diese Kombination ist gleichzusetzen mit nicht endender ekstatischer Glückseligkeit. Die späteren Lektionen behandeln die Details dazu – allerdings nicht so aufdringlich. Im Leben geht es immer mehr darum, anderen zu dienen, und das aus unserem endlosen Strom überfließender ekstatischer Glückseligkeit heraus. Die wirkliche Aufgabe eines jeden ist es, zu einem Kanal für die göttliche Liebe zu werden. Dies ist die vollkommene Freiheit in diesem Leben und darüber hinaus.

Und nun der Mann:

Frage: Bei den neuen Erfahrungen, die ich mit Kechari Stufe 3 mache, habe ich einen sensiblen Punkt gleich über der Nasenscheidewand entdeckt, der sich ein wenig fleischig und weich anfühlt und auf jeden Fall sensitiver ist und größere Auswirkungen auf die Atmung hat als andere Bereiche. Ich hatte auch das Gefühl, dass es etwas Ähnlichkeit hat mit sexuellem Gewebe, doch bin ich mir nicht sicher, was das Ergebnis von Stimulation ist. Zuerst dachte ich, es wäre vielleicht möglich, einen Orgasmus am Kronen-Chakra zu haben, doch es fühlt sich etwas anders an als das. Ich weiß aber nicht genau. Es erinnert mich an die Tatsache, dass sich viele Frauen nicht vorstellen können, wie eine Frau beim Orgasmus ejakulieren kann, bis sie diese Erfahrung wirklich einmal selbst machen. Kechari ist eine Entdeckungsfahrt, bei der, wie es scheint, nur sehr wenige Erfahrungen gemacht haben und auch wenige aufgrund ihrer Erfahrungen damit Ratschläge erteilen können. Ich argwöhne sogar, dass unter denjenigen, die dazu etwas schreiben, viele es nur nebenbei erwähnen, weil nur wenige es wirklich ausprobiert haben und noch weniger zu den tieferen Ebenen davon vorgestoßen sind.

Kechari und besonders das Halten der Zungenspitze auf den „geheimen Ort“ führt wirklich zu einer Veränderung und zwar zu einer wundervollen, die allerdings einige Zeit braucht, bis sie integriert ist. Es scheint den Bandhas einen automatischen Auftrieb zu verleihen und ich fühle, dass Kechari in Verbindung mit Sambhavi eine strömende, vom Becken zum Kopf bewegende Energieempfindung erzeugt, ohne dass ich irgendetwas anderes dazutue, als meine Atmung zu fühlen.

Ich habe die Empfindung, dass die Energie beim Einatmen mein Rückgrat entlang nach oben strömt, aber nicht mehr so stark bei der Ausatmung abfällt oder vielleicht nur ein bisschen zum Bauch hin bei der Ausatmung zurückfällt. Die strömende Energie fällt in Wirklichkeit nicht zurück zum Bauch, bis ich aus Kechari herausgehe. Ich bin immer noch ein Anfänger in dieser Sache, doch da ich im Pranayama erfahren bin, erwarte ich, dass Kechari und Sambhavi schnell das Pranayama, wie ich es kenne, verwandeln werden und die Stadien der Einatmung, des Anhaltens und der Ausatmung weniger physisch und ausgeprägt machen und zusammen mit den Bandhas dies alles viel mehr zu einem Energiefluss integrieren.

Deine Hilfe ist sehr willkommen.

Antwort: Dieser sensible Punkt auf der Nasenscheidewand ist das, was ich den *geheimen Ort* nenne, und dies bildet in Wirklichkeit den Kern der Kechari-Stimulierung. Tritt man dann von innen her in die Nasengänge ein (Kechari Stufe 4), verstärkt dies die Effekte noch einmal signifikant, doch der geheime Ort ist der Fokuspunkt – vergleichbar mit der Klitoris für die Frau.

Da wir gerade davon sprechen, möchte ich noch die Mitteilungen weiblicher Übender erwähnen, in denen diese bestätigen, dass der geheime Ort neurologisch direkt mit der Klitoris in Verbindung steht. Sowohl Männer als auch Frauen, die diesen geheimen Ort erreicht haben, haben schnell erkannt, dass dieser nicht dem genitalen Orgasmus dient, obwohl es in den frühen Stadien dazu kommen kann. Es geht auch nicht um einen „Sahasrara Orgasmus“, nicht in der Art, wie wir an den Orgasmus als Klimax denken. Es geht um die Kultivierung des allmählichen Anstiegs von dem, was ich das „ständige Kommen“ nenne, wie es auch in einer der anderen Tantra-Lektionen überschrieben ist. Ständiges Kommen ist ein Zustand ekstatischer Glückseligkeit und ausströmender göttlicher Liebe – Erleuchtung.

Deine Symptome der körperlichen Erfahrung, die sich hin zu einer energetischen Verbindung zwischen Kopf und Beckenregion verändert, ist die klassische Geburt eines Anstiegs ekstatischer Leitfähigkeit. So spielt sich das ab. Von da an läuft es einfach immer weiter und weiter und immer weiter. Und ja, dieser geheime Ort von Kechari und Sambhavi ist maßgeblich daran beteiligt und verändert die ganze Natur von Pranayama und Kumbhaka hin zum Besseren. Meditation ebenso … und dann kommt es erneut zurück von all diesen Übungen, wieder ekstatisch vergrößert.

Erlaubst du der Energie, über die gesamte Strecke des Wirbelsäulennervs vom Punkt zwischen den Augenbrauen bis zum Perineum mit der Atmung zu zirkulieren, wirst du feststellen, dass es im Laufe der Zeit zu viel mehr ausgeglichener Reinigung und Öffnungswirkungen kommt. Das ist das Wesentliche der Wirbelsäulenatmung. Wenn du die Strecke mit der Energie nur teilweise durchläufst oder in diesem Stadium zur Krone anstatt zur Stirn gehst, besteht eine geringe Wahrscheinlichkeit, dass sich einige Kundalini-Ungleichgewichte aufbauen. Da das Reinigen der Sushumna zwischen dem dritten Auge (Stirn) und der Wurzel (Perineum) der Schlüssel für ein reibungsloses Fortschreiten mit immer größerer Ekstase ist, kann es ohne der Wirbelsäulenatmungskomponente aufgrund zu viel herumschwirrender Kundalini-Energie etwas chaotisch werden. Die Wirbelsäulenatmung kümmert sich darum.

Ja, es gibt nur wenige, die diesen Übergang bereits bewältigt haben, doch werden, wie ich denke, in den kommenden Jahren noch viele dazustoßen. Dies ist zu wichtig (und erfüllend!), als dass ernsthafte Yogis und Yoginis darüber hinwegsehen sollten. Ich hoffe, dass die freie und offene Integration von Übungen in den Fortgeschrittenen Yoga Übungen da weiterhelfen wird. Es ist Zeit, dass man damit einmal an die Öffentlichkeit tritt, meinst du nicht auch? Wir sprechen hier über das Schicksal der Menschheit und sollten keine Zeit verlieren.

Lektion T35 – Ekstatischer Reflex beim Sex

Frage: Vielen Dank für deine bemerkenswert klare Darstellung von Kechari. Das ist für mich von enormem Wert. Ich habe mich viele Jahre in Stufe 1 von Kechari aufgehalten. In Wahrheit wusste ich niemals so richtig, wie ich zur Stufe 2 kommen sollte, da ich nichts von dem ‚Seitenweg' wusste. Meine Zunge scheint fast lang genug zu sein, dass sie die Stufe 2 erreichen kann und ich fühle mich bereit. Hätte ich deine Mitteilung (Haupt-Lektion 108) nicht gelesen, hätte das noch einige Jahre auf sich warten lassen, da ich durch die Mitte gehen wollte.

Nun habe ich an dich eine Frage, wenn ich darf. Nähere ich mich dem sexuellen Orgasmus (während der gewöhnlichen sexuellen Aktivität, also überhaupt nicht auf eine yogische Art) bemerke ich den Instinkt, meine Augen nach oben zu rollen und die Zunge nach hinten und oben zu drücken wie in Kechari. Diesem Instinkt bin ich bei vielen Gelegenheiten gefolgt. Ich weiß nicht, wie ich die Wirkung davon richtig beschreiben soll. Doch es scheint, dass da das Ajna-Chakra und der Sexualimpuls mitspielen. Es sieht so aus, als ob das sexuelle Drängen unter der Kontrolle von Ajna als Ergebnis dieser Übung noch gewaltiger wird. Es ist erfüllend, intensiv und sehr angenehm.

Kannst du zu dieser Übung noch etwas Stellung nehmen?

Antwort: Ich bin sehr glücklich darüber zu hören, dass die Erörterungen zu Kechari für dich hilfreich waren. Diese Übung war so lange von Geheimnissen umhüllt. Und viele Yogis haben kaum je davon gehört, auch wenn dies ein Schlüsselfaktor für die Entwicklung von ekstatischer Leitfähigkeit im Körper ist. Es ist Zeit, Kechari aus der stillen Kammer herauszuholen, so dass wir intelligent den natürlichen Impulsen folgen können, die in diesen Tagen in so vielen von uns hochkommen.

Schon in Stufe 1 von Kechari liegt viel Kraft, weil die sensitiven Nerven in der Nasenscheidewand bis zur Munddecke genau an die Stelle, an der sich der weiche und der harte Gaumen treffen, herunterreichen. Dort liegt der Boden des Nasenscheidewandrands. Setzt man die Spitze der Zunge dorthin, ist das, als würde man einen Energiekreislauf schließen. Sobald etwas ekstatische Leitfähigkeit in unserem Nervensystem aufsteigt, wird die Lust, die Zunge dorthin zu führen, ziemlich offensichtlich. Natürlich, wenn Kechari sich zur Stufe 2 entwickelt und hinter den weichen Gaumen und nach oben geht, berührt unsere Zunge den „geheimen Ort" direkt auf der Nasenscheidewand (siehe Tantra-Lektion 34) und die langfristigen Ergebnisse davon sind unbeschreiblich, obwohl wir unser Bestes tun, es zu erklären. Yoga wird noch aus uns allen ekstatische Poeten machen!

Die Tendenz, die Augen zu heben und die Zunge bei sexuellen Aktivitäten und beim Orgasmus zurückzurollen, ist ein natürlicher Reflex, der auftritt, wenn ekstatische Energien durch den Körper fließen. Dies ist automatischer Yoga. Die Energie, die sich beim Sex bewegt, ist dieselbe Energie, die wir mit den fortgeschrittenen Yoga-Übungen kultivieren. Die Tatsache, dass viele (sogar solche, die niemals Yoga praktizieren) diese Reflexe während des Sex erfahren, ist ein Beleg für die latente ekstatische Leitfähigkeit, die in jedem existiert. Dies systematisch durch Yoga-Übungen zu fördern, ist nicht nur ein wichtiger Teil des Wie, mit dem wir uns zur Erleuchtung bewegen, es entwirrt auch das Rätsel, wie sexuelle Energien in uns auf jeder Ebene arbeiten.

Ja, die effektivste Kontrolle und innere Stimulation sexueller Energie im Nervensystem geht, wie du das feststellst, vom Ajna Chakra (drittes Auge) aus. Kechari (die zurückgerollte Zunge) ist ein Teil davon und ein enger Bettgenosse von Sambhavi (die Augen zum leicht gerunzelten Zentrum zwischen den Brauen hoch gerollt). Die Wirbelsäulenatmung und viele der anderen Techniken sollen die Verbindung vom dritten Auge zur Wurzel entwickeln. Du erfährst bereits einige Andeutungen dieser wichtigen Verbindung im ekstatischen Reflex während deiner sexuellen Aktivität.

Ich schlage vor, dass du diesen kombinierten Reflex der Augen und Zunge als einen Hinweis auf die Möglichkeiten für die Kultivierung der Erfahrung der fortgesetzten ekstatischen Leitfähigkeit in deinem Nervensystem nimmst. Solch eine Erfahrung endet nicht mit dem Orgasmus. Sie geht rund um die Uhr weiter. Die Yoga-Methoden zielen darauf ab, dies zu fördern, wie dies die ganzen Haupt- und Tantra-Lektionen hindurch erörtert wurde.

Der allgemeine Prozess ist wirklich ziemlich einfach. Kultiviere in täglicher tiefer Meditation innere Stille. Dann lege darüber die Stimulation ekstatischer Leitfähigkeit mit Wirbelsäulenatmung, Mudras (einschließlich Sambhavi und Kechari), Bandhas, Siddhasana, Samyama, Kinnpumpe, Wirbelsäulen-Bastrika, tantrischen Sexual-Methoden und so weiter. Sobald glückselige innere Stille und ekstatische Leitfähigkeit aufsteigen und in uns aufeinander treffen, ist das Ergebnis ein nicht endendes Lieben auf zellulärer Ebene. Dann sprudeln wir über in ekstatischer Glückseligkeit und im Ausströmen göttlicher Liebe, der natürlichen Erfüllung der menschlichen Evolution – kein Kampf mehr, nur noch reine Freude in allen Lebenslagen. Dies ist es, was wir sind, und es entfaltet sich, wenn wir durch den Prozess der Reinigung und Öffnung in unserem Nervensystem gehen.

Gelangen wir einmal zu dieser Stufe, wird uns ein einfaches Heben der Augen jederzeit in eine Träumerei ekstatischer Glückseligkeit versetzen. Für jemanden, der ständig verliebt ist und sich ständig im Liebesspiel befindet, ist das ganze Leben göttlich.

Bezüglich deiner Frage zu Übungen während des Sex, schlagen wir vor, dass du herausfindest, wie lange du während des Geschlechtsverkehrs oder der Masturbation vor dem Orgasmus bleiben kannst. Mit anderen Worten: Lass diesen Zustand der ekstatischen Leitfähigkeit, der deine Augen nach oben und deine Zunge zurückzieht, für einige Zeit anhalten, ohne dies zum Orgasmus zu führen. Es gibt Techniken, die dich dabei unterstützen. Schau vielleicht (noch) einmal die Tantra-Lektionen zur Rückhaltemethode, Blockierung und zur Zählmethode durch. Je mehr Vertrautheit und Fertigkeit beim Bleiben vor dem Orgasmus wir entwickeln, desto mehr finden wir, dass die ekstatische Leitfähigkeit in unserem Nervensystem während des Tages viel länger bei uns bleibt. Fügen wir dem noch tägliche Meditation, Wirbelsäulenatmung und andere Übungen hinzu, schaffen wir die Voraussetzungen dafür, dass ekstatische Glückseligkeit uns für immer eigen sein kann. Das ist jede Anstrengung wert.

Zweifellos machst du bereits viele dieser Dinge. Betrachte also dies alles bitte als eine Erinnerung. Ich wünsche dir auf dem von dir gewählten Weg allen Erfolg.

Der Guru ist in dir.

Thematisches Verzeichnis (Verweise auf Lektionsnummern)

Dieses thematische Verzeichnis führt eine Vielzahl nach Lektionsnummern geordneter Verweise auf, die sich auf die in den Fortgeschrittenen Yoga Übungen behandelten Themen beziehen. Zuerst werden die Haupttechniken aufgelistet und zwar in der Reihenfolge, in der sie im Text auftauchen. Danach folgen verwandte Themengebiete in alphabetischer Reihenfolge.

Haupt-Techniken der Fortgeschrittenen Yoga Übungen (in der Reihenfolge wie sie eingeführt wurden):

Themenliste (in alphabetischer Reihenfolge – Verweis auf Lektionsnummern!):

Weitere FYÜ-Schriften und Support

Yogani ist ein amerikanischer spiritueller Wissenschaftler, der seit über dreißig Jahren darum bemüht ist, überlieferte Techniken zur Kultivierung der spirituellen Transformation des Menschen aus aller Welt zu einem effektiven System zu vereinigen. Der von ihm entwickelte Ansatz ist nicht konfessionsgebunden und steht jedem offen.

Folgende Publikationen von ihm sind erhältlich:

Wilders Geheimnisse – Roman

Die Geschichte eines jungen Amerikaners, der effektive Übungen zur menschlichen spirituellen Transformation entdeckt und anwendet.

Die FYÜ-Erleuchtungsreihe

Einfach zu lesende Unterweisungen zu Yoga-Übungen in verschiedenen Formaten mit folgenden Titeln:

Tiefe Meditation – Pfad zur persönlichen Freiheit

Das Pranayama der Wirbelsäulenatmung – Reise in den inneren Weltraum

Asanas, Mudras und Bandhas – Die Erweckung der ekstatischen Kundalini

Tantra – Entdecke die Kraft des vor-orgasmischen Sexes

Samyama – Manifestation der Kraft innerer Stille

Diät, Shatkarma und Amaroli – yogische Ernährung und Reinigung für Geist und Gesundheit

Selbst-Analyse – Erwachen des Zeugen und das Ende des Leidens

Bhakti und Karma Yoga – Die Wissenschaft von Hingabe und Befreiung durch Handeln

Die acht Glieder des Yoga – Struktur und Abstimmung der spirituellen Praxis in Eigenverantwortung

Retreats – Schnellstraße zur Freiheit – ein Führer für Leiter und Teilnehmer

Befreiung – Die Erfüllung des Yoga

Yoga-Stunden mit Gabriele Hiller

Yoga-Stunde für solare Atemtypen unterlegt mit Mantra-Musik von Satyaa und Pari

Yoga-Stunde für lunare Atemtypen unterlegt mit Mantra-Musik von Satyaa und Pari

Besuche bitte für weiterführende Informationen zu Büchern Yoganis, den Erscheinungsterminen der Übersetzungen, zu Bestellmöglichkeiten sowie für kostenlosen Support die Seiten der Fortgeschrittenen Yoga Übungen:

www.fyü.de